전통, 조약, 장사

청 제국주의와 조선, 1850–1910

[화보 1] 청·일 조계 경계 언덕길, 개항 초기

사진 소장: Keystone-Mast Collection, UCR/California Museum of Photography, University of California, Riverside).

[화보 2] **인천 중국인 거류지의 풍경, 1889년 이후**

    인천의 중국인 거류지를 종단하는 췌화가(萃華街)의 모습. 옛 다이부츠(大佛) 호텔 자리에서 내려다본 광경이다. 사진 소장: 인천 화도진도서관.

[화보 3] 오무장공사(吳武壯公祠)

북양대신 이홍장의 명령으로 1882년 임오군란을 진압하기 위해 조선에 들어온 장수 오장경(吳長慶, 1834~1884)의 사당. 오장경은 한국 화교들 사이에서 화교 사회를 정착시킨 비조로 꼽힌다. 사진 촬영: 지은이.

〔화보 4〕 당소의(唐紹儀), 1908년

사진 출처: *Drugging a Nation: The Story of China and the Opium Curse* by Samuel Merwin(1874~1936).

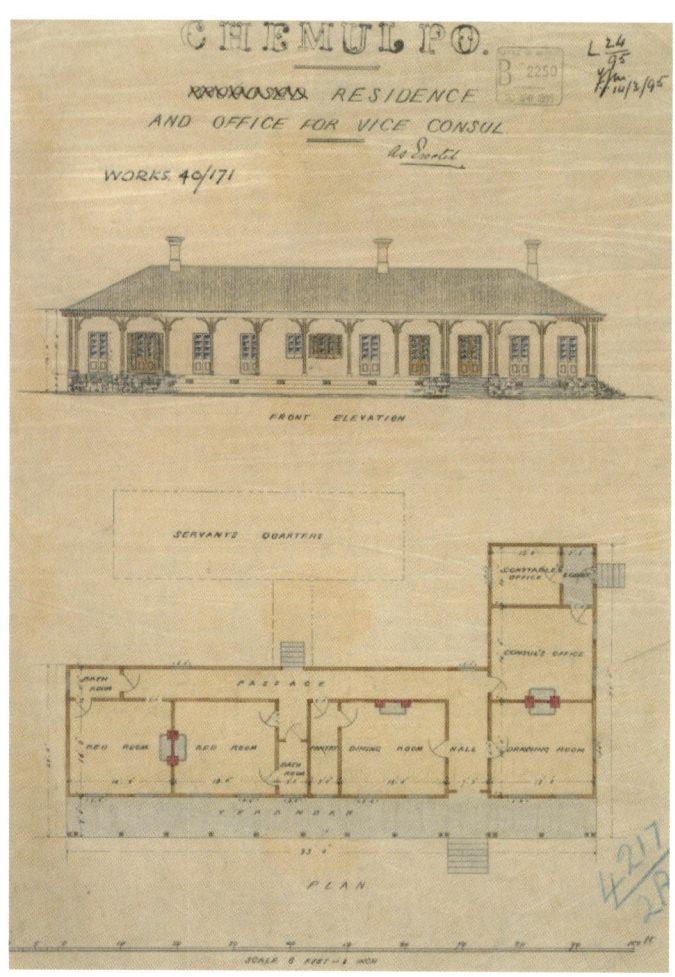

[화보 5] 인천 영국영사관 설계도, 1884년

1897년 인천 중구에 완공된 영국영사관의 설계도면. 이 건물은 6·25전쟁 당시 소실되었다. 사진 소장: 영국 국가기록원(TNA: The National Archives).

〔화보 6〕 인천감리아문, 1900년대 초

1900년대 초 인천감리아문과 조선인 마을의 모습. 그 뒤로 지금의 자유공원인 응봉산 일대가 보인다.

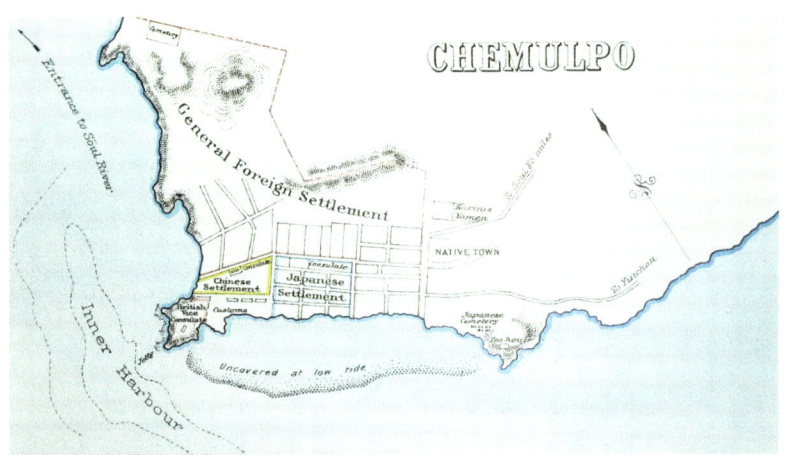

〔화보 7〕 조선의 조약항 제물포항, 1895년

지도 출처: *Australian Science Journal*(1895), Plate LV.

[화보 8] 원세개, 1912년

제복을 입은 원세개의 모습. 사진 출처: *China revolutionized* by John Stuart Thomson(1869~1950).

전통, 조약, 장사

청 제국주의와 조선, 1850–1910

Tradition, Treaties, and Trade
Qing Imperialism and Chosŏn Korea, 1850-1910

커크 W. 라슨 지음
양휘웅 옮김

전통, 조약, 장사
청 제국주의와 조선 1850–1910

2021년 12월 6일 초판 1쇄

지은이	/	커크 W. 라슨(Kirk W. Larsen)
옮긴이	/	양휘웅
펴낸이	/	양휘웅
디자인	/	커뮤니케이션 꾼
인쇄·제본	/	한영문화사
펴낸곳	/	모노그래프
등록일	/	2011년 11월 11일(제 311-2013-000072호)
주 소	/	서울특별시 은평구 서오릉로 18길 5-1, 2F(우편번호 03326)
전 화	/	02-2274-7845
팩 스	/	02-2274-7846
전자우편	/	monographs@naver.com
블로그	/	monograph.kr
페이스북	/	monograph7845
인스타그램	/	monograph_press

값 29,000원
ISBN 978-89-98309-05-3 93910

TRADITION, TREATIES, AND TRADE

Copyright ⓒ 2008 by the President and Fellows of Harvard College

All rights reserved

Korean translation copyright ⓒ 2021 by MONOGRAPH PRESS

Korean translation rights arranged with HARVARD UNIVERSITY ASIA CENTER

through EYA(Eric Yang Agency)

이 책의 한국어판 저작권은
EYA(Eric Yang Agency)를 통한 HARVARD UNIVERSITY ASIA CENTER와의 독점계약으로
'모노그래프'가 소유합니다.
저작권법에 의하여 한국 내에서 보호를 받는 저작물이므로
무단전재 및 복제를 금합니다.

전통·조약·장사

"이 연구는 2018년도 한국학중앙연구원 해외한국학지원사업의
지원에 의하여 수행되었음(AKS-2018-T-01)."

일러두기

1. 이 책은 Kirk W. Larsen, *Tradition, Treaties, and Trade: Qing Imperialism and Chosŏn Korea, 1850-1910*(Harvard University Asia Center, 2008)을 완역한 것이다.

2. 지은이의 주는 숫자로, 옮긴이의 주는 •으로 표기하여 모두 각주로 처리했다.

3. 지은이의 주에 옮긴이가 추가로 보충 설명하거나 지은이가 인용한 한문 사료의 원문을 제시할 때는 〔 〕 안에 별색으로 설명하거나 원문을 제시했다.

4. 중국의 인명은 모노그래프출판사의 표기법에 의거하여, 한중수교가 이뤄진 1992년을 기준으로 한중수교 이전에 국내에 알려진 인물은 한자음으로, 수교 이후 국내에 소개된 인물은 국립국어원에서 지정한 〈중국어 표기 규정〉을 따랐다.

5. 중국의 지명과 책명은 시대와 상관없이 한자음으로만 표기했다.

6. 일본의 인명과 지명은 국립국어원에서 지정한 〈일본어 표기 규정〉을 따랐다.

7. 책은 『 』, 논문은 「 」, 신문이나 잡지는 《 》, 신문·잡지의 기사는 〈 〉로 표기했다.

8. 원서에서 '마일', '파운드' 등으로 표기한 거리와 무게 단위는 특별한 경우를 제외하면 대체로 '미터법'으로 환산하여 표기했다.

축약어

중국어는 병음(拼音) 체계에 따라, 한국어는 맥퀸-라이샤워 체계에 따라, 일본어는 헵번 체계에 따라 로마자로 표기한다. 주요 사료 문건의 날짜는 문건에 표기된 날짜를 그대로 기록한다. 이것은 대체로 문건이 작성된 정치조직체의 연호(年號)와 음력의 사용을 의미한다. 예를 들어, '光緖 5.1.18'은 청조 광서제(光緖帝, 재위: 1875~1907)가 즉위한 지 5년째 되는 해의 음력 1월 18일을 가리킨다. 월을 가리키는 숫자 위에 별표(*)가 붙은 것은 윤달을 가리킨다. 음력 날짜에 상응하는 서력 날짜도 병기한다. 이 서력 날짜들은 타이완 중앙연구원의 온라인 계산기 (http://sinocal.sinica.edu.tw)를 통해 얻은 것이다.

주석에 사용된 축약어

완전한 출판 정보에 관해서는 [참고문헌]을 참조하라.

ACDM Il-keun Park, ed., *Anglo-American and Chinese Diplomatic Materials Relating to Korea*

British Consular Reports British Foreign Office, *Diplomatic and Consular Reports on Trade and Finance*, 1884-1910

British Documents Ian Nish, ed., "Korea, the Ryukyu Islands, and North-East Asia, 1875-1888"

CSR "Korean Customs Service Reports," in China, Imperial Maritime Customs, *Returns of Trade and Trade Reports*. 언급 연도는 해당 리포트가 발간된 해가 아니라, 리포트의 제목에 수록된 해이다.

KAR Spencer J. Palmer, ed., *Korean-American Relations: Documents Pertaining to the Far Eastern Diplomacy of the United States*. Vol.1: *The Initial Period, 1883-1886*. Vol.2: *The Period of Growing Influence, 1887-1895*.

Treaties, Regulations, etc. China, Imperial Maritime Customs, *Treaties, Regulations, etc., Between Corea and Other Powers. 1876-1889*.

- 한국어판인 이 책에서 중국어는 출판사의 자체 표기법을, 일본어는 국립국어원에서 규정한 일본어 표기법에 따라 표기한다. 자세한 내용은 일러두기 참조.

高宗 고종 연간(1864~1907)

『高宗實錄』 국사편찬위원회 편, 『고종실록』(高宗實錄). 별도의 언급이 없으면, 인용은 모두 한문 원문에 의거한 것이다.

光武 광무 연간(1897~1907)

光緖 광서 연간(1875~1907)

『交涉史料』 고궁박물관(故宮博物館) 편, 『청광서조중일교섭사료』(淸光緖朝中日交涉史料)

『近代中韓』 장춘우(張存武), 『近代中韓關係史資料彙編』

『獨案』 고려대학교 편, 『구한국외교문서: 독안』(舊韓國外交文書: 獨案)

同治 동치 연간(1862~1874)

『純宗實錄』 국사편찬위원회 편, 『순종실록』(純宗實錄). 별도의 언급이 없으면, 인용은 모두 한문 원문에 의거한 것이다.

『譯署函稿』 이홍장(李鴻章), 『이문충공전서: 역서함고』(李文忠公全書: 譯署函稿)

『外交史料』 왕량(王亮) 편(編), 왕언위(王彦威) 집(輯), 『청계외교사료』(淸季外交史料)

隆熙 융희 연간(1907~1910)

『隆熙元年』 한국관세청, 『융희원년한국외국무역열람』(隆熙元年韓國外國貿易閱覽)

『電稿』 이홍장, 『이문충공전서·전고』(李文忠公全書·電稿).

『中日韓關係』 중앙연구원(中央研究院) 근대사연구소(近代史研究所) 편, 『청계중일한관계사료』(淸季中日韓關係史料)

哲宗 철종(哲宗) 연간(1849~1864)

『哲宗實錄』 국사편찬위원회 편, 『철종실록』(哲宗實錄). 별도의 언급이 없으면, 인용은 모두 한문 원문에 의거한 것이다.

『淸案』 고려대학교 편, 『구한국외교문서: 청안』(舊韓國外交文書: 淸案)

『通商彙纂』 김경태 편, 『통상휘찬: 한국편』(通商彙纂: 韓國篇).

『海關案』 고려대학교 편, 『구한국외교관계부속문서: 해관안』(舊韓國外交關係付屬文書: 海關案)

목 차

20	감사의 말
23	한국어판 서문
25	머리말

1. 19세기 이전의 한중 관계

59	
62	시작
69	조선과 중국의 관계
79	'오랑캐'의 도전

2. 19세기의 도전과 변화

89	
102	조선의 고립: 대원군의 통치
109	이홍장의 등장
117	1876년 조선의 '개항'
120	일본의 독점적 제국주의
128	일본 상업의 성장
131	증가하는 일본의 위협에 대응하려는 청의 노력

3. 조약과 군대
조선에 도입된 다자적 세국주의

135	
136	조선과 서구 열강의 조약 체결과 청의 중재
148	1882년 임오군란
152	청의 대응: 청군의 조선 파병
160	조청상민수륙무역장정
165	조약의 재협상과 관세의 표준화

전통·조약·장사

4. 군인, 외교관, 상인들
청인들의 조선 진출

- 171
- 173 | 청군의 조선 주둔
- 177 | 조선-청의 군사 협력
- 180 | 청 지휘하의 군사 훈련
- 183 | 조선에 파견된 청의 고문단
- 188 | 상업 전쟁과 조선 내 중국인들의 상업
- 190 | 진수당과 공식적인 청의 조선 진출 확립
- 195 | 일본인의 저항: '덕흥호 사건'
- 201 | 중국인의 인천 진출 확대
- 205 | 중국인의 한성(서울) 진출 확대
- 215 | 1884년: 갑신정변

5. 원세개의 조선 '주차관' 시절

- 221
- 224 | '사실상의 조선 국왕'
- 228 | 자강의 쇠락
- 233 | 비공식 제국의 힘: 전신선의 구축과 통제
- 241 | 조선해관
- 248 | 조선의 재정문제에 대한 청의 간섭: 해외 차관
- 255 | 차관의 장려와 촉진
- 260 | 조선의 차관 도입에 대한 청의 반대
- 267 | 청의 제국주의와 조선의 근대성

6. 종주권, 자주권, 의례

- 275
- 278 | 책략과 음모
- 290 | 거문도(해밀턴항) 사건
- 294 | 상주 공사관: 종주권 대 독립
- 315 | 의례 대 실질
- 319 | 교자 사건

7. 원세개의 조선 내 활동과 '상업 전쟁'

- 327
- 331 | 중국인의 조약항 진출 확대
- 336 | 서울과 그 주변 지역에서 벌인 중국인의 활동 증대
- 341 | 해운업에 대한 공식적인 지원
- 345 | 원세개, 헨리 메릴, 중국의 밀수
- 353 | 조선 내 중국인의 상업, 1885~1894
- 372 | 경쟁하는 제국주의

8. 종주권의 끝에서 다자적 특권 수호
청일전쟁과 그 여파

- 379
- 388 | 다자적 제국주의 대 일본의 일방적 요구
- 398 | 조선으로 돌아온 청의 외교관들
- 409 | 청의 공식적 보호와 상업의 진흥
- 416 | 상업적 부활
- 419 | 비공식 제국의 보병들: 조선에 거주한 화교들
- 426 | 동순태: 조선 최고의 중국 기업
- 431 | 중국인에 대한 다른 인식

9. 결말, 반향, 유산

- 439
- 443 | 조선에 대한 다자적 제국주의의 종말
- 451 | 조약항 체제의 해체
- 454 | '약육강식'
- 458 | 유산과 시사점
- 462 | 세계 속의 청 제국

- 474 | 참고문헌
- 523 | 옮긴이의 말
- 534 | 찾아보기

화보 목차

	〔표지 화보〕 인천거류지지도(1898)
2	〔화보 1〕 청·일 조계 경계 언덕길
3	〔화보 2〕 인천 중국인 조계의 풍경(1889년 이후)
4	〔화보 3〕 오무장공사
5	〔화보 4〕 당소의(1908)
6	〔화보 5〕 인천 영국영사관 설계도(1884)
7	〔화보 6〕 인천감리아문(1900년 경)
7	〔화보 7〕 조선의 조약항 제물포항(1895)
8	〔화보 8〕 원세개(1912)
110	〔화보 9〕 이홍장(1871)
140	〔화보 10〕 마건충(1900년 이전)
296	〔화보 11〕 농수정 앞에 선 고종(1912)
366	〔화보 12〕 일본 조계의 거리 풍경(1889년 이후)
366	〔화보 13〕 스튜어드 호텔 표지석

감사의 말

이 책은 나의 박사 논문을 수정한 것이다. 따라서 이 책은 내가 애써 기억하는 것보다 더 오랜 세월 동안 읽고, 조사하고, 생각하고, 저술해 온 내용의 최종 결과물로 볼 수 있다. 오랜 세월을 더욱 잘 견디게 해 주고, 바라던 대로 최종 결과물이 훨씬 논리정연하고 설득력 있게 된 것은 여러 친구와 동료 및 그간 몸담았던 여러 기관의 조언과 전문성, 그리고 그들의 지원 덕분이다.

우선 내가 동아시아의 역사를 탐구하기로 마음먹은 것은 마크 피터슨(Mark Peterson) 선생의 공이 크다. 선생의 매력적인 강의 덕분에 나는 원세개(袁世凱)의 조선(朝鮮) 주둔에 처음 관심을 갖게 되었다. 카터 에커트(Carter Eckert), 빌 커비(Bill Kirby), 필립 쿤(Philip Kuhn) 선생께서는 모호한 내 생각을 일관성 있는 학위 논문으로 만들어 가는, 끊임없이 반복되는 과정 동안 소중한 지도와 충고를 해 주셨다. 그분들의 지원과 격려는 지도 과정의 의무가 공식적으로 끝난 이후에도 오랫동안 계속되었다. 풀브라이트 프로그램, 한국국제교류재단, 하버드대 중화민국교우회(ROC club), 하버드대학교 역사학과가 모두 아시아의 현지 조사를 위한 여행에 재정 지원을 했다. 하버드의 친구와 동료들은 내가 하버드대 대학원에서 공부할 때나 졸업한 이후에나 도움이 되는 비평을 해 주고, 친절하게 경청해 주었으며, 본받을 만한 최고의 학문적 모범이 되었다. 맷 크리스턴슨(Matt Christensen), 캐럴라인 엘킨스(Caroline Elkins), 칼 거스(Karl Gerth), 경문 황(Kyung Moon Hwang), 크리스틴 김

(Christine Kim), 마이클 김(Michael Kim), 형구 린(Hyung-Gu Lynn), 유진 박(Eugene Park), 지호 사와다(Chiho Sawada)에게 특히 감사드린다.

한국과 타이완의 여러 기관과 개인이 아시아에서 내 연구가 가능하도록 각자의 시간과 자원을 아낌없이 제공해 주었다. 특히 린만홍(林滿紅)과 장춘우(張存武) 선생을 비롯한 타이완 중앙연구원(中央研究院) 근대사연구소(近代史研究所)의 직원들에게 감사한다. 한국의 규장각(奎章閣), 서울대학교 도서관, 국립중앙도서관, 관세박물관에도 감사드린다. 이태진(李泰鎭), 유영익(柳永益, Young-ick Lew), 고(故) 김기혁(金基赫, Key-hiuk Kim), 박은경(Eun Kyung Park) 선생 등 여러 한국 학자께서 박사 과정 학생 또는 소장학자의 신분이었던 내게 보장된 것보다 훨씬 많은 시간을 할애하여 조언해 주고, 자료에 접근하도록 도와주었으며, 격려해 주셨다. 쑨수이(孫樹義), 왕징펑, 데이비드 위, 퍼트리샤 샤오 등 한국 거주 화교(華僑)들이 자신의 사연과 매우 유용한 역사적 자료를 공유해 주었다.

조지워싱턴대학교 역사학과와 시거(Sigur) 아시아학 센터는 원고를 다듬는 기간에 재정을 비롯한 여러 측면에서 지원해 주었다. 텍사스대학교-오스틴과 조지워싱턴대학교의 친구와 동료들은 작업 중인 여러 단계의 원고 일부(또는 전체)를 읽어 주었고, 크고 작은 문제를 논의해 주었으며, 매우 소중한 조언과 격려를 아끼지 않았다. 타일러 앤빈더(Tyler Anbinder), 뮤리엘 앳킨(Muriel Atkin), 에드워드 버코위츠(Edward Berkowitz), 그레그 브라진스키(Gregg Branzinsky), 해리 하딩(Harry Harding), 데인 케네디(Dane Kennedy), 에드워드 맥코드(Edward McCord), 숀 멕헤일(Shawn McHale), 마이크 모치즈키(Mike Mochizuki),

마샤 노턴(Marcia Norton), 에드워드 로즈(Edward Rhoads), 양다칭(楊大慶, Daqing Yang), 마거리타 자나시(Margherita Zanasi), 앤드루 지머맨(Andrew Zimmerman)에게 특히 감사드린다. 나는 알렉산드라 크웨트(Alexandra Chwat), 이지영, 임지영 씨에게서도 큰 도움을 받았다.

나는 여러 학회와 토론회에서 책의 일부 내용과 논점을 발표했는데, 폴 코헨(Paul Cohen), 존 덩컨(John Duncan), 알렉시스 더든(Alexis Dudden), 데이비드 강(David Kang), 자현 김-하부시(JaHyun Kim-Haboush), 게리 레드야드(Gari Ledyard), 데니스 맥나마라(Dennis McNamara), 제임스 밀워드(James Millward), 보니 오(Bonnie Oh), 고(故) 제임스 팔레(James Palais), 에드워드 슐츠(Edward Shultz) 등 많은 학자로부터 받은 질문과 피드백으로부터 큰 도움을 받았다. 또한, 하버드대학교 아시아센터 출판 프로그램의 익명 독자 두 분께서 매우 유용한 조언을 해 주었다. 하버드대 아시아센터 출판국의 직원들은 언제나 인내심이 넘치고, 전문적이며, 헌신적이었다.

이 책의 저술에 영향을 주었던 많은 친구와 동료의 높은 지적 능력을 생각하면, 최종 결과물에서는 오직 멋진 완성만을 기대할 수 있을 것 같다. 아! 이 책은 나 자신의 능력·성향·특징을 반영한 책이기도 하다. 따라서 모든 착오와 실수 및 누락 부분은 전적으로 나의 책임이다.

마지막으로, 아내 캐시와 두 아이 줄리아와 존이 보여준 사랑·인내·지지에 고마움을 전한다. 책을 쓰는 일은 즐겁다. 세 사람과 함께하는 것은 기쁨이다.

커크 W. 라슨

한국어판 서문

『전통, 조약, 장사』의 양장본이 처음 출간된 지 10년 만인 2018년, 나는 한국의 항구도시 인천에서 과거 청국(淸國) 거류지와 일본인 거류지의 경계였던 가파른 갈림길의 계단 꼭대기에 다시 한번 섰다(그 거리를 찍은 개항 당시의 사진이 내 책의 영문판 표지를 장식하고 있다). 중화인민공화국과 대한민국의 경제·문화·민족이 뒤얽힌 현상과 인천 차이나타운의 성장은 그사이 10년 동안 의심할 여지없이 증가 일로에 있었다. 인천 차이나타운은 이제 다양한 상점과 식당, 중국 역사의 여러 장면(대부분 『삼국지』에서 뽑은 장면)을 묘사한 벽화 거리, 한중문화관(韓中文化館), 화교역사관(華僑歷史館), 개항기 인천 역사를 주제로 한 인천개항박물관(仁川開港博物館), 심지어 짜장면박물관까지 들어서 있다. 산동 요리의 영향을 받아 춘장(春醬)을 소스로 만든 짜장면은 오랫동안 한국 중화요리의 중심이었다.

황해(黃海)를 가로질러 차이나타운까지 전달된 양국의 유익한 상호

• 〔화보 1〕 참조.

작용에 대한 일반적인 장밋빛 전망은 강력하고 중요한 것이다. 그러나 한국의 많은 사람은 마늘에서부터 케이팝(K-pop), 대미사일 방어체계에 이르기까지 다양한 외교적·경제적·문화적 영역에서 한국이 중국의 요구에 순응하게 하려는 중화인민공화국 정부의 독단적인 시도가 날이 갈수록 심화되고 있는 점에 약간의 우려도 표명한다. 중화인민공화국과 조선민주주의인민공화국(북한)의 관계는 상호 이익의 영역과 의견 충돌 및 경계(警戒)의 영역으로 가득하다. 한반도의 주민들과 그 이웃인 중국인들은 각자의 이익을 극대화할 관계를 추구하고, 동북아시아의 평화와 번영을 보장하기를 바라면서, 영감을 얻기 위해 그리고 때로는 교훈적인 이야기를 듣기 위해 자연스럽게 지나간 과거에 관한 서술에 눈을 돌린다. 19세기 후반부터 20세기 초반까지의 청 제국('중국')과 조선왕국('한국') 사이의 관계를 면밀히 검토해 보려는 시도인 이 책 『전통, 조약, 장사』가 계속해서 이러한 노력들과 어느 정도 관련이 있기를 기대한다.

나는 이 한국어 번역본의 출간에 지원을 아끼지 않은 한국학중앙연구원(AKS)에 진심어린 감사를 표현하고 싶다. 또한, 『전통, 조약, 장사』에 서술된 이야기를 한국어 독자들이 더욱 쉽게 접할 수 있도록 박학하고 세심한 노력을 발휘해 준 양휘웅에게도 무한한 감사를 전한다. 초인적인 그의 노력조차 전적으로 내 책임인 영어 원판의 수많은 태생적인 약점을 극복할 수 없음이 입증되었지만, 나는 한국어판이 많은 측면에서 영어판을 개선했다고 확신한다.

2021년 11월 4일
미국 유타주 프로보(Provo)에서
커크 라슨(Kirk W. Larsen)

머리말

1882년 12월, 외국의 제국주의자들을 가득 태운 증기선 한 척이 조선(朝鮮)의 항구인 인천(仁川)에 닻을 내렸다.[1] 조선을 관찰해 온 이방인들은 인천으로 접근하는 선박들이 무수한 섬, 조수에 쓸려온 개펄, 계절성 안개와 해빙(海氷) 탓에 위험천만한 항로를 헤쳐 나갈 수밖에 없는 상황을 오래전부터 지적했다. 한 관찰자는 다음과 같이 결론을 내렸다. "이런 자연조건은 …… 조선 사람들이 미리 배타적인 정책을 결정하는 데 큰 비중을 차지했을 것 같다. 이런 자연조건이 조선의 정책을 강력하게 도왔다는 사실은 확실하다."[2] 조선의 지형이 제공한 장벽 이외에도, 조선왕국(1392~1910)의 많은 사람은 외국의 상품과 사상에 '은둔의 나

---

1. 그 증기선이 접근한 항구는 당시 제물포(濟物浦)로 알려진 곳이었다. 이후 수년 사이에 제물포의 중심 지역은 급격하게 발전하여 인천의 인근 촌락을 빠르게 병합했고, 현재까지 '인천'이라는 이름을 유지하고 있다.
2. Hall, "A Visit to the West Coast and Capital of Korea," p.148.

라'를 개방할 가능성을 결코 낙관하지 않았다. 그러나 그 증기선에 타고 있던 사람들은 자기들의 지정학적·상업적 목적을 위해 바로 그 일을 추진하기로 했다. 지리적·정치적 장벽에 직면한 상황에서도 군사력을 과시하고 제조된 상품을 유통할 수 있을 만큼 전례 없는 능력을 갖춘 그 증기선 자체의 출현은, 조선 해안으로 밀려오던 제국주의의 물결에 멈출 수 없는 가속력을 제공했다.

1882년이 전 세계 제국주의자들에게 항상 좋았던 해라고까지 할 수는 없겠지만, 분주한 한 해이기는 했다. 영국은 극심한 고통에 시달리는 이집트의 재정에 점점 깊이 관여했다가 복잡하게 얽힌 채로 수년이 지난 후, 수에즈 운하 지대를 방어하고 명목상으로는 자치국이었던 이집트 정부에 더욱 강력한 통제를 가하기 위해 이집트로 군대를 파견했다. 프랑스는 인도차이나반도의 지배에 더욱 박차를 가하기 위해 흑기군(黑旗軍) 소속의 해적들 및 중국의 청군(淸軍)과 싸웠다. 러시아 정부는 러시아의 극동 지역에 인구를 정착시키기 위해 매년 2500가구의 이주를 지원하겠다는 생각을 공표했다. 미국 의회는 안정된 지 얼마 안

---

3. '은둔자'(Hermit)라는 영문 명칭은 미국의 교육자 겸 전도사 윌리엄 엘리엇 그리피스(William Elliot Griffis)가 처음 사용했다. 그는 1870년대에 일본에 거주했는데, 실제로 조선을 방문한 적도, 한국어 자료를 읽은 적도 없으면서, 19세기 후반에 널리 읽힌 한국사 저작인 『은자의 나라 한국』(*Corea, the Hermit Nation*)을 저술했다. 고립적인 대외 정책이 한국 역사에서 거의 고정불변의 정책은 아니었다. 그러나 그 정책은 19세기 내내 조선왕국이 서구인을 대한 태도를 묘사하기에는 꽤 적절하다.

• 19세기 말 청의 유영복(劉永福, 1837~1917)이 조직한 무장세력. 이들은 칠성흑기(七星黑旗)를 내걸고 활동했으므로 '흑기군'이라고 불렸다. 조직 초기에는 청조의 통치에 무력으로 저항했고, 이후 프랑스가 베트남을 침공하자 프랑스군과 싸워 여러 차례 승리를 거뒀다.

된 미국 서부 지역에서 벌어질 경쟁을 염려한 나머지 '중국인 배제법'(Chinese Exclusion Act)에 서명했다.** 그 당시에 어렴풋이 감지할 수 있는 사실이라고는, 세계가 이른바 절정의 제국주의 시대로 넘어가는 과도기의 문턱에 서 있어서 영토와 자원을 차지하기 위한 격렬한 경쟁이 수반되었다는 점이다. 제국주의 시대가 끝날 때까지 지구의 육지 면적 중 약 85퍼센트가 어떤 한 제국주의 강대국에 점유되거나, 적어도 제국주의 세력이 공식적으로 자기들의 땅이라고 주장하는 상황이었다.[4]

인천 앞바다에 있던 증기선의 승객들은 조수의 방향이 바뀐 다음 조선의 작은 배들이 돈을 받고 그들을 해안까지 건네줄 때까지 몇 시간을 기다려야 했다. 19세기 대부분의 제국주의자와 마찬가지로 이들의 야망은 복잡하고 때로는 모순적이었다. 이들이 조선에 온 동기는 각자가 사적으로 이득을 취할 기회는 물론, 각자의 세계관과 기질로부터도 영향을 받았다. 이후 30년 동안 이들과 이들의 상사 및 동포들의 활동은 조선과 동아시아 전역을 완전히 탈바꿈시킬 예정이었다.

19세기 동아시아의 역사에 조금이라도 익숙한 사람이라면 조선 해안에 도착했던 이 제국주의자들이 가졌을 법한 국적들을 예상해 볼 수 있을지 모르겠다. 그러나 놀랍게도 그 증기선의 선적(船籍)과 이 배에 탄 승객의 국적은 일본·영국·프랑스·러시아·미국이 아니었다. 사실 그

** 1882년 5월 6일에 미국 대통령 체스터 아서(Chester A. Arthur)가 서명한, 모든 중국인 노동자의 미국 이민을 금지한 법. 1943년 폐지된 이 법은 미 연방정부가 특정민족을 겨냥해 '출신국'을 근거로 이민을 공개 거부한 최초의 법이었다. 미국 상·하원 의회는 2012년에 이 차별 법안에 대해 공식적으로 사과했다.

4. Fieldhouse, *Economics and Empire*, p.3.

들은 청(淸) 제국(1644~1912) 출신이었다. 중국의 윤선초상국(輪船招商局)에서 제조한 증기선 흥신호(興信號)의 인천 입항과 이 배에 타고 있던 마건상(馬建常)·당정추(唐廷樞)·진수당(陳樹棠)과 파울 게오르크 묄렌도르프(Paul Georg Möllendorf)가 조선 땅을 밟은 사실은, 청 제국이 조선에서 자국이 취할 이익을 예측하고 증진하기 위해 활용한 제국주의 전략과 전술이 계속 변화하는 과정을 반영한 것이다.[5]

우리가 19세기의 청 제국주의를 정확하게 인식하기 어려운 이유는 아마도 영향력이 크고 널리 공유된 개념이었던 '중국 예외론'(Chinese exceptionalism) 때문인 것 같다. 첫째, 중국은 제국주의 열강이 아니고 제국도 아니었으며, 오히려 외국 제국주의 세력의 희생자였다는 생각이 있다. 몇몇 서양인은 중국이 한 번도 제국이었던 적이 없었다고 단호하게 부정한다.[6] 다른 몇몇 서양인은 한(漢)과 당(唐), 심지어 명(明)과 같은 중국 고대 왕조가 제국이었을 수 있다는 가능성을 인정하면서도, 최근 몇 세기 동안 계속된 중국의 쇠락으로 아무리 늦어도 19세기에는 중국이 제국주의 열강의 대열에서 이탈했다는 점을 강조해 왔다.[7] 이것은

• 1872년 이홍장(李鴻章)이 상해에 설립한, 중국의 근대적 해운회사. 청 정부의 감독 아래 민간 상인들이 출자하는 관독상판(官督商辦) 방식으로 운용된, 중국 최초의 근대적 민간기업이다.

5. 조선 정부가 당정추·진수당·묄렌도르프 등의 조선 도착을 승인한 것에 관해서는 『朝鮮王朝實錄』, 1882년 12월 14일(高宗 19.11.5)의 기록을 보라.

6. "유럽인의 관념에서 중국은 결코 위대한 제국이었거나 강력한 국가로서의 존재감을 가진 적이 없다."(Hobson, *Imperialism*, p.319). 또한, "중국은 위대한 근대 제국의 일원으로 인정받은 적이 거의 없다."고 한 스티븐 하우(Stephen Howe, *Empire*, p.56)의 발언을 참조하라.

7. 예를 들어 폴 케네디(Paul Kennedy, *Rise and Fall of Great Powers*, pp.7~9)는 지난 5

부분적으로 제국주의, 특히 근대적인 외피를 걸친 제국주의가 주로 서양의 사업이라는 가정에서 비롯된다. 그래서 에마 진화 텅(Emma Jinhua Teng, 鄧津華)이 적절하게 표현한 것처럼, "식민지 개척자는 유럽인이고 식민 통치를 받는 처지로 전락한 사람은 비유럽인이었다는 추정이 학술계 안팎에 깊게 자리하고 있다. '중국의 식민주의'를 연구한다는 개념이야말로 이처럼 많은 사람에게 낯설게 느껴지는 것 같다."

현대 중국인들의 입장에서는, 학자든 관료든 간에 모두 이 널리 알려진 통념에 도전할 마음이 전혀 없다. 일정 정도 이는 19~20세기에 중국이 다른 제국주의 세력의 희생자였다는 피할 수 없는 현실에서 비롯된다. 아편전쟁(1839~1842), 원명원(圓明園)의 약탈(1860), 불행하게 끝난 의화단(義和團) 사건(1900), '중국의 과분(瓜分)', 중국에 당도하는 외국

> 세기 동안 이뤄진 강대국 간의 국제정치에 대한 포괄적인 분석에서 명조(明朝) 중국을 처음에 간략하게 언급하지만, 명대 초기에 "중국은 세상을 등지기로 했고," 이후 "꾸준한 상대적 쇠락"의 시대로 진입하여 그런 상황은 청대 내내 계속되었다고 주장한다. 이 간략한 언급 이후, 중국은 1949년 이후의 시대가 될 때까지 이 책에서 사실상 '강대국'으로의 고려 대상에서 사라진다. 또한, "수 세기 동안 중국은 대부분의 역사학자가 정의한 제국 체제에 매우 잘 어울리는 방대한 다민족 정치조직체이자, 세계에서 가장 인구가 많고 번창하며 많은 방면에서 매우 복잡한 사회"였지만, 중국이 "19세기와 20세기 초반에 겪은 이야기는 대체로 몰락 과정의 역사"였음을 인정한 스티븐 하우의 글(*Empire*, p.56)을 보라. 이리에 아키라(Iriye Akira, 入江昭)는 "Imperialism in East Asia"에서 일본을 서구 열강과 함께 아시아의 제국주의 세력으로 고려해야 한다는 점을 강력하고 설득력 있게 주장하지만, 신기하게도 중국에 관해서는 유사한 논거를 제시할 필요를 드러내지 않는다. 또한, Abernathy, *Dynamics of Global Dominance*, pp.9~10; 그리고 Meyer, *Dust of Empire*, p.12를 보라.

8. Emma Teng, *Taiwan's Imagined Geography*, p.7.

• 영국·프랑스·러시아·일본·독일 등 제국주의 세력 5개국이 청일전쟁(1894~1895)의 패배로 쇠약함을 드러낸 청을 분할하여 자국의 세력 범위 안에 두려고 한 정책을 일컫는 말. 박(瓜)을 쪼개는 것을 의미하는 단어 '과분'(瓜分)은 중국에서 전통적으로 영토의 분할을 지칭하는 단어로 사용되었다.

인 외교관·상인·선교사·투기꾼들의 수가 끊임없이 증가하는 상황이 모두 결합하여 한 세기가 넘는 '국치'(國恥)의 시대라는 강력한 묘사를 창작해 낸다. 외국의 제국주의에 저항하고 이를 제거하는 것은 국민당(國民黨)과 중국공산당(中國共產黨)의 정책에서 중요한 요소였다. 중국이 "일어섰다"(站起來了)는 모택동(毛澤東)의 1949년 선언은 반제국주의가 중국공산당에게 얼마나 중요한 의제였는지를 보여주는 신호였다. 1997년에 홍콩이 중화인민공화국(中華人民共和國)에 반환된 일에 대한 대대적인 축하는 계속되는 반제국주의 투쟁의 울림을 상징했다.

중화인민공화국의 많은 학자는 외국 제국주의 세력의 희생자인 중국의 상황을 강조하는 것 외에도, 청 제국이 획득한 상당 부분의 영토를 팽창주의가 아닌 중국의 '통일'(統一)로 규정한다. 이들에게는 "'중화제국주의'에 관한 논의 자체가 사설(邪說)이기" 때문이다. 중국이 국외자의 손아귀에서 약탈의 고통을 당하던 상황과는 대조적으로, 청의 영토 확장은 종종 중화제국의 다양한 민족이 오늘날의 중국을 이룩하기 위해 '단결'(團結)하는 과정의 일환으로 묘사된다. 과거에 대한 이 특별한 관점은 오늘날의 많은 중국인이 역사와 정체성에 대해 품고 있는 일반적인 개념에 영향을 주었을 뿐만 아니라, 신강(新疆)과 티베트처럼

---

9. 중국인의 역사적 기억 속에서 '치욕'의 역할을 논의한 것으로는 Paul Cohen, *China Unbound*, pp.148~167을 보라. 코헨은 중화인민공화국이 명목상 "일어선" 이후 40년이 지난 1990년대에도 과거에 겪은 치욕을 잊지 말라[勿忘]는 요구가 여전히 널리 퍼져 있었다(위의 책, p.149)는 사실에 주목한다. 또한, Callahan, "National Insecurities"를 보라. 치욕의 기억은 오늘날 다시 유행하는 중국의 민족주의 담론과 연결되었다. Garver, "More from the 'Say No Club,'" pp.151~153을 보라.

10. 예를 들어 王建朗, 『中國廢除不平等條約的歷程』을 보라.

멀리 떨어진 영토까지 권리를 주장하는 중화인민공화국의 활동에도 영향력 있는 역할을 한다.[12]

중국 예외론의 두 번째 측면은 다른 세력 및 민족과의 상호작용으로 알려진 전통적인 중국의 방식이었다. 이 상호작용에서 중심이 되는 것은 '중화적 세계 질서'라는 이미지이다. 이 이미지는 중국과 외부 세계의 모든 관계를 유가적 의례에 입각한 '조공(朝貢) 체제'에 한정된 것으로 묘사하는 경향이 있다.[13] 이 체제는 서구식 국제관계와 극적인 대조를 이룬다. 서구식 국제관계는 훨씬 실질적인 원칙과 관심사에서 비롯되며, 이런 원칙과 관심사에 입각한 것으로 간주된다. 영 제국과 청 제국 사이에 실질적인 외교 및 상무(商務) 관계의 수립을 얻어내기 위해 1792~1793년에 중국에 온 매카트니(Macartney) 사절단의 실패는 이런

---

11. Emma Teng, *Taiwan's Imagined Geography*, p.6, pp.250~251. 에마 텅 역시 공식적인 중화인민공화국의 통설이 "청의 팽창주의가 '제국주의학'(imperial studies)이나 '식민지학'(colonial studies)이 아니라 '변강학'(邊疆學, frontier studies)의 범주에서 연구되어야 한다."(위의 책, p.251)라고 주장하는 점에 주목한다. 유익한 중국의 '통일'을 중국이 당한 치욕적 사례와 병치시킨 서술을 강조하려는 중화인민공화국 학자들의 결정으로, 중국의 국치(國恥)를 다룬 문헌 안에서 놀랍게도 몇 가지 사안이 누락되는 결과를 낳았다. 칼라한(Callahan, "National Insecurities," p.205)은 『국치록』(國恥錄) 등의 작품을 비롯해 "여러 문헌"에서 그야말로 "19세기의 핵심 사건인 태평천국의 난(1851~1864)"을 무시한다며 다음과 같이 시작한다. "태평천국의 난은 (적어도 사망자 수의 측면에서) '세계 역사상 가장 파괴적인 내전'이자 '중국의 마지막 제국인 청조(淸朝)의 생존에 가장 심각한 위협'으로 불려 왔다. 그 중요한 사건은 중국 국내의 부패가 외국의 제국주의를 부추긴 사건이라서 중국의 국가적 치욕에 대한 도덕적 서술에 어울리지 않았으므로, 그런 책에 포함되지 않았다." 『국치록』이라는 제목의 책은 그간 여러 종 출간된 바 있으며, 그 중 칼라한이 인용한 책은 周山·張春波 主編, 『圖說中華百年國恥錄』(蘭州: 甘肅少年兒童出版社, 1998)이다]

12. Hostetler, *Qing Colonial Enterprise*, p.25.

13. Fairbank, ed., *The Chinese World Order*.

점에서 동양과 서양의 차이를 보여주는 전형적인 사례로 많은 사람이 거론해 왔다. 의례 절차상의 의전에만 집착한 청의 건륭제(乾隆帝, 재위: 1736~1795)는 매카트니가 조공 체제의 규정을 충실히 지키지 않는다는 이유로 영국과의 교역 요구를 일고의 여지도 없이 일축했다.[14] 이처럼 청 제국은 외국 제국주의 세력의 희생자이자, 시대에 뒤떨어진데다가 의례에 집착한 정치조직체로 인식되었다.[15]

셋째는 둘째와 연관된 것이기도 한데, 유가적인 중국이 대외 정책을 수립할 때 상업적인 고려를 거의 하지 않았다는 생각이다. 게다가 공격적으로 자원과 시장을 찾는 서양인(그리고 후일의 일본인)과 중국인의 차이는 극적이고 분명한 것으로 보였다.[16]

---

14. 매카트니 사절단에 관한 종합적인 설명은 Peyrefitte, *The Immobile Empire*를 보라.

15. 예를 들어 Peyrefitte, *The Collision of Two Civilisations*, p.xvii; Bickers, "Introduction," p.8; Shunhong Zhang, "Historical Anachronism," p.39를 보라.

16. 예를 들어 쩡차이 왕(Tseng-Tsai Wang[王曾才], "The Macartney Mission," p.45)은 다음과 같이 서술한다. "설상가상으로 중국의 공식 정책은 최근까지 상업에 적대적이었고, 상업 관련 직업은 영예롭게 대접받지 못했다. 이러한 이유로, 영국을 비롯한 서양이 통상을 통해 중국과 접촉하게 된 것은 그들에게 대체로 불행이었다." 중국의 많은 역사학자가 이 의견에 동의하지 않으며, 표면상 유가적 정치조직체였던 근세 후기 중국 사회 내에서 상업이 차지하는 중요성과 상업의 중심적 역할까지도 잘 인식하고 있지만, 중국의 유가 엘리트들이 상업을 업신여겼다는 생각은 여전히 많은 비전문가 사이에서 상당한 지지를 얻고 있다. "새롭게 패권을 다투던 유가 집단은 상업을 멸시하고 불신한 고관대작들이었다(이들에게 부의 진실한 원천은 농업이었다)."라고 한 데이비드 랜즈의 발언(David Landes, *The Wealth and Poverty of Nations*, p.95)을 참조하라. 또 "다시 말해서 경제적 성장은 과거 중국의 고관대작들이 상업과 육체노동을 경멸했던 것처럼 아시아인들이 자기들의 문화적 전통에서 중요한 요소를 차지했던 것들을 거부하느냐의 여부에 달려 있었다."라고 한 "프랜시스 후쿠야마의 발언(Francis Fukuyama, "Asian Values and the Asian Crisis," p.23)도 참조하라. 또한, Paul Kennedy, *Rise and Fall of Great Powers*, p.8을 보라.

중국 예외론의 근거였던 이 세 가지 관념 모두는 청 제국, 더 나아가 중국을 개괄적으로 연구해 온 최근의 학술 성과로부터 도전을 받았다. 만약 우리가 '중국'이 수천 년 동안 영속적인 생존을 누려왔다는 중국의 주장을 받아들인다면, 중국이 인류 역사상 가장 크고 가장 성공한 제국이었다는 주장은 매우 분명하다. 기원전 3세기경 중국 북부에서 이른바 '전국'(戰國)이라 불렸던 국가들의 통합을 시작으로, 역대 중국 왕조들은 광활하고 길게 뻗은 중원을 포함하여 외곽으로 영토를 팽창해왔다. 그렇게 얻은 영토의 상당수는 기원전 221년에 "중국을 통일한" 것으로 알려진 진시황제(秦始皇帝)의 상상을 뛰어넘는 범위였다. 세월이 흐르면서 중국은 다양한 민족적 배경을 지닌 무수한 족속을 지배하고 종종 이들을 자국민으로 편입해왔지만, 이러한 발전 과정은 종종 한족(漢族)이라는 단일한 민족 집단이 계속해서 존재했다는 점을 강조함으로써 감춰졌다.17

앞선 시대에 있었던 중국의 제국적 팽창에 관해 어떤 결론을 내리든 간에, 청 제국(비록 청조의 통치가문은 한족이 아닌 만주족이었지만)은 중국의 제국적 팽창이 절정에 달했던 시기로 인식된다. 17~18세기에 청은 타이완·몽골·티베트와 중앙아시아의 일부 지역까지 자국의 영토로 편입

---

17. '중국'이 제국이었든 아니었든 간에, 지속적인 독립체로서 '중국'이라는 개념은 수천 년간 예측불허로 변화해 온 역사의 흐름을 정확하게 반영한 것이 아니라, 역사 서술과 기억의 산물이다. '중국'을 지배했던 왕조의 상당수가 민족적으로 한족 출신이 아니었다. 게다가 중국의 영속성을 강조하다 보면 중요한 분열의 시대를 가리게 된다. 여전히 더욱 중요한 요점은 종종 '중국'으로 기록되고 기억되는 정치적 독립체가 제국주의적으로 보일 수밖에 없는 방식으로 자주 행동해왔다는 점이다. 중국을 하나의 제국으로 인정하고, 중국의 제국적 통치 방식으로 공인된 연속성을 인정한 것으로는 Lieven, *Empire: The Russian Empire and its Rivals*, pp.27~40을 보라.

했다.[18] 더욱이 청의 군주들은 조선, 류큐(琉球) 제도, 안남(安南, 인도차이나), 미얀마를 아우르는 매우 광대한 지역에 대해서까지도 종주권을 주장했다. 중화인민공화국은 이 제국 시절에 점령한 국가와 속국에 대한 권리를 일부 포기했지만, 중화인민공화국의 현재 국경은 19세기 말 청 제국의 경계와 상당한 유사성을 보이며, 이는 중국의 제국적 전통의 연속성을 분명하게 입증하는 사실이다.[19]

청 제국을 연구하는 학자들은 만주족의 통치하에서 청의 영토가 극적으로 팽창했음을 지적하는 것만으로는 만족하지 못했다. 그들은 청을 전 세계 다른 제국들과 비교할 가치가 충분한 하나의 제국으로 봐야 한다는 점을 설득력 있게 주장했다.[20] 로라 호스테틀러(Laura Hostetler)의 말대로라면, 세계사의 주류에서 결코 고립된 적이 없는 청 제국은 "공인된 세계 질서에 적극적으로 참여한 국가"였다.[21] 세계 다른 지역의 제국들과 마찬가지로, 청은 거대한 다민족 제국을 운영하기 위해 여러 가지 복잡한 이념과 관행을 활용했다. 관료들은 제국의 경계를 표시하기

18. 에마 텅(Emma Teng, *Taiwan's Imagined Geography*, p.5)은 다음과 같이 요약한다. "1760년에 청은 제국의 영토 크기를 두 배로 늘리는, 믿을 수 없는 위업을 달성함으로써, 한족이 아닌 변경의 다양한 민족을 자국의 통치 아래 두었다. 청은 중국 영토의 경계를 재정립했을 뿐만 아니라, 중국을 다민족국가로 개조하여 '화'(華, 한족)와 '이'(夷, 오랑캐)라는 전통적인 경계를 허물었을 정도로, 청의 팽창주의가 끼친 영향은 이처럼 엄청났다. 그렇게 함으로써 청은 명의 그것과는 전혀 다른 '중국'의 이미지를 창조했다."

19. 청과 중화인민공화국의 국경을 비교하는 지도로는 Hostetler, *Qing Colonial Enterprise*, p.34를 보라.

20. Adas, "Imperialism and Colonialism in Comparative Perspective"; Perdue, "Comparing Empires": Emma Teng, *Taiwan's Imagined Geography*, p.3.

21. Hostetler, *Qing Colonial Enterprise*, p.1.

위해 근대적인 지도제작법을 활용했고,[22] 청 제국의 국경 안팎에 예속되어 있는 다양한 민족을 관찰하고 분류했으며,[23] 어렵게 확보한 영토에 대한 청의 지배를 공고히 하기 위해 집단 이주와 식민지 건설을 적극적으로 장려했다.[24] 이러한 측면을 비롯한 무수한 중국의 여러 관행은 학술적 관심을 증대시켰고, 동양과 서양의 개념적 차이를 좁히는 역할을 했으며, 청대 중국과 근세(近世) 세계 속 청의 위치에 대한 재평가까지 촉발했다.

단일한 중화적 세계 질서라는 개념은 점점 더 철저해진 검토와 비판을 받게 되었는데, 이는 청 제국이 그 이전의 중국 왕조가 그랬던 것처럼 다양한 방식으로 제국의 안팎에 있는 무수한 집단·국가·민족을 상대했고, 그들 중 다수가 중국 중심의 조공 체제라는 틀 안에 쉽게 적응하지 않는다는 사실이 더욱 명확해졌기 때문이다.[25] 더욱이 외교 관계에

---

22. 서구 제국주의에서 지도와 지도 제작의 역할을 보여주는 사례로는 Edney, *Mapping an Empire*; Abernathy, *Dynamics of Global Dominance*, p.8을 보라. 지도가 지도 안에 묘사한 민족과 지역에 서양의 공간·경계·영토의 개념을 새기는 역할을 한 방식을 요령 있게 요약한 것으로는 Anderson, "Census, Map, Museum," pp.247~252를 보라. 또한, Thongchai, *Siam Mapped*를 보라. 이에 상응하는 청의 사례로는 Hostetler, *Qing Colonial Enterprise*, pp.51~80; Teng, *Taiwan's Imagined Geography*, pp.34~59를 보라.

23. 서구 제국주의에서 지식의 분류와 생산이 어떠한 역할을 했는지 보여주는 사례에 관해서는 Said, *Orientalism*을 보라. 또한, Hevia, *English Lessons*, pp.119~155를 보라. 이에 상응하는 청의 사례로는 Hostetler, *Qing Colonial Enterprise*, pp.81~100, 127~204; Emma Teng, *Taiwan's Imagined Geography*, 특히 pp.122-172를 보라.

24. 서양과 일본의 제국주의에서 정착민의 역할을 보여주는 사례로는 Elkins and Pedersen, *Settler Colonialism in the Twentieth Century*를 보라. 이에 상응하는 청의 사례로는 Millward, *Beyond the Pass*; Perdue, *China Marches West*; Giersch, "A Motley Throng"을 보라.

25. Rossabi, *China among Equals*를 보라. 동아시아의 국제 관계에 대한 좀 더 전반적인 개관으로는 Warren Cohen, *East Asia at the Center*를 보라.

서 의례를 강조하는 것이 어쨌든 중국의 독특한 절차라는 생각에 관해서도 의문이 제기되었다. 제임스 헤비아(James Hevia)는 『멀리서 온 사람들을 회유하기』에서 청 제국에 왔던 일로 자주 인용되는 매카트니 사절단이 실용적이고 실질적인 영국과 의례에 사로잡힌 청 사이의 충돌을 상징하지 않는다는 주장에 강하게 동조하는 견해를 피력한다. 오히려 매카트니 사절단은 의례와 실질적인 사안이 혼재된 상황을 드러내며 경쟁한 두 제국 체제의 만남을 상징한다. 중국이 요구한 '고두'(叩頭)와 영국이 주장한 정중한 읍례(揖禮)의 차이는 많은 사람이 한때 생각했던 것만큼 그렇게 큰 사안이 아니었다.[26]

제국적 욕망과 관행의 유사성 외에도, 학자들은 인구 변동, 농업 생산성, 1인당 음식·상품 소비량, 토지 이용도 및 여러 가지 다양한 발전 지표 등의 측면에서 서유럽에서 가장 발전한 지역과 중국에서 가장 발전한 지역 사이에 놀라울 정도로 대등한 모습이 나타난다고도 지적했다.[27] 이러한 비교는 '서양의 성장'과 이로 인한 동양의 쇠락을 설명하기 위해 막스 베버식의 진부한 이론을 들먹이곤 했던 평론가와 학자들의 안일한 확신을 무너뜨렸다.[28] 전반적으로 아시아, 특히 중국은 한때

• 무릎을 꿇고 몸을 숙여 머리를 땅에 대고 조아리는 행위. 우리의 큰절과 비슷한, 전통 시대 중국에서 가장 정중함을 표하는 예절.

26. Hevia, *Cherishing Men From Afar*.
27. Pomeranz, *The Great Divergence*.
28. 한구(漢口)라는 도시가 베버 등이 인식하지 못했던 상업 지향적인 경향을 얼마나 드러냈는지를 보여주는 풍부하고 설득력 넘치는 해설에 관해서는 Rowe, *Hankow: Commerce and Society in a Chinese City*를 보라. 중국의 상업 활동을 좀 더 보편적으로 다루고 있는 책으로는 Yen-p'ing Hao, *The Commercial Revolution in Nineteenth-Century China*를 보라. 또한, Von Glahn, *Fountain of Fortune*; Brook, *Confusions of Pleasure*를 보라.

상상되었던 것보다 세계 경제의 작용에 대단히 중요했고, 심지어 중심적인 역할을 했었던 것으로 보인다. 19세기에 일어난 유럽과 중국의 '대분기'(大分岐, great divergence)는 이제 근본적인 문명의 차이보다는, 오히려 우발적이고 때로는 거의 불규칙한 요인들이 잡다하게 모여서 생겨난 결과로 보인다. 많은 측면에서 중국은 동등하게 세계사의 주류에 다시 합류했다.[29]

그러나 청 제국과 조선의 관계는 이 거대한 역사의 조류에 크게 방해받지 않은 채 잔잔하고 조용한 관계를 유지한다. 점점 많은 수의 사람이 17~18세기에 청 제국이 제국의 많은 지역에서 벌인 식민지 건설을 다른 세계 제국들의 팽창주의 활동과 동일한 현상으로 인식하지만, 조선에 관해서는 역사 문헌들이 서양 국가들(및 일본)과 청 제국 사이에 엄청난 차이가 있었던 것처럼 묘사하는 경향이 있다. 서양 국가들(및 일본)은 조선과 새로운 형식의 관계를 맺으려고 애쓰는 것으로 생각되었던 반면, 청 제국은 여러 차례 묘사된 대로 그저 기존의 정책을 유지하거나 재천명하려는 것으로 보였기 때문이다. 이러한 청의 노력에 관한 서술은 청 제국이 조선에 대한 중국의 전통적인 '종주권'을 주장하려고 애쓰고 있는 모습을 보여주기 위해 종종 '재천명', '회복', '복원' 등 유사한 계열의 단어를 사용한다.[30]

---

29. Pomeranz, *The Great Divergence*; Frank, *ReOrient*; Wong, *China Transformed*.
30. Ki-baik Lee, *A New History of Korea*, p.274; Woo-keun Han, *The History of Korea*, p.201; Deuchler, *Confucian Gentlemen and Barbarian Envoys*, pp.142~143; Hak-chun Kim, *Korea's Relations with Her Neighbors in a Changing World*, p.584; Duus, *Abacus and the Sword*, p.50; Jung, *Nation Building*, pp.155~165; Gold, *State and*

이러한 형태의 묘사는 때로는 노골적으로, 대개는 은연중에 일본 제국주의와 조선에 대한 청의 종주권 사이의 대비를 끌어낸다. 일본 메이지(明治) 정부의 정책 입안자들은 '부국강병'(富國強兵, 후코쿠 교헤이)을 이룩하려는 모색의 일환으로 팽창 정책을 포함했다. 그 시대를 목격한 사람들은 이 비약적인 발전이 서구식 근대성을 선호한 일본의 대대적인 과거 청산 작업의 효과임을 빠르게 간파했다. 당시의 한 미국인은 다음과 같이 결론을 내렸다.

이 정책은 일본을 퇴행적인 국가의 대열에서 끌어올려 근대적 발전의 선두 자리는 아니어도 최소한 제일 후방에 뒤처지지는 않게 했다. 이 정책은 일

Society in the Taiwan Miracle, p.33; 김정기, 「청의 조선정책(1876~1894)」; 박수이, 「개항기 한국무역자본에 관한 연구」, p.134를 보라. 과거 일본어·한국어·중국어로 서술된 19세기 조청(朝淸) 관계의 연구에 대한 전반적인 개관은 구선희, 『한국근대 대청정책사 연구』, pp.12~15를 보라. 이들의 연구 대다수가 조선에 대한 청의 정책을 청의 종주권 강화 내지 재천명으로 묘사한다. 이러한 경향을 거스르는, 눈에 띄는 예외적 연구가 김기혁(金基赫)의 학술 성과이다. 그는 자신의 권위 있는 연구서 (Key-hiuk Kim, *The Last Phase of the East Asian World Order*, p.348)에서 1882년에 "중국과 한국의 전통적인 종번 관계가 제국주의 세력과 식민지 종속국이라는 새로운 형태의 관계로 대체되었다."라고 결론짓는다. 애석하게도 이 결론은 중화제국 후기의 역사와 조선 후기의 역사를 연구하는 사람 모두에게 주요한 고려 사항이 되기는커녕 많은 사람에게 큰 주목을 받지 못했던 것 같다. 게다가 김기혁은 감질나게도 자신의 작업을 '새로운' 청 제국주의가 시작된 것에서 마무리하고, 그 이후에 발생한 사건에 대해서는 검토하지 않고 해답도 제시하지 않은 채로 놔둔다. 또한, Key-hiuk Kim, "The Aims of Li Hung-Chang's Policies toward Japan and Korea, 1870-1882"를 보라. 이는 조청 관계에 관한 연구가 양국의 관계를 묘사하기 위해 '제국주의'라는 단어를 사용하지 않는 점을 지적하는 것이 아니다. 사실 많은 학자가 이 단어를 사용하고 있다. 예를 들어 Dalchoong Kim, "Chinese Imperialism in Korea"; Il-keun Park, "China's Policy toward Korea: 1880-1884"; Yur-bok Lee, *West Goes East*, pp.32~40, 여러 쪽; Young Ick Lew, "Yuan Shih-K'ai's Residency"; 김정기, 「청의 조선정책(1876~1894)」를 보라. 그러나 이 경우에 대부분은 '제국주의'라는 단어가 훨씬 자주 보이는 '종주권의 재천명'이라는 표현과 함께 쓰이며, 후자의 표현이 강조된다.

본을 침체된 아시아의 삶에서 벗어나게 하고 일본의 혈관에 유럽과 미국의 생명을 불어넣었다. 다시 말해서 이 정책은 아시아의 해안에 묶여 있던 일본의 밧줄을 풀어 태평양을 가로지르는 새로운 세계 옆으로 끌어 놓아 일본이 새로운 세계와 같은 삶과 발전의 길을 가게 했다.[31]

19세기 말부터 20세기 초에 나타난 일본의 제국적 팽창이라는 명백한 현실 탓에 제국주의 열강 세력들은 일본의 지위를 승인했지만, 제국주의에 관한 서술의 강력한 기조는 "일본의 식민국 부상이 근대 제국주의의 역사에서 이례적인 사건"이라고 결론짓고, 서구 열강이 정의하고 경험한 대로 제국주의에 대한 주안점을 유지한다.[32] 그런 개념적 세계에서는 청 제국과 같은 다른 아시아 강국을 서양이나 일본 같은 근대 제국주의 국가로 생각할 여지가 거의 없는 것 같다. 청의 정책 입안자들은 주로 과거에 초점을 맞췄고, 전통적 유형의 관계에 자극 또는 제약을 받았던 것으로 생각되었다.

본 연구는 청 제국의 제국주의자들이 조선과 관계를 맺게 된 동기·전략·성공(과 실패)을 지역사(地域史)와 세계사의 주류에서 벗어난다거나 예외적인 현상으로 봐서는 안 된다고 주장한다. 흥신호에 탔던 승객

---

31. Peter Duus, *The Japanese Discovery of America*, p.38에서 재인용한 헨리 필드(Henry M. Field)의 증언.
32. Peattie, "The Japanese Colonial Empire," p.217. 이어서 피티(위의 글)는 "근대의 유일한 비서구 강대국이었던 일본의 해외 제국이 유럽 국가의 해외 제국들과 분명히 달랐고, 그 환경이 거의 어디에서도 복제되지 않았다."라고 주장했다. 일본 제국에 관한 학술 저작, 그중에서도 특히 한국과 관련된 학술 저작에 관한 종합적인 개관으로는 Schmid, "Colonialism and the 'Korea Problem'"을 보라.

들은 분명 조청(朝淸) 관계가 종주국인 중국과 속방(屬邦)인 조선 사이에 맺어진 오랜 호혜적 관계의 연장선 속에서 가장 최신의 관계일 뿐이라는 개념을 유지하는 것에 관심을 두었다. 그러나 그들은 안보부터 상업적 이익에 이르는 다수의 다양한 문제에도 관심을 가졌다. 조선에서 청 제국이 취한 조치들은 다른 제국주의자들이 조선에 취했던 조치들과 여러모로 흡사했다. 사실 몇몇 측면에서 청 제국은 제국주의자가 되려는 사람들이 따라올 수 있도록 새로운 길을 열어주었고, 조선을 아시아 지역과 세계의 정치·경제 체제에 편입시키는 데에 핵심적인 역할을 했다. 그리고 청 제국은 분명 모든 목표를 달성하지는 못했지만, 제국이 몰락하는 시점에서 청의 지도자들이 좀처럼 갖추기 힘든 유연성과 소질을 어느 정도 보여주었다.

청 제국이 조선에서 '제국주의'를 실천했다고 묘사하기 위해서는 용어의 정확한 정의가 필요하다. 불행히도 '제국주의'(imperialism)는 그 사촌격인 '식민주의'(colonialism)라는 단어와 마찬가지로 전체를 아우르는 포괄적인 정의를 사실상 의미 없게 만들어버릴 정도로 다양한 범주의 관계·사건·과정들을 묘사하는 데에 사용되었다.[33] 그러나 내가 조선에서 행사된 청 제국주의를 이해하는 데에 영향을 끼친 제국 관련 이론과

---

33. 제국에 관한 다양한 이론과 개념을 간략하고 알기 쉽게 소개한 책으로는 Howe, *Empire*를 보라. 또한, Fieldhouse, *Economics and Empire*; Fieldhouse, *Colonialism*; Maier, *Among Empires*, pp.1~143; Lieven, *Empire*, pp.3~88; Doyle, *Empires*, pp.19~50을 보라. 제국주의에 관한 한 선구적이면서도 여전히 영향력이 큰 작품으로는 Seeley, *The Expansion of England*; Hobson, *Imperialism*; Lenin, *Imperialism*이 있다. 비교적 최근인 탈식민주의적(post-colonial) 시선으로 제국주의에 접근한 것으로는 Dane Kennedy, "Imperial History and Post-Colonial Theory"를 보라.

실제의 몇 가지 핵심적인 특징을 밝히는 것은 중요하다.

첫째는 비공식 제국(informal empire) 개념이다. 존 갤러거(John Gallagher)와 로널드 로빈슨(Ronald Robinson)이 처음 명확하게 제기한 것처럼, 영토의 직접적인 합병 없이도 제국주의가 존재할 수 있다는 생각은 19세기 동아시아의 제국주의 연구에서 매우 중요하다. 비록 19세기 내내 (홍콩·마카오와 1895년 이후의 타이완을 제외하면) 외세에 의한 직접적인 영토 침탈은 없었지만, 직접적인 영토 점령이 없었으므로 동아시아에 제국주의가 없었다고 결론을 내리는 것에 동조하는 사람은 거의 없을 것이다. 위르겐 오스터하멜(Jürgen Osterhammel)은 동아시아에 나타난 비공식 제국의 특질을 다음과 같이 분명하고 간결하게 표현했다.

"여기에서 규정하는 '비공식 제국'이란, 외세의 지배를 피해 약간의 안정성과 영속성을 유지하면서도 '불평등한' 법적·제도적 장치에 의해 외세의 경제적 이득이 보장되며, 또한 온전한 주권국들 사이의 관계에서는 용인될 수 없을 정도로 정치적 간섭과 군사적 강압의 끊임없는 위협에 시달리는 역사적 상황으로 규정된다." 비공식 제국(또는 반식민주의)은 공식적인 식민지 지배에 필요한 복잡한 관계 및 비용과 대조를 이룬다. 필드하우스(D. K. Fieldhouse)의 표현에 따르면, 공식적인 식민지 지

---

34. Gallagher and Robinson, "The Imperialism of Free Trade."
35. 오스터하멜(Osterhammel, "Britain and China," pp. 148~149)은 이어서 이렇게 말한다. "'비공식 제국'이 경제적 불균형, 문화적 종속, 또는 강대국이 주변의 약소국에 간헐적으로 행사하는 압도적 영향력 이상의 것을 시사한다는 점을 파악하는 것은 중요하다. '비공식 제국'은 다음의 세 가지 특징에 의존한다. (1) 외국인을 위한 법적 특권; (2) 외부의 강요에 의한 자유무역 제도; (3) 포함(砲艦)과 '제국의' 영사 등 내정을 간섭할 수 있는 기구의 배치."

배는 "선호되는 수단이 아니라 최후의 수단"[36]일 뿐이었다.

'비공식 제국'은 19세기 말의 조청 관계를 이해하는 것과 직접적인 관련이 있다. 청을 비롯해 그 이전의 많은 중국 왕조들은 한국에게 일종의 종번(宗藩) 관계를 요구했다. 그러나 이 관계가 중국이 한국 영토를 점령한다든가 통제한다는 것을 의미하기는커녕, 한국의 내정 문제에 대한 중국의 직접 간섭을 의미하는 경우도 거의 없었다. 19세기에 청 제국은 극적으로 조선과의 관계를 변경하여 조선의 내정을 적극적으로 간섭하는 정책을 취했지만, 청의 정책 입안자들은 한반도의 직접 합병을 (추진하자는 몇몇 국내외 인사들의 요구에도 불구하고) 열심히 회피했다. 이것은 부분적으로는 오랫동안 한중 관계를 규정해 온, 종주국이면서도 내정에는 간섭하지 않는다는 전통 때문이었고, 부분적으로는 청 정치인들의 전략적 우선순위와 당시의 지정학에 대한 실용적인 판단 때문이었다.

둘째는 19세기에 제국주의와 제국주의의 실행을 자극한 상업적 이익의 중요성이다. 몇몇 서구 열강에게는 확실히 자기 제국을 확장하려는 비상업적인 이유가 있었는데, 다른 열강과의 경쟁과 기독교의 전파라는, 이 두 가지 이유는 상업적인 것보다 훨씬 중요했다. 그러나 비공식적으로든 공식적으로든 세계 육지에서 더욱 많은 지역을 지배하려는 공인된 욕구는, 주로 그런 지배가 제공할 수 있는 자원과 시장을 훨씬 많이 접할 수 있다는 기대감에 의해 더욱 고조되었다.

---

36. Fieldhouse, *Economics and Empire*, pp.476~477. 비공식 제국에 대한 다른 시각 및 공식적인 식민지 지배와의 비교에 대해서는 Lieven, *Empire*, p.29; Maier, *Among Empires*, p.35; Horowitz, "International Law and State Transformation," p.447을 보라.

그 시대 제국주의적 사업의 상당수는 레닌주의자들이 주장하는 '자본주의 독점의 단계'라든가 마르크스주의자들의 구조주의 이론에 쉽게 적용되지 않으며, 몇몇 학자들은 제국주의 팽창의 동기가 된 산업적 이익의 역할도 과장되었다는 점을 사실로 받아들인다.[37] 그러나 잠재적 이익이 제국주의자가 되려는 수많은 사람을 자극했다는 점은 종종 매우 분명하다. 이것은 특히 아시아에서 분명하다. 아시아에서 중국·일본·한국의 해안과 하안(河岸)에서 추가 개항장(開港場)에 대한 수요는 주로 이들 항구의 잠재적인 상업적 중요성에 근거했다. 최초의 제국주의 이론가 중 한 사람인 홉슨(J. A. Hobson)은 1905년에 쓴 글에서 극동의 제국주의가 "뚜렷한 상업적 욕구에서 비롯된 동기 외에도 온갖 동기와 방법에 의해 추진된 것임이 거의 낱낱이 밝혀졌다."라는 결론을 내렸다.[38]

조청 관계에서도 루이스 시걸(Louis Sigel)이 중국의 '조약항 공동체'

---

37. Lenin, *Imperialism*; 마르크스주의자들의 제국주의 이론에 대한 최근의 재평가로는 Chilcote, *Political Economy of Imperialism*을 보라. 레닌의 이론에 대한 비판은 Fieldhouse, *Economics and Empire*, pp.1~9, 38~62를 보라. 잉여자본을 수출할 필요성은 분명 일본의 제국주의가 팽창하게 된 원인이 아니었다. 왜냐하면, 기무라 미쓰히코(木村光彦)의 표현(Kimura Mitsuhiko, "Japanese Imperialism and Colonial Economy in Korea and Taiwan," p.2)대로 메이지 시대 일본은 팽창 초기에 "자본의 과잉보다는 자본의 부족으로 고생했기" 때문이다. 산업적 이익이 아닌, 재정적 이익이 영국 제국주의의 주요한 동력이었다는 주장에 관해서는 Cain and Hopkins, *British Imperialism, Innovation and Expansion*을 보라.

38. Hobson, *Imperialism*, p.307. 제국주의에 관한 홉슨의 논문이 실제로는 그 분야 최초의 논문이 아니었다는 점이 지적되어야 한다. 서구에서는 홉슨보다 게일로드 윌시어(H. Gaylord Wilshire)가 앞선다. 로스앤젤레스의 부동산 개발업자였던 그의 글이 분명 홉슨에게 영향을 주었다(Maier, *Among Empires*, p.49). 알렉시스 더든(Alexis Dudden, *Japan's Colonization of Korea*, p.24)에 따르면, 일본에서는 "일본의 무정부주의자 고토쿠 슈스이(幸德秋水)가 홉슨보다 1년 앞서 『20세기의 괴물, 제국주의』(廿世紀之怪物帝国主義)라는 제목의 책에서 식민지 정치를 통렬히 비판했다고 한다."

로 묘사한 공동체의 구성원들과 영향력 있는 상인들이 조선에서 청의 '상업 전쟁'을 공식화하고 이행하는 데에 중요한 역할을 했다.[39] 더욱이 중국 상인들은 청 제국주의의 핵심 첨병으로 선두에 섰다. 그들은 조선 각지를 돌아다녔고, 놀랄 만큼 각지에서 사업이 번창했기 때문이다.

세 번째 특징은 제국주의자가 되려는 사람들의 이익을 극대화하기 위해 조약과 국제법을 활용한 점이다. 19세기에는 갈수록 세계의 모든 민족이 주로 서양식 국제 관계를 고수해야 한다는, 매우 공격적이고 비타협적인 주장이 득세했다. 이 서양식 기준은 조약에서 규정하고 외교사절들의 협의를 통해 시행·강화된, 군주국가 및 이와 동등한 국민국가 사이의 외교적·상업적 관계를 강조했다. 사실 이 모든 관계는 쌍방의 관계였지만, 한동안 유럽을 지배한 것으로 여겨진 베스트팔렌 조약 기준의 절대적 준수까지는 아니더라도 다자간의 관계로 상정했다.

청 제국은 때때로 서구식 국제법이라는 새로운 체계의 규정을 무시하거나 강력하게 저항한 것으로 묘사된다. 그러나 청의 정책 입안자들은 조선 문제에 관한 한 조약과 국제법이 조선에서 자국민의 안전과 상업적 이익을 증진할 수 있는 유용한 도구라고 생각했다. 서구의 법을 잘 이해하고 있던 청의 정치인들은 그 법을 활용하여 조선에서 자국의 이익을 보호하고, 본국에 조약 개정을 도입하도록 하는 상황을 조성하려고 했다. 더욱이 청의 관료들은 서양의 제국주의가 중국에 법적으로 도입한 조치에 드러난 뻔뻔하고 불공평한 측면인 각국의 조계(租界)와 치외법권, 그리고 그중에서도 가장 공격적인 조치인 관세 자주권의 박탈에는 매우 분개했지만, 그들 역시 서양 제국주의 세력과 마찬가지로 청 제국을 위한 불공평한 특권을 기꺼이 조선에 행사할 생각이 있었다.

넷째, 군사·운송·통신 같은 기술의 진보는 전 세계에서 영향력을 보여주려는 선진 산업 강국의 능력을 매우 용이하게 했다. 증기선, 전신선(電信線), 포술(砲術)의 개선, 그리고 조금 뒤에 출현한 연발총과 철도는 제국주의자가 되려는 사람들이 놀랄 만큼 적은 수의 병정·선원·외교관을 활용하여 종종 멀리 떨어진 지역에 비공식적인 지배권을 확립할 수 있게 했다.[40] 근대의 기술과 제도를 충분히 활용할 수 없거나 그럴 의지가 없었던 전근대적 국가로 여전히 남아있는 청 제국의 이미지에도 불구하고,[41] 청은 조선에 대해서는 포함(砲艦)과 전신선을 비롯한 청 제국의 여러 근대적 장비를 공격적이고 강력하게 사용하여 한반도

39. Sigel, "The Role of Korea in Late Qing Foreign Policy"; Sigel, "Foreign policy interests and activities of the treaty-port Chinese community."
40. 기술의 불균형이 제국의 팽창 과정에서 결과에 어떤 영향을 줄 수 있는지를 보여주는 상징적인 사례가 키치너 경(Lord Kitchener)이 이끈 영국군과 마디(Mahdi) 민병대가 수단에서 벌인 1898년의 전투이다. 맥심 기관총(Maxim gun)으로 무장한 영국군과 그들을 도운 이집트군은 약 1만 8000명의 마디 데르비시(dervish)[금욕 생활을 하는 이슬람교 집단의 일원]를 죽였지만, 28명의 영국군과 20명의 비영국군만 사망했을 뿐이다. 맥심 기관총의 가공할 힘을 목격한 영국의 가톨릭 신자이자 시인인 힐레어 벨록(Hilaire Belloc)은 다음과 같은 시를 쓴다. "천하없어도, 갖고 있었다네./맥심 기관총을, 그리고 그들에게는 없었다네."(Meyer, *The Dust of Empire*, pp.9~10).
41. 이른바 중국의 자강(自强) 시대에 관한 학술 연구를 정리한 찰스 데스노이어스(Charles Desnoyers, "Toward 'One Enlightened and Progressive Civilization,'" p.138)는 이렇게 말한다. "최근까지 그 시대가 검토된 사상적 맥락에 상관없이, 대체로 '전통적'인 유교 사회에서 진행된 '근대화'의 결점에 관한 부분이 강조되었다. 많은 학자는 근대의 기술 및 자본주의와 대의적·헌법적 정치제도가 유교의 수호와 근본적으로 공존할 수 없다고 생각했다. '중학위체, 서학위용'(中學爲體, 西學爲用, 중국의 학문은 본질, 서양의 학문은 응용)이라는 유명한 문구에도 표현된 것과 같은, 양자를 통합하려는 어떠한 시도도 실패할 수밖에 없었는데, 조지프 레벤슨(Joseph Levenson)과 메리 라이트(Mary Wright)가 설득력 있게 주장한 것처럼 중국의 '체'(體, 본질)와 서양의 '용'(用, 응용)의 관계는 억제할 수 없을 만큼 역동적인 서양의 힘이 안정이 필요한 중국의 사회 구조에 맞서 싸우게 했기 때문이다.

에서 자국의 이익을 기획하고 수호했다.

마지막으로, 동아시아에 도입된 비공식 제국의 형태는 대체로 이리에 아키라(入江昭)가 '다자적 제국주의'라고 표현한 것임을 지적하는 것이 중요하다. 청 제국이나 조선, 도쿠가와 시대 및 메이지 시대의 일본을 점령하거나 식민지로 만든 단일한 외부 세력은 없었지만, 외부 세력들은 삼국에서 모두 자주권과 자치권을 상당히 잠식했다. 최혜국 대우의 원칙을 적극적으로 적용함으로써, 한 외부 세력이 보장받는 특권은 모든 열강이 누릴 수 있게 보장되었다. 동시에 이 다자적 제국주의에 희생된 국가들은 대체로 매우 불완전한 방식이기는 해도, 어쨌든 영토 보전과 자치권을 보장받았다.

이 모든 특징은 동아시아에서 나타난 서양의 제국주의를 지켜본 사람이라면 꽤 익숙할 것이다. 이 특징들이 청 제국과 조선 사이의 관계를 적절히 묘사하기도 했다는 사실은 종종 인식되지 않았다. 부분적으로는 지정학적 관심과 안보 문제에 영향을 받고, 또 일부는 잠재적인 상업적 이익에 자극을 받은 청 제국은 공격적으로 조선의 내정을 간섭하는 방침에 착수했다. 그러나 청의 정책 입안자들은 조선을 직접 합병하자는 요구를 확고하게 거부했다. 이홍장(李鴻章)과 그의 부관 마건충(馬建忠) 등 청의 정치가들은 조선에 진출하려는 일본과 러시아의 제국주의자들을 막아내고, 한반도에서 중국의 상업적 이익을 증진하기 위해 조약과 국제법을 활용했다. 청군은 1880년대 초반에 서울을 점령했고, 증기력을 사용하는 청의 포함(砲艦)은 1880년대부터 1890년대 초반

---

42. Iriye, "Imperialism in East Asia," p.129.

까지 줄곧 조선의 항구를 배회했다. 조선에 상주한 청의 외교관들은 조선의 여러 조약항에 중국인 조계를 만들고, 방어하고, 확장했으며, 청의 백성들은 이 조계 내에서 치외법권을 비롯한 여러 가지 불평등한 특권을 누렸다. 청 제국은 지상의 전신선처럼 핵심적인 통신 기반시설의 구축과 관리뿐만 아니라, 조선해관(朝鮮海關)과 같은 중요한 정부 기관 내에서도 특출한 역할을 했다. 이러한 역할의 상당 부분이 전통적인 의례적 종주권이라는 미명 아래 이뤄졌지만, 청의 정책 결정권자들의 마음속에서 주로 지정학적 요인과 상업적인 요소 등 다른 동기들이 큰 비중을 차지했다는 사실은 매우 분명하다.

조선에서 행사된 청 제국의 제국주의가 훨씬 광범위한 지역적·세계적 추세의 일부였다고 주장한다고 해서, 조청 관계가 동시대의 다른 제국주의 사례와 구분할 수 없을 만큼 똑같았다는 말은 아니다. 실제로

43. 중국에서 나타난 반식민주의의 특징에 대한 광범위하고 상세한 목록은 Osterhammel, "Semi-Colonialism and Informal Empire in Twentieth-Century China," pp. 290~291에서 찾아볼 수 있다. 중국에서 외국의 제국주의가 보여준 이러한 특징의 상당수가 조선에서 나타난 청 제국주의를 묘사하기도 한다. 데이비드 애버내시(David Abernathy, *Dynamics of Global Dominance*, p. 20)는 비공식 제국의 개념을 "받아들이기 어려울 정도로 모호하다."며 거부하지만, 제국주의에 대한 그 자신의 정의와 이해가 여전히 19세기 후반의 조청 관계를 묘사하는 것 같다는 점은 흥미롭다. 애버내시의 지적에 따르면, "다음과 같은 상황에서 지배국은 제국의 중심도시이고 약소국의 영토는 식민지가 된다. (1) 지배국이 약소국 영토의 국내 문제와 대외 관계에 영향을 끼칠 수 있을 만큼 중요한 결정을 할 권리를 공식적으로 주장할 때; (2) 국가 간 체제의 주요한 요인에 의해 약소국의 영토가 주권국으로 인식되지 않을 때; (3) 약소국 영토에서 경제적 또는 전략적으로 중요한 일부 지역 내에 지배국이 행정조직을 설립하고 그 조직에 직원을 제공하여, 자원을 얻어내고 분배하며 규제를 강화할 때. 예를 들어 한 항구 및 그 항구와 이어지는 내륙 지역, 해안 지대 또는 항구와 광물 및 농업 자원 지대를 연결하는 운송망에 걸쳐서 행정적인 통제가 이뤄질 수 있다." 뒤에서 드러나겠지만, 이 모든 특징은 19세기 조청 관계에 나타난다.

한 가지 핵심적인 차이는 한중 관계에는 오랜 역사가 있었다는 사실이며, 이러한 역사는 청 제국과 조선 양측이 새로운 형태의 관계를 협상하는 방식에 큰 영향을 주었다. 조선의 내정 문제에 개입하지 않는다는 중국의 일반적 경향과 적절한 유가적 의례에 입각한 우호적 관계라는 전통적 개념은 청 제국과 조선이 양국의 관계를 이해한 방식을 규정했고, 양측 모두 침범하려고 하지 않았던 경계까지도 규정했다.

1850년부터 1910년까지의 기간에 조청 관계의 일반적인 궤적은 관례적이고 의례에 입각한 기존 관계에서 서구식 조약에 입각한 관계로 변화하는 과정이었고, 조약항의 조계 및 외교 대표부를 비롯해 가장 '근대적'인 제국주의의 온갖 설비 덕택에 생기가 돌았다. 하지만 이 책에서는 이러한 변동의 과정을 전근대적(또는 전통적) 방식에서 근대적 형태의 관계로 이동하는 변화의 측면으로 묘사하려는 유혹을 거부할 것이다. 몇몇 측면에서 그러한 묘사가 정확할 수도 있다. 그러나 다른 측면에서 보자면, 의례가 오로지 전근대적 현상만은 아니다. 심지어 가장 근대적인 외교 관계라 할지라도 적절한 의식과 절차가 넘쳐난다. 조청 관계에 나타난 극적 변화를 묘사할 때 인위적이고 임의적인 이분법으로 전통과 근대성을 구분하는 것보다는, 청 제국이 세계 주요 제국의 일원으로서 새로운 도전에 대응하여 유연하게 대처해 가던 과정으로 이러한 변화를 설명하는 것이 많은 측면에서 훨씬 정확하다.

새로운 방식의 청 제국주의가 전적으로 서구식 제국주의가 아니었다는 점을 강조하는 것 역시 중요하다. 오히려 청 제국주의는 동아시아와 서구식 체제 및 관습을 섞은 혼합체에 해당했는데, 그중 가장 중요한 것은 종종 '조약항 체제'(treaty-port system)로 불려 왔다. 게다가 조선은 주변의 여러 패권국과 세계의 수많은 강대국에게 관심과 경쟁의 대상이었으므로, 여러 제국주의 전략과 체제가 경쟁을 벌이는 각축장이 되었다. 조선에 조약항 체제를 처음 도입한 국가는 청 제국이나 서구 열강이 아니라, 일본의 메이지 정부였다. 그러나 조선의 조약항 체제는 조약·항구·조계 등 그 형태가 중국과 일본 양국에서 나타난 형태와 유사해 보였지만, 일본의 정책 입안자와 외교관들은 조선에서 일방적이고 배타적인 특권을 확실하게 추구했다. 일본의 메이지 정부는 1876~1882년 사이에 한 차례, 청일전쟁(淸日戰爭)과 그 직후의 시기인 1894~1895년에 또 한 차례, 그리고 러일전쟁에서 승리를 거둔 이후인 1905년에 다시 또 한 차례 조선에 일방적이면서도 비공식적인 제국주의 통치를 시행하려고 했다. 이 일방적 제국주의에 도전한 것은 청 제국이 조선에 도입한 다자적 제국주의였다. 1882년에 벌어진 조선의 내부 사건에 청이 극적으로 개입한 이후, 조선은 일본뿐 아니라 해외의 모든 제국주의 세력에 문호를 개방했다. 청 제국은 조선에 관심을 보이거나 조선과 연관된 많은 열강 세력을 끌어들이기 위해 조약과 국제법을 이용한 그 순간에도, 전통적인 종주권에 근거하여 조선에 대한 배타적인 특권 같은 것을 유지하려는 모순적인 태도를 보였다. 평등한 주권국가 간의 서구식 관계를 신봉한 사람들은 이러한 청의 시도를 조롱했고, 청의 시도를 끔찍한 구시대적 유물로 일축했다. 그러나 조선 현지에 근무한

• 옮긴이의 질문에 대한 지은이의 답변에 따르면, 지은이는 조선의 상황만을 묘사하는 데 사용할 수 있을 것 같은 '개항 체제'(open port system)라는 표현보다, 동아시아 한·중·일 3국 모두에 적용할 수 있는 용어인 '조약항 체제'를 선호한다고 한다.

서양 외교관들은 물론이고, 본국 정부에 있던 이들의 상관 대다수들 역시 조선왕국이 자주국이자 독립국이라고 주장하면서도 종종 암묵적으로는 청이 조선에서 특별한 위치를 차지하고 있다는 주장에 동의했다.

조선에 대한 특별한 권리를 주장한 청의 문제는 청일전쟁에서 청이 극적으로 패하면서 거의 해결되었다. 그러나 청이 조선에 도입한 다자적 제국주의 체제는 배타적이고 일방적인 특권을 재천명하려는 일본의 시도 대부분을 견뎌냈다. 심지어 조선 현지에서 청의 관리들이 사라진 상황에서도 외국의 외교관, 특히 영국의 외교관들은 모든 외국 열강에 의한 동등한 접근권에 기반하고 최혜국 대우의 특권에 근거를 둔 그 체제를 어떻게 해서든 유지시키려고 했다. 이처럼 다자적이면서도 비공식적인 제국 체제는 청일전쟁 이후 10년 동안 계속되었고, 중국의 관료·상인·이민자들은 그 체제 안에서 많은 특권을 계속 누릴 수 있었다. 다자적 제국주의 체제가 흐트러지기 시작한 것은 러일전쟁에서 일본이 승리를 거두고 곧이어 조선이 일본의 보호국으로 전락한 이후였다. 조약항 체제의 많은 형태가 그대로 유지되었지만, 늘어나던 일본인 식민 세력의 엄청난 힘은 조선에서 다른 경쟁자들, 특히 중국인 경쟁자를 몰아내는 역할을 톡톡히 했다.

이러한 변화는 널리 확산되던 지역적 추세이자, 심지어 세계적 추세의 일부였다. 19세기 말까지 그 수가 점점 늘어난 제국주의 세력들은 상호 동등하게 접근할 수밖에 없는 다자적 제국주의의 권한을 포기한 채 직접적인 영토 확보에 훨씬 열을 올리고 있었다. 조선의 사례도 예외는 아니었다. '절정의 제국주의' 시대이자 지구상의 거의 모든 주요 열강 세력이 앞다투어 식민지 쟁탈전을 벌이던 시대에, 여러 조약이나

무역업자들로는 공식적인 식민통치를 확립하기 위해 일치단결한 신흥 군사 강국의 시도를 당해낼 수 없다는 사실이 입증되었다.

두 가지 문제를 명확하게 규정할 필요가 있다. 한 가지는 '중국'과 '청 제국'이 서로 통용될 수 있는 용어인지에 관한, 개념적이고 의미론적인 문제다. 중국의 역사를 수천 년간 지속한 영속체로 생각하고 싶은 오늘날의 중국인들은 필연적으로 청의 통치기를 중국사의 일부로 간주해야 한다. 그런데 손문(孫文)을 비롯한 많은 주요 한족 혁명가들은 분명 청의 만주족 통치자들을 이민족 압제자로 간주했고, 중국이 위대한 국격(國格)을 회복하기 위해서는 청의 타도와 박멸이 필요하다고 생각했다. 최근의 학술 사조는 청 제국이 우리가 오늘날 '중국'으로 인식하는 영토와 민족을 지배하기는 했었지만, 단순한 중국 왕조 이상의 존재였다는 사실을 강조하는 추세이다. 오히려 청은 다민족으로 구성되고 다중의 언어를 사용하던 제국으로서 중국의 역사적·문화적 선례에 의존했을 뿐만 아니라, 자국 영토를 관리하고 통치하기 위해 여러 민족이 제공한 다양한 관례에 의지하기도 했다. 그러나 조청 관계의 복잡성을 가중시킨 것은 청이 중국의 해안 지대를 희생해서라도 중앙아시아에 대한 청의 통치 강화에 자원을 집중하겠다는 지극히 중요한 전략적 결정 이외에도, 19세기에 조청 관계에 관한 청의 접근 방식에서 만주족(또는 비한족)의 것으로 인식될 수 있는 조치가 거의 없다는 점에 있다. 오히려 청 제국과 조선 양측 모두 양국 관계를 그저 오랜 한중 관계의 연장선상에서 나타난 최신의 사례로 간주하고 묘사하기를 선호했던 것처럼 보인다. 이 책에서는 수사학적 일관성을 위해 대체로 '중국'보다 '청 제국' 또는 '청'이라는 용어를 선호할 것이다. 그러나 책 속의 주요 인물들이 청대 이전의 선례에 호소한다든가 단순한 표현의 적절성 때문에 '중국' 또는 중국을 뜻하는 약어(略語)인 '중'(中, sino-)을 사용해야 할 경우도 있다. 게다가 이 책에서는 청 제국에서 조선으로 건너온 사람들을 언급할 때 대체로 '중국인'이라고만 언급할 것이다. 역사 기록에 따르면, 19세기 말이나 20세기 초의 조선에서 민족으로서 만주족이 거론된 사례는 어디에도 없다(그 점에서는 몽골족·위구르족·티베트족도 마찬가지다). '중국인'이라는 표현은 언급한 특정 인물이 어떤 민족에 속하는지를 밝히는 확정판결이 아니며, 그저 해당 인물이 청 제국에서 건너온 사람임을 가리키기 위한 약칭일 뿐이다.

두 번째 문제는 해당 기간에 조선과 조선인의 역할에 관한 것이다. 청 제국을 연구의 초점으로 선정하고 조선에서 벌인 청의 활동을 '제국주의'로 단정해 버리면, 청 제국이 조청 관계의 변화를 이끈 견인차 역할을 했음을 인정하고, 조선은 수동적인 희생자로 격하해 버린 느낌이 들 수 있다. 물론, 당시의 인구적·지리적·경제적·군사적 현실에서 조선의 선택권은 극히 제한적이었다. 그러나 한 역사학자가 규정한 것과는 달리, 조선과 조선의 지도자들은 "강대국들의 통제를 받는 셔플보드 위의 원반"[44] 이상의 역할을 했다. 조선이 인접한 주변국들과 맺은 관계의 방향·궤적과 최종 결과는 대부분 조선의 역량 및 조선 내부의 정치적 결정과 포석 때문이었다. 이 말은 조선이 외부 세력의 식민지로 전락하는 것을 피할 수도 있었을 것이라는, 필연적으로 사실에 반하는 과거가

* 가늘고 긴 막대로 원반을 코트 위에서 밀어서 득점 구역에 넣어 점수를 겨루는 경기.
44. Cumings, *Korea's Place in the Sun*, pp. 110~111.

있었을 것임을 주장하는 것이 아니다. 그런 일을 기대하는 것은 제국주의 절정기에 조선이 정말로 예외적이었기를 기대하는 것과 같다. 그러나 조선에 대한 청의 제국주의 전략과 전술에 초점을 맞추려는 결정 탓에, 청 제국이 '변방'인 조선에 취했던 결정과 조치가 종종 청 제국 자체에 취했던 결정과 조치만큼 중요하고 영향력이 있었다는 사실까지 왜곡해서는 안 된다.

이 책의 구성은 시대순에 따른다. 그러나 여러 장에서 각 장의 좁은 시간적 제약을 넘어서는 특정한 역사적 중요성 또는 역사 서술의 의미를 담은 문제가 어느 정도 심도 있게 강조되고 논의된다. 1장에서는 중국 본토에서 명멸한 여러 국가·민족과 한반도 내에 존재했던 여러 국가·민족 사이의 오랜 관계의 역사에 대한 개관을 제공한다. 1장의 내용은 양측 관계의 다양성, 즉 한중 관계를 우호적인 교린관계와 조공 사절에 입각한 '중화적 세계 질서'의 틀 안에서 운용된 것으로 묘사하려는 사람들에 의해 가려져 왔던 다양성을 강조한다. 이러한 시각은 중국 북방의 변경 지역에 있었던 비한족 '오랑캐들'이 세운 한국계 국가들의 의의와 중요성을 강조한다. 바로 이들 '오랑캐'의 후예가 청 제국의 설립자이자 통치자가 되었다. 그러나 1장은 19세기까지 조선이 사실상 많은 중요한 방식으로 청의 조공국 역할을 했으며, 어쩌면 조공국 중에서도 가장 훌륭한(그리고 유일한) 사례였다는 사실에도 주목한다.

2장에서는 19세기에 동아시아에서 경쟁한 제국들과 이들 제국의 체제에 관해 검토한다. 2장은 청 제국이 수많은 구성원 및 주변국과 상호작용한 방식을 변하게 한 대내외적 사건들에 주목한다. 또한, 청 제국의 조선 정책에 영향을 준 다양한 관계자들을 조명한다. 대부분의 다른 제국과 마찬가지로, 청 제국 역시 당시의 중요한 사안에 대해 한목소리로 말하는 경우는 거의 없었다. 이홍장의 '주류적 접근'은 한편으로는 이른바 청류당(淸流黨)이라 불리던 인사들의 비판에 맞서 싸워야 했고, 다른 한편으로는 중국의 조약항 엘리트들의 요구에 맞서야 했다. 조선의 경우에는 조선에 대한 청 제국의 관례적인 종주권이 1876년 이후 한반도에 일방적인 비공식 제국주의를 부과하려는 일본의 메이지 정부로부터 도전을 받았다.

3장에서는 매우 중요한 한 해였던 1882년에 초점을 맞춘다. 조선에서 일본인의 존재와 세력이 점차 증대하던 현상을 억제하려는 조선인과 중국인 양측의 갈망이 동기부여가 된 청 제국은 조선이 서구 열강들과 맺은 초기의 조약들을 중재하는, 전례 없는 조처를 했다. 일본의 일방적 제국주의에 맞서 다자적 제국주의 체제를 추진하려는 청의 이러한 활동은, 조선 병사들의 폭동이 치밀하게 마련된 청의 계획을 어긋나게 할 위협이 될 정도로 매서운 도전을 받았다. 이 사태에 신속히 대응한 청 제국은 폭동을 진압하기 위해 조선에 3000명의 군대를 파견했다. 이는 청 제국이 조선 문제에 직접 개입했음을 보여주는 명백한 사건으로서, 이전까지는 극히 드물었던 일이다. 이후 청은 조선과 최초의 통상 조약도 성사시켰는데, 이 조약의 조항은 서구 열강과 한·중·일 사이에 체결된 조약의 특징과 마찬가지로 일련의 불평등한 특권과 특혜로 가득했다. 1882년에 청 제국이 한 조치들은 19세기 후반의 청 제국을 묘사할 때 종종 무시되던 조약과 국제법에 관한 청의 관심과 기능을 보여준다. 아무리 조선이 '국가 공동체'(family of nations)의 일원이 되는 과정에 있더라도 동시에 청의 번속(藩屬, dependency) 또는 속방(屬邦, vassal)

으로 남아야 한다는 청의 주장을 국제 사회의 대부분이 받아들임으로써, 청 제국의 노력은 결실을 보았다.

4장에서는 조선의 '자강'(自强), 특히 군사 분야의 '자강'을 가능하게 하려는 청 제국의 조직적 활동을 연대순으로 기록한다. 적어도 조선의 국왕 고종(高宗, 재위: 1864~1907)의 관점에서 보자면, 이러한 청 제국의 활동은 다소 성공적이었다. 청으로부터 훈련을 받은 조선 병사들과 청군이 1884년에 일어난 쿠데타 시도를 진압하는 데 중요한 역할을 했기 때문이다. 4장에서는 청의 외교관들이 조선에서 항구적인 외교 및 영사 업무를 어떻게 확립했는지도 설명한다. 청 제국은 역사상 처음으로 해외에 공사관과 조계를 설치하려고 노력했을 뿐만 아니라, 중국 상인과 이민자들이 조선에 거주하며 장사를 하도록 적극적으로 장려했다. 종종 주목을 받지 못하는 관료 진수당이 이 활동 과정에서 중추적인 역할을 했는데, 그는 중국인의 상업을 돕고 조선에서 배타적인 일본인의 특권을 유지하려는 일본의 시도를 막아냈다.

이어진 5~7장에서는 원세개가 조선에서 '주차관'(駐箚官)으로 재직하던 기간(1885~1894)을 살피고 있다. 5장에서는 청 제국이 어떻게 조선

• 국제법상 동등한 지위를 지닌 것으로 인정받는 주권 국가들의 공동체. '국제 사회'(international society)와 비슷한 의미를 지닌 표현으로, 독일 출신의 법학자 오펜하임(L. F. L. Oppenheim, 1858~1919)이 자신의 저서 『국제법 1권: 평화』(*International Law: volume I, Peace*, 1905)에서 제시한 개념이다.

•• 원세개는 서양인들에게 건넨 명함에서 자신의 신분을 "His Imperial Chinese Majesty's Resident, Seoul"이라고 표현했다. 기존의 연구에서는 그의 지위를 통상 '감국'(監國)으로 표현했지만, 옮긴이는 유바다의 논문(「1885년 주차조선총리교섭통상사의 원세개의 조선 파견과 지위 문제」, 2017)을 참조하여 이를 '주차관'(駐箚官)으로 번역했다.

최초의 육로 전신선을 설치하여 가동했고, 조선해관을 어떻게 설립했으며, 조선이 해외로부터 차관을 도입하려는 시도의 성패에 청 제국이 어떤 중요한 역할을 했는지를 검토한다. 4장은 이 모든 경우에서 청 제국 내부의 다양한 집단의 목표와 전략이 항상 일치하지는 않았었다는 사실에 주목한다. 게다가 (조선의 '자강' 개혁을 용이하게 하려던 초창기 청의 노력은 물론이고) 청 제국이 제국주의라는 거의 확실한 '근대적' 도구와 기술의 사용에 역점을 두었던 것을 보면, 청의 간섭이 본질적으로 '시대착오적'이고 '비논리적'인 특성을 가졌으므로 조선의 개혁과 근대화에 있어 불변의 장애물이었다는 한국 측 역사서술의 확고한 입장에 대해서는 재검토가 필요하다.

6장은 전반적으로 청 제국이, 그리고 구체적으로는 원세개가 조선의 독립과 자치에 이의를 제기한 것으로 여겨지던 태도들을 탐구한다. 6장은 그간 청 제국에서 파견한 '현지 관료' 원세개를 지나치게 강조함으로써, 강압적이고 내정을 간섭했던 그의 책략과 음모의 상당 부분이 종종 중국에 있는 그의 상관들의 반대로 무력화되었던 점을 간과하게 한다는 사실을 지적한다. 외교와 대외 관계의 영역에서, 청 제국은 조선왕국의 지위가 대체로 국가 공동체에 속한 자주적 회원국이면서도 청의 속방이라는 점을 성공적으로 공인받았다. 청이 해외에 공사관을 설립하려는 조선의 시도를 좌절시켰다는 점을 강조하는 사람들은, 청 제국과 모든 관습적 관계를 단절하려고 했던 조선 정부의 실제 욕망과 그러한 과정이 조선에 가져다줄 것으로 전망되는 이익 모두를 과장한다. 결국, 조선에서 활동한 대부분의 외국 세력들은 조선의 완전한 독립의 증진을 지지하는 것보다는 조선에서 불평등한 접근과 특권을 유지하는 것에 훨씬 큰 관심을 기울였다.

　7장에서는 청 제국이 원세개가 주차관으로 조선에 근무하는 동안 조선에서 계속 중국인의 상업을 지원하고 증진한 방법들을 설명한다. 조선에 대한 청의 의례적 종주권 유지를 비롯해 여러 정치적인 문제에 대한 청의 관심을 지나치게 강조한 학자들은 이러한 상업 활동을 종종 대단치 않게 생각하거나 무시했다. 청의 관료들은 조선의 수도와 조약항에서 중국인의 거주를 확대하고 보호하는 일에 힘썼고, 중국의 해운업을 증진하려고 노력했으며, (항상 성공한 것은 아니었지만) 조약항 체제와 조선해관의 규정을 피해 가려고 했다. 중국 상인들은 기존과 신규의 다양한 업종과 분야에서 일본 상인들의 훌륭한 경쟁상대임이 증명되었다. 중국 상인들은 다양한 지리적·조직적 장점을 비롯한 여러 가지 이점을 누렸고, 이러한 사실은 그들의 상업적 명성이 성장하게 된 배경의 설명에 도움을 준다. 그러나 마찬가지로 중요한 것은 조약이 보장하는 특권과 특혜의 배경인데, 바로 이러한 특권과 특혜를 청이 조선에 도입하고 지원한, 다자적이면서도 비공식 제국 체제가 제공했다는 사실이다.

　8장에서는 청일전쟁과 그 후폭풍으로 생겨난 일들을 검토한다. 일본의 극적인 승리는 북경(北京)으로 향하던 조선 조공 사절의 종결을 초래했고, 그 결과 전통적인 청의 의례적인 종주권의 종식을 시사했다. 한반도에 대한 군사력의 우세를 활용한 일본의 메이지 정부는 조선에 일방적이고 독점적(이지만 여전히 비공식적)인 제국주의의 관행과 특권을 재도입하려고 노력했다. 이러한 일본의 활동에 대한 반대를 주도한 세력은 조선에 거주한 영국의 외교관들이었다. 그들은 다자적 제국주의 체제를 옹호하기 위해 노련하게 조선이 외국 열강들과 맺은 조약을 들먹였다. 그들의 노력은 결실을 맺었고, 중국 상인들이 조선으로 돌아와 조선 해외 무역의 핵심적 요소들의 통제를 놓고 일본인들과 성공적으로 경쟁을 계속할 수 있는 공간을 지켜냈다. 요컨대, 1894년 이후 중국과 중국인이 조선이라는 무대 위의 주역 자리에서 사라졌다고 널리 알려진 견해에도 불구하고, 중국인의 조선 체류와 활약은 조약항 체제라는 안락한 범위 내에서 그 후에도 10년간 계속해서 확대되었다.

9장에서는 일본의 러일전쟁 승리, 조선이 일본의 보호국임을 선언한 을사늑약(乙巳勒約), 그리고 1910년에 결국 조선이 일본에 공식 합병된 탓에 다자적 제국주의가 종말을 거둔 상황을 연도순으로 서술한다. '절정의 제국주의' 시대에 조약과 국제법으로는 군사력을 바탕으로 영토를 합병하려는 일치단결의 도전을 상대할 수 없다는 사실이 입증되었다. 중국과 서양의 상인들 모두 점차 경쟁에서 밀려나 설 자리를 잃게 되자, 조선에서 갈수록 공식화되고 있던 일본의 식민 세력은 한반도 내에서 일본의 상업에 매우 유익한 존재가 되었다. 9장에서는 중국의 종주권에 대한 관념과 중국 문화가 한국에 끼친 이른바 악영향이 한국의 역사와 정체성을 재구성하는 데에 끼친 중요한 역할에 관해서도 탐구한다. 마지막으로 9장은 청이 조선에서 선보인 제국주의적 전환의 중요성과 유산에 관한 몇 가지 일반적인 관찰로 마무리한다.

1. 19세기 이전의 한중 관계

서구 열강들은 19세기에 조선과 상업적 또는 외교적 관계를 체결하려고 할 때, 종종 청 제국에 조청 관계의 본질을 설명해 달라고 요청했다. 1861년에 설립된 청의 대외 정책 기구인 총리아문(總理衙門)은 이러한 문의 중 한 건에 다음과 같이 답변했다. "조선은 비록 중국의 조공국이지만, 그 나라는 본래 모든 정치·교화(敎化)·금율(禁律)·명령 등을 처리할 때 해당 국가가 스스로 결정하며, 중국은 절대 간섭하지 않는다."[朝鮮雖係臣服中國, 其本處一切政敎禁令, 槪由該國自行專主, 中國向不與聞] 일본의 외교관들은 다음과 같이 유사한 답변을 받았다. "그들(조선)이 중국의 번속이라는 사실은 본

---

1. 총리아문에서 루더포드 알콕(Rutherford Alcock)에게 보낸 1868년 3월 10일(同治 7.2.17) 자 공문, 『中日韓關係』, p.96. 이와 유사한 공표로는 총리아문에서 프레데릭 로(Frederick Low)에게 보낸 1871년 12월 23일(同治 10.11.12) 자 공문, 『中日韓關係』, pp.243~244을 보라. 〔총리아문에서 로에게 보낸 공문의 원문은 다음과 같다. "朝鮮雖爲中國屬國, 其國之政敎號令, 由其自主, 中國向不遙制."(조선은 비록 중국의 속국이지만, 그 나라의 정치·교화·명령은 그들이 자주적으로 결정하며, 중국은 원래 멀리서 통제하지 않는다)〕

래 천하가 아는 사실이고, 그들(조선)이 자주국이라는 사실 역시 천하가 아는 사실이다."(其爲中國所屬, 固天下所共知; 其爲自主之國, 亦天下所共知) 이런 진술은 외국, 특히 서구의 관찰자들에게 약간의 당혹감도 일으키지 않았다. 1880년대에 고종의 고문을 맡았던 미국인 판사 오언 데니(Owen Denny)는 청 제국과 조선의 관계가 "흐로티위스, 바텔, 휘턴처럼 잘 알려진 국제법 해설자들도 결코 이해하지 못할" 원칙에 근거했다는 결론을 내렸다. 북경 주재(駐在) 미국 공사 존 러셀 영(John Russell Young)은 청의 주장이 "이러한 동양적 독립 주권과 관련하여 나타나는 허구와 과장"의 일부일 뿐이라고 일축했다.

서구 열강의 대표자들은 한중 관계를 자기들이 이해할 수 있는 범

---

2. 총리아문의 문서, 1879년 2월 8일(光緖 5.1.18), 『中日韓關係』, pp.353~354.

• 근대 자연법의 원리에 입각하여 국제법의 기초를 확립한 네덜란드의 법학자이자 외교관 겸 정치가 휘호 흐로티위스(Hugo Grotius, 1583~1645). 그는 '국제법의 아버지', '자연법의 아버지' 등으로 불린다.

•• 스위스 출신의 국제법 연구자 에머리히 드 바텔(Emmerich de Vattel, 1714~1767). 휘호 흐로티위스의 영향을 받아 국제법을 연구한 그는 1758년 대표작 『국제법』(Le droit des gens)을 출간했다. 이 책은 1760년에 영어로 번역되어 벤저민 플랭클린(Benjamin Franklin), 조지 워싱턴(George Washington) 등의 미국 정치가들이 탐독하는 등 국제적 권위와 명성을 얻었다.

••• 미국의 법학자 겸 외교관 헨리 휘턴(Henry Wheaton, 1785~1848). 그의 대표작 『국제법의 원리와 국제법사의 개관』(Elements of intenational law with a Sketch of the History of the Science)은 1864년 중국에서 『만국공법』(萬國公法)으로 한역(漢譯)되어 중국인들이 서유럽의 국제법을 인식하는 기본 서적이 되었고, 1868년에는 일본어로도 번역되었다. 이 책은 유길준(俞吉濬)·황현(黃玹)·정교(鄭喬) 등 구한말의 여러 지식인이 인용한 바 있으며, 근대 교육기관인 육영공원(育英公院)에서 교과서로 사용되기도 했다.

3. Denny, *China and Korea*, p.24.

4. M. F. Nelson, *Korea and the Old Orders in Eastern Asia*, p.162.

5. 이에 대한 비판으로는 Duara, *Rescuing History from the Nation*을 보라.

주 안에 적용하기가 어렵다고 느꼈을 수도 있다. 그러나 그들은 19세기의 한중 관계가 천년 이상의 전통까지는 아니어도 여러 세기 동안 계속된 것이라는 중국의 주장을 받아들이는 데는 거의 아무런 어려움도 없었다. 청의 관료들은 중국과 한국의 관계가 과거에도 같았고 앞으로도 언제나 같을 것이라는 서구 열강의 잘못된 개념을 바로잡아 주려고 하지 않았다. 이러한 개념은 아시아와 서구의 역사학자들에게 여러 세대 동안 큰 영향을 미친 두 가지 가정에 근거했다. 첫 번째 가정은 현재부터 고대까지 역사를 추적할 수 있을 만큼 본질적인 특성을 갖췄고, 쉽게 규정할 수 있으며, 잘 관찰할 수 있는 국가인 '중국' 또는 '한국'이라는 나라가 존재한다는 점이다. 역사학자들은 종종 '외국인'이 거주하거나 영향을 주었던 시대, 심지어 '외국인'으로부터 지배를 받았던 시대를 무시하거나 자국의 역사로 통합함으로써, 역사적 연속성이 단절되지 않은 서술을 창작하기 위해 상당한 사고력 훈련을 해 왔다. 중국과 한국 모두 수천 년 동안 단절되지 않은 역사를 지닌 국가로 주장할 수 있다는 생각은 오늘날에도 여전히 강력하게 남아 있다. 두 번째 가정은, 전근대 시기 중국의 대외 관계가 모두 그런 것은 아니어도, 대부분의 대외 관계가 중국의 주변국들이 주기적인 조공 진상을 통해 공인한 중화주의적 질서 내에서 수행되었다는 것이다. 그러나 중국 본토의 주민·국가와 한반도에 거주한 주민·국가 사이의 관계를 피상적으로만 검토해 보더라도, 조화로운 동맹 관계부터 공공연한 전쟁 관계에 이르기까지 다양한 상호작용이 있었음을 알 수 있다. 조공 체제나 존 킹 페어뱅크(John King Fairbank)가 주창한 '중화적 세계 질서'라는 현혹되기 쉬운 단순 논리로는 여러 세기에 걸쳐 계속된 한국과 중국 사이의 복잡다단한 관계의 다양성을 거의 제대로 다룰 수 없다.[6] 그럼에도 불구하고 이상적 형태의 조공 체제를 드러내는 몇몇 측면은 19세기의 서양인 관찰자들을 무척이나 혼란스럽게 했던 한중 관계와 대략 비슷하다.

시작

한중 사이의 관계가 언제 시작되었는지를 정확하게 결정하는 것은 주로 '중국'과 '한국'에 대한 정의와 고대 문서의 신뢰성에 달려있다. 기원전 1122년에 신생 왕조인 주(周) 왕조를 떠나 평양(平壤)의 '유경'(柳京) 근처를 중심으로 한반도에 자기 왕국을 건설한 것으로 알려진 '기자'(箕子)의 전설은 다양한 유가(儒家) 경전에 언급되어 있고, 일찍이 고려(高麗) 시대(918~1391)에는 한국에도 널리 알려졌다. 그러나 기원전 12세기경 한반도에 상(商)의 인물이 머물렀음을 보여주는 갑골(甲骨)과 청동 기물(器物) 등의 고고학적 증거는 아직 발굴되지 않았다. 연국(燕國)의 국경을 넘어 한반도로 망명하여 한반도에 '위만조선'(衛滿朝鮮)으로 알려진 왕국을 건설한 위만(衛滿)의 이야기는 중국 측의 여러 역사 문헌에 언급되고 있다. 위만이 '중국인', 즉 '연' 출신으로 보아야 할지, 아니면 '한국인'으로 간주해야 할지는 여전히 상당한 논란거리이다. 위만이 어

---

6. Fairbank, ed., *The Chinese World Order*. 페어뱅크를 비롯한 학자들은 (다른 무엇보다도) 중국의 주장인 중화중심주의를 분명하게 받아들여 중국식 용어인 '조공 체제'를 사용해 중국과 외세의 관계를 묘사했다는 이유로 격렬한 비판을 받았다. Schmid, "Constructing Independence," pp.25~30을 보라. 지난 3세기에 걸친 중국의 대외 정책에 관한 전반적인 개관에 대해서는 Mancall, *China at the Center*를 보라. 또한, Warren Cohen, *East Asia at the Center*를 보라.

디 출신이든 간에 어쨌든 위만과 그의 자손들이 통치했던 왕국은 기원전 108년 중국의 한조(漢朝)에서 보낸 군대에 의해 파괴되었다.

많은 사람은 위만조선의 멸망 이후 한반도에 중국의 행정 구역 단위인 '군'(郡)이 설치된 사건을 한국에서 중국의 제국주의가 실현된 최초의 명백한 사례로 인식한다. 만약 지도로 표시한다면, 대부분의 중국 역사책까지는 아니어도 많은 중국 역사책에서 적어도 한반도 북부를 이견의 여지없는 한 제국(206 B.C.~A.D. 220) 영토의 일부로 포함시키고 있다.[7] 몇몇 한국인 학자는 낙랑(樂浪)·임둔(臨屯)·현도(玄菟)·진번(眞番) 같은 한의 군(郡)이 한반도가 아니라 한반도 북서쪽의 요동(遼東) 일대에 있었다는, 그다지 설득력 없는 주장으로 대응한다.[8] 다른 한국인 학자들은 한사군(漢四郡)을 그저 한의 전초 기지에 불과하며, 그 존재와 영향력이 지역의 한반도 주민들로부터 강력한 저항을 받았던 것으로 묘사한다.[9] 그러나 고고학적 기록은 한사군이 한반도의 여러 지역에서 부인할 수 없을 만큼 영향력 있는 존재였다는 사실을 증명한다.[10] 한사군의 정치적 또는 행정적 통제력이 실제로 어느 정도였든 간에, 한반도의 수많은

---

7. 예를 들어 Warren Cohen, *East Asia at the Center*, p.20, 23; Cottrell, *East Asia*, p.24; Ebrey et al., *East Asia*, p.44, 62; Fairbank, *China: A New History*, p.61을 보라.

8. 이런 주장을 내세운 최근 연구로는 Hyun-hee Lee et al., *New History of Korea*, pp.92~102를 보라.

9. 한국의 역사학자들은 종종 한반도 남부에 있었던 부족 연맹체 '삼한'(三韓)에 초점을 두었는데, 삼한은 중국이라는 존재에 그다지 영향을 받지 않은 것으로 인식되었다. '대한민국'이라는 국호에서 '한'은 삼한을 떠올리게 한다(Hyun-hee Lee et al., *New History of Korea*, pp.135~141).

10. Pai Hyung-il(배형일), *Constructing "Korean" Origins*, pp.127~236, 291~409; Sarah Nelson, *Archaeology of Korea*, pp.164~205.

거주민들은 예술 형태와 기술부터 저술·사상·정치조직·국정운영 같은 체계에 이르기까지 중국에서 기원하여 한사군을 통해 한반도에 전래된 모든 것을 기꺼이, 그리고 열렬하게 받아들였음이 분명하다.

한사군은 한 왕조보다 오래 지속했지만, 점차 성장하던 고구려(高句麗) 왕국(37 B.C.?~A.D. 668)의 정치적·군사적 힘이 한사군의 존재를 갈수록 무력하게 했다. 한사군의 최후의 보루였던 낙랑군은 313년에 고구려군에 의해 멸망했다. 한국에서 '삼국시대'로 알려진, 그 이후의 몇 세기 동안은 고구려·백제(百濟, 18 B.C.?~A.D. 660)·신라(新羅, 57 B.C.?~A.D. 936) 삼국의 치열한 경쟁이 돋보인 시기였다. 때때로 세 나라는 모두 한반도에서 생존과 패권을 차지하려는 투쟁에서 중국 본토의 다양한 세력과 동맹을 모색했다. 또한, 삼국은 과거의 동맹국들과 격돌도 불사했다. 가장 극적인 군사적 대립은 수(隋) 왕조(589~618)와 고구려 왕국 사이의 충돌이었다. 7세기 초에 이뤄진 수의 대대적인 공격은 고구려군에게 격퇴되었다. 고구려군의 지휘층, 특히 을지문덕(乙支文德) 장군은 오늘날까지도 한국인들의 영웅으로 추앙받고 있다. 수는 고구려에 참패한 것이 부분적인 원인이 되어, 618년에 붕괴했다. 수의 다음에 들어선 당(唐, 618~907)은 한반도 동남부의 신라 왕국과 동맹을 맺었다. 나당연합군은 660년대에 백제 왕국을 멸망시키고, 이어서 고구려 왕국까지 멸망시켰다. 이후 한국 영토에 주현(州縣)과 괴뢰 왕국을 설치하려던 당의 시도는 신라의 문무왕(文武王, 재위: 661~681)으로부터 강력한 저항을 받았다. 문무왕이 당군(唐軍)을 격파하자, 중국은 676년에 신라의 자치를 인정하게 되었다.

신라와 당의 관계는 초기에는 이따금 충돌이 있었지만, 보통은 상당히 친밀했다. 중국 측 문헌에서 언제나 조공 사절로 기록되었던, 신라의 공식적인 외교·상업 사절단은 중국과 한국 사이의 성대한 무역을 가능하게 했다. 한국의 상인과 이주민들이 당 제국에 몰려들어 산동(山東) 등지에 형성된 '신라방'(新羅坊)에는 많은 사람이 드나들었다.¹² 최치원(崔致遠) 같은 한국인 학자들은 당의 관료로 근무하기도 했다.¹³ 신라의 승려들은 중국의 사원까지 여행했다. 한국인 병사들은 당군(唐軍)으로 복무했고, 심지어 당군을 이끈 장수도 있었다.¹⁴ 국제적이었던 당은 신라와 신라 북방의 인접국 발해(渤海, 698~926)가 당의 조공국 역할을 받아들이고 너무 많은 문제를 일으키지 않는 한, 이들 왕국과 기꺼이 우호적인 관계를 유지하며 양국을 포용하려고 했던 것으로 보인다.

당의 붕괴는 신라의 소멸과 대략 일치했다. 분열과 통합의 시기를 거친 후, 송(宋, 960~1279)과 고려(918~1392) 왕조는 각각 중국 본토와 한반도에서 통일되고 중앙집권적인 통치를 확립했다. 고려 초기의 국왕들이

---

11. 한국·중국을 비롯한 동아시아 대부분의 역사책에서는 고구려가 '한국'이었다는 한국 측의 주장을 훨씬 보편적으로 받아들였지만, 중화인민공화국이 추진하는 초대형 학술·고고학 프로젝트인 동북공정(東北工程)에서는 고구려가 "약 2000년 전 중국의 북방에 있었던 소수민족이 설립한 정권이었으며, 중국 문화의 중요한 일부를 대표한다."는 중국 측의 주장을 강조했다("China's Ancient Koguryŏ Kingdom Site Added to World Heritage List"). 〔이 기사는 《인민망》(人民網), 2004년 7월 2일 자 기사에서 웨이춘청(魏存成) 길림대학 교수의 발언을 인용한 것임〕 이 논쟁에 관한 자세한 내용은 Ahn, "Competing Nationalisms."을 보라.
12. Reischauer, *Ennin's Travels in Tang China*, pp.272~294.
13. Peter H. Lee and de Bary, *Sources of Korean Tradition*, 1: p.67, pp.71~73.
14. 중앙아시아에서 당이 펼친 몇몇 전투를 이끈 지휘관 고선지(高仙芝)는 한국 출신이었다. 그는 탈라스 전투(751년)에서 아랍군에게 패배했을 당시에 당군을 지휘하고 있었던 것으로 유명하다(Holcombe, *The Genesis of East Asia*, p.24).

중국에 갖는 태도와 접근방식은 많은 측면에서 당시 매우 보편적인 한국인들이 중국에 갖는 태도를 상징하고 있었다. 이전의 왕조들처럼 고려 역시 중국에 조공을 바쳤지만, 고려인 관료들은 조공 사절단에 참여한 것이 고려인의 복종을 표현한 것이 아니라 중국과의 관계를 제한하려는 의도임을 분명히 했다. 10세기 후반에 활동한 고려의 저명한 정치가 최승로(崔承老)는 "이제부터는 조공 사절들에게 무역 업무를 겸하게 하고, (중국과의) 나머지 모든 접촉은 일절 엄격하게 금지해야 한다."[15](自今因其聘使, 兼行貿易, 其餘非時買賣, 一皆禁斷)라고 주장했다. 고려를 창건한 태조(太祖) 왕건(王建, 재위: 918~943)은 한반도의 역대 왕조가 중국에 중요한 문화적 부채를 빚고 있다는 점을 인정했지만, "우리나라는 …… (중국과) 다른 지리적 위치에 있으며, 우리 민족의 특성은 (중국 사람들의 특성과) 각각 다르므로, 비이성적으로 중국의 방식을 베끼기 위해 안간힘을 쓸 이유가 없다."[16](惟我東方, …… 殊方異土, 人性各異, 不必苟同)라고 경고했다. 자체의 독창성을 인식하고 있던 고려는 조공 사절을 활용하여 송과 우호 관계를 유지하는 한편, 중국과 적당한 거리를 유지하기도 했다.

고려가 언제나 "중국의 방식을 베끼지"는 않았던 또 다른 태도는 고려의 북쪽 국경에 인접한 주변국과의 상업 활동에서 나타났다. '오랑캐'가 한국을 급습한 사례는 매우 많다. 1010년에는 거란군이 고려의 수도 개성(開城)을 공격하여 약탈했다. 한 세기 후에는 여진족이 세운 금(金)이 자기들의 요구가 충족되지 않는다면 침략하겠다고 위협했다. 그 후에도 몽골족이 동아시아 대부분과 그 너머의 지역까지 통치를 확립하게 되자, 고려는 1250년대에 몽골 제국의 속국이 되었다. 한 세기가 넘도록 고려의 왕세자(王世子)는 몽골의 수도에 인질로 가 있었고,

몽골의 공주와 결혼했으며, 선왕(先王)이 죽은 후에야 고려로 돌아왔다. 몽골족의 원조(元朝)가 멸망한 1368년에 고려의 왕족들은 혈통상으로 고려인보다는 몽골인에 가까웠다.[17] 당대나 송대의 중국인들이 대체로 한국의 의례적인 종속 선언과 주기적인 조공 사절에 만족했던 것과는 달리, 몽골은 고려 영토에 '다루가치'(darughachi, 達魯花赤), 즉 일종의 판무관(辦務官)을 배치했다. 그들은 수포로 돌아간 두 차례의 일본 원정에도 고려에 대규모의 지원을 요구했다.[18]

많은 경우 고려의 지도자들은 중국의 송조에 조공을 제공하는 동시에, 북방의 다양한 '오랑캐' 세력에게도 조공을 제공했다. 이후 세대의 한국인들은 이러한 전략을 고려 왕국의 생존을 보장하는 실용적인 노력으로 기억했다. 『조선왕조실록』(朝鮮王朝實錄)에 수록된 1554년의 한 기사에서는 이 고려의 전략을 다음과 같이 묘사하고 있다.

맹자(孟子)는 "작은 쪽이 큰 쪽을 섬기는 이유가 하늘을 두려워하기 때문"이라고 했습니다. 이른바 '두려워한다'는 것의 의미는 다른 것을 가리키는

---

15. Ch'oe Sŭngno, "Ch'oe Sŭngno: On Current Affairs," 1: p.283. 『高麗史』 卷93, 「崔承老傳」. 해당 구절은 최승로가 조정에 올린 '시무28조'의 제 5조)

16. Wang Kŏn, "Wang Kŏn: Ten Injunctions," 1: p.155. 『高麗史』 卷2, 「太祖世家」. 해당 구절은 〈태조 26년 4월조〉에 수록된 '훈요십조'(訓要十條)의 제 4조)

17. 오늘날의 일부 한국인은 한국의 인기 요리인 '불고기'가 몽골이 한국을 지배하던 시기에 비롯된 음식이라고 생각한다. 그러나 불고기와 실제 13세기의 몽골식 조리방식의 연관성은 아무리 봐도 불확실하다.

• 정치외교 등의 업무를 처리하기 위해 보호국이나 식민지에 파견하는 관리.

18. 고려가 몽골에 예속된 상황을 다룬, 최고의 영미권 도서는 여전히 Henthorn, *Korea: The Mongol Invasions*이다.

것이 아니라, 대국의 위세(威勢)를 두려워하여 자기 백성을 잘 보호하는 것을 일컫는 것입니다. 그렇다면 대국을 섬기는 것은 그저 백성을 보호하려는 것일 뿐입니다. 만약 한갓 대국을 섬긴다는 명분만 있고 오히려 백성에게 해를 끼치는 실상을 초래하는 사람이 있다면, 그 사람이 아마 깊이 생각하여 (상황을) 잘 처리하지 못했기 때문일 것입니다. 고려 시대에는 남쪽으로 송을 섬기고 북쪽으로는 금(金)을 섬겼습니다. 송에 입조할 적에는 금을 섬기는 일을 숨기고, 금에 입조할 때는 송을 섬기는 일을 숨겼습니다. 윤리적 관점에서 보자면 바르지 못한 일이지만, 임기응변의 융통성 관점에서 보자면 백성을 보호하는 수단을 확보한 것이라고 할 수 있습니다. 만약 그렇게 하지 않고 송을 섬기면서 금과 관계를 단절했다면, 온 나라의 백성이 모두 물고기와 고기가 되(어 비명횡사하고 죽)었을 것입니다. 고려가 어찌 500년을 더 버틴 이후에 멸망(하여 이렇게 오랜 세월 동안 생존)했겠습니까? 그러므로 당시의 모신(謀臣)들이 국정 운영 계획을 잘 세웠음을 알 수 있습니다.[19]

孟子曰: "以小事大者, 畏天者也." 其所謂畏之之意者, 非指他也, 畏大國之威, 而能保其民之謂也. 然則其事大國, 只欲保民而已. 苟或徒有事大國之名, 而反招害民之實者, 則其可不深思而善處之乎! 高麗之世, 南事宋·北事金, 朝於宋, 則諱其事金; 朝於金, 則諱其事宋. 以經論之, 雖以不正, 以權論之, 可謂能得保民之道矣. 苟或不然, 事宋而絶金, 則一國之民, 盡爲魚肉, 高麗豈待五百年以後亡哉? 然則當時謀臣之善爲籌策, 可知矣.

자주 인용되는 한 속담에서는 한국을 고래들 사이의 새우로 묘사한다. '한국'이라고 인식할 수 있는 민족과 정치체가 거의 2000년 동안 생존해 왔다는 사실은 한반도에 거주한 사람들의 끈기와 능력을 입증한다. 한국이라는 새우는 무력 저항, 외교적 협상, 복종 등을 결합한 다양한 방식을 노련하게 활용함으로써, 계속 교체되었던 고래들보다 오래 버티며 생존해 왔다.

조선과 중국의 관계

조선왕국(1392~1910)이 개국할 때까지, 한중 관계는 조공 사절을 통해 표현된 것처럼 여러 세기 동안 중국의 종주권 요구를 한국이 수용하는 방식에 입각했다. 내륙 아시아의 '오랑캐' 제국들이 주기적으로 명멸함에 따라 종종 이러한 관계 방식은 방해를 받았고, 중국과 한국 모두 훨씬 더 직접적이고 혹독한 요구를 강요받기도 했다. 1368년에 명이 출현하여 동아시아에서 구심적 역할을 행사함에 따라, 한국인들은 동아시아 지역에서 가장 강력한 국가와 몇 가지 합의를 모색할 필요가 있었다.[20]

19. Etsuko Hai-Jin Kang, *Diplomacy and Ideology in Japanese-Korean Relations*, p.169에서 재인용. 『明宗實錄』 권17, 명종 9년(1554) 7월 18일 병진일 두 번째 기사)
20. 명과 조선의 합의는 당시로서는 거의 예외적이지 않았다. 데이비드 강(David Kang, "Hierarchy, Balancing, and Empirical Puzzles," p.174)은 "중국의 협조는 명(1368~1644)·청(1644~1911) 시대 동안 동아시아에서 표준이었다. 그러나 주변국들이 대체로 중국과 상관없이 국내 및 대외 정책을 자유롭게 시행했으므로, 이것은 국가의 자치에 중대한 손실이 되지 않았다."라고 서술한다. 중국이 중심이 된 이러한 '국제 체제'가 "일본부터 샴까지 …… 6세기 이상" 동안 "본질적으로 같은 방식으로 기능했다."라고 한 데이비드 강(위의 논문, p.175)의 주장은 청 제국이 주변국과 맺은 관계의 다양성을 무시하고 있다는 점이 지적되어야 한다. 그의 논평은 한국·류큐(琉球)·안남(安南), 그리고 이들 국가보다는 정도가 덜하지만 일본 등 페어뱅크가 '중화권'(Sinic zone)이라고 표현한 몇몇 국가에는 매우 적절하다. 그의 논평은 명·청과 중앙아시아(러시아 포함) 및 그 너머의 다양한 세력 사이의 관계를 설명하기에는 매우 부적절하다. '중화권'이라는 표현에 관해서는 Fairbank, "A Preliminary Framework," p.2, 13을 보라.

우선 한국과 아시아 패권 세력들과의 관계는 조선왕국 창건의 주요한 이유였다. 1388년, 고려 왕국의 마지막 군주의 한 사람이었던 우왕(禑王, 재위: 1374~1388)은 만주 영토의 영위권을 주장한 명조 중국에 항의하기 위해 북쪽으로 군대를 파견했다. 그는 명이 고려의 영토로 여겨지는 땅을 침탈한 것에 분개했고, 한반도의 북쪽과 북서쪽에 상당한 영토를 점령하여 여전히 강력했던 몽골 세력을 달래려고 했다. 우왕은 고려 군대의 주요 장수였던 이성계(李成桂, 1335~1408)에게 몽골군에 합류하여 명에 대한 공격에 나서라고 명령했다. 이성계는 북쪽으로 압록강(鴨綠江)까지 진격했지만, 다시 회군하여 무혈 쿠데타를 통해 고려의 수도인 개성을 장악했다. 이성계는 적절한 유가적 겸양을 보이며 명목상의 수장인 고려의 왕을 통해 간접적으로 통치한 지 4년 만에, 새로운 왕조인 조선의 개국을 선언하고 스스로 초대 국왕(후세에 '태조'로 추상追上됨. 재위: 1392~1398)으로 등극했다.

이성계의 첫 번째 행보는 명으로부터 자신의 정통성을 인정받는 일이었다. 도널드 클라크(Donald Clark)는 "명에 대한 충성이 이성계의 정치적 계획의 출발점이었고, 그래서 그는 이 점을 명확하게 하고 자신의 취임식과 새로운 정부의 승인을 요청하기 위해 남경(南京)에 사신을 급파했다."는 점에 주목한다. 명의 홍무제(洪武帝, 재위: 1368~1398)는 새로운 왕조를 승인했고, 심지어 왕조의 국호(國號)를 '조선'(朝鮮)으로 선정해 주었다. 홍무제는 새로운 왕국의 첫 군주에게 정통성을 부여하는 것이 그다지 내키지 않았다. 한국인과 여진족이 명에 대항하여 연합할 가능성을 염려하고, 이성계가 자신과 같은 시기에 권력의 자리에 오르는 것이 언짢았던 홍무제는 언제나 이성계를 임시 직함으로 언급했다. 그러나 조선을 탐탁지 않게 생각하던 중국 황실의 이런 태도 탓에 중국에 온 조선의 사절단이 낙담한다든가 사절단의 숫자가 줄어들지는 않았다. 국내에서 권위에 도전을 받았던 홍무제의 후임 황제들은 충성을 보이는 조선인의 태도에 훨씬 고마워했다. 명의 황제들은 조선의 조공 사절을 환영했고, 태조(이성계)의 후임 국왕들을 신속하게 완전히 인정하고 그들의 즉위를 허락했다.[24] 한국에서 조선과 명의 관계는 '사대'(事大, 대국을 섬기는 일)로 알려졌고, 중국으로 보내지는 정기적인 조공 사절은 '사대사행'(事大使行, 대국을 섬기는 사신의 파견)으로 알려졌다.[25] 향후 다섯 세기 동안 한중 관계에 생기를 불어넣었던 두 가지 기본 원칙은 위계와 거리두기였다.

21. Clark, "The Ming Connection," p.82.
22. 홍무제는 새로운 왕조의 국호로 두 가지 제안을 받았다. 다른 이름은 '화녕'(和寧)으로, 이성계의 출생지 명칭이었다(Keith Pratt et al., *Korea: A Historical and Cultural Dictionary*, p.232). '조선'은 고대 한국의 왕조명으로 한 차례 이상 쓰이던 명칭이었다. 단군조선(檀君朝鮮, 2333~1122 B.C.)과 고조선(古朝鮮, 1000년경 B.C.)은 현대 한국의 역사서술에서 중요한 위치를 차지하고 있지만, 그 국가들과 한국의 관련성은 물론이고 그 국가들이 존재한 증거조차 다소 불확실한 고고학적 토대에 기초하고 있다. 한국이 "고요한 아침의 나라"라는 대중적인 별명을 얻게 된 근거는 '조선'이라는 한자를 잘못 해석한 것이다. 비록 동일한 한자를 쓰고 있고(한국어 발음 역시 같)지만, '조선'의 '조'(朝)는 '아침'의 뜻이 아니라 '왕조' 또는 '조정'을 의미한다(그리고 현대의 표준 중국어로 '朝'는 '자오'[*zhao*, 아침]가 아니라 '차오'[*chao*, 왕조·조정]로 발음한다). 어떤 경우든, '조선'이란 단어는 아마도 현재 원래의 의미가 소실된 고대의 단어를 한자로 전사(轉寫)한 것 같다. '고요한 아침'(morning calm)이라는 영어식 표현을 처음 언급한 것으로는 Lowell, *Choson: Land of Morning Calm*을 보라.
23. 클라크("The Ming Connection," p.82)는 "홍무제가 태조(이성계)의 혈통과 정책, 그가 보내온 조공의 품질, 그가 올린 표문(表文)의 문장력, 그가 보낸 사신의 정직성 등 태조를 비판하고 모욕할 기회를 놓치지 않았다."라고 논평한다.
24. Clark, "Sino-Korean Tributary Relations Under the Ming," pp.276~279.
25. Tu-ki Min(민두기), "The Jehol Diary and the Character of Ch'ing Rule," p.1.

[위계]

명과 조선의 관계가 공고해진 이후, 한국과 중국을 통치한 세력들은 그들의 거래를 좌우할 기본 원칙에 대한 합의에 도달했다. 첫 번째 원칙은 중국이 상위에 있고 한국이 하급자라는 위계질서를 상호 합의한 것이다. 이 관계를 묘사하기 위해 매우 단순하게는 '상국'(上國)과 '하국'(下國)에서부터 '종'(宗)과 '속방'(屬邦)에 이르기까지, 다양한 용어가 사용되었다. 그러나 양측은 유가의 가족적인 용어 사용을 선호하기 시작했고, 중화제국은 아버지나 형으로 조선왕국은 아들이나 동생으로 규정되었다.[26]

한국이 중국의 종주권을 수용한 점은 이른바 조공 체제에 참여함으로써 의례적으로 표현되었다. 매년 3~4차례 조선왕국에서 파견한 사절은 중국을 방문하여 명에 대한 조선인의 충성을 맹세했고, 명의 황제와 황실에 상품을 선물하고 축하 인사를 올리는 등 여러 의례적인 세심함을 보여주었다. 조공으로 바친 상품은 중국 황실의 요구에 따라 다양했지만, 대체로 모피·종이·비단·모시와 다양한 직물이 포함되었다. 명대 초기에는 사람을 공물로 요구한 경우가 빈번하여 분노를 자아냈는데, 끌려온 소녀들은 황제의 후궁(後宮)과 궁녀가 되었고 소년들은 환관으로 일했다. 조선의 조공 사절들은 중국 황제에게 조공 상품을 바치고 황제에게 충성을 서약한 다음, 황제로부터 받은 선물을 들고 고국으로 돌아왔다.

조선 조정도 종번 관계의 수용을 표현하기 위해 공식적인 중국의 책력(冊曆)을 사용하고 이따금 있었던 중국 사신의 방문을 환대했다. 중국 사신들은 대체로 조선 국왕의 즉위를 승인하기 위해 조선을 방문했다. 중국 사신이 서울 근처에 도착할 즈음이면, 조선의 왕은 사신을 영접하기 위해 궁궐을 나와 서울 외곽의 영은문(迎恩門)까지 마중을 나왔다.

영은문에서 황제가 내린 조서(詔書)가 큰소리로 낭독되는 동안 조선 국왕은 고개를 숙이고 엎드렸다.[27] 조선의 왕이 상대적으로 낮은 계급인 중국의 관료에게 엎드리는 광경은 "한 국가가 속방의 지위를 받아들여 국가를 더욱 비참한 지경에 이르지 않게 한 것"[28]이라는 주장에 외견상 반박할 수 없는 근거를 제공했다. 이 중국 사신들은 종종 조선 정부의 재정을 상당히 고갈시켰음에도 불구하고 융숭한 대접까지 받았다.

외부 세력과의 거의 모든 접촉을 '조공'으로 규정하는 중국 기록의 경향은 많은 경우에서 지정학적 현실이나 실제의 문화적 현상을 분명히 반영하지 못했다. 그러나 조선은 중국이 생각한, 모범적인 조공국에 가까웠다. 조선이 적극적으로 속방의 지위를 받아들인 것은 부분적으로 명조 중국의 힘과 한중 사이의 충돌로 일어날 위험한 결과에 대한 현실적인 판단의 결과였다. 그러나 조선의 많은 양반(兩班) 엘리트들에게는 중국 중심의 아시아 질서 내에서 조선이 처한 위치를 받아들이는 것이 실용적이면서도 올바른 일이었다. 조선 사신들은 모범적인 조공국의 지위를 한껏 누렸다. 그들은 중국에 보내는 표문(表文)을 통해 적절한 외교 의전을 따르려는 유구국 군주의 서투른 시도를 깔보았고, 한국의 작가·시인·사상가들의 이름이 중국에 알려졌을 때나 "조선은 예와

---

26. 전인영, 「중일갑오전쟁 전후 중국의 조선인식 변화」, p.41n1; Key-hiuk Kim(김기혁), *The Last Phase of the East Asian World Order*, pp.7~8; M. F. Nelson, *Korea and the Old Orders in Eastern Asia*, pp.86~91.

27. Wright, "The Adaptability of Ch'ing Diplomacy," p.366; Key-hiuk Kim, *The Last Phase of the East Asian World Order*, pp.6~7.

28. Hulbert, *History of Korea*, 2: p.132.

의의 나라로서, 대대로 중국의 울타리 역할을 해 왔는데, 어떻게 조선인을 외국인으로 대접할 수 있겠는가!"〔朝鮮禮義之邦, 世爲中國藩屛, 何可以外人待之〕라고 한 명 대신들의 발언을 기록할 때면 자부심이 넘쳤다.

그렇다고 해서 조선인들이 조공 관계의 어려움과 장벽을 깨닫지 못했다는 말은 아니다. 사람을 공물로 바치라는 명의 요구에 조선 사람들이 분노한 이야기는 이미 언급한 바 있다. 조선의 조공 사절들은 명의 의전 담당 관료들의 착취에도 불만을 품었다. 조공 사절들이 조선으로 돌아가도록 허락하기에 앞서, 이들이 종종 조선의 사절로부터 많은 양의 은을 갈취했기 때문이다. 조선의 조공 사절들은 명이 북경 내에서 자유로운 이동을 제약한 것에도 애를 태웠다. 조선왕국 내의 많은 엘리트에게, 명조 중국과의 조공 관계에서 보이는 예의 바른 행동은 성리학적 원칙으로 통치하는 국가와 사회를 창조한다는 원대한 프로젝트의 일환이었다는 것이 여전히 분명하다.

[거리두기]

조선인의 '사대' 관습은 19세기 후반의 조선 개혁가들로부터 강력한 비판을 받았다. 이들은 조선왕국과 중국의 관계를 외부 세력에 대한 부적절한 의존이라고 생각했다. 사실 '사대주의'(事大主義, sadae-ism)라는 용어 자체가 오늘날에는 '아부 근성'(toadyism)이나 '하인 근성'(flunkeyism)과도 같은 뜻을 갖는다. 그러나 중국의 속방이라는 지위를 수용하겠다는 조선의 결정은 이런 용어에 함축된 비굴한 아첨의 의미를 반영하지 않았다. 오히려 이런 결정은 조선의 안보와 자치를 모두 보장하는 최선의 방법이라는, 상당히 실용적인 평가에서 비롯되었다.

게다가 의례상의 복종 선언에만 배타적으로 초점을 맞추다 보면, 조명(朝明) 관계에 활력을 불어넣은 두 번째 주요 원칙인 거리두기와 구분하기 문제를 간과하게 된다. 조공 체제의 참여는 조선이 중국과의 접촉을 제한할 수 있는 최상의 수단으로 이해될 수 있다. 앞서 지적한 것처럼, 적어도 이러한 제한을 두려는 한국인의 열망은 늦어도 10세기 후반에는 이미 감지할 수 있다. 조선 조정이 중국에 대한 충성을 선언하는 한, 조선은 사실상 자국이 원하던 대로 할 수 있었다.[32] 더욱이 조선이 중국 중심의 조공 체제에 적극적으로 참여한다고 해서, 그러한 참여가 조선의 비굴한 종속을 의미하지 않았다. 설령 조선인들이 주변국들보다 우월성을 보이지는 않았다고 해도, 그들은 종종 문화적 독자성에 대한 강한 의식을 보여 왔다.[33] 예를 들어, 세종(世宗) 대왕(재위: 1418~1450)

29. Peter Lee, *A Korean Storyteller's Miscellany*, pp.80~81, p.93, 133 등 여러 부분. 『大東野乘』 권4, 魚叔權 撰, 「稗官雜記·一」)

30. 위의 책, pp.74~76.

31. 조선 '성리학'의 이러한 진행 과정에 대한 검토로는 Deuchler, *The Confucian Transformation of Korea*를 보라.

32. 전인영, 「중일갑오전쟁 전후 중국의 조선인식 변화」, p.82.

33. 중국의 종주권을 수용한다고 해서, 중국의 속방으로 인식되는 국가가 아시아 지역의 다른 국가와 민족들보다 우월한 지위를 지녔다고 자부하는 주장 자체를 무력화시키지는 않았다. 예를 들어 데이비드 마(David Marr)는 베트남의 레 왕조(1427~1787)에 관해 다음과 같이 서술한다. "중국 문화에 대한 진심 어린 숭상과 이러한 현실(중국의 압도적인 규모) 탓에 베트남의 통치자들은 조공 체제를 받아들였다. 중국이 베트남의 국내 문제에 간섭하지 않는 한, …… 베트남의 군주들은 상당히 적극적으로 자국을 중국 천자의 속방이라고 선언했다. 이러한 관계의 미묘함은, 베트남 군주들이 중국 통치자들과 연락을 주고받으면서 자기를 '브엉'(vuong, 왕)이라고 지칭하지만, 자기 신하들 앞에서 자신을 지칭하거나 동남아시아의 다른 나라 통치자들에게 전갈을 보낼 때는 자신을 '호앙 데'(Hoàng đế, 황제)로 지칭한 점에서 분명하게 드러난다." (David Kang, "Hierarchy, Balancing, and Empirical Puzzles," pp.174~175에서 인용).

의 치세에 이룩한 인쇄 기술의 발전은, 아래의 글에서 보이듯이 그리 알아채기 어렵지 않은 자부심의 발현이었다.

> 활자를 주조할 시설의 완비로 많은 서적을 인쇄하여 대대로 세상에 전할 수 있게 되었다. …… 이 덕분에 어떤 책이든 인쇄할 수 있고, 모든 사람이 배울 수 있게 되었다. (이 땅에서) 문화와 교육의 진흥은 날로 전진할 것이고, 사회 도덕의 융성도 당연히 더욱 성대할 것이다. 저 한(漢)과 당(唐)의 군주들이 재정과 군사 문제에만 얽매여 이를 국가의 당면 과제로 삼았던 것과 비교하면, (우리 군주의 업적은) 하늘과 땅만큼 확연한 차이가 난다. 이는 실로 우리 조선이 만세토록 영원히 누릴 복이다.[34]
>
> 鑄字之設, 可印群書, 以傳永世. …… 由是而無書不印, 無人不學, 文教之興當日進, 而世道之隆當益盛矣. 視彼漢唐人主, 規規於財理兵革, 以爲國家之先務者, 不啻霄壤矣. 實我朝鮮萬世無疆之福也.

조선의 통치자들은 명조 중국에 조공 사절을 파견할 때마다 세심하게 신경을 썼지만, 조선을 방문하는 명의 사신 숫자를 제한하려는 의지 역

---

34. Gale and Rutt, *James Scarth Gale and His History of the Korean People*, pp.233~234. 〔지은이는 게일의 영문 번역을 인용하고 있는데, 이는 변계량(卞季良)이 작성한 한문 원문과는 약간의 차이가 있다. 옮긴이는 지은이의 동의를 얻어 해당 부분을 변계량의 원문에 근거하여 적절히 수정했다. 徐居正 編, 『東文選』 卷103 「鑄字跋」(卞季良 作)을 보라〕 또 다른 예를 『동문선』(東文選)의 「서문」에서 찾아볼 수 있다. 「서문」에서는 다음과 같이 주장한다. "우리 동방의 문학은 송·원 왕조의 문학이 아니고, 한·당 왕조의 문학도 아니다. 바로 우리나라의 문학이다."(Schmid, "Constructing Independence," p.37).〔徐居正 編, 『東文選』, 「序」, "我東方之文, 非宋·元之文, 亦非漢·唐之文, 而乃我國之文也."〕

시 확고했다. 그들은 명의 수도에 파견한 조공 사절을 통해 자국에 필요한 외교적 업무를 수행하려는 바람을 여러 차례 표현했다. 이는 특히 명의 사신이 종종 민족적으로 조선인 출신의 환관이었던(사람을 공물로 원했던 명의 요구로 생겨난 유산) 조선왕국의 초창기에 일어난 사례였다. 이 조선 출신 환관들은 오만한 행동 탓에 자기들의 출생지인 조선에서 거의 호감을 얻지 못했다. 상호 접촉을 제한하려는 조선과 명조 중국 양측의 욕망은 명이 해상을 통한 양국 간의 여행·무역·교류의 금지를 선언하고 조선이 이를 수용함으로써 확대되었고, 육로를 통한 중국과의 무역과 여행이 한반도 북부의 극히 험준한 지형 탓에 쉽지 않았다는 사실로도 증폭되었다.

조공 사절의 왕래를 제한한 것은 조선의 처지에서 이 사절단의 상업적 중요성을 증폭시키는, 어쩌면 의도치 않은 결과를 가져왔다. 조공 사절단이 조선과 중국 간의 무역을 담당하는 유일한 합법적 매체 역할을 한 덕분에, 운 좋게도 사절단에 참여하게 된 관료들은 큰 돈을 벌 수 있었다. 결과적으로 많은 관료를 비롯해 상인들까지도 명의 수도로 가는 공식적인 조공 사절단에 동행하려고 노력했다. 이들은 인삼·모피·말·은(은의 대부분은 일본에서 생산) 등의 조선 상품을 가져가, 이 상품들을 비단·서적·약품·자기(瓷器) 등 중국의 사치품과 교환했다. 유교의 정설(正說)은 줄곧 이윤의 추구에 대한 경멸감을 표명했겠지만, 조선의 관료들이 조공 무역이 제공하는 기회를 통해 매우 적극적으로 이득을 취했음은 분명하다. 김기혁(金基赫)의 표현에 따르면, 이는 "양국에서 기득권적인 관료·상인 네트워크를 발전시켜" 조선과 중국 관계의 안정성을 유지하는 데 도움이 되는 경향이었다.[35]

양국이 합의한 내정불간섭 체제는 16세기 말에 심각한 충격을 경험했다. 1590년대에 일본의 도요토미 히데요시(豊臣秀吉)가 주도한 조선 침략으로 한반도는 완전히 파괴되었고, 이 일로 명은 일본 침략자들을 격퇴하기 위해 조선에 대군을 급파했다. 조선에 군대를 파견하기로 한 명의 결단은 속방에 문제가 생겼을 때 중국이 종주국으로서 도와줘야 할 의무를 수행할 필요에서 내린 결정이기도 하지만, 조선을 정복한 일본이 중국에 직접 타격을 가할 수 있다는 염려에서 비롯되었을 수도 있다. 그런데도 명군의 파병은 순수하게 종주국과 속방 사이의 전통적인 의무를 유지하는 측면으로만 묘사되었고, 대대로 감사를 표한 조선인들은 명의 파병을 전통적인 측면으로 이해했다.[36] 이 파병으로 명이 치른 대가는 매우 혹독했다. 일부 학자들은 히데요시와 치른 전쟁 탓에 명은 돌이킬 수 없을 정도로 쇠약해졌고, 40여 년 후 명이 멸망하게 된 원인이 되었을 것으로 추측한다.

35. Key-hiuk Kim, *The Last Phase of the East Asian World Order*, p.11. 주로 조공 사절을 통한 무역을 통해서, 또한 한반도 북방의 국경을 통한 무역과 밀무역을 통해, 조선은 동북아시아의 교역에 적극적으로 참여했다. 무엇보다도 이 교역에서는 중국산 비단·직물·약품을 비롯한 여러 제품이 일본에 건네지는 대가로 일본의 은이 중국으로 옮겨갔다. 그러나 16세기에 들어서면서 마닐라를 통해 건너온 스페인 은과의 경쟁, 일본 경제의 구조적 변화, 조선의 고립 심화 등의 요인은 한·중·일 삼국 간의 교역량을 점차 감소시키는 결과를 낳았다. 이러한 현상에 대한 개략적인 설명으로는 John Lee, "Trade and Economy in Preindustrial East Asia."를 보라.
36. 선조(宣祖, 재위: 1568~1608)는 이러한 절체절명의 위기에서도 명의 승인이 자신의 통치를 공고히 하는 데 중요한 선결조건이라고 생각했다(Ledyard, "Confucianism and War"). 도요토미 히데요시의 조선 침략을 재미있게 개관한 책으로는 Turnbull, *Samurai Invasion*을 보라.

'오랑캐'의 도전

만주족의 부상과 그들의 명 정복, 그리고 그들에 의한 조선의 예속은 동북아시아의 지정학과 역사의 주요한 역학 관계 중 하나를 분명하게 보여준다. 특히 조선의 많은 사람에게 오늘날의 만주·몽골 및 중앙아시아에 거주하던 유목민 또는 반유목 형태의 '오랑캐들'은 중국의 통치 권력보다 훨씬 직접적이고 위협적인 존재가 되었다.

명 초기 통치자들의 관점에서 볼 때, 성가신 문제는 조선왕국의 개창자 이성계와 압록강 일대에 거주했던 여진족 집단 사이가 밀접한 관계라고 알려진 점이었다. 새로운 조선국에 반대하며 압록강의 남쪽에 여전히 거주하던 여진족을 다루는 일은, 조선인들에게 15세기 내내 중요한 도전이었다.[37] 16세기 초반에 압록강을 넘어올 정도로 커지던 여진족의 위협에 대처하는 방법을 두고 벌어진 의견 충돌은 조선 정부에서 2차와 3차 '사화'(士禍)가 발생하게 된 원인의 하나였다.[38] 1627년에 여진족(만주족)이 조선왕국을 침략하기로 했을 때, 그들은 조선의 양반 지식인으로 구성된 한 집단으로부터 도움을 받았다. 이 집단의 구성원들은 반

---

37. 조선에 있던 모든 여진족이 즉각 축출되어야 할 대상으로만 인식되지는 않았던 것 같다. 사실 몽케 테무르는 다른 여진족 집단을 조선에서 몰아내기 위해 조선군과 협력했다. 몽케 테무르가 1434년에 죽은 이후 그의 직계 자손들은 조선을 떠났지만, 조선에 있던 다른 여진족의 운명은 그다지 명확하지 않다(Crossley, *The Manchus*, p.39; Robinson, "From Raiders to Traders").

• 1504년에 일어난 갑자사화(甲子士禍)와 1519년에 발생한 기묘사화(己卯士禍)를 가리킴.

38. Wagner, *The Literati Purges*, pp.51~120.

란을 일으키고 북방으로 달아났다가 이에 대한 복수를 위해 기꺼이 여진족의 길 안내를 맡겠다고 자청하여 조선으로 돌아온 사람들이었다.[39] 조선왕국은 여진족의 침략을 물리칠 수 없게 되자, '형제 관계'를 맺자는 여진의 제안에 마지못해 응했다. 그러나 조선의 비타협적 태도와 날로 커가는 여진(만주) 왕국의 야망은 조선에 새로운 요구를 하게 했다. 이러한 요구 중에는 "그들(명)과의 관계를 끊고, 그들(명)의 연호 사용을 멈출 것이며, 모든 문서에서 우리를 종주국으로 받들어야 한다."(絶其交好. 去其年號. 一應文移. 奉我正朔)[40]라고 한, 1636년의 최후통첩이 포함되어 있다. 조선의 저항은 여진의 대대적인 침략을 초래했고, 같은 해에 완벽한 조선의 굴복으로 끝이 났다.[41]

만주족의 침략으로 명조가 1644년에 붕괴하자 조선 사람들은 대부분 새로운 '오랑캐'와 거래를 할 필요성을 절감했다. 조선인들은 당연히 만주족의 침략과 청의 종주권 주장에 많은 분노를 품었다. 효종(孝宗, 재위: 1649~1659)은 실제로 만주족과 맞붙기 위해 '북벌'(北伐) 준비를 시작했지만, 그의 의도대로 실행하지는 못했다.[42] 만주족이 조선 조정의 대신들을 자기들의 수도에 인질로 잡아두고 명대 초기처럼 사람을 공물로

---

39. 한영우, 『다시 찾는 우리 역사』, pp.323~324. [이괄(李适)의 난 실패 후 후금으로 달아났던 이괄의 잔당을 가리킨다]
40. Etsuko Hai-Jin Kang, *Diplomacy and Ideology in Japanese-Korean Relations*, p.180. 『인조실록』권34, 인조 15년(1637) 1월 28일 무진일 4번째 기사)
41. 1638년에 만주족은 조선 국왕 인조(仁祖, 재위: 1623~1649)의 굴복을 기념하기 위해, 한강 근처에 삼전도한비(三田渡汗碑)를 세웠다. 그 석비(石碑)에는 한문과 만주어로 비문이 새겨졌다. 대한민국 건국 초기에 이승만(李承晩)은 삼전도한비를 부수라고 명령했지만, 당시 문교부는 그 대신에 이 석비를 매몰했다. 이 석비는 이후 발굴되었다(Keith Pratt et al., *Korea: A Historical and Cultural Dictionary*, p.401).

요구하던 초기의 과도기를 거친 후, 새로 청조를 건설한 만주족 통치자들은 중국과 조선의 관계 구조를 거의 바꾸지 않았다. 그들은 (비록 매년 정기적으로 파견하는 조공 사절의 횟수를 3~4회에서 한 차례로 줄이기는 했어도) 조공 사절을 요구했고, 조선 국왕의 즉위를 승인하기 위해 이따금 사신을 파견했다. 교역·여행·이민 등 다른 형태의 상호 교류는 엄격히 제한되거나 전면 금지되었다. 그리고 명과 마찬가지로 청도 사실상 조선의 국내 문제에 개입하지 않았다.

청이 팽창주의적인 제국이었다는 사실을 고려할 때, 청이 종속적이기는 해도 자주적인 지위를 조선에 기꺼이 부여한 점은 상당히 주목할 만하다. 청 제국은 강희제(康熙帝, 재위: 1662~1722)·옹정제(雍正帝, 재위: 1722~1735)·건륭제(재위: 1736~1795)와 같은 정력적인 군주의 통치 아래, 몽골·중앙아시아·투르키스탄·티베트 등지까지 국경을 확장했다. 그러나 일단 조선의 충성이 확보되자, 청은 만주족의 발상지였던 만주 지역의 남쪽 변경과 매우 가까웠던 조선 영토를 정복하고 전면적으로 통치하는 일을 크게 염두에 두지 않았던 것으로 보인다.[43]

---

42. 한영우, 『다시 찾는 우리 역사』, p.327. 1654년 조선왕국은 병력을 파견하여 청군과 함께 아무르강 지역에서 러시아군과 씨울 수밖에 없었다. 또한, Lee Keun-yeup(이근엽), "Glory of Ancestors, Contemptible Descendants,"를 보라.

43. 청의 중국 정복에 저항한 명의 유민(遺民)을 비롯해 일부 사람들은 다른 생각을 품었다. 삼번(三藩)의 난(1673~1681)의 지도자였던 오삼계(吳三桂)는 젊은 강희제에게 두 가지 선택권을 제시했다. 하나는 그가 자결하는 것이고, 다른 하나는 그에게 "조선을 차지할 '가능성'이 있는" 조상의 발상지 만주로 후퇴하라는 것이었다 (Wakeman, *The Great Enterprise*, p.1108). 1세기가 훨씬 흐른 후에 조선인 천주교도 황사영(黃嗣永)이 자신이 쓴 유명한 「백서(帛書)」에서 이와 비슷한 제안을 했다. 이 백서 사건으로 조선 내의 천주교도들은 대대적인 박해를 당했다(Hara, "Korea, China and Western Barbarians," pp.397~399). 〔이른바 '백서 사건'이란 천주교도였

조선의 처지에서는 어쩌다가 중국 본토를 차지하게 된 오랑캐들과의 관계를 기꺼이 제한할 수 있었다. 조선 조정은 청과의 관계는 물론이고 일본 도쿠가와 막부(幕府)와의 관계도 제한하려고 했으므로, 히데요시와 만주족의 침략으로 생겨난 대대적인 파괴가 날로 심화되는 조선의 고립을 유도한 셈이었다. 그럼에도 불구하고 청과의 조공 관계는 여전히 한편으로는 청의 종주권에 대한 의례적 표현에 근거했고, 다른 한편으로는 비개입과 불간섭의 원칙을 기초로 삼았다. 조선은 대체로 청의 조공국 명단에서 수위(首位)를 차지했고, 조선에서 파견한 조공 사절의 숫자는 다른 지역에서 온 조공 사절을 압도했다. 이러한 조공 사절의 빈도와 지속성으로 판단할 때, 조선은 여전히 중국이 가장 신뢰하는 조공국이었다.[44] 조선의 조공 사절들이 수행한 교역은 조금도 수그러들지 않은 채 계속되었는데, 1787년에 조선의 한 사신은 교역을 위해 적어도 8만 냥 가치의 상품을 가지고 중국에 왔다.[45]

교역은 중강(中江)·회령(會寧)·경원(慶源) 등 조선과 중국의 국경

던 황사영이 1801년에 일어난 신유박해(辛酉迫害)의 전말과 그 대응책을 백서에 적어 중국 북경에 머물던 구베아(Gouvea, A. de) 주교에게 보내려고 한 사건이다. 그는 이 백서에서 청의 황제를 통해 조선이 서양인 선교사를 받아들이도록 강요하게 하거나 청이 조선을 청의 한 성(省)으로 편입시켜 감독하게 해 줄 것을 요청했다]

44. Tu-ki Min, "The Jehol Diary and the Character of Ch'ing Rule," p.2. 전해종(Hae-jong Chun, "Sino-Korean Tributary Relations in the Ch'ing Period," p.99)은 1637년부터 1894년까지 조선이 중국으로 조공 사절을 파견한 것은 총 474회이며, 이는 매년 평균 거의 두 차례씩 사절을 파견한 셈이라고 결론을 내렸다. 거의 같은 기간 동안 62개국에서 중국으로 파견한 조공 사절의 총횟수가 대략 500회 정도였다는 마크 맨콜(Mark Mancall, *China at the Center*, p.15)의 추산을 고려할 때, 중국과 조선의 관계가 중국 중심의 조공 관계를 보여주는 매우 전형적인 사례이며, 그리고 어쩌면 유일하게 진정한 사례라는 점이 분명해진다. 『황청직공도』(皇淸職貢圖)에 보이는 조선의 압도적인 지위에 관해서는 Hostetler, *Qing Colonial Enterprise*, p.42를 보라.

지역에서 간헐적으로 개설된 비상설 시장에서도 허용되었다. 양국 정부는 이 거래를 철저하게 규제했다. 조선 상인들은 가난한 만주족 가문들이 동물 가죽과 조잡한 푸른색 면포를 가져와 소·종이·소금을 비롯한 필수품과 교환해 가는 등, 국경 무역이 만주족에게 보조금을 지급하는 수단이나 마찬가지로 전락했다고 종종 불평했다.[46]

조선은 조공을 원하는 청의 요구를 따르고 필요한 의례적 교역에 충실히 참여했다. 그러나 많은 조선 관료들은 청의 사신 면전에서는 표명하지 못했을지라도, 여전히 명에 대한 감정의 불씨가 살아 있었다. 그들은 명의 군주들을 기리는 사당에서 제사를 지냈고, 문서의 날짜를 기록할 때 종종 당시 재위하던 청의 황제나 조선 국왕의 연호를 쓰지 않고 명의 마지막 황제인 숭정제(崇禎帝, 재위: 1628~1644)의 연호를 사용했다.[47] 일부 조선의 조공 사절은 북경에서 자기들이 명대식 복식과 머리 모양을 한 점을 과시하기를 즐겼고, 이따금 명조를 옹호하는 민감한 발

---

45. 박지원(朴趾源)은 매년 조공 사절단이 가져간 은의 양이 약 2800kg 정도라고 추산했다(Ledyard, "Hong Taeyong and his 'Peking Memoir,'" p.88). 청대에 진행된 조청 조공 무역에 관한 묘사로는 張存武, 『清韓宗藩貿易』; Hae-jong Chun, "Sino-Korean Tributary Relations in the Ch'ing Period"를 보라. 교역과 이익을 바라는 조선 조공 사절의 욕망은 종종 조공 관계가 규정한 규율의 범위와 한계를 초월했음이 분명하다. 메리 라이트(Mary Wright, "The Adaptability of Ch'ing Diplomacy," p.366n19)에 따르면, 조선의 조공 사절들이 "정해진 사행(使行) 경로에서 멀리 떨어진 천진(天津)·안휘(安徽) 등지에서 구리와 인삼을 판매한" 증거가 있다.

46. Hae-jong Chun, "Sino-Korean Tributary Relations in the Ch'ing Period," p.108. 또한, Key-hiuk Kim, *The Last Phase of the East Asian World Order*, pp.10~11을 보라. 조공 무역, 국경 무역, 대일 무역, 그리고 수량화하기는 어려워도 소량은 아니었던 밀수 거래까지 합쳐지면서, 조선은 아시아의 여러 지역과 교역망이 연계된 상황을 창출했다. Hamashita, "Tribute and Treaties," p.19를 보라.

47. 명에 대한 조선의 충성에 관해서는 Chai-sik Chung(정재식), *A Korean Confucian*

언을 함으로써 이들과 면담한 중국인들을 당혹스럽게 했다. 많은 사람이 삼번(三藩)의 반청(反淸) 봉기(1673~1681)에 환호하고 반란의 좌절에 낙담했다. 조선인들은 18세기 초반에 청과 조선의 국경을 명확하게 확정하려고도 했다. 이 작업을 담당한 조선 관리들은 두만강(豆滿江) 이북의 영토에 대한 조선의 소유권을 포기했다는 이유로 누대에 걸쳐 비판을 받았다.[48] 그러나 시간이 흐름에 따라 점차 많은 조선인은 청이 그 지역을 지배하는 현실을 받아들였다.[49] 심지어 일부 사람들은 내키지 않으면서도 만주족을 찬양하기도 했다.[50]

청의 종주권을 공개적으로 수용하는 것의 대안은 청과의 대결이었고, 조선은 청과 장기적으로 벌일 어떠한 군사적 충돌에서든 필연적으

Encounter with the Modern World, pp.7~13; Palais, *Politics and Policy in Traditional Korea*, pp.120~124, 190~191을 보라. 또한, Ledyard, "Hong Taeyong and His 'Peking Memoir,'" p.72를 보라. 숭정 연간의 연호를 기록한 사례에 대해서는 Keith Pratt et al., *Korea: A Historical and Cultural Dictionary*, p.291을 보라. 청에 대한 멸시는, 박제가(朴齊家, 출생: 1750) 같은 주요 실학파 학자들이 만약 "이제 누군가가 중국의 방식을 두고 '배울 만하다.'라고 주장하면, 사람들은 일어나 그를 비웃는다."(今也以中國之法而日可學也, 則群起而笑之)라고 언급한 그런 것이었다. 게다가 대부분의 조선인은 "중국의 방식을 한 가지도 배우려고 하지 않으며, 한 사람의 중국인 학자와도 교류하기를 바라지 않을 정도"(不學中國之一法, 不交中國之一士)였다. 청의 상업적·정치적 혁신을 배우라는 박제가 등 실학파 학자들의 요구는 대부분 받아들여지지 않았다(Pak Che-ga, "On Revering China," pp.87~88(朴齊家, 『北學議』, 「外篇·尊周論」)을 보라).

• 청의 입관 시기에 투항하여 각각 운남(雲南)·광동(廣東)·복건(福建) 지역의 번왕(藩王)에 임명된, 명의 항장(降將) 오삼계(吳三桂)·상지신(尙之信)·경정충(耿精忠)을 지칭함.

48. Schmid, *Korea Between Empires*, pp.206~208을 보라.
49. 일부 사람에게 '이민족의 통치 아래'에 있는 중국의 현실은 조선인들이 유가 문명을 수호해야 한다는 절박함을 강조했다. 자현 김-하부시(JaHyun Kim Haboush, *The Confucian Kingship in Korea*, p.24)는 다음과 같이 서술한다. "조선이 청조 중국을 일시적이지 않은 영구적인 현실로 인정함으로써 나타난 현상은 조선이 이제 유가 문명의 유일한 보루이며, 이조(李朝)가 중국에서 상실된 문명화된 전통의 유일한 수호자로서 더욱 열렬히 지켜져야 한다는 인식이었다."

로 패배할 수밖에 없었다. 의례적인 복종 선언은 평화와 자주를 위해 치러야 할 작은 대가였다. 이는 조선 시대 동안 한국인들이 한국 문화의 가치에 대한 강한 정체성이나 자신감이 부족했다고 말하려는 것이 아니다. 그러나 국제 관계라는 측면에서 볼 때, 조공 체제를 받아들이는 것은 중국과 한국 사이의 화합을 보장하는 가장 효과적인 방법이었다.

한국과 중국 모두에게 핵심은 이러한 관계 체계가 최소한의 약속과 개입으로 양측 당사자의 안전을 보장한다는 것이었다. 17세기에 들어서기 직전과 직후에 받았던 두 차례의 침략을 제외하면, 이러한 평화는 한국에서 거의 다섯 세기 동안 지속되었다. 같은 기간 동안 유럽의 어떤 나라와 유사한 수치로 비교해도, 500년 동안 두 차례의 큰 충돌이 생겨났다는 것은 부러워할 만한 수치이다. 조공 체계는 조선의 자주권을[51]

---

50. 조선의 조공 사절에 관한 내용과 만주족 및 한족에 대한 이들의 인식에 관해서는 Ledyard, "Hong Taeyong and His 'Peking Memoir'"; Tu-ki Min, "The Jehol Diary and the Character of Ch'ing Rule."을 보라. 삼번의 난에 대한 조선인의 견해로는 Etsuko Hai-Jin Kang, *Diplomacy and Ideology in Japanese-Korean Relations*, pp.190~191을 보라. 메리 라이트(Mary Wright, "The Adaptability of Ch'ing Diplomacy," p.367)는 다음과 같이 서술하고 있다. "그러나 중국과 한국 간에 현격한 차이가 존재하고 매우 제한적인 접촉만 허용되었음에도, 양국은 상대를 매우 우호적인 태도로 예의와 격식을 갖춰 대했다. 중국에 표현한 조선의 충성심을 보면, 다른 조공국들의 충성 선언에는 결여된 고급스러움이 느껴지는 것 같다. 중국으로서는 조선과의 관계가 특별히 돈독했고, 조선이 '다른 조공국들과는 다르다.'는 점을 거듭 지적했다. 조선의 자존심을 인정해 준 경우는 빈번했고, 많은 중국의 역사 작품에서 한국을 공격적으로 표현한 여러 부분이 황제의 칙령에 따라 수정되었다." '다른 조공국들(tributary states)과는 다르다.'[與凡爲屬國者不同]라는 인용구는 『大淸會典事例』(光緖朝 編), 504: pp.1b~504.2a에서 따온 것이다.

51. 데이비드 강(David Kang, "Getting Asia Wrong," pp.66~67)은 다음과 같이 서술하였다. "19세기에 서구 열강들의 침략이 있을 때까지 동아시아의 국가 간(間) 관계는 매우 안정적이었고, 국가들 사이에 이따금 벌어진 충돌로만 간간이 방해를 받았다. 그 체제는 중국의 군사적·경제적 힘에 근거했지만, 수 세기 동안 이어진 문화 교류

침해받지 않은 채 중국 중심의 세계 질서에 적극적으로 참여할 수 있는 특권을 조선에 부여하기도 했다.

조공 체제의 원칙을 고수하는 것이 조선과 조선인에게 유형의 이익을 가져다준 것은 분명하지만, 그 관계 체계가 중국에 어떠한 이익을 가져다준 것인지는 언뜻 보기에 그리 분명하지 않은 것 같다. 왜 명조 중국은 조선을 지배하고 점령하려고 하지 않았을까? 그리고 설령 명은 그렇게 생각하지 않았다고 해도, 왜 팽창주의 정책을 추진한 청까지 조선을 지배·점령하지 않았을까? 어쨌든 조선은 여진-만주족의 발상지와 직접 국경을 접하고 있었고, 만주족은 중국 본토 대부분을 정복하기도 전에 조선을 굴복시킨 경험이 있었다.

그 대답이 완전히 명확하지는 않지만, 고려해 볼 가치가 있는 몇 가지 가능성은 떠오른다. 첫째, 중국의 많은 사람, 특히 유가를 신봉한 학자와 관료들에게는 분명 한국 문명이 특히 유가적 가치를 고수한다는 측면에서 중국 문명과 동등하지는 않아도 약간만 떨어질 뿐이라는 인식이 있었다. 보편적으로 인식된 중국 중심의 세계 질서에서 표명된 목적 또는 역학 관계의 하나는 천자에게 다가온 모든 사람을 달래고, 명령하고, 궁극적으로는 교화하는 것이었으므로, 조선과 조선인들은 본질적으로 문명화되려는 임무를 수행했다고 보였을 것이다. 유가

를 통해 강화되었고, 그 체계 내의 구성단위는 알려진 지리적 영역을 정치적으로 제어하는 주권국들이었다. 동아시아의 국제 관계는 공식적으로는 국가 간의 위계를 강조하면서도 비공식적으로는 상당한 평등을 허용했다. 중국을 지배국, 주변국을 번국(藩國)이나 봉국(封國)으로 삼는 위계 구조가 준수되는 한, 국가 간의 전쟁이 일어날 필요는 거의 없었다. 이는 국가 간의 공식적인 평등, 비공식적인 위계 구조, 그리고 거의 끊임없이 발생하는 국가 간의 충돌 등으로 구성된 서양의 국제 관계 전통과 극명한 대조를 이룬다." 또한, Hamashita, "Tribute and Treaties," p.20을 보라.

적 도덕성의 관점에서 볼 때, 중국이 조선에 더욱 직접적인 중국의 영향력이나 통제력을 고집할 실제적인 이유는 없었다. 그리고 청의 황제들은 (청 제국의 지배영역 안팎에서 그들이 다른 민족들과의 상호작용에서 보였던 것과는 달리) 조선과의 관계에서 전형적인 유가적 군주의 이미지를 구축했던 것으로 보이므로, 유가의 가족적 관계라는 수사적·개념적 범위 안에 침략·정복·합병을 가능하게 하는 것은 거의 없었다. 둘째, 안보와 지정학적 측면에서 조선이 중국에 대한 충성심을 약속하는 한, (16세기 말에 일본이 시도했던 것처럼) 바다를 통해 중국을 향해 접근하려는 모든 적국으로부터 조선은 중요한 완충 지대가 되었다. 셋째, 조공 체제는 중국과 조선의 교역, 그리고 사실상 중일 간의 교역에 중요한 통로를 제공했고, 조선의 관료와 상인뿐만 아니라 많은 중국인에게 부를 가져다준 통로 역

52. 강희제는 "외부의 번국(藩國) 중 '명성과 문명, 법률 및 정치 체제'의 측면에서 오직 조선만 중국에 근접하다."(外藩惟朝鮮, 聲明文物近中國)라고 선언했다(魏源, 『聖武記』, p.35, Nan-Tsung Kim, "Neighbour as Mirror," pp.56~57에서 재인용). 1599년에 간행된 한 유서(類書)에서는 "조선인을 '문명화된 오랑캐'로 묘사하며, 조선인이 고대부터 중국의 관습과 서적을 끊임없이 수입한 덕택에 중국의 문화 세계에 가장 가까운 존재로 생각한다. 명대식 관복과 신발을 나무랄 데 없이 착용한 조선인 그림의 바로 옆에는 '관아, 관료제도, 작시(作詩)와 작문, 의례와 음악, 의약과 점복(占卜), 관모(冠帽)와 관복(官服) 등 모든 면에서, 그들은 중국식 제도를 따른다.'(衙門·官制·詩書·禮樂·醫卜·冠服, 悉隨中國制度)라는 문구가 기록되어 있다."(余象斗, 『三臺萬用正宗』, p.5.1a., Dorothy Ko, "The Body as Attire," pp.12~13에서 재인용; 강조 부분은 Dorothy Ko의 논문을 따른 것).

53. 이와 일치하는 견해로는 Key-hiuk Kim, *The Last Phase of the East Asian World Order*, pp.11~12를 보라. 명의 의례 및 관습과의 연속성을 강조하려는 청의 노력에 대해서는 Crossley, *A Translucent Mirror*, p.306, 333을 보라. 물론, 조선인들이 고상하다고 선언한 청 황제들의 의견에 모든 중국인이 공감한 것은 아니다. 일부 유럽인은 남부 중국인들로부터 "추잡한 조선인들"이 "어리석으며, 모든 것을 살피고도 아무 것도 지키지 않는다."라는 비난 섞인 이야기를 들었다고 언급했다(Fairbank, *Trade and Diplomacy on the China Coast*, p.68n, 72n).

할을 했다. 일본이 경제자립정책으로 전환하고, 중국이 마닐라를 통해 신대륙의 은을 손쉽게 이용할 가능성이 커져 중국에서 일본산 은을 비롯한 일본 상품의 수요가 감소함에 따라, 이 통상교류의 전반적인 중요성은 쇠락했다. 그러나 조공 체제는 여전히 원하는 상품과 은화의 안정적이고 신뢰할만한 공급원으로 남아 있었다.

그러나 결국 명·청 시대 황제들과 관료들의 근본적인 동기가 무엇이든 간에, 조공 체제가 작동하고 있었음은 분명하다. 유가 경전의 용어로 묘사하자면, 북경에서 보위에 오른 유가 최상의 군자(君子)가 지닌 힘과 영향력이 온 세상에 자연스럽게 퍼지자, 일반적인 조선 사람들은 풀처럼 엎드렸다. 좀 더 현대적인 표현으로 말하면, 명과 청은 모두 조선과의 관계를 구축하기 위해 상대적으로 적은 양의 자원을 쏟아부으면서도 조선에 대한 지정학적·상업적 이익을 유지할 수 있었다. 요컨대, 그 결과는 명과 청이 바라던 방식인, 간접적 또는 비공식적 통치로 이룰 수 있었던 최상의 성과였다.[54]

54. 몇몇 사람은 19세기 이전의 한중 관계를 중국의 비공식적인 통치로 묘사하는 것에 반대할 수도 있다. 나는 비록 19세기 조청 관계에 비공식 제국의 개념을 적용하는 것의 적절성과 가능성을 매우 확신하지만, 제국의 몇몇 속성에 관한 찰스 마이어(Charles Maier, *Among Empires*, p.33)의 매우 일반적인 다음의 묘사가 여러 방면에서 정확히 조선이 명·청 시대 중국과 맺은 관계를 떠올리게 한다는 점에 깜짝 놀랐다. "제국은 다양한 민족 또는 국가 단위의 엘리트들이 지배 권력의 정치적 지도력에 동조하고 묵인하는, 특정한 형태의 국가 조직이다. 통제·편의·신념에서 비롯된 것이든 그렇지 않든 간에, 제국은 지배적인 중앙부 또는 중심지를 다스리는 사람들의 가치를 받아들인다. 물론, 제국은 종종 바로 그런 가치를 이식하거나 가치에 영향을 미치려고도 한다. 각자의 사회 내에서 지위를 획득한 제국들은 이제 다자적 무대에서 역할을 할 수 있다. 각 국가의 수도 또는 지역의 중심지에서 영향력을 발휘하는 계층은 제국의 수도에서 진행하는 계획을 따른다. 그들은 대체로 공동의 적에게 대항한다. 그들은 제국의 중심지를 방문할 때 만족을 느낀다."

2. 19세기의 도전과 변화

청 제국과 조선 사이에서 안정적이고 상호 이익이 되었던 관계 체제는 19세기에 동아시아 전역에 영향을 끼친 내부의 저항과 외부적 위협의 결합으로 도전을 받았고, 결국 변화되었다. 청 제국은 대단히 획기적인 한 해였던 1882년이 되기 수십 년 전부터 조선에 대한 직접 개입을 계속 강화하는 길을 걷기 시작했다. 그러나 청 제국만 조선과의 관계를 바꾸었던 것은 아니었다. 서구 열강과 일본 역시 새로운 관계를 모색했다. 날로 증가하는 외부의 압력과 국내의 발전이 결합되면서 조선은 조약항 체제를 도입하게 되었다. 기존 방식의 외교 관계와 이에 대한 변용의 확대가 동시에 일어나자, 조선의 소약항 체제는 조선과 조선인이 외부 세계와 진행하는 상호 교류의 양을 극적으로 늘어나게 했다. 전체 체제에 걸쳐 있는 최대의 문제점 중 일부는 통제의 문제였다. 조선은 이 체제를 조종하고 저항하거나 활용해서라도 달갑지 않은 외국인들과 적당한 거리를 유지하려고 했다. 일본의 메이지 정부는 조약항 체제를 활용하여 조선에서 독점적 특권을 확보하려고 시도했다. 청 제국을 비롯한 다른 세력들은 모든 외부 세력에게 최혜국 특권과 동등한 접촉의 기회를 보장하는 등 중국(과 일본)을 지배하던 대외 관계의 기준을 조선에 도입함으로써 일본의 도전에 대응했다.

19세기에 들어섰을 때, 청 제국은 세계에서 가장 크고, 가장 번영한 제국의 하나였다. 일련의 유능한 황제들이 추진한 공격적인 팽창주의자들의 통치 아래, 청은 자국 영토를 명이 지배하던 면적의 거의 두 배로 넓혔다. 청조는 훨씬 확대된 영토에 대해 비공식적이지만 강력한 장악력과 영향력을 행사했다.[1] 경제적 규모와 번영의 측면에서 볼 때, 청은 강대국이었다. 청 제국의 일반적인 이미지를, 급속하게 근대화되던 세계에서 갈수록 퇴보하고 있었던 것으로 고착화하려는 사람들은 왜 유럽의 강대국들이 수세기에 걸쳐 중국으로부터 더욱더 많은 상업적 접촉의 권한을 얻으려고 애쓰고 있었는지를 생각하지 못한다. 당시 중국은 다른 나라가 원하고 필요로 하는 상품을 대량으로 생산하고 있었다.[2]

그러나 19세기에 청은 제국의 중추까지 흔들렸고, 20세기 초에는 결국 제국의 소멸까지 이르게 될 정도로 극심한 일련의 변화와 도전에 직면했다. 점령당하거나 할양이 요구된 영토는 통합되거나 통제될 필요가 있었다. 신대륙의 작물을 도입·보급함으로써 상당히 빠르게 제국의 번영이 이뤄진 결과로 급증한 인구는 너무나도 한정된 숫자의 대신과 관료들에게 이례적으로 커다란 도전을 안겨주었다.[4] 크고 작은 반란이 청 제국을 뒤흔들었고, 반란의 진압 뒤에는 파괴만 남았다. 이러한 반란 중에서도 가장 큰 사건이었던 태평천국(太平天國)의 난(1850~1864)은 번성하던 장강(長江) 유역을 철저히 파괴했고, 적어도 2천만 명의 목숨을 앗아갔다. 태평천국의 난으로 청 제국 내부의 권력 균형에도 중대한 변화가 일어나기 시작했다. 증국번(曾國藩)과 이홍장 같은 강력한 지방 관료들이 반란을 진압하기 위해 스스로 사병(私兵)을 양성하고 훈련했기 때문이다. 이들 관료는 청 황실에 충성했지만, 일단 당면한 위기가 지나가자 자기들이 새롭게 얻은 권력을 내놓기를 주저한다는 사실이 드러났다.[5]

청은 힘겨운 내부 문제 외에 점차 늘어나는 외부의 도전에도 직면했다. 다른 제국주의 세력이나 제국주의 세력이 될 가능성이 있는 강대국들이 청의 지역적 패권 장악에 이의를 제기하고, 동아시아의 지정학적·상업적 이익을 비롯한 여러 이익을 추구했기 때문이다. 러시아인의 이주와 팽창은 또 다른 주요 육상 제국이 지극히 긴 북방 경계를 따라

1. 청의 영토와 영향력을 분명하게 보여주는 지도에 관해서는 Warren Cohen, *East Asia at the Center*, pp.224~225를 보라.
2. 많은 서구인은 거대한 중국 시장을 개척할 수 있으리라는 전망 탓에 의욕적이었지만, 이런 열망은 종종 어떠한 상업적 현실보다 그들의 희망과 염원에 더욱 근원을 두고 있었다. 예를 들어 Varg, "The Myth of the China Market"을 보라.
3. 활발한 팽창과 불가피한 쇠락의 변곡점에 대해 소설가 이탈로 칼비노(Italo Calvino, 1923~1985, 이탈리아 출신의 언론인 겸 소설가)는 몽골의 황제 쿠빌라이 칸의 입을 빌려 다음과 같은 말로 묘사했다. "황제들의 삶에는 우리가 정복한 영토의 무한한 광활함에 대한 자부심이 뒤따르는 순간이 있다. …… 이 순간은 우리에게 모든 경이로움의 총체로 보이던 이 제국이 끝도 형체도 없이 패배하고, 이미 너무 심각한 부패가 진행되어 우리의 권위로도 도저히 수습할 수 없으며, 적국의 군주들을 무찌르고 승리를 거둔 우리가 오랜 파멸을 겪은 그들의 뒤를 이을 것임을 깨닫게 하는 절체절명의 순간이다."(Maier, *Among Empires*, p.13에서 재인용).
4. 중국의 인구 증가에 관한 최고의 연구로는 Ping-ti Ho, *Studies on the Population of China, 1368-1953*이 있다. 인구의 압박과 인구 과잉이 중국의 농업과 행정에 끼친 영향력에 관해서는 Perdue, *Exhausting the Earth*를 보라.
5. Kuhn, *Rebellion and Its Enemies in Late Imperial China*.

청과 뜻밖의 조우를 하고 있었음을 의미했다. 러시아의 점진적인 동방 진출은 영국 주도의 반응도 촉발했는데, 이는 이른바 '그레이트 게임' (Great Game)이 동아시아까지 확대된 것이었다.⁶ 유럽의 해양국들도 동아시아에 접근할 권리와 이득을 본격적으로 요구하기 시작했다. 프랑스는 인도차이나에 식민지를 건설하고 확장하면서 이 지역에 대한 청의 종주권에 도전했다. 프랑스인 외교관·상인·투기꾼들 역시 청 제국의 본토, 특히 운남성(雲南省)까지 프랑스의 영향력을 확장하려고 눈독을 들였다.⁷ 영국은 청 제국과 대영 제국 사이에 맺은 관계의 조건들이 영국 측의 이익에 맞게 수정되어야 한다고 점점 더 고집했다. 영국은 일련의 무력 충돌을 통해 홍콩을 합병하고 청 제국과 전례 없는 외교적·상업적 접촉을 끌어냈던 것처럼, 외교로 성취할 수 없었던 사항을 군사력으로 확보했다.⁸ 다른 열강 세력, 특히 미국과 훗날의 독일은 자국이 직접 체결한 여러 조약을 통해 영국·프랑스와 비슷한 수준의 접근 권한을 확보함으로써 영국·프랑스가 선도한 길을 적극적으로 따라갔다. 마지막으로, 육상 강국으로 도약하려는 열망을 품은 해양 제국 일본이 동아시아 지역에서 청의 권력과 이익에 도전한 또 다른 경쟁자이자 잠재적인 위협이 되었다.⁹

비록 이 책에서는 '청 제국'이라는 단어를 사용하지만, 당시의 다른 어떤 제국들과 마찬가지로 청은 단일 조직이나 단일 체제와는 거리가 멀었다. 사실 청의 특징 중 하나가 모든 대외 문제를 전담하는 통합된 외무 부서가 없고, 그 문제를 다루기 위한 외교 정책도 없다는 것이었다. 오히려 청 제국은 수많은 주변국과 국경 문제를 다루기 위해 다양한 기구와 접근 방식을 사용했다. 예부(禮部)는 (조선을 비롯한) 동아시아와 동남아시아의 여러 조공국과 청의 관계를 중재했다. 이번원(理藩院)은 몽골·중가르를 비롯해 (러시아 등) 중국의 북방 국경과 인접한 국가들과의 관계를 맡았다. 유럽의 선교사들은 (북경에서 추방되기 전까지) 내무부(內務府)에서 전담했다. 1842년 이전까지 서양 상인들은 이른바 '광주(廣州) 체제'를 통해 중국에 접근할 수밖에 없었다. 광주 체제는 사실상 모든 서양인을 광주의 남쪽 항구 또는 그 인근에 머물게 함으로써, 서양의 외교관이나 상인과 청의 중앙 관료들 사이의 직접 접촉을 불가능하게까지는 아니어도, 어렵게 만들었다.10

- 대영 제국과 러시아 제국이 중앙아시아와 남아시아의 아프가니스탄 및 그 주변 영토를 차지하기 위해 19세기 내내 벌인 정치적·외교적 대립을 일컫는 말. 1813년의 러시아-페르시아 조약부터 시작해 20세기 초반까지 계속되었다.

6. 최문형, 「한국을 둘러싼 제국주의 열강의 각축」, pp.14~16; 전인영, 「중일갑오전쟁 전후 중국의 조선인식 변화」, p.42; 러시아 제국의 팽창과 그레이트 게임에 관한 좀 더 일반적인 논의로는 Lieven, *Empire*; Hopkirk, *The Great Game*을 보라. 극동 지역까지 이어진 러시아의 팽창은 의도가 단순히 지정학적인 것만은 아니었다. 18세기 내내 러시아인들 역시 청 제국과 성대한 육상 무역을 벌였으며, 양국의 총교역량은 18세기 중반에 광주(廣州)에서 영국과 청 제국 사이에 진행된 전체 교역량의 두 배에 달했던 것 같다(Edmund Clubb, *China and Russia: The 'Great Game,'* p.71, Warren Cohen, *East Asia at the Center*, p.267에서 재인용).

7. Warren Cohen, *East Asia at the Center*, pp.265~267. 한 프랑스인 투기꾼은 만약 프랑스가 청 제국과의 접경 지역까지 아우르는 인도차이나반도를 계속 확고히 보유할 수 있다면, "운남은 프랑스의 무역에 도움을 주는 다채로운 직판장 역할을 할 것이고, 사이공은 결국 동아시아의 초대형 물류 중심 항구로서 상해(上海)와 경쟁할 것"이라는 결론을 내렸다(Cady, *The Roots of French Imperialism in Eastern Asia*, p.281).

8. Osterhammel, "Britain and China, 1842-1914"; Fairbank, *Trade and Diplomacy on the China Coast*.

9. Beasley, *Japanese Imperialism 1894-1945*; Myers and Peattie, *The Japanese Colonial Empire*.

10. Kirby, "Traditions of Centrality," pp.16~17; Sigel, "The Role of Korea in Late Qing Foreign Policy," pp.77~78.

이와 같은 청의 다양한 대응 방식을 보면, 청의 외교 정책을 조공 체제에 입각한 '중화적 세계 질서'로 묘사해 온 일부 학자의 편의적 시각이 허구임을 알 수 있다. 청 제국은 외부 세력과의 모든 교류를 불평등한 회합으로 보여주려는 자국의 고집을 기꺼이 꺾을 용의가 있음을 입증해 보였다. 예를 들어, 1689년에 체결한 네르친스크 조약에서는 청과 러시아 제국을 대등한 입장에서 지칭한다.[11] 청이 제국 자체의 범위 내에서 다양한 지역에 대처한 접근 방식은 티베트, 중앙아시아, 중국 서남부, 중국 동북부 등 각 지역의 정책과 관습에 따라, 마찬가지로 다양하다. 이런 다양성은 모두 청이 각 지역에서 제기한 수요·과제·관심에 대한 청의 유연한 이해를 보여주고 있다.[12] 패멀라 크로슬리(Pamela Crossley)에 따르면, 청이 지배 영토 내의 다양한 '구성원층'에 호소하기 위해 이처럼 다양한 관념과 제도를 동시에 활용하던 정책은 청 제국의 관념과 관습에서 나타난 중요한 특징이다.[13]

---

11. Kirby, "Traditions of Centrality," p.16.

12. 신강(新疆)에 대한 청 제국의 정책에 관한 논의로는 Millward, *Beyond the Pass*를 보라. 또한, Perdue, *China Marches West*도 보라. 중국 서남부의 변경과 관련한 몇 가지 쟁점에 대한 검토로는 Giersch, "A Motley Throng"을 보라. 청 제국의 관념과 관습에 관한 개관으로는 Crossley, *A Translucent Mirror*를 보라. 또한, Hostetler, *Qing Colonial Enterprise*도 보라.

13. Crossley, *A Translucent Mirror*를 보라. 비록 크로슬리가 진행한 연구의 초점이 19세기는 아니지만, 그녀는 자신의 표현대로 "태평천국의 난에 휩쓸린 여파로 배타적인 '유가' 독존(獨尊)의" 통치가 득세하면서 이러한 다원적 통치가 통합·폐기되는 과정을 설명한다(위의 책, p.285). 그녀는 계속해서 이렇게 주장한다. "청대 초기의 많은 다양한 발전과 함께 청 제국의 노선은 정복 목적의 병합에서 벗어나 제국의 보편성을 표현하려는 것을 목적으로 한 원래의 제국 형태로 변화했다. 이는 제국의 통치가 붕괴하고 문관(文官) 엘리트, 진취적인 군사지도자, 불안을 느끼는 귀족들의 영향력이 커가던 시대가 도래하여, 다양한 세력으로 구성된 조정의 대의권이 붕괴·합병·통합되었기 때문이었다."(위의 책)

따라서 서양 제국주의 세력의 대거 출현이 단일하고 획일적인 중화적 세계 질서를 산산조각 냈다는 개념은 문제가 많은 억측이다. 그 개념은 청 제국과 외부 세계의 관계에 함축된 복잡성에 관해 밝히는 것 못지않게 가리는 부분도 많다. 그러나 이 주장이 청 제국에 끼친 서구의 영향이 중요하지 않았다는 말은 아니다. 이처럼 서구 세력의 충격이 증대된 영향과 결과는 존 킹 페어뱅크와 등사우(Teng Ssu-yü, 鄧嗣禹)가 제시한 '충격과 반응의 패러다임'(impact-response paradigm)에서 묘사한 것보다 훨씬 다원적이고 복잡했지만, 청 제국이 확실히 서양과 교류하기에는 다소 이질적인 곳이었다는 점은 여전히 분명하다.[14] 당시에 발생한 몇 가지 새로운 국면에 관해서는 짧게나마 주목할 가치가 있다.

첫째, 19세기에는 청 제국의 국제 관계가 세계화를 이루었다. 많은 중국인에게 모호하고 와닿지 않는 소문에 불과했던, 외래 민족을 대표하는 외교관들이 북경에 거주하며 청 조정과 직접 소통할 권리를 요구했고, 결국 이를 획득했다. 외국인 상인·선교사·투기꾼들도 점차 많은 숫자가 중국의 조약항에 모습을 드러냈다. 이른바 '쿨리'(coolie, 苦力)로 불리던 중국인 노동자들은 지구를 횡단하여 쿠바와 페루 같은 먼 이국 땅에서 일했다.[15] 해외의 중국인 노동자들을 대표하고 보호해 달라는 절

---

14. '충격과 반응의 패러다임'에 대한 영향력이 큰 해설서로는 Teng Ssu-yü and Fairbank, *China's Response to the West*; 이러한 접근 방식에 대한 신랄한 비판으로는 Paul Cohen, *Discovering History in China*, pp.9~55를 보라. 또한, '중국 중심'의 역사에 대한 코헨의 오랜 생각이 반영된 최신 성과로는 그의 신작 *China Unbound*, pp.185~199를 보라.

15. Yen, *Coolies and Mandarins*. 중국인 '쿨리' 노동자들에 대한 수요는 노예무역이 폐지된 이후 극적으로 늘어났다(Van de Ven, "The Onrush of Modern Globalization in China," p.173).

박한 요청에 부분적으로나마 호응한 청은 유럽과 서반구의 여러 국가에 공사관을 설립하는 이례적인 조처를 했다. 유럽에 상주한 최초의 청 관리는 1877년에 영국에 도착했다. 1880년까지 청은 (스페인·페루 등지를 방문할 청의 외교관들을 포함해) 영국·일본·미국·프랑스·러시아에 상주할 공사관 직원 및 (또는) 대리인을 보유했다. 진취적인 중국 상인들은 자기들의 해외 활동 확대와 이를 통한 영리 추구를 희망하며 해외 외교대표부와 영사대표부의 설치를 촉구했다.¹⁶ 이 모든 서구의 영향력 증대는 증기선과 전신(電信)부터 갈수록 정교해지던 은행과 금융기관에 이르기까지 다양한 기술적·조직적 진보로 촉진되었다.¹⁷

둘째, 조약항이라는 관문과 그 관문을 연결하는 해운회사와 항로는 청 제국과 외부 세계의 통상(通商) 관계에서 우위를 점하기 위해 전통적인 조공 무역 및 정크(junk)˙를 활용한 교역과 심각하게 경쟁하기 시작했다. 이는 조공 무역과 정크를 활용한 통상로가 완전히 사라졌다고 주장하는 것이 아니다. 사실 학계에서는 새로운 체제에 박차를 가했던 기술적 요소들이 마찬가지로 전통적인 상업 형태의 성장과 강화를 신장시

---

16. 1874년에 복건순무(福建巡撫) 왕개태(王凱泰)는 해외 외교대표부와 영사대표부 설치의 지지를 주장하는 글에서, 부유한 중국 상인들이 "외국에 자신들을 보호할 중국인 관료들이 있음을 알게 된다면, 차와 비단을 생산하는 큰 회사들은 생산한 상품을 그쪽으로 가져가라는 권유를 받을 것"이라고 기록했다(Biggerstaff, "The Establishment of Permanent Chinese Diplomatic Missions Abroad," pp. 23~24). 또한, Desnoyers, "Toward 'One Enlightened and Progressive Civilization,'" pp. 147~148을 보라.

17. 한스 판더벤(Hans Van de Ven, "The Onrush of Modern Globalization in China," p. 167)은 이러한 기술적·제도적 진보가 "모두 중국이 외부 세계와의 교역에서 '교류 속도'의 가속화 및 그 결과로 초래된 '시공간의 압축'을 입증한 것"이라고 주장한다.

• 전통 시대 중국에서 연해(沿海)나 하천을 통해 승객 및 화물을 실어나를 때 쓰던 배.

킴에 따라, 새로운 조약항 체제와 구식의 무역 네트워크 및 형태가 공존했다고 지적하는 학자들이 점차 늘어나고 있다.[18]

셋째, 대외 무역의 성장은 청 제국의 전반적인 국제 수지에 대체로 해로운 영향을 끼쳤다. 서구 열강들은 많은 양의 중국산 차·비단·도자기를 비롯한 여러 상품을 다량으로 구매하는 등 수 세기 동안 중국과 교역해 왔다. 그러나 19세기까지 중국에서 많은 상업적인 이윤을 창출하는 서양 생산 제품을 공급할 수 있었던 국가는 거의 없었다. 그 결과는 외국산 은과 중국 상품을 교환하는 꽤 한결같은 패턴이었고, 따라서 중국이 국제 수지의 흑자를 기록했다. 그러나 영국 상인들은 오랜 세월 동안 신화처럼 존재하며 거의 두드릴 수 없었던 '중국 시장'에 접근할 수 있게 해 줄 상품들을 수 세기 동안 아무 소득 없이 찾아다닌 끝에, 야비하지만 기발한 해결책으로 불법적이고 중독성 있는 마약을 생각해 냈다. 찔끔찔끔 조금씩 흘러들어오던 '박래니'(舶來泥, foreign mud)•, 즉 아편이 홍수처럼 거세게 쏟아져 들어오자, 청 관료들은 흑자이던 국제 수지가 역전되는 과정을 충격 속에 지켜봤다. 이 과정은 산업혁명의 결실들, 특히 기계로 짠 면직물이 아시아에서 시장을 찾기 시작하면서 더욱 심화되었다.

청 제국과 서구 해양 국가들 사이에 나타난 관계의 변화도 청 제국과 다른 열강 세력들 사이의 상호관계를 조정하기 위해 고안된 새로운

---

18.   Van de Ven, "The Onrush of Modern Globalization in China," pp.168~169를 보라. 또한, Hamashita, "Tribute and Treaties"를 보라.

•   아편이 시커먼 진흙덩어리처럼 보였으므로, 중국인들은 아편을 '외국에서 들어온 진흙'(foreign mud)이라는 의미에서 '박래니'(舶來泥)라고 불렀다.

체제와 기구의 설립을 이끌었다. 이렇게 설립된 기구 중에서 청과 서양, 청과 조선의 관계를 모두 이해하기 위한 목적으로 가장 중요한 것이 조약항 체제 전반과 대청해관(大淸海關), 그리고 총리아문(總理衙門)이었다.

이 조약항 체제는 청 제국이 서양인 외교관·상인·선교사 등에게 청 제국에 접근할 권리를 더욱 많이 허용해야 한다는 서구 세력의 주장으로 구축되었다. 청은 그렇게 하는 것이 내키지 않았지만, 계속된 군사적 패배로 다른 선택의 여지가 없었다. 이 체제의 원칙에는 통상 '조약항'으로 알려진, 지정된 지역으로만 교역을 제한하는 조치를 비롯해, 조약항 내에 종종 조계(租界)로 알려진 외국인 거류지(居留地)의 설치, 외국인에 대한 치외법권, 균일한 관세법 체계의 확립, 대체로 외국 상인에 대한 상당한 편의 제공, 외국인이 주로 관리하는 해관이 제정한 해관법의 시행 등이 포함되어 있었다. 비슷한 특성을 가진 체제가 곧이어 일본에서 도입되었고, 후일 조선에도 구축되었다.[19]

조약항 체제가 철저하게 외국인만을 위해 원치 않는 아시아인의 희생을 강요하여 만든 개별체라고 보는 시각은 솔깃하다. 청 제국이 외국의 외교관들에게 북경에 거주할 권리를 부여하거나 중국에서 선교 활동을 수행할 수 있도록 허락하는 일에 기꺼이 동의했다고 상상하기는 어렵겠지만, 이 체제를 완전한 외국의 것으로 규정하는 것은 오해의 소지가 있다. 외국과의 무역을 한정된 장소, 특히 대체로 해안의 몇몇 항구로만 제한한다는 생각은 아시아에서 전혀 새로운 방식이 아니었다. 광주는 강력한 중국의 정권들이 외국과 해상 무역을 진행할 때 종종 고집하던 장소였다. 청대 대부분의 기간에 외국인들은 광주에서만 무역 활동을 하도록 제한되었고, 국가에서 인정한 상인인 '행'(行, hong)을 통해서만 외교와 상업 활동을 벌이라는 요구를 받았다. 이와 마찬가지로 일본의 도쿠가와 막부는 소수의 네덜란드 상인과 중국 상인들에게만 나가사키(長崎) 인근에서 대외 무역을 허용했다. 조선 역시 같은 방식에 따라 일본 상인들의 조선 접촉을 동남부 해안의 세 항구로 제한했고, 16세기 말에 도요토미 히데요시가 조선을 침략한 이후에는 유일한 교역 창구로 부산항(釜山港) 근처의 왜관(倭館)만 허용하여 일본인의 접촉 장소를 더욱 줄였다. 게다가 외국인들에게 지정된 조약항 내에 어느 정도의 자치권(예를 들면 '조계')을 허용하는 관습이라든가, 더 나아가 치외법권의 관행 조차도 19세기 중반의 '불평등 조약들'이 체결되기 한참 전부터 아시아에 선례가 있었던 것들이다.[20]

19. 이 체제의 발전에 관한 연구로는 손정목, 『한국 개항기 도시변화 과정 연구』, pp.11~53을 보라; 또한, Fairbank, *Trade and Diplomacy on the China Coast*; "The Creation of the Treaty System," pp.213~263을 보라.

20. Cassel, "Excavating Extraterritoriality"; Fairbank, "The Early Treaty System in the Chinese World Order," 하라 다케미치(Hara Takemichi, "Korea, China, and Western Barbarians," pp.395~396)는 조선에 들른 중국 사신들 역시 치외법권과 매우 흡사한 지위를 누렸다며 다음과 같이 언급한다. "치외법권적 관할 구역과 비슷한 형태가 중국과의 조공 관계에 따라 운용되었는데, 조선 땅에서 중국인이 발견된 경우에는 중국으로 인도되어야 하고, 조선 정부는 중국 정부로부터 명시적인 승인을 얻은 이후에야 이런 사람을 처벌하거나 처형할 수 있었다." 또한, Wright, "The Adaptability of Ch'ing Diplomacy," p.367을 보라. 일부 학자들은 오스만 제국이 치외법권을 허용한 여러 선례도 언급했다. 그러나 리처드 호로비츠(Richard Horowitz, "International Law and State Transformation," pp.459~460)가 언급한 것처럼, "조약에서 치외법권을 명문화한 것은 상황을 중요한 방식으로 변화시켰다. 이것은 공식화된 체제였고, 외국인들은 노골적으로 영리사업과 사생활의 영위를 추구하는 등 자신의 이익을 위해 이 체제를 활용했다. 가장 중요한 것은, 이 조약 체제 내에서 조약을 강요당한 정부는 심각한 보복이 두려워 치외법권을 간단히 취소할 수 없었다는 점이다."

조약항 체제의 기능은 상당한 논의가 필요한 문제이다. 일각에서는 조약항 체제가 아시아 국가로 상품·사람·관념의 유입을 촉진했는데, 이런 것들은 종종 아시아 국가들이 처음에는 수용을 꺼리던 것들이었다고 강조한다. 또 다른 일각에서는 조약항들이 외국인들을 한정된 공간 안에서만 활동하도록 제한하고, 이에 따라 본토의 상인들이나 후일 일어날 토착 산업이 성장·번영할 수 있게 함으로써, 실제로는 외국의 영향력을 제한하는 역할을 했다고 주장한다.[21]

조약항의 수가 늘어나고 이에 따라 중국과 외국 간의 교역량도 증가함에 따라, 서구 열강들은 조약에서 명기한 평등에 근거하여 교역을 통제할 기구의 설립과 운용을 요구했다. 그래서 대청해관이 설립되었다. 주로 외국인이 관리하던 대청해관은 중국의 조약항으로 드나드는 상품을 분류하고, 관세를 비롯한 여러 항목의 세액을 평가했으며, 항만 유지와 지도 제작을 비롯한 다양한 역할을 수행하고, 심지어 중국 통화의 개혁과 안정까지 추구했다. 한 학자는 대청해관이 "상품에 적용할 제반 규칙을 입안함으로써 중국의 세계화를 영국의 빅토리아 시대처럼 순조롭게 진척시켰는데, 지위와 연줄에 상관없이 모든 사람이 준수해야 했던 이 규칙은 현지 사회와는 차별화된 효율적이고 중앙집권적인 관료 체제를 통해 강화되었다."[22]라고 언급한다.

조청 관계의 향후 추이에 큰 영향을 끼친 또 하나의 혁신은 총리아문의 설립이었다. '총리아문'이라는 명칭은 '총리각국사무아문'(總理各國事務衙門, 모든 외국과의 업무를 총괄하는 기구)의 약칭이었다. 이 기구는 영국을 필두로 하는 서구 열강들이 '광주 체제'의 제약을 더 이상 고수하지 않겠다고 거부한 사실을 승인한 1861년에 설립되었다. 총리아문을 외무부에 상응하는 기관으로 묘사하는 것은 청 제국과 그 주변국의 상호 관계를 중재한 다른 기구와 요소들을 무시하는 것이지만, 어쨌든 총리아문은 대부분의 서구 열강이 청 제국과의 사이에서 생긴 문제를 해결하기 위해 찾는 최초의 기구가 되었다. 게다가 총리아문은 외교적인 중재 기능을 훨씬 뛰어넘어, 청의 자강 노력을 위한 중심기지 역할을 했다.[23]

내부의 도전과 외부 위협의 결합으로 청 제국은 주변국이자 속방인 조선과의 관계를 재검토하고 심사숙고하게 되었다. 청의 정책 결정권자들은 상대적으로 취약한 조선왕국의 군사력을 고려할 때, 조선 역시 청이 1839년 이래 서구 열강들의 손아귀에서 겪었던 것과 똑같은 군사적 패배와 외교적 차질을 경험할 것을 우려했다. 게다가 중국에 대한 서양인들의 공동 접근은 (홍콩과 마카오를 제외하면) 청 영토의 완전한 합병의 위험성이 꽤 낮다는 것을 의미했지만, 조선의 경우는 그렇지 않았다. 순망치한(脣亡齒寒)처럼 중국이라는 치아를 보호하는 입술로 묘사된 조선을 프랑스·영국·러시아나 일본에게 빼앗기는 것은 청 제국 자체의 안보와 위신에 심각한 위협으로 인식되었다.

이러한 난국에 잘 대처하기 위해 고안된 정책을 정교하게 다듬고

---

21. Osterhammel, "Semi-Colonialism and Informal Empire in Twentieth-Century China," pp.293~294; Grove and Sugiyama, "Introduction," pp.5~6. 조약항 체제가 외국인의 상업적 침투를 촉진했다기보다, 실제로는 외국인을 고립시켰을 수도 있다는 주장은 부분적으로는 외국인들 자체의 문화적 성향 때문이기도 했다. 일본에 체류한 미국인들의 사례에 관한 분석으로는 Murphy, *The American Merchant Experience in 19th Century Japan*을 보라.

22. Van de Ven, "The Onrush of Modern Globalization in China," p.177. 또한, Horowitz, "International Law and State Transformation," pp.456~457을 보라.

23. Meng, *The Tsungli Yamen*.

실행하는 업무는 주로 총리아문으로 돌아갔다. 그런 자격으로 청 제국과 조선 사이의 관계에 대한 명확한 해명을 요구하는 서양인과 일본인들의 문의에 응대한 곳이 총리아문이었다. 그리고 조선이 중국의 번속이면서 동시에 자주국이라는 모순적인 선언을 반복해서 공표한 곳 역시 총리아문이었다. 그러나 총리아문 소속의 중국 관료들은 모호해 보이는 언사(言辭)로 외국의 외교관들을 혼란에 빠지게 만드는 동시에, 조선에게 점점 커가는 외국의 위협에 대처하는 최고의 방법을 조언함으로써 조선이 외국과의 관계를 조화롭게 유지할 수 있게 하려고 노력했다. 조공 체제와 조선으로 파견한 중국의 특사를 활용해 조선에 비공식적인 조언과 '정보'를 넘겨주던 총리아문은, 외국인에 대한 조선의 전반적인 태도 완화와 더불어, 그중에서도 특히 국경 문제와 기독교에 대한 조선의 입장 완화를 권유하려고 애썼다.[24]

조선의 고립: 대원군의 통치

초기의 이러한 시도는 19세기 중반의 조선이 외부 세계와의 관계 개선에 거의 관심을 보이지 않아 실패했다. 앞서 언급한 것처럼, 조선은 일반적으로 외국인과의 접촉과 교류를 장려하기보다 제한을 추구했다. 이처럼 외국인들과 적당한 거리를 두려는 정책 결정은 도요토미 히데요시가 일으킨 왜란(倭亂, 1592~1598)과 만주족의 침략인 호란(胡亂, 1627, 1636)을 겪은 이후에 더욱 강화되었다. 이따금 배가 난파되어 조선으로 표류해 온 외국인은 대체로 후한 대접을 받았지만, 서둘러 중국이나 일본으로 떠나야 했다. 심지어 청 제국과의 관계도 해마다 파견하는 조공[25]

사절단으로만 제한되었다.

    조선왕국이 상업적 또는 외교적 관계에 참여하는 것을 꺼리는 이유로 조선 관료들이 내놓은 전형적인 변명은 조선이 가난하고 자원이 부족하다는 것이었다. 따라서 외부 세계와의 통상 교류로부터 얻을 수 있을 것으로 생각되는 이익이 전혀 없다는 것이다. 게다가 조선은 외부인들과의 관계를 삼가는, 오래되고 잘 알려진 전통이 있었다. 마지막으로, 조선 관료들은 종주국의 승인 없이는 외부 세계와의 관계를 규정한 체제를 수정할 수 없다는 사실을 종종 들먹였다.

24. 조선의 대외 정책을 수정하려는 총리아문의 시도에 관한 논의로는 Wright, "The Adaptability of Ch'ing Diplomacy"; Key-hiuk Kim, *The Last Phase of the East Asian World Order*, pp.62~76을 보라.

25. 예외적인 사례가 스페르버르호(Sperwer-號)('스페르버르'는 '새매'를 의미)를 타고 표류한 네덜란드인 선원의 경우였다. 그는 조선의 감옥에 수년 동안 수감되었다. Ledyard, *The Dutch Come to Korea*를 보라.

26. 서구 상품의 거래에 대한 공식적인 금지 조치에 관해서는 『高宗實錄』 1866년 11월 24일(高宗 3.10.18) 자 기사를 보라.

27. 예를 들어 『高宗實錄』 1866년 12월 11일 자(高宗 3.11.5) 기사와 1871년 4월 10일(高宗 8.2.21) 자 기사를 보라. 또한, Keyhiuk Kim, *The Last Phase of the East Asian World Order*, pp.40~41; Wright, "The Adaptability of Ch'ing Diplomacy," pp.364~373을 보라. 조선인들은 종종 조선의 대외 관계에 대한 진정한 책임이 종주국에 있다는 자기들의 의견을 표명했지만, 청 관료들이 언제나 빠르게 이에 동의한 것은 아니었다. 조선 관료들은 1845년에 영국의 군함 세마랑호(Samarang-號)를 만난 이후 그 사건을 청에 보고하고, 청이 영국 측에 조선을 건드리지 않도록 '지시해' 줄 것을 요청했다. 김기혁에 따르면, "중국의 무역항에서 서양인과의 관계를 맡았던 흠차대신(欽差大臣)" 기영(耆英)은 조선의 독특한 지위를 영국인에게 다음과 같이 설명했다. "조선은 중국의 일부가 아니므로 중국에 의해 무역이 개방될 수 없고, 조선은 독립국이 아니므로 자력으로 무역을 개방할 수 없다."(Key-hiuk Kim, *The Last Phase of the East Asian World Order*, p.40). 기영의 설명이 조선의 실제 상황에 대하여 논리적으로 일관된 진술을 하려는 의도였는지, 그게 아니라면 영국이 조선과 유대를 도모하는 것을 막으려는 시도였는지는 분명하지 않다.

서구 열강이 중국에서 벌인 약탈 소식과 일본 도쿠가와 막부의 강제 개항 소식이 조선에 흘러들어감에 따라, 아시아에 새롭게 출현한 외국인들이 가할 위협과 도전에 관한 조선의 우려는 고조되었다. 특히 우려되는 것은 1860년에 영국과 프랑스의 연합군이 북경을 공격했다는 소식이었다. 조공 사절들로부터 중국에서 벌어진 사건에 대한 보고가 올라오자 조선은 패닉 상태에 빠졌고, 외국인들이 곧 조선에 들이닥칠 것이라고 예상한 많은 관료들은 산으로 달아났다.[28]

이와 맞먹는 우려는 조선에서 기독교, 특히 천주교의 영향력이었다. 18세기 후반에 조공 사절단이 북경에서 가져온 책을 통해 조선왕국에 소개된 천주교는 엘리트와 평민층 모두에게서 신도를 확보했다. 성리학을 신봉하는 학자와 엘리트들은 천주교를 체제전복적인 교리로 판단하여 두려워했는데, 이런 두려움이 1801년, 1839년, 1866년에 천주교를 박해하는 사옥(邪獄)을 일으켰다. 조선의 많은 유가 엘리트들은 새로운 교리와 그 교리의 평등주의적 주장에 잠재된 대중적 매력을 우려했다. 1866년에 단행된 병인사옥(丙寅邪獄)은 특히 폭력적이었는데, 9인의 프랑스 선교사와 무려 8000명이나 되는 조선인 신도가 신앙 때문에 목숨을 잃었다.[29]

19세기 중반에 있었던, 외국인과의 몇 차례 조우가 외부 세계에 관한 조선인들의 일반적인 생각을 개선하는 데는 거의 도움이 되지 않았다. 특히 조선인에게 불쾌하게 느껴졌던 것은 미국 선박 제너럴셔먼호 (General Sherman-號)의 활동과 에른스트 오페르트(Ernst Oppert)의 도굴 사건이었다. 제너럴셔먼호는 1866년에 대동강(大同江)의 물길을 거슬러 평양까지 진입하려고 시도했다가 그 지역 주민들에 의해 파괴되었다.

1868년, 프로이센 출신의 투기꾼이었던 오페르트는 표면상의 이유로는 조선왕국에 대외 무역의 문호를 개방하라는 압력을 넣기 위해 조선 국왕 고종의 조부였던 남연군(南延君)의 묘를 도굴했다. 1866년 프랑스가 천주교 박해에 대한 반발로 병력을 파견하고, 1871년 미국이 제너럴셔먼호 사건에 복수하기 위해 군대를 보낸 탓에, 서구인에 대한 조선의 여론은 거의 개선되지 않았다. 조선 서해안에서 벌어진 짧은 교전에서 조선 병사들은 많은 사상자를 냈지만 용감히 싸웠고, 그 덕분에 프랑스군과 미군은 철수했다. 이러한 사건들은 다른 무엇보다도 외부의 침략에 저항하려는 조선의 결의를 다지게 했고, 그러한 과정이 실현 가능하다는 인식을 심어주었다.[30]

더욱 큰 고립에 빠지는 상황을 주도한 것은 대원군(大院君)으로 더욱 잘 알려진 이하응(李昰應)이었다. 1864년, 후사가 없었던 철종(哲宗, 재위: 1849~1864)의 사망 이후 벌어진 막후의 치열하고 다급한 권력 투쟁

---

28. 당시의 중국 상황에 관한 조선 조공 사절들의 보고에 관해서는 『哲宗實錄』 卷13, 1861년 5월 6일(哲宗 12.3.27) 자 기사와 卷13, 1861년 7월 26일(哲宗 12.6.19) 자 기사를 보라. 조선의 많은 사람이 느꼈던 주요한 두려움의 하나가 청조 황실이 만주 지역 또는 심지어 조선까지 도주하여, 결국 조선이 원치 않는 외국인의 시선을 끌게 될 수도 있다는 점이었다(Hulbert, *History of Korea*, 2: pp.200~202). 이 두려움은 1장에서 언급한 대로, 오삼계(吳三桂)와 황사영이 만주족의 조선 주둔을 권유 또는 예측한 사례와 일치한다.

- 1801년의 박해 사건을 신유사옥(辛酉邪獄), 1939년의 사건을 기해사옥(己亥邪獄), 1866년의 사건을 병인사옥(丙寅邪獄)이라고 한다.

29. Yongkoo Kim, *The Five Years' Crisis*, pp.16~20; Wi Jo Kang, *Christ and Caesar in Modern Korea*, pp.1~8.

30. Yongkoo Kim, *The Five Years' Crisis*, pp.13~122.

끝에 11세의 왕족 이명복(李命福)이 왕위의 승계자로 발탁되었다(그는 후세에 '고종'으로 추상되었다). 고종의 부친 이하응은 권위는 있어도 거의 사용되지 않던 지위인 대원군의 자리에 올랐다. 대원군은 이 지위를 이용해 이후 10여 년 동안 사실상의 조선 군주로 군림했다. 대원군은 국내 문제에서 자신이 야심 넘치고 정력적인 개혁가임을 입증해 보였다. 그는 지방의 양반 엘리트를 탄압함으로써 중앙, 그리고 더욱 현저하게 왕실의 권위와 재원(財源)을 향상시키려고 노력했다.[31]

대외 관계에 관한 한, 대원군은 확고한 고립주의자임이 입증되었다. 그의 집권 기간에는 서양 상품의 구매나 소비가 전면 금지되었다.[32] 그는 1871년에 조선을 침략한 미국인 원정대에 보낸 서신에서, 미국의 관계 개선 요구가 중국과 우호 관계를 맺고 다른 나라들과는 관계를 삼갔던 500년 조종(祖宗)의 법도를 저버리는 행위라고 주장하며 분노를 표명했다.[33] 대원군은 1866년과 1871년에 서양의 원정대로부터 두 차례 침공을 받은 이후, 깊은 반외세 감정을 비문에 새긴 척화비(斥和碑)를 조선 전역에 세우라고 명령했는데, 비문의 문구는 다음과 같다. "서양 오랑캐가 (우리나라를) 침범할 때 (만약) 싸우지 않으면 화친해야 하는데, 화친을 주장하는 것은 나라를 팔아먹는 짓이다."[34] (洋夷侵犯, 非戰則和, 主和賣國)

31. Ching Young Choe, *The Rule of the Taewŏn'gun; Palais, Politics and Policy in Traditional Korea*.
32. 『高宗實錄』 卷3, 1866년 11월 24일(高宗 3.10.18) 자 기사.
33. 『高宗實錄』 卷8, 1871년 6월 4일(高宗 8.4.17) 자 기사.
34. Eckert et al., *Korea Old and New*, p.197.

서양뿐 아니라 일본 역시 조선의 은둔에 위협이 된 세력이었다. 1868년에 메이지 유신(明治維新)을 단행한 이후, 일본의 관료와 사신들은 조선의 부산항에서 쓰시마 번(對馬藩) 출신의 중개상들을 통해 교역을 제한하던 전통적인 조일(朝日) 관계의 변화를 더욱 강력히 요구하고 있었다. 부산 일대의 조선 지방관들과 서울의 상급 관료들은 일본의 모든 요구를 묵살했다. 그들은 일본식 조어(造語)와 의전, 심지어 복장의 변화까지도 이 새로운 일본인들이 지닌 불쾌한 특성의 증거라고 지적했다. 조선이 일본의 외교적 제안을 일관되게 거부함에 따라, 일본 내에서는 외부 세력이 조선을 점령할 가능성에 직면하여 일본의 영예를 높이고 일본의 안전을 보장하기 위해 군사행동을 취해야 한다는 요구가 거세졌다. 그 당시 청의 관료들과 마찬가지로, 일본 관료들 역시 조선을 일본이라는 치아를 보호하는 '입술'로 묘사했다.[35]

서양과 일본 '오랑캐'의 등장은 조선의 일부 성리학 엘리트층들이 품었던 반만적(反滿的) 태도를 누그러뜨리는 흥미로운 효과를 가져왔다. 그렇다고 해서 모든 조선인이 이제 두 팔 벌려 만주족을 포용했다고 주장하는 것은 아니다. 일부 조선 관료들은 공친왕(恭親王, 만주족으로서 1860년 영국과 프랑스 연합군의 침략을 종결지은 조약의 협상책임자이자, 동치제[同治帝][재위: 1862~1874]의 미성년 기간 동안 섭정을 역임)을 비난하고 그가 뇌물을 받았으며 '인성'(人性)이 부족하다는 점을 공공연히 말함으로써, 청 제국

---

35. Duus, *The Abacus and the Sword*, p.35. 19세기 중후반의 조일관계에 관한 설명으로는 Conroy, *The Japanese Seizure of Korea*; Deuchler, *Confucian Gentlemen and Barbarian Envoys*; Kim Key-hiuk, *The Last Phase of the East Asian World Order*를 보라.

이 서양과 적극적으로 관계를 맺은 이유를 설명했다.[36] 또 다른 일부의 조선 관료들은 계속해서 '성인의 도'를 지켜온 조선과 서양 오랑캐들과 매우 긴밀한 관계를 맺고 있었던 청 제국 사이의 차이를 은연중에 강조했다.[37] 이상화된 명조 중국에 대한 조선의 충성 표현을 통제하는 것은 조선 국내의 정치 투쟁에서 중심축으로 삼는 것 중 하나였다. 1860년대 내내 대원군과 지방 사대부들 사이에서 벌어진, 공공연한 논쟁의 가장 직접적인 원인 중 하나는 명의 만력제(萬曆帝, 재위: 1573~1620)를 기리는 사당이었던 만동묘(萬東廟)의 위치였다. 대원군과 성리학을 신봉하는 조선 사대부 사이의 충돌은 결국 대원군을 실각하게 했다.[38] 그러나 서양과 일본 세력의 위협이 점차 커지자, 많은 조선인이 청에 대한 반감을 다시 생각하는 계기가 되었던 것은 분명하다. '문명'(즉, 유학)과 '야만'(서양)이라는 양극단의 존재 중에서 청 제국은 야만보다는 문명에 훨씬 가까웠다. 성리학자 이항로(李恒老)의 다음과 같은 대답이 전형적이다. "북방 민족(만주족)은 오랑캐였으므로, 그들에게 말해볼 수 있다. 그러나 서양인은 (인간 이하의) 짐승이므로, 그들에게는 말할 수조차 없다."[39]〔北虜夷狄也, 猶可言也. 西洋禽獸也, 不可言也〕 성리학을 신봉한 조선의 엘리트들은 국내 정책에

---

36. Woong Joe Kang, *The Korean Struggle for International Identity*, p.32.

37. Hara, "Korea, China, and Western Barbarians," p.426.

38. 만동묘에 대한 자세한 사항 및 대원군과 지방 사대부 사이에 벌어진 논쟁 속 만동묘의 역할에 관해서는 Palais, *Politics and Policy in Traditional Korea*, pp.120~124, 190~191, 228~231을 보라.

39. Chai-sik Chung, *A Korean Confucian Encounter with the Modern World*, p.41, pp.134~137(괄호 속 글자는 원서를 그대로 인용한 것임).

서 견해 차이를 보였지만, 서양과 일본의 위협에 담긴 본질과 끈질긴 대응의 필요성에 관해서는 의견이 꽤 일치했다.

청 제국 내의 일부 인사들은 조선을 개방하려는 외국의 시도를 불안한 마음으로 조심스레 지켜보았다. 만약 청 제국마저 외국인들이 중국에 요구한 접촉을 거부할 수 없었다면, 조선은 얼마나 더 취약했을까? 외국 열강, 그중에서도 특히 러시아나 일본이 조선을 지배하게 될 가능성을 우려한 청의 일부 관료들은 조선과의 기존 관계 체제에 대한 변화를 고려하기 시작했다. 예부가 대체로 한중 양국의 오랜 우의 관계를 유지하게 해 준 기존의 위계 구조와 불간섭의 원칙을 벗어나려는 어떠한 시도에도 저항했으므로, 이런 점에서 그들은 영리할 필요가 있었다.

이홍장의 등장

조선 문제의 처리 방법을 둘러싸고 청 지배층 내의 의견은 다양하게 갈렸다. 조선왕국에 대한 특정한 태도와 조치를 옹호하는 많은 목소리 중에서, 루이스 시걸은 특히 중요했던 세 집단을 강조한다.[40] 가장 주목할 만한 집단은 시걸이 '주류적 접근'이라고 명명한 방식을 지지했다. 개혁 지향적 근대화론자였던 이들은 다른 무엇보다도 청의 자강(自强) 노력이 결실을 볼 때까지 시간을 벌기 위해서 눈에 띄는 충돌을 피하려고 노력했다. 이 집단의 영수는 이홍장(1823~1901)이었다. 이홍장은 향용

---

40. Sigel, "The Role of Korea in Late Qing Foreign Policy."

〔화보 9〕 이홍장(李鴻章), 1871년

촬영: 로렌조 피슬러(Lorenzo F. Fisler, 1841~1918), 소장: 피바디 에섹스 박물관(Peabody Essex Museum)

(鄕勇) 집단을 지휘하여 태평천국의 난을 진압함으로써 명성을 얻었다. 저명한 인사 증국번의 심복이었던 이홍장은 빠르게 명성을 얻었고, 청 제국의 각처에서 일련의 중요한 보직을 맡았다. 이홍장은 1870년에 직예성(直隷省)의 총독(總督)으로 임명된 이후, 청 제국의 외교 정책에서 중요한 역할을 했다. '북양대신'(北洋大臣)이라는 관직이 신설되어 직예총독이 이 직책을 겸임하게 되자, 그의 영향력은 더욱 높아졌다. 그의 공식 직책, 그의 정치적 감각, 그리고 그의 명성은 "1895년에 그가 (천진에서) 겸임하던 두 직책에서 해임될 때까지 사실상 그가 중국의 '외무대신'이었다."는 것을 의미했다.[41]

이홍장은 청 제국의 강화를 위해 서양의 기술과 군사적 노하우를 적극적으로 채택하려고 했던 새 세대의 관료를 대표했다. 그러나 그러한 자강 노력이 꽃을 피우기 위해서는 시간이 필요했다.[42] 그래서 이홍장은 전반적으로 충돌을 피하고, 특히 조선에서 일어나는 분쟁을 기피하는 데 중점을 두었다. 그러한 중점의 일환으로서 이홍장은 "외교적 책략, 뇌물, 공식적·비공식적 동맹, '화친'(和親, 결혼을 통한 동맹) 형태의 정책들, 무역, 조공 관계, 회유 등 대체로 타협주의자의 대전략이라고 규정

---

41. Meng, *The Tsungli Yamen*, p.59. 이홍장에 관한 더욱 상세한 사항은 Chu and Liu, *Li Hung-chang and China's Early Modernization*을 보라. 또한, Hummel, *Eminent Chinese of the Ch'ing Period*, 1: pp.464~471을 보라.
42. 이홍장에게 '자강'이 처음에는 외국인들과 합작하여 장사하는 중국 상인들에 대한 적개심과 강력한 배외주의(排外主義, antiforeignism) 요소까지 포함했다는 점을 언급하는 것은 흥미롭다(Kwang-Ching Liu, "The Confucian as Patriot and Pragmatist," pp.23~25). 이홍장의 자강 노력은 이후 '중체서용'(中體西用), 즉 "중국의 학문을 본체로 삼고 서양의 학문을 응용한다."는 원칙의 구현이었던 것 같다. 더욱이 그는 자신이 한때 분노했던 많은 매판(買辦)을 고용하여 그들과 매우 친밀하게 일했다.

할 수 있는 범위 내의 여러 정책"을 특히 중요하게 여김으로써, 이언 존스턴(Iain Johnston)이 규정한 '공맹'(孔孟) 패러다임의 경향을 드러낸다.[43]

이홍장은 조선을 "성현의 자손이자, 예의의 나라."[44](聖賢之裔, 禮義之邦)라고 극구 칭찬했다. 그러나 그는 조선왕국의 허약함이 외세, 특히 일본의 모험주의를 자초할 것을 두려워하기도 했다. 조선의 상실은 동삼성(東三省)과 만주족의 발상지인 만주 지역의 '번폐'(藩蔽), 즉 방어막을 잃는 것과 마찬가지였다.[45] 그래서 그는 비록 매우 빈번하고 신랄한 태도이기는 했지만, 조선 조정의 막후에서 비공식적 조언을 제공하는 총리아문의 전략을 계속 유지함으로써 조약과 무역을 원하는 서양의 요구 앞에서 조선의 비타협적 태도를 완화하려고 노력했다. 이런 조언은 조선에 온 중국의 공식 사신들과 중국에 파견된 조선의 조공 사절을 통해 전달되었다. 조선 정부에서 오랫동안 영의정(領議政)으로 재임하며 주청사(奏請使)로 이홍장을 만났던 이유원(李裕元)은 빈번하게 이홍장과

---

43. Johnston, *Cultural Realism*, pp.117~118. 존스턴은 전통적인 중국의 전략적 사고가 실제로는 공맹 패러다임의 경향보다 공격적인 전쟁 준비 경향을 더욱 많이 드러냈다는 사실을 전반적으로 알아낸다. 그러나 그의 작업은 주로 청대 이전의 시기에 초점을 맞추고 있다. 우리는 중앙아시아까지 영토를 늘린 청의 팽창(이 팽창은 전쟁 준비 전략과 훨씬 더 잘 어울리는 것 같다)과 해안 지역 일대에 대한 청의 방어적인 노력의 의미 있는 차이를 구분할 수 있을 것이다. 아마도 이 방어적 노력이 종종 인용되지만, 실제로는 거의 활용되지 않던 공맹 패러다임을 더욱 일반적으로 고수한 듯하다.

44. 李鴻章, 「1873년 모리 아리노리(森有禮)와 나눈 필담」, 『譯署函稿』. Nan-Tsung Kim, "Neighbour as Mirror," p.49에서 재인용.

• 오늘날 중국 동북부의 3성(省)인 요령성(遼寧省)·길림성(吉林省)·흑룡강성(黑龍江省)을 가리킴.

45. 이홍장이 총리아문에 보낸 1876년 1월 22일(光緒 1.12.26) 자 공문, 『中日韓關係』, pp.276~277.

서신을 주고받았다.

이홍장과 같은 생각을 공유한 관료들의 노력을 통렬히 비판한 것이 청의파(清議派) 집단의 일원들이었다. 이 청의파 집단에 대한 정확한 설명과 구분은 어려운데, 특히 이들이 내세운 원칙 하나가 당파의 형성은 피해야 한다는 것이었기 때문이다. 그러나 규모가 크고 영향력도 상당했던 관료와 학자 집단이 어떤 희생을 치러서라도 '오랑캐'의 갑작스러운 공격에 대항할 필요성에 매우 공감했다는 사실은 분명하다. 그들은 종종 청 제국의 '유화' 정책을 소리 높여 비판했고, 자기들이 중국의 전통적인 세력 범위로 생각하는 지역까지 미치고 있는 서양과 일본의 공격에 적극적인 방어를 요청했다. 그들의 견해는 청 정부의 최고위층들로부터 공감을 얻었다. 영향력 있는 제사(帝師) 겸 군기대신(軍機大臣) 이홍조(李鴻藻)와 제사 겸 호부상서(戸部尙書) 옹동화(翁同龢) 등을 포함한 저명한 관료들은 많은 부분에서 청의파의 강경한 입장을 지지했다. 이 집단에 속한 사람들은 대체로 '보수주의자' 심지어 '반동주의자'라고까지 묘사되었지만, 조선을 청 제국의 본토로 합병하는 안과 일본 침략 계획 등 중국의 정통성과 전통적인 특권의 수호라고 인식했던 부분에서 과격한 정책을 적극적으로 지지했다.[46]

---

46. 이처럼 간략한 설명으로는 중국 '보수파'의 의견에 내포된 복잡성을 거의 제대로 다루지 못한다. 또한, 시간이 흐름에 따라 보수파의 관념적·정치적 구조가 어떻게 변화했는지 적절하게 제시하지 못한다. 이 주제에 대한 좀 더 발전된 소개로는 Bonnie B. C. Oh, "The Leadership Crisis in China on the Eve of the Sino-Japanese War of 1894-1895"를 보라. 또한, 같은 저자의 "The Background of Chinese Policy Formation in the Sino-Japanese War of 1894-1895"와 Hao, "A Study of the Ch'ing-Liu Tang"을 보라.

시걸 역시 자신이 '조약항 공동체'라고 명명한 세 번째 집단을 강조한다. 부유한 '매판(買辦)·상인·사업가'로 구성된 조약항의 엘리트들은 "중국이라는 이름 아래 그들 각자의 이익을 강력하게 주장하는 동시에 '부와 권력'을 증진하기 위해 서구식 제도의 채택"을 강조했다. 그들은 치외법권의 폐지, 국내 해운에서 외국인의 배제, 관세 자주권의 회복, 산업의 발전, 민간의 철도·광산·은행·직물 산업에 대한 정부의 후원 등과 같은 다양한 조치를 촉구했다.[47] 조약항 엘리트들의 현안 과제는 청 제국 내의 일부 사람이 '상전(商戰)', 즉 '상업 전쟁'에 주목하고 이를 활용하기 시작했다는 사실을 입증했다.[48] 비록 중국에서 무역이 새로운 현상은 아니었지만, 19세기에는 그야말로 폭발적인 상업의 성장이 이루어졌다.[49]

- 18세기 후반부터 중국 내 외국 상관(商館)과 영사관 등에 고용되어, 서양인을 도와 중국과의 무역 중개를 맡았던 중국 상인. 이들은 뛰어난 외국어 능력으로 서양 상인과 중국 상인 사이의 통역을 담당하고, 서양 국가와 중국 정부의 소통을 맡았으며, 또한 직접 상점을 경영하여 치부하기도 했다. 근대의 상당수 매판은 외국 자본과 결탁하여 중국의 이익을 해치는 일에 힘써 중국 민중으로부터 매우 부정적인 이미지를 얻기도 했다.

47. Sigel, "The Role of Korea in Late Qing Foreign Policy," pp.81~82. 중국인 매판에 관한 자세한 사항은 Hao, *The Comprador in Nineteenth Century China*를 보라. 매판이 자기들의 조국에 제국주의자들의 침투를 도왔던 점 때문에, 많은 사람이 매판을 격렬히 비판해 왔다는 사실이 언급되어야 한다. 예를 들어, 도미니크 리번(Dominic Lieven, *Empire*, p.23)의 논평에 따르면, "이러한 종속국의 한 가지 요소가 본지의 '매판' 엘리트들이었다. 그들은 자국의 부를 서양 제국주의자들의 자본과 공유했고, 서양 제국주의자들의 대리인이었으며, 서양 제국주의자들의 사치품과 생활 방식에 강한 욕망을 느꼈다."

48. '상업 전쟁'에 관한 논의로는 王爾敏, 『中國近代思想史論』, pp.233~380을 보라. 이를 간략하게 언급하는 영문 자료로는 Hao and Wang, "Changing Chinese Views of Western Relations, 1840–1895," pp.190~194를 보라.

49. Hao, *The Commercial Revolution in Nineteenth-Century China*를 보라.

전례 없는 부와 성공에 고무된 영향력 있는 매판들은 중국 본토와 해외에서 모두 상업에 대한 공식적인 지원을 요구하기 시작했다.[50]

조약항 공동체는 청 제국의 조선 정책에 막대한 영향력을 행사했다. 정관응(鄭觀應) 같은 지식인들과 당정추(唐廷樞, 광동어 발음으로는 '통킹싱') 등의 매판은 이홍장이 조선 문제를 다룰 때 안보적 측면은 물론, 상업적 측면까지 고려하도록 설득하는 데 중요한 역할을 했다. 당정추는 조선에 특별한 관심을 두고 있었고, 이홍장의 절대적인 신뢰를 받고 있었다. 이홍장의 막부(幕府)에서 영향력 있는 인사였던 당정추는 "총독께서는 선두에서 이끌지만, 나는 (막후에서) 이 정책을 밀어붙이는 사람"이라고 주장했다.[51]

이홍장의 지략과 작전 능력은 1875년에 청 제국이 내린 전략적 결정 탓에 방해를 받았다. 이 결정은 청이 다른 무엇보다도 중앙아시아에서 일어난 회교도들의 반란을 진압하고 그 지역을 탈환하여 통제력을 강화하는 '새방'(塞防, 변경의 방어)에 초점을 맞춰야 할 것인지, 아니면 '해방'(海防, 해상의 방어)이 우선시되어야 하는지에 관한 활발한 토론 끝에

---

50. 조약항 엘리트들이 자기들이 품은 잠재력에 대한 확신은, 진란빈(陳蘭彬)이 중국뿐만 아니라 유럽의 해안과 강안(江岸)까지 아우르는 해운업의 경쟁력을 갖추려는 장기적인 목적에서 중국 상선(商船)의 창설을 요구한 것에서도 입증된다(Desnoyers, "Toward 'One Enlightened and Progressive Civilization,'" p.147).

51. Sigel, "The Role of Korea in Late Qing Foreign Policy," p.84.〔당정추의 이 말은 그가 기독교 장로회 선교사이자 헨리 휘턴의 대표작 『국제법의 원리와 국제법사의 개관』(Elements of intenational law with a Sketch of the History of the Science)을 『만국공법』(萬國公法)으로 한역(漢譯)한 윌리엄 알렉산더 파슨스 마틴(William Alexander Parsons Martin, 1827~1916)에게 보낸 영문 편지에서 한 표현이다. 이에 관한 자세한 내용은 W. A. P. Martin, *A Cycle Of Cathay Or, China, South And North* (London, 1896), p.351을 보라〕

나온 전략이었다. 후자를 지지한 이홍장은 청 제국에 가장 긴급한 위협이 될 나라인 일본이 "바로 우리 문턱 앞에 있으면서 우리의 약점이나 준비 태세를 염탐할 수 있으니, 그야말로 중국에게 가장 중대하고 영구적인 골칫거리"(近在戶闥, 伺我虛實, 誠爲中國永久大患)라고 주장했다. 그러나 좌종당(左宗棠) 장군 등이 상주(上奏)한 의견이 승리를 거뒀다. 여러 요인 중에서 좌종당은 자기주장을 정당화하기 위해 당시의 지배적인 서구 제국주의의 전략에 대한 매우 현실적인 평가를 활용했다. "그의 단언에 따르면, 주로 무역 이익을 얻으려는 욕망에 의해 국정이 운용되는 서양 국가들은 영토 때문이 아니라, 항구와 항만을 확보하기 위해 싸워 왔다. 따라서 유럽 지구에서 불어닥칠 위험은 당면 문제가 아니었다. 반면, 러시아는 상업적인 의도뿐만 아니라 영토를 확장하려는 야욕도 있었다." 황실의 승인과 외국의 차관 및 중국 각 성(省)에서 모은 자금을 확보할 수 있다는 점을 고려한 좌종당은 야심 차고 공격적인 군사 작전에 착수했다. 이 군사 작전을 통해 그는 회교도들의 반란을 진압했을 뿐만 아니

---

52. Hsu, "The Great Policy Debate in China, 1874"를 보라. 회교도가 일으킨 반란과 그 진압 과정에 관한 상세한 서술로는 Hodong Kim, *Holy War in China*를 보라. 중앙아시아에 대한 청대 초기의 정책 배경에 관해서는 Millward, *Beyond the Pass*를 보라.

53. Hsu, "The Great Policy Debate in China," p.215(『籌辦夷務始末』, 99:32b를 인용). 다른 글에서 이홍장은 다음과 같은 결론을 내렸다. "따라서 '조선을 병합하려는 일본의 야욕이 오랜 세월에 걸쳐 확고하게 확립되었다는 점'(日本覬覦朝鮮, 歷有年所)은 분명한 것 같았다."(李鴻章, 『譯署函稿』, 1:49a, Nan-Tsung Kim, "Neighbour as Mirror," p.48에서 재인용).

54. Hsu, "The Great Policy Debate in China," p.220. 물론, 좌종당은 대부분의 서양 제국주의 세력들이 머지않아 상업을 추구하는 비공식 제국을 기피하고, 대대적인 영토쟁탈전에 뛰어들게 되리라는 것을 예측할 수 없었다. 영토쟁탈전은 19세기 후반에 시작된 제국주의 절정의 시대에 나타난 특징이기도 하다.

라. 청 제국의 한 성으로서 현재는 신강으로 알려진 지역을 직접 합병하는 성과를 올렸다. 그러나 이홍장의 입장에서 중앙아시아에 주력하는 전략적 결정은, 해군의 근대화를 비롯한 여러 가지 자강 노력에 쏟을 자원이 더욱 줄었다는 것을 의미했다. 결국 이홍장은 모든 외부 세력과의 충돌을 피하는 것에 훨씬 높은 가치를 두게 되었다.

1876년 조선의 '개항'

무기 공장의 건설과 근대적 해군 창설에 박차를 가하고 있던 이홍장은, 외부 세계와 깊은 관계를 맺는 것에 줄기차게 저항한 조선에 정책 수정을 촉구하기 위해 막후의 설득과 권고를 이용하려고 노력했다. 조선에서 몇몇 새로운 국면이 전개되자, 조선왕국의 당국자들은 청의 권고에 더욱 순응하게 되었다. 첫째는 대원군의 실각이었다. 비록 조선의 성리학 엘리트들 대부분이 대원군의 대외 정책을 열렬히 지지했지만, 많은 사람은 섭정인 대원군의 국내 개혁 시도에 갈수록 불만을 품게 되었다. 만동묘와 대보단(大報壇) 같은 저명한 사당을 이전하거나 철거하려는 대원군의 시도는 물론이거니와 정부의 재원이 거의 바닥난 상황에서 큰 대가를 무릅쓰고 벌인 경복궁(景福宮) 선설 공사(왕실의 권위와 정통성을 강화하려는 시도)는 대원군이 더욱 많은 비판을 받게 된 원인이었다. 그러

• 구체적으로는 금릉기기제조국(金陵機器制造局)을 가리킨다. 금릉기기제조국은 1865년 강소순무(江蘇巡撫)로서 양강총독(兩江總督)의 직책까지 대리하던 이홍장이 남경(南京)에 세운 중국 최초의 근대적 무기 공장이다.

나 결국 섭정 대원군이 지지층을 잃은 것은 조선왕국의 양반 엘리트층에게 부과하는 세금을 늘리겠다는 그의 결정 때문이었다. 이제 20대 초반이 된 고종은 지난 9년 동안 자신의 이름으로 통치되었던 왕국을 본인이 나서서 직접 통치하려는 열망을 드러냈다. 이 젊은 국왕은 처음에는 유가적 가르침에 따라 통치하겠다는 의지를 보였지만, 조선과 외부 세계와의 관계 개선을 고려하려는 적극성도 내비쳤다.[55]

두 번째 새로운 국면은 청 제국이 고종의 젖먹이 아들에게 세자 책봉을 허락한 일이었다. 대원군은 민비(閔妃)가 대체로 한미한 가문 출신이라는 이유로 그녀를 고종의 정비(正妃)로 간택했다. 대원군은 민씨(閔氏) 일족이 도성에서 벌어지는 권력 투쟁에서 중요한 역할을 하지 않기를 바랐다. 그러나 민비와 민씨 일족은 대원군으로부터 원한을 살 만큼, 모두 조정에서 유능하고 대단히 적극적이었음을 입증했다. 소문에 의하면, 대원군은 민비가 얻은 첫아들의 죽음과 연관이 있었다고 한다. 또 다른 아들이 태어난 지 1년 만인 1875년, 조선 조정은 민비의 주장에 따라 청 제국에 세자 책봉을 요청했는데, 이유원을 북경으로 급파하여 이 업무를 완수하게 했다. 이유원이 이 다소 이례적인 주청에도 책봉을 성공적으로 받아오자 조선 조정의 정치에서 민비의 입지는 확고해졌고, 청 제국은 민비와 영향력 있는 민씨 일족으로부터 오랫동안 계속해서 감사를 받았다.[56] 종합하자면, 조선 조정은 대원군의 실각, 고종의 친정(親政), 민씨 일족의 친청(親淸) 정서 등 새롭게 전개된 이러

---

55. Palais, *Politics and Policy in Traditional Korea*, pp.252~271.

56. Key-hiuk Kim, *The Last Phase of the East Asian World Order*, pp.249~252.

한 국면 덕택에, 적어도 당시 현안에 관한 청의 조언을 기꺼이 받아들였을 가능성이 더욱 커졌다.

이러한 조언은 조선왕국이 새로운 관계를 요구하는 또 하나의 강력한 외국 세력과 마주치게 된 1875년과 1876년 초에 엄청난 양으로 이뤄졌다. 이홍장이 조선은 피하기를 바랐던 바로 그런 충돌 유형이 1875년 말에 발생했는데, 그 충돌은 일본의 조사선(調査船) 운요호(雲揚號)가 조선의 강화도(江華島) 해안까지 너무 가까이 접근하면서 일어났다. 강화도는 1866년에는 프랑스군 함대가, 1871년에는 미군 함대가 쳐들어왔다가 조선의 해안 포대로부터 포격을 당한 장소였다. 일본은 통상 조약을 요구하며 1876년 초에 조선으로 소함대를 보내어 응수했다. 일본은 조선의 조약 거절이 전쟁의 원인이 될 것이라고 위협했다.

이홍장은 조선으로부터 (명군明軍이 4세기 전에 그랬던 것처럼) 조선을 도와 일본의 침략을 물리쳐 종주국의 의무를 다해 달라는 요청을 받을 수도 있다는 사실에 절망했다. 극도로 흥분한 그는 조선에 물리적 충돌보다는 일본과의 조율과 협상을 권고하는 서신을 보내라고 총리아문에 강력히 촉구했다.[57] 이홍장은 이유원에게 개인적으로 따로 보낸 편지에서도 같은 생각을 거듭 표명했다. 비공식적 조언의 형태로 제공된 이러한 권유는 고종과 조선 조정이 일본과의 협상에 동의하도록 설득하는 데 영향력을 발휘했다. 또한, 청이 불과 몇 년 전에 일본과 새로운 조약을 체결했다는 사실도 영향력이 있었다. 이는 청이 동아시아 주변국들과

---

57. 이홍장이 총리아문에 보낸 1876년 1월 22일(光緖 1.12.26) 자 공문, 『中日韓關係』, pp.276~278.

도 새로운 형태의 관계를 기꺼이 받아들이겠다는 의지의 표명이자, 청이 분명 일본의 복식과 태도를 전혀 문제 삼지 않는다는 사실을 입증하는 것이었다. 결국, 조선 조정은 전쟁보다는 대화에 나서겠다는 의지를 드러냈다. 이에 따라 1876년 2월 22일에 체결된 강화도 조약은 대체로 조선 개항의 첫 걸음으로 평가받고 있다.[58]

일본의 독점적 제국주의

일본의 메이지 정부는 자국의 외교에 앞서 '포함'(砲艦)을 내세움으로써 조선이 외부 세력과 최초의 서구식 조약을 승인하고 비준하게 하는 데 성공했다. 역사학자들은 1876년에 체결된 강화도 조약의 첫 번째 조항을 매우 중시했는데, 그 조항에서는 조선이 "자주국이며, 일본국과 동등한 권리를 갖는다.[59]"(朝鮮國自主之邦, 保有與日本國平等之權)라고 서술하고 있다. 그러나 일본의 조약 추진 동기는 중국 중심의 세력권에서 조선을 벗어나게 하는 것에 그치지 않았다. 일본은 조선이 이제 제대로 자격을 갖춘 서구식 주권국이자 독립국 '공동체'(family)의 일원이라고 주장했고, 무역과 그 이상의 것들도 원했다. 그래서 강화도 조약의 여러 조항 중에는 무역항 두 곳을 추가로 개항하고, 해당 조약항에서 일본의 영사재판권을 확립하며, 일본 선박들이 간섭 없이 조선 해안을 조사할 수 있도

---

58. Key-hiuk Kim, *The Last Phase of the East Asian World Order*, pp.248~255.
59. 조약의 전문(全文)에 관해서는, China, Imperial Maritime Customs, *Treaties, Regulations, Etc. Between Corea and Other Powers*, pp.1~17을 보라.

록 약속할 것 등이 있었다.

이 모든 조항은 20년 전에 일본과 미국 사이에 체결된 조약에 명백한 선례가 있다. 사실, 일본인들은 그런 유사한 조항들을 받아들였었다. 《초야신문》(朝野新聞)의 한 사설에서는 일본 측 협상가 구로다 기요타카(黑田淸隆)와 이노우에 가오루(井上馨)를 미국인 매슈 페리(Matthew Perry)와 애덤스(Adams)에 비교했다.[60] 그러나 중요한 차이가 있었다. 강화도 조약에는 해외 무역에 부과하는 관세를 비롯한 여러 세금에 대한 언급이 없었다. 게다가 최혜국 대우 조항이 없었다. 일본이 조선에 도입한 조약항 체제가 중국·일본이 구미 국가들과 체결한 조약항 체제와 다소 다르다는 점은 향후 몇 년이 흐른 뒤 점점 더 명확해졌다. 중국과 일본의 조약항 체제가 동등한 접근을 강조한 것과는 달리, 조선에서 체결된 체제는 잠재적인 다른 경쟁자들은 접근하지 못하게 하면서 일본의 접근과 특권만 극대화하기 위해 고안되었다.

1876년에 체결된 강화도 조약이 후대의 역사학자들에게 어떠한 중요성이 있었든 간에, 그 당시 많은 조선인은 양국 사이의 관계에서 극적인 변화를 기대하지 않았다. 조선인들에게 그 조약의 체결은 일본의 침략을 피할 수 있는 편리한 방편이었다. 비록 엄격하게 제한된 관계였지만, 조선왕국은 지난 2세기 동안 일본과 외교적·상업적 관계를 유지해 왔다. 1876년에 체결된 조약이 수년 동안 묵살과 비난, 그리고 대체로 냉랭한 관계를 유지한 이후 안정된 상태로 관계를 되돌리려는 노력

---

60. Duus, *Abacus and the Sword*, pp.46~47. 애덤스는 아마도 페리 제독이 이끈 함대의 부사령관인 헨리 애덤스(Henry Adams)인 것 같다.

이상의 무엇을 의미한 것인지는 분명하지 않았다. 강화도 조약이 체결된 지 겨우 이틀 만에 국왕 고종은 조선 정부의 관료들에게 "이 조약은 일본과의 전통적인 관계를 회복하기 위해 한 걸음 내디딘 것에 불과한 것"이라고 장담했다.[61]

무역 문제에 관해서는 같은 가정이 잘 들어맞았다. 많은 조선 관료들은 부산에서 오랫동안 유지되어 온 왜관 체제의 무역 외에 일본과의 무역 수준을 늘려봤자 별 소용이 없을 것이라고 생각했다. 1876년 5월에 '수신사'(修信使)로 일본에 파견된 조선 관료 김기수(金綺秀)는 이노우에 가오루를 만나 그에게 "언제나 성인의 도를 지키려는"(素規非先王之言則不言, 非先王之服則不服) 조선의 의도를 설명했고, 상업에 사로잡힌 일본에는 "교활한 농간과 속임수"(奇技淫巧)가 넘쳐난다는 경고를 전하려는 마음을 품은 채 조선으로 돌아왔다.[62] 이후 계속된 조선 관료들의 일본 방문으로 '진보적'인 소수의 관료들 사이에서는 무역에 대한 약간의 관심이 일어났다. 그러나 신사유람단(紳士遊覽團)이 일본을 방문하고 돌아온 1881년까지도 공식적으로 제출한 복명서(復命書)에서는 단호하게 반상업적

---

61. Key-hiuk Kim, *The Last Phase of the East Asian World Order*, p.258. 또한, 고종이 1876년에 자신이 내렸던 결정을 회상하며 설명한 내용은 Ch'oe Tŏk-su, "The Dawning of a New World," pp.113~114에서 인용한 1882년 9월 16일(高宗 19.8.5)자 『承政院日記』 기사를 보라.

62. 김종원, 「조·중상민수륙무역장정에 대하여」, pp.122~124; Key-hiuk Kim, *The Last Phase of the East Asian World Order*, pp.258~259. 〔김기수의 발언은 金綺秀, 『日東記游』 卷2 「問答條」를 보라〕

• 원서의 표현대로 '신사유람단'으로 번역했지만, 지금은 〈한국사 용어 수정안〉에 따라 '조사시찰단'(朝士視察團)이라는 용어가 주로 사용된다.

인 태도를 보였고, 급속하게 상업화되고 있던 일본의 전반적인 상황에 대해서도 다음과 같이 비관적이었다. "관세 수입이 적은 것이 아닌데도 국가 부채는 날로 늘어나고 있고, 상업적인 상황이 호황인데도 물가는 나날이 오르고 있습니다."〔稅入非不夥, 然而國債日添, 商況非不繁盛, 而物價日騰〕 복명서는 점점 높아지고 있던 물질만능주의의 위험성에 대해서도 다음과 같이 경고했다. "(조약의 체결로) 각국의 통상이 밀집된 지역이라서 상품 가격은 배나 올랐고, 사람들의 마음은 대부분 혼란스럽습니다. 그래서 사람들은 상업적인 업무를 진지하게 힘써야 할 일로 생각하고, 하찮은 경제적 이익만을 근본으로 받아들입니다."[63]〔各國通商湊集之地, 故物價倍高, 人心多淆, 以商務爲務, 以末利爲本〕 국내에서 조선 관료들은 일본과의 교역 증가로 나타난 유해 효과를 경고했다. 조선 상품의 일본 수출 증가를 언급한 한 상소문에서는 다음과 같이 불평했다. "머지않은 시기에 도성의 10만 가구(家口)가 굶주려도 먹을 음식이 전혀 없고, 추위도 입을 옷이 한 벌도 없게 될 것입니다."[64]〔不幾年, 京都十萬之家, 飢不得食, 寒不得衣〕

63. 김종원, 「조·중상민수륙무역장정에 대하여」, p.130. 조선인 관료 어윤중(魚允中)은 일본과 일본의 무역 이익에 관하여 매우 낙관적인 태도를 보였지만, 그의 견해는 소수의견이었다(위의 논문, pp.130~131). 〔인용 부분은 朴定陽, 『朴定陽全集』 卷20, 『日本國聞見條件』을 보라〕

• 이 구절의 원문은 "京都十萬之家"인데, 지은이는 이 부분을 "우리 백성"(our people)로 번역하고 있다. 옮긴이는 원문의 축자적 의미에 따라 "도성의 10만 가구(家口)"로 번역했지만, 지은이는 내용상 이 구절을 조선 백성 전체를 가리키는 '은유적'(metaphorical) 표현으로 판단하고 있음을 밝힌다.

64. Deuchler, *Confucian Gentlemen and Barbarian Envoys*, p.68. 〔인용 부분은 허원식(許元栻, 1828~1892)의 상소문으로, 『日省錄』(高宗朝 17년 12월 17일 자 기사)에 수록되어 있다〕 1871년까지도 고종은 청의 예부에 다음과 같이 서신을 보냈다. "(우리나라의) 백성은 가난하고, 물산은 풍족하지 못합니다. 금·은·진주·옥은 원래부터 조선

이처럼 교역에 대한 반감과 배외적(排外的) 정서가 여전히 조선 대부분 지역에서 팽배하고 있었던 점을 고려할 때, 조선 관료들이 조약 규정의 이행에 저항하고 이를 지연시키기 위해 할 수 있는 모든 전략을 활용했음을 알게 되는 것은 놀라운 일이 아니다. 실망한 일본의 외교관과 협상가들은 조선 측 협상 대상자들이 사실상 일본이 제시한 모든 제안에 반대한다는 사실을 빠르게 깨달았다. 두 곳의 새 항구를 개항하기로 약속한 20개월의 마감 기한은 아무런 진척도 없이 지나갔다. 대체로 (일본이 원한 첫 번째 선택지가 아니었던) 원산(元山) 동쪽에 자리한 항구가 공식적으로 개항한 것은 1880년 이후였다. 인천으로도 알려진 제물포(濟物浦)는 1883년까지 개항하지 않았다.[65] 일본의 영사관 직원들은 조약이 체결된 이후에도 이 새로운 항구에 주재하지 못했다.[66]

의 토산물이 아니고, 쌀·곡물·옷감·비단도 풍족하게 생산되지 않습니다. 조선 전체에서 생산되는 상품은 조선 자체의 수요를 채우기도 부족합니다. 만약 여기에 (우리)나라의 상품을 해외로 수출하여 영토 내 물산의 고갈이 일어나게 되면, 미약한 소국(小國)의 강토는 위태로워져 보존이 더욱 어려워질 것입니다."(『籌辦夷務始末』, 81: 11a~b[民貧貨儉, 金銀珠玉, 原非土産, 米粟布帛, 未見其裕. 一國之産, 不足以支一國之用. 若復流通海外, 耗竭域內, 則蕞爾疆土, 必將岌岌而難保矣]. T. C. Lin (林同濟), "Li Hung-Chang: His Korea Policies," p.204에서 재인용. 그는 자신의 논문에서 "조선 정부의 판단으로는 조선인과 외국인이 상호 교역을 진행할 수 있을 만한, 아무런 경제적 기초도 없었다."(Lin, pp.204~205)라고 결론을 내린다).

65. '제물포'(濟物浦)와 '인천'(仁川)이라는 이름은 '인천'의 중국어 발음인 '런취안'(Jench'uan, Renchuan) 및 일본어 발음 '진센'(Jinsen)과 함께 종종 바꿔 사용된다. 나는 일관성을 위해 원 사료에서 다른 발음을 사용하지 않는 한, '인천'(Inch'ŏn)을 고수할 것이다.

66. 이처럼 완강한 조선의 저항 탓에 한 한국인 학자는 1876년 이후의 조선이 실제로는 '개항'하지 않았다는 결론을 내렸다. 조선-미국, 조선-영국, 중국-조선이 조약을 체결한 1882년에야 조선은 실제로 국제 통상에 문호를 개방했다(김종원, 「조·중상민수륙무역장정에 대하여」, p.123).

일본인 외교관과 상인들도 조선의 조약항에 진출했다고 해서 조선 관료 및 해당 지역의 조선 백성들과 순조롭고 흔들리지 않는 관계를 보장하지는 않는다는 사실을 깨달았다. 부산의 지역 관료들은 부산의 조선인과 일본인 사이의 거래가 분명하게 제한되었는지 살피기 위해 일했다. 1877년, 일본인 거류지에 불법적으로 진입했다가 발각된 세 사람의 조선인 여성이 참수되었고, 동래부사(東萊府使) 홍우창(洪祐昌) 등 몇몇 지역 관료들은 조선인과 일본인의 엄격한 분리를 요구하는 규정의 시행에 해이했다는 이유로 관직에서 해임되었다.[67] 1879년에 일본 선원들이 일으킨 폭동 탓에, 일본인의 부산 상주(常住)의 이점에 대한 조선인의 긍정적인 여론은 거의 조성되지 않았다. 일본 선원들은 동래부에 난입하여 여러 명의 조선인 관료들에게 상처를 입혔고, 조선과의 교역을 관리하는 일본인 책임자는 상황을 전부 알고도 이들의 행동에 동참했다.[68]

　　1878년 9월, 조선 정부는 부산에서 일본인과 교역하거나 장사를 하는 조선 상인들에게 15~20퍼센트에 달하는 종가세(從價稅)를 부과했다. 조선 관료들은 그러한 종가세가 1876년 이전까지 쓰시마섬과의 교역에 부과되었던 전통적인 추가부담금과 일치한다고 판단했다. 게다가 조선 관료들은 종가세가 일본 상인들에게 직접 부과되는 것이 아니라 조선 상인들에게 부과된 것이므로, 조약의 규정에 근거하여 이의를 제기할 수 없다고 주장했다. 그런데도 대부분의 조선 상인들은 더 이상 일본인과 교역을 할 여유가 없었으므로, 교역은 정체되었다. 특히 큰

67.　Deuchler, *Confucian Gentlemen and Barbarian Envoys*, pp.72~73.

68.　위의 책, p.77, 250n44.

타격을 입은 쪽은 이미 일본의 다른 지역 출신 상인들과 치열한 경쟁을 벌이느라 애쓰고 있었던 쓰시마섬의 중소 상인들이었다. 그들 중 135명이 이 조치에 항의하며 동래부에서 가두시위를 벌였지만, 그들의 탄원은 무시되었다. 일본은 전함 히에이호(比叡號)를 신속히 부산항으로 파견하고, 일본 해군이 포격 훈련과 기동 연습을 하고 나서야 조선 정부를 설득해 종가세 부과를 철회할 수 있었다. 조선에서 일본인의 무역을 축소하려던 이 시도는 결국 일본과의 접촉을 제한하려는 조선의 욕망과는 정반대의 결과를 낳았다. 일본의 외교관들이 조선 내 다른 항구의 개방을 협상하기 위해 나선 서울행의 구실로서 세금 탓에 피해를 본 일본인 상인들의 보상 문제를 이용할 수 있었기 때문이다.[69]

원산에서는 일본인의 출현이 현지 조선 백성들의 저항에 부딪혔다. 원산 주변의 덕원(德源)·안변(安邊)·문천(文川)의 사대부들은 서울로 이를 항의하는 상소문을 올렸다. 새로 건설된 일본영사관 앞의 도로를 어슬렁거리는 야생 호랑이의 출몰은 그 지역 주민들에게 지극히 불길한 징조로 받아들여졌다. 조선 주민들은 일본인 거류지의 거리에서 만나는 일본 국민에게 종종 욕설과 돌팔매를 퍼부었다. 소규모 조선인 유랑단들도 밤중에 나다닐 정도로 현명하지 못한 일본인을 공격했다. 일본

---

69. 일본은 보상으로 현금 대신 많은 특권, 즉 "일본인에게 일본·조선 사이의 교역과 조선 내의 도소매업에 참여할 권리를 주고, 아울러 일본인에게 사실상 조선의 어느 지역이든 여행할 수 있는 자유를 보장해 줄 것"을 요구했다. Key-hiuk Kim, *The Last Phase of the East Asian World Order*, pp.268~271을 보라. 이 사건에 대한 자세한 내용은 김순덕, 「1876~1905년 관세 정책과 관세의 운용」, p.5; Conroy, *The Japanese Seizure of Korea*, pp.95~96; Deuchler, *Confucian Gentlemen and Barbarian Envoys*, p.76을 보라. 조선 관료들은 부산에서 벌인 일본인의 상업 활동이 의주(義州)의 국경 무역에 피해를 준다고 주장했고, 또 종가세가 밀수를 막을 수 있기를 희망했다.

관료들은 이에 대응하기 위해 영사관의 경비대를 급파하여 밤낮으로 일본인 거류지를 순찰하고, 일본 국민이 4인 이상으로 조를 이루어 여행하도록 조직했으며, 일본인이 조선의 지역 주민으로부터 대량의 쌀이나 기타 곡물을 구매하지 못하게 했다. 현지의 저항에도 불구하고 일본인들은 원산에 기반을 유지했는데, 그 이유는 대체로 항구의 전략적 중요성에 대한 인식과 러시아인이 부동항에 접근하는 것을 막으려는 욕망 때문이었다.

일본인들은 마침내 원산에 거주지를 확보하자, 조선 서해안에 있는 항구를 개방하려는 노력을 배로 강화했다. 일본의 협상가들은 광범위한 조사 끝에 개항장을 인천으로 결정했다. 처음에 그들은 상당한 규모를 지닌 선박의 정박과 도킹을 어렵게 만드는 인천 앞바다의 얕은 수심에 좌절했지만, 수도와의 접근성과 적절한 대안의 부족으로 결국 인천을 선택했다. 조선 측도 추가 개항을 거부할 몇 가지 설득력 있는 이유가 있었다. 수도로 향하는 관문 인천은 엄청나게 전략적이고 상징적인 의미를 지녔다. 조선 정부의 관료들은 개항에 반대하는 백성들의 시위가 확산될 가능성을 지극히 걱정했다. 게다가 인천에서 교역을 허용하면 서울의 상업 이익에 해를 끼치고, 수도권의 귀중한 식량을 고갈하게 할 우려가 있었다. 그리고 거의 텅 빈 조선 정부의 재원으로는 인천

---

70. 원산 정착 초기의 일본인 주민 구성은 상업적 기회의 부족함을 입증한다. 1880년 10월, 원산에는 약 210명의 일본인 남성과 25명의 일본인 여성이 있었다. 75명은 어떤 식으로든 영사관에 소속되어 있었고, 나머지 100여 명은 노동자였다. 상인은 극히 드물었다. 심지어 1885년에도 이 수치는 변하지 않았다(손정목, 『한국 개항기 도시 변화 과정 연구』, p.120, 123).

항에 필요한 물질적인 시설 개선을 제공할 수 없다는 현실적인 문제가 있었다. 조선 측 협상단은 이러한 이유를 들어 21개월 동안 인천항을 둘러싼 협상 시한을 연장했다. 경외할만한 조선 주재 일본 공사 하나부사 요시모토(花房義質)는 조선의 반대를 무릅쓰고 체계적으로 일을 추진해 나갔고, 1881년 1월 28일에는 드디어 조선과의 협상을 통해 인천항을 개항하겠다는 합의에 도달했다. 그러나 조선 측 협상단은 실제로 인천항을 개항하기에 앞서 최소 2년 동안의 유예 기간을 요구하고, 인천항을 통한 곡물 수출 금지를 요청했으며, 일본 공사가 서울이 아닌 인천에 주재할 것을 요구했다. 하나부사는 조선에 20개월의 유예 기간을 허락했지만, 다른 조건들은 고려 자체를 거부했다. 인천이 공식적으로 개항한 것은 1883년 1월 1일 이후부터였다.[71]

일본 상업의 성장

일본 외교관들의 단호한 일 처리는 일본 상인들에게 배당금을 지급했다. 일본 각지에서 온 상인들은 외교대표부, 치외법권, 무관세 교역,

---

71. 하나부사는 조선이 인천항의 개항을 고려하게 하려는 미끼로 자신이 서울이 아니라 인천에 거주할 가능성을 교묘하게 내비쳤다. 그러나 선택의 여지가 없는 상황이 되자, 그가 수도 이외의 다른 지역에 거주하려는 생각이 전혀 없었음이 분명해졌다. 조선 측이 막후에서 은밀하게 벌인 토론에서 나온 여러 가지 세부사항들은 여전히 분명하지 않다. 이는 부분적으로 그러한 토론이 조선 정부 안팎의 보수파들로부터 받을 비판을 피하고자 비공개로 비밀리에 진행되어야 했기 때문이다. Deuchler, *Confucian Gentlemen and Barbarian Envoys*, pp.62~64를 보라. 협상 과정에 대한 일반적인 서술로는 손정목, 『한국 개항기 도시 변화 과정 연구』, pp.125~126; Conroy, *The Japanese Seizure of Korea*, p.97을 보라.

경쟁 결여의 혜택을 누리며 자기들의 행운을 시험해 보기 위해 조선의 조약항으로 달려왔다. 조선의 상대적 고립과 아시아 내지 세계의 가격 동향에 관한 정보 부족을 활용한 일부 일본 상인들은, 인기 있는 수입품의 가격을 1000퍼센트까지 인상했던 것으로 알려졌다.[72] 이 기간에 진행된 조선과 일본 간의 교역에 대한 정확한 내용에 관해 신뢰할 수 있고 상세한 정보는 부족하지만,[73] 입증되지 않은 증거에 따르면 1876년부터 1882년까지의 기간에 일본에서 수입한 물품 대부분은 일본산이 아니라 서양산 제품이었음을 보여준다. 이 상품들은 대체로 조선의 쌀·콩·소가죽·수산물과 교환되었다.[74]

이 기간에 일본 상인들이 누렸던 혜택은 분명하지만, 조선이 다른 길을 통해 외부 세계, 무엇보다도 특히 중국과 교역을 계속했다는 점은 주목할 가치가 있다. 이 중에서 가장 중요한 것은 중국에 파견된 조선의 조공 사절단과 조선의 북쪽 변경에서 정기적으로 열리는 개시(開市)였다. 1876년부터 1883년까지의 기간에 조공 사절들이 수행한 교역량에 대한 정확한 수치는 알 수 없다. 그러나 조공 사절들이 (합법적·불법적인 방

---

72. Duus, *Abacus and the Sword*, p.254.
73. 영국에서 활용하기 위해 편집한 무역통계집을 작성한 해리 파크스(Harry Parkes)는 "조선에는 아직 어떠한 관세율도 없는 상황이므로, 그 나라 관료들은 수입품이나 수출품의 가치를 감독하는 어떠한 일에도 전혀 관심이 없다. …… 이런 식으로 얻어진 결과물에서는 많은 정확성을 기대할 수 없다."라고 언급했다(박수이, 「개항기 한국 무역 자본에 관한 연구」, p.151에서 재인용). 이 시기의 교역 자료의 다양한 출처에 대한 가장 철저하고 상세한 검토로는 姜德相, 「李氏朝鮮開港直後における朝日貿易の展開」, pp.1~18을 보라. 이와 다른 추산을 박수이, 「개항기 한국 무역 자본에 관한 연구」, pp.152~158; Conroy, *The Japanese Seizure of Korea*, pp.456~459에서 찾아볼 수 있다.
74. 한국무역협회, 『한국무역사』, p.111.

식을 통틀어) 창출한 교역 수준을 추산한 한 연구에 따르면, 이 수치를 매년 은자 50만 량 이상으로 놓고 있다.[75] 조공 무역이 부산에서, 그리고 나중에는 원산에서도 일본인의 늘어난 활동에 영향을 받았을 수도 있겠지만, 부산의 일본 상인들이 조공 사절단을 통해 조선에 들어온 중국산 의약품, 비단, 서적을 비롯한 여러 사치품에 대한 모든 수요를 충족시켰을 가능성은 거의 없을 것 같다.

조청 간에 진행된 변경 무역도 마찬가지로 중요했다. 조선의 통상을 다룬, 일본의 한 보고서에서는 1870년대 후반에 (수입품과 수출품을 망라한) 이 변경 무역의 가치가 연간 400만 엔에 달한다고 추정했다. 주요 수입품은 중국산 비단과 서양의 면직물이었다. 부산에 거주한 일본 상인들과의 경쟁, 특히 서양의 면직물 교역을 두고 벌인 경쟁은 북쪽 변경 일대에서 진행된 교역의 급격한 감소를 초래했다. 일본의 같은 보고서에서는 1883년의 교역량을 120만 엔으로 추산했는데, 이는 4~5년 전의 전체 교역량에 비하면 절반에도 훨씬 미치지 못하는 수준이었다. 이 보고서는 부산에서 유통되는 비교적 낮은 가격의 외국 상품이 한반도 북쪽 변경에서 유통되던 값비싼 외국 상품과의 경쟁에서 우위에 있다고 지적했다. 변경 무역에 관한 좀 더 정확하고 상세한 기록은 불행하[76]

---

75. Hae-jong Chun(전해종), "Sino-Korean Tributary Relations in the Ch'ing Period," p.108.
76. 金敬泰 編, 『通商彙纂』, 4.256; 피터 두스(Peter Duus, *Abacus and the Sword*, p.256)는 "기계로 방적한 셔츠감 1장의 값이 한반도 북쪽에서는 4.8엔에 달했지만, 부산이나 원산에서는 겨우 3.8엔에 불과했다. 그리고 일본인은 중국인보다 훨씬 간절하게 쌀과 가죽 같은 조선 상품을 사려고 했고, 그 상품 값도 더 비싸게 치를 용의가 있었다."라고 지적한다.

게도 구할 수 없다.[77]

그러나 조선에서 일본인의 상주가 좀 더 확고해짐에 따라, 바다를 통해 조선으로 접근한 일본 상인들이 변경 무역이나 조공 사절단을 통한 교역처럼 육상에서 진행되던 거래를 느리지만 확실하게 몰아내고 있었음은 분명하다. 이처럼 전반적인 교역 수준은 본질적으로 동일하지만, 교역의 주된 방향은 육지에서 해양으로 이동했다. 해상 무역으로 전환되는 과정은 1880년에 원산이, 1883년에는 인천이 개항함에 따라 더욱 강화되었다.

증가하는 일본의 위협에 대응하려는 청의 노력

조선에서 일본인의 거주가 늘어나자, 많은 조선인이 이에 저항하고 분노했다. 이홍장을 비롯한 청의 관료들 역시 점점 커지는 불안한 마음을 품고 일본인의 증가를 지켜보던 상황이었다. 1879년에 일본이 류큐(유구 琉球, 중국어로는 '류추') 제도를 점령한 사건은 일본의 메이지 정부가 유구국에 대한 종주권을 놓고 청과 다투려는 것은 물론이고(유구국은 여러 세기 동안 중국의 조공국이었지만, 가끔 일본에 공물을 바치기도 했다), 실제로 유구 지역의 영토를 병합하려는 적극성과 능력을 갖추고 있었음을 입증했다. 많은 청 관료의 촉구를 받은 이홍장은 청 제국이 조선의 내정에 간섭하

---

77. 유일한 예외가 있다면, 합법적인 변경 무역이 허용되는 세 곳의 주요 거점 중 한 곳인 중강(中江)에서 1881년과 1882년에 진행된 교역에 대한 상세한 보고서이다. 조선에서 중강으로 들어온 수입품은 1881년에 39만 5066엔, 1882년에는 29만 941엔에 달했다. 한국무역협회, 『한국무역사』, p.113을 보라.

지 않는다는, 오랫동안 지켜온 약속을 점차 수정하기 시작했다. 이홍장은 조선왕국의 안보와 청 제국의 모범적인 속방이라는 조선의 위상을 떠받들기 위해 양면 전략을 채택했다. 첫째, 그는 조선왕국이 다른 해외의 열강들과 조약 관계를 체결하도록 설득하려고 노력했다. 전 복건순무(福建巡撫) 정일창(丁日昌) 등의 관료들은 일본과 러시아의 한반도 전략을 견제하기 위한 수단으로, 조선이 다른 열강들과 외교 관계를 체결하도록 명령할 것을 청 조정에 공식적으로 요청했다. 청 조정이 그런 명령을 공표하는 것은 거부했지만, 이홍장은 서양과 조약을 체결하는 방향으로 조선을 설득하고 인도하라는 명령을 내렸다.[78]

1876년에 그랬던 것처럼, 이홍장은 이 정책을 시행하기 위해 이유원 등의 조선 관료들에게 보내는 비공식적인 조언과 서한에 의지할 수밖에 없었다. 여기에 일본에 머물던 중국 관료들, 그중에서도 특히 하여장(何如璋)과 황준헌(黃遵憲) 등은 조선 관료 김홍집(金弘集)이 1880년 여름에 도쿄를 방문하자, 그에게 같은 조언을 반복했다. 김홍집은 황준헌이 저술한 『조선책략』(朝鮮策略)이라는 논문 한 편을 갖고 조선으로 돌아와 이 책을 고종에게 바쳤다. 고종은 이 논문을 받고 깊은 관심을 보였다. 이 논문에서 권고하는 주요 내용은 조선이 "중국과 친밀한 관계를 유지하고, 일본과 유대 관계를 맺으며, 미국과 동맹을 체결하는 것"[79](親中國, 結日本, 聯美國)이었다. 그렇게 하면 유럽 각국과의 외교 관계는 자연스럽게 진행될 것이고, 그 결과 어떠한 단일 외부 세력도 조선

---

78. Chien, *The Opening of Korea*, p.63.
79. 黃遵憲 著, 『朝鮮策略』; 조일문 옮김, 『조선책략』, p.109.

에서 우위를 차지하지 못하는 상황이 되리라는 것이 이 책의 핵심 주장이었다.[80] 요컨대, 이홍장은 일본의 일방적이고 비공식적인 식민주의를 막기 위해 중국과 일본에서 이미 존재하던 다자적 제국주의와 같은 방식을 조선에 도입하려고 했다.

이홍장의 전략에서 두 번째 가닥은 조선의 자강 노력을 증진하는 것이었다. 그래서 청은 청의 총리아문과 다소 닮은 데가 있는 기관인 새로운 가상의 외교 부서로 통리기무아문(統理機務衙門)을 설립하려는 조선의 첫 번째 노력을 진심으로 지지했다.[81] 이홍장은 일군의 조선 학생들을 천진(天津)으로 초대하여 천진기기국(天津機器局)[•]에서 근대식 무기의 사용법과 제조법까지 배울 수 있도록 주선함으로써 국방을 향상시키려는 조선왕국의 도전을 격려했다.

이와 같은 개혁 시도는 많은 조선의 성리학 엘리트들로부터 강력한 비난을 받았다. 상소문을 올린 사람들이 탄핵의 대상으로 지목한 사람은 이홍장과 서신을 주고받은 이유원과 황준헌의 『조선책략』을 고종에게 바친 김홍집이었다. 성리학을 신봉한 사대부들은 두 사안 모두 조선이라는 국가와 사회에 대한 중대한 위협이자, 정통 유학의 마지막 보루인 조선의 지위를 위협하는 일이라고 생각했다. 이런 비판은 처음에는 국왕의 설득 시도에 부딪혔다. 그러나 상소문의 숫자와 강도가 거세

---

80. Deuchler, *Confucian Gentlemen and Barbarian Envoys*, p.88.
81. 통리기무아문의 설립에 관해서는 이광린, 「통리기무아문의 조직과 기능」, pp.503~507을 보라. 또한, Kyung Moon Hwang, *Beyond Birth*, pp.52~58을 보라.
• 천진기기제조국(天津機器制造局)의 줄임말. 청 정부에서 1867년에 설립한 관영기업.

지자, 조선 정부는 몇몇 관료를 유배형에 처하고 가장 드러내놓고 정부 비판에 목소리를 높인 홍재학(洪在鶴)을 처형하는 등 좀 더 과감한 조처를 했다.[82] 고종 정부에 대한 불만이 이처럼 확산하자, 많은 지방의 사대부들은 고종의 생부인 대원군과의 사이에 있었던 불화를 다시 생각하게 되었다. 1881년에 대원군을 권력의 자리로 복위시키려던 무모한 시도는 손쉽게 진압되었다. 그러나 조선왕국이 비아시아권인 다른 열강 세력과의 외교적·상업적 관계에 조선의 문호를 개방하는 것을 언제쯤 동의할 것인지, 심지어 동의하기는 할 것인지조차도 분명하지 않았다.

---

82. Cumings, *Korea's Place in the Sun*, pp. 104~105.

3. 조약과 군대
조선에 도입된 다자적 제국주의

1882년은 한중관계사에서 중요한 한 해였다. 비공식적인 설득과 조언을 통해 조선의 대외 관계에 행사하던 청의 영향력은 지난 몇 년간 조금씩 증가하고 있었다. 그러나 조선에서 급속하게 우위를 점하고 있는 것처럼 보인 것은 일본이었다. 일본의 외교관과 대표들만 조선이 마지못해 개방한 조약항과 서울에 거주했다. 일본 상인들만 한반도에서 합법적으로 사업을 했고, 그들의 무역은 번창하여 전통적인 조공 무역과 한중간 변경무역의 생존을 위협하고 있었다. 한 일본인 장교가 새로운 조선군 엘리트 부대의 훈련을 담당했다. 그리고 일본이 류큐(유구) 제도를 점령한 이후, 청 제국의 많은 인사는 아마 조선이 그다음 차례가 될 것이라고 걱정했다.

 커져 가는 일본의 위협과 러시아의 조선 급습 가능성을 우려한 이홍장은 청 제국 전역에서 확산되고 있었던 제안에 따라 조치를 취하기로 마음을 바꿨다. 이 제안은 어떤 한 강대국이 부상하여 조선을 지배할 가능성을 최소화하기 위해, 청 제국이 조선에 여러 열강과 조약 관계를 체결할 것을 요청하는 것이었다. 이홍장은 조선이 서구 열강과 체결하는 첫 번째 조약을 직접 중재하는 전례 없는 조치를 취했다. 한 오랑캐를 이용해 다른 오랑캐에 대응하려는 이홍장의 이이제이(以夷制夷) 정책은 1882년 여름에 조선 병사들이 일으킨 임오군란과 뒤이은 혼란으로 심각한 도전을 경험했다. 예상치 못하게 전혀 달갑지 않은 상황에 직면한 청 제국은 청군이 조선 땅에 발을 들인 지 2세기가 한참 지난 시점에 처음으로 조선에 군대를 파견함으로써, 신속하고 단호하게 행동했다. 폭동이 진압된 이후에도 청군이 계속 서울에 머무르자, 청이 조선 문제와 관련하여 오랫동안 유지해 온 비개입·불간섭 정책을 대체로 포기했다는 어떠한 의혹도 완전히 일소되었다. 그 후 중국과 한국 사이에 체결된 최초의 통상 조약인 조청상민수륙무역장정(朝淸商民水陸貿易章程)의 공표는 극적인 관계 변화를 강조하는 역할을 했다. 이러한 사건들은 청 제국의 전략과 포부의 분명한 변화를 보여주었다. 청 제국 자체 내의 다양한 집단은 이 새로운 청 제국주의의 규모와 범위를 두고 각기 다른 구상을 품고 있었고, 그들의 목적과 방법은 때로는 서로 어긋난 채로 작용했다. 청이 조선에서 벌인 활동의 가장 중요한 결과 중 하나는 일본이 도입한 독점적인 특권 체제를, 모든 외세에 대한 동등한 접근을 기반으로 한 조약항 체제에서 나타나는 다자적 제국주의로 대체한 점이었다.

조선과 서구 열강의 조약 체결과 청의 중재

앞 장에서 언급한 것처럼, 조선왕국 내의 많은 인사는 조선에서 일본인의 거주가 늘어나는 상황에 분개하고 저항했다. 그들은 조선이 다른 열강이나 민족과의 관계를 더욱 개방해야 한다고 주장한 사람들까지도 비판했다. 이러한 국내의 반대 여론은 그 누구도, 심지어 국왕 고종조차도 조선과 외부 세계의 관계 확대를 대놓고 지지할 수 없게 만들었다. 일본의 도쿠가와 막부의 개방에 성공한 사례를 조선에서 재현해 내려는 미국의 시도는 조선 관료들 때문에 번번이 좌절되었다. 이와 같은 조선의 개방 거부에 프레더릭 로(Frederick Low)를 비롯한 미국의 외교관들은 좌절했다. 그는 "바다는 여러 국가를 다닐 수 있는 대형 고속도로이며, 어떤 나라도 처벌받지 않고 이를 마음대로 막을 수는 없다."[1]라며 격분했다. 국제 통상의 활성화에 대한 조선의 관심 부족은 조선과의 협상을 여러 차례 시도했던 미국의 해군 준장 로버트 슈펠트(Robert Shufeldt)를 분노하게 했다. 조선 관료들은 슈펠트가 일본의 외교관들과 동행했으며, 그의 서신이 적절치 않게 전달되었다는 이유로 이러한 시도를 거부했다. 이 두 가지 사안은 모두 조선의 많은 인사가 애당초 추진할 마음이 거의 없었던 협상을 회피하기 위한 변명에 지나지 않았다.[2] 낙담한

3. 조약과 군대

---

1. Frederick Drake, *Empire of the Seas*, p.234.
2. 슈펠트가 미국의 극동 지역 개입을 위한 원대한 전략을 갖고 있었다는 점은 부인할 수 없다. 그는 "태평양은 미국에게, 그리고 중국·일본·한국에게 해양의 신부이고, 이들 나라 주변에 목걸이처럼 걸려 있는 수많은 부속 도서(島嶼)는 신부의 들러리들이며, 캘리포니아는 신혼의 잠자리인 신방(新房)이다. 동양의 모든 부(富)는 이 신방에 운집해 결혼식을 축하할 것이다. 우리는 미국인으로서 '신랑이 올 수 있도록' 힘써 보자."라고 대담하게 선언했다.(Cumings, *Korea's Place in the Sun*, p.86). 조선의 예조판서(禮曹判書) 윤자승(尹滋承)은 일본의 외무성 장관에게 조선 관료들이 어떤 변명을 하든 간에, 슈펠트의 제안을 거절한 근본적인 이유가 "주로 자신(윤자승)의 정부가 일본을 제외한 어떤 나라와도 관계를 맺을 생각이 없었기 때문이었다."라고 인정했다. 슈펠트는 "일본이 조선의 교역을 독점하려고 했으므로" 조선과 접촉하는 과정에서 받은 일본의 도움이 선의에서 비롯된 것이 아니라고 의심했다(Key-hiuk Kim, *The Last Phase of the East Asian World Order*, p.303).

슈펠트는 천진으로 가서 이홍장에게 조선을 설득하여 조약의 타결에 도움을 줄 것을 요청했다.

이홍장의 비공식적인 설득 시도는 이와 비슷하게 거절당했다. 이유원은 이홍장에게 쓴 편지에서 "일본에게 개항한 것은 실로 강압에 못 이겨 부득이하게 체결한 것이니, 서양과의 통상은 감히 상상도 할 수 없는 일"[日本開港, 實出於不得已. 若西人通商, 則莫敢開口]이라고 했다. 또한, 이홍장은 청 정부 내의 특정 부류가 조선이 외국 열강들과의 관계를 확장하려는 어떠한 움직임에도 반대한다는 사실을 알았다. 북경에 주재하던 미국 외교관 체스터 홀컴(Chester Holcombe)은 1882년까지도 청의 예부가 조선이 중국 및 다른 열강과의 전통적인 관계의 수정 고려를 극도로 꺼리고 있음이 드러나고 있다고 불평했다.

그러나 조선 정부 내의 관료 중에는 적어도 일본 이외의 다른 강대국들과 조선의 관계를 기꺼이 개선하려는 생각을 품고 있던 인사도 있었다. 국왕 고종은 자신이 조약을 살피고 최대한 조선에 이익이 되는 관계를 확장할 적임자라고 생각했다. 논쟁적인 주제인 황준헌의 논문에 일부 자극을 받은 조선왕조는 이홍장에게 청 제국이 외국 열강과 체결한 조약 전문(全文)의 사본은 물론이고, 상업과 관세 규정을 담은 문건의 사본을 요청하는 공문을 보냈다. 신속하게 대응한 이홍장은 한 걸음

---

3. T. C. Lin, "Li Hung-chang: His Korea Policies," p.220.[『籌朝鮮』, 『譯署函稿』 卷10: 16a, 1879년[光緖5.11.13]]

4. 홀컴이 프렐링하이슨(Frelinghuysen)에게 보낸 공문(1882년 2월 4일 자), no.60, 기밀문서, *China Legations Despatches*, vol.58(Chien, *The Opening of Korea*, p.254n120에서 재인용)을 보라.

더 나아가, 조선 관료 이용숙(李容肅)에게 미국과 조선 사이의 조약 체결에 사용할 문건 초안을 작성해 보냈다. 이 초안의 작성자는 이홍장의 막료(幕僚)로서 상당한 영향력을 발휘한 인사였던 마건충이었다.[6] 1877년에 유럽에 파견되었던 유학생의 일원이었던 마건충은 정치·외교·국제법의 연구에 주력했다. 마건충은 파리에서 공부를 마쳤고, 1879년에는 서양에서 법학 전공으로 학위를 받은 최초의 중국인 학생이 되었다.[7]

고종이 서구 열강과의 조약 체결을 수용하고 통리기무아문의 창설과 인천의 개항 등의 제도 개혁을 승인하자, 곧이어 이항로·최익현(崔益鉉) 같은 충실한 성리학 신봉자들의 광범위한 비판과 항의가 일어났다.[8] 고종은 국내에서 강력한 반대가 일어나자 주저했고, 조선 관료를 천진으로 파견하여 슈펠트와 만나게 하자는 이홍장의 요청에 긍정적으로 대응하지 않았다.[9] 그 결과 슈펠트는 점점 더 안달복달했고, 이홍장은 점차 초조해졌다. 결국, 조선인 유학생 집단의 고문인 영선사(領選使) 김윤식(金允植)이 1882년 1월에 천진으로 파견되었다. 그러나 김윤식은 공식적으로 임명된 전권대사가 아니었다. 오히려 그는 서양과의 접촉을 반대하는 국내의 강경한 여론을 회피하는 방법으로서, 청 황제

5. Chien, *The Opening of Korea*, p.70.
6. Key-hiuk Kim, *The Last Phase of the East Asian World Order*, p.308.
7. 마건충이 조선에서 벌인 활동에 관한 설명은 馬建忠, 『適可齋紀言』; 馬建忠, 『東行三錄』; Bailey, *Strengthen the Country and Enrich the People*; Yen-Lu Tang, "The Crumbling of Tradition"을 보라.
8. Deuchler, *Confucian Gentlemen and Barbarian Envoys*, pp.104~105; Key-hiuk Kim, *The Last Phase of the East Asian World Order*, p.309.
9. Key-hiuk Kim, *The Last Phase of the East Asian World Order*, p.309.

[화보 10] 마건충, 1900년 이전

사진 출처: minguotupian.com.

가 조선에 조약을 협상하라는 명령을 내려달라는 고종의 요청을 전달했다. 이홍장은 그렇게 하는 것을 거부했는데, 특히 황제의 명령이 이후 진행될 협상에서 조선에 거의 영향력이 없을 것이기 때문이었다.[10] 몇 주가 지나자, 슈펠트는 이홍장에게 천진을 떠나 직접 조선으로 가겠다고 위협했다. 이러한 압박 탓에 이홍장은 조선을 대리하여 슈펠트와 협상을 진행하기로 동의했다. 천진기기국에서 조선인 학생들의 학습이 제대로 이뤄지는지 감독하던 김윤식은 천진에 머무르고 있었지만, 이후 진행된 협상에서 중요한 역할을 하지 못했다.

이어서 1882년에 체결된 조미수호통상조약(朝美修好通商條約)은 조선이 외국과의 관계를 발전시키게 된 획기적인 사건으로 평가받았다.[11] 이홍장은 조선을 안정시키기 위해 특별히 외부의 독으로 몸안의 독을 공격하는 '이독공독'(以毒攻毒) 전략으로 슈펠트와 협상을 벌였다.[12] 그러나 이홍장 역시 조약 체결을 논의하는 회담에서 청의 입장에 영향을 준 또 다른 동기와 관심사를 갖고 있었다. 예부의 보수적 관료들과 청류당 인사들은 모두 조선에 대한 청의 오랜 종주권을 유지하겠다는 결연한 의

10. 위의 책, p.311. 일본 주재 청국 공사 하여장은 조선이 서구 열강과 조약 관계를 맺도록 청 제국이 명령해야 한다고 강력하게 진언했다. 그는 조선이 자체적으로 조약 협상에 나서도록 허용하면, 청 제국의 종주권을 위협하게 될 것이라고 걱정했다(하여장이 총리아문에 보낸 1880년 11월 18일[光緖 6.10.16] 자 공문, 『中日韓關係』, pp.440~441). 그러나 이홍장은 서양과 조약 관계를 맺는 일이 반드시 청의 종주권을 위협하지는 않을 것이라는 자신감을 드러냈다(T. F. Tsiang, "Sino-Japanese Diplomatic Relations, 1870–1894," p.65).

11. 『高宗實錄』, 1882년 5월 22일(高宗 19.4.6) 자 기사. 영문판으로는 Henry Chung, *Korean Treaties*, pp.197~204를 보라.

12. 이홍장이 이유원에게 보낸 편지를 보라. 『高宗實錄』, 1879년 8월 26일(高宗 16.7.9) 자 기사.

지로 단결했다. 이홍장 역시 청 제국과 속방(屬邦) 조선의 특별한 관계를 부정할 이유가 없었다. 이홍장과 그의 부관(副官) 마건충은 조약 자체의 전문(全文) 안에 이 관계를 명시하려고 했다. 이런 과정에서 그들은 슈펠트가 완강한 상대임을 깨달았다. 슈펠트가 조약에서 청의 종주권 인정을 거절하고, 조선에 대한 미국의 '훨씬 개화된 정책'을 확고하게 지지한 점은 그의 처지에서 자기 성과를 자부할 수 있는 근거였다.[13] 그러나 슈펠트의 전기 작가를 포함한 많은 사람은 슈펠트 제독(提督)이 조선의 자주와 독립을 지지하고 있다고 주장하면서도 "직예총독과 조약을 논의하(며 시간 끌기 작전에 대해 직예총독을 질책하)고, 천진에서 중국어로 조약문을 작성했으며, 중국 외교관들의 주선으로 자신이 공식적으로 만나지도 않고 거의 본 적도 없는 조선 관료를 위해 조약을 준비했던"[14] 모순을 지적했다. 게다가 이홍장과 마건충은 비록 조약의 전문 안에 종주권 조항을 집어넣는 것에는 실패했지만, 조선 조정을 설득하여 조약의 전문 외에 청과 조선의 특별한 관계를 인정하는 조회문(照會文)을 첨부

---

13. Frederick Drake, *Empire of the Seas*, p.252, pp.255~256. 김원모(『한미수교사』, p.369)는 1882년에 체결된 조미수호통상조약이 이홍장의 '속방정책'(屬邦政策)을 슈펠트가 거부한 것과 마찬가지였고, 조선이 청에 대한 전통적인 의존에서 벗어나 국가 공동체로 진입했음을 상징하는 것이라는 결론을 내린다.

14. Frederick Drake, *Empire of the Seas*, p.292. 조약의 전문에서는 조선과 청의 연호로 날짜를 표기하고 있다(『高宗實錄』, 1882년 5월 22일[高宗 19.4.6] 자 기사).

• 근대 이후 한 나라의 정부가 다른 나라 정부에게 어떤 사안에 관해 의견을 작성하여 통지하는 문서. 고종이 미국 대통령에게 '조선이 청의 속방'임을 알린 이 문서는 통상 '속방조회문'(屬邦照會文)이라고 불린다. 당시 이홍장은 슈펠트의 반대로 '조선이 청의 속방'이라는 문구를 조약문에 넣지 못하자, 조선과 미국의 조약이 체결된 후 고종이 미국 대통령에게 속방조회문을 보내면 미국이 이를 수령하는 절충안을 제시하여 양국의 합의를 이끌어냈다.

할 수 있었다. 이렇게 1882년에 체결된 이 조약에서는 청 제국이나 다른 열강들에 대한 조선의 국제적 입장을 명확하게 밝히지 않았다. 오히려 조선은 청의 종속국이자 '국가 공동체'의 독립국 일원이라는 역할을 기꺼이 동시에 수행하는 것 같았다.

1882년 체결된 조약 협상에 관한 관심의 상당 부분은 이 종주권 문제에 초점이 맞춰져 왔다. 그러나 청의 종주권을 유지하는 것이 이홍장과 마건충이 가졌던 관심사의 전부는 아니었다. 그들은 청 제국 자체가 강제로 체결한 조약 때문에 약탈과 수모를 받았으므로, 협상을 활용해 그런 약탈과 수모로부터 속방을 최대한 보호하려고 했다. 이홍장은 극도로 불공평한 당시 상황에서 조선의 이익을 극대화할 수 있는 조약의 초안을 작성하려고 일관되게 노력했다. 이홍장은 처음에 조약 협상

15. 조회문의 내용은 다음과 같다. "조선국은 본래 중국의 속방이지만, 국정의 운영과 외교는 언제나 조선의 국주(國主)가 주관한다. 이제 미국 정부와 조선이 조약을 체결하려고 하니, 양국 간의 교류는 모든 점에서 평등하고 예의를 갖춰서 이행되어야 한다. 그리고 조선의 국주는 조약 내의 모든 조항이 반드시 자주국의 공례에 의거하여 승인되고 이행될 것이라는 점을 분명하게 밝힌다. '조선국이 중국의 속방'이라는 안건에 관한 한, 그러한 의존의 결과로 그들 양국 사이에서 발생할 수 있는 어떠한 문제에 관해서도 미국은 전혀 간섭하지 않을 것이다. 국왕은 이에 따라 조약의 협상을 목적으로 임명한 위원 이외에, 이제 의무에 따라 이 조회문을 작성하여 미국의 대통령에게 통보한다."(Yur-bok Lee, "Establishment of a Korean Legation," pp.11~12). 〔이 조회문의 원문은 다음과 같다. 竊照朝鮮素爲中國屬邦, 而內治外交, 向來均由大朝鮮國主自主. 今大朝鮮國大美國, 彼此立約, 俱屬平行相待. 大朝鮮國主明允, 將約內各款必按自主公例, 認眞照辦. 至大朝鮮國爲中國屬邦, 其分一切應行各節, 均與大美國毫無干涉. 除派員議立條約外, 相應備文照會, 須至照會者〕

16. Deuchler, *Confucian Gentlemen and Barbarian Envoys*, p.115. 이홍장은 조선 정부로부터 중재 요청을 받자마자, 마건충과 정조여(鄭藻如)에게 "외국의 침략에 대항하여 조선의 이익을 지키기 위한 모든 예방책을 강구하여"〔豫爲取益防損之計 …… 不至多受洋人蒙蔽〕 조약문의 초안을 작성하게 했다(T. C. Lin, "Li Hung-Chang: His Korea Policies," pp.222~223). 『籌朝鮮』, 『譯署函稿』 卷12: 6b, 1881년〔光緖7.2.2〕〕

에 참여하기를 주저했다. 중국이 협상에 나서게 되면, 서양인들이 과거 중국과 서양 간에 (강압적으로 협상이 진행되어 '만국통례萬國通例', 즉 국제법에 어긋나는 조항들을 포함한 채) 체결된 조약들을 선례로 활용하도록 부추겨, 조선에 피해를 주는 결과가 생길까 두려웠기 때문이었다.[17] 그러나 이홍장은 일단 청의 중재가 필요하다는 확신이 서자 그 협상 과정을 통해 조선의 이익뿐만 아니라 청에도 도움이 되게 하려고 했고, 과거 중국과 서양 사이에 체결된 조약에 수록된 내용과는 다소 다른 여러 조항을 포함할 것을 주장했다. 치외법권은 허용하되, 조선이 형법을 개혁할 때까지만 계속될 수 있었다. 아편 무역은 엄격히 금지되어야 했다. 조선은 관세를 제정할 권리를 누려야 했고, 조약항과 내륙 지역에서 모두 외국의 수입품에 세금을 부과할 수 있는 권리를 가졌다. 관세율은 생활필수품의 경우 10퍼센트, 사치품에는 최고 30퍼센트까지 부과하기로 했다. 조선 관료들은 외국인을 위해 일하는 조선인 범법자가 외국 상인들의 집에 숨어 있다 하더라도, 이들을 체포할 수 있는 권리도 가졌다. 상인을 영사로 임명하는 관행은 기독교의 선교 활동 및 종교 서적의 수입과 마찬가지로 금지되었다.

마건충이 조선-미국 간의 조약 및 그 직후에 협상이 진행된 조선-영국 간의 조약에 포함된 조항에 끼친 영향력은 분명하다. 마건충은 비록 조선에 대한 청 제국의 종주권을 선언하는 조항까지 조약에 포함시킬 수는 없었지만, 아편 수입을 금지하는 조항을 포함시키도록 설득하

---

17. 이홍장이 총리아문에 보낸 1880년 12월 23일(光緒 6.11.22)자 공문, 『中日韓關係』, p.449.

는 과정에서 중요한 역할을 했다. 마건충은 아편 산업을 조사하고 영국령 인도가 중국에 수출하는 아편을 줄이는 방법을 모색하기 위해 1881년의 대부분을 인도에서 보냈을 정도로, 그 문제에 관한 관심이 매우 분명한 사람이었다. 마건충이 인도에서 수행한 작업은 1885년에 체결된 지부협약(芝罘協約)의 토대를 마련했는데, 이 협약 덕분에 중국은 수입되는 아편에 상당히 높은 관세를 부과할 수 있었다.[18]

이홍장의 노력은 결실을 보았다. 1882년 5월에 체결된 조약에는 상인의 영사 겸직 금지(2조); "만약 조선(의 국왕)이 앞으로 언제든 조선왕국의 법령과 사법 절차를 (미국의 법령·사법체계와 유사하게) 개정한다면 …… (조선 경내의) 미국인들을 즉시 (조선) 지방관의 관할에 귀속시킨다."(如朝鮮日後改定律例及審案辦法, …… 朝鮮境內美國人民, 卽歸地方官管轄)라고 한, 치외법권을 포기하는 합의(4조); 생활필수품은 10퍼센트, 사치품은 30퍼센트로 관세를 규정한 조선의 관세자주권(5조); 미국 상인이 조선 내지로 상품을 운송하는 행위 금지(6조); 아편 무역 금지(7조); 조선이 외국인의 주택이나 창고 등의 구

- 지부협약보다는 연대조약(煙臺條約)으로도 더 많이 알려진 불평등 조약. 1876년에 체결되었지만, 최종 비준은 1885년에 완료되었다. 지부는 현재 산동성(山東省) 연대시(煙臺市)에 속한 구(區)이다.

18. Yen-Lu Tang, "The Crumbling of Tradition," p.41, 63을 보라. 이홍장은 아편 수입 금지에 대한 영국의 저항을 예상하여, 1883년 해리 파크스 경에게 여러 차례 이 말을 했다. 키어넌(V. G. Kiernan, *British Diplomacy in China*, p.106, 107)에 따르면, "해리 경은 그 점을 거부했고, 조금 짜증을 내며 조선은 인도산 아편보다 중국산 아편의 수입으로 더욱더 많은 고통을 받을 성싶다고 말했다(안휘에 있는 이홍장의 사유지에서 양귀비가 잘 자랄 것 같다는 암시?)" (당시 중국에서 양귀비를 가장 많이 재배한 것이 이홍장 일가였다고 한다. 당시의 영국 《더 타임스》(*The Times*) 기사에 따르면, 안휘성에 있는 이홍장의 고향 집에는 양귀비가 무성하게 자라고 있었으며, 이홍장 자신은 이를 '약용'이라고 변명했다) 사실이 무엇이든 이홍장은 "본국에서 아편 때문에 발생한 소요가 너무 강렬해서 새로운 국가에 강요된 아편을 인정할 수 없었다."

역에서 자국 백성을 체포할 권리 인정(10조) 등의 조항이 포함되었다.[19]

요컨대, 청의 협상가들은 종주권 조항과 선교 사업 금지 규정 및 조선이 조약항과 내지에서 상품세를 부과할 수 있는 규정 외에도, 원하는 모든 것을 얻었다. 그 결과는 여전히 불평등 조약이었지만, 그래도 좀 더 우호적이고 횡포가 심하지 않은 조약이었다. 서구 열강이 중국이나 일본과 체결한 다른 조약들이나 조선과 일본이 1876년에 체결한 강화도 조약과 비교할 때, 조선에 관세자주권을 부여하(여 조선이 당시 동아시아에서 가장 높은 관세를 부과할 수 있게 허락하)고, 치외법권의 종식 가능성을 인정하며, 아편 무역을 금지한 결정은 모두 조선에 상당한 이익이었다.[20]

슈펠트는 천진에서 진행된 협상이 완료된 후, 마건충, 그리고 정여창(丁汝昌) 제독과 함께 조선으로 향했다. 이들은 1882년 5월 22일에 인천에서 조약에 조인했다. 마건충과 정여창은 실제로 조약에 조인하는 시간에 이르러서야 조인식이 거행되는 막사에서 퇴장했다. 마건충과 정여창은 조인이 끝난 뒤에 돌아와 곧이어 성찬이 차려진 연회에 참석

---

19. Henry Chung, *Korean Treaties*, pp. 197~204; 『高宗實錄』, 1882년 5월 22일(高宗 19.4.6) 자 기사.

20. 강웅조(Woong Joe Kang, *The Korean Struggle for International Identity*, pp. 140~141)는 "일부 과장된 주장과는 달리, 중국의 참여가 관대한 조항이 포함된 조약을 이끌어내지 않았다. 미국이 극동 지역의 다른 나라들과 체결한 조약과 비교할 때, 미국은 다른 나라에 이미 제공한 혜택이나 제공하고 싶은 사항만 제공했을 뿐"이라고 주장한다. 그러나 미국인 존 러셀 영의 다음과 같은 평가가 훨씬 정확하다는 사실은 분명하다. "지금까지 서구 열강과 아시아 국가 사이에서 체결된 다른 조약들과 비교할 때, 그 조약은 관대한 조약이며, 내 생각에는 서구 열강들이 중국이나 일본과 체결한 어떠한 조약보다도 훌륭하다."(위의 책, p. 147). 이 점은 관세율의 측면에서 특히 사실이다. Mun-hyung Choi, "Korean-British Amity and Its Historical Significance"를 보라.

했다. 이 연회에서 슈펠트는 "조약의 영광을 이홍장과 마건충의 공으로 돌렸다."[21]

영국 및 독일과의 조약은 그 이후 즉시 협상이 진행되었다.[22] 조미수호통상조약처럼 1882년 6월 6일에는 조영수호통상조약(朝英修好通商條約), 속칭 '윌리스 조약'(Willes Treaty)이 중국 관료 마건충과 정여창의 중재로 타결되었다. (조독朝獨조약과 마찬가지로) 조영조약의 조항은 사실상 조미조약의 조항과 구분할 수 없었다.[23] 영국의 외교관 해리 파크스(Harry

21. Fredrick Drake, *Empire of the Seas*, p.298. 조약의 협상과 조인에 관한 설명은 위의 책, pp.297~298; Key-hiuk Kim, *The Last Phase of the East Asian World Order*, pp.303~313; Woong Joe Kang, *The Korean Struggle for International Identity*, pp.138~139를 보라.

22. 영국은 조선의 개항에 주도적인 역할을 하는 것을 바라지 않았다. 조선의 개항이 이 지역에서 러시아의 추가 활동에 박차를 가할까 두려웠기 때문이었다. 그러나 일단 미국이 얼음을 깨고 나자, 영국은 조선과의 조약 관계를 적극적으로 추구할 만반의 준비가 되어 있었다. Mun-hyung Choi, "Korean British Amity and Its Historical Significance."를 보라.

23. 양측은 조약의 일부 변경을 시도했다. 마건충은 조선이 중국의 속방이라는 점을 조항에 포함할 것을 계속 요구했다. 영국의 전권대사이자 해군 중장 조지 윌러스(George Willes)는 이를 거절했다. 윌러스도 몇 가지 수정안을 포함하려고 했지만, 이번에는 마건충이 이를 거부했다. 조약의 조항을 변경하려는 영국의 바람은 통역으로 일하기로 한 영국인 '스펜스 씨'가 나타나지 않은 현실적인 문제로도 좌절되었다. 윌러스를 비롯한 영국인 협상가들은 "그 의미가 잘못 전달될까 두려워 자기들이 미국인의 조약 문구를 바꿀 수 있다고 확신하지 못했다."(Kiernan, *British Diplomacy in China*, p.83). 한미조약 때와 마찬가지로, 조선이 청의 종주권을 수용한다는 선언이 담긴 서한이 빅토리아 여왕에게 발송되었다. 이 편지를 읽은 해리 파크스 경은 다음과 같은 의문을 품었다. "우리가 이 준종속적인 상태를 인식하고도, 이와 동시에 어떻게 조선을 대등한 국가로 대우하고 조선의 국왕을 (대영 제국의) 여왕과 동등한 자격으로 여겨야 할지, 나로서는 혼란스러운 문제로 보인다(해리 파크스가 텐터든 경(Lord Tenterden)에게 보낸 편지, *Great Britain: Foreign Office Confidential Papers*, no.59(1882년 6월 21일), Lisa Chung, "Somnolent in Korea," p.5에서 재인용).

S. Parkes)는 윌러스 조약에 포함된 상당수의 조항, 특히 상대적으로 관대한 관세 조항, 영국의 포함(砲艦)들이 조선의 조약항에 접근할 수 없게 금지한 조항, 아편 금지 조항 등을 강도 높게 비판했다.[24]

이홍장이 '이이제이' 정책으로 조선의 안전을 보장하면서도 조선의 종속성과 자주성이라는 모순을 계속 유지할 수 있었는지는 결코 알 수 없을 것이다. 1882년 조미조약이 조인된 직후, 조선의 군사적 불안과 대원군의 권좌 복귀는 한중 관계에 추가적인 변화를 강요하고, 더 나아가 청 제국이 조선에 시행한 새로운 정책 및 관행과 양국의 전통적 관계 사이의 긴장을 증대했다.

1882년 임오군란

일본 및 서양과의 협상을 추진한 고종의 정책에 대한 불만이 늘어나자, 적어도 부분적으로는 대원군과 성리학을 신봉하는 조선의 많은 사대부 사이의 균열은 해소되었다. 대원군은 거의 10년 동안 권력에서 배제되었지만, 여전히 중요한 인물이었다. 권력의 상실에 분개하고 자기 아들인 고종이 조선을 이끄는 방향성에 번민했던 대원군은 1870년대 후반부터 1880년대 초반까지 조선 조정을 괴롭게 했던 여러 건의 음모와 암살 사건에 연루되었다. 대원군의 서자 이재선(李載先)이 이끌던 대원군의

---

24. 최문형(『한국을 둘러싼 제국주의 열강의 각축』, p.46)에 따르면, 윌러스 조약의 이러한 요소들 탓에 그 조약은 청 제국의 손아귀에서 놀아난 협정이었다.

25. Deuchler, *Confucian Gentlemen and Barbarian Envoys*, p.106.

추종세력들은 1881년에 쿠데타로 권력을 장악하려고 했다.[25]

이들 세력에 맞선 쪽은 고종의 부인인 민비를 등에 업고 점점 더 강성해진 민씨 가문이었다. 민씨 가문의 많은 인사는 자기 일족을 정부 내의 요직에 앉히기 위해 통리기무아문처럼 새로 창설된 기관을 활용했다. 민씨 가문 일파에 속할 만큼 운이 좋지 않았던 사람들의 마음속에서는 자신의 관로(官路)가 막힐 것 같은 두려움이 점점 커졌다. 대원군과 국왕 부부 사이에서 계속된 권력 투쟁의 소용돌이 속에서 일반 대중의 불안감은 날로 증대했다. 이러한 불안감은 부분적으로 민비가 장악한 조정의 사치가 극심하다는 이야기 때문에 촉발되었다. 민비는 무당·점쟁이·춤꾼 등 불미스러운 인물들을 대궐 안으로 초대해 그들이 일한 대가로 아주 후한 보상을 내린 것으로 알려졌다. 국가의 세수가 감소하고 있었으므로, 이러한 낭비는 훨씬 큰 부작용을 낳았다. 민비 혼자만의 낭비가 아니었다. 민씨 가문의 여러 인사와 그들의 추종 세력까지도 수뢰(受賂)를 통해 막대한 부를 축적한 것으로 악명이 높았다.[26] 더 넓은 세계와의 충돌이 이러한 국내 현상과 뒤섞였다. 평민과 엘리트를 가릴 것 없이 당시 상황을 지켜본 많은 사람은 부패가 만연하고 전반적인 도덕적 일탈이 감지된 한 가지 원인이 바로 점차 커가는 외부 세계의 영향력 때문이라고 느꼈다.

26. 민씨 일파의 관료였던 좌의정 이최응(李最應)은 소비할 수 있는 것보다 훨씬 많은 뇌물과 선물을 받아들여, 그 이웃들이 그의 집에서 진동하는 썩은 꿩고기와 해산물 악취 때문에 불평이 자자했다고 한다. 소문에 따르면, 민씨 일가들이 소유한 말들은 꿀떡을 보고도 콧방귀를 뀌었는데, 이는 민씨 일가가 당나귀에게도 쌀에 대추와 밤을 섞어 만든 별미를 던져줬기 때문이라고 한다. 이선근, 『한국사』, pp.464~466을 보라.

통리기무아문이 비판받은 이유는 그 기관이 민씨 일가의 승진 수단으로 활용되었을 뿐만 아니라, 외국의 기관을 본뜬 것이라 전통과의 단절을 상징했기 때문이었다. 마찬가지로 일본 육군 소속의 교관 호리모토 레이조(堀本禮造)로부터 훈련을 받는 엘리트 육군 부대 별기군(別技軍)에 대한 분노도 있었다. 구식 군대의 병사들은 별기군이 받는 특별대우와 더 나은 급여에 분노했다. 또한, 그들은 그런 신식 부대의 등장이 자기들의 실직을 알리는 신호탄이 될까 두려워했다.[27]

따라서 1882년 7월에 구식 군대의 병사들이 13개월 동안 밀린 급료로 받은 쌀에 모래와 겨가 섞여 있다는 사실을 알고, 그들 중 일부의 감정이 폭발한 것은 별로 놀라운 일이 아니다. 역사학자 이선근(李瑄根)이 생생하게 묘사한 것처럼, 거의 먹을 수 없는 쌀가마를 바라보던 병사들은 궁궐 안에서 들려오는 떠들썩한 굿판과 술에 취한 웃음소리를 들으며 항의에 나설 수밖에 없었다. 그들의 항의에도 당국은 냉랭한 침묵으로 일관했고, 병사들은 체포되었으며 심지어 일부는 처형되었다. 체포되고 처형된 병사의 동료들은 대원군에게 도움을 요청하기에 이르렀다.[28] 대원군은 공개적으로는 병사들과 관계를 끊었지만, 병사들의 지도부와 은밀하게 계획을 꾸몄다. 대원군이 병사들을 측은히 여겼고, 그가 폭동을 "민비 일파의 부패와 일본인 상인들의 쌀 수출"[29] 때문에 일어났

---

27. Deuchler, *Confucian Gentlemen and Barbarian Envoys*, p.103. 일본 외교관 하나부사 요시모토(花房義質)가 호리모토를 조선군의 교관으로 고용할 것을 제안한 일에 관해서는 『高宗實錄』 1881년 5월 22일(高宗 18.4.23) 자 기사를 보라.
28. 병사들은 먼저 대원군이 쇄국 정책을 추진하던 시절에 존경받던 옛 훈련대장 이경하(李景夏)에게 가서 항의했다. 그러나 이경하는 성난 병사들을 위해 편지 한 통을 써 준 것 외에는 나서서 아무런 조치도 하지 않았다. 이선근, 『한국사』, p.474를 보라.

다고 비난한 사실은 널리 알려지게 되었다. 그가 군대의 합당한 분노를 이용해 민씨 일가와 그 추종 세력을 몰살하고, 조선에서 모든 일본인을 추방하며, 자신의 권력 통솔권을 되찾기를 바랐다는 점도 분명해졌다.

 1882년 7월 23일, 서민 군중들과 합세한 병사들은 조선의 왕궁을 급습했다(이 사건은 육십갑자에서 그 사건이 일어난 해를 가리키는 한국식 명명법에 따라 '임오군란[壬午軍亂]'으로 알려져 있다). 그들은 일본공사관도 공격하여 공사관 건물을 잿더미로 만들었다. 공사관의 수장인 하나부사 요시모토 공사는 가까스로 소수의 측근과 함께 탈출했다. 일본군 교관인 호리모토는 조선의 여러 고위 관료들이 그랬던 것처럼 피살되었다.[30] 민비도 아수라장 속에서 살해되었다는 소문이 돌았지만, 후일 변장한 채 궁궐을 빠져나갔다는 것이 밝혀졌다. 궁궐 자체도 공격을 받고 원군을 기대할 수 없는 상황이 되자, 국왕 고종은 불가피한 상황을 받아들여 대원군을 사실상의 조선 통치자로 선포했다. 대원군은 통리기무아문을 즉각 폐쇄하고 구식 군대 체제를 회복시켰다.[31] 그는 또한 정부 내에서 민씨 일가 다수와 그들의 추종 세력을 숙청하고, 앞서 개혁에 반대하는 시위에 연루되었던 여러 유가 관료들을 사면했다.

 조선이 여전히 외부 세계와 거의 완전히 고립된 상태였다면, 대원군의 쿠데타가 성공했을 수도 있다. 그러나 하나부사는 신속하게 일본 군대와 함께 돌아와 배상을 요구할 것 같은 모습을 보였다. 의지가 굳센

---

29. Jerome Ch'en, *Yuan Shih-k'ai*, p.5.

30. 『高宗實錄』, 1882년 7월 23일(高宗 19.6.9) 자 기사.

31. 『高宗實錄』, 1882년 7월 24일(高宗 19.6.10) 자 기사.

대원군이 더 이상 일본의 간섭에 응할 가능성이 지극히 낮았다는 점을 고려할 때, 조선과 일본 메이지 정부 사이에서 전쟁이 일어날 것 같았다. 물론, 이 전쟁이 발발했다면 틀림없이 조선이 패했을 것이다. 미국 등의 나라와 조선의 조약을 막후에서 조언하고 중재하던 청의 정책은 일본의 진출을 멈추기에 충분하지 않았다. 더욱 강력한 조치가 필요했다.

청의 대응: 청군의 조선 파병

폭동 소식은 일본에 주재하던 청국 공사 여서창(黎庶昌)이 보낸 전보를 통해 중국에 전해졌다. 이홍장은 모친상을 당해 잠시 관직에서 물러난 상태였다. 당시 북양대신 서리(署理)였던 장수성(張樹聲)은 청의 대응과 관련하여 초기에 결정을 내릴 수밖에 없었다.[32] 장수성은 당시 천진에 머물던 조선 관료 김윤식과 어윤중(魚允中)에게 조언을 구했다. 김윤식과 어윤중은 청의 군함과 군대를 조선에 파견해 달라고 요청했다.[33] 장수성은 그 상황을 조사하고 필요하다면 군대의 파견을 준비할 수 있도록, 조선에 청의 군함 파견을 승인해 달라고 총리아문에 요청했다. 승인이 떨어진 것은 1882년 8월 6일이었다.[34]

---

32. 장수성이 총리아문으로 보낸 1882년 8월 2일(光緖 8.6.19) 자 공문, 『中日韓關係』, p.734.
33. 장수성이 총리아문으로 보낸 1882년 8월 4일(光緖 8.6.21) 자 공문, 『中日韓關係』, pp.748~750.
34. 장수성이 총리아문으로 보낸 1882년 8월 6일(光緖 8.6.23) 자 공문, 『中日韓關係』, p.753.

이튿날 정여창 제독과 마건충은 어윤중과 함께 유럽에서 건조된 청의 군함 3척과 함께 조선으로 떠났다. 8월 10일에 조선에 도착한 그들은 대원군이 선전하는 반외세 구호로 도성 안이 떠들썩한 것을 알게 되었다. 그들은 장수성에게 보내는 보고서에서 즉각적인 조치를 주장했다. 여러 사람 중에서도, 특히 이홍장의 개인 막료의 한 사람인 설복성(薛福成)의 조언에 따라 행동하던 장수성은 그 보고서를 받기도 전에 이미 조치를 취하기로 마음먹었다. 그는 산동에 주둔하고 있던 회군(淮軍) 6개 대대의 사령관 오장경(吳長慶) 장군에게 조선으로 출발할 준비를 하라고 요청했다. 황제는 장수성의 계획을 승인했고, 이홍장에게 모친상의 복상(服喪) 기간을 단축하여 끝내고 천진으로 돌아올 것을 명령하는 극단적인 조치를 취했다.[35]

오장경 장군의 부대는 8월 20일에 조선에 도착했다. 하나부사 요시모토가 이끌고 온 일본군 파견부대가 그들보다 먼저 도착했다. 하나부사는 서울로 난입하여, 조선 정부에 7개 항의 최후통첩을 제시했다. 조선이 늑장 대응하자, 하나부사는 화가 나서 서울을 떠나 인천으로 갔

- 청대 말기에 증국번의 지시 아래 이홍장이 모집한 한족 군대로, 청의 주력군이었다. 병사들이 주로 안휘성 출신이었으므로 '회군'이라 불렀다. '회'(淮)는 안휘성 일대를 지나는 회수(淮水)를 가리킨다. 그중에서도 오장경이 거느린 이 여섯 부대는 그의 이름을 따서 특히 '경군'(慶軍)으로 불렸다.

35. 오장경 장군의 수행원 중 다수가 향시(鄕試)를 치르기 위해 고향으로 떠난 상황이었으므로, 군대를 동원하는 책임은 주로 오장경의 문생(門生)인 장건(張謇)에게 돌아갔다. 장건은 원세개와 설복성의 도움을 받아 8월 16일에 군대의 출발 준비를 마쳤다. 당시 중국의 정책 결정과 군사적 준비에 관한 설명으로는 Key-hiuk Kim, *The Last Phase of the East Asian World Order*, pp.318~323; Deuchler, *Confucian Gentlemen and Barbarian Envoys*, pp.132~133; Chu, *Reformer in Modern China*, pp.12~14; 王伯恭, 『蜷廬隨筆』, pp.11~12; 林明德, 『袁世凱與朝鮮』, pp.16~17을 보라.

다. 이렇게 해서 청군은 8월 25일에 서울로 진입할 때 일본군(또는 반군)으로부터 아무런 저항도 받지 않았다.

이튿날 오장경, 정여창 제독, 마건충은 대원군의 사저(私邸)를 방문했다. 마건충은 자기들 일행이 대원군의 '세련된 기품'에 깊은 인상을 받았다고 보고했다.[36] 그럼에도 불구하고 그들은 이미 융통성 없는 대원군이 축출되어야 한다는 결론을 내린 상태였다. 이튿날 답례로 중국인들의 행관(行館)을 방문한 대원군은 강제로 보교(步轎)에 태워져 비가 오는 야음을 틈타 해안까지 이송되었고, 그곳에서 천진으로 향하는 청의 선박에 실려 끌려갔다. 권력을 되찾아 청에 감사하는 마음이었던 고종은 청군에게 반란군의 지도부를 추적·체포하기 위한 도움을 요청했다. 원세개는 이태원(梨泰院)과 왕십리(往十里)에 있던 반군의 근거지에서 반군을 몰아내는 활동을 주도했다. 약 170여 명의 반군이 생포되었지만, 오장경 장군의 부관인 장건(張謇)의 주장에 따라 대부분은 풀려났다. 조선 국왕 고종은 청 제국의 도움에 감사하기 위해 개인 사절단을 천진으로 보냈다. 오장경 장군과 원세개는 반란의 진압에 공을 세웠다는 이유로, 이후 조선 조정으로부터 예우를 받았다.[37]

그때까지 청 제국이 조선의 내정에 직접 개입하기를 명백하게 꺼려왔던 점을 고려할 때, 청군이 진압 과정에서 보여준 속도와 힘은 깜짝

---

36. 마건충은 자신의 일기에도 "이 노인이 마음속에 심원한 경지를 품고 있었다."〔此老胸中具有邱壑〕라고 기록했다(Jerome Ch'en, *Yuan Shih-k'ai*, p.6에서 재인용). 〔원문은 馬建忠 撰, 『適可齋記言記行』, 「東行三錄」에 수록(《中國近代史資料叢刊·中日戰爭（二）》, p.196)〕

• 관원이나 장군 등이 외지로 나와 있을 때 머무는 임시 처소.

놀랄만한 일이었다. 김기혁은 이를 다음과 같이 간단명료하게 요약한다. "청 정부는 서울에서 폭동이 일어났다는 첫 보고를 받은 지 일주일 만에 조선의 국내 정치에 개입하기로 했다. 대원군은 권력을 회복한 지 정확히 한 달 만에 강제로 중국으로 끌려갔다."[38] 청 제국은 공식적·비공식적 경로를 통해 조선에 단순히 조언과 권고를 하는 차원을 넘어서서 직접 조선의 국내 문제에 관여하게 되었고, 3000명 이상의 병력을 조선 영토에 주둔시켰다.[39]

많은 학자는 이러한 청의 개입이 돌이킬 수 없을 정도로 과거 관행과 단절한 사건이라고 생각한다.[40] 조선 영토에 군대를 주둔시키고 조선의 정치 문제에 청의 간섭을 늘린 행위는 전통적인 불개입·비간섭 정책과는 매우 거리가 멀었다. 그러나 중요한 것은 청의 정책 입안자와 관료들이 자기들의 행동을 최근의 서구식 국제 질서는 물론이고, 과거의 조공 체제라는 측면으로도 타당하게 설명하고 정당화하려고 노력했다

37. 임오군란과 그 진압에 관한 설명은 이선근, 『한국사』, pp.462~518; Key-hiuk Kim, *The Last Phase of the East Asian World Order*, pp.316~325; Deuchler, *Confucian Gentlemen and Barbarian Envoys*, pp.130~134; 王伯恭, 『蜷廬隨筆』, pp.11~12; 張若谷, 『馬相伯先生年譜』, pp.141~142에서 찾아볼 수 있다.

38. Key-hiuk Kim, *The Last Phase of the East Asian World Order*, p.325.

39. 1882년의 임오군란에 대한 북한 측의 해석은 병사들의 폭동이 어떻게 "봉건적인 중국 정부"의 개입은 물론이고, 일본과 "미국 및 영국의 침략자들"의 개입까지 불러오게 되었는지를 강조한다. 미·일 양국은 포함(砲艦) 모노카시호(Monocacy-號, 미국)와 인카운터호(Encounter-號, 영국)를 인천으로 보냈다(『조선전사13: 근대1』, p.169).

40. 이 시기의 시대 구분에 대한 다양한 방안과 1882년의 중요성에 관한 논의는 구선희, 『한국근대 대청정책사 연구』, pp.12~15를 보라.

는 사실이다. 정여창 제독이 요약한 것처럼, "일본의 침략이 조선처럼 본국에서 가까운 곳까지 확장하려고 위협할 때, 중국은 확고하고 결단력 있는 태도를 고수하는 것이 필요하다고 느꼈다. 아들이 다소 험악한 곤경에 빠졌을 때 아버지가 그렇듯이, 중국은 이 조선의 복잡한 시국에서 간섭해야 할 의무가 있었다."⁴¹

개입, 심지어 군사적 개입도 전통적인 관계 체제와 완전히 상반되지는 않았다. 선례가 없는 것도 아니었다. 바로 6년 전에 일본이 조선과의 전쟁을 위협하고 있었을 때, 이홍장은 히데요시가 조선을 침략한 16세기 말에 조선 조정이 그랬던 것처럼 조선이 중국에 종주국으로서 의무를 이행해 달라고 요청할지도 모른다는 염려를 글로 남겼다. 1882년 조선왕국은 정확히 그렇게 했고, "소국을 배려할"(字小國) 필요를 인식한 청 제국은 이에 부응했다.⁴² 게다가 대원군을 납치한 주요한 이유 중 하나는, 섭정인 대원군이 청의 황제로부터 정통성을 인정받은 국왕 고종을 자기 아들이라는 이유로 무시했기 때문이었다. 대원군을 납치한 당일에 마건충·정여창·오장경은 "조선이 중국의 번속국"(朝鮮爲中朝藩服之邦)임을 밝히는 성명서를 반포했고, 반군에게는 무기를 버리고 반군의 지도부들을 넘기라고 촉구했다.⁴³

이 중 어떤 것도 청 관료들이 지정학적 또는 안보상의 우려에 영향을 받지 않았다고 주장하는 것은 아니다. 그들은 분명 조선에서 청의 군사적 영향력을 늘리는 일을 두고, 일본에 핑곗거리를 만들지 않아도 될 필요성에 관심을 가졌다. 그러나 그들은 계속해서 전통적인 체제 내에서 이해가 되는 논리로 자기들의 행동을 서술하려고 노력했다. 이렇게 하려는 노력은 이후 몇 년 만에 점차 한계에 이르렀지만, 조공 체제

전통·조약·장사

의 관념적·윤리적 신념은 때로는 과거의 조공국에 매우 격렬한 제국주의를 관철하려는 청 제국의 시도를 희생하면서까지 조선에 대한 청의 정책에 계속해서 영향을 주었다.

청이 조선에 군대를 급파한 일과 다른 제국주의 열강들이 취한 비슷한 조치들 사이의 유사성은 그런 사건들을 지켜본 한 영국인에게 주목을 받았다. 그는 조선에 군대를 이동시키고 인천에 강력한 주둔군을 유지한 청의 해군 사령관과 장교들에 대한 묘사를 통해, 많은 제국주의적 동기 부여와 자아 인식을 특징으로 하는 자신감, 생색내기, 동정심이 결합된 모습을 다음과 같이 정확히 포착한다.

> 그들 대부분은 중국 남부 출신이었고, 모두 영어를 잘했다. 그들과 조선 문제를 토론할 때, 나는 그들이 보여준 따뜻하고 동정 어린 관심에 큰 감명을 받았다. 그들은 가장 자만심이 넘치던 유럽인들이나 보일 수 있었던 오만한 태도로 조선인의 후진성과 무지를 드러내놓고 개탄하면서도, 조선 사람들이 순수한 중국인이라고 주장했다. 그들은 자기들을 일본의 침략으로부터 조선을 인도하고 보호하는 사람으로 묘사했다.[44]

---

41. 홀(Hall)이 파크스에게 보낸 1882년 12월 11일 자 공문, *British Documents*, 2: p.116.
42. 이홍장이 총리아문에 보낸 1876년 1월 22일(光緒 1.12.26) 자 공문, 『中日韓關係』, pp.276~277; "약자에게 친절한" 것에 관해서는 『外交史料』, 86: 10~12를 보라.
43. 서울에서 반포한 중국의 성명서에 관해서는 Yur-bok Lee, *West Goes East*, p.36을 보라. 청이 조선에 군대를 파병한 것이 청의 종주권을 강화하려는 시도라는 주장에 관해서는 한영우, 『다시 찾는 우리 역사』, p.426을 보라. 『高宗實錄』 1882년 8월 31일 자(高宗19.7.13) 기사 참조〕
44. 홀이 파크스에게 보낸 1882년 12월 11일 자 공문, *British Documents*, 2: p.114.

조선에 군대를 파병하기로 한 청의 결정은 보수적인 청류당 일파가 조선을 생각하는 방식의 힘을 보여주는 상징이기도 했다. 학자 요문동(姚文棟)은 1882년에 쓴 한 편지에서 "근래에 도성 내의 청의(淸議, 청류당 지지자)와 천하의 여론이 대체로 이 문제에 큰 관심을 기울였는데, 대부분 군대를 파견하자는 주장을 지지한다."[45](近來京師淸議及天下輿論, 大抵注重此案, 多主用兵之議)라고 지적했다. 만약 언제나 신중한 성격이었던 이홍장이 현직에 있었다면, 청이 1882년의 임오군란에 어떤 식으로 대응했을 것인지 궁금하다. 이홍장은 자신이 아무리 최선의 자강 노력을 강구하더라도 일본을 이길 힘을 만들어 내지 못했다는 점을 두려워했으므로, 아마 직접 대결을 피하려고 했을 것 같다.[46] 그러나 이홍장이 처음으로 자리를 비우자, 이구동성으로 개입을 요구하는 목소리가 득세했다. 일본 침략을 요구하는 것이 낯설지 않은 일일 정도로 강경파의 몇몇 계획에 담긴 야망을 고려할 때, 조선의 국내 반란을 진압하기 위해 조선으로 군대를 파병하는 일은 쉽게 허용할 수 있는 행동 범위 내에 있었다.[47] 청 제국 내의 강경파들은 조선의 안전을 보장하고 청 제국의 위상을 높이기 위해 일본과의 충돌도 기꺼이 불사할 용의가 있었다.

---

45. Nan-Tsung Kim, "Neighbour as Mirror," p.52n18에서 재인용. 〔원문은 姚文棟,「上黎星使書」(葛士濬 輯,『淸朝經世文續編』卷110,「洋務·軍政 下」, 1a)에 수록〕

46. 제롬 천(Jerome Ch'en, *Yuan Shih-k'ai*, p.6)은 "군대를 파병했다고 해서, 이홍장이 무력을 사용해 조선의 분쟁을 해결하려고 마음먹었던 것은 아니다. …… 그는 자신이 거느린 '회군'이 중국에서 가장 훌륭한 전투부대이기는 하지만, 일본군을 무찌를 수 있을 정도로 강력한 군대는 아니라는 점을 알고 있었다."라고 언급한다.

47. 호전적인 청류당이 일본을 향해 쏟아낸 수사법으로는, 예를 들어 Bonnie B. C. Oh, "The Leadership Crisis in China on the Eve of the Sino-Japanese War of 1894-1895," pp.75~76을 보라.

고종과 민씨 일가에게, 청의 개입은 절실히 추구하여 기꺼이 받아들인 사항이었다. 앞서 청이 후세에 순종(純宗)으로 추상(追上)된 민비 아들의 세자(世子) 책봉을 승인한 일이 고종과 민비의 정통성을 높인 것이었다면, 이번 청의 군사적 개입은 바로 그들의 생존을 보장한 것이었다. 반란의 여파로 조선의 사은(謝恩) 사절단이 빠르게 중국에 파견되었다. "삼가 생각건대, (신은 황제 폐하께서) 맡기신 직분의 이행에 어리석은 태도로 임하였던 것을 반성합니다."(伏維當職愚昧)[48]라는 고종의 의견으로 시작되는 조선의 감사 메시지는 종번(宗藩) 관계를 재확인하는 것을 제외하면, 누구도 실수하지 않았다는 어투로 쓰여 있었다. 고종은 이후 몇 년간 많은 영역에서 청에 조언과 도움을 요청했다. 그리고 심지어 원세개가 주차관으로 조선에 체류하며 청의 정책이 조청 관계를 퇴색하게 했을 때도, 고종은 종종 중국에 대한 개인적인 애정을 유지하는 것처럼 보였다.

일부 조선인들, 특히 일본과 교류가 있었던 소수의 젊은 관료들에게 조선에서 청의 영향력이 커지는 징후는 실망의 근원이었다. 부분적으로는 좌절된 개인의 야망 탓에, 또 부분적으로는 중국의 영향력이 조선을 메이지 유신 방식의 개혁에서 멀어지게 할 것이라는 두려움에 자극받은 이 '개화파들'은 청의 군사적 점령에 애를 대웠고, 그래서 중국인들과 이들의 정치적 협력자인 민씨 일가를 희생시키더라도 자기들의

---

48. Kiernan, *British Diplomacy in China*, p.101. 고종이 감사를 표명한 글의 원문은 이홍장이 총리아문에 보낸 1882년 9월 15일(光緒 8.8.4) 자 공문, 『中日韓關係』, pp.895~897을 보라.

권력과 영향력을 높일 수 있는 수단을 찾았다.[49]

이홍장은 천진으로 돌아오자마자, 청의 중재를 통한 조선과 일본 사이의 협상을 독려했다. 마건충은 조선과 일본을 협상 테이블에 앉히는 데 핵심적인 역할을 했고, 조선 사절인 이유원과 김홍집에게 상세한 조언을 했다. 그 결과로 체결된 제물포 조약과 추가 협약은 조선에 50만 엔의 배상금을 일본에 지급하라고 요청했고, 일본공사관의 경비를 위해 일본 병력의 조선 주둔을 허용했으며, 조선이 일본을 비롯한 여러 나라와 체결한 모든 조약의 공표를 요구했고, 대원군이 세웠던 척화비의 파괴를 명령했다.[50] 이홍장은 일본의 몇몇 요구가 지나치게 가혹하다고 반대했지만, "중국이 합의를 번복하는 것은 문제의 소지가 있다."[中國自未便從旁代爲翻案][51]고 생각했다.

조청상민수륙무역장정

1882년에 일어난 임오군란을 진압하고 일본의 조선 침략을 미연에 방지하기 위해 훨씬 강력하게 조선 문제에 개입해야 할 필요성 때문에, 외

---

49. Cook, *Korea's 1884 Incident*.
50. 『高宗實錄』 1882년 8월 30일(高宗 19.7.17) 자 기사. 김기혁과 마르티나 도이힐러(Martina Deuchler) 등 일부 학자들은 (조약의 협상이 진행된 장소 명칭을 따서) '제물포 조약'이라는 명칭을 사용하지만, 공식명칭은 그냥 '조일강화조약'(朝日講和條約)이다.
51. T. C. Lin, "Li Hung-Chang: His Korea Policies," p.228. 〔『籌安置李昰應竝日高交涉』, 『譯署函稿』卷13: 35b. 1882년 〔光緖8.8.3〕〕

교와 국제법을 활용해 조선에서 청의 이익을 증대하려는 이홍장의 지속적인 노력은 흔들리지 않았다. 이홍장은 조선이 미국·영국·독일과 체결한 첫 번째 조약을 중재한 이후, 상업적인 문제와 한중 통상 조약의 체결 요구에 관심을 기울였다. 이는 한중 관계에서 전례가 없는 움직임이었다. 교역과 관련한 협약은 과거에 타결되었지만, 그러한 협약들은 언제나 중국과 한국 사이의 교역량(과 일반적인 관계)에 대한 엄격한 통제와 제한을 다룬 것이었다. 중국과의 교역 규모를 증대하려는 조선의 관심은 부분적으로는 한반도에서 일본의 영향력을 줄이려는 조선의 열망에서 비롯되었다. 이러한 목적 달성을 위해 1881년 중국에 파견된 이용숙은, 중국 상인들이 조선에서 장사를 할 수 있게 허용할 가능성에 대해 이홍장과 논의했다. 청의 관료 오대징(吳大澂) 등이 훨씬 공격적인 조선 정책을 요구한다는 점을 인식하고 있었던 이홍장은 이에 동의했다.[52]

따라서 1882년에 청의 협상가들은 분명히 조선과 중국 사이의 무역을 촉진하고, 이와 동시에 청의 종주권을 강화할 합의를 창출할 목적으로 조선에 접근했다. 이어서 체결된 조청상민수륙무역장정(朝淸商民水陸貿易章程)에 관한 대부분의 연구에서는 종주권 문제가 청의 협상가들에게 가장 중요한 문제였다는 결론을 내린다. 한 학자는 그 협약이 "경제보다는 정치 문제에 더욱더 많은 관심을 기울였다."라고 주장한다. 또 어떤 학자는 조선과 중국 사이의 협약을 단순히 "조선에 대한 중

---

52. 오대징은 러시아와 일본의 조선 진출을 저지한다는 명목 아래 (좀 더 격렬한 중국의 '무력 외교'를 대비하여) 윤선초상국(輪船招商局)에서 조선 해안을 조사할 것과 중국이 일본의 상업적 독점에 도전할 것을 요청했다; 김종원, 「조·중상민수륙무역장정에 대하여」, pp. 127~129를 보라.

국의 통제를 강화하기 위한 정치적 도구"였을 뿐이라고 평가한다.[53] 의례적 종주권은 중요한 문제였다. 마건충과 천진해관(天津海關)의 도대(道臺)• 주복(周馥)은 이 협정문의 서두에서 이 규정들이 중국과 조선 사이의 관계에서만 적용되는 것으로 이해되며, "중국이 속방(조선)을 우대하려는 의도이니, 조약국들은 여기에 해당하지 않는다."[系中國優待屬邦之意, 不在各與國一體均沾之列]라고 했다.[54]

그러나 의례적 종주권만이 중요한 모든 사항은 아니었다. 이 규약의 서두에는 "현재 (해외) 각국이 이미 수로로 (조선과) 통상하고 있으니, 즉시 해상 무역의 금지 규정을 철회해야 할 필요가 있다. 그리고 양국의 상인들은 …… (상업적 관계로 발생하는) 모든 종류의 이익에 함께 참여하게 해야 한다."[惟現在各國旣由水路通商, 自宜㇐開海禁, 令兩國商民一體, …… 共沾利益]라는 서술도 있다. 이와 같은 관계를 보장하는 조항 중에는 중국 상인에게 서울에 거주하며 일할 수 있는 권리, (조선 정부에서 발급한 여권을 소지하고) 조선 내지(內地)를 여행할 권리, 대부분의 상품에 5퍼센트의 매우 우호적인 관세율을 제공하는 내용 등이 포함되어 있다.[55] 이에 덧붙여 일본·미국·영국이 누리던 여러 특권과 유사한 특권을 설정하는 몇몇 조항이 있었

---

53. Lin Mingde, "Li Hung-chang's Suzerain Policy Toward Korea, 1882-1894," p.183; Dalchoong Kim, "Chinese Imperialism in Korea," p.107; 또한, Deuchler, *Confucian Gentlemen and Barbarian Envoys*, p.141; Chien, *The Opening of Korea*, p.197을 보라.

• 보통 청대에 성(省)의 행정책임자인 순무(巡撫)나 총독(總督)의 하급, 부(府)의 행정 책임자인 지부(知府)보다는 상급인 정4품 품계의 관원을 지칭했다. 품계가 반드시 고정된 것은 아니었으며, '도원'(道員)이라고도 불렸다. 특히, 해관에 소속되어 해관의 관리와 감독을 맡은 관원은 '해관도'(海關道)로 약칭되었다.

54. 장정의 전문에 관해서는 China, Imperial Maritime Customs, *Treaties, Regulations, Etc., Between China and Other States*, 2: pp.847~853을 보라.

다. 여기에는 치외법권 조항과 조선의 조약항에 '상무위원'(商務委員)을 설립하는 권한이 포함되었다.[56] 이 조약에서는 중국의 윤선초상국에 중국과 조선 간의 정기적인 해상여객운송 업무를 제공할 것도 요구했다.[57]

조선과 중국이 체결한 이 통상 규약은 청 제국이 조약과 국제법의 활용을 통해 자국 국경을 넘어서 중국의 상업적 이익을 증진하려고 주동적으로 노력한 첫 번째 사례이다. 통상 규약의 조항에서 '상업 전쟁'을 옹호한 여러 조약항 엘리트들과 막후에서 이홍장에게 이 정책을 "밀어붙이는 인물"이었던 당정추의 영향력은 분명하다. 게다가 이 규약의 조항들은 해당 조항들이 청 제국 자체에 부과되었을 때 분노를 자아냈던 불평등한 특권과 같은 형태의 특권을 조선에서 확보하려는 청 제국의 적극성을 강조한다. 키어넌(V. G. Kiernan)의 말대로 "우리는 각성한 중국의 경쟁을 보여주는 최초의 구체적인 사례 하나를 발견한 셈이다."[58]

55. 위의 책을 보라. 추가 조항에는 조선 상인들이 인삼을 갖고 중국에 들어갈 수 있는 권리(다른 모든 상인은 수익성이 좋은 인삼 교역에 참여하는 것이 금지되었다), 중국 상인이 조선의 항구 간 교역에 참여할 권리, 중국인이 개인적인 용도로 아편을 소지하고 조선에 입국할 권리(아편의 판매는 엄격히 금지되었다)가 허용되었다. "Memorandum comparing the regulations for trade between Chinese and Coreans with the provisions of the British treaty with Corea," *British Documents*, pp. 101~104를 보라.

56. 청은 한중 관계의 독특함을 강조하려는 목적에서 의도적으로 '영사'라는 단어의 사용을 기피했다.

57. 영국의 관측통들은 이 조항이 중국인의 통상에 전반적으로 도움이 되었을 뿐만 아니라, 그 회사(윤선초상국)의 '대주주 중 한 사람'으로 생각되었던 이홍장 자신에게도 이익이 된다는 점을 신속히 파악했다("Memorandum comparing the regulations for trade between Chinese and Coreans with the provisions of the British treaty with Corea," *British Documents*, 2: p. 101).

58. Kiernan, *British Diplomacy in China*, p. 103.

중국이 잠든 적이 있었는지는 해결되지 않은 문제지만, 아마도 매우 의식적인 서구 열강이 그랬던 것만큼이나 청 관료들 역시 동일한 기제를 더욱 기꺼이 활용하려고 했다는 점은 분명하다.[59]

청 제국은 조청상민수륙무역장정의 반포에 성공하자, 곧이어 오랜 기간 유지되었던 조선과 중국 간의 변경 무역을 장악하려는 목적으로 고안된 일련의 협정·규정·규약을 추가로 덧붙였다. 이러한 조치는 1882년에 체결한 수륙무역장정과 목적이 같은 협약들이 연결된 사실을 반영하고 있었다. 1883년 3월에 요동(遼東), 즉 봉천(奉天)과 조선 사이의 변경에서 체결된 24조항의 교역협정에서는 변경의 교역을 감시하고 규제하기 위해 세관의 설치를 요청했다. 또한, 이 협약에서는 조선이 중국의 속방으로서 '내복'(內服, 내부 영토)의 일부로 간주할 수 있지만, 봉천(요동) 출신의 중국 상인들이 조선 영토를 무단 침입하는 행위는 허용하지 않는다는 점을 엄격하게 규정했다. 1882년에 체결된 수륙무역장정과 마찬가지로, 24개 조항의 중강통상장정(中江通商章程)에서도 이 장정의 조항들이 다른 나라 중국·조선의 개항장에는 해당되지 않으며, 중국과 조선에만 (그리고 양국의 변경 근처에 거주하거나, 일하거나, 여행하는 사

---

59. 국제법에 관한 서술에서 리처드 호로비츠(Richard Horowitz, "International Law and State Transformation," p.455)는 다음과 같이 논평한다. "국제변호사들의 잘난 척하는 논조에도 불구하고, 국제법은 심각한 군사적 약점 상황에 처해 있었던 비서방 국가의 지도자들에게, 심지어 국제적인 감각 측면에서 전혀 '개화되지' 못한 지도자들에게도 자국의 이익을 위해 국제 정치라는 게임의 규칙에 따라 대처할 수 있는 일련의 도구를 제공했다."

• 이 협약의 정식 명칭은 '봉천여조선변민교역장정'(奉天與朝鮮邊民交易章程)이며, 우리는 이 조약을 보통 '중강통상장정'(中江通商章程)으로 부른다.

람에게만) 적용된다는 점을 반복적으로 주장했다.[60] 1884년 6월 19일, 길림과 조선 사이의 변경에서 체결된 교역협정에서는 요동보다 훨씬 동쪽의 양국 변경에서 진행되는 무역에 대해 비슷한 규정과 제한을 설정했다. 1883년에 체결된 24개 조항의 중강통상장정의 사례와 마찬가지로, 1884년의 교역협정 역시 중국과 조선에만 해당되는 규정이라는 점이 강조되었다. 그리고 이전의 협정처럼, 1884년에 체결된 협정에서도 조선이 청 제국을 언급할 때 '중국'(中國)을 사용하는 대신 '천조'(天朝) 또는 '상국'(上國)으로 언급할 것을 지시하는 조항이 포함되었다. 중국은 이에 대한 화답으로 조선을 언급할 때 '조선국'(朝鮮國) 또는 '귀국'(貴國)이라는 단어를 사용해야 했다.[61]

조약의 재협상과 관세의 표준화

조청상민수륙무역장정의 공포는 교역에 관세를 부과하려는 조선의 노력에도 중요한 역할을 했다. 1876년에 체결된 강화도 조약과 같은 해에 체결된 '부록'(附錄, 후속 조항)에서 가장 눈에 띄는 누락 부분은 바로 관세에 관한 조항이 빠진 점이었다. 1876년에 일본의 협상가들은 조선이 일본에서 수입한 물품에 5퍼센트의 종가세를 부과하는 것을 받아들일

---

60. China, Imperial Maritime Customs, *Treaties, Regulations, Etc., Between China and Foreign States*, 2: pp.854~863.
• 이 협약의 정식 명칭은 '길림조선상민수시무역지방장정'(吉林朝鮮商民隨時貿易地方章程) 또는 '길림조선상민무역지방장정'(吉林朝鮮商民貿易地方章程)이다.
61. 『高宗實錄』, 1884년 6월 19일(高宗 21.5.6) 자 기사.

준비를 한 채 협상테이블에 앉았다. 그러나 조선 측 협상가 조인희(趙寅熙)는 "양국이 양국 간의 교역을 증진하기 위해 수년간 수출입 관세를 면제하자"는 일본 측 협상가의 제안에 동의했다.[62] 조선이 그런 중요한 문제에 관한 자주권을 그렇게 기꺼이 포기한 것은 대체로 조선이 근대적인 국제법과 교역에 익숙하지 않았던 탓으로 인식된다. 그러나 그런 결정은 부분적으로 상업 문제에 대한 전반적인 무시 때문이기도 하고, 부분적으로는 조선이 1876년에 체결된 조약을 기존 방식의 변화보다는 기존 방식과의 연계로 이어질 것이라고 예상한 때문이기도 한 것 같다. 조선은 교역이 왜관 체제와 같은 전통적인 메커니즘을 통해 계속 통제될 것이라고 기대했다. 부산의 조선 관료들은 1876년보다 훨씬 이전부터 일본 선박에 항만세를 징수했고, 강화도 조약이 체결된 이후에도 계속 그렇게 했다.[63]

1876년에 체결한 조약에 명기된 특권을 얻으려는 일본의 끈질긴 노력으로 조선 정부 내의 많은 인사가 과거의 규칙과 규범에 따라 교역과 교류를 진행해야 한다고 계속 주장하는 것이 어렵다는 확신이 서자, 일부 인사는 관세의 도입을 압박하기 시작했다. 조선 관료 김홍집은 1880년에 일본에 파견되어 일본 정부와 관세 문제를 논의했다. 김홍집은 일

---

62. Key-hiuk Kim, *The Last Phase of the East Asian World Order*, p.262.
63. 부산에서 시행되던 전통적인 규제 인프라와 그 인프라가 1876년 이후 어떻게 변화했는지 검토한 것으로는 부산직할시사 편찬위원회, 『부산시사』, pp.791~796을 보라. 1876년의 강화도 조약이 조선과 일본 사이의 전통적인 '교린'(交隣, 우호 관계)을 회복한 것에 불과하다는 고종의 선언에 관해서는 『承政院日記』, 1882년 9월 16일(高宗 19.8.5) 자 기사를 보라; Choe Tŏk-su, "The Dawning of a New World," pp.113~114에서 재인용.

본이 1876년에 수용하려고 했었던 세액과 동일한 5퍼센트의 세금만 요청하라는 지시를 받았지만, 청의 주일공사 하여장으로부터 일본이 더욱더 높은 관세를 확보하기 위해 서구 열강과 협상 과정 중이라는 정보를 받았다. 그래서 일본과의 협상에 나선 김홍집은 일본인들이 일본에 수입된 서구 상품에 적용하기를 바라는 관세와 같은 비율을 계속 요구했다. 일본 측은 일본과 조선 사이의 거리는 비교적 짧으므로 좀 더 낮은 관세가 필요하다는 다소 구차한 변명으로 일관하며 김홍집의 요구를 회피했고, 그 문제는 결국 타결되지 않았다.[64]

1882년에 수륙무역장정이 체결되었다는 소식이 알려졌을 때, 조선에 관심이 있었던 다른 열강들의 반응은 예측할 수 있었다. 일본의 외무성 장관은 "중국이 조선을 지배할 수 있는 엄청난 권력을 잡으려는 행위이자 조선에서 배타적인 상업적 특권을 확보하려는 의도"라고 지적했는데, 이는 일본의 메이지 정부가 앞선 6년 동안 조선에서 그런 배타적 특권을 적극적이고 성공적으로 추구했었다는 점에서 아이러니한 평가이다. 그는 그러한 중국의 조치가 "주로 일본을 겨냥한 것"이라고 믿었지만, 다른 나라들 역시 같은 충격을 받았다.[65] 영국 역시 중국에 부여된 그런 특권에 격분했다. 주일 영국공사로 도쿄에 주재하던 해리 파크스는 그 문제를 논의하기 위해 자신을 방문한 조선 대표단에게 다음과 같이 장광설을 펼쳤다.

---

64. Key-hiuk Kim, *The Last Phase of the East Asian World Order*, pp.290~292.
65. 파크스가 그랜빌(Granville) 백작에게 보낸 1882년 12월 21일 자 공문, *British Documents*, 2: p.104.

내 생각에 조선이 중국과 일본에 부여한 권리보다 열악한 조건들을 서구 열강이 받아들일 것으로 예측한다면, 그것은 헛된 망상일 뿐이오. 서구 열강의 국민들은 상업적 이익과 관련하여 중국과 일본 두 나라의 신민과 동등한 처지에 서지 않는 한, 조선에서 어떠한 교역도 하지 않을 것이 분명하기 때문이오.[66]

파크스를 비롯한 영국의 관료들은 1882년에 일어난 임오군란을 둘러싼 혼란과 조선이 영국 및 중국과 체결한 조약의 차이를 활용해 조선과 영국 사이에 체결된 조약의 비준을 연기하고 새로운 협상을 주장할 수 있었다.

그사이 조선 주재 미국공사 루셔스 푸트(Lucius Q. Foote)가 조선에 도착하여 1883년 5월에 체결한 조미조약을 비준하자, 그제야 관세 부과가 불가피한 일임을 깨달은 일본은 조선왕국이 조일 간의 무역에 세금을 부과하는 것에 동의했다. 그 결과 1883년 7월 25일, 일본인이 조선에서 교역할 때 지켜야 할 규정인 조일통상장정(朝日通商章程)이 완성되었다.[67] 이 협정에 포함된 관세는 조선이 미국 및 (아직 비준되지 않은) 영국·독일과 체결한 조약에서 정한 관세보다 훨씬 낮았지만, 조선과 중국 간의 무역 협정에서 명시한 관세만큼 낮지는 않았다. 조일통상장정은 일본에 최혜국 대우도 부여했다.[68] 행정적 지연은 조미조약에 명시된 세율

---

66. 파크스가 그랜빌 백작에게 보낸 1883년 1월 12일 자 공문, *British Documents*, 2: p.112.
67. 조일통상장정의 전문은 *Treaties, Regulations, etc.*, pp.82~119를 보라.

이 1883년 11월까지 사용되었다는 것을 의미했다. 그 후 조일통상장정에서 정한 관세율은 거의 1년 동안인 1884년 말까지 유효했다.[69]

수개월 간의 협상 끝에, 영국은 1883년 말에 새로운 조약을 체결하는 데 성공했다. 이 새로운 '파크스 조약'은 특히 섬유에서 훨씬 낮은 관세율을 포함하고 있었고, 영국 상인들이 조선의 항구에서 토지를 구매하고 공장을 세울 수 있도록 규정했으며, 영국 군함이 조선 항구에 입항할 수 있도록 허용했다. 조선과 영국이 체결한 새 조약은 후속 조약들의 모델이 되었다. 독일이 같은 날 비슷한 조약에 서명했고, 러시아·이탈리아·프랑스와의 조약 체결 역시 향후 몇 년 동안 이어졌다. 미국은 최혜국 대우를 주장함으로써 이 조약에서 특히 낮은 관세율이라는 혜택을 확보했다.

영국·미국을 비롯한 여러 외국 열강들이 조선과 중국 사이에 체결된 무역 규정을 이용해 자국민을 위해 이와 동일한 수준의 관세 및 조선에 접근할 권리를 신속하게 확보하려고 한 점은 조선에 다자적 제국주의의 도래를 알리는 확실한 신호이다. 그런 점에서 어느 한 세력이 조선에서 우세한 모습을 드러내지 못하도록 조선에 많은 외국 열강의 참여와 관심을 확보하려고 한 이홍장의 노력은 성공을 거뒀다고 생각할 수 있다. 그러나 다자적 제국주의가 조선에서 독점적 특권을 차지하려는 일본의 주장을 분쇄하는 역할을 하기는 했지만, 독특한 한중 관계

---

68. Mun-hyung Choi, "Korean-British Amity and Its Historical Significance," p.16.

69. 한국관세연구소, 『한국관세사』, pp.72~74.

의 결실에 대한 권리를 유지하려는 청 제국의 자체 노력을 방해하기도 했다. 따라서 중국 상인들과 그들을 후원한 조약항 엘리트들이 조선 시장에 대한 자신들의 특권과 접근성에는 만족했을지 몰라도, 자기들만의 배타적 특권이 빠르게 조선과 조약을 맺은 모든 조약국의 공동 자산이 되었던 점에 크게 낙담했을 것도 같다.

1882년에 체결된 수륙무역장정을 활용해 조약의 개정과 관세의 표준화를 확보하려고 각국이 득달같이 달려든 상황은 청 제국이 조선에 도입한 다자적 제국주의가 초래한 또 다른 긴장감을 강조하기도 하는데, 그것은 바로 영국과 미국이 조선에서 동등한 상업적 특권을 주장하기 위해 사용한 그 협정에 조선이 청의 속방이라는 확실하고 분명한 선언도 담겨 있다는 점이었다. 서양의 외교관들은 이러한 주장을 동양적인 '낭만과 과장'으로 일축하는 경향이 있었지만, 그럼에도 불구하고 청 제국과 조선 사이에서 조선이 중국의 속방이라는 점을 분명하게 명시한 근대 조약에 서명하고 비준했다는 사실은 그대로였다. 게다가 서구 열강과 일본은 수륙무역장정을 활용해 조선에서 동등한 특권을 주장함으로써 자기들이 그 협정을 국제법으로 받아들였다는 점을 공공연하게는 아니어도 암묵적으로는 보여줬고, 따라서 조선의 자립을 선언한 이전 조약들의 여러 조항을 무력화한 셈이 됐다. 청의 종주권과 서구식 독립 사이의 이러한 긴장감은 적어도 이후 12년 동안 계속되었다.

4. 군인, 외교관, 상인들
청인들의 조선 진출

국제법과 군사적 개입이라는 메커니즘을 활용한 청 제국은 1882년에 조선과의 관계를 극적으로 변화시켰다. 이 두 가지 측면의 전개는 1882년 이후 몇 년 동안 나타날 관계의 형성에 중요한 역할을 하곤 했다. 청군의 조선 주둔은 조선의 군사적·정치적 개혁 방향을 결정했으며, 특히 1884년에 갑신정변(甲申政變)이 일어났을 때는 조선 내부의 정치적 충돌에 깊은 영향을 끼치기도 했다. 조선에 주재하는 청국(淸國) 외교 인력의 증원 역시 가시적으로 드러나지는 않았지만, 못지않게 중요한 일이었다. 청 제국은 역사상 처음으로 조선 영토에 상주 대표단을 배치했다. 이들 청 관료는 조선의 국내외 정책에 영향을 미쳤을 뿐만 아니라, 중국 상인이 조선에 들어올 수 있도록 문호를 개방하는 역할을 맡기도 했다. 이는 청 제국이 자국의 국경을 넘어서 직접적이고 공공연하게 중국인의 상업 활동을 공식적으로 지원한 최초의 사례들 중 하나다.

 1882년에 임오군란의 위기가 닥칠 때까지 청 제국이 조선에 취했던 모든 조치는 불쾌하기는 해도 전통적인 관계 체계의 틀 안에 맞춰질 수 있었다. 그러나 일단 당면한 위기가 해소되고 정통성을 갖춘 고종이 안전하게 왕위로 복귀하자, 청 제국의 향후 행동 방침에 대한 의문이 제기되었다. 이홍장은 청군의 조선 주둔을 임시 조치로 생각했으므로 가능한 한 신속하게 철군을 추진했다. 그는 청군이 계속 조선에 주둔하게 되면, 청 제국이 조선의 안보에 책임이 있다는 식으로 외국 열강들이 결론을 내리게 될까 우려했다. 사안이 이런 식으로 전개되는 것을 원치 않았던 이홍장은 가능한 한 막후에서 조언과 지도를 하던 정책으로 돌아가기를 희망했다.[1]

이와는 다른 견해, 즉 애초에 청군의 파병을 촉구했던 바로 그 목소리의 다수는 조선 문제에 더욱 깊이 개입할 것을 요구했다. 이런 주장을 한 인물로는 오장경의 수행원이었던 장건과 청류당에 속한 학자 장패륜(張佩綸)이 있었다. 두 사람은 조선에 대한 청의 개입 범위와 규모를 획기적으로 늘릴 것을 요청하는 상소(上疏)를 올렸다. 이들은 만약 조선을 청 제국에 직접 병합(장건의 바람)하지 않는다면, 청은 적어도 조선에 감국(監國)을 두어 조선 정부를 감독하고 조선의 항구 도시에 청의 육군을 영구히 주둔하게 해야 한다고 주장했다. 또한, 그들은 청이 조선 군대의 근대화를 촉진해야 하며, 청군과 조선군이 통합까지는 아니어도 훨씬 높은 수준의 협력이 가능하게 해야 한다고 요청했다.[2] 일간지 《신보》(申報)에 실린 한 논평에서는 필요하다면 청 제국이 "조선왕조를 폐지해야" 한다는 주장을 반복했다.[3] 얄궂게도 중국 내에서 보통 보수주의자라는 딱지가 붙은 집단들은 자기들이 수호하기 위해 노력하고 있다고 주장한, 전통적인 체계의 한계를 훨씬 뛰어넘는 급진적인 변화의 지지자들이었다.

반면에 이홍장은 가능한 한 많은 것을 과거의 관행대로 되돌리기를 원했다. 그는 청류당이 옹호한 대부분의 급진적인 조치를 정책으로 채택하기를 꺼렸던 것으로 드러났다. 그러나 그는 청군이 조선에 계속 주둔하며 조선군의 개혁과 근대화를 촉진해야 한다는 요구에는 내키지 않으면서도 마지못해 경청했다.

청군의 조선 주둔

임오군란을 진압하기 위해 1882년 8월에 조선에 온 3000명의 청군 병사는 서울 안팎에 군영(軍營)을 설치했다. 이홍장은 황제에게 이르면 1883년 봄까지 파견한 병력의 절반을 철수하도록 윤허해 줄 것을 요청했다. 이 제안에 오장경과 조선 국왕 고종은 강하게 반발했는데, 이들은 이홍

1. Lin Mingde, "Li Hung-Chang's Suzerain Policy Toward Korea," p.182; Deuchler, *Confucian Gentlemen and Barbarian Envoys*, pp.138~140.

• 원래는 통상 황제가 외지로 나갈 때 중요한 인물(태자 등)에게 궁정에 남아 국사를 처리하게 할 때 내리던 직책으로, 군주가 직접 친정하지 않고 조정의 정사를 대리하는 행위 자체를 가리키기도 한다.

2. 林明德, 『袁世凱與朝鮮』, p.30, pp.37~38; Deuchler, *Confucian Gentlemen and Barbarian Envoys*, pp.138~139; Bastid, *Educational Reform in Early 20th-Century China*, p.21. 청류당은 심지어 일본의 침공을 요구하기도 했다. 린밍더(Lin Mingde, "Li Hung-Chang's Suzerain Policy Toward Korea," p.182)는 "갑자기 '일본을 정벌하자는 생각'이 열렬히 지지를 받았다."라고 서술한다.

•• 1872년 4월 30일에 상해에서 창간되어 1949년 5월 27일에 폐간된 신문. 근대 중국에서 발행 기간이 가장 길고 광범위한 사회적 영향을 지닌 신문으로, 중국 현대 신문의 시초이다. 현재 중국 근현대사 연구의 '백과사전'으로 인식되고 있다.

3. Nan-Tsung Kim, "Neighbour as Mirror," p.56n31.

장에게 사적으로 간청하는 서신을 보내 청군이 조선에 계속 주둔할 수 있게 해달라고 촉구했다. 그러나 결국은 이홍장의 주장이 관철되었고, 오장경 장군과 1500명의 청군 병사는 1884년 5월에 봉천으로 이동했다. 남은 1500명의 병사는 (원세개의 보좌를 받은) 오조유(吳兆有) 장군의 지휘를 받았고, 중국과 일본 군대가 모두 철수한 1885년까지 조선에 주둔했다.[4]

청군이 조선에 주둔하자, 청군의 지휘관들은 조선 조정에서 상당한 영향력을 발휘했다. 오장경과 그의 참모들, 특히 원세개와 황사림(黃士林)은 조선 조정에 자주 들렀다. 고종은 이에 대한 답례로 직접 왕궁을 나와 오장경 장군의 본영을 방문했다. 오장경은 통리교섭통상사무아문(統理交涉通商事務衙門)을 설립할 필요성과 새로운 화폐를 주조할 당위성 등 다양한 주제에 관해 주저하지 않고 자기 생각을 밝혔고, 조언을 아끼지 않았다.[5]

청군은 일본을 견제하는 분명한 역할 이외에도, 조선에 대한 청 제

---

4. 오조유 장군의 본영(本營)은 조선 왕궁의 동대문 바로 바깥쪽에 설치되었다. 600명의 병사가 이곳에 주둔했다. 다른 4개 부대는 도성 서울의 성문 바깥에 흩어져 있었으며, 그중 한 부대는 멀리 남쪽의 수원까지 가서 주둔했다. 이선근, 『한국사』, p.536을 보라. 마르티나 도이힐러(Martina Deuchler, *Confucian Gentlemen and Barbarian Envoys*, p.140)는 이홍장이 조선의 청군 병력을 감축한 동기 중에는 "악화하고 있던 안남의 상황에 대한 우려"와 "가능한 한 빨리 한반도에서 중국의 군사력을 낮추려는 바람"이 포함되어 있었다고 추측한다. 또한, 그녀는 "이홍장이 중국 군대가 조선의 정치에서 얼마나 결정적인 역할을 했는지 인식하지 못했다."는 사실을, 바로 그의 제안이 입증하고 있다고 지적한다. 린(T. C. Lin, "Li Hung-Chang: His Korea policies," p.229)의 지적에 따르면, 이홍장은 "중국 군대의 조선 주둔이 중국 정부에 큰 부담으로 작용한다고 생각했다." 또한, 林明德, 『袁世凱與朝鮮』, p.40을 보라.

5. 이선근, 『한국사』, p.536; Deuchler, *Confucian Gentlemen and Barbarian Envoys*, p.157. 고종은 오장경이 조선에 체류한 1년 6개월 동안 그로부터 최소 14차례의 조언을 받았다. 『高宗實錄』, 1882년 7월 26일(高宗 19.7.13)~1884년 2월 20일(高宗 21.1.24)을 보라.

국의 의례적 종주권을 강화하는 역할을 했다. 청의 지휘관들은 고종이 청군의 본영과 연병장을 비롯한 여러 장소에 직접 방문하는 기회를 최대한 활용했다. 고종이 궁궐을 떠나는 일이 극히 드물었다는 사실을 고려할 때, 그가 청군의 본영을 방문했다는 단순한 사실만으로도 청이 조선과 특별한 관계라는 그들의 주장을 뒷받침했다. 중국군의 주둔은 청의 영향력과 권력을 시각적으로도 상기시켜 주었다. 한 서양인은 고종이 청군 지휘관 오조유를 방문할 때 택한 길을 따라 "거리에는 중국 병사들이 1.6킬로미터에 걸쳐 늘어선 채 경계를 섰고, 청군의 붉은 깃발이 30센티미터마다 세워져 있는" 광경을 바라보고 큰 감명을 받았다. 청군은 새로운 궁궐로 향하는 조선 국왕의 행차와 같은 다양한 의식에도 참여했다.[6]

청군의 모습을 지켜본 한 영국인은 청군이 "조선 민중과 최상의 관계를 유지했다고" 단호하게 말할 정도로 중국 병사들과 지휘관들의 몸가짐과 행동을 찬양했지만, 다른 목격자들은 점령군과 점령당한 사람들 사이의 관계가 언제나 평화로운 것은 아니었다고 언급했다. 청군이 처음 조선에 도착했을 때, 병사들이 지역 주민들의 약탈을 멈춘 경우는 원세개가 군법으로 처형을 명령했던 몇 차례뿐이었다.[7] 의사 겸 선교사였던 미국인 호러스 알렌(Horace Allen)은 종종 '거친' 중국 병사들의 행동에 불만을 토로했지만, 청군이 일본군이나 조선인과 충돌하면서 입

---

6. 김원모 편, 『알렌의 일기』, pp.436~437, p.453.
7. 홀이 파크스에게 보낸 공문, *British Documents*, 2: p.120; Jerome Ch'en, *Yuan Shikai*, p.6. 청군이 자행한 약탈은 청군에 일반적인 치중대(輜重隊)가 없었기 때문에 생긴 결과일 수도 있다. 이 사실은 대체로 "전장의 군대가 자체적으로 식량을 찾아야 했음"을 의미했다(Paine, *The Sino-Japanese War*, p.142).

은 상처를 기꺼이 치료했다. 오장경 장군이 조선에 머물고 있던 초대 미국공사 루셔스 푸트에게 "우리 중국 병사들의 무례한 행동"을 사과하고 모든 중국인 범죄자의 빠른 처벌을 약속하는 편지 한 통을 써서 보낸 것은 청군의 바로 그런 행동 때문이었다.

중국 병사들과 그들을 불러들인 조선과 관련된 진기한 사건이 1884년 초에 벌어졌다. 새로 발간된 조선의 신문 《한성순보》(漢城旬報)에서는 1월 30일 자 기사에서 한 중국 병사가 서울의 한 약방 주인에게 상처를 입혔고, 그 약방집 아들을 총으로 쏴 죽였다고 보도했다. 조선과 청 양측 당국은 철저한 조사를 벌였지만, 범인을 찾는 데 실패했다. 이 이야기가 보도되자, 새로 조선 주재 상무위원에 임명된 진수당(陳樹棠)은 조선의 외무 부서인 교섭통상아문에 엄중한 편지를 한 통 써서 보냈다. 이 편지에서 진수당은 완전한 사실이 알려지기도 전에 반쪽짜리 진실을 널리 알렸다는 이유로 일종의 관보에 가까운 발행물이었던 《한성순보》를 비난했고, 일단 사건이 완전히 해결되고 나면 그 신문과 조선 정부가 충분히 사과할 준비를 해야 할 것이라고 주장했다. 몇 달이 지나

---

8. 김원모 편, 『알렌의 일기』, p.444, 454, 457, 464. 1885년 3월, 알렌은 청의 상무위원 진수당에게 215달러의 청구서를 보냈다. 이 청구서는 부상을 입은 중국 병사들에게 43차례 왕진을 나갔던 것을 왕진 한 차례당 5달러로 계산한 것이었다. 진수당은 호러스 알렌이 부상당한 중국인을 성심껏 치료해 준 것에 대한 감사의 표시로 알렌의 가족에게 '과일잼 두 통'도 보냈다(위의 책, 433, 455).

9. 국사편찬위원회, 『윤치호 서한집』(*The Collected Letters of Yun Tchi Ho*), pp.226~227.

10. 《漢城旬報》, 1884년 1월 30일 자 10면.

• 통리교섭통상사무아문의 약칭. 이후 교섭통상아문(交涉通商衙門)으로 줄여서 표기한다.

도록 범인은 여전히 잡히지 않았고,《한성순보》는 사실 범인이 우연하게 중국풍 옷을 입고 있었던 조선인 부랑자였다고 다소 터무니없는 주장을 하는 진수당의 성명서를 게재했다.[12] 조선의 외무 부서인 교섭통상아문은 진수당에게 보내는 사신(私信)에서 어떻게 조선인 부랑자가 중국인의 발음을 그렇게 유창하게 흉내 낼 수 있었으며, 어떻게 서양식 총포를 구할 수 있었는지에 관한 의문을 제기했다.[13]《한성순보》가 그 사건에 대한 진수당의 해명을 게재했을 정도로 청의 압박은 여전히 충분했고, 아마도 그런 압박 탓에《한성순보》의 일본인 발행인 이노우에 가쿠고로(井上角五郎)가 축출되는 일도 벌어졌을 것이다.[14]

조선-청의 군사 협력

청 제국은 조선 영토에 군대를 주둔하게 했을 뿐만 아니라, 조선 자체의 군사력을 개선하기 위한 노력도 촉진했다. 항상 조선에서 청군의 숫자를 줄이려고 노력했던 이홍장은 조선의 군사력을 근대화하려는 노력에 도움을 달라는 조선의 요청을 기꺼이 수용하려고 했다. 이홍장은 조

---

11. 진수당이 조선박문순보국(朝鮮博文旬報局)에 보낸 1884년 4월 13일(高宗 21.3.18) 자 공문,『淸案』, 1: p.64. 또한, 진수당이 김병시(金炳始)에게 보낸 1884년 4월 13일(高宗 21.3.18) 자 공문,『淸案』, 1: pp.64~65; 김병시가 진수당에게 보낸 1884년 4월 19일(高宗 21.3.24) 자 답신,『淸案』, 1: pp.71~72를 보라.
12. 《漢城旬報》, 1884년 4월 16일 자 18면.
13. 김병시가 진수당에게 보낸 1884년 4월 19일(高宗 21.3.24) 자 서신,『淸案』, 1: pp.71~72.
14. Conroy, *The Japanese Seizure of Korea*, pp.140~141.

선이 결국은 스스로 방어할 수 있는 능력을 입증하여, 한반도에 청군이 상주할 필요성을 없애주기를 바랐기 때문이었다. 청 제국은 조선의 자강을 도우려는 이러한 계획의 일환으로, 조선 학생들이 중국에 유학하여 청 제국이 제공해야 했던 무기 제조 분야의 최신 성과를 습득할 수 있게 허용했다. 아울러 청의 군관이 조선에서 조선군의 훈련을 맡았다.

조선은 청군이 조선에 처음 도착하기 전부터 조선 군대의 역량 강화를 위해 청의 도움을 요청한 상태였다. 국왕 고종으로부터 조선인 학생들의 중국 유학을 허용해달라는 공식적인 요청이 들어온 것은 1880년 8월이었다. 관료들 사이의 언쟁과 물자 운송 문제로 조선 학생들의 실제 파견은 미뤄졌고, 1882년이 되어서야 학자이자 관료인 김윤식이 87명의 학생들을 이끌고 중국으로 건너가 이들을 천진기기국에서 공부하게 했다.[15] 이 학생들은 바다를 건너 천진까지 오는 것이 허용되었는데, 이는 수 세기 동안 지속되어 오던 청 제국과 조선 사이의 해상교통 운

---

15. 천진기기국은 1876년에 레밍턴 모델의 라이플총(미국의 총기 제조업체 레밍턴사(――社, Remington Arms)에서 제조한 라이플총)을 생산하기 시작했고, 1870년대 말에는 화약·탄약통·포탄 등 탄약의 생산량에서 저명한 강남기기제조총국(江南機器制造總局)(강남제조총국으로 약칭)의 생산량을 훨씬 넘어섰다. 천진의 조선공사관에서 머물던 조선의 관료와 학생들은 종종 천진기기국의 두 '부서' 관리자인 반준덕(潘駿德)과 왕덕균(王德均)에게 조선에서 군수물자를 생산하고 군수 공장을 설립하는 문제에 대해 자문을 구했다. Thomas L. Kennedy, "Li Hung-chang and the Kiangnan Arsenal, 1860‒1895"; 김정기, 『1876‒1894년 청의 조선정책 연구』, p.36을 보라. 천진에서 진행된 교육은 소형 무기와 탄약의 생산에 초점이 맞춰져 있었다. 그러나 천진에 체류하던 학생들이 1882년에 임오군란이 일어났다는 소식을 듣자마자 대부분 고국으로 돌아갔으므로, 이들의 천진 체류는 갑자기 중단되었다. 이때 배운 학생들 일부가 후일 기기국(機器局, 1883년 설립)·전보국(電報局, 1885년 설립)과 통리기무아문 및 그 후신의 기관에서 중요한 역할을 했으므로, 짧은 체류 기간에 진행된 이 교육은 분명 어느 정도 효과를 발휘한 셈이다. 김정기, 『1876‒1894년 청의 조선정책 연구』, p.37을 보라.

행 금지 규정을 재고하려는 적극적인 의지를 보여주는 최초의 증거 중 하나이다. 훨씬 소규모의 조선인 학생 대표단이 1883년에 천진으로 파견되었고, 1884년 초에는 실제 파견까지 이뤄지지는 못했어도 상해(上海)로 또 다른 파견단을 보내는 문제가 논의되었던 것 같다.[16]

청 제국은 조선 최초의 국산 무기제조공장인 기기국(機器局)의 설립에도 중요한 역할을 했다.[17] 저명한 조선의 관료들은 기기국의 운영에 도움을 줄 목적으로 특별히 초빙한 원영찬(袁榮燦) 외 3인의 중국인 기술자의 도움을 받아 그 작업을 감독했다.[18] 게다가 조선 정부는 무기, 탄약, 군용 장비, 군사 관련 서적을 사들이기 위해 중국의 다양한 부처에서 차관을 들여왔다.[19]

16. 1883년 12월, 조선의 외무 부서인 교섭통상아문의 독판(督辦) 민영목(閔泳穆)은 이규원(李奎遠)·김완식(金完植)·김학성(金學性)이 무기를 공부하기 위해 상해로 갈 수 있도록 여권을 요청하는 공문을 보냈다(민영목이 진수당에게 보낸 1884년 1월 1일[高宗 20.12.4]자 공문,『淸案』, 1: p.16). 청의 상무위원 진수당은 자신이 그 요청을 상해의 관계 당국에 전달하겠다는 답신을 써 보냈다(진수당이 민영목에게 보낸 1884년 1월 2일[高宗 20.12.5]자 공문,『淸案』, 1: p.16). 그러나 이 파견단에 관해 더 주고받은 공문은 없다.

17. 주로 수동식 공구를 사용한 기기국에서는 탄약통을 비롯한 여러 탄약의 제조와 무기의 수리가 이뤄졌다. Deuchler, *Confucian Gentlemen and Barbarian Envoys*, p.156, 268n17; Cho Ki-Jun, "The Impact of the Opening of Korea on Its Commerce and Industry," p.39; 국사편찬위원회,『고종시대사』, 2: p.447; 김정기,『1876-1894년 청의 조선정책 연구』, pp.36~38을 보라.

18. 기기국과 연관된 조선 관료는 민영익(閔泳翊), 김윤식, 윤태준(尹泰駿), 박정양(朴定陽), 이조연(李祖淵), 변원규(卞元圭), 한규직(韓圭稷), 백낙륜(白樂倫), 안정옥(安鼎玉), 김명균(金明均), 구덕희(具德喜) 등 1880년대 조선의 내로라하는 학자 겸 관료로 구성되어 있다(국사편찬위원회,『고종시대사』, 2: p.449).

19. 1882년, 김윤식은 다양한 군사 장비의 구매 자금을 확보하려고 청 제국으로부터 3000량의 차관을 들여올 준비를 했다. 김윤식은 천진에서 총구 마개, 부식성(腐蝕

청 지휘하의 군사 훈련

1882년에 벌어진 폭동 기간에 조선 민중들 사이에서 반일 감정이 격렬하게 표출된 이후, 또 다른 일본인 훈련 교관에게 근무를 요청하는 것이 사려 깊다고 생각한 조선의 관료는 거의 없었다. 그러나 좀 더 현대적인 조류에 따른 군사 훈련이 필요하다는 사실은 여전히 분명했다. 그래서 조선 조정은 도움을 받기 위해 청 제국에 의지했다. 즉시 투입할 수 있는 청군 장교들이 조선에 주둔하고 있다는 사실 덕분에, 훈련 목적으로 그들을 활용하는 일은 그만큼 수월해졌다.

고종은 임오군란을 진압하는 과정에서 청에게 받은 도움에 감사를 표하기 위해 천진에 대표단을 파견하면서, 청에 군사 훈련 지원 요청을 재개했다. 조선의 자강 필요성을 인정한 청은 도움을 주기로 약속했다.

性) 산, 화학실험 장비, 화기 수리 장비, 기중기, 전기 장비, 화약·총알 및 총구 마개를 만드는 원료 등 62종의 다양한 품목을 갖고 돌아왔다. 또한, 그는 화학과 수학부터 군사 전략에 이르는 53개 주제에 관한 서적들을 가져왔다. 1년 후, 천진 주재 조선공사관 주사(主事) 김명균은 상해에서 주문한 장비와 도구에 최대 1만 량을 소비했다. 조선의 구매는 변원규가 천진에 도착한 1884년까지 계속되었다. 변원규는 앞선 구매 여행으로 누적된 미지급 채무를 상환했을 뿐만 아니라, 총구 마개와 훈련용 소총, 탄알과 화약 900킬로그램 등 장비와 군수품의 추가 구매를 준비했다. 이홍장이 총리아문에 보낸 1884년 3월 19일(光緒 10.2.22) 자 공문, 『中日韓關係』, p.1348; 김정기, 『1876-1894년 청의 조선정책 연구』, p.37; 민영목이 진수당에게 보낸 1884년 2월 2일(高宗 21.1.25) 자 공문, 『淸案』, 1: p.32를 보라. 조선인들은 천진의 중국 관료들로부터 재정적 도움과 조언을 받았다. 천진기기국의 남국(南局) 총판(總辦) 왕덕균은 조선의 황산 구매를 주선하고 조선으로 운반되는 적재물의 운임보험을 지급했다. 조선의 관료와 학생들도 청의 지방 관료들로부터 정기적으로 돈을 차용했다. 심지어 무기 구매와 직접적인 관련이 없는 비용까지 차용한 때도 있었다. 청이 조선 관료들에게 대출해 준 상세한 명세는 진수당이 민영목에게 보낸 1884년 2월 18일(高宗 21.1.22) 자 공문, 『淸案』, 1: pp.29~30을 보라. 또한, 『高宗實錄』 1883년 6월 15일(高宗 20.5.11) 자 기사를 보라.

1882년에 임오군란을 진압한 직후, 원세개는 조선 관료들과 만나 각 500명으로 구성된 2개 부대를 조직하여 장비를 갖추고 훈련시키는 계획안을 타결했다.[20] 이 두 조선군 부대는 대략 5.4킬로그램에 달하는 대포 10문(門), 피바디마티니(Peabody-Martini) 소총 1000정(梃)과 넉넉한 양의 탄약과 군수품 등 청이 기증한 무기를 공급받았다.[21]

훈련은 중국의 회군이 확립한 방식에 따라 실시되었다. 조선 관료들이 각 부대에 배치되어 있었지만, 실제 훈련 지침은 중국 장교들의 관리를 받았다.[22] 1882년 11월까지 그들은 국왕 고종 앞에서 열병식을 할 만큼 충분히 자신감이 넘쳤다. 고종은 병사들이 일사불란하게 행군하고 무기를 능숙하게 다루는 모습에 감명을 받았다. 그는 이 젊은 장교가 "훈련시키는 방법을 명확하게 알고 있다."라고 말하며, 원세개에게 특별한 칭찬을 아끼지 않았다. 심지어 고종은 원세개를 500명으로 구성된 부대의 지휘관으로 놔둘 것이 아니라, 새로운 군대의 대장으로 삼자

20. 원세개는 계획안을 협의하는 과정에서 일본의 침략을 방어하기 위해 강한 조선군의 중요성을 강조했고, 제안된 개혁에 필요한 대금 지급에 보탬이 되도록 긴축재정을 요구했다. 林明德, 『袁世凱與朝鮮』, pp.29~31을 보라.

21. 이홍장이 총리아문에 보낸 1882년 10월 8일(光緖 8.8.27) 자 공문, 『中日韓關係』, p.976; 이홍장이 총리아문에 보낸 1882년 11월 12일(光緖 8.10.2) 자 공문, 『中日韓關係』, pp.1016~1017; 이홍장이 총리아문에 보낸 1883년 1월 18일(光緖 8.12.10) 자 공문, 『中日韓關係』, p.1090.

22. 원세개가 직접 한 부대를 지휘했지만, 실제 훈련은 독일에서 교육받은 경험이 있는 중국인 장교 왕득공(王得功)이 맡았다. 이 부대는 경복궁(景福宮)의 정문 근처에 있는 청군 본영의 외곽에 주둔하며 훈련을 받았다. 주선민(朱先民)의 지휘를 받은 다른 부대는 하증주(何增珠)가 훈련을 맡았으며, 서울의 동별궁(東別宮) 근처에 주둔했다. 王伯恭, 『蜷廬隨筆』, pp.9~10을 보라. [원세개가 지휘를 맡은 부대는 '신건친군좌영'(新建親軍左營), 주선민이 지휘를 맡은 부대는 '신건친군우영'(新建親軍右營)으로 불렸다]

고 요청했다. 그러나 오장경은 고종의 이 제안을 거절했다.[23]

고종은 이후 청군 장교들에게, 훈련 과정을 확대하여 전략적 요충지인 강화도에 주둔한 500명의 조선 병사들까지 지도해 줄 것을 요청했다. 1883년 1월, 강화도에 주둔한 조선군은 청군의 지휘 아래 재편되었다. 강화도의 조선군 장교들이 먼저 교련을 받기 위해 서울로 파견되었고, 강화도에 주둔한 새로운 부대의 편제(編制)는 중국인 장교들이 지도한 서울 부대의 편제를 그대로 모방했다. 그러나 강화도에 주둔한 새 부대가 받았던 훈련은 중국 회군의 방식이 아니라, 훨씬 최신이었던 영국군과 독일군의 방식이었다.[24]

새로 조직된 부대와 구식 군대 사이의 관계는 전혀 우호적이지 않았다. 오장경의 수행원이었던 주가록(周家祿)은, 중국인들에게 훈련을 받는 부대의 높은 보수에 구식 군대가 깊이 분노했다고 언급했다. 주가록은 이들의 분노가 전면적인 충돌로 번질까 우려했다.[25] 게다가 신식 부대는 민씨 일족과 다른 조선의 엘리트들 사이에서 계속해서 갈등이 표출되는 논쟁거리가 되었다. 중국인들에게 훈련을 받은 부대에 소속된

---

23. 林明德, 『袁世凱與朝鮮』, p.32; Jerome Ch'en, *Yuan Shih-k'ai*, p.9. 왕득공이 활용한 다소 거친 훈련 방법에 관한 묘사로는 王伯恭, 『蜷廬隨筆』, pp.9~10을 보라. 오장경은 원세개의 양부(養父)와 친구 사이였지만, 조선에서 원세개와 오장경 사이에는 약간의 갈등이 있었다고 한다(王伯恭, 『蜷廬隨筆』, pp.8~9).

24. 원세개는 강화도에 주둔한 조선의 군대를 점검하던 동안, 몇몇 영국의 광산 기술자들과 함께 강화도에서 광산업의 전망을 조사하던 당정추와 만났다. 원세개와 당정추는 혹시 강화도에서 시도하는 채광 작업이 이윤을 낼 수 있다고 판명되면 이윤의 일부를 현금 부족으로 고통받으며 이 섬에 주둔하고 있는 조선군의 훈련을 돕는 데 사용하기로 합의했다. 林明德, 『袁世凱與朝鮮』, pp.32~33을 보라.

25. 위의 책, p.33.

조선인 군관 중에는 애초에 일본에서 어느 정도 군사 교육을 받았던 인사들까지 포함되어 있었다. 그러나 민영익(閔泳翊)은 자신이 조선의 친군우영사(親軍右營使)가 되자, 서재필(徐載弼) 등 일본에서 교육받은 지휘관들을 어떻게든 축출하고 그 자리를 중국인 교관으로 교체해 나갔다.[26]

조선에 파견된 청의 고문단

1882년부터 1885년까지 청 제국은 군사적 조언과 훈련뿐만 아니라, 고문들을 파견하여 조선 정부를 도왔다. 중요한 직책에 외국인 고문들을 앞혀 활용하는 관행이 청 제국에게는 낯설고 새로운 일이 아니었다. 때로는 적극적으로, 때로는 어쩔 수 없이 청 제국은 많은 주요 기구, 특히 대외 무역과 대외 관계를 다루는 기구에 외국인 관료와 고문들을 고용했다. 조선 정부가 도움과 조언을 요청하자, 고문을 파견하기로 한 청의 결정은 오히려 당연한 반응이었다.

    이 기간에 활동했던 고문 중에서 가장 저명한 인사는 대청해관에 고용된 프로이센 출신의 파울 게오르크 묄렌도르프였다. 묄렌도르프는 조선해관의 설립에 중추적인 역할을 했다. 미국에서 공부하고 돌아

- 고종이 청의 군제(軍制)를 모방하여 서울과 지방에 설치한 군영을 친군영(親軍營)이라고 했다. 서울에 설치한 친군영은 친군 좌영(左營), 친군 우영(右營), 친군 전영(前營), 친군 후영(後營), 별영(別營)의 5영(營) 체제로 구성되었으며, 이들의 지휘관을 '영사'(營使)라 불렀다.

26. Deuchler, *Confucian Gentlemen and Barbarian Envoys*, pp.203~204, 281n14.

온 지 얼마 안 된 두 명의 중국 학도 당소의(唐紹儀)와 오중현(吳仲賢)도 묄렌도르프를 돕기 위해 조선에 파견되었다. 이후 미국에서 공부하고 돌아온 학생 중 적어도 4인 이상이 이들에게 합류했다. 묄렌도르프는 일본과의 관세 규정 협상, 새로운 조폐기관인 전환국(典圜局)의 설립, 기기국의 운영, 조선에 서양의 농업기술 도입, 외국어학교인 동문학(同文學)의 설립 등 다른 여러 분야에서도 맹활약했다. 묄렌도르프는 새로운 해관의 총세무사(總稅務司) 역할 이외에도, 신설된 교섭통상아문의 참판(參判)을 지냈다.[27]

외교 문제에서 묄렌도르프의 역할을 보완하기 위해 마건충의 형 마건상이 파견되었다. 그는 조선왕국이 외국 열강과의 관계를 잘 유지할 수 있도록 조언을 아끼지 않았다. 예수회의 신부이자 외교관이었던(그는 조선에 오기 전에 도쿄에서 근무했다) 마건상은 자신이 조선에 도움을 줄 수 있다는 점에 큰 희망을 품고 있었다. 과거에는 외부 세력들이 국제법에 무지한 조선의 상황을 이용해 '거만하게' 행동했다는 점을 지적한 마건상은, 자신의 조언이 앞으로는 조선이 문제를 회피하는 데 도움이 될 것이라고 장담했다. 그의 대담한 기대감은 자국의 방식대로 서양과 만날 수 있다는 청 제국의 지식과 능력에 대한 자신감을 반영하고 있다. 후일 그는 이렇게 회고했다. "내가 …… 그들(외국의 외교관들)에게 넌지시 ' …… 그대들이 할 수 있는 것은 나도 할 수 있고, 그대들이 아는 내용은 나도 알고 있다.'고 밝히고, 그런 다음 그들을 예의로 대접하고 법률

---

27. 묄렌도르프에 관한 자세한 사항은 Yur-bok Lee, *West Goes East*; Leifer, "Paul-Georg von Mollendorff and the Opening of Korea."를 보라.

로서 통제하니, 머지않아 그들은 곧 예의 바르게 행동했다."〔余 …… 暗示彼
等: " …… 君等所能, 吾亦能之; 君等所知, 吾亦知之." 然後居之以禮貌, 繩之以法律, 不久, 他們便彬彬有禮〕 그는
고종과 친밀한 관계를 구축했고, 1883년 3월에는 영향력 있는 의정부(議
政府) 내에서 높은 관직에 임명되었다.[28]

    이 고위급 고문단은 조선에서 청 제국의 권력과 영향력을 높이는 역할을 했다. 하지만 조선 측 인사들이 언제나 그들의 조언을 잘 받아들인 것은 아니었다. 마건상은 자신과 함께 일했던 조선 관료들의 표리부동과 소심함을 묘사하고, 이에 대한 불만을 터뜨렸다. 조선 관료들은 마건충이 제시한 세부 개혁안을 받고서도 좀 더 심사숙고해야 할 필요성을 거론하며, 개혁을 실행에 옮기지 않았다. 그러자 마건상은 "백 가지 계획도 실행에 옮기지 않으면 아무런 소용이 없다."〔百般計出, 都消歿於無何有之鄕了!〕라며 분통을 터뜨렸다. 마건상은 실망스러운 3개월의 시간만 보낸 후 천진에 들러 이홍장에게 보고했고, 다시는 자신을 조선으로 파견하지 말아 달라고 요청했다. 이홍장은 마건상을 소환하는 것에 동의하고, 종주국 관료들이 속방 정부의 관직에 기용되는 것은 적절하지 않았다고 밝힘으로써 자신의 결정을 설명했다.[29]

    사건들에 대한 이러한 설명은 이홍장이 직면한 매우 어려운 도전 중 하나, 즉 비공식적인 통치를 통해 청의 이익을 극대화하면서도 가차

---

28.   張若谷, 『馬相伯先生年譜』, pp. 139~140.
29.   이홍장이 마건상을 소환한 상황에 관해서는 『中日韓關係』, pp. 1140~1142; 張若谷, 『馬相伯先生年譜』, pp. 146~147을 보라; 또한, 王伯恭, 『蜷廬隨筆』, pp. 12~13을 보라.

없이 공식적인 식민화로 이어지는 훨씬 큰 책임은 회피하는 방법에 대한 고민을 보여준다. 이홍장은 마건상을 비롯해 왕백공(王伯恭)·당소의·오중현 등 여러 중국인 고문을 조선에 파견해 조선 정부에 조언하게 했을 때(그들 모두 묄렌도르프와 같은 배로 조선에 들렀다), 그들이 조선에 주둔하게 된 것은 조선 국왕의 다급한 요청 때문이라는 점을 강조하도록 분명하게 지시했다. 이는 이홍장이 조선에서 요청하지도 않은 중국 관료를 조선에 파견했다가 전통적인 불간섭 정책을 위반하게 되고, 일본의 대응까지 불러올까 두려워했기 때문이었다.[30] 그러나 청의 관료가 어떤 공식적인 지위로든 조선 정부에 임용된다는 생각은, 위계 구조의 한중 관계에서 청 제국의 우월한 위치를 위협하는 어떠한 것에도 절대 반대하는 사람들을 혼란스럽게 했다. 마건상의 소환이 중국 관료가 조선 정부에 임용되는 것에 반대한 일부 청류당 인사를 기쁘게 했을 수도 있겠지만, 한반도에서 청의 실제적인 영향력을 높이는 데는 거의 효과가 없었다.

묄렌도르프의 사례는 다른 유형의 문제를 초래했다. 이홍장은 개인적으로 프로이센 출신의 묄렌도르프를 선택했지만, 묄렌도르프와 대청해관의 총세무사(總稅務司, inspector-general) 로버트 하트(Robert Hart) 사이의 친밀한 관계를 불안하게 생각했다. 하트와 묄렌도르프의 과도한 결탁을 염려한 그의 두려움이 실현되지는 않았지만, 묄렌도르프는 청의 이익에 훨씬 더 도움이 되지 않는 위험한 인물로 드러났다. 1885년, 이홍장은 조선이 러시아와 비밀 동맹을 맺으려고 추진 중인 상황에

---

30. 王伯恭, 『蜷廬隨筆』, pp. 12~13.

서 묄렌도르프가 중추적인 역할을 맡고 있다는 사실을 알게 되었다. 묄렌도르프의 명백한 명령 위반에 격분한 이홍장은 1885년 12월에 그를 소환했다.

조선에 파견된 고문들은 여러모로 청 제국 자체의 개혁과 자강 노력을 맡은 바 있는, 그야말로 최고 중의 최고에 해당했다. 청 제국의 자강을 기획한 핵심 설계자였던 이홍장은 활용할 수 있는 최고의 인재 여럿을 활용해 조선에서 청의 영향력을 보여주고 조선의 개혁을 도우려고 했다.[31] 그는 프랑스에서 정치학과 법률을 공부하여 학위를 취득한 최초의 중국인인 마건충을 기용해 조선이 미국 등의 서구 열강과 벌인 협상을 중재하게 했다. 그는 유럽의 군사 훈련을 직접 경험한 왕득공(王得功) 같은 군관(軍官)을 파견했다. 그는 청 제국에서 가장 효율적인 관료기구인 대청해관의 직원이었던 묄렌도르프를 보내 조선에 유사한 기구를 창설하게 했다. 묄렌도르프는 미국에서 공부한 최초의 중국인 유학생 여럿으로부터 도움을 받았다. 이홍장이 거느린 북양함대(北洋艦隊)의 포함 여러 척이 자주 조선의 항구에 들렀다. 조선의 군사적 자강과 개혁을 돕기 위해 청 제국에서 가장 근대화된 조직인 천진기기국과 상해기기국(上海機器局)에서 생산한 군수품들이 조선으로 보내졌다.

31. 이홍장의 자강 조치에 대한 다양한 평가로는 Chu and Liu, *Li Hung-chang and China's Early Modernization*을 보라.
• 정식 명칭은 강남기기제조총국(江南機器制造總局)이며, 강남제조국(江南制造局), 강남제조총국(江南制造總局), 또는 상해기기국 등으로도 줄여 부른다. 양무운동(洋務運動) 기간에 창설된 중국의 근대적 공업생산기관으로서, 중국에서 가장 중요한 무기제조공장이었다.

요컨대 청 제국의 조선 정책은 청 제국 자체의 자강 노력과 밀접하게 맞물려 있었다.

상업 전쟁과 조선 내 중국인들의 상업

1883년 말, 산동 출신의 젊은 상인 공련덕(鞏連德)이 서울에 도착했다. 그는 은화 60량의 소자본만으로 서울의 시장 한 곳에 작은 상점을 개업해, 실·성냥·담뱃대·수건 등 여러 가지 잡화를 팔았다. 이 장사에 걸었던 공씨의 기대는 어쩌면 그가 상점의 이름으로 정한 '공성화호'(公盛和號)에서 분명히 드러났을지도 모르겠다. 이 상점의 이름에는 큰 번창과 성공의 의미가 담겨 있었다. 그의 기대는 상상했던 것보다 훨씬 빠르게 충족되어 기대치를 넘어섰다. 가게를 차린 지 채 두 달도 안 되어 공씨는 서울에서 금액이 1270량에 달하는 큰 건물을 살 수 있었다.[32] 공씨는 조선으로 건너와 살면서 장사하는, 나날이 급증하던 중국 상인의 일원이었다. 1882년 이후 조선에서는 상해·천진 등 도시 출신의 중국인뿐만 아니라, 광동(廣東)·절강(浙江)·강소(江蘇)·강서(江西)·호북(湖北)·호남(湖南)·직예(直隸)·안휘(安徽)·하남(河南)·산동 등지에서 온 중국인들까지 찾아볼 수 있었다.

몇몇 측면에서 공씨가 조선에서 거둔 성공은 화교(華僑)들이 아시아의 여러 지역에서 거둔 상업적 성공과 별반 다르지 않다고 볼 수 있다. 그러나 1880년대에 조선에 왔던 중국인과 동남아시아 등지로 진출한 중국인들 사이에는 몇 가지 중요한 차이가 있다. 앞선 시대에 아시아의 여러 지역에 거주한 많은 중국인과는 달리, 조선으로 건너온 중국인 체류자와 이민자들은 중국 정부, 이 경우에는 청 제국의 분명한 승인이 있었고, 심지어 격려까지 받았다. 19세기 후반 이전까지 중국 본토를 떠난 중국인들은 상거래 행위 및 서양과의 접촉으로 얼룩진 탓에 공식적으로 '탈주자', '범죄자', '잠재적 반역자'(적어도 명대까지 거슬러 올라가는 호칭) 취급을 받았다.[33] 이에 반해 조선으로 온 중국인들은 청 제국이 화교의 생명과 이익을 보호해야 할 필요성을 점점 더 공감하게 된 덕을 톡톡히 봤다. 게다가 조선으로 이주한 사람을 위한 공식적인 지원은 최상의 여건까지는 아니어도 많은 다른 지역들보다 훨씬 빠르고 강력하게 이뤄졌다.[34] 조선의 중국인들은 거의 조선에 처음 온 1880년대 초반부터 영사 대표권을 누렸다. 이는 중국인 거주민의 계속된 영사 보호 요청이 1898년에야 승인된 필리핀과는 대조적이다.[35]

32. 공씨와 그의 성공에 관한 간략한 서술은 秦裕光, 『旅韓六十年見聞錄』, p.23을 보라. 공씨의 부동산 구매에 관해서는 진수당이 김윤식에게 보낸 1885년 3월 8일(高宗 22.1.22) 자 공문, 『淸案』, 1: pp.232~233을 보라.

33. Yen, *Coolies and Mandarins*, pp.18~22.

34. 1882년에 조청상민수륙무역협정이 완료되기 전부터 《신보》를 비롯한 중국 신문들은 조선 내의 무역 전망에 대한 논의가 한창이었다. 난중 김(Nan-tsung Kim, "Neighbour as Mirror," p.56n29; 『申報』, 31.3.1882, p.2; 23.6.1882, p.1; 8.7.1882, p.1; 22.7.1882, p.1; 27.7.1882, p.1의 내용을 재인용)에 따르면, "일본이 조선 내의 교역에서 겪은 어려움에 대한 분석을 통해, 중국인은 조선 시장에서 빠르게 성공할 수 있다는 희망이 제기되었다. 위의 기사에는 일본의 무역 수지가 마이너스이고, 조선의 반일 감정과 …… 일본의 고압적인 태도가 결합됨으로써 중국 상인에게 훌륭한 출발점이 조성되었다는 점이 만족스럽게 언급되었다."

35. 이는 (적어도 1880년대에는) 필리핀에 살던 중국인들이 조선에 거주하는 중국인보다 훨씬 더 많았고, 필리핀의 각 지역 당국과 현지 주민의 손아귀에서 훨씬 더 고통받았다는 사실에도 불구하고 그렇다. Wilson, "Ambition and Identity"을 보라.

요컨대, 중국인 상인 사회가 청 제국의 노골적인 초청으로 조선에 온 셈이었다. 조선의 조약항 엘리트들의 요구에 주목한 이홍장은 조선 내 중국 상인들의 활동을 보호하고 지원하기 위해 조선에 외교적·법적·물리적 인프라의 구축을 촉진하는 데 모든 노력을 기울였다. 조선은 청 제국이 제국 자체의 경계를 넘어서서 '상전'(商戰), 즉 '상업 전쟁'을 벌인 사례였다.

진수당과 공식적인 청의 조선 진출 확립

1882년에 체결된 조청상민수륙무역협정이 제공하는 기회를 활용하는 임무가 진수당에게 주어졌다. 진수당은 1882년 중국의 상선(商船) 흥신호가 인천에 닻을 내렸을 때, 그 배를 타고 있었다. 1882년 12월에 그가 조선에 들러 벌인 활동의 정확한 성격은 분명하게 알려지지 않았다.[36] 그러나 진수당은 1883년 1월 11일에 국왕 고종과 독대(獨對)를 했고, 조선 방문을 통해 이홍장의 말처럼 "해당 국가의 지형 및 사람들의 정서에 꽤 친숙해진"(該國地勢民情亦頗淸悉)[37] 상태로 돌아왔다.

1883년 중반, 이홍장은 조선에 상무위원을 상주하게 할 것을 요청했

---

36. 조선이 당정추·진수당·묄렌도르프 등의 도착을 인지한 것에 관해서는 『高宗實錄』, 1882년 12월 14일(高宗 19.11.5) 자 기사를 보라.
37. 이부(吏部)에서 총리아문으로 보낸 1883년 8월 23일(光緖 9.7.21) 자 공문, 『中日韓關係』, p.1183; 이홍장이 총리아문에 보낸 1883년 8월 23일(光緖 9.7.21) 자 공문, 『中日韓關係』, p.1184; 이홍장이 총리아문에 보낸 1883년 9월 3일(光緖 9.8.3) 자 공문, 『中日韓關係』, p.1185.

다. 그가 조선의 상무위원으로 처음 낙점한 사람은 도쿄에 주재하던 청국공사 하여장이었지만, 그의 일본 근무는 불가피한 일로 인식되었다.[38] 이홍장은 그다음으로 진수당을 주목했다. 그는 샌프란시스코에서 총영사로 근무했었던, 촉망받는 이품함(二品銜)의 후선도대(候選道臺) 신분이었다. 광동 출신으로 미국에서 10년간 체류한 진수당은 "성실·정직하고 강직했으며, 총명하고 숙련된"(樸誠端謹. 明練老成) 인물이자, "상업 문제에 매우 정통한"(習於商務) 사람으로 평가받았다. 이홍장은 샌프란시스코의 상업이 진수당의 감독 아래 번창했으며 그 지역의 중국 상인들이 그의 노고를 괜찮게 생각한 것 같다는 점을 언급했다.[39] 이홍장은 진수당을 조선으로 보내 "교역을 관리하게" 하자고 제안했다. 따라서 그의 업무에는 조선 내 중국인의 숫자 및 중국 상인들이 달성한 연간 교역액에 관한 연례 보고서 작성, 서울 및 조약항에 중국 관료들의 관사 건설, 조선 관료들과의 협의 및 상담 등이 포함되었을 것이다. 1883년 8월 22일에 진수당을 낙점한 이홍장의 선택에 황제의 승인이 떨어졌고, 진수당은 10월 16일에 서울에 도착해 10월 20일부터 자신의 공식적인 업무를 시작했다.[40]

---

38. 譚永盛, 『朝鮮末期의 淸國商人에 關한 硏究』, p.24.
39. 이부에서 총리아문으로 보낸 1883년 8월 23일(光緖 9.7.21) 자 공문, 『中日韓關係』, p.1183; 譚永盛, 『朝鮮末期의 淸國商人에 關한 硏究』, p.25.
40. 총리아문의 1883년 8월 22일(光緖 9.7.20) 자 상주문, 『中日韓關係』, pp.1181~1183; 국사편찬위원회, 『고종시대사』, 2: p.504; 陳固亭, 『中日韓百年大事記』, p.40; 신복룡·김운경 공역, 『묄렌도르프 문서』, pp.50~51. 청 제국이 조선에 진수당이 곧 도착할 예정임을 통고하고 화물 운송에 대한 협조를 요청한 것에 관해서는 진수당이 조영하(趙寧夏)에게 보낸 1883년 9월 5일(高宗 20.8.5) 자 공문, 『淸案』, 1: pp.2~3을 보라.

진수당의 공식 직함은 그가 새로운 조청 관계의 상업적 측면에 초점을 두고 있음을 시사하지만, 그는 청의 외교관 역할도 수행했다. 그는 서울에 도착한 직후 "조선이 중국의 속방"임을 밝히는 성명서를 공표함으로써 조선에서 청 제국의 위상과 권위를 높이려고 했고, 조선이 여러 국가와 통상 관계를 개시하고 있으므로 청 제국이 "조선에게 이로운 무역협정을 반포했으며," 또 자신을 조선에 파견해 한반도 내에서 중국인의 상업을 관리하게 했다는 사실을 언급했다. 그는 적어도 서울의 사대문 중 한 곳에 이 성명서를 게시했다.[41]

진수당의 정확한 신분 문제는 그가 조선에서 상업적인 문제는 물론, 외교적인 사안에까지 개입하려고 시도하면서 자신의 직함을 공식적으로 '총판조선각구상무'(總辦朝鮮各口商務)라고 표기하면서 불거졌다. 서양 각국 공사들과 동등한 대우를 받으려는 진수당의 노력에 혼란과 당혹감을 느낀 북경 주재 영국공사 해리 파크스(그는 직전까지 도쿄에 주재하다가 북경으로 전근을 왔다)는 청 정부에 해명을 요청했다. 마지못해 나온 답변은 1884년에 진수당이 '총판조선각구교섭통상사무'(總辦朝鮮各口交涉通商事務)로 승진한 이후에도, 그의 직위(와 급료)가 총영사라는 것이었다.[42] 조선에서 영향력을 발휘하려는 진수당의 노력은 만사를 얼버무리려는 그의 천성과 결합하여 실패했다. 조선의 개혁가 김옥균(金玉均)은

---

41. Dennett, *Americans in Eastern Asia*, pp.475~476.
42. Deuchler, *Confucian Gentlemen and Barbarian Envoys*, pp.143~144. 진수당의 급료에 관한 자세한 사항은 총리아문에서 1883년 8월 22일(光緒 9.7.20)에 올린 상주문, 『中日韓關係』, pp.1181~1183을 보라.

그를 '뼈 없는 해삼'[無骨之海蔘]이라고 언급할 정도였다. 이 때문에 그를 직접 목격한 당시 사람들과 후대의 역사학자들은 진수당이 조선에서 재임하던 시기를 비효율적이고 거의 중요성이 없던 기간이었다고 평가했는데, 특히 그의 후임 원세개가 대단히 공격적인 조치와 광범위한 영향력을 발휘했던 것과 비교되었다.[43]

그러나 진수당은 조선에서 공식적인 청의 외교적·상업적 입지를 구축하고 확대하는 것에 성공했다. 이러한 입지는 공식적인 청 소유의 건물 건설, 조선의 조약항에 청의 상업을 지원하는 관료의 배치, 몇몇 조약항에 중국인 거류지에 대한 협상과 확보(다른 나라들이 중국에서 수십 년 동안 누렸던 것과 같은 조약항 특권을 청이 처음 얻은 것) 등에 의해 촉진되었다. 진수당은 조선에서 재임한 기간 내내 조선과 체결한 불평등한 통상 조약과 조선에 다자적 제국주의의 도입으로 청 제국에 부여된 특권과 기회를 십분 활용했다. 청이 조선에 진출하여 특권을 얻자, 일본인들은 저항했고 일부 조선인은 분노했다. 그러나 앞서 조선 주재 일본 공사 하나부사 요시모토가 조약이 보장했다는 특권을 확보하려고 조선에서 노력한 것과 마찬가지로, 진수당은 조선의 수도와 여러 조약항에서 굴하

- 좀 더 정확하게 말하자면, 진수당을 조롱한 이 표현은 일본 공사 다케조에 신이치로(竹添進一郎)의 통역관이었던 아사야마 겐조(淺山顯藏)가 한국어로 한 말이며, 그 자리에 동석한 김옥균이 이 내용을 『갑신일록』(甲申日錄)에 기록으로 남긴 것이다. 그러나 김옥균의 기록에서는 이 발언자의 이름을 밝히지는 않았다. 田保橋潔, 『近代日鮮關係の硏究』(朝鮮總督府中樞院, 1940), pp.927~928에서 인용.
43. '뼈 없는 해삼'이라는 별명에 관해서는 Jerome Ch'en, *Yuan Shih-k'ai*, p.10을 보라. 마르티나 도이힐러(Martina Deuchler, *Confucian Gentlemen and Barbarian Envoys*, p.144)는 진수당이 '하급 관료'였으며, 그가 "행사한 '조공 외교'는 …… 대체로 효력이 없었다."라는 결론을 내린다.

지 않고 계속해서 청의 입지를 확립하고 유지해 갔다.

1883년 진수당은 청의 초대 상무위원에 임명되어 조선으로 돌아올 때, 중국 윤선초상국의 증기선인 영청륜선(永淸輪船)를 타고 상해에서 (연대煙臺를 거쳐) 인천으로 왔다. 그가 조선에서 운용할 최초 자금인 10만 량은 상해해관에서 받은 것이었다. 분명 조선 조약항 내 중국인 공동체의 영향력 있는 인사들은 조선에 주재하는 청 관료의 규모가 확대된 것에 관심을 가지고 지지했다. 진수당이 조선에 도착하기 직전에 일부가 먼저 도착했던 진수당의 수행원들은 조선에서 청의 입지 확대에 중요한 역할을 했을 것이다.[44]

진수당은 조선에 부임한 직후, 조선의 수도에 토지를 마련하여 영구적인 중국의 공관을 건설하는 전례 없는 조치를 준비했다. 1884년 1월 초, 그는 서울의 남대문 근처에 자리한 낙동(駱洞)에 넓은 대지를 확보했다. 6개월이 넘는 공사 끝에 인상적인 공관 단지가 건설되었는데, 정문과 본관 건물은 "중국의 관청 건축 양식"에 따라, 그리고 부속 건물은 '조선 양식'으로 건설했다. 남대문까지 이어지는 대로와 공관 단지를

---

44. 譚永盛, 『조선말기의 청국상인에 관한 연구』, p.25; 이홍장이 총리아문에 보낸 1883년 10월 22일(光緖 9.9.22)자 공문, 『中日韓關係』, pp.1206~1207. 이홍장이 보낸 긴급 공문에서는 진수당의 수행단원 명단과 그들의 직무를 다음과 같이 소개했다. 수행원(隨員): 진위곤(陳爲焜), 이내영(李乃榮); 영어 통역: 진보추(陳寶秋); 비서 (書識): 진학원(陳學源), 정전갑(鄭殿甲); 사환: 왕구령(王九齡), 진사(陳仕), 방극영(方克榮), 장사(張四), 양준수(梁俊修), 두덕(杜德). 조선인 통역자는 진수당이 서울에 도착한 이후 일행에게 합류했다. 적어도 수행단원 중 이내영, 진위곤, 진보추 세 사람은 조약항의 중국영사관에서 중요한 자리를 차지할 예정이었다.

• 오늘날의 중구 회현동3가, 충무로1가, 명동2가에 걸쳐 있던 마을. 타락(駝酪, 우유)을 파는 집이 있어 과거에 타락골이라고 했으며, 한자로는 타락동(駝駱洞), 또는 타락동(駝酪洞)이라고 불리다가 줄여서 '낙동'(駱洞)이라고 했다.

연결하기 위해 추가로 토지가 구매되었다. 이 단지는 조선에서 공식적인 청의 입지를 다지는 중심지 역할을 했으며, 원세개가 조선에 체류한 시기에 상당히 확장되었다.[45]

일본인의 저항: '덕흥호 사건'

진수당은 조선에 공식적인 청의 입지를 구축하는 것 이외에 일본의 반대와도 맞서 싸워야 했다. 청은 단순히 조약에서 보장한 특권을 주장하고 있었다는 사실에도 불구하고, 조선 현지의 일본인 관료와 상인들은 조선왕국에서 자기들이 확보한 배타적 특권을 내주는 것이 내키지 않았다. 독점적이고 배타적인 일본인의 특권과 특혜라는 전통이 하룻밤 사이에 사라지지는 않았을 것이다. 일본인의 활동 거점이었던 부산보다 이런 점이 더 극명하게 나타난 곳은 없었다.

진수당이 조선에 온 직후인 1883년 10월 말, 그는 고베(神戶)를 기반으로 공흥호(公興號)라는 이름의 중국인 회사를 경영하던 황요동(黃耀東)이 두 명의 광동 출신 상인을 부산으로 보내 그곳에 상점을 개설했

---

45. 공관의 정확한 위치는 서울 남부(南部) 회현방(會賢坊) 낙동이다. 토지의 구매 및 공관의 건설 과정에 관한 진수당의 설명은 이홍장이 총리아문에 보낸 1884년 1월 2일(光緒 9.12.5) 자 공문, 『中日韓關係』, pp.1314~1315; 譚永盛, 『조선말기의 청국상인에 관한 연구』, pp.33~34를 보라. 박씨(朴氏) 성의 조선인으로부터 토지를 구매하고, 이후 유성호(俞聖浩)와 최대영(崔大榮)으로부터 추가로 토지를 사들인 계약에 관해서는 진수당이 민영목에게 보낸 1883년 11월 15일(高宗 20.10.16) 자 공문, 『淸案』, 1: pp.7~8을 보라. 민영목이 진수당에게 보낸 1883년 11월 18일(高宗 20.10.19) 자 공문, 『淸案』, 1: p.8; 진수당이 민영목에게 보낸 1884년 2월 21일(高宗 21.1.25) 자 공문, 『淸案』, 1: p.33.

다는 사실을 알았다. 이 두 광동 상인은 형제지간이었던 정익지(鄭翼之)와 정위생(鄭渭生)이었다. 이들은 다량의 식품과 다양한 서양 상품을 갖고 왔으며, 조선해관에서 일하기 위해 부산에 온 영국인 체스니 덩컨(Chesney Duncan)의 도움으로 일본인 거류지 내에 가까스로 건물 한 채의 사용을 확보했다. 정씨(鄭氏) 형제는 곧 덕흥호(德興號)라는 상호로 상점을 개업할 준비를 마쳤다. 그러나 이들의 개업 준비가 알려지자, 곧바로 부산 지역의 일본인 상인 공동체의 반대에 부딪혔다. 개점 당일 현지의 일본 상인들은 상점 건물 입구를 맴돌며 욕설과 협박을 퍼부었다. 장사를 하지 말라는, 상당히 노골적인 이들의 요구를 중국 상인들이 무시하자, 많은 일본인 군중은 문 앞에 몰려들어 입구를 막았고, 장사를 접지 않으면 건물 안 상품들을 불태우겠다고 위협했다. 상점 주인 측의 완강한 저항에 맞부딪친 군중은 결국 흩어졌지만, 이들은 덕흥호가 문을 여는 즉시 다시 모이기로 약속했다.

부산항에 청국 관료가 한 사람도 없는 상황에서 목숨의 위협까지는 아니어도 상품이 손상될까 우려한 정씨 형제는 일본 영사 마에다 겐키치(前田獻吉)에게 보호를 호소했다. 마에다는 정씨 형제와 만나기로 약속했지만, 일본인 거류지는 물론이고 부산항 역시 일본인에게만 개방된 항구라고 주장하면서 자신이 일본 상인들을 적극적으로 통제할 생각이 없음을 분명하게 밝혔다. 상인으로서 막대한 손해를 감수하는 결정이었지만, 덕흥호는 개점일을 연기할 수밖에 없었다[46]

이 사건 소식은 곧 서울은 물론, 일본까지 전해졌다. 일본에 주재하던 청국 공사 여서창은 이 사건을 중국에 보고하며, 자신이 이미 일본 외무성에 지나치게 열성적인 부산의 일본 영사를 규제해 달라고 요청했다는 사실을 언급했다. 또한, 여서창은 이 사건이 적어도 부분적으로는 조선에서 중국인과 벌일 경쟁 가능성이 높아진 것에 대한 일본인의 불안감 때문에 촉발되었고, 부분적으로는 중국에서 원했던 상업적 특권을 모두 얻을 수 없게 된 일본인의 분노 때문에 일어났다는 점을 언급했다. 그는 앞으로 있을 충돌을 피하기 위해 부산을 비롯한 조선의 개항장에 중국인 거류지를 확보하자고 제안했다.[47] 서울에 머물던 진수당도 기본적으로 같은 결론에 도달했다. 11월, 그는 묄렌도르프와 동행하여 직접 상황을 조사하기 위해 부산에 들렀다. 그는 전통적인 독점권을 주장하는 부산의 일본인들이 여전히 중국인 상점의 개점을 반대하고 있다는 사실을 알았다. 묄렌도르프와 새로 임용된 부산의 해관 직원들로부터 도움을 받은 진수당은 최근 체결된 여러 조약으로 전통적인 일본인의 특권이 폐지되었다고 주장하며 일본 영사를 설득하려고 시도했다. 또한, 그는 일본 영사에게 덕흥호가 사용할 다른 장소를 물색해줄 것과 일본 정부에 배상금을 청구할 것을 요구했다.[48]

46. 이 사건에 관한 간략한 요약으로는 신유광(秦裕光), 〈화교〉를 보라; 또한, 손정목, 『한국 개항기 도시변화 과정 연구』, p.108을 보라. 정씨 형제는 부산에 중국의 영사 대표부가 없었고 자기들에게 다른 대안도 없었다고 설명함으로써, 마에다에게 호소한 자기들의 행위를 정당화했다. 덕흥호가 입은 손실을 열거한 목록은 진수당이 김병시에게 보낸 1884년 4월 19일(高宗 21.3.24) 자 공문, 『清案』, 1: pp.73~74를 보라.

47. 여서창이 총리아문에 보낸 1883년 12월 29일(光緖 9.12.1), 『中日韓關係』, pp.1258~1260.

48. 진유광(秦裕光), 〈화교〉; 손정목, 『한국 개항기 도시변화 과정 연구』, p.108.

이 문제에 관해 청이 일본과 공식적으로 주고받은 공문은 청의 수사법과 중국 내 여러 외국 열강이 사용한 수사법 사이의 엄청난 유사성을 보여준다. 예를 들어 여서창은 다음과 같이 썼다. "부산은 개항장이다. 조선과 조약을 체결한 국가는 모두 이곳에 교역하러 올 수 있다. 그런데 어떻게 중국 상인들만 부산에서 장사하는 것이 허용되지 않을 수 있는가? 논리적으로 이런 주장은 매우 불합리하다."[釜山本通商口岸, 有約之國, 均來往來貿易, 何以中國商民反不准在彼行商, 於理殊屬不合] 이런 논조는 "세계가 이제 한 가족이 되었고, 세계의 여러 국가는 서로 교역하고 각국의 필요에 따라 서로의 자원을 교환한다."라고 한 진수당의 선언과도 맥락이 일치한다.

진수당과 묄렌도르프는 부산에 머문 동안 중국인 거류지로 지정할 만한 여러 부지를 살피고, 유력한 후보지에 대한 문건도 작성했다. 진수당은 후일 부산과 원산의 상업적 잠재력을 상부에 보고하며, 중국인의 상업을 보호·증진하기 위해 부산·원산에 청의 관료를 파견할 필요성을 역설했다. 진수당은 일본에 거주하는 중국 상인들이 홍콩·상해·조선 간의 상품 무역에 주목해 왔으며, 현재 일본 상인들이 이 무역을 장악하고 있다고 언급했다. 그는 이들 조약항에 청의 관료를 배치하면 중국

---

49. 여서창이 총리아문에 보낸 1883년 12월 29일(光緖 9.12.1) 자 공문, 『中日韓關係』, pp.1258~1259.

50. Kiernan, *British Diplomacy in China*, p.109. 진수당의 선언을 언급한 키어넌은 냉소적으로 다음과 같은 결론을 내렸다. "중국은 자국을 숭배하는 작은 조공국들 앞에서 연설할 때는 매우 근대적이고 수준 높은 것처럼 보였다."

51. 진수당이 민영목에게 보낸 1883년 12월 13일(高宗 20.11.14) 자 공문, 『淸案』, 1: pp.13~14; 진수당이 민영목에게 보낸 1884년 1월 15일(高宗 20.12.18) 자 공문, 『淸案』, 1: pp.20~21; 손정목, 『한국 개항기 도시변화 과정 연구』, p.108.

상인들이 물밀듯이 밀려들 것이라고 예언했다.[52]

남은 방법은 청 제국이 부산에 관료를 배치하여 중국인 거류지의 세부 사항을 챙기고, 향후 문제가 발생했을 때 중국 상인들의 1차 방어선 역할을 하는 것이었다. 이 일은 진위곤(陳爲焜)이 부산으로 파견된 1884년 6월에야 이뤄졌다. 진위곤은 부산 지역의 항구를 감독하는 감리(監理)와 협의해, 진수당과 묄렌도르프의 계획안을 계속 추진했다. 중국인 거류지는 일본인 거류지 근처에 있는 초량(草梁)으로 결정되었다. 이렇게 해서 일본인의 반대에 용감히 맞서 교역하기 위해 부산에 온 소

52. 여서창이 총리아문에 보낸 1883년 12월 29일(光緖 9.12.1) 자 공문, 『中日韓關係』, pp.1258~1261. 여서창은 그 사건을 다룬 자신의 보고서에 요코하마(橫濱)에서 발행되는 한 영자 신문의 번역 기사를 첨부했다. 여서창으로서는 청 제국의 조약 특권이 대단히 적극적으로 추구되고 지켜져야 한다는 자신의 주장에 영국 여론이 동의한 점이 중요했던 것 같다. 이홍장이 총리아문에 보낸 1884년 3월 29일(光緖 10.3.3) 자 공문, 『中日韓關係』, p.1349를 보라. 진수당도 조선의 조약항에서 점차 그 수가 늘어나는 일본인들과 원만한 관계를 촉진하기 위해 일본인 통역이 필요하다는 점을 지적했다. 부산 주재 일본 영사는 본국 정부의 지시가 없었다고 주장하며 중국인과의 경쟁을 계속해서 반대했다. 그는 덕흥호를 다른 장소로 옮기도록 편의를 봐주었지만, 건물주에게 임대료를 엄두도 못 낼 만큼 높은 수준으로 올리라고 지시했다. 중국이 이 사안에 대해 조선의 중재를 요청한 것은 기이할 정도로 효력이 없었다. 조선의 교섭통상아문은 처음에 곤경에 처한 이후에도 조선의 항구를 감독하는 감리 및 조선의 여러 기관 당국과 상의하지 않았다는 이유로, 중국 상인들을 책망했다. 이후 교섭통상아문은 절차에 따라 일본 관료들에게 중재·해결·배상을 요구하는 청의 입장을 전달했지만, 어떤 적극적인 역할은 하지 않았던 것 같다. 그 사건이 일어난 지 6개월이 지나도록 진수당은 아무런 효과도 없이 여전히 배상금을 요구하고 있었다. 진수당이 민영목에게 보낸 1884년 1월 15일(高宗 20.12.18) 자 공문, 『淸案』, 1: pp.22~23; 민영목이 진수당에게 보낸 1884년 1월 16일(高宗 20.12.19) 자 공문, 『淸案』, 1: p.23; 민영목이 진수당에게 보낸 1884년 1월 19일(高宗 20.12.22) 자 공문, 『淸案』, 1: pp.23~24; 진수당이 김홍집에게 보낸 1884년 2월 24일(高宗 21.1.28) 공문, 『淸案』, 1: pp.34~35; 김홍집이 진수당에게 보낸 1884년 2월 25일(高宗 21.1.29) 자 공문, 『淸案』, 1: p.35; 진수당이 김병시에게 보낸 1884년 4월 19일(高宗 21.3.24) 자 공문, 『淸案』, 1: pp.73~74를 보라.

수의 중국 상인들에 대한 약간의 보호책이 확보되었다.[53] 부산에 중국인 거류지가 마련된 것은 그곳이 중국 상업의 기회로 인식되었기 때문이기도 했지만, 그만큼 부산이 상징적으로 중요한 곳이기 때문이었다. 부산에 중국인 거류지를 확보하자는 여서창의 요구는 분명 중일 관계라는 좀 더 거시적인 맥락에서 제시되었고, 조약이 보장하는 특권을 확보하고 조선에 대한 독점적인 특권을 주장하는 일본의 요구를 무너뜨리는 과정의 일부로 간주되었다. 그럼에도 불구하고 부산에 중국인 거류지가 설립되자, 이전까지 일본인의 활동 무대였던 부산에 중국 상인들, 특히 일본에 기반을 두었던 중국 상인들의 더욱 적극적인 부산 진출이 용이해졌다.[54]

53. 진위곤의 임용에 대한 공식적인 발표는 진수당이 김병시에게 보낸 1884년 6월 7일(高宗 21.5.14) 자 공문, 『清案』, 1: pp.101~102를 보라. 중국인 거류지가 조성된 실제 날짜에 관해 약간의 견해차가 있다. 일부 학자들, 예를 들어 담영성(譚永盛, 『朝鮮末期의 淸國商人에 關한 硏究』, p.36)은 거류지가 공식적으로 조성된 것은 1887년부터였다고 주장한다. 협약의 실제 비준에 관해서는 의문의 여지가 있지만, 거류지의 경계를 정하는 표지석이 1884년 7월 4일에 세워졌던 것은 분명하다. 중국 상인들은 그 직후에 입주했다. 이후 중국과 조선 관료들 사이의 협상은 거류지 자체의 존치 여부에 관한 것이 아니라, 거류지의 편의 시설을 유지하는 책임 등 거류지 협정의 구체적인 특정 측면을 다뤘던 것 같다. 거류지 조성일에 관한 다양한 의견에 관한 상세한 논의는 손정목, 『한국 개항기 도시변화 과정 연구』, p.109를 보라. 거류지가 조성되었을 당시, 조선에는 겨우 14인의 중국 상인만 있었다. 4인은 용감무쌍한 덕흥호와 관련된 인사였고, 3인 이상이 건어물을 사고팔았으며, 나머지 7명의 업종은 알려지지 않았다. 위의 책, p.108을 보라.

54. 담영성(譚永盛, 『조선말기의 청국상인에 관한 연구』, p.17)은 1884년 하반기에 부산에 온 87인의 청국 상인 중에 27인이 부산에 잠깐 머물다가 다시 일본으로 돌아간 사실을 언급한다. 원산에서 장사를 하고 있던 중국인의 대다수가 일본에 기반을 두고 있었다. 1884년 중반에서 후반 즈음에 원산항으로 온 47인의 청국 상인들 중에서 26명이 나가사키에서 왔다.

중국인의 인천 진출 확대

덕흥호 사건이 발생하고 그로 인해 청 제국이 부산에 중국인 거류지를 조성하려고 시도했다고 해서, 진수당이 훨씬 중요한 거점으로 생각한 인천항에 초점을 맞추지 않은 것은 아니었다. 진수당은 본래 중국인의 상업을 전반적으로 감독하고, 또한 서울과 인천에서 청의 상무위원 역할을 하기 위해 조선에 파견되었다. 진수당은 곧 (적어도 말을 타고 몇 시간이 걸리는 여정인) 서울과 인천 사이의 거리 탓에 자신이 두 지역에서 중국인의 상업을 감독하기는 극히 어렵다는 점을 상부에 보고했다. 조선에 온 중국 상인의 대다수는 인천에 상륙했다. 일본인들은 이미 인천에 영사관을 설립했고, 미국도 가까운 장래에 같은 일을 할 계획을 하고 있다는 소문이 돌았다. 중국이 이들이 간 길을 그대로 모방하여 갈수록 중요해지는 이 도시에 관료를 배치하는 것은 매우 절실한 문제였다. 진수당은 자신의 수행원이자 동지(同知) 직함을 역임한 이내영(李乃榮)에게 이 자리를 맡길 것을 상부에 제안했다. 청 정부의 승인이 곧 떨어졌고, 이내영은 1884년 2월 8일에 인천에서 직무를 시작했다.[55] 진수당은 부산을 다녀온 직후, 묄렌도르프와 함께 인천으로 갔다. 그는 인천에 머무는 동안 인천항의 상업적 잠재력을 조사하고 중국인 거류지의 설립

- 명·청 시대의 관명. 지부(知府)를 보좌하는 부직(副職)으로, 부(府)마다 1~2인이 있었다.
55. 이홍장이 총리아문에 보낸 1884년 1월 2일(光緖 9.12.5) 자 공문, 『中日韓關係』, pp.1314~1316; 진수당이 민영목에게 보낸 1884년 2월 8일 자 공문, 『淸案』, 1: p.27.

계획을 작성했다.[56] 몇 개월에 걸친 이내영과 조선 당국 사이의 협상을 거쳐 인천의 중국인 거류지에 관한 협정인 인천구화상지계장정(仁川口華商地界章程)이 1884년 4월 2일에 비준되었다.[57]

협정은 중국인 거류지를 건설하는 초기 준비 과정이 조선의 책임이라고 선언했지만, 조선 정부가 신속하게 일을 진행할 자금과 기술이 부족하다는 사실이 곧 분명해졌다. 거류지 대부분은 꽤 가파른 지형에 자리하고 있었다. 거류지 건설을 더욱 신속히 처리하기 위해 500명의 청군이 서울에서 인천으로 차출되어 땅을 고르고 도로를 건설하는 업무에 투입되었다.[58] 웅정한(熊廷漢)과 제관광(諸觀光)이라는 저명한 상인 두 사람이 땅을 평평하게 다져 거류지를 마련하는 업무의 책임자로 임명되었다.[59] 이와 같은 노력에도 토지 경매가 처음 진행되기까지는 1년이 넘는 시간이 걸렸다.

그 사이 중국 상인들은 점점 많은 숫자가 인천으로 들어오고 있었

---

56. 박광성, 「인천항의 조계에 대하여」, p.293.

57. 이 협정의 전문은 『高宗實錄』, 1884년 4월 2일(高宗 21.3.7) 자 기사를 보라; 진수당이 김홍집에게 보낸 1884년 3월 4일(高宗 21.2.7) 자 공문, 『淸案』, 1: pp.35~38. 이후 진행된 이 협정의 수정안에 관해서는 김홍집이 진수당에게 보낸 1884년 3월 17일(高宗 21.2.20), 『淸案』, 1: pp.48~51을 보라. 주로 일본인 거류지 협정에서 확정된 형태를 따른 이 협정은 중국인 거류지를 인천해관과 일본인 거류지의 북서쪽에 자리한 나대지(裸垈地)에 설립할 준비를 했다. 거류지의 토지 등급은 유용성(최고 등급의 토지는 해안가에 자리한 땅)에 따라 분류되었고, 경매로 토지가 팔리면 그에 따라 세금이 부과되었다. 중국인들의 거류지가 포화 상태가 되자, 중국인들은 각국공동교류지로 선정될 것이 예상되면서도 아직 설립이 확정되지 않은 지역에서 토지를 임대하거나 건물을 지을 수 있었다. 거류지를 유지하는 비용을 충당하기 위해 특별한 지역기금이 설립되기도 했다.

58. 손정목, 『한국 개항기 도시변화 과정 연구』, p.148n58.

다. 인천항에 처음 진출한 일군의 중국 상인들은 인천해관 뒤편에 상점을 차려 놓고 인천항을 드나드는 외국 선박에 음식과 물을 제공했다. 중국 상인의 숫자는 영국산 섬유, 중국산 비단 등 여러 상품을 팔려는 상인들로 인해 곧 늘어났다. 공식적인 토지 경매도 기다리지 않은 일부 중국 상인들은 벽돌을 생산할 도요장(陶窯場)을 설립할 수 있는 허가와 벽돌 생산에 필요한 땔감을 모을 수 있도록 강화도 등 여러 곳의 조선 내지를 출입할 권리를 얻기 위한 작업에 착수했다.[60] 인천항으로 모여든, 열렬한 중국 상인들의 숫자는 1885년 8월에 첫 토지 경매가 시작되었을 때 상급과 중급의 토지 전체가 즉시 매입되고, 낮은 등급의 토지만 일부 남아 추가 경매가 시행되었다는 사실로도 짐작할 수 있다.[61] 중국인의 인천 진출은 상당한 관심을 끌었다. 조선의 신문 《한성순보》는 인천이 중국 상인들의 간판으로 가득하고 어디서나 중국 상인들의 상품더미가 쌓여 있었다고 언급했다. 그러나 중국인들이 자기들의 상품과 교역할 가치가 있

---

59. 진수당이 김병시에게 보낸 1884년 5월 3일(高宗 21.4.8) 자 공문, 『淸案』, 1: p.78. 웅정한과 제관광 두 사람은 돈으로 산 하급관직을 갖고 있던 상인으로서 중국인 거류지의 개발을 감독했을 뿐만 아니라, 병원의 설립과 공유 재산의 관리 등 여러 공공적·상업적 사안에 관한 논의에도 관여한 인물이었다.

60. 중국 상인 탕정구(湯程九), 왕익겸(王益謙), 장무태(張茂泰)가 적당한 도요장을 찾아 조선 정부의 허가를 받으려던 노력에 관해서는 진수당이 김홍집에게 보낸 1884년 3월 7일(高宗 21.2.10) 자 공문, 『淸案』, 1: p.39; 진수당이 김병시에게 보낸 1884년 4월 24일(高宗 21.3.29) 자 공문, 『淸案』, 1: p.76; 김병시가 진수당에게 보낸 1884년 4월 26일(高宗 21.4.1) 자 공문, 『淸案』, 1: p.77; 진수당이 김병시에게 보낸 1884년 5월 25일(高宗 21.5.1) 자 공문, 『淸案』, 1: p.95; 진수당이 김윤식에게 보낸 1884년 8월 10일(高宗 21.6.20) 자 공문, 『淸案』, 1: p.150; 김윤식이 진수당에게 보낸 1884년 8월 12일(高宗 21.6.22) 자 공문, 『淸案』, 1: pp.150~151을 보라.

61. 인천직할시사편찬위원회, 『인천시사』, 1: p.226; 손정목, 『한국 개항기 도시변화 과정 연구』, p.148; 박광성, 「인천항의 조계에 대하여」, p.294.

는 물건이 아무것도 없다는 사실을 알고 있었으므로, 상품의 대금은 정금(正金)으로만 치러야 했고, 많은 구매자가 이 사실에 크게 실망했다.[62]

중국 상인들의 인천 유입은 청의 외교를 담당하는 공사와 영사가 도착한 이후에는 조선 전역에 더 큰 홍수가 몰아닥칠 것임을 보여주는 전조였다. 비록 소수의 중국 상인들만 일본인의 활동 무대인 부산으로 용감히 뛰어들었지만, 훨씬 많은 숫자의 중국인들이 원산으로, 그리고 계속해서 인천과 서울로 몰려들었다.[63] 처음 도착한 사람들 대다수는 이미 일본이나 상해·홍콩 같은 유명한 중국의 수출입항에서 생활하며 장사를 한 과거의 개인적 경험을 통해 동아시아의 교역 형태와 네트워크에 익숙했다. 이 중국 상인들은 홍콩에서 고베로 이어지는 시장에 대한 정통한 지식은 물론, 조선의 조약항 대부분과 거리가 가까운 중국 해안의 지리적 접근성을 신속히 활용함으로써, 서양의 제조상품 교역을 독점하는 일본인들에게 심각한 도전장을 내밀었다. 중국 상인들은 조선에 주재하는 중국인 병사와 관료들의 수요를 맞추기 위해서도 노력했다. 여기에 전통적인 조공 무역과 변경 무역이 계속되었지만, 빠르게 성장하는 해상 무역과 비교하면 그 중요성이 계속해서 떨어졌다.

---

62. 이 신문은 현 상황을 과거의 형편과 비교하고 매일같이 일어나고 있는 변화를 관찰할 때, 모든 것은 10년 이내에 풍요롭고 번창하게 될 것이 분명하다며 낙관적으로 결론을 내렸다(《한성순보》, 1884년 1월 30일 자 기사).
63. 1884년 봄, 진수당은 대략 1000명의 중국인이 조선에서 시간을 보냈다고 보고할 수 있었다. 이들 중에는 절강·광동·산동 등지에서 온 상인들, 노동자들, 해관과 외국의 공사관을 비롯한 여러 기관에서 근무하는 조력자들이 포함되었다(이홍장이 총리아문에 보낸 1884년 3월 8일[光緖 10.2.11] 자 공문, 『中日韓關係』, pp.1337~1341).

중국인의 한성(서울) 진출 확대

진수당은 조선의 조약항에 중국인의 공식 진출을 확고히 하려고 애쓰는 동시에, 조선왕국의 수도인 한성(서울)에서 중국인의 상업적 이익을 보호하고 증진하려고 노력했다. 중국인의 한성 진출은 1882년 청군이 임오군란을 진압하기 위해 도성 안으로 진입하여 총구를 들이대며 시작되었다. 그해 말에 확정된 한중 사이의 교역 규정은 중국 상인들에게 양화진(楊花津)과 한성에 상점을 개설할 권리를 부여했다.[64] 중국이 독점한 이 특권은 1883년 말 해리 파크스와의 협상을 통한 조영 조약의 비준으로 끝이 났다. 이 시기 이후 조선과 조약을 체결한 모든 나라의 국민은 조선의 수도에 거주하며 장사를 할 수 있었다.

진수당은 1883년 10월에 서울에 공식적으로 도착한 이래, 중국인의 사업 전망을 높이기 위해 노력했다. 그가 추진한 여러 가지 활동 중에는 중국의 정크들이 한강으로 진입할 수 있는 권한을 얻고, 중국 상인들이 토지와 건물을 임대하거나 구매하려는 시도를 도우며, 광범위하고 다양한 분쟁이 벌어졌을 때 중국 상인과 조선 정부 사이를 중재하는 것이 있었다. 진수당의 노력이 항상 성공한 것은 아니었지만, 서울에서 중국인들의 상업을 증진하는 데 보탬이 되었던 것은 분명하다.

인천을 거쳐 서울로 가려는 모든 방문객이 직면한 문제는 육로로 이동하는 것이었다. 좋은 말을 탄 여행객이라면 대략 네 시간 정도

---

64. China, Imperial Maritime Customs, *Treaties, Conventions, Etc., Between China and Foreign States*, 2: p.850.

에 도착할 수 있었다. 그러나 화물이 잔뜩 있는 사람에게는 이동이 훨씬 느리게 진행되었다. 신뢰할 만한 육상 운송이 없었으므로, 서울에서 상품을 판매하려는 상인들이 치러야 할 물류비용은 상당히 상승했다. 1883년 초, 전통적인 중국의 정크를 타고 조선으로 온 몇몇 산동 출신 상인들이 이 배를 타고 계속 한강을 거슬러 올라와, 서울에서 불과 몇 킬로미터 떨어진 강변 마을인 마포(麻浦) 나루에 정박함으로써 이 문제를 피해 갔다. 한강 뱃길이 그 자체의 도전과 위험성이 없는 것은 아니었지만, 수운은 육로보다 훨씬 저렴하고 편리했다.

문제는 1884년 3월 초, 산동 출신의 상인 이명진(李明進)이 전세로 빌린 동일 규격의 정크 여러 척 중 일부가 인천해관장 스트리플링(A. B. Stripling)에 의해 인천에 억류되면서 일어났다.[65] 중국 상인들은 진수당에게 불만을 토로했고, 진수당은 교섭통상아문에 이들의 억류 이유를 문의했다.[66] 진수당은 조선이 외국 선박의 한강 진입을 불허한다는 사실을 알게 되었다. 이 일에 대해 진수당은 일련의 항의를 제기했다. 조선은 수륙무역장정이 중국 상인들에게 서울에서 장사할 권리만 허용했을 뿐이며, 그들이 서울에 도착하는 방법에 관해서는 합의된 규정이 없다고 응대했다. 이명진은 1883년에 배로 한강을 거슬러 올라왔을 때, 그런 식의 통행을 다시는 허용하지 않는다는 통보를 받았다.[67]

이 사건은 영어로 종종 '개항장'(open port)으로 번역되는, '통상구안'(通商口岸)이라는 용어의 의미에 관한 장기간의 논쟁으로 이어졌다. 게다가 중국 상인들은 믿을 수 없고 값이 비싼 조선인 짐꾼들과 함께 육상 운송을 처리하는 동안 자기들의 상품을 창고에 보관하기에는 인천의 공간이 부족하다고 불평했다. 조선의 배들 역시 마찬가지로 신뢰할 수 없고 값이 비싼 데다가, 물이 새는 추가적인 단점도 있었다.[68] 진수당은 중국 선박이 양화진과 마포로 진입하는 것을 막는 행위는 서울에서 교역의 특권을 보장한 조약을 부정하는 것과 마찬가지라는 이홍장의 불평과 주장도 조선의 교섭통상아문에 전달했다.[69]

거듭 항의하는 청의 압박 탓에 조선 정부는 결국 200톤 급 이하의 선박이 한강으로 드나드는 것을 허용했지만, 인천에 정박하여 인천해관의 검사를 받은 선박들로만 그 허가를 제한했다. 허가를 받고 서울에 진입했던 동일 선박이라도 서울을 떠나 돌아갈 때는 다시 인천해관에 보고해야 했다. 이 모든 과정에는 총 10일이 걸렸는데, 이 사실은 진수당과 조선 내 중국 상인 공동체의 처지에서 적지 않은 불만을 초래했다.[70] 서울로 향하는 중국 선박들이 모두 인천의 통관 절차를 피할 수 있도록,[71]

65. 진수당이 민영목에게 보낸 1884년 3월 12일(高宗 21.2.15) 자 공문, 『淸案』, 1: pp.42~43.
66. 진수당이 민영목에게 보낸 1884년 3월 13일(高宗 21.2.16) 자 공문, 『淸案』, 1: pp.43~44.
67. 김홍집이 진수당에게 보낸 1884년 3월 14일(高宗 21.2.17) 자 공문, 『淸案』, 1: pp.44~45.
68. 진수당이 김홍집에게 보낸 1884년 3월 24일(高宗 21.2.27) 자 공문, 『淸案』, 1: pp.58~59.
69. 진수당이 김병시에게 보낸 1884년 5월 9일(高宗 21.4.14) 자 공문, 『淸案』, 1: pp.80~81; 진수당이 김병시에게 보낸 1884년 5월 20일(高宗 21.4.25) 자 공문, 『淸案』, 1: pp.88~89; 이홍장이 총리아문에 보낸 1884년 6월 14일(光緖 10.5.24) 자 공문, 『中日韓關係』, p.1396.
70. 김병시가 진수당에게 보낸 1884년 5월 9일(高宗 21.4.14) 자 공문, 『淸案』, 1: p.82.
71. 진수당이 김병시에게 보낸 1884년 5월 10일(高宗 21.4.15) 자 공문, 『淸案』, 1: pp.82~83; 진수당이 김윤식에게 보낸 1884년 7월 25일(高宗 21.6.4) 자 공문, 『淸案』, 1: pp.142~143.

마포에 해관을 설립해 달라는 진수당의 계속된 요청은 수년간 묵살되었다. 1889년에 비로소 마포에 해관의 분국(分局)이 설립되었지만, 전반적인 업무량 저조와 일본의 압력으로 이 분국은 개설된 지 5년 만에 폐쇄되었다.[72]

진수당은 중국 상인들이 조선 내지를 돌아다니며 장사를 시작하려는 시도도 지원했다. 조청상민수륙무역장정의 제4조는 중국 상인이 조선 상품을 구매하기 위해 조선의 내지를 다닐 수 있는 권리를 부여했다.[73] 조선 내지의 여행을 원하는 사람들은 해당 지역에서 근무하는 청의 상무위원에게 허가증을 신청해야 했고, 그러면 이들 상무위원이 현지의 조선 당국과 협의하여 제한된 허가증을 발급했다. 조약항 내에서 근무하는 청의 상무위원들은 그러한 요청 대부분을 처리해야 했다. 그러나 중국인들이 공식적으로 조선 영토에 머물기 시작한 초창기에는 통행증 신청서의 상당수가 진수당의 손을 거쳐 작성되었다. 1884년, 진수당은 중국 상인들이 조선 내지(대부분은 조선 북서부)를 여행할 수 있도록 승인해달라는 신청서를 적어도 19건 제출했다. 1885년에도 비슷한 건수의 신청서가 제출되었다. 진수당의 요청은 사실상 모든 경우에 승인되었다[74]

진수당을 비롯한 중국 관료들이 조약항 내에서 중국 상인을 위한 안전한 안식처를 확보하기 위해 일하고 있었던 것과 동시에, 중국 상인들 역시 그 어느 때보다 많은 숫자가 서울로 진출하고 있었다. 진수당은 이 중국 상인들의 이익을 증진하기 위해 다각도로 노력했다. 그는 중국인의 부동산 구매를 도왔고, 분쟁 중인 채무 상환 문제나 절도 등의 사건을 중재하려고 노력했으며, 조선 백성 및 조선 정부와 생겨난 갈등에서 중국인의 이익을 적극적으로 옹호했다.

중국 상인들은 일본인을 제외하면 한성에 거주한 외국인 중 최초의 비중 있는 외국인 집단으로서, 숙박과 장사, 사회 조직 및 사회 활동을 위해 필요한 부동산과 건물을 찾아 도시 전역을 누비고 다녔다. 진수당은 열심히 노력하는 상인 개개인과 회사들을 도왔다. 그는 중국 상인들이 구매한 부동산과 건물의 법적 인가(認可)를 취득하기 위해 조선의 교섭통상아문에 그러한 노력을 보고하는 일에도 세심한 주의를 기울였다. 이들이 구매한 내역 중에는 서울의 시장 지구 중 한 곳에 위치한 작은 점포부터 중국 상인 조합의 집회 장소인 회관(會館) 건물로 마련한, 널찍한 숙박시설에 이르기까지 규모면에서 다양했다.[75]

72. 최태호,「마포해관분국(麻浦海關分局)의 설치와 혁파」. 중국인과 일본인들 사이에서 만연한 밀수 탓에 조선해관의 총세무사 헨리 메릴(Henry Merrill)은 일찍이 1886년에 이미 마포에 해관을 설립할 것을 요청하기도 했다.

73. China, Imperial Maritime Customs, *Treaties, Conventions, Etc., Between China and Foreign States*, 2: pp.850~851.

74. 조청상민수륙무역장정의 제4조에서는 조선 내지에서 외국 상품의 직접 판매도 금지했다. 그러나 조선 대부분 지역에서 화폐가 부족한 상황임을 고려할 때, 외국 상인들이 물물교환하지 않고 어떻게 조선 상품을 손에 넣을 수 있었을지는 알기 어렵다. 한 통의 서신에는 종종 여러 명의 신청자가 포함되었으므로, 정확한 통행증의 신청 및 발급 건수를 특정하기는 다소 어렵다. 신청자 명단은 일반적으로 통행증을 신청한 첫 상인의 이름 아래 나열되었다(예: 웅정한 등이 …… 까지 여행할 목적으로 통행증을 신청함). 진수당이 직접 통행증을 신청한 사례로는 진수당이 민영목에게 보낸 1884년 2월 21일(高宗 21.1.25) 자 공문,『淸案』, 1: p.32; 민영목이 진수당에게 보낸 1884년 2월 22일(高宗 21.1.26) 자 공문,『淸案』, 1: p.34; 진수당이 민영목에게 보낸 1884년 3월 11일(高宗 21.2.14) 자 공문,『淸案』, 1: p.40; 진수당이 김병시에게 보낸 1884년 4월 14일(高宗 21.3.19) 자 공문,『淸案』, 1: pp.69~70을 보라.

75. 중국인들이 서울에서 토지와 건물을 매입한 것은 1885년 이후에도 의심할 여지 없이 계속되었지만, 이처럼 부동산 거래에 대한 상세한 보고는 원세개가 청의 총리교섭통상대신(總理交涉通商大臣)에 임명되면서 끝이 났다. 원세개는 조선의 교섭통상아문에 부동산 취득을 보고하는 대신, 자신의 시대와 관련된 다른 일들을 했던 것 같다.

진수당은 중국 상인들의 불평과 주장도 조선의 교섭통상아문에 전달했다. 이들의 불평과 불만은 때때로 조선인이 중국 상인에게 진 채무를 갚지 못한 것에 초점이 맞춰져 있었다. 조선인 김윤평(金允平)과 김성범(金聖範)이 중국인 회사 복유호(福有號)에서 구매한 성냥 상자들의 대금을 치르지 않고 마을을 몰래 빠져나가려고 했던 사건처럼 범인이 알려져 신속히 체포된 몇몇 사건의 경우, 진수당은 조선 정부에 조치를 요구하여 빠른 결실을 보았다. 두 김씨에게는 배상 명령이 내려졌다(복유호에는 일부만 상환한 기록이 남아 있을 뿐이다). 그러나 많은 경우, 중국인들의 상환과 손해배상 요구는 결코 충족되지 않았다.[76]

진수당은 명백한 절도 사건에 대한 중국 상인들의 불만도 전달했다. 중국 상인과 그들이 운영하는 점포는 대체로 조선의 환경에 익숙하지 않고 종종 조선 상인이나 조선인의 점포보다 훨씬 눈에 잘 띄었으므로, 손쉽게 조선의 절도범과 강도들의 표적이 되었다. 진수당은 조선에서 재임한 동안, 최소한 17건의 주요 절도·강도 및 물품 분실 사건을 보고했다. 이러한 사건들은 조선 상품을 구매하러 조선 내지에 들어갔다가 조선의 도적 떼에게 습격당해 떠돌이 신세가 된 중국 상인들부터 인천에서 서울로 가는 도중에 타고 가던 말이 절룩거려 짐을 놔두고 도움을 청하러 갔다가 쌓아 놓은 직물이 "사라져버린" 불운한 상인까지 그 사례가 다양했다.[78]

서울 내에서 일어나는 절도 사건도 빈번했다. 진수당이 신고한 분실품 또는 도난품 목록에는 면직물·비단·소가죽·맥주·등유(燈油)·주석·성냥·은·동전꾸러미가 포함되어 있었다. 생성호(生盛號)라는 회사가 1884년 5월의 어느 날 야간에 당한 절도 사건처럼 조치를 취해 달라는 진수당의 지속적인 요청에도 불구하고, 대부분의 경우 범인은 잡힌 적이 없었다. 이 사실은 진수당이 의원(義源) 브랜드[牌]의 양포(洋布) 23필(겉에 '길성'[吉成]이라는 한자가 쓰여 있는 직물로 포장됨)과 연대(煙臺) 광무거(廣茂居)에서 생산된 오가피주(五加皮酒) 6병 등 도난당한 물품을 상세히 적은 목록까지 제시했음에도, 변함이 없었다. 조선 정부에 절도를 신고하는 일은 원세개가 진수당의 후임이 된 후 사실상 사라졌다. 이것은 아마 중국 상품의 강탈이 실제로 감소하기도 했고, 조선의 교섭통상아문에 호소해봤자 거의 효과가 없다는 사실을 중국 측이 깨달았기 때문일 것이다.[79]

76. 담영성(譚永盛), 『조선말기의 청국상이에 관한 연구』, pp.67~69. 복유호 사건에 관한 자세한 내용은 진수당이 김병시에게 보낸 1884년 5월 8일(高宗 21.4.13) 자 공문, 『淸案』, 1: 79~80; 진수당이 김병시에게 보낸 1884년 5월 16일(高宗 21.4.21) 자 공문, 『淸案』, 1: pp.85~86; 김병시가 진수당에게 보낸 1884년 5월 17일(高宗 21.4.23) 자 공문, 『淸案』, 1: pp.87~88을 보라.

77. 예를 들어, 진수당이 김윤식에게 보낸 1884년 7월 21일(高宗 21.5.29) 자 공문, 『淸案』, 1: p.138; 김윤식이 진수당에게 보낸 1884년 7월 23일(高宗 21.6.2) 자 공문, 『淸案』, 1: p.139; 김윤식이 진수당에게 보낸 1884년 8월 7일(高宗 21.6.17), 『淸案』, 1: pp.149~150을 보라.

78. 진수당이 김홍집에게 보낸 1884년 10월 17일(高宗 21.8.29) 자 공문, 『淸案』, 1: p.188을 보라.

• 청대 말기에 산동성 연대 일대에 있었을 것으로 짐작되는 주류제조회사

79. 생성호 사건에 관한 세부사항에 관해서는 진수당이 김병시에게 보낸 1884년 5월 21일(高宗 21.4.26) 자 공문, 『淸案』, 1: p.90; 김병시가 진수당에게 보낸 1884년 5월 22일(高宗 21.27) 자 공문, 『淸案』, 1: p.92; 김병시가 진수당에게 보낸 1884년 6월 10일(KJ 21.5.17) 자 공문, 『淸案』, 1: p.104; 진수당이 김병시에게 보낸 1884년 7월 9일(高宗 21.5.17), 『淸案』, 1: pp.126~127을 보라. 진수당이 조선의 교섭통상아문에 다른 사건을 신고한 사례와 이에 대한 조선 측의 답변에 관해서는 진수당이 김홍집에게 보낸 1884년 11월 6일(高宗 21.9.19) 자 공문, 『淸案』, 1: p.199; 김홍집이 진수당에게 보낸 1884년 11월 7일(高宗 21.9.20) 자 공문, 『淸案』, 1: pp.199~

진수당은 새로 창설된 조선해관과 상대하며 중국 상인들의 주장을 대변하는 일에도 적극적이었다. 1884년 4월, 그는 인천의 해관 관원들이 중국 상품에 과도한 관세를 부과하고 있다고 느낀 중국 상인들의 주장을 전달했다.[80] 같은 해 7월, 그는 인천해관의 관원들이 새로 마련된 중국인 거류지에서 제일 가까운 부두, 즉 중국인의 표현대로라면 '마두'(碼頭)에 중국인이 전세 낸 조선 선박의 정박을 막고 있다고 불평했다. 그는 중국인이 전세 낸 조선 선박들이 해관 관원의 간섭을 피할 수 있도록 깃발을 달아 통행증으로 삼는 제도의 창설을 제안했다.[81] 같은 달 부산에 거주하는 중국 상인들의 불평을 받아들인 진수당은 모든 조약항에서 조선의 교섭통상아문에 모든 조약항의 관세를 표준화하라고 압박했다.[82]

200; 진수당이 김윤식에게 보낸 1885년 1월 31일(高宗 21.12.16) 자 공문,『淸案』, 1: p.220; 진수당이 김윤식에게 보낸 1885년 2월 9일(高宗 21.12.25) 자 공문,『淸案』, 1: p.223; 김윤식이 진수당에게 보낸 1885년 2월 12일(高宗 21.12.28) 자 공문,『淸案』, 1: p.224; 진수당이 김윤식에게 보낸 1885년 3월 13일(高宗 22.1.27) 자 공문,『淸案』, 1: pp.236~237을 보라. 조선 정부가 중국인들의 상품을 훔친 도적들을 생포하지 못한 이유가 노력 부족 때문인지, 아니면 단순히 범죄를 통제하고 기소할 수 없을 만큼 매우 만연한 관료들의 무능 때문이었는지는 현시점에서 판단하기 어렵다. 이 사안에 대한 대부분의 해석에 따르면, 피해자가 조선인이었든 외국인이었든 간에 조선 당국이 어떤 종류의 범죄자든 찾아서 체포한 경우는 거의 없었다. 중국인 회사에서 도난당한 상품이 탐문을 피하고자 서울 밖으로 운송되어 내륙 지역에서 판매된 몇몇 증거가 있다. 한우근,『한국 개항기의 상업 연구』, p.113을 보라.

80. 김홍집이 진수당에게 보낸 1884년 4월 1일(高宗 21.3.6) 자 공문,『淸案』, 1: p.61; 진수당이 김병시에게 보낸 1884년 5월 20일(高宗 21.4.25) 자 공문,『淸案』, 1: pp.88~89; 김병시가 진수당에게 보낸 1884년 5월 28일(高宗 21.5.4) 자 공문,『淸案』, 1: p.97.

81. 진수당이 김윤식에게 보낸 1884년 7월 25일(高宗 21.6.4) 자 공문,『淸案』, 1: pp.142~143.

82. 진수당이 김병시에게 보낸 1884년 7월 15일(高宗 21.5*.23) 자 공문,『淸案』, 1: pp.129~130.

1885년 7월, 그는 곡물이 절실히 필요한 곳에서는 면세로 수입된다는 조건으로, 기근에 시달리는 지역에 곡물을 수입했었던 원산 거주 중국 상인들의 주장을 전달했다. 진수당은 조선 정부가 원산에서 곡물 수입에 부과하던 관세를 6개월 동안 유예한다고 했던 선언을 상기시키고, 부과된 관세의 환급을 요청하여 받았다.[83]

진수당은 서울에 상인 조합의 자치 장소인 회관의 건립도 도왔다. 1884년 5월, 초창기 중국 상인들의 모임은 이러한 목적을 위해 이경하(李景夏)라는 사람의 세 아들이 소유한 토지와 건물을 매입하는 협상을 벌였다. 삼 형제는 처음에 가족 명의의 공동지분을 매각하는 데 동의했지만, 마지막 순간에 장남 이범진(李範晉)이 심경의 변화를 일으켜 자기 지분의 매각을 거부했다.[84] 이범진의 두 동생 이범조(李範祖)와 이범대(李範大)가 합의를 지켜 각자의 지분을 매각했지만, 이런 탓에 중국 상인들은 전체 부지의 남쪽과 북쪽 구역만 소유하고 중앙 구역은 다른 사람의 소유로 남아 있어, 점유하기에는 토지 구획이 다소 불편한 상황에 맞닥뜨리게 되었다. 중국 상인들은 자기들이 소유한 부지에 쉽게 접근할 수 있도록, 부지의 남쪽 및 북쪽 구역의 문으로 연결되는 정문과 통행로를 사용할 수 있게 허용하는 조항을 계약서에 포함하자고 졸

---

83. 김홍집이 진수당에게 보낸 1884년 11월 11일(高宗 21.9.24) 자 공문, 『淸案』, 1: p.201; 진수당이 김홍집에게 보낸 1884년 11월 12일(高宗 21.9.25) 자 공문, 『淸案』, 1: p.202; 진수당이 김윤식에게 보낸 1885년 7월 7일(高宗 22.5.25) 자 공문, 『淸案』, 1: p.264; 김윤식이 진수당에게 보낸 1885년 7월 8일(高宗 22.5.26) 자 공문, 『淸案』, 1: pp.264~265.

84. 이범진은 훗날 조선 조정에서 저명한 '친러파' 인사가 되었다. 후일 그는 워싱턴과 모스크바 주재 조선대사로 근무했다.

랐다. 이 합의에 도달한 지 한 달도 채 되지 않았을 때, 이범진은 못을 박아 정문을 폐쇄함으로써 이제는 중국인이 소유한 구역으로 이어지는 길로 접근하지 못하게 막았다. 웅정한을 비롯한 중국 상인의 계속된 항의는 거부를 당했고, 중국인들의 설명에 따르자면 이범진으로부터 점점 심한 욕설까지 들었다.

웅정한은 스스로 문제를 처리하기로 마음먹었다. 그는 30여 명의 상인을 모아 이범진의 집으로 쳐들어갔다. 중국 상인들은 이범진을 구타했고 '판결'을 내리기 위해 그를 청국공사관(淸國公使館), 즉 상무공서(商務公署)로 끌고 갔다. 진수당은 상무공서에 있었지만, 그 사건에 자신이 직접 개입하지 않았다. 그는 후일 원산의 상무위원으로 근무하게 될 유가총(劉家驄)과 다른 업무차 우연히 그곳에 있던 조선 관료인 형조정랑(刑曹正郎) 신학휴(申學休)와 좌변포도청(左邊捕盜廳) 종사관(從事官) 한용철(韓用喆), 우변포도청 종사관 장우식(張禹植)에게 자기 업무를 대신하여 웅정한의 고충을 조사하게 했다. 모든 대상자를 심문한 후 이들 관료는 기본적으로 중국인에게 우호적인 판결을 내렸고, 이범진에게 '자술서'를 쓰고 서명할 것과 앞으로 '공로'(公路)를 막는 행위를 삼가겠다는 약속을 할 것을 강요했다.

이 사건으로 조선 정부에서는 진수당을 비롯한 중국인에 대한 논쟁과 비판의 불길이 일어났다. 김윤식은 은밀하게 천진해관의 도대 주복에게 이 사건에 대한 불만을 토로하는 서신을 써서 보냈다. 영국 영사 윌리엄 조지 애스턴(William George Aston)이 비난의 대열에 합류했다. 진수당은 조선 측의 비난에 대해 구체적인 사실을 두고 옥신각신했지만, 결국 웅정한을 좌천시키고 전체 사건에 대해 조선 측에 사과했다. 그러나

진수당과 조선 정부 사이의 관계는 이후 한동안 경색되었다.[85]

1884년: 갑신정변

이범진 사건으로 촉발된 불화, 중국인이 조선의 약방집 아들을 살해한 사건에 관한 《한성순보》의 보도를 둘러싼 논란(3장 참조) 및 각종 사건 탓에 조선의 각계에서 적지 않은 분노가 쏟아져 나왔다. 게다가 청이 조

---

85. 국사편찬위원회, 『고종시대사』, 2: pp.606~607; 담영성, 『조선말기의 청국상인에 관한 연구』, pp.70~71; 진수당이 김병시에게 보낸 1884년 6월 21일(高宗 21.5.28) 자 공문, 『淸案』, 1: pp.111~113; 김병시가 진수당에게 보낸 1884년 6월 22일(高宗 21.5.29) 자 공문, 『淸案』, 1: pp.113~114; 진수당이 김병시에게 보낸 1884년 6월 23일(高宗 21.5*.1) 자 공문, 『淸案』, 1: pp.114~116; 김병시가 진수당에게 보낸 1884년 6월 24일(高宗 21.5*.2) 자 공문, 『淸案』, 1: pp.116~117. 일부 조선 측 자료에서는 조선의 관료 신학휴와 한용철이 정식 사법 절차 없이 이범진에 대한 판결에 참여하는 것에 정중하게 이의를 제기했었음을 시사한다. 그러나 중국인들은 조선 관료들이 증인으로 서명한, 이범진의 '자술서'를 만들어냈다. 조선 관료들은 즉각 직위에서 해임되었고, 이범도 마찬가지였다. 몇 달 뒤에 웅정은 또 다른 조선인 이순희(李順喜)를 구타했다는 죄목으로 피소되었다. 진수당은 그 사건을 목격한 두 조선인 목격자의 증언을 깎아내리고, 서울 출신의 홍준극(洪俊極)[홍준국(洪俊國)으로도 표기됨]을 사건에 연루된, 알려지지 않은 범인으로 지목하는 데 성공했다. 진수당이 김윤식에게 보낸 1884년 8월 13일(高宗 21.6.23) 자 공문, 『淸案』, 1: p.152; 김윤식이 진수당에게 보낸 1884년 8월 15일(高宗 21.6.25) 자 공문, 『淸案』, 1: pp.153~154; 진수당이 김윤식에게 보낸 1884년 9월 18일(高宗 21.7.29) 자 공문, 『淸案』, 1: p.171; 김윤식이 진수당에게 보낸 1884년 9월 18일(高宗 21.7.29) 자 공문, 『淸案』, 1: p.172; 진수당이 김홍집에게 보낸 1884년 10월 31일(高宗 21.9.13) 자 공문, 『淸案』, 1: p.194; 진수당이 김홍집에게 보낸 1884년 11월 5일(高宗 21.9.18) 자 공문, 『淸案』, 1: p.197; 김홍집이 진수당에게 보낸 1884년 11월 6일(高宗 21.9.19) 자 공문, 『淸案』, 1: p.198; 진수당이 김홍집에게 보낸 1884년 11월 28일(高宗 21.10.11) 자 공문, 『淸案』, 1: pp.203~204; 김홍집이 진수당에게 보낸 1884년 12월 1일(高宗 21.10.15) 자 공문, 『淸案』, 1: p.208; 진수당이 조병호(趙秉鎬)에게 보낸 1885년 1월 17일(高宗 21.12.2) 자 공문, 『淸案』, 1: pp.213~214; 진수당에게 보낸 1885년 1월 18일(高宗 21.12.3) 자 공문, 『淸案』, 1: p.215; 진수당이 김윤식에게 보낸 1885년 3월 7일(高宗 22.1.21) 자 공문, 『淸案』, 1: p.230을 보라.

선군의 훈련을 장악함으로써 전반적인 조선인 군관과 관료, 그리고 특히 일본에서 공부한 조선인 군관과 관료가 희생되는 부작용이 생겨났다. 일본에서 공부한 이 집단 중에는 개혁안을 제시하여 '개화파'라는 칭호를 얻은 소수의 신진 관료들이 있었다. 청 제국은 개화파들이 조선의 군사개혁에 의미 있게 참여하도록 허용하는 것을 탐탁지 않게 생각했으므로, 이들 관료는 더욱 전반적인 좌절을 경험했다. 개혁 과제를 이행할 수 있을 만큼 높은 지위를 얻을 수 없었던 개화파들은 1884년(전통적인 육십갑자로는 갑신년) 말에 권력을 장악하려는 음모를 꾸몄다.[86]

(일본 정부의 분명한 승인은 없었지만) 조선 주재 일본공사관의 격려를 받은 정변(政變)의 주동자들, 그중에서도 특히 박영효(朴泳孝)와 김옥균은 청 제국이 전쟁 선포 없이 프랑스와 벌이는 전쟁에 몰두하여 생기는 기회를 이용하기를 바랐다. 이렇게 청의 주의가 다른 곳에 팔린 동안, 개화파들은 민씨 일파를 대거 몰아내고 일본의 지도 아래 조선을 전면적인 개혁의 길로 나아가게 하려는 계획을 세웠다.

정변을 모의한 인사들은 1884년 12월 4일에 조선의 첫 우정국(郵政局) 개관을 축하하는 낙성연(落成宴)이 개최된 동안에 거사를 실행하기로 결정했다(저명한 개화파 인사 홍영식洪英植이 우정국의 총판總辦이었다). 연회 도중 근처에서 화재가 발생했고, 그래서 연회에 참석한 인사 몇 명이 화재를 보기 위해 밖으로 달려나갔다가 정변을 모의한 사람들이 선발한 조선과 일본인 병사들로부터 공격을 받았다. 정변의 지도부는 궁궐로

---

86. 1884년의 갑신정변과 그 배경에 대한 설명으로는 Cook, *Korea's 1884 Incident*를 보라. 또한, Yŏng-ho Ch'oe, "The Kapsin Coup of 1884: A Reassessment."을 보라.

달려가 고종에게 중국인들이 서울 전역에서 쏟아져 나오고 있다고 알리고, 일본에 보호를 요청하자고 고종을 압박했다. 고종과 그의 궁정(宮廷)은 곧 일본공사관의 군대에 포위되었다. 청으로부터 훈련받은 부대의 조선인 지휘관들은 국왕을 보호하기 위해 궁궐로 오자마자 현장에서 참수되었다.[87] 다음 날 새로운 정부가 조직되었고, 청 제국과의 전통적인 유대 관계 단절을 포함한 몇 가지 개혁이 발표되었다.[88]

정변 소식을 접한 청의 무관 오조유와 문관 진수당은 뚜렷한 해답을 내놓지 못하고, 조치를 취하지 않은 채로 청 정부로부터 지시가 올 때까지 기다리려고 했다. 반면 원세개는 언젠가부터 정변이 일어날 것을 예상하고 있었고, 2주 이상 전부터 "군복과 군화를 착용한 채 잠자리에 들 것"을 전군(全軍)에 명령한 상태였다.[89] 그는 돌연 행동에 나서 청군과 조선군에게 왕궁을 포위하라고 명령했고, 직접 조선 국왕을 만나려고 시도했다. 하루 동안 팽팽한 대치가 계속된 이후 총성이 울렸고(처음 발포한 사람은 여전히 논란의 여지가 있다), 청군과 청군으로부터 훈련받은 조선군은 왕궁을 급습했다. 전투 현장에서 두려움에 떨며 이동해야 했던 오조유의 소심함과는 대조적으로, 원세개는 두려움 없이 공격적으로 전진했다. 아수라장 속에서 조선의 왕비와 세자로 책봉될 왕자는 궁궐을 빠져나와 중국군의 행관(行館)에 보호를 요청했다. 국왕 고종은 같은 특권을 받겠다고 요구했지만, 훨씬 더 절박한 심정으로 몇 시간

---

87. 『高宗實錄』 1884년 12월 4일(高宗 21.10.17) 자 기사.

88. Kim Ok-kyun, "Kapsin Reform Edict."

89. Jerome Ch'en, *Yuan Shih-k'ai*, p. 11.

동안 정변 가담자들에게 붙잡혀 있었다. 일본군은 어찌할 도리가 없을 정도로 수적으로 열세인 상황이 분명해지자, 궁궐을 나와 싸우며 인천으로 후퇴했다. 이는 1882년 임오군란이 일어났을 때 일본공사관의 군대가 도망쳤던 것과 매우 동일한 방식이었다. 일본군은 김옥균 등 개화파 인사들을 데리고 결국 일본으로 달아났다. 고종은 홍영식(洪英植)의[90] 호위를 받으며 다른 궁궐의 문으로 지나다가 그곳에서 청군 병사와 군관들을 만났다. 홍영식은 현장에서 처형됐고, 고종은 12월 10일까지 청군의 보호 아래 있었다.

일본의 지원을 받은 정변 시도가 있었다는 소식이 서울에 확산되자, "일본인에게 죽음을!"이라고 외치는 조선 군중들은 일본공사관을 비롯해 자기들이 찾을 수 있는 일본인 건물이나 일본인을 만나면 공격했다.[91] 질서는 중국과 일본에서 추가 군대가 도착한 이후에야 완전히 회복되었다. 청 제국과 일본 사이의 잠재적 갈등은 일련의 협상으로 봉합되었다. 1885년 1월 체결된 한성 조약은 반일의 광란으로 희생된 일본인에게 조선의 배상금 지급, 조선 정부의 공식적인 사과, 일본공사관의

---

90. 이들 일행은 인천으로 후퇴하는 동안 조선군과 중국군의 호위를 받았다. 푸트(Foote)가 미국 국무장관에게 보낸 1884년 12월 17일 자 공문, *KAR*, 1: p.100을 보라. 원세개는 조선 관료 어윤중·김윤식과 함께 갑신정변의 여파로 처형된 박영효 부친의 시신이 훼손되지 않도록 막는 역할도 했다(Yŏng-ho Ch'oe, "The Kapsin Coup of 1884: A Reassessment," p.115).

91. 호러스 알렌은 자신의 일기에 반일 폭력에 조선 정부가 결탁했음을 보여주는 몇 가지 증거가 있다고 썼다. 그는 한성(서울)시 재판소에서 보부상(褓負商) 조직에 보낸 〈대군주의 공고문〉의 영문 번역을 기록하고 있다. 그 내용은 다음과 같다. "중국 황제는 묵묵히 우리를 돕고 있으며, 중국 장군(원세개)은 휘하의 병사들을 소집하여 싸웠다. …… 이제 우리는 일본인 악당들을 쳐부수려는 우리의 바람을 위해 이를 악물고 자발적으로 중국군을 도와야 한다."(김원모 편, 『알렌의 일기』, p.420).

경비병을 1000명으로 증원하는 것으로 일단락되었다. 이후 이홍장과 이토 히로부미(伊藤博文) 간의 협상을 통해 체결된 천진 조약은 양국 군대의 상호 철수를 유도하고, (제삼국 출신 장교들의 조련을 통한) 조선군의 개선을 장려했으며, 일본과 청 제국 양측이 조선에 군대를 파견할 경우 상대국에 통보한다는 약속을 담고 있었다.

청 정책 입안자들의 관점에서 볼 때, 갑신정변의 해결은 의미 있는 승리처럼 보였을 것이다. 그 당시의 여타 수많은 제국주의 세력과 마찬가지로, 청 제국은 자국의 이익을 보호하기 위해 군사력에 의지해 왔다. 청군과 청군의 조련을 받은 조선군은 연합하여 조선 군주의 자주에 대한 심각한 위협과 조선 지역의 안정성에 대한 위협을 잠재웠다. 일부 청군 지휘관들이 두려워 망설였지만, 특히 원세개가 이끄는 청군은 정변에 참여한 조선인과 일본인들을 달아나게 만들 만큼 충분한 공격력과 강인함을 너끈히 보여주었다. 청 제국의 안보에 가장 심각한 위협 요소였던 일본의 동북아 팽창 정책은 이후 10년간 저지되었다.

갑신정변에 대한 성공적인 진압은 중국 국내든 해외든 막론하고 청의 자강 운동이 군사 무대에서 거둔, 극히 드문 승리를 대표한다. 조선군 자체의 발전 측면에서 볼 때, 청군의 조련과 원조는 그 단점이 무엇이었든 간에 적어도 이후 60년 동안 따라야 했던 그 어떤 것만큼이나

---

92. 『高宗實錄』 1885년 1월 9일(高宗 21.11.24) 자 기사. 이 조약에서는 메이지 정부와 조선 정부의 연호만 사용하고 청의 연호는 사용하지 않았다.

93. China, Imperial Maritime Customs, *Treaties, Conventions, Etc., Between China and Foreign States*, 2: pp.588~589, p.706.

실질적이고 효과적이었다. 그러나 묄렌도르프와 마건충의 사례는 고문의 활용이 언제나 바라던 목표를 달성하지는 않았다는 사실을 입증했다. 외국인 고문을 통해 자국의 영향력을 드러내려고 한 청 제국의 시도는 조선의 저항, 중국 내의 견해 차이, 고문 개개인의 성격과 행동 탓에 실패했다.

　조선에서 청이 진행한 군사적 개혁과 청이 파견한 고문들의 활동 사례처럼, 조선의 자강 노력을 도우려는 이홍장 같은 청 정치가들의 열망은 대체로 강한 조선이 청 제국의 안보를 개선할 것이라는 희망 때문이었다. 많은 조선 관료는 자강 개혁의 필요성에 동의했다. 물론, 그들의 주안점은 당연히 조선 자체의 안보를 보장하는 것에 있었다. 이홍장도, 대다수의 조선 관료도 공식적으로 조선을 청 제국으로 편입하려는 생각을 심각하게 받아들이지 않았다. 그러나 갑신정변의 여파로 조선이 청의 비공식적인 제국이라는 메커니즘은 조정할 필요가 있었다.

5. 원세개의 조선 '주차관' 시절

1885년 10월, 또 한 척의 중국 선박이 청 제국 및 조선의 운명과 뒤얽히게 될 승객들을 싣고 인천에 도착했다. 대원군은 중국에서 3년간의 망명 생활을 마치고 돌아왔다. 고종은 과거에 부친 대원군이 아들인 자신을 권력에서 제거하려는 적극적인 의지를 보여주었는데도, 자신의 유교적 효심을 입증하기 위해 줄기차게 부친의 송환을 요청했었다.[1] 북경 남쪽의 보정(保定)에서 가택 연금을 당한 채 속을 끓이던 대원군은 자신을 감시하는 사람들에게 자신이 심경의 변화를 겪었으므로, 앞으로는 청 제국과 협력하겠노라고 설득했다.[2] 청의 관료 이홍장이 대원군의

---

1. 고종이 대원군을 걱정하고 그의 빠른 생환(生還) 희망을 피력한 사례로는『高宗實錄』1882년 12월 14일(高宗 19.11.5), 1882년 12월 15일(高宗 19.11.6), 1884년 12월 18일(高宗 21.11.2) 자 기사를 보라.
2. 대원군은 조선이 외국인들과 관계를 개선한 것에 여전히 의구심을 품고 있었다. 그는 보정에서 자신을 감시하는 중국인들과 벌인 토론에서 왜 조선이 외부 세계와 관계를 맺으면 안 되는지에 관한 질문을 받았다. 그는 청 제국이 수십 년 동안 외국인들과 관계를 증진했지만, 그 일로 좋아진 결과는 거의 없다고 대답했다(王伯恭,『蜷廬隨筆』, p.15).

귀환을 성사시키는 데 중추적 역할을 한 것은 유가적 윤리 때문만은 아니었다. 그는 국왕의 부친인 대원군의 귀환이 조선 정부에서 점점 커지는 민비 일가의 권력을 견제할 균형추 구실을 하여 청의 이익에 유용하다는 점도 입증하기를 바랐다. 민씨 일족, 특히 민씨 일족의 비공식적 대변인 격이었던 민영익은 대원군의 귀환을 반대했지만, 고종은 그들의 항의에 귀를 기울이지 않았다. 과거의 조선 섭정 대원군은 10월 5일에 40명의 청군 병사들의 호위를 받으며 서울로 돌아왔고, 대규모 군중에게 열렬한 환영을 받았다. 민비와 민씨 가문은 1882년 벌어진 임오군란 당시에 대원군의 사주를 받아 민비를 시해하려던 사건에 연루된 3인의 관료에 대한 처형을 명령함으로써 자기들의 불쾌감을 알렸다.[3] 그런데도 대원군은 조선에 머물기 위해 돌아왔다. 그는 이후 10년간 조선의 현실과 상상 속 모두에서 벌어지는 일련의 음모와 모략에 언제나 등장하는 터줏대감이 되었다.[4]

대원군이 탄 중국 선박에 함께 승선한 사람 중에는 청이 묄렌도르프의 후임으로 조선해관의 감독관으로 임명한 헨리 메릴(Henry F. Merrill)이 있었다. 묄렌도르프의 독자적인 활동, 특히 비밀리에 러시아

---

3. 시어도어 크리치필드(Theodore Critchfield, "Queen Min's Murder," p.46)는 민비가 "더 많은 참수 장면을 참관하기로 예정되어 있었지만, 이 일은 미연에 방지되었고, 첫 번째로 참수된 죄인의 목을 거리에 효수하는 것도 새로 도착한 중국인 주차관 탓에 취소되었다."라고 언급한다.

4. 대원군의 귀환에 관해서는 Lensen, *Balance of Intrigue*, p.69; Deuchler, *Confucian Gentlemen and Barbarian Envoys*, p.216을 보라. 대원군이 음모와 관련이 있다고 주장하는 한 사례에 관해서는 黃玹, 『梅泉野錄』, p.119을 보라. 또한, 권석봉, 「청정(清廷)에 있어서의 대원군과 그의 환국(環國)」을 보라.

와 조선의 동맹을 협상하려는 그의 시도에 낙담한 이홍장 등 청의 정책 입안자들은 메릴의 업무를 신중하게 제한했다. 그는 해관 업무에만 전념하고, 정치 활동에 참여하는 것을 삼가야 했다. 그의 조선 도착은 청 제국이 조선에서 자국의 이익을 보호하고 증진하기 위해 조선 정부에 고문을 기용하게 한 결정을 상당히 무력화시켰음에도 불구하고, 이 정책을 계속 고수하겠다는 청의 의지를 보여준 것이다.

원세개는 같은 배를 타고 조선으로 돌아왔다. 이전까지 청군 장교이자 조선군의 교관으로 조선에서 복무했던 원세개는 청의 수석대표 신분으로 돌아왔다. 그는 이후 10년간 조선에서 청의 제국주의 정책을 실행하고, 경우에 따라서는 그러한 정책을 선동하는 데 핵심적인 역할을 했다. 조선이 사실상 '국가 공동체'에 진입했음에도 불구하고, 그는 조선과 청이 특별한 주종관계라는 청 제국의 주장을 열렬히 강조하곤 했다. 몇몇 곳에서 불만의 소리가 터져 나왔지만, 이 주장은 조선에 거주한 대부분의 외국 열강 세력들이 드러내놓고 동의한 것은 아니어도 암묵적으로는 인정하는 사실이었다. 게다가 원세개는 이전에는 전혀 상상하지 못했던 방법들로 조선에서 청 제국주의의 확장을 촉진하곤 했다. 이처럼 전통적인 특권을 유지하면서 새로운 권력과 특혜를 추구하(고, 동시에 조선에서 벌어진 사건에 대한 책임은 강하게 거부하)는 양면 작전은 조선이 청의 간섭을 환영하면서도 분개하고, 청의 속방이면서도 동시에 자주국이기도 한 이례적인 상황으로 이어졌다. 오직 1894~1895년에 벌어진 청일전쟁이 무력을 통해 비정상적인 조선의 지위를 세계에 어느 정도 분명히 하고, 청 제국이 조선에 도입한 다자적 제국주의 체제의 종식까지는 아니어도 청의 전통적인 종주권 종식이 시작되었음을 알렸다.

다음 세 장에서는 원세개가 조선의 주차관으로 머물던 시기에 나타난 다양한 양상을 탐구할 것이다. 무엇보다도 원세개는 조선에서 청 제국의 영향력을 확대해 육로 전신선의 가설과 조선해관 같은 핵심적 기구의 운영에서 적극적인 역할을 맡았다. 원세개는 해외에서 차관을 도입하려는 조선의 시도에 대한 청의 정책에도 영향을 끼쳤다. 그는 청이 조선에 더욱 많이 개입하여 생기는 분쟁과 책임은 회피한 반면, 조선에 대한 종주권을 유지하려는 청 제국의 노력에서는 중요한 부분을 담당했다. 마지막으로 원세개는 조선에서 '상업 전쟁'을 수행하는 것에도 적극적이었다.

'사실상의 조선 국왕'

1884년에 갑신정변이 일어난 여파로 청 제국은 새로운 유형의 관료를 조선에 도입했다. 중국 내 청류당 인사들은 이홍장이 1884년의 쿠데타 시도를 수습하는 협상 과정에서 청의 이익을 팔아먹은 것에 분노했으며, 조선에 더욱 공격적인 조치를 취할 것을 계속 요구했다. 놀랍게도 청류당 인사들의 이러한 요구에 목청을 높이며 동조한 이들은 대원군과 일본의 주요 외교관들이었다.[5] 언제나 신중했던 이홍장은 자신이 받은 제안 중 가장 공격적인 조치에 대해서는 경청을 거부했지만, 조선에

---

5. 대원군은 조선으로 송환되기 전, "'다루기 어렵고 낭비벽이 심한' 민비의 악정(惡政)이 계속되면서 나타난 이조(李朝)의 쇠락을 저지하는 수단으로서 고려 조정에 몽골인 관리자를 파견했던 선례에 따라" 조선에 청 제국의 감국대신(監國大臣)을 파견해야 한다고 주장했다(Young Ick Lew, "Yuan Shih-k'ai's Residency," pp.69~70).

청의 고위급 관리를 파견하자는 견해에 동의했다. 그가 그 자리에 발탁한 인물은 원세개였다. 이홍장은 자신이 원세개를 발탁한 이유를 다음과 같이 밝혔다.

> (원세개를) 통상위원(通商委員)으로 임명한 이유는 그 나라(조선)의 정치적 사건을 잘 살피고 보고하는 임무를 맡은 고위급 관료를 배치하려는 것입니다. …… 원세개는 두 차례나 병력을 이끌고 조선에 가서 조선 국왕을 구원했고, 여러 차례 공적을 세운 덕분에 조선의 군주와 관료 및 백성에게서 존경을 받고 있으며, 재능과 식견이 뛰어나고 명민하며 충성스럽습니다. …… 더욱이 그는 조선의 집권자인 김윤식·김병시(金炳始) 등과도 매우 막역한 사이입니다. …… 진수당이 조선에서 통상 업무를 담당했을 때, 서울에 주재한 다른 나라의 외교관들은 그의 직급이 각국의 영사와 같은 품계에 미치지 못한다고 무시했습니다. 이 때문에 그는 사교적 행사에서 적절한 예절에 따라 행동하기가 다소 어려웠습니다. 폐하께서도 다른 나라의 관례에 따라 (조선에) 총영사를 개설하여 임명하시는 것이 합당한 듯합니다.[6]
> 通商委員卽係坐探國政大員. …… 袁丞世凱兩次帶兵救護朝王, 屢立戰功, 該君臣士民深爲敬佩, 才識開展, 明敏忠亮. …… 與其執政金允植·金炳始等均莫逆之交. …… 陳樹棠充通商委員, 各使均鄙爲不得與領事同品, 平日讌會·應接, 卑亢俱難, 似宜援照俗例, 改設總領事.

---

6. Jerome Ch'en, *Yuan Shih-k'ai*, p.18.〔中國史學會 編, 『中國近代史史料叢刊: 中日戰爭(二)』(上海人民出版社, 1957), 「議駁徐孫麒條陳並派袁世凱駐朝鮮」(光緖11.7.28). 지은이는 제롬 천이 영역한 이 사료를 재인용하고 있는데, 번역에 오류가 많아 지은이의 동의 아래 옮긴이가 일정 부분 수정했다〕

결국, 원세개는 3품(品)의 '총리조선교섭통상사의'(總理朝鮮交涉通商事宜)라는 직함을 달고 1885년 10월 5일에 서울에 도착했다. 그런데 원세개가 자신의 영문 명함에 새긴 직함은 "His Imperial Chinese Majesty's Resident, Seoul"즉, '서울 주재 대청 황제의 주차관(駐箚官)'이라고 다소 다르게 되어 있었다.

원세개가 조선에서 공식적인 외교 업무를 맡았을 때, 그의 나이는 겨우 26세였다. 그러나 당시 원세개를 지켜본 한 사람에 따르면, 그는 "자신의 나이를 넘어선 성숙하고 근엄한 이미지를 보여주었다. 작은 키와 비대한 체격으로 뒤뚱거리며 걸었던 원세개는 신체적으로 인상적이지 않았다. 사람들이 주목한 것은 너무 일찍 세어버린 그의 머리칼과 거의 악마적 강렬함과 지능을 갖추고 사람의 마음속을 꿰뚫어보는 것처럼 통찰력 있는 그의 눈이었다." 또 다른 사람은 원세개가 "다소 저속한 쾌활함을 보이지만, …… 의심할 여지 없이 유능한 사람이며, 영어를 할 줄 모르는데도 통역을 통해 자신과 대화하는 사람에게 빈틈없고 지적으로 영민하다는 인상을 준다."라고 언급했다.

1859년 하남성 중부의 농가에서 태어난 원세개는 저명한 장수 원갑삼(袁甲三)의 양자였던 원보경(袁保慶)의 양자로 들어갔다. 원세개는 경전(經典) 교육과 개인 교사를 두는 혜택을 받았지만, 과거 시험을 통과할 능력(또는 의지)을 갖추지 못했던 것으로 드러났다. 세 차례의 낙방 끝에 원세개는 1880년에 오장경 장군이 지휘하는 부대에 입대하여 무관의 길을 가기로 결심했다. 오장경의 부대에서 그는 장건과 친구가 되었다. 장건은 자신의 후배 원세개가 오장경의 부대에서 빠르게 승진할 수 있도록 도왔다. 결국 원세개는 1882년에 일어난 임오군란의 진압 과정에서 중추적인 역할을 할 수 있었고, 조선군의 조련과 이후 1884년에 일어난 갑신정변의 진압에서 더욱 큰 역할을 할 수 있었다.[10]

당시 원세개를 지켜본 많은 사람은 개인적으로 그에게 깊은 인상을 받았지만, 그의 공식 직함과 조선 내 역할에 관해 우려와 의문을 품고 있었다. 원세개의 위상과 그 위상이 초래한 영향을 명확하게 규명하려는 노력은 이후 몇 년간 수많은 외국의 외교관들이 총력을 기울인 사항이었다. 당시 원세개를 지켜본 사람들과 후대의 학자들 모두의 시선에서 볼 때, 이 결정적인 시기에 그가 조선에 행사한 영향력은 마찬가지로 여러 가지 해석이 가능했다. 많은 사람은 청이 거의 전능한 권력을 행사한 것이 바로 원세개 때문이라고 생각했다. 어떤 이는 이렇게 말했다. "이홍장의 대리인이었던 원세개가 그의 상관 이홍장보다 능력이 조금 떨어지고 덜 명석했을지라도, 서울에서 그는 더 이상 상무위원이 아니라 총독(總督)의 직책과 버금가는 감국(監國)과도 같았으니, 사실상 그는 조선의 왕이었다. 그와 상의하지 않거나 그의 허가가 없이는 어떤 것도 할 수 없었다."[11] 또 어떤 사람은 다음과 같은 의견에 동의했다. "원

---

7. 위의 책, pp.18~19.

8. MacKinnon, *Power and Politics in Late Imperial China*, pp.16~17.

9. 허드(Heard)가 블레인(Blaine)에게 보낸 서신, no.12, DS, Seoul, 1890년 6월 3일자, USDD, Korea, 134/6, Lensen, *Balance of Intrigue*, p.369n4에서 재인용. 이처럼 "영민하고 지적이라는" 인상을 주기 위해 통역과 막료들이 한 역할이 간과되어서는 안 된다. 조선에서 원세개의 막료(幕僚)로 근무했던 왕백공(王伯恭, 『蜷廬隨筆』, pp.12~13)은 원세개가 난처한 상황에 처하지 않도록 자신이 종종 그의 우스꽝스러운 실수를 바로잡았다고 기록하고 있다.

10. 원세개의 전기로는 Jerome Ch'en, *Yuan Shih-k'ai*; 侯宜傑, 『袁世凱全傳』을 보라.

11. J. H. Longford, *The Story of Korea*, p.327; Jerome Ch'en, *Yuan Shih-k'ai*, p.19에서 재인용.

세개는 어린 나이였지만, '외교적 음모와 허세의 명수'였고, 중국의 효율적인 조선 지배 상황을 교묘하게 회복했다."[12] 제롬 천(Jerome Ch'en, 陳志讓)은 자신이 저술한 원세개의 전기에서 다음과 같은 결론을 내린다. "조선에서 분투한 젊은이로서 원세개는 권좌의 직책을 잘 이행했다."[13]

그러나 조선 내에서는 원세개의 행태를 비판하는 목소리가 높았다. 조선 국왕의 미국인 고문 오언 데니는 원세개의 행동에 대해 "그의 옹졸한 책략·범죄·불의·잔혹성에 관해 말하자면, 국제간의 교류 역사상 이제껏 그에 필적할 만한 사람이 거의 없었다."[14]라고 그다지 호의적이지 않게 묘사했다. 학자들도 원세개가 조선의 주차관으로 재직한 시기를 "원세개의 10년"[15]이라고 불렀고, "조선 계몽운동의 암흑시대"[16]였다는 결론을 내릴 정도로 그의 조선 내 영향력을 강조했다. 원세개는 이 모든 묘사에 해당하는 인물이자, 때로는 이보다 더한 측면도 덜한 측면도 갖춘 사람이었다.

자강의 쇠락

원세개가 청의 의례적 종주권을 높이고 청의 비공식적인 제국주의 통치를 공고히 하려고 노력하자, 조선의 자강 노력, 특히 군사 방면의 자

---

12. J. O. P. Bland, *Li Hung-chang*, p.169; Lensen, *Balance of Intrigue*, pp.69~70에서 재인용.
13. Jerome Ch'en, *Yuan Shih-k'ai*, p.206.
14. Denny, *China and Korea*, p.32.
15. Chandra, *Imperialism, Resistance, and Reform in Late Nineteenth-Century Korea*, p.52.
16. Eckert et al., *Korea Old and New*, p.213.

강을 지원하려는 청의 시도는 줄어들었다. 청군과 청군의 조련을 받은 조선군이 1884년에 갑신정변의 진압에 성공한 사건은 조선에 자강을 이식하려고 한 이홍장의 노력이 빛을 발한 성공의 신호탄이었다. 그러나 이홍장은 전투에 이기고서도 전쟁에서는 졌다. 이홍장은 갑신정변 이후 청과 일본의 다양한 주장과 요구를 해결하기 위해, 천진 조약을 통해 청군과 일본군이 조선에서 공동으로 철수하기로 합의했다. 또한, 청 제국과 일본의 메이지 정부는 조선이 제삼국으로부터 군사교관을 구하도록 권유하기로 합의했다.[17] 이홍장은 이 조치에 약간의 거부감을 표현했지만, 결국 이를 묵인했다.[18] 고종이 미국에 도움을 요청했지만, 미국의 반응은 미온적일 뿐이었다. 조선의 공식적인 군사교관 파견 요청서는 미국 국무부에서 1년 넘게 엉뚱한 곳에 방치되었다고 하는데, 이 일이 부분적인 원인이 되어 수년간의 지연 끝에 알코올 중독자인 한 전직 남부 연합군 장교가 전투 경험이 현실을 훨씬 뛰어넘었다고 주장하는 두 명의 다른 '장교'를 대동하고 조선으로 왔다. 그들은 자기들의 무능을 입증하는 데만 성공했고, 조선 조정은 이제는 원치 않는 미국인과의 계약에서 벗어나기 위한 지난(至難)한 과정에 신속하게 착수했다. 청 제국은 군대를 개혁하고 강화하려는 조선의 활동에서 다시는 중요

---

17. China, Imperial Maritime Customs, *Treaties, Conventions, Etc., Between China and Foreign States*, 2: pp.588~589, p.706.

18. 이토 히로부미는 청군과 일본군이 철수한 이후에도 20인의 청군 교관을 조선에 남기겠다는 이홍장의 제안을 거부했다. 이와 유사한 제안은 나중에도 다시 나왔지만, 조선 국왕 고종의 반대와 이홍장의 계획을 저지하려는 국제적 압력 탓에 무산되었다. Chien, *The Opening of Korea*, p.181, 185를 보라.

한 역할을 할 수 없었다. 어쩌면 조선군이 더는 승리한 전투에 참여하지 못한 것이 전적으로 우연의 일치만은 아닐지도 모른다.[19]

구체적인 성과는 거의 없었지만, 조선의 자강과 근대화 계획에 대한 청의 다른 지원 방안은 계속되었다. 이따금 조선 측 인사들은 무기류와 산업 장비를 공부하거나 구매하기 위해 계속 중국을 들렀다. 예를 들어 최석영(崔錫永)은 1888년에 연대와 상해를 여행하기도 했다.[20] 또 다른 조선인 탕보신(湯輔臣)은 자기(瓷器) 제조기술을 배우기 위해 적어도 네 사람을 데리고 강서(江西) 지역으로 갔다. 외부인들이 자신들의 비밀을 훔치려 한다고 격분한 중국의 지방 관료들은 조선인 일행을 체포했고, 조선인 일행은 제대로 된 증빙서류도 없이 중국을 여행하고 있는 것으로 드러났다. 한 차례 분주한 외교문서가 오가고 나서 조선의 관료와 조선에 주재한 청의 관료들 모두 이들의 여행을 승인했다는 사실이 밝혀졌지만, 탕보신이 지방 당국에 의해 처벌을 받은 후 그와 일행이 고국으로 돌아올 때까지 공식적인 허가증은 강서성에 도달하지 않았다. 그들이 어떤 실용적인 기술을 배웠는지는 알려지지 않았다.[21]

19. Bishop, "Shared Failure." 조선군은 1890년대 초반에 일어난 동학란을 진압할 수 없었고, 조선에서 점차 커지는 일본의 힘도 제압할 수 없었음이 입증되었다.
20. 조병식(趙秉式)이 원세개에게 보낸 1888년 8월 11일(高宗 25.7.4) 자 공문, 『淸案』, 1: pp.475~476; 원세개가 조병식에게 보낸 1888년 9월 1일(高宗 25.7.25) 자 공문, 『淸案』, 1: pp.480~481; 원세개가 조병직(趙秉稷)에게 보낸 1888년 10월 23일(高宗 25.9.19) 자 공문, 『淸案』, 1: p.488; 조병직이 원세개에게 보낸 1888년 10월 25일(高宗 25.9.21) 자 공문, 『淸案』, 1: p.489; 원세개가 조병직에게 보낸 1888년 10월 29일(高宗 25.9.25) 자 공문, 『淸案』, 1: pp.490~491; 조병직이 원세개에게 보낸 1888년 11월 6일(高宗 25.10.3) 자 공문, 『淸案』, 1: p.492; 조병직이 원세개에게 보낸 1888년 12월 19일(高宗 25.11.17) 자 공문, 『淸案』, 1: p.505; 원세개가 조병직에게 보낸 1888년 12월 22일(高宗 25.11.19) 자 공문, 『淸案』, 1: p.506.

중국인 고문들은 다양한 조선의 산업과 정부의 사업, 특히 양잠업과 직물 공업 분야에서 계속 도움을 주었다. 그러나 다른 나라 출신의 외국인 고문들에게 흔히 그랬던 것처럼, 급여 지급은 있다 한들 불규칙했고, 보수와 숙소에 대한 불만이 좀처럼 반영되지 않았다.[22] 중국어 강사와 통역들도 비슷한 고충과 우려를 표명했다.[23]

청이 고용한 또 다른 고문 집단이 조선에서 더욱 큰 역할을 했다. 위에서 언급한 것처럼, 이홍장은 묄렌도르프의 후임으로 미국인 헨리 메릴을 조선해관의 수장으로 임명했다. 묄렌도르프가 맡았던 국내 자

21. 김홍집이 진수당에게 보낸 1884년 11월 5일(高宗 21.9.18) 자 공문, 『清案』, 1: p.197; 진수당이 김홍집에게 보낸 1884년 11월 6일(高宗 21.9.19) 자 공문, 『清案』, 1: p.198; 진수당이 조병호에게 보낸 1885년 1월 15일(高宗 21.11.30) 자 공문, 『清案』, 1: pp.212~213; 진수당이 김윤식에게 보낸 1885년 2월 13일(高宗 21.12.7) 자 공문, 『清案』, 1: pp.224~227.

22. 중국의 양잠업 전문가 장춘무(張春茂)·장보충(張寶忠)이 받아야 할 급료 요청에 관해서는 원세개가 서상우(徐相雨)에게 보낸 1886년 8월 23일(高宗 23.7.24) 자 공문, 『清案』, 1: p.313; 원세개가 민종묵(閔種默)에게 보낸 1889년 10월 23일(高宗 26.9.29) 자 공문, 『清案』, 1: pp.620~621; 민종묵이 원세개에게 보낸 1889년 11월 10일(高宗 26.10.18) 자 공문, 『清案』, 1: pp.629~630을 보라. 중국인 직물 고문의 숙박에 관한 불만사항은 진수당이 김윤식에게 보낸 1885년 7월 12일(高宗 22.6.1) 자 공문, 『清案』, 1: pp.265~266을 보라. 적어도 한 명의 중국인 노동자는, 그가 본국으로 돌아가는 것을 허용해 달라고 요청한 1891년까지 조선의 직조국(織造局)과 연관이 있었다. 민종묵이 당소의에게 보낸 1891년 11월 23일(高宗 28.10.22) 자 공문, 『清案』, 2: pp.74~75; 당소의가 민종묵에게 보낸 1891년 12월 3일(高宗 28.11.3) 자 공문, 『清案』, 2: p.76을 보라.

23. 민종묵이 사이숭(査以嵩)에게 보낸 1892년 9월 30일(高宗 29.8.10) 자 공문, 『清案』, 2: 131; 사이숭이 민종묵에게 보낸 1890년 9월 30일(高宗 29.8.10) 자 공문, 『清案』, 2: p.131; 사이숭이 남정철(南廷哲)에게 보낸 1893년 6월 16일(高宗 30.5.3) 자 공문, 『清案』, 2: pp.203~204; 조병식(趙秉式)이 허태신(許台身)에게 보낸 1904년 3월 24일(光武 8.3.24) 자 공문, 『清案』, 2: p.679; 허태신이 조병식에게 보낸 1904년 3월 29일(光武 8.3.29) 자 공문, 『清案』, 2: p.681.

문역은 청이 제안한 또 다른 미국인인 오리건주 출신의 '판사' 오언 데니가 맡았다. 비록 두 사람이 언제나 이홍장 그리고 특히 원세개가 기대했던 방식대로 행동한 것은 아니었지만, 모두 조선의 정치와 정부에서 중요한 역할을 했다. 데니는 강경하고 완강하게 원세개와 대립한 인물이 되었고, 직접 저술한 선동적인 책자 『중국과 조선』(*China and Korea*)에서 공개적으로 원세개의 해임을 촉구했다. 메릴은 저자세의 태도를 보였지만, 조선해관의 운영을 발전시키고 증진하려는 그의 노력은 조선에서 청의 특권을 유지하려는 원세개의 주장과 종종 마찰을 빚었다.

대체로 조선의 자강 개혁을 고취하고 증진하려는 청의 노력은 1885년 이후 약간의 성공을 거두었다고 한들, 거의 재미를 보지 못했다. 극히 어려운 조선의 지정학적 환경에서 어느 정도의 근대적 개혁이 조선을 해방시킬 수 있었는지는 전혀 분명하지 않다. 어떤 경우든 자강의 점진적인 소멸은 조선에서 향후 청의 제국주의가 전개되는 과정에 영향을 미쳤을 것이다.

이후 수년 동안 청 제국은 이해관계와 책임은 최소화하면서도 자국 이익의 극대화를 추구하는, 다른 제국주의자들이 사용하는 전략과 완전히 다르지는 않은 전략들의 결합을 통해, 조선의 안보 및 조선에 대

---

24. 데니는 1860년대에 오리건주 와스코 카운티(Wasco county)에서 판사로 근무했고, 1870년에 오리건주 포틀랜드(Portland)에서 즉결재판소의 판사로 선출되었다. 이후 데니는 "친구와 정적 모두"에게 "판사"로 알려졌다(Swartout, *Mandarins, Gunboats, and Power Politics*, pp.1~2).

• 이 책자는 국내에 『청한론』(淸韓論)이라는 제목으로 소개되었다.

25. Denny, *China and Korea*. 데니에 관한 자세한 사항은 Swartout, *Mandarins, Gunboats, and Power Politics*를 보라.

한 청의 특권적 지위를 유지하려고 노력했다. 청군은 사라졌지만, 이홍장이 거느린 북양함대 소속의 포함들은 조선의 조약항을 빈번하게 들렀다.[26] 더욱 중요한 것은 청 제국이 육로 전신선을 통해 조선을 전 세계 통신네트워크에 연결하는 데 앞장섰다는 사실이다. 청 제국은 조선해관의 운영 측면에서도 복잡하고 다소 모호한 역할을 했다. 마지막으로 청 제국은 해외에서 차관을 도입하려는 조선의 시도에 대해 강한 영향력을 행사했다.

비공식 제국의 힘: 전신선의 구축과 통제

청 제국의 관료들이 갑신정변이 벌어진 사실을 아는 데 여러 날이 걸렸다는 사실은 중국과 조선 사이의 통신 수단을 개선할 필요성을 부각시켰다. 19세기 중반부터 제국주의 열강들은 전신의 잠재력을 빠르게 인식했고, 당시까지 상상할 수 없을 만큼 빠르게 전 세계를 연결하는 통신수단으로 활용했다. 전신 케이블을 "새로운 제국주의의 필수 요소"로 묘사한 대니얼 헤드릭(Daniel Headrick)은 이 신기술의 다면적인 사용법을 다음과 같이 언급한다. "평화의 시대에 전신 케이블은 제국주의 국가들과 전 세계에 분포한 이들의 식민지를 연결하는, 계속 증가하는 사업 소통의 생명선이었다. 위기의 시대에 전신 케이블은 소중한 외교의 도

---

26. 그러나 이홍장은 조선의 조약항에서 필요한 업무를 위해 자기 함대에서 가장 낡고 노후한 포함을 종종 파견했다. 김정기, 『1876-1894년 청의 조선정책 연구』, p.131n을 보라.

구였다. …… 그리고 전쟁의 시대에 전신 케이블은 안보 그 자체였다."[27]

　일본은 1883년에 나가사키에서 부산까지 해저 케이블을 부설할 수 있는 허가권을 조선으로부터 확보했지만, 조선의 수도를 비롯한 한반도의 다른 지역은 상대적으로 외부 세계와 단절된 상태로 남아 있었다. 소식은 증기선이나 육로의 파발꾼을 통해 서울에서 부산으로 전해졌고, 케이블을 통해 부산에서 나가사키로, 그리고 일본의 케이블을 통해 나가사키에서 전 세계 다른 지역까지 전해졌다. 일련의 사건들로 청 제국이 한반도와 좀 더 긴밀한 의사소통을 할 필요가 있다는 점은 점차 명확해졌다.

　일본 나가사키와 부산 사이에 전신 케이블이 부설된 이후, 일본 주재 청국 공사 여서창은 일본이 조선에서 통신을 독점할 위험성을 경고했다. 1884년 12월에 갑신정변이 일어난 이후, 오대징은 자신이 작성해 올린 「주판조선선후사의」(籌辦朝鮮善後事宜)에서 여순(旅順)부터 서울까지 육상 전신선을 가설할 것을 요청했다.[28] 약삭빠른 일본 전신국(電信局) 관료들은 경쟁 상대인 중국의 전신선이 끼칠 영향을 간파했지만, 부산에서 서울과 인천까지 일본이 전신선을 가설하자는 이들의 제안은 당시 매우 신중한 일본 정부에 의해 묵살되었다.[29] 한편 이홍장은 일본의 영향력에 대응하고 전통적인 역마(驛馬) 체제의 비효율성과 낭비를 줄이기 위해 전신선이 필요하다는 점을 인식했다. 이에 동의한 고종은 청

27.　Headrick, *Tools of Empire*, pp. 163~164.
28.　林明德, 『袁世凱與朝鮮』, p. 227.
29.　이선근, 『한국사 : 최근세편』, pp. 888~889.

관료들과 상의한 끝에 1885년 5월에 전신선의 가설에 청의 도움을 요청하는 공식 서한을 보냈다.[30]

일단 조선의 공식적인 요청이 이뤄지자, 의주전선합동(義州電線合同)이 빠르게 작성되어 체결되었다. 이 협정은 청이 전신선의 가설을 감독하고 은 10만 량의 무이자 대출을 제공하여 이 사업의 재원을 마련하도록 규정했다. 조선은 적어도 25년 동안 다른 나라에 전신선의 통제권을 이양하지 않아야 하고, 기존의 전신선을 확장하거나 새로운 전신선을 가설하기에 앞서 청의 허가를 받아야 했다.[31] 이 사업 때문에 토지와 목재를 압수당했다는 현지 주민의 항의에도 불구하고, 공사는 빠른 속도로 진행되었다. 인천-서울 사이의 전신선 가설은 1885년 9월에 완공되었고, 10월에는 평양에 전보분국(傳報分局)이 개설되었으며, 국경 도시인 의주(義州)까지 이어지는 전신선이 11월 말에 가설되었다. 이처럼 조선과 외부 세계가 연결된 것은 어떤 의미에서는 조선의 유구한 역사상 유례가 없었던 일이다.[32] 얼마간의 지연 후, 조선의 전신망은 서울

30. 이양자, 『청의 대조선 경제정책과 원세개』, p.134; 林明德, 『袁世凱與朝鮮』, p.228. 고종은 그런 근대적인 시설을 시골 지역에 도입함으로써 일어날 수 있는 잠재적 혼란에 관한 우려를 표명하고 해저 케이블이 더 낫지 않은지 궁금하게 생각했다. 일본의 전신국 관료들도 의혹을 품은 농민들 탓에 육상으로 가설된 전신선에 생길 수 있는 잠재적 장애물을 언급했다. 이홍장은 육상 전신선이 관리하기 쉽고 가설 비용이 싸며, 중국이 해상 케이블을 설치한 경험도 없다고 대답했다. 이홍장이 육상 전신선을 권장한 것에는 숨은 동기가 있었던 것 같다. 일본 측이 부산-나가사키 사이의 해저 케이블 협정으로 일본이 모든 미래의 전신선 가설에 대한 독점권을 확보한 것이라고 주장하며 한중 전신 협정에 항의했을 때, 중국은 김윤식으로부터 한일 간의 협정이 해저 케이블에만 적용된다는 점을 통보받은 상태였다. Chien, *The Opening of Korea*, pp.193~194를 보라.

31. 협정의 전문은 『高宗實錄』 1885년 7월 17일(高宗 22.6.6) 자 기사를 보라.

32. 김정기, 『1876-1894년 청의 조선정책 연구』, p.139.

과 부산을 잇는 전신선(1888)과 서울과 원산을 잇는 전신선(1891)으로 확대되었다.

조선의 육상 전신선을 가설하고 통제하려는 청의 노력은 일본과 러시아 양국의 저항과 도전에 부딪혔다. 일본 관료들은 부산-나가사키 간의 해저 케이블 설치에 관한 조약의 조항을 인용하며 일본이 25년간 조선에서 전신선을 가설할 수 있는 독점권을 받았다고 주장했고, 자기들이 계약 위반으로 간주한 사항에 대한 보상으로 배상금과 혜택을 요구했다. 청과 조선의 관료들은 해저 케이블과 육상의 전신선을 구별함으로써 일본의 최초 주장을 회피했다. 일부 조선 관료들은 서울에서 부산까지 전신선을 가설할 권리를 주장하는 일본인의 요구를 선뜻 받아들이려고 했지만, 원세개와 부산 주재 청의 상무위원 담경요(譚庚堯)는 조선 관료들, 특히 김윤식에게 서울-부산 간의 전신선이 제삼자의 손아귀에 들어가지 않게 하는 것이 최상이라는 점을 이해시키려고 애썼다. 일부 관료는 서울과 원산, 그리고 잠재적으로는 원산보다 더 북쪽 지점까지 연결하는 전신선의 가설이 러시아의 조선 진출 가능성을 높이는 전조일 뿐이라고 두려워했다. 이러한 가능성을 철저히 경계해야 한다는 이홍장의 충고를 들은 원세개는 청이 원산의 전신선 통제를 확보하기 위해 거듭 의주전선합동을 들먹였다.[33]

전신선이 가설된 후, 일본 관료들은 자기들이 불공평한 요금이라고 생각한 것을 빠르게 항의했다. 그들은 인천-서울-의주를 연결하는 전신선의 요금이 서울-부산을 연결하는 전신선의 요금보다 훨씬 저렴하

---

33. 林明德, 『袁世凱與朝鮮』, pp. 233~234.

다고 언급하며, 특별대우가 아니라면 동등한 요금을 적용할 것을 요구했다. 성패가 달린 것은 사실상 조선의 수도와 중국·일본을 넘어선 외부 세계 사이의 모든 통신에서 거두는 수익이었다. 중국과 일본 모두 점점 성장하는 전 세계적인 통신네트워크에 연결되었으므로, 외국인과 조선인들 모두 전신을 전송할 때 자연스럽게 좀 더 저렴한 경로를 선택했다. 조선에 가설된 전신선의 남쪽 일대 통제권을 차지하려는 일본의 장기 계획도 성패가 달려 있었다. 따라서 일본은 인천-서울 간의 전신선이 서울-부산 간의 전신선과 합병되어야 한다고 요구한다. 일본 관료들은 조선과의 직접 협상을 통해 그 문제를 해결하려고 했다. 그러나 청의 총판조선전국위원(總辦朝鮮電局委員)이었던 진동서(陳同書)는 이미 "서울에서 부산까지 연결하는 전신선은 조선의 전신선이며, 인천에서 의주까지 연결하는 전신선은 중국의 전신선이다."(自漢至釜爲朝鮮電線, 自仁至義爲中國電線)라고 확고하게 선언한 상태였다. 따라서 중국은 일본의 요구를 받아들일 아무런 이유가 없었다.[34] 결국 조선과 일본의 협상은 수익의 차액을 보전해 주기 위해 매달 5000냥씩 적립한 기금으로 비중국인 관료들이 반값에 전신을 이용할 수 있도록 하는 합의(청 관료는 이미 무료로 전신을 이용하고 있었다)만 도출되었다. 이러한 양보를 제외하면, 청 제국과 조선은 일본의 요구에도 굴하지 않고 굳건히 버티고 있었다.[35]

청 관료들의 눈에도 마찬가지로 골칫거리였던 것은 전신선에 대해 더욱더 많은 주도권을 잡으려는 조선의 요구였다. 원세개는 서울-부산

34. 위의 책, pp.231~232.
35. 위의 책, p.232; 이양자, 『청의 대조선 경제정책과 원세개』, p.141.

의 전신선에 대한 조선의 불안을 달래기 위해 조선 정부가 전신선을 따라 설치된 각 지역 분국(分局)에 견습공과 경비원을 파견하는 것을 허락하고, 전신선을 운영하는 비용을 청이 일부 분담하기로 약속했다. 그러나 전신의 통제는 여전히 확고하게 중국인의 손에 있었다. 이런 상황은 다소 역설적이었다. 청의 관료와 전신국 관리자들이 더 큰 자치를 원하는 조선의 요구를 부정하면서도, 조선이 서울-부산의 전신선을 통제한다고 보편적으로 인정되는 상황을 만들면서까지 일본인의 접근을 막으려고 했기 때문이다.[36]

1888년 말, 조선 관료들은 원세개에게 인천-서울-의주를 연결하는 전신선의 경영권을 달라고 요청했다. 원세개는 그러한 행동이 의주전선합동에 위배되는 사항이라고 대응했다. 청의 안보에 끼칠 영향을 우려한 이홍장은 원세개와 의견을 같이했다. 이홍장과 원세개는 1890년에 조선이 프랑스로부터 차관을 도입해 청에게 차용한 전신선의 가설 비용을 갚고 전신선의 통제권을 회복하려는 시도에도 반대했다.[37]

결국, 청 제국은 여러 반발에도 불구하고 청일전쟁에서 패배할 때까지 조선의 전신선에 대한 확고한 장악력을 유지했다. 원세개는 전신선에 대한 최고 영향력을 행사했다. 청의 관료들, 특히 진동서와 진윤이(陳允頤)가 서울의 전보총국을 맡았고, 다른 청 관료들이 모든 분국에 배치되었다. 청 관료들은 전신선을 무상으로 사용했지만, 다른 나라의 관료들은 반값의 요금을 사용료로 지불했다. 청은 의주로 연결되는

36. 林明德, 『袁世凱與朝鮮』, pp.229~230.
37. 위의 책, p.233; 이양자, 『청의 대조선 경제정책과 원세개』, p.142.

전신선의 일반 요금도 어떻게 해서든 일본으로 연결되는 전신선보다 싼 가격으로 유지했다. 이러한 독점적인 통제는 특히 의주로 연결되는 전신선 일대에 설치된 각 분국의 과잉·낭비와 맞물려, 수익이 운영비용을 감당하기 극히 어려운 구조로 만들었다. 조선 정부는 의주로 연결되는 전신선을 운영하기 위해 이따금 보조금을 지급해야 했다.[38]

청은 조선의 전신선 통제를 통해 상업적인 이득을 거의 얻지 못했지만, 조선 최초로 외부 세계와 근대적 통신선을 가설하고 운영한 국가가 되었다는 상징적 가치는 상당했다. 마이클 에이더스(Michael Adas)는 서구 제국주의 세력들이 자기들이 인식한 기술적 우월성을 활용해 어떻게 자기들의 팽창을 설명하고 정당화했는지를 설득력 있게 서술했다.[39] 식민 제국 중심지의 높아진 통제력과 위상뿐만 아니라 식민지의 이익을 위해 근대적인 통신기술을 행사할 수 있었던 것은 부분적으로 19세기 후반의 강대국을 제국주의 국가로 만든 요인이었다. 이러한 사실을 청·일본이나 조선이 이해하지 못했을 것 같지는 않다.[40]

청의 통제는 전략적 이점을 갖고 있었다. 거의 즉각적인 통신을 통해 청은 한반도에서 일어난 사건과 한반도의 발전 상황에 신속하게 대응할 수 있었다. 게다가 청 관료들은 전신을 통해 이전까지 조선에서

---

38. 이양자, 『청의 대조선 경제정책과 원세개』, p.141.

39. Adas, *Machines as the Measure of Men*.

40. 일본의 군사보고서는 "세계의 모든 국가가 통신의 자주성을 국방의 핵심 원칙으로 간주하며, 모든 국가가 자국의 통신 체계를 소유하기를 열망한다."(Daqing Yang, *Technology of Empire: Telecommunications and Japanese Imperialism, 1930 – 1945*, p.45에서 재인용)는 점을 강조했다.

상대적으로 자유롭게 활동한 원세개처럼 지나치게 공격적인 현지 파견 관료들을 통제할 수 있었다. 전신은 공인된 속국의 활동을 관찰하고 속국의 활동에 영향을 미치는 청의 능력도 향상시켰다.[41] 여러모로 전신은 1885년 천진 조약에 따라 철수한 청군을 적절히 대체하는 역할을 했다. 김정기(金正起)는 전신선이 강화된 해군력과 맞물려 청군이 한때 조선에 주둔했을 때 할 수 있었던 것과 거의 마찬가지로, 조선에서 청의 영향력을 보여주고 청의 이익을 보호하는 역할을 했다는 결론을 내린다.[42]

청의 전신선 독점은 때때로 전술적 이점을 위해 사용되었다. 외국의 관료들은 특히 서울과 부산을 연결하는 전신선이 완공되기 전에는 전신선이 위기의 순간마다 의심스럽게 고장이 났다고 불평했다. 미국인 선교사 호러스 알렌은 1886년 일부 사람들이 청이 부추긴 쿠데타 시도였다고 의심한 사건이 일어났을 때, "이곳의 중국인들이 전신 회선을 차단하라고 명령하고 모든 것을 자기들 방식대로 행동했다."라고 언급했다.[43] 외국 관료들도 이해할 수 없을 만큼 혼란스러운 상태로 도착하는 전보를 불평했고, 종종 중국인의 간섭을 비난했다.[44] 일본 관료들은 심지어 미국인 해군 군무관 조지 포크(George C. Foulk)에게 암호화된 자기들의 메시지를 일본에 보내 달라고 요청하면서까지 청의 통제를 피하려고 노력했다. 그러나 조지 포크는 일본인들의 의도에 숨은 본질을 깨닫자, 그들을 돕는 일을 거절했다.[45]

인천-서울-의주로 연결되는 전신선의 상당 부분이 청일전쟁 동안에 파괴되었다. 파괴된 전신선이 복구되었을 때, 청 제국은 이를 간섭하거나 어떤 종류의 관리를 주장할 위치에 있지 않았다. 그러나 늘어나는 일본의 정치적 영향력이 전신을 비롯한 핵심적인 기구에 대한 통제로 전환됨에 따라, 전신선에 대한 조선의 자치권은 오래가지 못할 운명이었다.

조선해관

미국인 헨리 메릴이 묄렌도르프의 후임으로 조선해관의 총세무사로 부임한 사실은 청이 중국해관과 동일한 업무를 수행하던 조선해관에 계속 관심을 두고 자금과 인력을 투입하고 있음을 보여주는 신호였다. 일부 인사들은 이 일을 대청(大淸)이 조선에 배타적 특권을 행사하고 조선에 대한 개입을 보여주는 추가적인 증거라고 보았다. 그러나 결국 조선해관은 청의 종주권 주장이 구현된 산물이라기보다는 청 제국이 조선에 도입한 다자적 제국주의의 발현에 가까웠다. 해관의 등장은 일본이 조선에서 행사하던 배타적·독점적 특권의 종식을 보여주는 또 다른 암시였다. 일본 상인들이 조선에서 관세 없이 교역의 특권을 누리던 시

41. 한 미국인 외교관은 조선에 전신선을 가설한 것이 부분적으로 중국인의 '의심'에서 비롯되었으며, "중국인들이 '조선에 대한 러시아의 의도를 특이할 정도로 의심했을' 뿐만 아니라 '조선인들 자체에 대해서도 의심'했다."라고 언급했다(Lensen, *Balance of Intrigue*, p.70).

42. 김정기, 『1876-1894년 청의 조선정책 연구』, p.137.

43. 김원모 편, 『알렌의 일기』, 1886년 9월 5일 자 일기, pp.508~509. 오언 데니의 아내 거트루드(Gertrude)는 "2주 이상 우리는 전신선에 관해서 한마디도 하지 못한 채 이곳에서 숨죽이고 있었다."라고 말하며 알렌의 의견에 동의했다. 계속해서 그녀는 다음과 같이 말했다. "우리는 항상 전신선이 고장 났다고 말했고, 그래도 전보가 내내 천진으로 오가고 있을 것이라고 긍정적으로 생각했다."(Swartout, *Mandarins, Gunboats, and Power Politics*, p.85에서 재인용).

44. 김원모 편, 『알렌의 일기』, 1887년 10월 1일 자 일기, p.517.

45. 위의 책, 1885년 12월 20일 자 일기, p.497.

대는 끝이 났다.

조선해관은 파울 게오르크 묄렌도르프가 설립하여 운영을 맡은 기관이었다.[46] 청이 묄렌도르프를 조선에 파견한 것은 조선의 지속적인 원조 요청에 대한 대응이었다. 그의 발탁은 이홍장과 로버트 하트(대청해관의 총세무사)를 비롯한 여러 청의 관료들이 상당한 토론을 벌인 끝에 내린 결론이었다.[47] 묄렌도르프는 청의 관료들과 빈번하게 상의했고, 해관의 건설과 운영 비용으로 20만 량의 차관에 의존했다. 그는 다수의 서양인과 소수의 중국인을 직원으로 채용했다.[48] 해관은 곧 조선 정부의 중요한 수입원이 되었다. 매년 1/4분기 수입이면 대체로 조선해관의 모든 간접비와 운영비를 부담하기에 충분했고, 나머지 2/4~4/4분기까지의 관세 수입은 조선 정부가 다양한 목적으로 그 돈을 사용할 수 있도록 남겨두었다.[49] 묄렌도르프는 조선해관을 성공적으로 설립하고 운영했지만,

---

46. 묄렌도르프에 관한 평가는 Yur-Bok Lee, *West Goes East*; Leifer, "Paul-Georg von Moellendorff and the Opening of Korea"를 보라. 묄렌도프르에 대한 칭찬이 인색한 견해로는 포크(Foulk)가 미국 국무장관에게 보낸 1885년 8월 4일 자 공문, *KAR*, 1: pp.120~123을 보라.

47. 한국관세연구소, 『한국관세사』, p.101. 하트가 그 자리에 처음 낙점한 인사로는 카트라이트(Mr. Cartwright)와 캐럴(Mr. Carral)이 있었지만, 두 사람은 모두 그 자리를 사양했다. 휴스(Hughes)가 그로브너(Grosvenor)에게 보낸 1882년 12월 13일 자 공문, *British Documents*, 2: p.100을 보라. 하트가 묄렌도르프를 못마땅하게 생각한 이유 중에는 독일인 묄렌도르프가 조선에서 영국의 이익을 저해하기 위해 일할 것이라는 우려도 일부 있었다. 게다가 하트는 이홍장이 묄렌도르프를 낙점한 이유가 "조선에 조언해 줄 사람보다 …… 자기 명령에 복종할 사람"을 임명하려는 이홍장의 바람 때문이라는 불만을 품었다. 중국 주재 미국 공사 존 러셀 영도 묄렌도르프의 낙점에 반대했다. 반면, 마건충은 묄렌도르프가 "그 직분에 가장 적합한 인물"이라고 주장하며 그를 열렬히 지지했다. Yur-Bok Lee, *West Goes East*, pp.45~46을 보라. 또한, Woo, "The Historical Development of Korean Tariff and Customs Administration, 1875-1958," p.33을 보라.

조선이 비밀리에 러시아와 동맹을 맺으려고 할 때 맡은 역할 탓에 1885년 중국으로 소환되었다.

메릴은 조선의 정치적·외교적 사안에 개입하지 말라는, 분명한 지침을 받았다. 그러나 메릴은 조선으로 출발하기 전에 하트로부터 다음과 같은 지시를 받았다. "자네는 종주국의 사람으로서 자네 힘이 미치는 선에서 최대한 조공국의 권리를 유지해야 하네."[50] 공공연한 비밀이었던 그런 지시와 메릴의 관리하에 조선해관의 연례보고서가 대청해관의 연례보고서에 첨부되었다는 사실은, 청이 조선해관을 통제하고 있는 암시로 받아들여졌다. 미국인 조지 포크는 "조선해관이 중국의 해관에 소속된 것처럼 보였는데, 이를 보여주는 가장 직접적인 증거는 마치 조선이 중국의 한 성(省)에 불과하게 보인 것과 마찬가지로, 조선해관의 무역보고서가 …… 그저 대청해관의 종합보고서 중 일부로 보인 것"[51]이

---

48. 고문들의 실제 숫자는 완전히 분명하지는 않다. 이여복(Yur-Bok Lee, *West Goes East*, p.50)은 묄렌도르프가 28명의 직원을 채용했는데, 그중 23인이 유럽인이었고, 4명의 중국인과 1명의 일본인이 있었다고 서술한다. 『한국관세사』(한국관세연구소 편, p.103)에도 28명의 직원 명단이 수록되어 있지만, 이 명단에는 5인의 중국인 이름이 포함되어 있다. 루이스 시걸(Louis Sigel, "The Role of Korea in Late Qing Foreign Policy," p.86)은 묄렌도르프가 미국에 유학한 6인의 중국인 학생을 발탁했다고 주장한다. 시걸이 작성한 6인의 명단 중에서 2인이 『한국관세사』에 수록된 명단에 누락되어 있다. 반면, 『한국관세사』에서 작성한 명단에는 시걸이 언급하지 않은 중국인 한 명의 이름이 포함되어 있다. 결국, 오례당(吳禮堂)·당소의·오중현(吳仲賢)·주장령(周長齡)·양여호(梁如浩)·채소기(蔡紹基)·임패천(林沛泉) 등 적어도 7인의 중국인이 초창기 조선해관에서 근무했었던 듯하다.

49. 한국관세연구소, 『한국관세사』, pp.94~95; 묄렌도르프는 관세 수입을 활용해 1882년 임오군란 이후 일본에 배상해야 할 배상금의 1회분 분할납입금도 지급할 수 있었다(Woo, "The Historical Development of Korean Tariff and Customs Administration, 1875-1958," p.51).

50. Morse, *The International Relations of the Chinese Empire*, 3: p.14.

라고 언급했다.

현실은 더욱 복잡했다. 조선해관은 많은 경우 청의 제국주의적 전략과는 별개의 입장을 취하고, 때로는 경쟁을 벌이는 처지의 기로에 서 있었다. 청류당 지지자들은 조선해관의 보고서가 훨씬 규모가 방대한 중국해관의 보고서에 포함된 것의 상징적 중요성에 갈채를 보냈었던 것 같다. 조선해관에 임용된 모든 외국인 직원의 봉급까지는 아니어도 이들 대부분의 봉급을 중국해관에서 지급했다는 사실은, 속방인 조선에 대한 청의 자비를 보여줄 뿐만 아니라 비군사적 무대에서 조선의 자강 정책을 청이 계속 지원하고 있음을 보여주는 또 다른 증거로 받아들여질 수 있었다. 그러나 이홍장은 자신이 발탁해 조선에 보낸 외국인 관원들이 조선과 청 제국을 위험천만한 협약, 이를테면 묄렌도르프가 추진한 조러밀약 같은 것에 과도하게 얽혀 들지 않게 하는 것에 훨씬 더 관심이 많았음이 드러났다. 메릴과 그의 후임들이 행정 업무에 집중하고 정치에 관여하지 않는 한, 이홍장은 만족하는 것 같았다. 게다가 이홍장은 종종 하트를 경쟁자로 의식했고, 그래서 두 해관의 완전한 합병을 원하는 하트의 요구를 들어주는 것을 탐탁지 않게 생각했던 것으로 드러났다. 더욱이 이홍장은 조공 체제라는 전통적인 특권을 넘어서서 청이 조선에 대한 책임을 떠맡겠다는 어떠한 공식적인 선언도 일관되게 회피했다.

중국 조약항 공동체의 대표자 당정추는 조선해관을 설립하는 데 필요한 초기 자금을 대출해 줬는데, 이는 그가 조선해관을 자신이 조선에

---

51. 포크가 미국 국무장관에 보낸 1886년 4월 23일 자 공문, *KAR*, 1: p.148.

서 수행해야 할 원대한 목표와 일치한다고 보았음을 시사한다. 그런데 다른 한편으로 당정추는 청 정부로부터 대출에 대한 확답을 얻을 수 없게 되자 머뭇거렸고, 대출금의 여러 가지 구체적인 조건에서 묄렌도르프와 의견이 맞지 않았다. 그 최종 결과는 묄렌도르프가 요청한 50만 량에 훨씬 못 미치는 금액인 20만 량을 대출해준 것이 전부였다.[52] 조선 현지의 중국 상인들은 확실히 청 제국이 조선의 종주국이라는 위상에 근거하여 특별한 대우를, 때로는 불법적인 특권과 특혜까지 요구했다. 이런 행동은 종종 조선에 주재한 청의 관료들, 그중에서도 특히 원세개의 사주를 받은 것이었지만, 그들은 메릴이라는 강력한 반대자를 만났다. 메릴은 청 제국에 대한 조선의 정치적 예속을 강화하거나 중국 상인을 돕는 것보다는 행정적 효율에 훨씬 주안점을 두었던 것으로 드러났다.[53]

대체로 청 제국은, 그리고 특히 원세개는 조선의 재정에서 관세 수입의 역할에 세심한 주의를 기울였다. 원세개는 해외로부터 차관을 도입하기 위한 담보로서 관세 수입을 사용하려는 조선의 시도를 단호하

52. 많은 자료가 조선이 윤선초상국과 개평(開平) 탄광으로부터 처음 제안 받은 50만 량을 실제로 받은 것으로 잘못된 결론을 내리고 있다. 예를 들어 Sigel, "The Role of Korea in Late Qing Foreign Policy," p.88; 이양자, 『청의 대조선 경제정책과 원세개』, pp.122~123; 林明德, 『袁世凱與朝鮮』, p.206을 보라. 조선의 대출금 사용을 세세하게 챙기려는 당정추의 바람과 대출금을 20만 량으로 최종 타협한 것에 관해서는 Deuchler, *Confucian Gentlemen and Barbarian Envoys*, pp.174~175; 신복룡·김운경, 『묄렌도르프 문서』, p.60을 보라. 실제로 20만 량만 대출되었던 것은 윤선초상국의 기록 장부에 분명하게 명시되어 있다(Feuerwerker, *China's Early Industrialization*, pp.158~159).

53. 조선해관의 상대적 독립성에 관한 학술적 평가를 상세하게 요약한 것으로는 Woo, "The Historical Development of Korean Tariff and Customs Administration, 1875–1958," pp.57~60, p.58n25를 보라. 그는 메릴이 강조한 사항이 외교적·정치적 사건으로부터의 독립이라는 결론을 내린다.

게 반대했다. 그는 중국인 회사로부터 대출금을 받기 위해 그런 세수(稅收)를 사용하는 것에는 반대하지 않았다. 예를 들어 조선은 1890년대 초에 중국인 회사 동순태호(同順泰號)로부터 세수를 담보로 돈을 빌린 사례가 있다. 그러나 원세개를 비롯한 청의 관료들은 이런 부정적 거부권을 행사하는 것 이외에는, 관세 수입의 지출에 별다른 역할을 하지 않았던 것으로 보인다. 기타 용도로는 이 세수가 관세 자체의 운영비용 지출, 조선의 항구를 감독하는 감리(監理)의 봉급과 운영, 전환국·기기국·농상국(農商局) 및 각종 학교와 관련된 업무를 하던 외국인 등 외국인 고문의 급료와 제반 비용, 학생들의 해외 파견과 조약항의 시설 개선 등 여러 가지 근대화 사업을 추진하는 데 사용되었다.[54] 몇 년 후, 존 맥리비 브라운(John McLeavy Brown)의 관리 아래 조선해관은 교량 건설과 도시 계획부터 신문 출간에 이르는 다양한 프로젝트를 감독했다.[55]

조선해관은 당시 동아시아의 많은 지역을 지배했던 다자적 제국주의 형태의 도구로서 잘 기능했다. 조선은 관세자주권을 누리지 못했다. 조선이 다른 나라들과 체결한 조약에 포함된 최혜국 대우 조항은 모든 외국 상인들이 최저의 관세율을 누리도록 보장했다. 그러나 조선과의 거래를 희망하는 모든 외국 상인에게 기회는 공평하게 제공되었고, 이는 일본이 조선에서 면세 해상무역을 장악하던 시절과는 극명한 대조를 이루었다. 해관의 운영, 특히 해관의 대외 무역 관리는 대청해관과 대영 제국 전역에 훨씬 보편적으로 퍼져 있던 영국 지배의 정신을 반영했다. 영국의 외교관들과 영사들은 물론이고, 해관의 관원들까지도 대체로 "자국 상인들에게 갈 길을 열어주고 안전하게 지키는 것이 정부의 일"이라는 파머스턴의 충고에 귀를 기울였지만, 관심 있는 모든 상인에

게는 동등한 접근을 허용하는 방식을 따랐다.[56]

조선에 대한 청의 제국주의 정책에 영향을 준 다양한 각 집단은, 합동 연례보고서의 작성이라든가 청이 조선해관 관원의 급료를 지급한 것 등 종주권의 우위를 주장하는 사람들의 기분을 흡족하게 하는 조선 해관의 몇몇 양상을 만족스럽게 들먹일 수 있었다. 그리고 당정추는 자신이 조선에 빌려준 대출금을 완전하게 보상받지 못했지만, 그의 동포 몇 사람은 조선해관의 관세 수입이 자기들이 빌려준 대출금 상환에 쓰일 것이라는 언질을 받음으로써 안도할 수 있었다. 이홍장은 청 제국의 속방인 조선을 직접 통제하거나 책임을 지는 일을 피하면서도, 조선에서 일어나는 사건과 국면에 영향을 주거나 통제를 가하면서 아슬아슬한 줄타기를 계속할 수 있었다.

54. 한국관세연구소, 『한국관세사』, pp.94~95.

55. Nish, "John McLeavy Brown in Korea," p.42.

• 영국이 제국주의 강국의 정점에 올랐을 때 두 차례에 걸쳐 수상(1855~1858, 1859~1865)을 역임하며 영국의 대외 정책을 주도한 헨리 존 템플 파머스턴(Henry John Temple Palmerston, 1784~1865)을 말함.

56. Lynn, "British Policy, Trade, and Informal Empire in the Mid-Nineteenth Century," p.105. 린은 더 나아가 "영국 외무성이 추진한 자유무역협정은 모든 열강 세력에게 '동등한 특혜와 공개경쟁'을 제공하는 것으로 제한되었다. …… '문호 개방'은 모든 사람에게 공개되었다. 여기에는 영국을 위해 배타적 특권을 확보하려는 어떠한 정책도 없었다."라고 언급한다. 이것은 부분적으로 자유무역에 대한 철학적 책무 때문이기도 했지만, 19세기 대부분의 기간 동안 "영국 정부가 이 시대에 배타적인 특권을 확보하기 위해 '문호 개방'을 넘어설 필요가 없었기 때문이기도 하다. 영국은 경제의 성공으로 자연스럽게 지구상의 많은 지역을 지배하려는 야망을 품는 것이 가능해졌다. 유리한 국제 상황과 영국의 산업적·재정적 우위가 매우 대단했다는 점을 고려할 때, 조약을 통한 외부의 영향력에 지역을 개방하는 것은 종종 영국의 무역과 금융이 다른 어떤 경쟁국보다도 그 지역에서 최고가 될 것이라고 확신하기에 충분했다."(위의 책, pp.105~106).

조선의 재정문제에 대한 청의 간섭: 해외 차관

주변국의 재정 문제에 대한 제국주의 국가들의 간섭은 잘 알려진 현상이다. 예를 들어, 이집트는 유럽의 금융그룹에 진 막대한 빚을 상환할 수 없었던 탓에 국내 문제에서 영국의 많은 간섭을 받았고, 1882년에는 영국의 식민지로 전락했다.[57] 서양과 일본은 19세기와 20세기 초반에 중국에서 영향력을 증대하거나 혜택을 얻어내기 위해 차관과 보상금을 활용했다. 차관은 종종 시장에 더욱더 많은 접근을 확보하고 수출을 용이하게 하는 수단으로도 간주되었다.[58] 미국 상무부의 한 관료 말에 따르면, "때때로 대외 무역이 국기(國旗)를 따른다고들 하지만, 대외 무역은 차관을 따른다고 말하는 것이 훨씬 진실된 표현이다."[59]

조선 정부는 해외에서 차관을 들여오는 것과 관련된 위험성을 인식하고 있었을 테지만, 재정난에 처해 있었던 상황에서 단기적인 세수 부족을 헤쳐나가고, 현 수준의 지출을 유지하며, 바람직한 개혁에 착수하기 위해 해외로부터 종종 차관을 들여와야 하는 상황이었다. 광범위한 부패, 많은 지방의 양반 엘리트들이 과세자 명단에서 점차 사라지는 현

---

57. 이집트에서 대영 제국에 대한 문헌을 소개한 것으로는 Sluglett, "Formal and Informal Empire in the Middle East."을 보라. 또한, Welch, *No Country for a Gentleman*을 보라.

58. Horowitz, "International Law and State Transformation," pp.472~473.

59. Pratt, "The Attitude of Business Towards Foreign Trade," p.296. 프랫은 계속해서 이렇게 말한다. "미국이 외국에 대한 대출과 투자를 하지 않는 한, 우리의 제조업자와 상인들이 수출 무역을 상당한 수준으로 발전시킬 수 없다는 점은 의심의 여지가 없다."(위의 논문).

상, 왕실의 사치 등이 중앙정부가 확보해야 할 세수의 양을 제한했다. 1884년에 조선이 거둔 국세는 20년 전보다 거의 높아지지 않았고, 실제로는 대원군의 재정 개혁이 한창일 때보다 낮아졌다.[60] 결국 많은 조선의 관료는 해외에서 차관을 도입하는 것이 피할 수 없는 일이라는 결론을 내렸다. 확실히 외국 차관의 도입은 1880년대 초반 조선 관료들의 일본 방문과 몇 년 후의 미국 방문을 포함해 조선이 주변국에 제시한 몇몇 외교적 제안 중에서 매우 중요한 요소였다고 주장할 수 있다.[61]

많은 한국의 역사학자, 특히 19세기 후반 조선에 대한 청의 간섭에 매우 비판적인 학자들은 전반적으로 청 제국, 그중에서도 특히 원세개를, 해외에서 차관을 도입하려는 조선의 시도를 완강히 막아 거의 대처할 수 없게 만든, 주요한 훼방꾼으로 보고 있다. 이여복(Yur-Bok Lee)은 "조선 정부와 고종이 중국 이외의 다른 나라들로부터 차관을 도입하려고 할 때마다 원세개는 성공적으로 그러한 시도를 차단했다."라고 서술하며, 이러한 견해를 표명한다.[62] 조선의 해외 차관 도입에 대한 청 제국의 태도와 조치는 실제로는 훨씬 더 복잡했다. 원세개와 이홍장은 조

---

60. 조선의 주수입원인 토지세를 받을 수 있는 토지의 양은 1863년에 776만 709결이었고, 1874년에는 그 수치가 805만 303결이었으며, 1884년에는 그 수치가 799만 123결까지 떨어졌다(이선근, 『한국사: 최근세편』, p.466).

61. 1880년대 초반에 김옥균 같은 조선 관료들이 일본을 비롯한 여러 나라로부터 차관을 얻으려던 노력에 관해서는 Cook, *Korea's 1884 Incident*를 보라. 워싱턴에 공사관을 세우려는 결정이 차관의 도입에 끼친 영향력에 관해서는 Harrington, *God, Mammon, and the Japanese*, pp.226~227을 보라.

62. Yur-Bok Lee, *West Goes East*, p.177. 이와 비슷한 표현을 Young Ick Lew, "Yuan Shih-k'ai's Residency," pp.93~97; Bonnie B. C. Oh, "The Background of Chinese Policy Formation in the Sino-Japanese War," p.152; Dalchoong Kim, "Korea's Request for Reform and Diplomacy in the 1880s," p.485에서 찾아볼 수 있다.

선에서 청의 영향력과 권력을 확대하기 위한 메커니즘으로서 차관의 잠재력을 인식했고, 그래서 그들은 조선에 가능한 한 중국 측으로부터 차관을 도입할 것을 권고했다. 그들은 동일한 수단이 다른 경쟁국들에 의해 활용될 수 있다는 점도 인식했다.[63] 특히 조선에 도입될 차관이 외견상 한 특정한 외부 세력에게 독점적 특권을 부여하는 것처럼 보일 경우, 그들은 중국이 아닌 다른 해외 출처로부터 차관을 도입하려는 조선의 시도를 금지시키는 조처까지는 아니더라도, 종종 통제하려고 했다. 반면, 원세개와 이홍장은 중국이 아닌 다른 곳에서 훨씬 소규모로 빌린 여러 차관에 대해서는 그다지 관심이 없음을 입증했다. 그러나 조선은 해외로부터 막대한 차관의 도입에 실패한 것으로 드러났으므로, 유영익(Young Ick Lew)의 말마따나 '아시아의 이집트'로 전락하는 상황은 면하게 되었다.[64]

청 제국이 조선에 취한 다른 분야의 정책이 그랬던 것처럼, 조선의 해외 차관 도입에 대한 청 제국의 태도는 거의 변화할 수 없는 거대한 암석과도 같았다. 군기대신 겸 호부상서 옹동화(翁同龢)를 비롯한 다수의 사람이 정부의 재정에 관한 한 다소 보수적인 태도를 보였다. 방조영(房兆楹, Fang Chaoying)은 옹동화를 "정부의 지출과 농업에서 거둔 소액의 세수 사이에서 균형을 맞추려고 노력한 전통적인 재정가였으며, 해외의 은행으로부터 빌린 자본으로 상업·산업 자본주의를 실험하고 있던 각 성(省)의 관료들에 반대했던"[65] 인물로 묘사한다. 원세개는 이러한 정서에 영향을 받았던 것 같다. 그는 유영익이 "유가의 경제적 이상인 균형 예산"으로 묘사한 정책을 강력하게 지지했다. 원세개는 청 제국의 주차관으로 임명된 이후, 조선이 빈곤하여 세금을 제대로 거둘 수 없으므로 매우 신중한 경제 전략이 필요하며, 해외로부터 차관을 도입하는 것보다 행정 개혁과 천연자원의 개발을 우선해야 한다는 점을 국왕 고종에게 여러 차례 상기시켰다.[66] 조선의 채무 불능에 대한 원세개의 우려는 조선 정부가 과거에 빌린 차관을 상환하기 위해 끊임없이 새로운 차관을 도입하는 것처럼 보였을 뿐, 여전히 차관 도입의 목적에 대한 중요한 진전은 이루지 못한 것처럼 보인다는 사실 탓에 커져만 갔다.[67] 당시 조선의 상황을 지켜본 한 일본인도 이처럼 조심스러운 관점을 되풀이하며, "지출을 세수에 맞춰야 한다. …… 그래야 빚을 지지 않는다.[68]"라고 권유했다.

63. 이리에 아키라(入江昭, Akira Iriye, "Imperialism in East Asia," pp.142~143)는 몇몇 일본 관료가 열강의 경쟁 시대에 중국에서 전력의 증강을 위해 차관을 활용하는 노골적인 전략을 채택했다며 다음과 같이 언급한다. "프랑스 주재 일본공사 구리노 신이치로(栗野愼一郞)가 1897년에 쓴 글처럼, 일본은 중국에 차관을 확대하고, 철도시설권을 확보하며, 중국의 산업 발전에 투자해야 했다. 엄밀히 말해서 일본은 자본을 수출할 여력이 없었지만, 바로 이러한 이유로 중국의 일부 지역과 밀접한 관계를 구축할 필요성이 절실했다. 그렇지 않으면 중국 전역은 서구 세력권으로 세분되어, 일본이 그 게임에 참여할 기회는 거의 없을 상황이었다."

64. Young Ick Lew, "Yuan Shih-k'ai's Residency," pp.96~97.

65. Fang Chaoying, "Weng T'ung-ho", p.860.

66. Young Ick Lew, "Yuan Shih-k'ai's Residency," p.93. 원세개가 고종에게 경고한 내용에 관해서는 丁進軍, 「袁世凱駐節朝鮮期間函牘選輯」을 보라. 이러한 함독(函牘) 중 한 통의 내용 일부가 Young Ick Lew, "Yuan Shih-k'ai's Residency," p.93에 영어로 번역되어 있다.

67. 예를 들어 1893년에 조선은 여전히 독일 회사 마이어앤드컴퍼니(Myer and Company)에 수년 전에 구매한 증기선의 이자로 적어도 10만 량을 빚지고 있었다. 『交涉史料』, 12: p.7을 보라. 또한, 林明德, 『袁世凱與朝鮮』, p.208을 보라.

68. Schmid, Korea Between Empires, p.116. 〔『황성신문』 1903년 8월 10일 자 2면 1~2단 〈別報〉 기사. 이 기사는 일본의 실업가 에나미 데츠오(江南哲夫, 1853~1916)가 저술한 『조선재정론』(朝鮮財政論, 1889)의 내용 중 일부를 발췌한 것이다.〕

모든 청 관료가 해외로부터 차관을 도입하려는 생각에 냉담하게 반대한 것은 아니었다. 예를 들어 마건충은 차관에 대해 조심스러운 찬성 의사를 표명했다. 마건충은 철도 건설의 재원을 마련하기 위해 해외에서 차관을 도입할 가능성에 관해 쓴 글에서 다음과 같이 지적했다. "오히려 우리가 일이 잘못될 것만 걱정하여 차관을 도입하려는 생각을 완전히 거부한다면, 이것은 성적 타락을 염려하여 혼인을 금지하거나 사냥에 깊이 탐닉하는 것을 걱정하여 수렵 행위 자체를 금지하는 것과 무엇이 다르겠는가? 물론, 우리는 이런 일을 감히 상상조차 할 수 없다."[69] 〔顧鰓鰓焉慮有流弊而中止也, 是何異慮色荒而禁婚姻, 慮禽荒而廢蒐狩也, 弗思爾矣!〕 그러나 마건충은 외국에서 들여온 차관의 목적과 적절한 집행에 관해서는 매우 신경을 썼다. 그는 1882년에 김홍집에게 보낸 서신에서 들여온 차관이 "일반 백성에게 이익을 가져다주고,"〔爲民有益〕 "상업을 증진"〔裕商〕해야 한다고 조언했다. 또한, 불필요한 문제를 피하기 위해 차관 협상을 벌일 때는 특별한 주의를 기울여야 한다고 당부했다.[70]

제한된 조건에서만 차관을 도입하는 견해에 찬성했던 청 관료들과

---

69. Bailey, *Strengthen the Country and Enrich the People*, pp.85~86. 〔馬建忠, 『適可齋記言』 卷1 「借債以開鐵道說(己卯冬)」. 마건충의 『적가재기언』을 영역한 베일리는 '금황'(禽荒)을 "야생동물의 부족"으로 번역했으나, 옮긴이는 지은이와 협의하여 한문 원문에 따라 "수렵에 과도하게 탐닉하는 행위"로 번역했다〕

70. 장수성(張樹聲)이 총리아문에 보낸 1882년 6월 10일(光緖 8.4.25) 자 공문, 『中日韓關係』, p.659; 마건충은 다른 글에서 "차관을 들여오는 계약은 고통스럽고 어려운 일"〔借貸之事, 曲折難行〕이라고 언급했다. 그는 외국인들이 차관을 내주는 대가로 종종 혜택을 요구하는데, 부주의하게 혜택을 제공했다가는 외국으로부터 과도한 영향과 통제를 받을 수 있다고 경고했다(Bailey, *Strengthen the Country and Enrich the People*, p.81).

대조적으로, 특정 부류는 조선에 차관을 적극적으로 도입할 것을 요구했다. 주로 중국의 조약항 공동체 출신인 이들 사업가와 관료는 조선의 차관 도입 확대를, 조선의 자강 개혁을 지지하고, 한반도에서 청의 영향력을 높이며, 조선에서 중국인의 상업 활동을 증진하는 대형 프로젝트의 일환으로 보았다. 사상가이자 개혁가인 정관응은 조선의 경우 "차관 도입에 어려움이 있으면 중국이 먼저 (조선의 개혁에 필요한) 차관을 제공하고 1년 단위로 상환하게 하며, …… 영사를 파견하고 해군의 양성에도 나서야 한다."(倘或巨款難籌, 中國先爲措撥, 按年淸償, …… 爲派領事, 練水師)라고 썼다. 조약항 공동체는 조선이 비공식 제국에 포함될 가능성을 잘 알고 있었고, 차관의 제공을 이러한 전략의 중요한 부분이라고 생각했다. 이 집단이 조선에서 상당한 개인적 이득을 얻을 수 있는 잠재력을 본 것 역시 의심의 여지가 없다.[72]

외채(外債)에 관한 이 세 가지 태도는 모두 조선의 해외 차관 도입 시도에 대한 청의 정책에서 다양하게 표현되었다. 청 제국은 특정한 상황에서는 외채를 반대했고, 어떤 상황에서는 이를 용인했으며, 또 다른 상황에서는 차관 도입을 적극적으로 장려했다. 조선이 외국에 진 부채와 부채로 떠안은 의무까지 상세히 검토하기는 지극히 어렵다. 이는 부분적으로 그 문제에 관한 조선 정부의 공식 기록이 부족하기 때문이고, 부분적으로는 재정 문제를 전담한 정부 기구가 없었다는 사실 때문

---

71. Sigel, "The Role of Korea in Late Qing Foreign Policy," p.81~83. 〔鄭觀應, 「論邊防」, 『易言』(『鄭觀應集·救時揭要(外八種)』, 中華書局, 2014. p.118에서 인용. 시걸의 번역은 원문에 근거하여 옮긴이가 약간 수정했다〕

72. Sigel, "Business-Government Cooperation in Late Qing Korean Policy," pp.162~163.

이다. 그래서 국왕 고종이 개인적으로 일부 차관의 요청을 승인한 때도 있었지만, 또 어떤 경우에는 조선의 관료들 또는 심지어 조선 정부에 고용된 외국인 고문들이 조선 정부의 승인 없이 또는 조선 정부에 통고조차 하지 않은 채 외국에 차관을 요청했고, 때로는 차관을 들여오기도 했다. 또 한 가지 추가적인 문제는 정의(定義)의 문제다. 일부 사례는 어떻게 생각해도, 분명 '외채'의 정의 범주에 포함된다. 그러나 일부 사례는 생각만큼 그렇게 명확하지 않다.[73] 정의의 문제와 적절한 문서의 부족 탓에, 조선이 진 부채액의 추정치를 두고 상당한 격차가 발생하는 상황이 발생한다.[74]

73. 예를 들어 김옥균은 일본에 머무는 동안 일본인 기업가인 다카스 겐조(高須謙三)로부터 울릉도의 목재를 담보로 2750엔의 선금을 받았다. 이후 김옥균은 미국인 월터 타운센드(Walter Townsend)에게 울릉도의 수목에 대한 벌목권(伐木權)을 부여했고, 다카스 겐조는 약속받은 목재를 받지 못했다. 김옥균은 다카스 겐조와 공식적인 자격으로 계약 협상을 진행했다. 이 불행한 일본 상인이 고베의 법정에서 소송을 제기한 2750엔은 '차관'으로 간주해야 할까? 그게 아니라면 '부채'나 '채권' 또는 전혀 다른 그 밖의 것이라고 간주해야 할까? 이런 유형의 수많은 소액 채무 사례가 현존 기록에 보인다. 김옥균과 다카스 겐조의 계약에 관해서는 Cook, *Korea's 1884 Incident*, p.87을 보라.

74. 이여복(Yur-Bok Lee, "Politics over Economics," p.83)은 고종이 너무 간절하게 차관을 원했으므로 "그의 측근 고문들이 정상적인 정부 채널을 통하지 않고 독자적으로 외채를 구걸하기 시작했다."라고 서술하고 있다. 조선의 부채 수준의 추정치와 그러한 추정치 산정의 어려움에 관해서는 林明德,『袁世凱與朝鮮』, p.209; Tsiang, "Sino-Japanese Diplomatic Relations, 1870-1894," p.103; Bonnie B. C. Oh, "The Background of Chinese Policy Formation in the Sino-Japanese War," p.153을 보라. 청일전쟁의 막바지에 한 일본인이 작성한 보고서에서는 조선이 중국 정부와 중국 상인에게 진 전체 부채액을 42만 2500량으로 추산했다(『日本外交文書』28, no.1, p.336). 한 중국 신문에서는 다른 일본인의 추산을 인용했는데, 그는 조선의 부채액이 앞서 언급한 보고서의 수치보다 거의 세 배 많은 것으로 추산했다.《香港華字日報》1895년 3월 13일(光緒 21.2.17) 자 기사〈高麗國債〉(『近代中韓』, 1: p.10)를 보라.

차관의 장려와 촉진

어떤 경우였든 간에 청 제국이 조선 정부에 상당한 금액을 빌려주었던 것은 분명하다([표 1] 참조). 청이 조선의 자강 정책을 가장 크게 지원한 시기인 1882년부터 1885년까지 이홍장은 윤선초상국, 개평(開平) 탄광, 중국전보총국(中國電報總局), 천진해관, 천진기기국으로부터 차관을 조달했다. 이 차관은 조선이 해관을 설립하고, 무기와 군사 장비를 구매하며, 조선 전역에 전신선을 가설하려는 노력을 돕기 위해 마련되었다. 게다가 청 정부와 청의 자강 기구들은 물론, 조약항 내에서 영향력이 큰 회사들까지도 천진에 조선공사관을 설립하는 계획을 돕고, 천진기기국에서 실습 중인 조선인 생도들의 생활비를 보전해 주며, 그 밖의 여러 가지 목적을 위해 소액의 돈을 빌려주었다.

이들 차관은 여러 갈래의 생각들이 교차되고 있음을 증명한다. 이홍장과 마건충 같은 관료의 영향력은 분명하다. 이 모든 차관은 마건충이 괜찮다고 생각한 목표인 조선의 자강과 근대화에 쓰일 자금이었다. 게다가 이 차관은 적절한 협상을 통해 이뤄졌고, 비교적 합리적인 조건을 갖췄으며, 신뢰할 수 있는 출처에서 나왔다. 비공식 제국을 주창한 중국인들의 영향력과 실제 이들의 직접적인 참여도 존재한다. 당정추와 윤선초상국 및 개평 탄광은 차관의 협상 및 조선에 자금을 최종 지급하는 과정에서 두드러진 역할을 했다. 앞서 언급한 대로, 조선해관을 설립하기 위한 차관으로 처음 제안한 금액은 최종 협상을 거친 차관 액수인 20만 량보다 액수(50만 량)와 범위(당정추는 차관에 대한 청 정부의 확고한 보증을 원했고, 조선이 그 돈을 어떻게 쓸 것인지 제한 조건의 설정을 원했다)에서 훨씬 어마어마했다. 최초의 제안은 중국의 조약항 엘리트들의 야망을 보여주며, 이홍장과 묄렌도르프가 주선한 타협안은 외채에 대해 훨씬 신중한 견해를 품은 사람들의 구속력을 보여준다.

【표 1】
1882~1893년에 중국이 조선에 제공한 차관

연도	차관액	이율(%)	기간	자금 출처	목적
1882	20만 량	8	7년	윤선초상국, 개평 탄광	해관 설립
1884	20만 540량			천진해관, 천진기기국	무기 구매 등
1885	10만 량	0	25년	중국전보총국	전신선 구축
1892	10만 량	6	80개월	동순태호	마이어앤드컴퍼니의 차관 상환
1892	10만 량	6	100개월	동순태호	일본인과 타운센드의 차관 상환
1893	3만 5000량			해군아문(海軍衙門)	일본인에게 '콩 수출 논란'에 대한 배상금 차 불입금 지급

출처: 「日本外交文書」, 28冊, no.1, p.336; Young Ick Lew, "Yuan Shih-k'ai's Residency," p.97

게다가 추가적인 요인도 청이 조선에 제공하는 차관을 제한하고 영향을 주었다. 차관 협상과 실제 자금 제공 과정에서 사용된 레토릭은 대체로 조선과 중국의 관계에 대한 전통적인 묘사에 잘 들어맞는다. 종주국인 청 제국은 조공국에 '자비를 베풀기' 위한 노력의 일환으로 차관을 제공했다. 심지어 재정적으로 보수적인 옹동화조차도 한때 조선에 대한 청 제국의 관대함을 보여주기 위해 무이자로 제공되는 차관의 사용을 제안할 정도였다. 당정추 등의 조약항 엘리트들이 이윤을 추구하는 숨은 동기가 무엇이었든 간에, 그들이 공식적으로 늘어놓는 수사적 표현으로는 차관 제공이 동생을 도우려는 이타적인 시도라고 묘사했다. 그런 수사적 표현을 일축하기 쉬울지 모르겠지만, 이 기간에 제공된 차관의 이자율은 외국의 다른 채권자들이 제공한 차관의 이자율보다 훨씬 낮았다.[76] 전신선 구축을 위한 차관 약정에는 이자를 부과하는 조항이 전혀 없었다. 게다가 청 관료들은 차관의 신속한 상환을 재촉할 때도 심하게 몰아붙이지 않았다. 사실 1880년대 후반 원세개는 조선의 심각한 재정 궁핍을 완화하기 위해 실제로 조선이 윤선초상국으로부터 받은 차관의 상환을 유예하자고 제안했다. 조선은 이 경우를 비롯한 여러 사안에서 이 충고를 기꺼이 따르려는 것 같았고, 종종 중국 측에서 받은 차관을 완전히 상환하지 못했다.[77] 이와 같은 '자비'는 일본의 외무대신 이노우에 가오루(井上馨)가 인식한 것처럼 실질적인 이득도

- 공식명칭은 총리해군사무아문(總理海軍事務衙門)이며, 통칭 '해군아문' 또는 '해서'(海署)로 불렸다. 청조 말기에 중국의 해군을 관리하던 기구로서, 1885년 10월에 창설되었다.

75. Tsiang, "Sino-Japanese Diplomatic Relations, 1870 - 1894," pp.103~104.

76. 이런 관대함은 청이 임명하여 조선 정부로 파견한 외국인 고문에게까지 베풀어질 정도로 확장되었던 것 같다. 오언 데니는 천진해관의 도대 주복으로부터 2000량의 개인 대출을 받았다. 데니는 1888년에 대출금을 상환하려고 했을 때, "대출이 우호적인 조건이었으므로" 이자를 지급할 필요가 없다는 통지를 받았다(데니가 주복에게 보낸 1888년 6월 6일 자 서신, 국사편찬위원회, 『데니 문서』, pp.33~34). 데니가 돌이킬 수 없는 원세개의 적수기 되어 청이 조선에서 시행한 많은 정책을 반대했다는 점을 고려할 때, 주복이 자신의 관대함을 후회했었는지 궁금하다.

77. 1880년대 초반에 조선에 대한 차관 제공을 추진한 이홍장은 종주국으로서 중국의 역할과 "인(仁)을 수호하고 약자에게 친절할" 필요성을 강조했다(Sigel, "Ch'ing Foreign Policy and the Modern Commercial Community," p.80). 중국 관료들은 1900년까지도 전신선 비용에 대한 상환을 여전히 요구하고 있었다. 서수붕(徐壽朋)이 박제선(朴齊璿)에게 보낸 1900년 11월 29일(光武 4.11.29) 자 공문, 『淸案』, 2: p.473. 조선은 윤선초상국에서 들여온 차관을 결코 상환하지 못한 것으로 보인다(Feuerwerker, *China's Early Industrialization*, p.159, 286n36).

있었다. 1895년 일본인 은행가들이 10퍼센트 이상의 금리로 조선에 돈을 빌려주기를 원하자, "깜짝 놀란" 이노우에 가오루는 "중국 정부가 조선 정부에 차관을 제공하면서 한 푼의 이자도 요구하지 않았으므로, 10퍼센트라는 고이율은 이 가난한 나라를 아버지처럼 돕겠다는 우리의 선언과 부합하지 않는다."라고 자신의 견해를 밝혔다."[78]

조선에 대한 중국인의 두 번째 차관 도입 급증은 1890년대 초반에 일어났다. 조선의 절망적인 재정 상황과 다른 곳으로부터는 차관을 얻을 수 없는 조선의 무능(부분적으로는 청의 간섭으로 차관이 막힌 상황) 탓에 원세개를 비롯한 청 관료들은 청 정부가 조선에 추가로 차관을 제공해 줄 것을 요청했다. 이러한 차관은 중국의 조약항 공동체가 지닌 영향력을 입증한다. 확실히 조선에 자금을 빌려준다는 제안은 여전히 종주국이 속방에게 베푸는 자비로운 관심으로 묘사되었다. 이홍장은 조선왕국의 극심한 가난 때문에 국가 재정의 원조를 위한 대안 수단을 강구하지 않은 채 단순히 조선을 중국에 묶어두려고만 하다가는 조선인들이 "중화제국의 조정이 약소국에 친절을 베푼다"(聖朝字小)는 믿음을 잃게 되는 결과를 낳을 것이라고 언급했다.[79] 그러나 차관이 조선에서 청의 지배력을 높이는 효과적인 수단이 될 것이라는 인식도 높아졌다. 원세개는 조선에 제공한 차관에 관한 글에서 조선에 차관을 제공한 몇 가지 이유를 들었는데, 이유 중에는 추가로 제공한 차관이 "조선에 대한 중국의 지배 체제

---

78. Duus, *Abacus and the Sword*, p.93. 〔이노우에 가오루가 일본 외무대신 무쓰 무네미쓰(陸奥宗光)에게 보낸 영문 전보, 『日本外交文書』第27卷 第1册, p.480에서 재인용〕

79. 이홍장이 1892년 11월 4일(光緖 18.9.15)에 올린 주문(奏文), 『外交史料』, 86: p.11.

를 더욱 분명히 하고, 조선이 중국의 속방이라는 증거를 훨씬 확고하게 할 것"(上國之體制愈明, 而屬邦之憑證愈確)이라는 사실이 포함되었다. 차관은 조선 내 중국 기업의 상업적 기회를 높이는 수단으로도 인식되었다. 이 기간 동안 중국인이 운영하는 회사 동순태호는 각각 10만 량씩 두 차례 차관을 조선에 제공하고, 그 보상으로 수익이 높은 한강 운항권을 받았다.

청 제국은 조선에 직접 자금을 지원하는 것 이외에도, 다른 곳에서 돈을 빌리려는 조선의 시도에도 적극적인 관심을 가졌다. 적어도 한 사례가, 1885년에 조선 정부가 독일 회사 마이어앤드컴퍼니(Myer and Company)로부터 돈을 빌리려는 시도에 원세개가 직접 차관 협상에 개입하여 원래 조선 정부가 단독으로 협상했던 것보다 낮은 금리와 부담이 덜한 양보를 얻어낸 일이다. 원세개는 협상보고서에서 조선의 재정적 어려움이 어떤 차관이든 "몸의 일부에서 살 한 점을 도려내어 다른 아픈 부위에 붙이는 것"(剜肉補瘡)과 같은 상황을 의미한다고 언급했다. 그럼에도 불구하고 원세개는 자신이 조선과 조선에서 일하는 중국 상인

---

80. 중국이 조선에 더 많은 돈을 빌려주자는 제안에 관해서는 총리아문에 올라온 1890년 12월 7일(光緖 16.8.24) 자 주문(奏文), 『外交史料』, 83: pp.17~18; 이홍장이 올린 1892년 11월 4일(光緖 18.9.15) 자 주문, 『外交史料』, 86: pp.10~12, 이홍장이 올린 1892년 12월 12일(光緖 18.10.24) 자 주문, 『外交史料』, 86: pp.15~16을 보라. 또한, 『交涉史料』, 12: pp.5~7; 「譯朝鮮借款」, 1889년 8월 18일(光緖 15.7.22) 자 조목, 『譯署函稿』, 19: pp.35~36을 보라. 차관에 관한 원세개의 글은 林明德, 『袁世凱與朝鮮』, pp.219~220을 보라.
81. 차관 협정의 전문에 관해서는 同順泰, 「同順泰號借款合同」을 보라.
82. 마이어앤드컴퍼니와 조선 조정 사이의 협상에 관한 문서상의 기술은 『獨案』, 1: pp.126~141을 보라. 마이어앤드컴퍼니가 조선에 끼친 영향에 대한 평가로는 김정기, 「조선정부의 독일 차관 도입(1883 - 1894)」을 보라.

들을 위해 가능한 한 최상의 협상을 확보하려고 노력했다는 점을 보고했다.[83] 대체로 '낭비'(浪費)가 아닌, 정당한 목적으로 인식된 사업을 추진하기 위해 적당한 규모의 차관을 도입하려는 행위는 청의 반발을 사지 않았다. 그래서 조선 정부는 1885년부터 1889년까지의 기간에 마이어엔드컴퍼니로부터 여러 차례 차관을 들여올 수 있었다. 조선은 요코하마정금은행(橫濱正金銀行, Yokohama Specie Bank)과 월터 타운센드의 미국 무역상사(American Trading Company) 등으로부터도 돈을 빌렸다. 그 결과는 원세개가 보고서에서 요약한 것처럼, 다음과 같이 다양한 출처로부터 떠안은 막대한 양의 채무였다.

> 국왕과 왕비, 여러 관료와 기관이 모두 돈을 빌렸습니다. 1884년부터 조선은 독일인 상인(마이어앤드컴퍼니)에게서 총 20만 량에 달하는 금액을 연달아 빌렸고, 1882년부터는 일본인 상인들로부터 10~20퍼센트에 달하는 금리로 30만 량을 빌렸습니다. 미국인들은 돈을 빌려주지 않았지만, 외상으로 물건을 팔았습니다. 아울러 조선 정부에 임용된 미국인들은 그 덕분에 약간의 뒷돈을 받았습니다. 미국인에게 진 부채를 전부 합치면 대략 10만 량입니다. 영국인에게 진 부채 합계는 딱 2만 량뿐입니다. 이들 대출금 외에도 알아낼 수 없는 다른 대출도 틀림없이 있을 것입니다.[84]

조선의 차관 도입에 대한 청의 반대

반면 조선이 중국 이외의 곳으로부터 대규모 차관을 도입하려고 했을 때, 특히 1880년대 후반과 1890년대 초반에는 청의 반대가 매우 단호했다. 청 관료들은 특히 한곳에 과도한 부채를 지는 상황이 외국이 조선에 지나친 영향력을 행사하게 하는 치명적인 단계라고 인식했다. 외채에 대한 청 제국 자체의 경험과 외국 제국주의 세력의 전략과 전술에 대한 관찰을 통해, 청 관료들은 매우 보편적으로 해외 차관 도입에 관한 건전한 우려를 품게 되었다. 이집트의 사례를 통해 교훈을 얻은 것은 청 제국만이 아니었다. 일본의 외무대신 이노우에 가오루는 특히 영국이 이집트를 점령한 사건을 인용하며, "만약 우리가 조선에서 우리 입지를 확고히 다지고 내정간섭을 위한 구실을 확보하려면, 철도를 통해서든 차관을 통해서든 간에 차제에 조선에서 실제 이익을 얻을 발판을 굳게 다져 놓아야 한다고 믿는다."[85]라고 서술했다. 많은 외국의 채권자들이 자기들이 제공하는 차관의 담보로 조선에서 유일하게 믿을만한

83. 이홍장이 총리아문에 보낸 1886년 1월 30일(光緖 11.12.26) 자 공문, 『中日韓關係』, pp.1999~2001.

84. Tsiang, "Sino-Japanese Diplomatic Relations, 1870-1894," p.103. 또한, Bonnie B. C. Oh, "The Background of Chinese Policy Formation in the Sino-Japanese War," p.153을 보라. 〔지은이가 인용한 장정불(蔣廷黻, 1895~1965)의 글은 원세개의 공문 원문이 아니라, 장정불이 원세개의 공문 내용을 요약한 것으로 보인다. 원세개가 이홍장에게 보낸 1889년 7월 10일(光緖15.6.13) 자 공문의 전문(全文)은 다음과 같다. "貸債多由王自定, 隨意令各德局印押, 亦隨時由宮中撥償, …… 凱自外查聞, 德商世昌, 自甲申年來, 迭次共貸欠約二十餘萬, 均 一分行息. 日商多家, 自壬午年來, 共貸欠約三十餘萬, 或一分, 或一分二座, 或二分行息不等. 美人在此無貸款, 皆購物欠價, 及各處教習積欠薪工, 約計不過十餘萬, 無行息. 英商有因開礦賠虧, 應向韓索價及教習工匠等人欠薪, 共約二萬餘金, 無行息. …… 此外韓王密囑小人貸欠及韓使日·美兩國貸欠, 無從查知〕

85. Duus, *Abacus and the Sword*, p.92. 『日本外交文書』第27卷 第1册, p.477에서 재인용. 원문은 다음과 같다. "我國モ亦朝鮮ニ向ヒ十分地步ヲ堅メ内政干渉ノ口實ヲ設ケ置カントヤハ鐵道トㇳヒ金錢貸與トㇳヒ此際朝鮮ニ對シ實利的ニ我地步ヲ堅メ置キ……"〕

재원으로 널리 인정받은 해관 수입을 사용하려고 했다는 사실도 청 관료들의 근심거리였다. 이처럼 골치 아픈 상황에 대한 청의 전술은 이홍장이 시도했던 위험한 줄타기를 반영했는데, 그는 조선이 해외로부터 차관을 도입하려는 것을 종종 막으려고 하면서도 조선의 재정 문제를 직접 장악하거나 책임을 지는 일은 회피했다.

1889년, 조선은 프랑스로부터 200만 량의 차관을 도입해 이전에 빌린 많은 차관을 상환하고 원세개가 '낭비'라고 맹렬히 비난한 여러 사업을 벌이려고 했다.[86] 원세개는 만약 프랑스의 차관 도입이 완료된다면 미래에 어떤 상황이 벌어질 것인지 조선인들에게 "경고"하기 위해, 프랑스의 인도차이나반도 지배가 늘어나는 상황을 거론했다. 그는 조선 교섭통상아문 소속의 관료 조병직(趙秉稷)에게도 "썩은 고기로 허기를 달래는 것은 불가능하니, 그런 차관에는 필연적으로 재앙이 뒤따를 것"(編

---

86. 이홍장이 총리아문에 보낸 1889년 6월 28일(光緒 15.6.1) 자 공문, 『外交史料』, 81: pp.7~8. 원세개는 후일 광산을 개발하고 철도를 놓으려면 70만 량 이상의 자금이 들어가야 한다는 사실을 알았다. 이 때문에 그는 그런 사업의 '낭비적' 특성을 염두에 두고, 자신의 견해를 바꾸지 않았던 것 같다. 그는 조선이 그러한 사업을 감독하기 위해 아마 무능한 관리자를 임명할 것이며, 그 사업은 결국 조선에 약간의 이익조차 없이 부채만 늘릴 것이라고 단언했다. 이홍장이 총리아문에 보낸 1889년 7월 27일(光緒 15.6.22) 자 공문, 『中日韓關係』, p.2624를 보라. 원세개의 회의론이 전적으로 잘못된 것은 아니었던 것 같다. 오언 데니는 조선이 임명한 미국인 광산 '기사'인 '피어스 씨'(Mr. Pierce)라는 사람을 강력하게 비판했다. 데니는 피어스가 "도광기(搗鑛機), 기계 기술자, 그리고 조수 존 스타이너(John Stinner)"를 전보(電報)로 요청하여 4인의 조수가 파견되었으며, 이들 모두 조선 정부에 급료 지급을 요청했다고 언급했다. 데니는 분노하여 다음과 같이 결론을 내렸다. "그래서 우리는 이제 한 명청한 인간이 전문가랍시고 갖고 있는 도광기 한 대와 다섯 명의 광부를 우리 책임하에 두고 있는데, 모두 그들의 급료 지급을 걱정하는 것 외에는 아무것도 할 일이 없습니다." 데니가 케네디에게 보낸 1889년 7월 21일 자 공문, 국사편찬위원회, 『데니문서』, pp.47~48을 보라.

脯救飢, 致貽後患)이라고 경고하며, 조선 국왕을 설득해 차관 도입을 중단해야 한다고 강력하게 촉구했다.[87] 이 문제는 결국 조선 조정의 인사들이 '프랑스인 노동자 사건'을 이용해 고종을 설득하여 차관 협상을 중단함으로써 해결되었다. '프랑스인 노동자 사건'이란, 프랑스인 노동자가 조선의 양반 한 사람을 공개적으로 모욕하고 구타했는데도 프랑스 영사가 이 노동자를 인계하라는 조선 당국의 요구를 거부한 사건이다. 원세개는 만약 차관 도입이 완료되면 프랑스 측의 그런 부당한 행동이 늘어날 것만 예상할 수 있다는 점을 고종에게 확신시켰다고 보고했다.[88]

곧이어 이홍장은 대청해관의 총세무사 로버트 하트로부터 조선의 차관을 중단시킬 수 있는 방법을 개략적으로 서술한 보고서를 받았다. 하트는 청 제국이 조선에 대한 종주권을 행사하여 모든 국가에게 청의 승인 없이 조선에 돈을 빌려주는 행위가 금지되었다는 점을 분명하게 밝혀야 한다고 건의했다. 추가로 청 제국은 조선이 외국인에게 미지급한 모든 차관까지 떠맡아야 했다. 이 제안은 천진해관의 세무사 구스타

---

87. 이홍장이 총리아문에 보낸 1889년 6월 28일(光緖 15.6.1) 자 공문, 『外交史料』, 81: pp.7~8. 또한, 원세개가 이홍장에게 전보로 보낸 1889년 6월 28일(光緖 15.6.1) 자 공문, 『交涉史料』, 11: pp.12~13을 보라. 원세개가 조병직을 이용한 것은 그의 업무 방식을 보여준다. 많은 경우 그는 조선 조정에 직접 말하기보다는 호감 있는 조선 관료를 통해 자기 의견이 알려지게 하는 것을 선호했다. 이와 같은 막후 접근 방식은 이홍장이 일찍이 이유원과 주고받은 서신에서 선례를 찾아볼 수 있다. 이홍장과 원세개에게는 이 방식이 적당하고 편리했는지 몰라도, 사건에 대한 그들의 실제 영향력을 추적하는 역사학자에게는 어려운 일이다.
88. 이 '프랑스인 노동자 사건'에 관한 자세한 내용은 이홍장이 총리아문에 보낸 1889년 6월 15일(光緖 15.5.17) 자 공문, 『外交史料』, 81: p.6; 원세개가 이홍장에게 보낸 1889년 6월 28일(光緖 15.6.1) 자 전보, 『交涉史料』, 11: p.12; 이홍장이 총리아문에 보낸 1889년 7월 27일(光緖 15.6.22), 『中日韓關係』, pp.2623~2624를 보라.

프 데트링(Gustav Detring)의 지지를 받았다. 그는 만약 청이 조선해관의 징세액을 장악한다면 10년 안에 조선의 모든 차관을 상환할 수 있다고 자신 있게 선언했다. 이홍장은 이 제안에 의구심을 품었다. 그는 데트링이 추정한 조선해관의 징세액 추정치가 지나치게 낙관적이라고 생각했다. 게다가 그는 이와 같은 명시적인 책임 선언에 대한 일본과 러시아의 반발을 두려워했다. 결국, 이홍장은 하트와 데트링의 제안이 대청해관의 힘과 영향력을 증대하려는 시도이며, 그 결과는 이홍장 자신의 권력을 감소시킬 수밖에 없을 것이라고 우려했다.[89]

이홍장은 그 제안을 거절했지만, 청 제국은 후일 다소 유사하면서도 덜 야심 찬 조치를 채택했다. 1890년, 총리아문은 조선에 차관을 제공하려는 외국 열강에게 다음과 같은 경고를 공표했다. "그런 조치는 현명하지 못하며, 그러한 차관 제공에 동참한 국가는 심각한 곤경과 재정적 손실에 연루될 것이다." 이 경고문에서는 조선이 가난하여 차관을 상환할 수 없다고 지적했다. 실례를 들자면, 조선은 1880년대 초반에 청이 제공한 차관을 상환할 수 없었다. 게다가 청 제국은 어떠한 차관의 상환도 보장하려고 하지 않았고, 관세 수입이 상환에 사용되는 것도 허락하지 않았다.[90] 이후 총리아문이 작성한 보고서를 보면, 미국·프랑스·영국·러시아가 (공적으로든 사적으로든 간에) 조선에 돈을 빌려주는 행위를

---

89. 이홍장이 총리아문에 보낸 1889년 7월 27일(光緖 15.6.22) 자 공문, 『中日韓關係』, p.2622; Dalchoong Kim, "Korea's Quest for Reform and Diplomacy in the 1880s," pp.488~489.

90. 최국인(崔國因, 1831~1909)(Tsui Kwo Yin, 1889년부터 1893년까지 주미공사를 역임한 중국의 외교관)이 미국 국무장관에게 보낸 1890년 5월 6일 자 공문, KAR, 2: pp.19~20.

중단하는 것에 동의했음을 알 수 있다. 오직 일본만이 차관은 자주국 간에 해결해야 할 문제라고 선언했다. 청의 경고가 명백하게 먹혔음에도 불구하고, 이 보고서는 민간의 협정이 여전히 계속될 수 있다는 사실을 인정했으며, 따라서 조선의 과도한 차관 도입 중단은 일시적인 현상일 가능성이 컸다.[91]

총리아문에서 작성한 보고서의 예측은 이후 몇 년 동안 차관을 얻으려는 조선의 활발한 시도를 통해 부분적으로 실현되었다. 조선 국왕 고종은 미국인 선교사이자 외교관인 호러스 알렌과 국왕의 미국인 고문 오언 데니의 도움을 받아 미국인 자본가들에게 차관을 요청했다.[92] 고종은 프랑스 태생의 미국인 샤를 르장드르(Charles LeGendre)를 파견하여 일본·영국·미국의 회사 등 다양한 출처를 통해서도 차관을 요청했다.[93] 그러나 조선 정부가 제시한 관대한 양보(마건충으로부터 받은 경고에 포함된 그런 유형의 양보)에도 불구하고, 알렌·데니·르장드르는 모두 성과를 거두지 못했다. 이들의 시도가 실패한 것은 대체로 청의 개입 탓으로 돌려졌다.[94] 예

---

91. 총리아문의 1890년 10월 7일(光緖 16.8.24) 자 상주문, 『外交史料』, 83: pp.17~18.

92. 조선을 위해 차관을 확보하려는 알렌의 노력에 관한 더욱 자세한 내용은 Harrington, *God, Mammon, and the Japanese*, pp.133~140; 김원모 편, 『알렌의 일기』, pp.519~537을 보라.

93. 르장드르의 시도에 관한 좀 더 자세한 내용은 이홍장이 원세개에게 보낸 1890년 5월 1일(光緖 16.3.13) 자 전보, 『電稿』, 12: p.18; 이홍장이 섭집규(聶緝槼)에게 보낸 1890년 5월 2일(光緖 16.3.14) 자 전보, 『電稿』, 12: p.18; 이홍장이 원세개에게 보낸 1890년 5월 3일(光緖 16.3.15) 자 전보, 『電稿』, 12: pp..18~19; 蔣廷黻, 『近代中國外交史資料輯要』, 2: pp.472~474; 권석봉, 「이선득의 파일(派日)과 청측 개입」을 보라.

94. Young Ick Lew, "Yuan Shih-k'ai's Residency," p.94; Dalchoong Kim, "Korea's Quest for Reform and Diplomacy in the 1800s," p.487; Harrington, *God, Mammon, and the Japanese*, pp.136~137.

를 들어, 오언 데니는 곧바로 청 관료들이 "자기들의 생각대로 이 나라 (조선)에 대한 자국의 정치적 계획을 구체화하기 위해, 음모와 거짓말로 이곳의 발전과 진보를 억압하려는 …… 집요하고 부도덕한 활동"을 벌이는 것을 맹비난했다. 그러나 데니는 조선에 해외 차관을 들여오려는 자신의 노력 과정에서 "이제껏 조선의 자원과 자연적 가치가 거의 알려지지 않았다는 사실"과 이에 대한 조선 정부의 "냉담한 무관심" 등 몇 가지 다른 장애 요소도 있다는 점을 깨달았다. 그는 르장드르가 추진한 경쟁적인 제안에 대해서도 비난했다.

결국, 청 제국은 조선이 해외로부터 거액의 차관을 들여오지 못하도록 막는 데 중요한 역할을 했을 것이다. 물론, 조선 정부에서 들여오려고 했던 차관이 워낙 거액이라서 어떤 외국인 채권자가 선뜻 그런 대출금을 제공해 줄 수 있었을지 의심스럽기는 하다. 청 관료들은 보수적인 수사 표현을 사용했지만, 대체로 (조선이 정력적으로 추구한 것으로 보이는 루틴인) 해외로부터 소규모 차관을 들여오는 것에는 크게 우려하지 않았던 듯하고, 심지어 중국 측으로부터 꽤 상당한 규모의 차관을 들여오는 것은 장려하기도 했다. 조선이 다양한 외국의 출처로부터 수십 건의 소규모 차관을 들여온 사실은, 청이 조선에서 다자적 제국주의 실현을 수용

---

95. 데니가 프레이저(Frazar)에게 보낸 1889년 12월 23일 자 서신, 국사편찬위원회, 『데니문서』, pp. 166~167.
96. 데니가 프레이저에게 보낸 1890년 3월 22일 자 서신, 국사편찬위원회, 『데니문서』, p. 182.
97. 데니가 린즐리(Lindsley)에게 보낸 1890년 5월 3일 자 서신, 국사편찬위원회, 『데니문서』, p. 199.

하고 장려했던 사실을 반영한다. 그러나 원세개와 이홍장은 청 제국이 조선 최초의 채권자이자 최후에 의지할 수 있는 채권자가 되는 분위기를 조성하려고 노력했다.

청의 제국주의와 조선의 근대성

청이 한반도에 원거리 통신 인프라를 구축하여 장악하려던 노력, 조선 해관의 설립, 해외로부터 차관을 도입하려는 조선의 시도에 드러낸 다면적인 역할 등은 속방으로 인식되던 조선의 국내 사건에 대한 청의 전례 없는 개입을 입증한다. 이러한 청의 모습은 청 제국 내부의 다양한 집단과 이익단체가 조선에서 청의 제국주의 정책을 표방하고 실행하는 과정에서 얼마나 상호 보완의 역할을 하고, 때로는 의견이 상충된 상태에서 작동했는지도 보여준다. 게다가 이런 모습은 청의 정책 초점을 오래전부터 주장하던 의례적 종주권의 '복원' 또는 '재천명'에 두지 않음으로써 어떤 의미로는 청의 제국주의 정책과 관행에 나타난 '정상적(正常的) 특성'도 입증한다. 이것은 제국주의가 공식적이든 비공식적이든 간에 언제든 전 세계 어디에서나 발생할 수 있는, 구분할 수 없는 동일한 완전체로 간주되어야 한다고 주장하는 것이 아니다. 그러나 이 주장은 원거리 통신에 대한 지배권의 추구, 해외무역에서 매출 추산과 규제 방식의 제도화, 해외로부터 차관을 도입하려는 조선 국내의 시도에 대한 통제 내지는 영향력을 발휘하려는 시도가 과거의 청 또는 중국의 관례와 관련된 것이 아니라, 영국과 일본 등 이른바 근대(또는 근대화 과정인) 열강의 제국주의적 관례와 더욱 많은 유사점을 갖고 있다는 사실을 강조한다.[98] 이홍장은 이규(李圭)의 세계일주 여행기 『환유지구신록』(環遊地球新錄)에 쓴 「서문」에서 청 제국이 제국주의의 최신 도구를 사용해야 한다는 자신의 생각을 다음과 같이 강력하게 표명했다.

서방의 여러 국가는 매일같이 각자의 총명과 재능을 발휘하며 서로 각축을 벌여왔다. 부강해지기 위한 그들의 모든 계획, 예를 들면 철도·전신선·군함·무기 등의 분야에서 그들은 모두 상대국의 것을 베껴왔고, 모두 최신(의 것)을 추구했다. 그리고 상업적인 문제에서, 이런 점은 특히 염두에 둘 가치가 있다. 이러한 사실을 무시하는 국가는 자립할 수 없다. 그들 나라의 풍조가 그럴 뿐 아니라, 대체로 시대 상황이 그렇게 만든 것이다.[99]

泰西諸國日出其聰明才力, 以相角逐, 凡可爲富强計者, 若鐵路·電線·車舡·炮械之屬, 轉相倣效, 務極新奇, 而于商務尤所措意, 舍是則無以自立. 其國匪特習尙所在, 蓋亦時勢使然也

98. 19세기 제국주의에서 원거리 통신이 한 중요한 역할에 관한 자세한 사항은 Headrick, *Tools of Empire*와 같은 저자가 쓴 *The Invisible Weapon*, pp.50~72의 여러 부분을 보라. 일본 제국주의의 팽창 과정에서 전보가 한 역할에 관한 탐구로는 Daqing Yang, *Technology of Empire*를 보라. 특히 관세 수입이 담보물로 저당 잡힌 상황에서는, 조선의 해외 차관 도입 반대에 관심이 있던 유일한 제국주의 세력이 청 제국만은 아니있다. 해링턴(Harrington, *God, Mammon, and the Japanese*, p.306)은 1899년에 "일본과 영국의 특사들이 동반자로 협력하면서 조선의 재정고문인 브라운(Brown)을 축출하려는 러시아의 거듭된 노력에 반대하고, 25년간의 조선 관세를 담보로 약정한 프랑스-러시아의 차관을 방해한" 사례를 언급한다.
99. Desnoyers, "Toward 'One Enlightened and Progressive Civilization,'" p.151. (『李鴻章全集37: 詩文』, 合肥: 安徽敎育出版社, 2008, p.28에서 재인용. 지은이와의 협의로 데스노이어스의 번역을 약간 수정함)

전신·해관·외채와 관련한 청의 제국주의적 정책은 조선의 개혁 시도를 방해한 청의 개입 역할을 강조한 한국 역사학계의 주요한 논조에 대한 재평가도 촉발한다. 이러한 한국학계의 논조는 전반적인 청 제국, 그중에서도 특히 원세개가 왜 조선이 개혁과 근대화를 실행할 수 없었는지, 그래서 결국 식민지 지배를 피할 수 없었는지를 설명하는 중요한 이유가 된다는 주장이다.[100] 조선에 끼친 청 제국의 영향력을 평가한 미국 공사 휴 딘스모어(Hugh Dinsmore)는 다음과 같은 결론을 내렸다. "중국의 간섭이 없었더라면 이곳의 모든 것이 순조롭게 잘 진행되었을 것이고, 그 나라(조선)는 빠르게 번영하고 산업이 급속히 발전했을 것이다. 그러나 모든 전진은 중국공사에 의해 좌절된다."[101] 후대의 한국인 학자 중에서 다수가 이 의견에 동의했다. 한 학자의 의견에 따르면, 원세개는 "조선의 근대화와 독립을 지지한 모든 사람에게 강력한 적으로 등장하여, 조선과 조선 백성의 이익에 저주를 안겼다."[102] 또 다른 학자는 "원

---

100. 많은 학자가 조선이 일본의 식민지 지배를 피할 수 없었던 다양한 여러 가지 '실패' 요소나 원인을 지적한다. 이덕주(『조선은 왜 일본의 식민지가 되었는가』, pp.47~75)는 "왜 조선이 일본의 식민지가 되었는가?"라는 질문의 답을 찾는 과정에서 (다른 무엇보다도) 고종·대원군·이완용 등 영향력 있는 개인들의 역할, 유교와 당파 싸움의 영향, 서구 제국주의의 영향, 서양 과학에 대한 조선인들의 태도를 고려한다. 그는 '종주국인 청국'의 역할을 고려하는 것에도 한 장 (이상)을 할애한다. 위의 책, pp.77~107을 보라.

101. Chay, *Diplomacy of Asymmetry*, p.79에서 재인용. 미국인 오거스틴 허드(Augustine Heard)는 다음과 같이 동의했다. "간단히 말해, 중국의 억압을 받아 팽창이 금지된 상황에서 조선은 결코 번영할 수 없다. 그런 억압이 사라진다면, 조선은 개혁과 발전의 기회를 얻게 될 것이다."(허드가 미국 국무장관에 보낸 1890년 10월 21일 자 공문, *KAR*, 2: p.28). 또한, Gilmore, *Korea from Its Capital*, p.82를 보라.

102. Yur-Bok Lee, *West Goes East*, p.168.

세개가 조선이 진보를 위해 기울인 모든 노력을 억압했다."라고 의견을 밝힌다.[103]

식민지가 경험한 '진보'와 제국주의 사이의 관계는 (경제적이든 그 밖의 것이든 간에) 강렬하고 대체로 해결되지 않은 논쟁의 주제가 되었다. 식민지 지배가 문명화와 근대화에 도움이 되었다는 식민지 개척자들의 주장과 대비되는 것이 의식적인 제국주의 정책이나 중심부-주변부 관계의 내재적 구조 때문에 제국주의가 식민지의 진보와 발전을 지연시켰다는 주장이다.[104] 많은 사람에게 한국의 사례는 근대화와 압제 사이의 큰 논쟁에서 비롯된 흥미로운 대립을 나타내는데, 두 주장 모두 제국주의 세력이 몇몇 중요한 방식에서 식민지로 전락한 나라보다 더욱 '근대적'이며, 주변부인 식민지의 개혁과 진보가 촉진되거나 좌절되는 것은 바로 이러한 근대성의 불균형 때문이라는 점을 상정하고 있다. 반면, 청 제국주의는 그 동기와 실행이 근대적이지 않았으므로, 조선에 행사한 청의 제국주의가 정확하게 조선의 근대화를 막았다고 여겨져 왔다. 유영익의 견해에 따르면, 이처럼 "조공국에 대한 간섭으로 대표되는 청대 중국의 시대착오적 정책은 …… 조선의 개혁 운동에서 공백이 나타나

---

103. Seung, *The Russo-Japanese Rivalry over Korea, 1876-1904*, p.83. 또한, 구선희, 『한국 근대 대청정책사 연구』, p.11, 17을 보라.

104. '근대화설'과 '압제설'이 중국의 사례에 어떻게 적용되었는지에 관한 논의는 Osterhammel, "Semi-Colonialism and Informal Empire in Twentieth-Century China," pp.292~293을 보라. 발전 및(또는) 저개발에서 제국주의의 역할이 어떠했는지에 관한 더욱 보편적인 논의로는 Kiernan, *Imperialism and Its Contradictions*, pp.45-76을 보라. 사하라 사막 이남의 아프리카에 관한 사례 연구로는 Gann and Duignan, *Burden of Empire*를 보라.

는 주요한 원인이 되었다."[105] 이여복이 보기에 "원세개의 주요 문제점은 많은 당대의 여타 지도자와는 달리 그가 당시의 세계 사정에 무지했고, 그가 보편적인 관점에서 자신이 살던 시대의 정신과 흐름을 인지할 수 없었던 것"이었다.[106] 구선희(具仙姬)에게 청 제국은 자력으로 진정한 제국주의자가 되기에는 그다지 선진적이지 않았다. 청의 여러 정책은 제국주의와 유사한 형태였지만, 좀 더 선진적인 서양 국가들의 정책을 모방했을 뿐이다. 따라서 청 제국은 조선의 사회적 진보를 막는 장애물이

---

105. Young Ick Lew, "Yuan Shih-k'ai's Residency," p.63; 강조 부분은 추가한 것임.
106. Yur-Bok Lee, *West Goes East*, p.172. 청과 조선의 실패 원인이 주로 청의 세계관과 정책에 반영된 퇴영적이고 전근대적인 속성 때문이라는 정서가 표현된 사례는 아주 많다. 몇몇 사례를 더 들자면 다음과 같다. "중국과 조선 양국 간의 역사적 관계는 근대에 아무런 의미가 없었다. 그들이 필요한 적응에 실패한 것은 이홍장과 (총리)아문이 양국의 역사적 관계를 너무 많이 생각했기 때문이다."(Tsiang, "Sino-Japanese Diplomatic Relations, 1870-1894," p.99); "총리아문이나 이홍장, 또는 하여장과 황준헌을 통해 표현된 것처럼, 중국의 조선 정책은 자기 잇속만 챙기는 것일 뿐만 아니라 애초부터 조선과 중국까지 비참한 결과를 가져오게 될 필연적인 실패의 씨앗이 담겨 있었다. 중국의 전제는 희망사항에 기반을 두고 있었고, 시대착오적이고, 자기중심적이며, 자기 잇속만 차리는 무력 정치의 관점이었다."(Woong Joe Kang, *The Korean Struggle for International Identity*, p.102); "만약 이홍장이 1886년에 원세개를 조선에서 소환하여 그를 미국이나 몇몇 유럽 국가의 중국공사관에 보냈더라면, 원세개에게, 그리고 이홍장 자신에게도, 또한 무엇보다 중국에도 훨씬 좋았을지도 모른다. 서양 국가에 체류하는 동안 원세개가 시야를 넓혀 단기적·장기적 목적의 맥락에서 중국의 이익과 안보 문제를 살필 줄 아는 선견지명과 통찰력을 갖춘 정치가가 될 수도 있었을지 누가 알겠는가?"(Yur-Bok Lee, *West Goes East*, p.173); "청조는 현실을 직시하여 그에 따라 시급하게 해야 할 일을 다시 정할 수 있을 정도의 정치적 선견지명과 용기의 부족으로 크게 고생하고 있었다. 이는 일본이 메이지 유신을 통해 성공적으로 해결한 문제였다. 대신 중국은 비현실적인 집착에 빠져, 종종 원세개의 비이성적이고 유치한 간섭을 통해 해체되고 있는 중세왕국에 조선을 연결하려고 했다. 조선에 대한 지배적인 영향력을 국제적으로 인정받으려는 청조의 필사적인 시도는 조선을 지배하려는 중국의 전통적인 집착과 크게 다르지 않았다. 수천 년 동안 교류가 있었음에도 불구하고 중국인들은 조선의 현실을 전혀 이해하지 못했다."(Jung, *Nation Building*, pp.164~165).

었고, 조선이 근대화에 실패하고 결국 식민지 지배로 전락하게 만든 근원이었다. 전인영(全寅永)[107]이 보기에 조선의 내정에 대한 청 제국의 개입과 간섭 증가는 '전근대적인 배타주의'에 기반을 둔 전통적인 종주권의 신호이자, 박수이(朴壽伊)[108]의 말마따나 개항장 시대가 발전의 징조임에도 불구하고 퇴행과 쇠락의 시대였음을 보여준 사태이다.[109]

조선의 개혁 시도와 청 제국 사이의 실제 관계는, 중국의 내재적 전근대성 내지 반근대성 탓에 중국이 조선을 몰락하게 했다는 단순한 주장보다 훨씬 더 모호하고 복잡하다.[110] 청의 제국주의 정책과 관행의 특정 양상은 사실 조선의 개혁이 개개인의 관심 및 조선을 개혁하려는 그들의 계획과는 배치되는 것으로 보일 수 있다. 그러나 한반도를 국제적 전신망으로 연결한 일이나 빈곤한 조선 정부에 유일하게 진정으로 믿을만한 수입원 역할을 한 해관(관세수입은 종종 근대적인 개혁 사업에 사용되었다)

---

107. 구선희, 『한국근대 대청정책사 연구』, p.17, 20.

108. 전인영, 「중일갑오전쟁 전후 중국의 조선인식변화」, p.65.

109. 박수이, 『개항기 한국무역자본에 관한 연구』, p.17. 비판 찬드라(Vipan Chandra, *Imperialism, Resistance, and Reform in Late Nineteenth-Century Korea*, p.52)는 1885년부터 1894년까지의 시기를 '원세개의 10년'이라고 규정하는데, *Korea Old and New*의 저자들은 이 시대가 "조선 계몽운동의 암흑기"(Eckert et al., *Korea Old and New*, p.213)였다는 결론을 내렸다.

110. 이 경향은 한국에 관한 글을 쓰는 특정 학자들에게 국한된 것이 아니다. 중국의 제국주의를 연구하는 학자들에 관한 글에서 '근대화론'과 '탄압론'을 주장하는 학파 모두에 대해 위르겐 오스터하멜(Jürgen Osterhammel, "Semi-Colonialism and Informal Empire in Twentieth-Century China," p.295)은 다음과 같은 결론을 내린다. "이들 양측이 각각 제시한 자료 사이의 인과 관계 또는 인과 관계 없음은 대개 입증된 것이 아니라, 주장일 뿐이다. 어떤 외부 세력이 어디서, 언제, 어떻게 토착민의 사회·경제적 체제에 무슨 영향을 끼쳤으며, 어떤 매커니즘을 통해 세계시장의 영향력이 중국 경제 등에 옮겨졌는지는 아직 밝혀지지 않았다."

을 설립한 일이 어떻게 개혁·진보·근대화의 장애물로 보일 수 있을지 상상하기는 더욱 어렵다(그러나 사람들은 그런 변화무쌍한 표현으로 정의하기를 원한다). 해외로부터 차관을 도입하려는 조선 조정의 시도에 청 제국이 어떤 역할을 했는지조차도 대충 봐서 알 수 있는 것이 아니며, 여러 가지 해석이 가능하다. 확실히 청 제국은 외국의 몇몇 기관이 조선에 대규모 차관을 제공하려는 것을 막는 역할을 했다. 게다가 조선 조정이 실제로는 그 돈을 활용해 완수할 수 있었던 것보다 훨씬 더 광범위하고 야심찬 개혁 활동에 자금을 지원했을 수도 있다. 그러나 외국의 차관이 세계 전역의 많은 비공식적 식민지에서 더욱 큰 제국주의 침략과 지배를 촉진하는 역할을 했다는 점을 고려한다면, 조선왕국이 "'아시아의 이집트'가 되는 것"을 피하는 것보다 더 나쁜 운명에 처했을 수 있다.[111] 그리고 비록 재정과 세제(稅制) 문제에 관한 원세개(와 웅동화)의 충고라든가 이들이 농업 중시와 사치·낭비 줄이기를 강조한 점은 어느 정도 자본주의 시대 이전의 감성을 반영하기도 하지만, 조선의 차관에 관한 마건충의 조언은 훨씬 실용적이며 제대로 관리된 차관의 위험성과 가능한 이익을 모두 인식하고 있다.

청을 조선의 개혁과 근대화의 장애물로 간주하는 일부 한국인 학자

---

111. Young Ick Lew, "Yuan Shih-k'ai's Residency," pp.96~97. 조선에서 행사한 청 제국주의에 대한 유영익의 비판이 흥미로운데, 그는 이따금 원세개가 조선의 내정에 과도하고 불필요한 개입을 한다고 비난하면서도, 또 어떤 때는 원세개가 특히 교육 및 군사 개혁 분야에서 충분히 강하게 개입하지 않는다고 비난하기 때문이다. 이 문제에 대해 유영익은 여러 가지 점에서 "만약 착취보다 나쁜 것이 한 가지 있다면, 그것은 전혀 착취당하지 않는 것이다."라고 한 로날도 뭉크(Ronaldo Munck, "Dependency and Imperialism in Latin America," p.149)의 한탄을 따라하는 것 같다.

들의 논거는 성공적인 근대화를 통해 식민지로 전락하는 위험을 피했다는 점에서 모방의 대상으로 삼은 일본의 사례를 암암리에 또는 노골적으로 활용한다. 어쩌면 유영익의 다음과 같은 주장이 이 점에 관해서는 매우 솔직한 것 같다.

> 원세개의 조선 체류 기간에 중국이 제공한 가부장적 보호가 없었더라면, 조선 계몽운동 지도자들이 보인 활기찬 민족주의와 개혁을 향한 열정으로 보건대, 조선이 중국의 억압적인 통제를 받지 않게 되어 경제적·군사적 조건에서 근대 일본의 적수까지는 아니더라도 성공적으로 자국의 독립을 유지하기에는 충분한 근대적 부강을 성취할 수 있었을 것임을 짐작할 수 있다.[112]

물론, 이와 같은 조건적인 명제를 입증하거나 반박하는 것은 불가능하다. 그러나 지구 지표면의 대부분을 식민지로 만든 제국주의 절정의 시대에, 일본의 메이지 정부가 (청 제국, 샴, 에티오피아 등 소수의 국가들과 더불어) 진짜 예외 사례였다는 점을 주목할 필요가 있다.

---

112. Young Ick Lew, "Yuan Shih-k'ai's Residency," p.106. 이여복(Yur-Bok Lee, *West Goes East*, p.173)도 일본의 성공과 청의 지시를 받은 조선의 실패를 다음과 같이 대비시킨다. "전체적으로 그들(일본의 지도자)의 세계관과 일본의 미래에 대한 관점은 원세개의 세계관이나 미래관보다 훨씬 개화되고, 폭이 넓었으며, 선견지명이 있었다. 원세개는 부분적으로는 급속히 변화하는 세계에 대한 무지 탓에, 부분적으로는 편협한 성격 탓에 조선을 1880년 후반과 1890년대 초반의 비극으로 몰아넣었고, 1900년대 초반에는 결국 중국까지 그런 비극에 빠지게 했다."

6. 종주권, 자주권, 의례

1888년, 고종의 미국인 고문 오언 니커슨 데니(Owen Nickerson Denny)는 『중국과 조선』이라는 제목의 소책자를 출간했다. 데니 자신의 말에 따르면, 이 책자의 출간은 "중국의 한반도 정책에 묶인 조선이라는 호랑이를 풀어주려는" 시도였다. 데니는 "조선이 속방이라는 거품을 터뜨리고, 청 제국이 이 작은 왕국에 저지른 부당한 행위와 범죄 행위를 폭로하기를"[1] 희망했다. 『중국과 조선』에서 데니는 자신이 목격한 사건들을 원세개의 "옹졸한 책략, 범죄, 부당성, 잔인성"으로 분류했다.[2] 그는 조선의 자립과 진보를 이끌려는 자신의 노력이 언제나 "중국 측"에 의해 좌절되었다고 밝혔다.[3] 그는 조선을 청의 속방이 아닌, 자주적이고 독립

- 이 책자는 국내에 『청한론』(淸韓論)이라는 제목으로 소개되었다.
1. 데니가 미첼(Mitchell)에게 보낸 1888년 2월 6일 자 서신, 국사편찬위원회, 『데니문서』, p.96.
2. Denny, *China and Korea*, p.32.
3. 위의 책, p.3.

적인 국가 공동체의 일원으로 평가받기 위한 법적 근거를 만들려고도 애썼다. 그는 "국제사회에서 지금까지 국가 간의 상호교류를 매우 원만하게 이끌었던 국제법상의 규정"에 기반하여 자신의 주장을 펼쳤다.[4]
파장이 컸던 데니의 책자를 비롯해 19세기의 동아시아 상황에 대해 그와 유사한 생각을 품었던 여러 서양인 관찰자의 저술은 그 이후 세대의 사람들이 조청 관계를 이해하는 데 큰 영향을 끼쳤다. 어떤 점에서 데니의 논평은 당시의 사건들에 대한 매우 정확한 묘사였다. 원세개는 사실 데니가 상상했던 것만큼 그렇게 많은 사건과 연관이 있지는 않았겠지만, 다수의 책략과 음모에 연루되어 있었다. 그러나 원세개의 계획 중에서 성과를 거둔 것이 거의 없어 보인다는 사실은 의미심장하다. 중국 내의 청류당 관료들이 원세개의 활동에 지지를 보냈지만, 이홍장은 대체로 조선 "현지에 파견된 인물"이었던 그를 제지할 수 있었다. 게다가 "점진적이든, 그 반대의 방식이든" 청이 조선을 "흡수하는" 정책을[5] 추진하기로 했다는 데니의 공표는 원세개와 청류당 동료들의 염원을 반영한 것일 수 있겠지만, 조선에서 비공식 제국의 입장을 적극적으로 공고히 하면서도 한반도에 대한 공식적인 책임은 열심히 피하려고 했던 이홍장의 생각과는 정면으로 배치되었다.

좀 더 개괄적으로 세계를 "독립 주권" 국가와 "반독립 또는 종속" 국가로 양분한 데니의 서술은 조선의 현실과는 맞지 않는 주장으로, 어느 정도는 절연(截然)한 그의 법률가적 태도를 반영한다. 조선은 독립 주권 국가이면서도 청 제국의 속방이었고, 그 당시 조선과 얽혀 있던 열강 세력 대부분은 정도의 차는 있었을지언정 이런 조선의 상황을 인정했다.[6] 데니는 "반도국 조선과 중국 사이의 모든 교류에 나타나는 특징을 익숙한 모호함과 애매함"이라고 일축하고 즉각 비난했다. 그는 그렇게 함으로써 전통적이고 의례에 기반한 한중 관계의 "낭만과 과장"을 묵살하고, 한중 관계를 새롭고 서구적 방식의 관계로 대체할 것을 주장한 사람들의 대열에 합류했다. 그러나 서구식 관계 또한 낭만과 과장까지는 아니더라도 건전한 일련의 의례를 담고 있었다. 청의 관료들뿐만 아니라 조선의 관료들도 성문화하지 않은 사회 법규를 비롯해, "국가 공동체" 사이에서 국가 간의 외교 의전이 필요할 때 자기들이 만들었던 약간의 "당혹스러움" 탓에 고생하는 점에 대해 용서를 구해야 했을지 모른다. 마찬가지로 당혹스러운 점은 강대국이 약소국을 지배하고 갈수록 마음대로 약소국을 합병하고 흡수할 정도로 불평등한 조약과 치외법권이 허용되는 시대에, 데니를 비롯해 그와 비슷한 생각을 품은 논평가들이 외견상으로는 무표정한 얼굴로 조약과 공사관이 보장하는 주권의 신성불가침한 특성을 서술한 능력이다. 영국의 거문도(巨文島, 해밀턴항) 점령, 미국에 공사관을 설립하려는 조선의 시도, 조선에 대한 특

4. 위의 책, pp.24~25.

5. 위의 책, p.5.

6. 위의 책, pp.5~6. 데니는 다음과 같이 언급했다. "독립 주권 국가임을 상징하는 …… 확실한 시금석은 한 나라가 다른 독립 주권 국가와 협상하고, 우호·항해·무역에 관한 조약을 체결하며, 상호 간에 공사(公使)를 파견하고, 다른 독립 주권 국가에 전쟁과 평화를 선포할 권리를 갖는 것이다. 이런 사항들은 주권과 양립할 수 있고 일치하는 권리이자 조건이며, 한 국가는 그러한 권리를 보유했을 때 독립 국가로 이뤄진 국가 공동체 내에서 자리매김할 수 있다. 반면 그러한 권력을 보유하지 않은 국가라면 협정 조건에 따라 반독립국 또는 종속국가로 분류되어야 한다."

7. 위의 책, p.11.

8. M. F. Nelson, *Korea and the Old Orders in Eastern Asia*, p.162에서 재인용한 존 러셀 영의 발언.

권을 주장하는 청 제국의 시도 등에 대한 국제사회의 반응은, 무력 정치의 현실이 세계의 모든 국가가 평등한 주권 국가라는 높은 이상에 부응하지 못했던 상황을 반영한다.

책략과 음모

오언 데니를 비롯한 사람들은 원세개가 조선에 대한 자신의 정책에 반대하는 조선 관료들을 축출하려는 음모와 계략을 꾸민 일을 여러 차례 비난했다. 원세개가 꾸민 계략 중에는 조선왕국을 청 제국에 합병하는 방안을 추진하는 것부터 고종과 민비의 축출 음모에 이르기까지 많은 내용이 포함되었다고 한다. 원세개와 그의 행동의 특징을 묘사한 몇몇 견해를 보면, 중국인은 계략을 꾸미기 좋아한다는 식의 오리엔탈리즘적 고정관념이 지닌 영향력을 알 수 있다. 매우 유명하고 심각한 난맥상을 보여주는 두 사례가 1886년에 러시아와 조선의 동맹을 은밀히 추진한 조선의 시도에 폭발한 광기와 관련된 원세개의 행동과 1888년에 벌어진 이른바 '영아 소동'에서 원세개가 (만약에 역할을 했다면) 한 역할이었다. 이 두 사건을 비롯한 여러 사례를 보면, 원세개가 조선에서 청의 특권과 이익으로 생각한 것들을 수호하기 위해 강압적이고 때로는 급진적인 조치를 취할 생각을 품었을 정도로 적극적이었다는 사실을 알 수 있다. 결국, 이런 여러 사례 탓에 원세개는 역대 한국인 학자들로부터 공분을 샀다. 마찬가지로 이들 사건과 관련하여 중요한 점은 원세개의 그런 시도가 대부분 실패했다는 사실이다. 이홍장이 조청 관계를 세심하게 관리한 덕분에, 조선은 '현지 파견인 중심주의'(man-on-thespotism)라는 세계적 추세, 즉 제국 본토의 정부가 주변부 현지에 거주하는 자국의 관료·군인·상인 등의 행동에 이끌려 주변부의 일에 더욱 적극적으로 개입하고, 때로는 심지어 주변부의 영토를 직접 합병하기도 하는 경향에 끌려다니지 않았다.[9]

1886년 8월 5일, 조선에서 점진적인 러시아의 영향력 확대 위협과 그런 영향력을 적극적으로 끌어들이는 것처럼 보이는 고종을 걱정하던 원세개는 근본적으로 조선 국왕을 타도하기 위한 쿠데타를 제안했다. 그는 이홍장에게 청 제국이 조선에 포함으로 구성된 함대와 수천 명의 병력을 파견하고, 대원군과 협력하여 고종을 축출한 다음 러시아에 도움을 기대려는 성향이 덜할 것으로 짐작되는 왕실 종친(宗親)을 발탁해 고종을 대신하게 하자고 건의했다.[10] 8일 뒤 원세개는 조선 조정 내의 인물 중 자신과 막역한 친구 사이이자 민비의 조카인 민영익으로부터 조선이 러시아의 보호를 요청하는 비밀 편지 한 통을 받았다고 주장했다. 이처럼 고종의 배신을 명백히 보여주는 증거로 무장한 원세개는 자신의 우려에 충분한 근거가 있다고 상부에 신속히 보고하고, 강력한 조치가 강구되어야 한다고 주장했다. 그는 "오늘 오후에 청군 72개 대대가 포함에 승선하여 조사를 위해 서울로 향하는 중"이라고 주장하며[11] 전보의 내용을 고종 앞에서 읽기까지 했다.

---

9. Curtin, *The World and the West*, pp.48~49.
10. 林明德, 『袁世凱與朝鮮』, p.262; 국사편찬위원회 『고종시대사』, 1886년 8월 16일; Swartout, *Mandarins, Gunboats, and Power Politics*, p.82.
11. Swartout, *Mandarins, Gunboats, and Power Politics*, p.83.

원세개의 행동과 대청(大淸)의 조선 개입을 요구하는 그의 끈질긴 요구는 19세기 제국주의의 역사에서 자주 거론되는 현상의 특징을 갖고 있다. 많은 제국주의 세력이 공식적으로는 비팽창주의를 채택한 시대였지만, 그럼에도 불구하고 종종 본국 정부가 표명한 의도와는 달리 현지에서 세력과 영토를 차지하기 위해 본국 정부를 끌어들인 현지 관료들의 공격적인 행동 덕분에 많은 제국이 성장했다. 제국주의적 팽창 과정에서 '격변하는 변경'의 역할을 분석한 존 갤브레이스(John Galbraith)는 영국이 인도, 말레이반도, 남아프리카로 팽창하는 과정에서 보인 현지 파견 관료의 역할을 강조한다.[12] 필립 커틴(Philip Curtin)은 1852년에 발발한 영국-미얀마 전쟁 이후 영국이 미얀마의 상당 부분을 차지한 사례와 1870년대에 영국이 말레이반도에 대한 개입이 증가한 일을 이러한 경향을 보여주는 대표적인 사례로 꼽는다.[13] 조선의 경우에는 1882년의 임오군란이 청군의 조선 파견에 결정적으로 작용했다. 이처럼 조선의 안정과 청이 승인한 군주에 대한 직접적인 위협이 없었다면, 신중한 이홍장이 조선에 군대를 파견하는 일에 동의했으리라고 상상하기는 어렵다. 마찬가지로 1884년에 일어난 갑신정변 시도를 진압한 원세개의 강력한 조치는 천진 조약을 불러왔고, 이홍장으로 하여금 조선에서 청의 이익을 유지하기 위해 다른 수단을 강구하게 했다. 1886년, 원세개는 조

---

12. Galbraith, "The 'Turbulent Frontier' as a Factor in British Expansion." 또한, Aziz, *The British in India*, pp.23~24; 그리고 Long, *The Man on the Spot*을 보라. 경비 절감을 선호하는 본국의 상황에 직면하여 벌인 남아프리카 현지 영국인의 활동 확대에 관한 면밀하고 깊이 있는 탐구로는 Galbraith, *Reluctant Empire*를 보라.

13. Curtin, *The World and the West*, pp.42~48.

선에서 확보한 유리한 조건을 이용함으로써(또는 창출함으로써) 청의 추가 개입을 더욱 유도하려는 전략만 계속하고 있을 뿐이었다. 당연히 원세개는 이홍장의 신중한 정책을 유화책이라고 종종 비판한 청류당 일파들로부터 환호를 받았다.

일부 학자는 원세개가 고종의 퇴진은 물론이고, 한 차례 더 청군의 서울 점령을 요청하기 위한 구실을 만들어냈다는 결론을 내렸다. 데니는 원세개가 갖고 있다고 주장한, 조선이 러시아에 보호를 요청한 문서를 직접 보겠다고 요구했다. 그런데 원세개가 그 문서를 꺼내 보이기를 거부하자, 데니는 그 문서가 원세개가 직접 조작한 위조문건이거나 영국인 총영사 베이버(E. C. Baber)의 위작(僞作)일 것이라고 격렬히 비난했다.[14] 러시아 측 자료는 조선의 은밀한 보호 요청이 있었다는 사실을 적시하고 있지만, 일단 불만이 터져 나오자 조선 조정과 러시아 정부는 모두 금시초문이라고 부인하는 편이 유리하다고 판단했다.[15] 일부 학자는 원세개가 고종에게 보여준, 청의 육군과 해군이 조선으로 오는 중이라

---

14. Jerome Ch'en, *Yuan Shih-k'ai*, p.21; 데니가 프레이저에게 보낸 1886년 11월 14일 자 편지, 국사편찬위원회, 『데니문서』, p.88. 또한, Swartout, *Mandarins, Gunboats and Power Politics*, p.83; 林明德, 『袁世凱與朝鮮』, p.262를 보라.

15. "사실 그 문건은 진짜였지만, 고종은 후일 원세개에게 그 문건이 자신의 승인 없이 보내진 것이라고 주장했다. 그 문건은 영의정 심순택(沈舜澤)이 작성한 것으로, 중국이 계속해서 조선의 자립 노력을 가로막을 경우 러시아 해군의 지원을 호소하는 내용이었다. 당시 러시아는 문서의 수령 자체를 공식적으로는 부인했지만, 1888년 5월 8일에 개최된 조선 문제에 관한 특별위원회의 회의에서 준비한 공동성명서에서 지나가는 말로 언급했다."(Lensen, *Balance of Intrigue*, p.75) 고종이 그 요청에 관한 일체의 사실을 모른다고 전면 부인한 일(과 러시아 외교관들로부터 그러한 내용을 확답받은 일)에 관해서는 고종이 총리아문에 보낸 1886년 9월 23일 자 서신(光緖 12.8.26), 『中日韓關係』, pp.2137~2138을 보라.

고 밝힌 전보 내용 역시 위조된 것이라고 주장했다.[16] 원세개가 그저 조선 국왕을 협박하기 위한 시도로서 자신이 청의 개입을 요청했던 8월 5일 자 공문의 내용을 제시한 것인지, 아니면 그의 공식 선언이 실제로 조선으로 포함과 군대를 급파하는 것을 기정사실로 만들려는 희망에서 이홍장에게 압박을 가하려고 시도한 것인지, 그것도 아니라면 혹시 데니 같은 외국인들이 원세개의 선언에 담긴 정확한 의미를 잘못 이해한 것인지는 분명하지 않다.

분명한 점은 이홍장이 한국에 체류한 자신의 부하 원세개보다 훨씬 신중했다는 사실이다. 러시아의 보호를 부탁한 조선의 비밀 요청 소식을 듣자마자, 이홍장은 상트페테르부르크에 주재한 청의 외교관들에게 러시아가 조선의 요청에 응하지 못하도록 막으라고 지시했다. 그는 또 중국인이 관리하던 한성전보총국 전 총판 진윤이를 서울로 파견하여 그 사건을 조사하게 하고, 청의 해군에 조선으로 이동할 준비를 하라고 명령했다.[17] 청의 포함 몇 척이 인천항에 모습을 드러냈지만, 오언 데니의 긴급 요청으로 미국의 전함 오시피호(Ossipee-號) 역시 인천항에 나타났다. 결국, 러시아 총영사 카를 이바노비치 베베르(Karl Ivanovich Waeber, Карп Иванович Вебер)와 상트페테르부르크에 있는 그의 상급자들은 조선의 요청 사실을 전면부인했고, 전체 사건은 마침내 수면 아래로 가라앉았다.[18] 원세개는 고종을 축출하지 못했지만, 그 사건을 이용해 김학우(金鶴羽)·조존두(趙存斗)·전양묵(全良默)·김가진(金嘉鎭) 등 친러파 조선 관료 몇 사람을 제거하는 데 성공했다. 원세개는 친청파 관료 김윤식을 교섭통상아문의 수장인 통판으로 재임용할 것도 계속 압박했다.[19]

비록 이 특별한 사건은 심각한 결과로 이어지는 일 없이 해결되었지만, 데니는 원세개가 은밀히 꾸민 여러 음모를 다수 알아냈다고 주장했다. 실제로 데니는 "바로 그 분위기가 많은 음모를 불러오는 것 같다."라고 했다. 데니는 다른 사람들과 주고받은 편지와 대화를 통해 1887년, 1888년 초, 1888년 6월, 1889년에 계획된 여러 음모와 모략을 이야기했다.[21] 일부 인사, 그중에서도 특히 청이 임명한 조선해관의 총세무사 헨리 메릴은 데니의 주장에 회의적이었다. 메릴은 데니가 원세개의 이름을 거론하는 것 자체만으로도 "분노"했던 점을 언급했다. 메릴은 다른 곳으로 보내는 편지에서 "그해 겨울에는 호사가들이나 신문에 글을 기고하는 실망스러운 사람들의 뇌에서 비롯된 망상을 제외하면 어떤 정치적 문제 없이 지나갔다."[22]라고 언급했다. 데니의 판단과 메릴의 판

---

16. Swartout, *Mandarins, Gunboats, and Power Politics*, p.83.
17. 위의 책, p.82.
18. Lensen, *Balance of Intrigue*, p.76.
19. 친러파 조선 관료들은 처음에 사형을 선고받았지만, 데니는 조선 국왕을 설득하여 그들의 형벌을 유배형(流配刑)으로 감형되게 했다.(Swartout, *Mandarins, Gunboats, and Power Politics*, pp.84~85, p.87). 〔스와트아웃은 그의 책 84쪽에서 '전양묵'을 '김양묵'으로 잘못 표기하고 있다.〕
20. 위의 책, p.87.
21. 위의 책, p.91. 스워트아웃은 "데니가 자신의 저술인 『중국과 조선』(pp.34~36)에서도 1887년에 기획된 음모를 언급하는데, 많은 작가들이 이 음모를 1886년 8월에 기획된 것으로 잘못 인용하고 있다."는 점을 지적한다.(Swartout, *Mandarins, Gunboats, and Power Politics*, p.101n51; 메릴이 하트에게 보낸 1888년 5월 23일 자 서신과 메릴이 하트에게 보낸 1888년 7월 3일 자 서신[no.48], "Merrill's Letterbooks"; 데니가 린즐리(Lindsley)에게 보낸 1889년 12월 8일 자 서신, 국사편찬위원회, 『데니문서』, p.165).
22. 메릴이 하트에게 보낸 1888년 5월 23일 자 서신과 1888년 6월 12일 자 서신(no.45), "Merrill's Letterbooks."

단 중 어느 쪽이 더 진실에 가까운 것이든 간에, 데니가 원세개의 획책이라고 비난한 모든 책략에 공통적으로 보이는 한 가지 중요한 특징은 그런 책략이 모두 실패했다는 점이다. 만약 러시아와 조선 사이에 진행된 은밀한 협상 사례가 어떤 판단의 근거라면, 이홍장이 현지에 파견된 자신의 부하 원세개가 청의 정책 결정에 영향력을 행사할 수 있게 하는 것을 탐탁지 않게 생각한 점이 실패의 큰 이유이다. 그렇게 할 수 있었던 이홍장의 능력에서 중대한 요소는 청의 전신선이 제공한, 거의 즉각적인 의사소통이었다.

원세개가 조선 내부의 음모에 연루되었음을 시사하는 또 하나의 사례가 1888년에 발생한, 이른바 '영아 소동'이었다. 그해 6월, 신원미상의 외국인들이 조선의 아이와 유아를 납치하고 있다는 괴소문이 서울 일대에서 빠르게 확산되었다. 그 정체 모를 외국인들은 카메라의 렌즈로 사용하기 위해 납치한 아이들의 눈알을 도려내고, 사악한 묘약을 만드는 성분으로 아이들의 간과 심장을 사용한다고 알려졌으며, 그중에서도 인구에 가장 많이 회자되고 가장 끔찍한 내용은 이들이 아이들을 잡아먹는다는 소문이었다. 조선에 거주하던 일본인·미국인·영국인·프랑스인·독일인들이 그러한 소문에 연루되었다. 대규모의 조선인들이 외국인이 경영하는 병원·학교·교회 밖으로 모여들어 건물 내부의 '영아 유괴범들'에 관해 험악하게 쑥덕거렸다. 조선에 거류하던 외국인 상당수가 각국 공사관으로 대피하거나 조선을 떠날 채비를 마쳤다.[23] 조선 내의 각국 외교관들은 조선 정부에 그 소문이 거짓임을 공식적으로 규탄하고 부인해 달라고 요구했다. 조선 정부는 의도적으로 약간의 시간을 끌기는 했지만, 그들의 요구를 들어주었다(조선 정부의 관료들조차도 상당수가 외국인들이 정찬으로 '구운 영아'를 먹는다는 발상이 완전히 믿기 어려운 이야기는 아니라고 생각했음을 보여주는 강력한 증거가 있다). 미국·프랑스·러시아의 포함이 호출되고 해병대가 각국 공사관을 보호하기 위해 조선 해안에 상륙한 이후, 그 소문은 서서히 잦아들었다.

당시 그 소문의 출처는 분명하지 않았다. 비난의 화살은 "악의적인 의도를 품고 있는 어떤 사람이나 사람들", "천주교의 열정, 천주교의 오만, 천주교의 기만행위", 반기독교 세력, "민비의 정적들", 또는 대원군 등 그야말로 여러 방향으로 향했다. 그러나 많은 서양인은 심사숙고 끝에 그 소문의 근원지가 중국이라는 결론을 내렸다. 조선에 거류하던

23. 1888년 6월의 사건에 관한 기술은 『高宗實錄』 1888년 6월 19일(高宗 25.5.10) 자 기사; 국사편찬위원회, 『고종시대』, 1888년 6월 20일(高宗 25.5.11) 자 기사; 황현, 『매천야록』, p.146; 이홍장이 총리아문에 보낸 1888년 7월 14일 자 공문(光緖 14.6.6), 『中日韓關係』, pp.2485~2489; 국사편찬위원회, 『윤치호 일기』, 1: p.319; Underwood, *Fifteen Years Among the Top-Knots*, pp.15~17; Hulbert, *History of Korea*, 2: p.245; Allen, *Things Korean*, pp.226~227; Chaille-Long, *My Life in Four Continents*, 2: p.349; Gilmore, *Korea from Its Capital*, pp.82~85; *North China Herald*, June 29, 1888, p.834; and *New York Times*, June 28, 1888, p.1에서 찾아볼 수 있다.

24. 『高宗實錄』 1888년 6월 19일(高宗 25.5.10) 자 기사. 여러 외국인이 '구운 영아'를 즐겨 먹었다는 주장에 관해서는 Allen, *Things Korean*, pp.226~227을 보라. 어떤 국적의 외국인이든 '영아 유괴범들'은 체포될 것이라는 공식적인 조선의 포고에 반대한 외국인들의 불만에 관해서는 Underwood, *Fifteen Years Among the Top-Knots*, pp.16~17을 보라; 또한, Chaille-Long, *My Life in Four Continents*, pp.349~350; 딘스모어가 미국 국무장관에게 보낸 1888년 7월 1일 자 공문과 1888년 6월 18일 자 공문, *KAR*, 2: p.213, 216, p.25. Underwood, *Fifteen Years Among the Top-Knots*, p.15를 보라.

25. Underwood, *Fifteen Years Among the Top-Knots*, p.15.
26. Harrington, *God, Mammon, and the Japanese*, pp.89~90.
27. Davies, *The Life and Thought of Henry Gerhard Appenzeller*, pp.300~301.
28. Underwood, *Underwood of Korea*, pp.74~75. 언더우드 여사가 자신이 쓴 두 작품에서 그 소문의 기원에 관해 두 가지 다른 설명을 제시하고 있는 점을 주목하라.
29. Chaille-Long, *My Life in Four Continents*, 2: p.349.

외국인 상당수는 이미 중국에서 시간을 보냈고, 그래서 중국의 시골에서 확산하여 1870년에는 천진교안(天津敎案) 같은 사건의 발발을 이끌었던 배외적(排外的) 저주에 익숙했다.[30] 외국인들은 1888년 조선에서 퍼진 소문과 자기들이 앞서 중국에서 들었던 것으로 기억하는 소문들 사이의 유사성을 신속하게 지적했다.[31] 그 소문이 인천의 부둣가나 서울의 중국인 포목점에서 나온 입방아질의 결과였다는 최종판단에 불만을 품은 일부 사람들은 그 소문을 원세개가 의도적으로 퍼트린 것이라는 결론을 내렸다.[32] 데니는 원세개가 혼란을 조장하고 청의 군사적 개입과 고종의 폐위를 위한 구실을 찾기 위해 그 소문을 퍼뜨리기 시작했다는 자신의 확신을 메릴에게 이야기했다.[33] 일부 학자는 이후 원세개가 외국인

- 1870년 천진에서 발생한 일종의 반기독교 폭동. 프랑스계 천주교 성당의 부설 고아원이 민간에서 고아를 거둬들이는 과정에서 전염병이 돌아 아이들이 무더기로 죽는 일을 계기로 발생했다. 이보다 앞선 4~5월 경 천진에서 끊임없이 유아 납치 사건이 발생했었는데, 중국인 사이에서는 이 고아원의 수녀가 유아를 살해해 약재로 사용하고 있다는 소문이 파다했다. 당시 중국 관료가 납치범들을 취조하는 과정에서 이들이 성당의 사주를 받은 것으로 잘못 알려지면서 중국인들과 천주교도들 사이에 충돌이 일어났고, 이 무력충돌로 천주교의 성당과 관련 없는 여러 국가의 외국인을 포함해 40여 명의 외국인과 20여 명의 중국인들이 피살되었다.

30. 중국에서 발생한 배외적 소문을 검토한 것으로는 Paul Cohen, *China and Christianity*를 보라.
31. 비록 눈알을 도려내고 묘약을 만들기 위해 심장과 간을 사용했다는 점에서 그 소문의 몇몇 가닥이 중국에서 일어났던 사건과 유사성이 있지만, 외국인들이 어린애들을 일상적인 식품으로 선택해 잡아먹었다는 주장은 순전히 조선인의 생각이었던 것 같다는 점에 특히 주의해야 한다. Larsen, "Cannibals, Cameras, and Chinese"를 보라.
32. 데니는 『중국과 조선』의 부록에서 다음과 같이 서술했다. "지난 2년간 벌어진 사건들을 면밀하게 관찰해 온, 똑똑한 서울 거주 외국인들의 마음속에는 이 일의 밑바닥에 어떤 사람의 사악한 손길이 도사리고 있는지에 관해 의심의 여지가 없었던 것 같다." (Park Il-keun, ed., *Anglo-American and Chinese Diplomatic Materials Relating to Korea*, p. 1073).
33. 메릴이 하트에게 보낸 1888년 7월 3일 자 서신(no. 48), "Merrill's Letterbooks."

들이 조선에 돈을 빌려주지 못하게 막기 위해 이 사건을 벌였다고 주장했다.[34] 그러나 다른 일군의 사람들은 이를 확신하지 못했다. 미국의 외교관 휴 딘스모어는 자신이 "전폭적으로 신뢰하는" 한 동료에게서 들은 이야기, 즉 그 동료의 통역이 원세개로부터 돈을 받고 외국인을 음해하는 소문을 퍼뜨렸다고 고백한 어떤 이와 나눴다는 이야기 등 활용할 수 있는 증거를 검토한 후, "우리는 그 용의자가 소문을 퍼뜨린 장본인이라거나 배후의 인물이라고 단정할 수 없다. 그 사건은 어쩌면 우발적으로 발생한 일일 수 있다."라고 결론을 내렸다.[35] 그 이후의 역사가들은 딘스모어만큼 신중하지 못했다. 실제로 그 "영아 소동"을 언급하고 있는, 영어로 서술된 모든 역사 작품은 그 사건을 설명할 때 "중국과의 연관성"을 명확하게 언급한다.[36]

34. Young Ick Lew, "Yuan Shih-k'ai's Residency," p.94. 프레드 해링턴(Fred Harrington, *God, Mammon, and the Japanese*, pp.136~137)은 호러스 알렌의 조선 내 활동에 관한 저술에서 다음과 같이 서술한다. "폭력이 거의 없었고, 흥분은 곧 사그라들었지만, 그 이야기를 들은 월스트리트의 금융업자들은 조선이 완전히 미개한 땅임에 틀림없다는 결론을 내렸다."

35. 딘스모어가 미국 국무장관에 보낸 1888년 7월 1일 자 공문, *KAR*, 2: pp.214~215. 딘스모어의 신중함은 당시의 '도시전설'(urban's legends)(증명되지 않은 채 사실처럼 떠도는 민담)을 연구하는 사람들로부터 칭송을 받을 것이다. 도시전설의 특징 중 하나는 그런 이야기의 출처가 결코 목격자의 말이 아니라, 언제나 예외 없이 '친구의 친구'로부터 들은 말이라는 점이다. Brunvand, *The Vanishing Hitchhiker*, p.4를 보라.

36. Harrington, *God, Mammon, and the Japanese*, p.89; Paik, *The History of Protestant Missions in Korea*, p.156; Young Ick Lew, "Yuan Shih-k'ai's Residency," p.94; Dalchoong Kim, "Korea's Quest for Reform and Diplomacy in the 1880s," p.487. 몇몇 한국어 작품들은 그 사건을 지나가는 말로 언급하지만, 그 소문이 어떻게 왜 생겨났고, 언제 어디에서 생겨났는지는 설명하려고 하지 않는다. 오히려 한국어 작품들은 그 소문과 소문의 결과로 초래된 불안이 어수선하고 불안한 시대임을 보여주는 또 하나의 표상이라고 언급한다. 박완, 『(실록)한국기독교 100년』, pp.261~263; 김교영, 『개화기의 김충리』, pp.167~169; 이선근, 『한국사』, pp.953~954를 보라.

만약 원세개가 정말로 외국인을 음해하는 소문의 확산(원세개가 이홍장에게 단호히 부인했던 어떤 것)에 책임이 있었다면, 이는 제국의 주변국에 거주하는 한 관리가 본국 정부의 더 큰 개입과 간섭을 끌어들이려는 시도를 보여주는 또 하나의 사례로 인식되었던 것 같다.[37] 원세개가 조선에서 기획했던 여러 음모와 소란 사례가 으레 그랬던 것처럼, 이 시도는 실패했다. 청 정부는 군대를 파견하거나 조선 국왕의 폐위를 승인하지 않았다. 만약 그 소문이 다른 출처에서 비롯되었다면, 원세개가 소문의 확산에 책임이 있다던 주장은 몇몇 관찰자들(과 후대의 학자들)이 원세개가 조선에서 발생하는 모든 문제에 책임이 있다고 얼마나 성급하게 결론을 내렸었는지를 보여주는 신호이다. 메릴은 언젠가 "원세개가 이곳에서 많은 악행을 저질렀기는 하지만, 내 생각에 만약 지진으로 서울의 가옥 절반이 무너진다고 해도, 데니는 그 재앙을 원세개 탓으로 돌릴 것"이라고 농담할 정도였다.[38]

설령 데니 등 원세개를 비판하는 사람들의 주장이 모두 정확하다고 해도, 조선의 국왕을 축출하려는 원세개의 책략이 실패했다는 사실은 여전히 주목할 가치가 있다. 원세개의 목표와 활동이 일부 청류당 일파의

---

37. 원세개의 부인에 관해서는 이홍장이 총리아문에 보낸 1888년 7월 14일(光緒 14.6.6.) 자 공문, 『中日韓關係』, p.2486을 보라.

38. 메릴이 하트에게 보낸 1888년 3월 20일 자 서신, "Merrill's Letterbooks." 조선해관의 전직 총세무사였던 파울 게오르크 폰 묄렌도르프가 데니에 관해 비슷한 심경을 토로했다. 묄렌도르프는 데니가 고종의 폐위를 기도한 원세개의 음모를 비판한 것에 관해 기술하며, "모든 이야기는 지나치게 생생한 데니 씨의 상상력과 원세개에 대한 극심한 적대감에 기초한 것 같다."라고 주장했다.(Yur-Bok Lee, *West Goes East*, p.184에서 인용). 이여복(위의 책, p.184)은 묄렌도르프가 "사실관계에 대한 조사나 사전 지식 없이" 이런 서술을 했다는 결론을 내린다.

포부와 전략을 매우 잘 대표했었을 수도 있다. 그러나 그의 목표와 활동에 과도하게 초점을 맞추는 시각은, 원세개가 조선에 대한 청의 제국주의 전략에서 겨우 한 가지 노선만을 대표할 뿐이었고, 게다가 대체로 그가 청의 제국주의 전략에서 가장 영향력 있는 인사도 아니었다는 사실을 무시하는 것이다. 다자적 제국주의를 고집하고, 조선 문제에 과도한 책임을 지거나 복잡하게 얽혀드는 것을 회피한 이홍장은 대체로 조선에 파견된 청의 주차관 원세개를 통제했고 소기의 목적을 달성했다.

(원세개의 욕망이 무엇이었든 간에) 원세개가 조선 국왕 고종의 축출에 실패한 점과 일본 및 친일 세력과 조선 내 일군의 조선인 집단이 각기 다른 방식이지만 훨씬 큰 규모의 성과를 거두며 고종의 축출을 추진하고 있었던 점을 비교하는 것 또한 흥미롭고 유용하다. 1882년에 폭동을 일으킨 조선 병사들은 청군이 반란을 진압하고 대원군을 중국으로 압송한 다음 고종을 권좌에 복귀시키기 전까지 성공적으로 대원군에게 권력을 되찾아 주었다. 1884년에 갑신정변을 일으킨 주모자들은 일본 공사 다케조에 신이치로(竹添進一郎)와 긴밀하게 협력했고(그는 도쿄로부터 명령을 받은 후 거사의 막바지 순간에 지원을 끊었다), 조선 국왕을 통제하려는 그들의 시도는 오직 원세개와 청군 및 청군의 조련을 받은 조선군의 신속한 대처로 인해 좌절되었다. 청은 1894년에 동학(東學) 농민군의 진압을 돕기 위해 군대를 파견함으로써 고종의 안전을 위협하는 세력에 다시 대응했다. 청일전쟁의 발발 직전에 일본군은 조선 궁궐을 포위하고 다시 한번 대원군을 권력의 자리에 복위시켰다. 청의 개입과 조선 국왕을 겨냥한 청의 "옹졸한 모략"에 관한 서술만큼이나 그럴듯한 이야기가, 바로 청 제국이 고종의 파멸을 막았던 유일한 세력이었다는 묘사이다.

거문도(해밀턴항) 사건

1885년 5월 12일, 영국군은 조선 남해안에서 멀리 떨어진 작은 군도(群島)인 거문도(영국인들은 이곳을 해밀턴항[Port Hamilton]으로 지칭)를 점령했다. 영국군의 거문도 점령은 1887년 2월 27일까지 계속되었다. 그렇게 하기로 한 영국의 결정은 조선 자체와는 거의 관련이 없었다. 오히려 그 결정은 러시아의 팽창과 계획을 막으려는 영국의 세계 전략의 일환이었다. 사실 러시아가 조선에 관심이 없었는데도, 영국이 한반도에 관심을 기울였을 것이라고 짐작할 만한 징후는 거의 없다. 1881년에 한 영국인 외교관은 "그 비참한 나라에 대한 나의 관심은 러시아 함대가 떠난 이후 사그라들었다."라고 빈정거렸다. 그러나 러시아는 조선에 대한 관심을 행동으로 입증했고, 1884년 7월에는 조선왕국과 상업적·외교적 관계를 수립했다. 결국, 대영 제국은 러시아의 팽창을 방해하기 위한 조치를 수시로 생각했다.

거문도를 점령한 것에는 적어도 두 가지 동기가 있었다. 첫째, 한반도 남부의 전략적인 해상요충지에 영국군이 주둔하고, 영국이 블라디보스토크에 기반을 둔 러시아의 태평양 함대를 봉쇄할 가능성은 특히 아프가니스탄에 대한 러시아의 모험주의를 좌절시킬 것으로 기대되었다. 인도의 영국인 총독은 이 전략을 "개의 목을 졸라 입에 물고 있던 뼈다귀를 떨어뜨리게" 하려는 것이라고 묘사했다. 둘째, 영국은 조선의 원산진(元山津) 근처에 자리한 라자레프항(Port Lazareff, Порт-Лазарев)처럼, 러시아가 조선의 항구를 점령하는 일을 사전에 방지하기를 희망했다.

영국의 이런 조치는 조선에서 청을 매개로 한 다자적 제국주의에 대한 도전으로 보일 수 있었다. 해밀턴항은 조선왕국과 외교적·상업적 조약을 체결하고 비준한 모든 국가에 개방되는 조약항으로 고려되지 않았다. 오히려 영국은 이 지역에서 자국의 지정학적 이익을 유지하기 위해 배타적 특권을 주장했다. 그리고 이러한 영국의 조치는 다른 열강 세력이 조선 영토 중에서 탐나는 지역을 직접 차지할 때 내세울 수 있는 선례를 남길 우려가 있었다. 이런 범주에서 가장 두드러진 국가가 러시아였다. 러시아는 오래전부터 영흥만(永興灣)의 한 지역에 관심을 표명했었고, 그곳을 라자레프항이라고 명명했다. 사실 몇몇 일본인은 묄렌도르프가 러시아와의 비밀 협상의 일환으로 러시아에 라자레프항의 할양을 약속했다고 믿었다. 힐러리 콘로이(Hilary Conroy)의 표현대로, 영국은 거문도를 점령함으로써 그저 "원산에 조차지(租借地)를 확보하려는 목표를 지녔던 러시아에 대한 보복으로 일종의 선수를 치고"[42] 있었을 뿐이었다. 그러나 러시아 사절 알렉세이 시페이예르(Alexis de Speyer, Алексей Шпейер)가 서울에 도착하여 "만약 영국이 해밀턴항에서 철수하지 않으면 영국이 차지한 땅보다 10배 이상의 (조선) 영토를 합병하기 위한 조치를 취하라는 지침"[43]을 자신이 받았다고 엄포를 놓을 정도로, 러시아는 요구사항을 높였다.

39. Kiernan, *British Diplomacy in China*, p.79.
40. 이 조약의 전문(全文)은 『高宗實錄』 1884년 7월 7일(高宗 21.5*.15) 자 기사를 보라. 이 조약은 비준 날짜를 적기 위해 조선·청·서양의 역법을 사용한다.
41. Lensen, *Balance of Intrigue*, p.55.
42. Conroy, *The Japanese Seizure of Korea*, p.210.
43. Deuchler, *Confucian Gentlemen and Barbarian Envoys*, p.215.

조선 영토를 두고 쟁탈전을 벌일 가능성을 우려한 이홍장은 (홍콩을 구체적인 예로 들며) 영국에 섬의 임차를 허락했을 때의 위험성을 조선에 알렸고,[44] 묄렌도르프와 정여창(丁汝昌)에게 청의 포함을 타고 거문도로 가서 그 상황을 조사하게 했다.[45] 그 후 두 사람은 일본으로 가서 영국의 극동 담당 해군사령관 다월(W. M. Dowell)과 만났다.[46] 뒤이은 몇 달 동안, 이홍장은 조선의 안보 및 영토 보전에 대한 양자간 또는 다자간의 잠재적 보장을 이끌어내기 위해 영국·러시아·일본에 의사를 타진했다.[47] 이홍장은 대영 제국이 거문도를 장기 대여하는 대가로 조선의 영토 보전을 보장하겠다고 공개적으로 선언하는 약속을 영국 측으로부터 얻어내지는 못했지만, 결국 러시아 측으로부터 한반도의 어떤 영토도 탐내지 않겠다는 약속을 확보할 수 있었다. 이 확약에 만족하고, 또 거문도의 "항만 시설이 형편없어 섬의 방어가 어려우며, 방어용 항행방책(航行防柵)과 해저케이블까지 모두 파괴할 정도로 강한 조류가 흐른다는" 사실을 알게 된 영국은 1887년 초에 거문도에서 철수했다.[48] 감격한 고종

---

44. 『高宗實錄』 1885년 5월 4일(高宗 22.3.20) 자 기사. 일본의 외교관 곤도 모토스케 (近藤眞鋤)가 조선 조정에 비슷한 경고를 보냈다. 『高宗實錄』 1885년 5월 13일(高宗 22.3.29) 자 기사를 보라.

45. 『高宗實錄』 1885년 5월 16일(高宗 22.4.3) 자 기사; 『高宗實錄』 1885년 5월 21일(高宗 22.4.8) 자 기사.

46. Lensen, *Balance of Intrigue*, p.37; Chien, *The Opening of Korea*, p.172.

47. Chien, *The Opening of Korea*, p.174; Lensen, *Balance of Intrigue*, p.62, pp.65~67; Deuchler, *Confucian Gentlemen and Barbarian Envoys*, p.215.

48. Pratt et al., *Korea: A Historical and Cultural Dictionary*, p.228. 영국은 거문도를 점령한 1885~1887년에 확보한 묘지터의 일부인 자그마한 땅뙈기에 지금까지도 임대차권을 유지하고 있다. 그곳에서는 지금도 2기(基)의 묘를 찾아볼 수 있다(Hoare, *Embassies in the East*, p.172).

은 중국에 사신을 파견해, 중국이 조선을 위해 개입하고 조선을 중국의 '내복'(內服, 내부 영토) 지역인 것처럼 생각한 점에 감사를 표했다.[49]

이홍장은 이처럼 조선에 도입한 다자적 제국주의 체제에 대한 도전을 물리칠 수 있었을 뿐만 아니라, 그렇게 함으로써 조선에 대한 청의 종주권도 강화할 수 있었다. 영국은 해밀턴항과 관련한 문제를 청 제국과 직접 협상함으로써, 청이 조선에서 특별한 지위에 있다는 주장을 인정했다. 다른 나라들은 영국의 거문도 점령을 비난했지만, 그 문제에 대한 청과 영국 양측의 해결 방식을 방해하는 세력은 거의 없었다. 일본은 영국의 결정에 공식적인 우려를 표명했지만, 수백 명의 일본인 노동자들이 영국 측에 고용되어 거문도의 요새 건설 작업에 참여하는 것을 막을 수는 없었다.[50] 미국도 영국의 조치에 항의했지만, 만약 영국이 거문도를 떠날 것이 확실시될 경우 미국이 그 섬을 조차(租借)할 가능성을 검토했다.[51] 거문도 사건에 대한 많은 외국 열강의 반응을 보면, 대부분의 외국 열강이 다소 특별한 형태의 조청 관계를 기꺼이 인정하고 있음을 알 수 있다. 이러한 경향은 조선에 주재한 외교관들 사이에서도 뚜렷이 나타났다.[52]

49. 『高宗實錄』 1887년 5월 9일(高宗 24.4.17) 자 기사.

50. Lensen, *Balance of Intrigue*, p.58. 중국에 주재하던 영국의 임시대리대사(臨時代理大使, *chargé d'affaires*) 니컬러스-로더릭 오코너(Nicholas-Roderick O'Conor)는 이토 히로부미가 "'영국의 점령은 일시적이지만, 러시아의 점령은 영원할 것이라는 이유'로 영국인들이 해밀턴항에 주둔하는 것"을 선호했다고 주장했다(Lensen, *Balance of Intrigue*, p.55).

51. 록힐(Rockhill)이 미국 국무장관에게 보낸 1887년 1월 13일 자 공문, *KAR*, 2: p.240.

52. 타일러 데닛(Tyler Dennett, *Americans in Eastern Asia*, p.475)에 따르면, "영국은 당

거문도 사건은 외부 세상의 눈에 비친 조선의 변칙적인 위상을 해소하는 데 거의 보탬이 되지 않았다. 그러나 그 사건은 조선에 대한 청의 종주권과 특권을 유지·제고하면서도 조선의 안보에 대한 직접적인 책임의 회피를 추구하고 있던 이홍장이 조선에 대한 다자적 제국주의를 장려하기 위해 선택한 전략의 효용성을 강화하는 역할을 했다. 반면에 그 사건은 단호한 영토 합병 시도에 직면했을 때 비공식적인 다자적 제국주의가 얼마나 효과적이지 못한 전략으로 입증될 수 있는지도 보여주었다. 1880년대에 세계는 조약과 다자적 합의를 통해, 중단되기는커녕 좀처럼 둔화되지 않은 채 "선수를 쳐서라도" 영토를 차지하려는 거센 파도의 직전에 서 있었다.

상주 공사관: 종주권 대 독립

1887년, 조선이 일본·미국 및 유럽의 여러 강대국과 조약을 체결·비준하고 몇 년이 지난 후, 조선 조정은 해외에 상주 공사관의 건립을 추진

> 시 북경 주재 영국공사에게 보고할 책임이 있는 총영사를 조선에 대한 외교의 대표자로 임명함으로써 영국의 정책 경향을 보여주었다. 따라서 영국은 한반도에 있던 외교 기관을 중국 주재 영국공사관의 부속기구로 삼음으로써 조선에 대한 중국의 종주권 주장을 지지하고 있었다. 독일은 조선에 대한 외교 업무를 베를린에 직접 보고하는 영사가 대표했고, 프랑스는 파리에 직접 보고하는 '고등판무관'(高等辦務官, *Commissaire*)이, 일본은 적절한 상황에 따라 '책임자'인 공사나 전권대사가 조선 관련 업무를 맡았다. 1884년 영국 의회는 서울에 상주하는 영국인 외교관의 직위를 방콕 주재 영국 외교관과 동급인 변리공사(辦理公使)로 격하했다." 대영 제국의 경우, 영국 재무성에서 "조선에 있는 영사관 관원들은 어떤 별도의 조직이나 의회의 예산 승인 없이 중국과 일본에서 임시 파견된 것이므로, 각하(즉, 재무성 장관)께서 받은 보고서에 표시된 것처럼 돈을 많이 들여 그 나라에 상주 영사관 건물의 건설을 준비해 달라고 의회에 요청하는 것이 부당하다고 생각한다."라고 주장했다(Hoare, *Embassies in the East*, p.178).

했다.[53] 이 문제는 청 제국, 원세개, 고종과 조선 조정, 그리고 다수의 미국인 외교관과 고종의 고문단 사이에서 심각한 논쟁거리가 되었다. 오언 데니와 호러스 알렌은 모두 자기들이 외국에 대사관을 설치하자는 제안을 발의했다고 인정했다.[54] 데니에게 상주 공사관의 설립은 "가능하다면 너무 늦어지기 전에 중국이 방침을 변경하도록 유도하기 위해 떠올린, 유일한 실용적 방법"이었다. 그는 만약 자신의 제안이 "소기의 성과를 거뒀다면, 그 성과는 내가 두 나라에 베풀 수 있는 가장 최상의 서비스가 될 것"이라는 결론을 내렸다.[55]

조선이 해외에 상주 공사관들을 설치해야 한다는 필요성을 인식한 것은 전적으로 공사관들의 상징적·외교적 중요성에 달려 있었다. 제대로 된 자격과 충분한 지위를 갖춘 외교관들이 이끄는 공사관은 평등한 주권 국가들로 구성된 '국가 공동체'에 완전히 동참할 수 있는 신호로 받아들여졌다.[56] 그리하여 당시의 상황을 목격한 많은 사람과 후대의 역사

53. 이민식(「박정양의 재미활동에 관한 연구」, p.426)은 조약의 비준(과 1883년 민영익을 보빙사報聘使로 미국에 파견했을 때)부터 상주 공사관을 설립할 때까지 시간이 오래 지체된 이유가 대외 관계에 대한 조선의 경험 부족 때문이라고 주장한다.
54. 그 생각을 처음 고안해냈다는 알렌의 주장에 관해서는 Yur-Bok Lee, "Establishment of a Korean Legation," p.6; Harrington, *God, Mammon, and the Japanese*, p.226을 보라. 이여복(Yur-Bok Lee, "Establishment of a Korean Legation," p.6)은 민영익도 고종에게 미국과 유럽에 공사관을 설치할 것을 권유했다고 언급한다. 힐러리 콘로이(Hilary Conroy, *The Japanese Seizure of Korea*, p.188)도 서울 주재 미국 공사 휴 딘스모어가 고종에게 공사관의 설치를 권유했다고 믿는다.
55. Swartout, *Mandarins, Gunboats, and Power Politics*, p.90.
56. 미국 국무장관 토머스 프랜시스 베이어드(Thomas Francis Bayard)는 외교관을 교환하고 공사관을 설립할 수 있는, 조약이 보장하는 권리에 관해 다음과 같이 기록했다. "외교부서와 영사관 관원들의 상호 교환은 미국과 조선 사이의 조약에 규정되

[화보 11] 농수정 앞에 선 고종, 1912년

농수정은 창덕궁 안에 있는 금원(禁苑)의 별정(別亭)이다.
사진 출처: *The passing of Korea* by Homer Hulbert(1863~1949)

학자들 모두에게, 조선이 공사관을 설립하겠다는 의사의 천명은 조선 왕국이 중국이라는 멍에를 떨쳐내고 세계의 다른 나라들과 서구식 '근대적' 관계로 진입하겠다는 욕망의 신호로 받아들여진다.[57] 당시 상황을 목격한 사람들과 역사학자들 다수는 청 제국이 청의 전통적인 종주권에 대한 책무의 표시로 해외에 공사관을 설치하려는 조선의 시도를 저지하려고 했다고 주장한다.[58]

이러한 결론은 진상을 드러내는 부분도 있고 감추는 면도 있다. 고종과 조선 조정은 사실 해외에 상주 외교 공관을 설치하려고 애썼고, 청 제국이 만들어낸 장애물에 맞섰다. 그러나 고종이 자신의 미국인 고문들의 조언에 주의를 기울였다는 사실이 꼭 서구식 독립에 대한 인정

어 있다. 국가의 주권 행위에서 이것보다 더 분명하고 결정적인 행위는 없다."(Yur-Bok Lee, "Establishment of a Korean Legation," p.13).

57. 유영익(Young Ick Lew, "Yuan Shih-k'ai's Residency," p.88)은 고종의 "동기가 특히 그 전해에 자신을 폐위시키려는 원세개의 음모 때문에 조약을 맺은 열강과의 관계를 강화함으로써 조선의 자립 요구를 강화하려던 것"이었다고 주장한다. 이어복(Yur-Bok Lee, *West Goes East*, p.183)은 "데니가 조선이 어쨌든 독립 주권 국가임을 전 세계에 보여주려고 호러스 알렌 박사, 민영익(전 교섭통상아문의 참판이자 주차관 원세개의 새로운 정적)과 함께 국왕 고종을 설득해 미국과 유럽에 상주 공사관을 설치하려고 한 것"이라는 결론을 내린다. 힐러리 콘로이(Hilary Conroy, *The Japanese Seizure of Korea*, p.188)는 "미국에 파견된 새로운 조선 사절단"과 "중국의 영향력에 끼어들려는 또 하나의 계획"을 동일시하고 있다. 이민식(「박정양의 재미 활동에 관한 연구」, p.426)은 미국에 공사관을 설립하려는 주요 목적이 제3세력(미국)의 힘을 빌려 청 제국과의 종속 관계를 벗어나려는 것이었다고 주장한다. 따라서 박정양이 신임장을 제청하기 위해 홀로 미국으로 떠난 것은 독립 세력으로서 자연스러운 행동이었다. 또한, Yur-Bok Lee, "Establishment of a Korean Legation in the United States"; 김원모, 『개화기 한미 교섭관계사』, p.615; 전인영, 「중일갑오전쟁 전후 중국의 조선인식 변화」, pp.69~71을 보라.

58. 위의 주에 인용된 자료를 보라. 또한, Harrington, *God, Mammon, and the Japanese*, p.229; Hulbert, *History of Korea*, p.244를 보라.

이나 갈망을 드러내는 것은 아니다. 고종이 원세개의 간섭에 맞서 조선의 '자주'(自主)를 수호한 '전통적'인 이유와 선례는 많았다. 게다가 그는 오랫동안 조청 관계에 활력을 불어넣었던 의례상의 관습과 관례를 끝내기 위해 전혀 서두르지 않는 것 같았다. 서구식 국제 관계에 참여하려는 조선인의 열망을 인지한 사람들은, 고종의 행동이 언제나 자립에 대한 분명한 지지를 드러내는 것처럼 보이지는 않았던 주된 이유로 종종 청의 강압과 위협을 강조한다. 그러나 그들은 해외에 공사관을 설립하겠다는 계획의 착수와 실행에서 서구의 강압이 발휘한 역할을 전혀 고려하지 않는다. 게다가 원세개가 조선 외교관들의 해외 파견을 저지하려고 시도한 것은 부인할 수 없다 하더라도, 그의 행동은 천진(과 총리아문)에 있던 그의 상관들에 의해 자주 무산되었다. 그의 상관들이 조선이 추진하는 사업에 그다지 반대하지 않았기 때문이다. 결국 청에서 파견된 주차관 원세개는 본국에 의해 다시 제지를 받았다. 최종적으로 데니·알렌·고종의 희망이 무엇이었든 간에, 워싱턴에 조선공사관을 성공적으로 설립한 일이 조선의 자립이라는 명분에 보탬이 되었다든가, 많은 서양인에게 지속적으로 혼란스러운 조청 관계의 성격을 명확하게 하는 데는 거의 도움이 되지 않았음이 분명하다.

1887년 7월 6일, 고종은 민영준(閔泳駿)을 조선의 주차일본판리대신(駐箚日本辦理大臣)에 임명하여 도쿄로 파견했다. 이 전교(傳敎)가 수

• 민영준은 1901년 4월에 이름을 민영휘(閔泳徽)로 개명한다.

59. 『高宗實錄』, 1887년 7월 6일(高宗 24.5.16) 자 기사. 민영준은 일본에서 김가진의 조력을 받기로 되어 있었다. 또한, 이홍장이 총리아문에 보낸 1887년 9월 13일(光緒 13.7.26) 자 문서, 『中日韓關係』, p.2342를 보라.

록된 『고종실록』(高宗實錄)의 공식적인 기사에서는 조선의 자립을 쟁취하거나 중국의 종주권 주장을 반박하려는 조선인의 욕망을 전혀 언급하지 않는다. 오히려 고종의 전교에서는 주변국과의 우호적인 관계를 개선하기 위해 조선이 일본에 외교관을 파견하지 못했던 잘못을 바로잡을 필요성을 언급하고 있다.[60] 그러나 민영준의 일본 파견, 특히 그 사실 직후에 그 조치를 청 제국에 통보한 조선 조정의 결정을 두고, 데니는 그 결정을 조선왕국이 조약 관계를 맺었던 국가들 내 공사관 설립에 대한 청의 반응을 판단하는 중요한 시험사례라고 판단했다.[61] 이홍장과 원세개 모두 통보가 늦어진 것에 대해 투덜거렸지만, 두 사람 모두 그 문제에 관한 어떠한 즉각 조치도 취하지 않았다.[62]

그리하여 1887년 8월 18일 조선왕국은 박정양(朴定陽)을 특명전권대신(特命全權大臣) 겸 워싱턴 주재 조선공사관의 수장에, 심상학(沈相學)을 유럽 주재 공사관의 수장으로 임명하여(심상학은 얼마 후 조신희趙臣熙로 교체되었다) 파견하겠다는 의사를 밝혔다.[63] 민영준의 일본 파견 사례와 마찬가지로, 조선 조정은 공식적인 발표에서 자립에 대한 욕구를 전혀 언급하지 않았다. 오히려 조선의 목적은 우호적인 관계를(그리고 미국의 경우에는 워싱턴에 외교관을 파견해 달라는 미국의 요청에 대응할 필요성을) 개선하는 것

---

60. 『高宗實錄』, 1887년 7월 6일(高宗 24.5.16) 자 기사.
61. Swartout, *Mandarins, Gunboats, and Power Politics*, p.90.
62. 위의 책, p.90; Yur-Bok Lee, "Establishment of a Korean Legation," p.6.
63. 심상학 대신 조신희를 유럽에 파견하는 것을 승인하고, 조신희가 적절한 시기에 출발지로 떠나지 못한 것에 왕실이 약간의 역정을 낸 일에 관해서는 『高宗實錄』, 1887년 9월 16일(高宗 24.7.29) 자 기사를 보라.

이었다.[64]

　원세개는 이홍장에게 이러한 경과를 보고하며, 예산 부족 탓에 아마 조선의 공사관 인원들이 즉시 파견될 수는 없을 것이라고 언급하고, 조선왕국의 조치가 조선에 대한 청의 종주권 주장에 해를 끼칠 수도 있다는 서울 주재 외국 외교관들의 경고를 전달했다.[65] 이홍장은 조선왕국이 청의 속국이라는 자국의 지위를 기억하고, 이러한 지위를 강조한 적절한 의례와 의전상의 규칙을 엄수한다는 것을 조건 아래, 조선의 해외 공사관 설치를 신중하게 승인했다.[66] 그러나 원세개는 이홍장의 명령을 무시하고, 조선의 모험 전체에 대한 청의 강력한 반대 의견을 계속해서 전달했다. 그는 조선이 해외 특사 파견을 공표하기에 앞서 미리 청에 통고하지 않았다는 이유로 고종을 비난했고, 공사관의 설치와 운영에 소요되는 재정적 부담에 대한 우려를 표명했다.[67]

　원세개의 반대에도 불구하고, 고종은 1887년 9월 23일 박정양에게 임지로 부임하여 보직을 맡으라고 명령했다. 박정양은 서울을 떠났지만, 그날 저녁 이홍장은 조선 조정에 박정양을 파견하기 전에 청에 승

---

64. 『高宗實錄』, 1887년 8월 18일(高宗 24.6.29) 자 기사.
65. Tsiang, "Sino-Japanese Diplomatic Relations, 1870-1894," p.100; Young Ick Lew, "Yuan Shih-k'ai's Residency," p.88.
66. 이홍장이 총리아문에 보낸 1887년 9월 14일(光緖 13.7.27) 자 공문, 『中日韓關係』, p.2343.
67. Yur-Bok Lee, "Establishment of a Korean Legation," pp.8~9; Young Ick Lew, "Yuan Shih-k'ai's Residency," p.88. 이보다 앞서 원세개는 고종에게 보낸 서신에서 조선의 재정에 관한 우려를 표명했고, 조선 조정에 긴축 정책을 강력히 권고했다. 『高宗實錄』, 1886년 8월 28일(高宗 23.7.29) 자 기사를 보라.

인을 요청하라는 전보를 쳤다. 원세개는 이 전보를 이용해 고종이 청을 상대로 '삼중의 죄'를 지었다고 비난했고, 중국 관료들을 파견해 서울 도성 밖에서 박정양의 길을 막았다.[68] 조선 조정에서는 격렬한 논쟁이 이어졌는데, 데니와 알렌은 고종이 청의 승인을 요청하지 않음으로써 조선의 자주성을 확고히 해야 한다고 주장했다. 미국인 외교관 휴 딘스모어와 찰스 덴비(Charles Denby)도 서울과 북경에서 청의 관료들에게 항의 의사를 표명했다.[69] 여러 서양인 고문과 외교관들의 격려와 지지에도 불구하고, 고종은 결국 윤규섭(尹奎燮)을 중국에 특사로 파견하여 공식적인 승인을 요청하기로 결정했다.[70] 종주국인 청의 인자함과 장엄함 앞에서 조선의 겸손함을 보여주는 필수적인 맹세로 가득한 이 요청서는 천진(天津)의 신문인《시보》(時報)에 게재되었다.[71] 그리하여 조선의 대표단은 서양 열강과 체결한 조선의 첫 조약에 드리웠던 것과도 같은 모호한 먹구름에 가려진 채 길을 떠났다. 조선왕국은 조선에 대한 청의 종주권을 인정하면서도 서구식 국제 관계의 형태를 충실히 지키려고 했던 것으로 보인다.

고종의 충성 선언에 만족한 청 제국은 조선의 외교관들이 ('영약삼단',

---

68. Yur-Bok Lee, "Establishment of a Korean Legation," p.9. 또한, 휴 딘스모어가 미국 국무부로 보낸 1887년 9월 30일 자 공문, *KAR*, 2: 101~104를 보라.

69. Yur-Bok Lee, "Establishment of a Korean Legation," p.11.

70. 위의 논문, p.12.

71. 고종의 요청서 전문(全文)은 이홍장이 총리아문에 보낸 1887년 10월 6일(光緒 13.8.20) 자 공문, 『中日韓關係』, p.2364를 보라. 또한, Harrington, *God, Mammon, and the Japanese*, p.233; 찰스 덴비가 미국 국무부로 보낸 1887년 12월 9일 자 공문, *KAR*, 2: pp.109~112를 보라.

즉 '세 가지 보완 협약'으로 알려지게 된) 아래의 세 가지 규칙을 준수한다는 조건으로 조선에 해외 공사관의 설립을 허가했다.

1. 조선 사절은 주재국 정부에 대한 첫 공식 예방(禮訪)에 앞서 청국공사관에 들러 청국 공사에게 도움을 요청하며, 청국 공사는 조선 사절의 첫 공식 예방에 조선 사절과 동행한다(조선 사절은 첫 방문 이후 청국 사절과의 동행 여부와 상관없이 자유롭게 방문할 수 있다).
2. 공식 모임과 연회를 비롯한 각종 행사에서, 조선의 대표는 언제나 청국 대표보다 낮은 위치에 있어야 한다.
3. 조선 사절은 중차대한 문제에 관해서 청국공사관과 협의해야 한다.[72]
   一. 韓使初至各國, 應先赴中國使館具報, 請由中國欽差挈同赴外部, 以後卽不拘定. 一. 遇有朝會公讌酬酢之交際, 韓使應隨中國欽差之後. 一. 交涉大事關係緊要者, 韓使應先密商中國欽差核示.

고종은 미국에 공사관을 설치하기 전에 자신이 청의 승인을 요청했다는 사실을, 워싱턴까지 조선 사절단을 호위하는 업무를 위임받은 미국인 호러스 알렌에게 말하지 않았던 것으로 보인다. 결과적으로 알렌은 사절단의 존재 자체가 조선의 자주와 독립에 대한 명확하고 분명한 선

---

72. Tsiang, "Sino-Japanese Diplomatic Relations, 1870 – 1894," p.100; 이홍장이 총리아문에 보낸 1887년 11월 11일(光緖 13.9.26) 자 공문, 『中日韓關係』, pp.2379~2382; Swartout, *Mandarins, Gunboats, and Power Politics*, p.94.〔위의 번역은 한문 원문에 근거하지 않고, 지은이의 영문 번역에 따른 것이다. 전체적인 문맥은 한문 원문과 대체로 일치한다〕

언과 마찬가지라고 믿고 있었다. 그래서 조선 사절 박정양이 청 제국의 '영약삼단'(另約三端)을 준수하겠다는 의도를 밝히자, 알렌은 박정양의 공식 지시사항에 그 규칙에 관한 구체적인 언급이 빠졌음에도 불구하고 적잖이 낙담했다.[73] "그 조선 사절의 알량한 재치마저 고국을 떠나자마자 사라져 버렸다는 사실"에 격분한 알렌은, 박정양이 미국에 신임장을 제출하기 전에 청의 관료들과 만나는 것은 물론이고, 명함을 보내기만 해도 고문 직책을 사임하겠다고 위협했다. 또한, 알렌은 자신의 경고에 주의를 기울이지 않는다면, "조선 국왕이 틀림없이 그(박정양)를 참수할 것이오. 다시 말하자면, 그의 목이 잘려 나갈 것이오."라고 말했다.[74] 박정양은 알렌의 압박에 무릎을 꿇었고, 미국 국무부와 대통령 그로버 클리블랜드(Grover Cleveland)를 예방하기 전까지 청국 영사관을 방문하는 것을 거부했다.

청이 박정양의 처신에 항의하자, 고종과 조선의 교섭통상아문은 박정양이 독자적으로 행동한 것이라고 주장하며 그의 행동에 대한 책임을 공식적으로 부인했다. 그들은 박정양을 소환하라는 청의 요구를 받고서도 차일피일 미루며 늑장을 부렸고, 1888년에 이뤄진 소환 조치는 표면적인 이유가 건강상의 문제였으며, 그들은 박정양을 이른바 불복죄로 처벌하라는 요구도 거절했다.[75]

---

73. 박정양의 공식 지시사항에서는 '영약삼단'을 명확하게 언급하지 않았지만, 지시사항 중에는 중국공사를 비롯한 외국의 모든 대사·영사들과 우호적으로 일하라는 명령이 포함되어 있었다(김원모, 『개화기 한미교섭관계사』, p.618).

74. Harrington, *God, Mammon, and the Japanese*, p.236~237.

75. Yur-Bok Lee, "Establishment of a Korean Legation," pp.23~24.

도쿄와 워싱턴에 조선공사관이 설립된 일은 조선의 자립과 자주성을 보여주는 추가적인 증거로 인식되었던 것 같다. 박정양이 내린 공식 지침에 '영약삼단'이 포함되지 않았을 뿐만 아니라, 청의 연호가 아닌 조선의 연호를 사용했다는 사실은 청의 종주권으로부터 자유롭기를 바라는 고종의 욕망을 상징하는 신호로 받아들여진다.[76] 미국 대통령 그로버 클리블랜드와 미국 국무부의 정중한 호의로 열린 박정양의 환영 연회는 미국이 조선의 자립 주장을 인정한 증거가 되는 것 같다.[77]

그러나 외국 공사관들이 설립되는 과정이나 그 과정에 대한 국제적 반응을 면밀히 살펴보면, 많은 의문점이 생겨난다. 고종과 조선 정부는 국제적 국가 공동체의 참여와 서구식 군주제가 특히 조선과 청 제국의 특별한 관계에 대한 전면적 거부를 의미하는 것이었더라도, 실제로 이 일을 갈망했을까? 긍정적으로 결론을 내리는 사람들은 해외에 공사관을 설립하려는 조선의 의향 공표, (원세개의 비난과 압박을 무릅쓴) 박정양의 워싱턴 파견, 박정양의 '영약삼단' 준수 거부, 박정양의 소환을 바라는 청의 요구에 맞선 고종의 시간 끌기, 박정양의 엄중한 처벌 요구에 대한 고종의 거부 등이 바로 조선 군주가 청 제국으로부터 완전한 자립을 바라는 신호이자, 조선이 근대적 '국가 공동체'의 일원이 되기를 바라는 징후라고 지적한다.[78]

---

76. 예를 들어, Sukhee Han, "Beyond the Celestial Sinic Sphere," pp.261~262에서 인용하고 있는 문일평, 『한미오십년사』, pp.147~180을 보라.
77. 박정양의 신임장과 글로버 클리블랜드의 답변 전문에 관해서는 KAR, 2: pp.112~113을 보라.
78. 휴 딘스모어에 따르면, 박정양은 조선으로 돌아온 이후 승진했다(딘스모어가 미국

그러나 이런 결론은 조선과 중국의 특별한 관계를 종식하겠다는 고종의 약속이 완전하지 않았음을 보여주는 일련의 사건을 무시하고 있다. 다른 무엇보다 중요한 점은 고종이 박정양을 미국으로 파견하기 전에 청의 승인을 받으라는 청 제국의 명령을 마음에 새기고 있었다는 사실이다. 이여복에 따르면 고종은 청 제국의 승인을 받자마자 청에 감사의 서신을 보냈는데, 이 서신에는 "조선의 의존적 지위를 철저히 인정하고, 중국이 제안한 공사관 관련 규칙을 받아들일 것이며, 조선 사절단이 적절하게 지시를 받았음을 확언하는 내용을 담고 있었다."[79] 또한, 박정양이 '영약삼단'을 무시했던 사실을 고종이 부인하고, 결국 박정양을 소환한 일도 의미가 있다. 아마도 더욱 중요한 사실은, 워싱턴에 조선공사관을 설립한 일이 조선에서 중국으로 조공 사절을 파견한 일이나 조선과 청 제국의 교류에서 종주국과 속방이라는 관례적 용어를 사용하는 데 영향을 끼치지 않았다는 점일 것이다.

이처럼 겉으로는 모순적인 것처럼 보이는, 일련의 발언과 행동을 이해하기 위해, 일부 역사학자들은 강압의 문제를 매우 중시한다. 그

국무장관에게 보낸 공문, 1889년 12월 10일 자, *KAR*, 2: p.115). 그러나 2주 후, 딘스모어는 "고종의 명령에 따라 박정양 씨가 승진하기 전의 원래 직급으로 강등되었다."(딘스모어가 국무장관에게 보낸 1889년 12월 24일 자 공문, *KAR*, 2: p.116)라고 보고했다. 그러나 뒤이은 몇 년 동안 박정양이 형조판서와 호조판서 등 다양한 요직까지 승진했으므로, 이는 기껏해야 일시적인 차질이었던 것으로 보인다. 청 제국은 "'번속국에 종주국의 관대한 태도'를 보여주기 위해" 결국 박정양의 승진 반대를 멈췄다(Yur-Bok Lee, "Establishment of a Korean Legation," pp.24~25). 박정양이 조선으로 돌아오자마자 고종과 면담한 내용에 관해서는 『高宗實錄』, 1889년 7월 29일(高宗 26.7.24) 자 기사를 보라.

79. Yur-Bok Lee, "Establishment of a Korean Legation," p.18.

런 의식구조에 따라 생각하면, 고종은 진심으로 명백하게 완전한 주권과 자립을 갈망한 인물이었다. 그 논리와는 전혀 상반된 행동이나 발언은 강압 탓에 이뤄지거나 시행된 것이었다. 이여복은 이런 생각을 다음과 같은 서술로 간결하게 요약한다. "이 모든 상황은 고종이 절대적으로 불가피한 상황에서만 최소한도로 중국의 요구를 수용하면서, 자신이 할 수 있는 역량 안에서는 최대한 자주적이고 독립적으로 처신하려고 했음을 보여주는 것 같다. 사실 이런 처신은 엄밀히 번속국의 국왕이 종주국에 거의 할 수 없었던 일이다."[80] 강압에 대한 생각은 한국 학자들의 주도로 점차 늘어나는 다수의 문헌에서도 두드러지게 중요한 역할을 한다. 이들은 조선의 주권을 넘겨준 협정과 조약이 (완전하지는 않았더라도) 대체로 강압적이었으므로, 후일 일본의 조선 합병과 조선의 보호국 전략을 불법적이라고 맹렬히 비난한다.[81]

이러한 결론에는 의심의 여지 없이 어떤 논리가 있겠지만, 압력과 강제를 인정하는 측면에서는 다소 선택적이다. 역사적 기록을 검토하

---

80. 위의 논문. 데니(Denny, *China and Korea*, p.31)는 다음과 같이 동의했다. "만약 조선 정부의 어떤 관료가 언제든 조선의 종속적 지위를 암시하는 어떤 사항을 인정했다고 해도, 그 관료의 인정은 권위도 없고 법적 효력도 없다. …… 설령 의존적인 관계가 인정을 통해 이뤄졌을 수 있고, 또 지난 2년 반 동안 국왕이 중국의 위협적이고 폭력적이며 범죄적인 처사 탓에 극도로 비굴한 방식으로 속방의 지위를 인정해야 했다고 하더라도, 강압을 통한 인정은 인정이 아니므로 조선 정부가 그 관계에 얽매여 있을 필요는 없었다." 이여복은 다른 책(*West Goes East*, p.183)의 서술에서 그 사건으로 고종이 "반쪽짜리 군주"로 판명되었다면서도, "근대적 외교와 국제적인 규약에 따라 고종의 왕국은 주권 독립 국가가 되었다."라고 흥미로운 구분을 하고 있다.
81. 예를 들어, 이태진, 『서울대 이태진 교수의 동경대생들에게 들려준 한국사』, pp.210~241; 이태진, 『한국병합의 불법성 연구』를 보라.

면, 다른 출처로부터 받은 강압이 두드러지게 중요한 역할을 하는 서술을 매우 쉽게 엮어낼 수 있다. 이를테면, 서양인들은 조선에 국제관계 체제와 일련의 관행을 채택하라고 압박했는데, 그렇지 않았다면 조선은 이를 추구하거나 수용하지 않았을 수도 있었다.

어쨌든 미국인인 호러스 알렌과 오언 데니가 직접 서술한 내용을 신뢰할 수 있다면, 처음에 워싱턴에 공사관을 설치하겠다는 생각을 밀어붙인 사람은 그들이었다.[82] 게다가 박정양은 미국인들의 충고를 따르는 일을 내켜 하지 않을 때마다, 이들로부터 몇 번이고 협력하고 따르라는 강요를 받았다. 당시 상황을 목격한 한 미국인에 따르면, 박정양은 우선 조선 땅을 떠나기 위해 "강제로 붙잡혀 배의 한쪽으로 끌려간 다음 선실에 갇혀" 있어야 했다.[83] 그리고 박정양이 워싱턴에서 청이 명령한 '영약삼단'을 준수하겠다는 의도를 밝히자, 알렌은 박성양에게 자신의 리드에 따라 청의 요구를 무시하라고 설득하기 위해, 어쩔 수 없이 그의 참수형이 임박했다고 위협할 수밖에 없었다.[84]

고종은 진정으로 미국에 상주 공사관을 설치하기를 바랐을까? 고종의 근원적인 동기가 무엇이었든 간에, 그가 내린 여러 조치는 자신이 한 행위를 공식적으로 확정하는 것처럼 보였을 것이다. 그러나 고

---

82. 그 생각을 처음 착안했다는 데니의 주장에 관해서는 Swartout, *Mandarins, Gunboats, and Power Politics*, p.90을 보라. 알렌의 주장에 관해서는 Yur-Bok Lee, "Establishment of a Korean Legation," p.6을 보라. 또한, "공사관 활동은 다른 것들과 마찬가지로 주로 알렌이 벌인 일이었다."라고 서술한 해링턴(Harrington, *God, Mammon, and the Japanese*, p.226)의 결론을 보라.

83. Chaille-Long, *My Life in Four Continents*, p.348.

84. Harrington, *God, Mammon, and the Japanese*, p.236.

종이 해외에 상주 공사관을 설치할 조선의 권리를 주장한 일이나 실제로 그렇게 한 행위를, 청의 종주권에 대한 명백하고 돌이킬 수 없는 거부로 간주한 것인지는 분명하지 않다. 호러스 알렌에 따르면, 대사관을 설립하는 아이디어로 이어진 고종과의 대화는 미국인의 자본을 끌어들이고 미국 측으로부터 차관을 확보하려는 고종의 강한 열망에서 비롯된 것이었다.[85] 게다가 청이 해외에 공사관 관원을 파견하는 문제를 승인해 달라는 고종의 공식 요청은 조선과 청 제국의 관계 및 조선과 다른 국가의 관계에 관해 매우 일관적이었던 조선의 견해를 표현한다. 요컨대, 고종은 조선이 중국의 번속국이나 속방이었고 현재도 그렇다는 점을 받아들였지만, 국내 정치와 국제 문제의 영역에서 모두 조선은 자주적인 국가였다.[86] 고종은 국내와 대외 문제를 막론하고 끊임없이 간섭하는 원세개와 그의 청류당 지지자들이 조선의 자주권에 대해 일으킨 위협에 확실히 분개했다. 그러나 이것은 그가 조선이 청 제국과 특별한 관계에 있다는 생각까지 즉각 거부했다는 것을 의미하지는 않았다. 고종이 총구의 위협을 당한 상황에서 북경에 조공 사절의 파견을 유예하고, 청의 연호와 청의 종주권을 상징하는 모든 단어의 사용을 중지하는 데 동의한 것은 청일전쟁 직전의 시기였다.

많은 한국 측 역사학자의 주장대로, 청 제국은 조선이 해외에 상주 공사관을 설립하는 일에 반대했을까? 원세개는 분명히 반대했다. 그러

---

85. 위의 책, pp.226~227.
86. 이홍장이 총리아문에 보낸 1887년 10월 6일(光緒 13.8.20) 자 공문, 『中日韓關係』, p.2364.

나 천진과 총리아문에 있는 그의 상관들은 생각이 달랐다. 결국, 청은 전통적인 종번 관계에 동의한다는 의사를 표명하는 한, 조선이 해외에 공사관을 설립할 권한을 인정했다. 게다가 청 제국이 요구한 '영약삼단'을 조선이 준수하기로 동의했다면, 과연 어떤 일이 발생했을지는 알 수 없다. 공식 방문의 순서와 연회에서 좌석 배치의 우위는 수년 동안 외국의 외교관들이 조청 관계에서 무시하고 있었던, 일종의 무의미한 의식이자 절차였던 것으로 보인다. 슈펠트는 1882년에 체결된 조미조약에 첨부된 조회문(照會文)을 묵살했다. 외국의 외교관들은 1882년에 조선과 중국 사이에 체결된 조청상민수륙무역장정에서 조선왕국이 중국의 속방이라고 명시한 주장에 전혀 주의를 기울이지 않은 것으로 보인다. 왜 그냥 박정양을 청국공사관에 먼저 방문하게 하고, 연회에서 낮은 자리에 앉히며, 이런 하찮고 세세한 의식 절차를 처리하게 한 다음, 좀 더 실질적인 사안이었던 외교적·상업적인 중요성으로 관심을 옮겨가지 않았을까? 사실은 전혀 근대적이지 않았을 것으로 추정되는 조선인이나 중국인들이 의식 절차를 중요시했던 것만큼이나, 근대적인 미국인들에게도 의식 절차는 중요했다. 정말로 중요한 사항은 어떤 특정한 의식 절차가 가장 높은 존중을 받는가였다. 쟁점이 되는 문제는 조선이 부분적인 독립세력인지 완전한 독립세력인지가 아니라, 청 제국이나 서양 중에 어떤 세력이 국제관계의 규칙과 규범에 대한 통제력을 더 장악할 수 있느냐에 달려 있었다.

  도쿄와 워싱턴에 공사관이 설립되자, 외국 열강들이 조선과 조선의 위상을 생각하는 방식은 변화했을까? 알렉시스 더든(Alexis Dudden)은 "정의상 국제법은 주권국의 명령에 따라 행동하는 대표자가 유사한 자격을 갖춘 외국 사절들과 협상하는 수행적인 담론이다. 이런 관계에서 대표자들은 서로 전시(展示)의 정치학으로 상대를 규정한다."라고 서술한다. 조선의 공사관 설립 시도라는 '전시'를 어떻게 받아들여야 할까? 조선 정부의 의도가 무엇이었고 외교 의전 문제가 얼마나 중요했든 간에, 조선공사관과 워싱턴 내 조선공사관의 활동에 관한 미국 인쇄 매체의 보도들은 미국인들의 시각에서 볼 때 조선공사관이 조선의 국제적 지위에 거의 도움이 되지 않았다는 주장을 뒷받침한다. 적절하게 거행된 의식조차도 미국인의 우월감, 인종 차별, 무관심의 장벽을 극복하기에는 부족했다. 공사관 관원들이 부임하자, 뉴욕과 워싱턴의 신문과 잡지는 일순간에 많은 기사를 쏟아냈다. 《뉴욕 타임스》(*New York Times*)의 한 기사에서는 조선공사관이 "중국으로부터 완전한 자립을 보여주는 실질적인 선언"에 해당한다고 주장했다. 그러나 또 다른 기사에서는 국왕 고종이 공사관 관원들을 파견하기에 앞서 청의 승인을 "비굴하게 구걸했었다."라는 보도의 의미에 관해 궁금하게 여겼다.

   조선의 국제적 위상을 논하는 언론 보도의 숫자는 박정양과 그의 수행단의 외모·복장·장비·행동에 관심을 보인 보도 숫자에 비하면 초라해 보였다. "조선인의 복장, 조선인의 부드럽고 조용한 몸놀림, 특이한 조선인의 모자, 조선인의 표정"을 생생하고 이국적으로 자세히 묘사하는 기사들은 실질적인 외교 문제에서 주의를 분산시켰고, "별난 조선인"의 등장에 초점을 맞추었다. (중국인 외교관의 동반 없이) 클리블랜드 대통령을 처음 예방하는, 이 지극히 중요한 자리에 관한 다음의 묘사를 보면, 조선인들이 하는 행동보다 그들이 입고 있던 복장에 훨씬 더 관심이 있었던 것 같다. 그들은 "정장을 차려입고 있었는데, 옷감인 비단은 매우 호화롭고 폭이 넓었으며, 미소는 매우 조용했고, 그들이 쓴 모자는 특이하고 지금까지 본 어떤 것보다도 길었다."[90]

심지어 조선공사관의 외교적 중요성을 묘사한 기사들도 종종 조선에 대한 찬사를 기껏해야 에둘러 말하는 방식으로 그 의미를 서술했다. 워싱턴의 《이브닝 스타》(*Evening Star*)는 "그 공사관은 …… 모든 면에서 주목을 끌고 있다. 조선 정부의 입장에서 그들의 도미(渡美)가 몽골인종의 한 갈래인 조선인이 선진 문명을 향한 한 단계의 새로운 도약을 상징한다는 사실로 볼 때, 이 행위는 중요한 일로 평가받고 있다."[91]라고 보도했다. 물론, 무언의 가정은 조선인들이 '선진 문명'의 반열에 진입하기 전에 더 많은 조치를 취해야 한다는 것이었다. 다른 여러 기사에서는 박정양과 그의 일행이 "상류층 사교계의 다과회"에 참석했다면서 "화려하게 차려입었지만" 초대받지도 않은 자리에 불쑥 나타난 것이므로, 조선인들이 미국인과의 의례에서 지켜야 할 예의범절을 어겼다고 강조했다. 결국, 워싱턴에 주재한 조선인들의 존재는 "고유의 독특

---

87. Dudden, *Japan's Colonization of Korea*, p.29.
88. "Ambassadors Sent to the United States"; "Embassy to the United States Not Subject to China's Control." 나는 이 참고자료(와 한국공사관에 대한 미국 매체의 묘사를 매우 개괄적으로 논의한 것)에 대해 크리스틴 태너의 논문(Christine Tanner, "Failures and Legacies of the Print Media.")으로부터 큰 도움을 받았다.
89. "A Picturesque Embassy"; 또한, *Evening Star*(Washington, DC), 1888년 1월 17일 자; *Harper's Weekly* 32:1623(1888년 1월); "The Curious Coreans"를 보라.
90. "The Corean Embassy."
91. *Evening Star*(Washington, DC), 1888년 1월 14일 자 기사. 또한, "Corea Acts for Herself"라는 제목의 이 기사에서는 "일본이 이미 주변국들보다 훨씬 앞서갔고, 이제 조선인들은 유럽과 아메리카 대륙의 국가들로부터 발전의 방법과 수단을 배울 작정이다."라고 서술한다.

한 관념"을 품은 조선인들이 "사회적인 방식에서 일본인에 훨씬 뒤떨어졌다."는 생각을 강조한 것에 지나지 않았다.[92]

게다가 조선이 공사관 설립 활동을 시작하고 추진한 공을 오언 데니와 호러스 알렌 같은 서양인들이 차지한 사실은, 조선이 서양의 많은 도움과 보호가 없는 상태에서는 완전한 주권국으로 적합하지 않다는, 널리 퍼진 생각을 암묵적으로 강화했다. 알렌은 사절단에 관해 직접 쓴 기록에서 자신이 "그 사절단의 참찬관(參贊官)에 불과했지만, 실제로는 조선인 외교관들의 식사 주문을 제외한 모든 중요한 업무를 맡았다. 알렌의 주장에 따르면, 박정양은 한낱 명목상의 수장일 뿐이었으며, 알렌은 연로한 그 전권공사(박정양)의 기분을 맞춰주려고 그를 '양부'(養父)로 모셨다."라는 사실을 강조한다.[93] 알렌의 기록을 읽은 독자들의 시선에서 볼 때, 이런 식의 서술은 조선의 주권과 기관에 대한 인식을 거의 높일 수 없었을 것이다.[94] 그렇다면 미국 국무부가 공식적으로는 워싱턴에 조

---

92. 그 다과회의 안주인은 "내가 알기로 그들은 환영 연회가 진행 중인 곳을 보면, 어떤 집에도 들어갈 수 있다."라고 불평했다("The Curious Coreans"). 알렉시스 더든(Alexis Dudden, *Japan's Colonization of Korea*, p.16)은 이 "계몽적 착취 담론"이 서구 신문에서 조선을 묘사하고 조선과 일본을 대비시킬 때 특출나게 눈에 띄었다고 주장한다.

93. Yur-Bok Lee, "Establishment of a Korean Legation," p.19. 게다가 박정양이 조선으로 돌아오자마자, 알렌은 박정양에게 "내(알렌)가 추진 과정에 대한 모든 책임을 맡았을 때 작성한 문서 한 건"을 제출했다(Allen, *Things Korean*, p.164).

94. 알렌은 직접 쓴 일기와 편지에서 박정양과 그의 수행단을 묘사할 때 훨씬 더 신랄하게 비판하며 거들먹거렸다. "알렌은 자신과 조선인 동료들이 미국으로 가는 여정 동안에 '그 공사가 나약한 얼간이'이며, '정규 통역관은 멍청이에 영어를 말할 줄 모른다.'라고 썼다. 일행 중 또 다른 한 사람은 '염탐꾼'이었고, 모두들 '참을 수 없을 만큼 더러웠다.' 좀 더 구체적으로 말하자면, '그들은 기어이 자기들이 줄곧 더럽히고 있는 양변기의 변좌(便座)를 밟고 올라선 채로 볼일을 보는데, 이 변좌에는 징을 박은 신발 자국이 어지러이 찍혀 있었다. 그들의 몸에서는 똥 냄새가 진동하는데,

선공사관을 설립하는 것을 지지하면서도, 미국인 외교관들에게 "조선이 중국으로부터 완전히 독립하는 문제를 미국의 대표자가 주장하는 것은 바람직하지도 않고 유익하지도 않다."라고 경고한 것도 그리 놀랄 만한 일은 아니다.[95]

워싱턴에 공사관을 설립하려는 시도를 둘러싼 논쟁에서 몇 가지 결론이 도출된다. 첫째, 주연을 맡았던 사람들, 그중에서도 특히 국왕 고종의 동기가 모호함에 가려져 있다. 고종의 미국인 고문들과 그 이후 세대의 한국 학자들은 고종(과 더 나아가 조선왕국)이 완전한 자립을 바라는 욕망과 함께 청의 종주권을 거부하려는 열망도 부수적으로 함께 품고 있었을 것이라고 매우 확신한 채 주장하고 글을 쓰는데, 이런 자신감은 위급존망의 순간에 그 군주가 보이는 행동과는 상반된다. 고종이 생각하

씻지 않은 몸, 똥, 퀴퀴한 술냄새〔지은이가 인용한 해링턴의 책에는 'stale wine'으로 전사(轉寫)되어 있어 옮긴이는 '퀴퀴한 술냄새'로 번역했지만, 김원모(金源模)가 완역한 『알렌의 일기』(단국대 출판부, 4쇄본, 2017)에서는 이를 'stale urine'으로 전사하고 '오줌 지린내'로 번역했다〕, 한국 음식, 담배 연기 등이 찌들어 끔찍한 냄새가 나는 방안에서 줄곧 담배를 피워대기 때문이다. 그들이 탔던 배의 승무원들은 매우 친절하지만, 나 자신이 그렇듯이 그들에게서 벗어나게 되어 대단히 고마워할 것이다."(Harrington, *God, Mammon, and the Japanese*, p.228)

95. Swartout, *Mandarins, Gunboats, and Power Politics*, p.93. 일본도 비슷한 방침을 채택했다. "곤도 모토스케(近藤眞鋤)는 미국의 활동에 동조적이었다. …… 그러나 곤도는 일본 외무성에 자신이 어떤 방침을 취해야 할지 지침을 달라고 요청했을 때, '이 사건에 말려드는 것을 자제하라. 그러나 만약 일본의 조약상의 권리나 상인들이 위험에 처하면, 추가 지침을 요청해야 한다.'라는 지시를 받았다. 일본 외무성은 미국 국무부와 마찬가지로 조선 문제에 외교적으로 말려드는 것을 피하고 있었다." (Conroy, *The Japanese Seizure of Korea*, p.188). 호머 헐버트(Homer Hulbert, *History of Korea*, p.244)는 이 사건들과 그 결과를 다음과 같이 묘사한다. "그는 주권국의 공사였으므로 워싱턴에서 격식을 갖춘 대접을 받았다. 이는 어떤 면에서 생각하면 조선의 독립 주장을 촉진하는 데 도움이 되었지만, 외국의 문제에 개입하지 않는다는 미국의 잘 알려진 정책은 대체로 그 효과를 무력화했다."

는 자주의 개념(원세개 및 청류당 인사와는 공유하지 않았지만, 아마도 이홍장과는 적어도 일부를 공유하고 있었던 개념)과 완전한 자립을 뜻하는 서구의 개념이 거의 연관성이 없다는 관점을 데니와 알렌 등이 생각조차 할 수 없었던 것은, 조선(과 청)의 태도에 대한 실제적 인식보다는 서양의 국제 관계 개념이 적절하다는 믿음을 넘어서서 유일하게 가능한 개념이라고까지 생각한 그들의 고집 때문인 것 같다. 둘째, 해외에 공사관을 설립한 영향과 효과는 공사관의 지지자들에 의해 다소 과장되어 있다. 아무리 적절한 자격과 올바른 행실을 갖춘 관료들로 구성되어 제대로 기능하는 공사관이라 할지라도, 공사관의 설치는 회의적인 태도로 거들먹거리는 서구 세계에 완전한 자립과 문명화된 국가 공동체 참여라는 조선의 품격을 나타내는 데 필요한 일련의 장기 조치 중 첫 번째 단계일 뿐이었다. 셋째, 자립의 가능성은 전반적으로 19세기 후반에 점점 더 의미가 없어졌다. 아무리 조선의 자립이 국제사회에서 완전하고 명백하게 선언되고 받아들여졌다고 해도, 절정의 제국주의 시대에 이것만으로 조선이 식민지로 전락하는 현실을 피하게 할 수 있었을 것이라는 주장은 확실하지 않다.

　　박정양이 조선으로 돌아온 이후 워싱턴의 조선공사관은 파행으로 치달았다. 그런데도 조선공사관은 종종 인원이 부족했다. 조선의 개혁가 윤치호(尹致昊)는 1893년 8월에 조선공사관을 방문하려고 했을 때, 그곳에 자신을 접대할 사람이 아무도 없다는 사실을 알았다.[96] 도쿄에 있는 조선공사관도 마찬가지로 인원이 부족했다. 유럽에 상주하기로 한 공사관 직원들은 1895년 이후에야 파견되었다.

96.　국사편찬위원회, 『윤치호 일기』, 1893년 8월 14일 자, 3: pp. 146~147.

의례 대 실질

1890년대 후반의 한 사건은 경쟁적인 제국주의와 국제관계 체제의 교차점에 있는 조선의 위치가 복잡하고 모호하다는 점을 강조한다. 1890년 6월 4일, 대왕대비(大王大妃) 조씨(趙氏)가 사망했다.[97] 조선은 청 제국에 이러한 사건을 알리고, 청은 조선에 조의를 표하는 사신을 파견하는 것이 기존의 관례였다.[98] 이번 사례에서 국왕 고종은 한참 시일을 끌다가 결국 중국에 그 소식을 알렸는데, 사신을 접대하는 데 상당한 비용이 들기 때문에 청 제국이 전통적인 사신 파견을 포기해 달라는 간청도 함께였다.[99] 청의 예부 소속 관원들은 예에 기반한 청 제국과 조선 사이의 지속적인 관계를 재확인하기 위해 이 기회를 포기하기를 거부했고, 청의 관료들과 조선 측 접빈(接賓) 관원을 포함해 2000명에 달하는 인원이 동원되는 완전한 사절단을 파견하겠다고 고집했다.[100] 그러나 그들은 변화하는 시대에 한 가지 사항을 양보했는데, 그것은 조문단이 중국의 포함

- 조선 23대 왕 순조(純祖)의 세자인 익종(翼宗)의 왕비이자, 제24대 헌종(憲宗)의 모친인 신정왕후(神貞王后, 1808~1890)를 가리킨다. 신정왕후는 1863년에 철종이 승하하자, 고종을 왕으로 책봉한 바 있다.

97. 『高宗實錄』 1890년 6월 4일(高宗 27.4.17) 자 기사. 조선 백성에게 공식적으로 안민윤음(安民綸音)을 내린 것에 관해서는 『高宗實錄』 1890년 7월 6일(高宗 27.5.20) 자 기사를 보라.

98. 서울에 주재하던 원세개에게 공식적으로 통고한 일에 관해서는 민종묵(閔種默)이 원세개에게 보낸 1890년 6월 4일(高宗 27.4.17) 자 서신, 『淸案』, 1: p.690을 보라.

99. 곤강(崑岡) 등(예부)이 총리아문으로 보낸 1890년 10월 13일(光緖 16.8.30) 자 공문, 『中日韓關係』, pp.2826~2827.

100. 수행단의 인원에 관해서는 China, Imperial Chinese Mission to Korea, *Notes on the Imperial Chinese Mission to Corea, 1890*, p.25를 보라.

을 타고 해상으로 조선에 도착하는 것이었다. 의례 사절단이 전통적인 육로를 이용하지 않은 것은 처음이었다.[101] 한 미국인 외교관은 청의 사신 행렬이 서울에 당도한 광경을 다음과 같이 묘사했다.

사절들은 세 대의 작은 교자(轎子)를 앞세웠는데, 제일 앞 교자에는 장례식 예물이 실려 있었습니다. 두 번째 교자에는 신주(神酒)가 담긴 화병이, 세 번째 교자는 황색으로 가려져 있었는데, 고인이 된 대왕대비에게 정이품(正二品)에 해당하는 병부상서(兵部尙書)의 부인(夫人) 직함을 하사하는 칙령과 고인의 신주(神主) 앞에서 낭독한 후 소각할 황제의 추도문이 실려 있었습니다. 그 세 번째 교자가 조선 국왕 앞에 당도해 황색 커튼이 젖혀지면, 왕은 관례상 천막 안쪽에서 엎드린 채 교자를 맞이하기로 되어 있습니다.[102]

이어서 행렬이 종묘(宗廟)로 이동하면, 고종은 황제의 칙서 앞에서 "두 차례 무릎을 꿇고 여덟 차례 엎드려 절한" 다음 황제의 칙서가 큰소리로 낭독될 때까지 무릎을 꿇고 경청했다.[103]

---

101. 내각대학사가 총리아문에 보낸 1890년 10월 13일(光緖 16.8.30) 자 공문, 『中日韓關係』, pp.2827~2828. 해상으로 조문단을 파견한 것 외에도, 청 제국의 칙사들은 조선에 머무는 동안 관행이었던 "연회·음악·마술 공연" 관람도 포기하겠다고 제안했다. 청 예부의 공식 보고에 따르면, "이러한 제안을 한 청의 동기는 바닥난 조선의 재정을 배려한 점을 보여주기 위해서였다."(China, Imperial Chinese Mission to Korea, *Notes on the Imperial Chinese Mission to Corea*, 1890, p.24).
102. 허드가 미국 국무장관에게 보낸 1890년 11월 17일 자 공문, *KAR*, 2: p.31.
103. 위의 공문. 겉으로 보기에는 셀 수 없이 많아 보이는 인사, 한담, 건강 질문 등 여러 가지 의례와 절차 전부를 설명한 이야기에 관해서는 China, Imperial Chinese Mission to Korea, *Notes on the Imperial Chinese Mission to Corea*, 1890을 보라.

이런 행동은 조선이 다른 열강 세력과 근대적인 외교·상업 관계에 참여했음에도 불구하고, 조선이 청의 종주권을 계속 받아들이고 있었음을 보여주는 꽤 분명한 증거처럼 보인다. 외국의 관찰자들은 이에 반응하여 두 가지 방식으로 불가능한 일을 시도했다. 첫째, 그들은 고종이 필수적인 의례를 적절한 형태로 엄격히 고수하면서도, 몸짓이나 다른 미묘한 신호를 사용해 현재 상태의 조청 관계에 대한 반대 의사를 표현하고 있다는 소문을 강조했다.[104] 미국 공사 오거스틴 허드(Augustine Heard)는 한 걸음 더 나아가 고종이 다가오는 조선왕조 건국 500주년을 둘러싼 종말론적 우려 때문에 시국 현안을 받아들이고 있다고 추측하고, "일단 새해가 시작되면, 그가 훨씬 자신감에 넘치고 독립적인 조치를 취하는 새 시대를 열 것"이라고 기대했다.[105] 그의 기대는 이후 수년 동안 조선왕국이 청 제국에 매년 계속해서 조공 사절과 특별 사신을 파견함에 따라 수포로 돌아갔다.[106]

다른 세력에게 충성을 표명하면서도 명목상으로는 독립적이고 자주적이었던 조선왕국의 모순을 해결하기 위해 일부 인사가 노력했던 두 번째 방법은 매우 친숙했는데, 그것은 바로 전통적인 의례를 의미 없는 일로 일축하는 것이었다. 고종이 중국 황제의 칙서 앞에서 무릎을 꿇고

---

104. 허드가 미국 국무장관에게 보낸 1890년 11월 17일 자 공문, *KAR*, 2: p.32.
105. 허드가 미국 국무장관에게 보낸 1890년 11월 19일 자 공문, *KAR*, 2: p.36.
106. 예를 들어 조선왕국은 1891년 중반에 재위 20주년을 맞이하는 청 황제를 축하하기 위해 축하사절단을 파견했다. 알렌이 미국 국무장관에게 보낸 1891년 5월 22일 자 공문, *KAR*, 2: p.40.

조아린 상황을 아무도 반박하지는 않았지만, 이 장면을 목격한 한 인사는 다음과 같이 지적했다. "그러나 그 행동이 동양인들 속에서 동양인으로서 행동한 것임을 잊어서는 안 되며, 서양의 기준으로 판단해서도 안 된다." 조선의 충성 선언은, 스페인 사람들이 손님에게 자기 집과 집안의 모든 것이 손님의 것이라고 하는 의례적인 표현이라든가 편지를 쓰는 사람이 편지 속의 전통적인 끝맺음 표현으로 "당신의 가장 순종적이고 겸손한 하인"이라고 쓰는 것 이상의 의미를 담고 있지 않았다.[107]

이것은 매우 훌륭한 수사적·개념적 속임수였다. 그러나 그 당시의 조선인이나 중국인들이 연회장의 좌석 배치라든가, 교자에 탄 사람의 품계(品階), 또는 누가 누구에게 명함을 올려야 하는지에 관한 의전이 중요한 외교적 의미를 지닌 문제인 반면, 왜 조선 국왕의 의례적인 부복(俯伏)은 무의미한 의식으로 일축되어야 하는지 인식하지 못한 것도 무리는 아닐 수 있다. 허드를 비롯한 여러 서양의 외교관들은 청 사절들의 실제 품계에 대한 혼란을 다음과 같이 거론하며, 사절들이 서울에 머무는 동안 방문하지 않았다. "만약 그들이 대사가 아니었다면, 우리를 방문하는 것이 그들의 의무였다. 만약 그들이 대사였다면, 그들은 우리에게 명함을 보냈어야 한다." 그러나 이런 무의미한 의식들이 결국에는 그렇게 무의미하지 않았을 것이다. "비록 이것이 사소한 일로 보였을지는 몰라도, 중국인에게 예절과 관련된 사항은 사소한 일이 아니다. 특히 중국인에게는 최소한의 양보도 하지 않도록 조심해야 할 의무가 있으니, 작은 양보가 언제나 그 이상의 것을 요구하게 만드는 발판이기 때문이다."[108]

교자 사건

특권을 요구하는 청의 주장과 최혜국의 권리를 요구하는 서양의 주장 사이의 충돌이 나타난 또 하나의 사례가 이른바 교자와 관련한 문제였다. 수년 동안 서양의 외교관들은 국왕 고종을 공식 방문할 때 궁궐의 외문(外門)부터 정전(正殿)까지 때로는 수백 미터의 거리를 걸어야 한다는 사실에 불만이 많았다. 이러한 불평을 사소한 골칫거리로 치부할 수도 있겠지만, 원세개가 정전의 문 앞까지 교자를 타고 가기를 고집했다는 사실은 많은 사람을 화나게 했다.

원세개는 청 제국이 속방인 조선과 특별한 관계라는 지위를 누리고 있다고 주장함으로써 자신의 행동을 정당화했는데, 그러한 관계에 비추어 보면 그는 단순히 조선에 주재하는 한 사람의 외국인 외교관이 아니었다.[109] 미국 외교관을 비롯한 각국의 외교관들은 가끔씩 이러한 특권 주장에 이의를 제기했지만, 그들의 불평은 대체로 무시되었다. 이들 외교관의 본국 정부 상관들은 이 문제 자체와 이 문제의 중요성에 관심이 없었던 것 같다. 예를 들어, 미국의 국무장관 윌리엄 훠턴(William

---

107. 허드가 미국 국무장관에게 보낸 1890년 11월 19일 자 공문, *KAR*, 2: p.35.
108. 허드가 미국 국무장관에게 보낸 1890년 11월 18일 자 공문, *KAR*, 2: p.34.
109. 한석희(Sukhee Han, "Beyond the Celestial Sinic Sphere," p.241)에 따르면, "원세개는 서울의 청국공사관이 개최한 연회에서도 이처럼 무례한 행동을 보여주었다. 원세개는 종종 조선의 교섭통상아문 독판을 모든 외국인 대표자보다 낮은 자리에 앉히기도 했는데, 조선 관료는 손님이 아니라 중국의 가족 구성원이라는 점을 구실로 삼았다. 이따금 원세개는 자신이 정규 외교단의 구성원이 아니라고 주장하며, 서울 주재 외국인 대표자들의 회담에 참석하는 것도 거부했다."

Wharton)은 오거스틴 허드에게 "서울에 있는 타국의 외교 조직이 확보했거나 앞으로 누릴 수 있는 것과 동일한 의례적 권리를 주장하여 확보하라고" 지시했지만, 이것이 "그렇게 함으로써 자네가 조선과 중국의 이례적인 관계 및 그 관계 덕분에 중국의 감국대신(監國大臣)에게 양해된 특별 대우에 관한 문제 제기에 앞장서는 사람으로 비춰져야 한다는 것"을 의미한다면, 그 경우는 아니었다.[110]

그 문제는 1880년대 후반부터 1890년대 초반까지는 수면 아래로 가라앉아 있었지만, 원세개의 부관인 당소의가 아픈 상관을 대신해 고종을 접견할 때 원세개가 하던 것처럼 정전의 문 앞까지 교자를 타고 갈 특권을 주장한 1893년에 다시 불거졌다. 미국인 호러스 알렌은 조선 주재 외국인으로 구성된 외교계의 분노와 굴욕을 다음과 같이 묘사하고 있다.

그날은 폭우가 내리던 날이었는데, 중국 영사가 교자를 타고 우리를 지나 정전의 문 바로 앞까지 가는 동안 우리는 모두 폭우를 뚫고 진흙탕을 헤치며 걷고 있음을 깨닫고 굴욕감을 느꼈습니다. 우리의 교자는 관례대로 궁궐 대문에서 좀 떨어진 곳에 세워져 있었습니다. 우리는 원씨(袁氏)가 왕실의 일가들만 할 수 있는 특권대로 궁궐 안까지 교자를 타고 들어갔다는 사실을 여러 차례 전해 들었습니다. 그러나 우리 모두는 그의 이런 관행을 알고 있었지만, 이번 경우만큼 우리의 이목을 집중시킨 적은 없었습니다. 이번 경우는 비로 흠뻑 젖은 우리 상황, 그리고 우리가 젖은 채 걸었던 그곳을 중국 영사는 교자를 타고 한 방울의 비도 맞지 않고 갈 수 있었다는 사실 때문에 두 배로 굴욕감을 맛봤습니다.[111]

격분한 외국의 외교관들은 모두가 궁궐 안 정전의 문 앞까지 교자를 탈 수 있는 특권을 받을 때까지, 항의의 표시로 조선 조정에 대한 외교적 방문을 거부하기로 했다. 그 당시의 서양식 외교 서열 측면에서 볼 때, 외국인 대표들은 최고위급부터 이 문제에 접근하지 않았다.[112] 그러나 알렌은 "적어도 중국 영사와 동등한 특권"이 서울에 주재하는 모든 외국 외교관에게 부여되어야 한다는 점을 "요구하기 위해 동료들과 협력하는 것이 당연하다."고 생각했다.[113]

조선의 내무아문(內務衙門)은 차일피일 미루며 변명으로 일관하다가 결국 다음과 같은 타협안을 제시했다. 타협안의 내용은 조선 정부가 "가장 가까운 궁궐 대문에서 정전까지 외교관들만 출입할 수 있는 회랑(回廊)을 건설하여, 이 회랑을 통해 우리가 날씨로부터 보호를 받으며 걸을 수 있게 하는 것이었다. 이 타협안은 모두에게 받아들여졌고, 꽤

---

110. 윌리엄 F. 휘턴이 오거스틴 허드에게 보낸 1890년 8월 25일 자 서신, *KAR*, 2: pp. 92~93.

111. 호러스 알렌이 미국 국무장관에게 보낸 1893년 10월 6일 자 공문, *KAR*, 2: p. 94.

112. 알렌은 다음과 같이 증언했다. "영국·일본·독일은 조선 문제에 관해 중국의 입장을 지지한다. 영국은 부영사가 대표자인데, 그는 '총영사 대행' 역할을 한다. 일본은 중국과 조선에 전권공사를 두고 있는데, 전권공사는 곧 영사에게 자신의 업무를 맡길 예정이다. 독일은 영사를 두고 있다. 조선의 자립을 인정하여 본국 정부와 직접 연락을 주고 받은 대리인을 둔 정부의 경우, 러시아는 임시대리대사(臨時代理大使, Charge d'Affaires)를, 프랑스는 고등판무관(高等辦務官, Commissaire)을 두고 있다. 다행히 이 사건은 이곳에 오직 임시대리대사만 있을 때 발생했지만, 새로운 공사는 상응하는 예를 받겠다고 주장해야 한다. 그렇지 않으면 우리가 '체면이 깎여' 거의 영향력을 발휘하지 못하게 될 것이다."(*KAR*, 2: p. 97).

113. 호러스 알렌이 미국 국무장관에게 보낸 1893년 11월 4일 자 공문, *KAR*, 2: p. 95; 강조 부분은 원문을 따름.

만족스러워 보인다."[114] 이들에게 제안된 통로는 결코 완성되지 않았다. 그러나 1894년 8월에 조선 정부가 모든 외국 외교관에게 원하는 곳까지 교자를 탈 수 있게 허락한다고 발표했으므로, 외국 외교관들 사이에서 쏟아져나오던 불평불만은 사라졌다. 미국인 외교관 존 실(John Sill)은 그 변화를 두고 "이것은 의심의 여지 없이 일본의 입김이 작용한 결과다."라고 논평했다. 이는 그가 청일전쟁의 시작과 일본군의 서울 점령을 언급한 것이다. 실은 회한적으로 다음과 같은 결론을 내렸다.

> 중국 대표를 제외한 모든 외국 대표자들의 합심 협력으로는 궁궐의 외문 (外門)부터 정전의 대기실까지 교자를 타고 다닐 수 있는 권리를 확보할 수 없었습니다. 중국의 영향력이 다른 모든 경쟁국을 압도했습니다. 중국인 대표는 그렇게 교자를 탈 수 있었고, 중국 영사도 교자를 탈 수 있었으며, 심지어 전보국 책임자도 그렇게 할 수 있었지만, 다른 외국인 대표들은 그렇게 할 수 없었습니다. 그런데 만 1년이 못 되어 일본의 입김 덕분에 1893년에는 추진했음에도 성과가 없었던 모든 것이 이뤄진 것입니다.[115]

그 후 몇 년 사이에 모든 외국의 외교관들은 궁궐 외문부터 정전의 문 앞까지 20미터가 채 안 되는 거리까지도 교자를 타고 직접 대궐까지 갈 수 있는 특권을 누렸다.[116]

114. 호러스 알렌이 미국 국무장관에게 보낸 1894년 2월 12일 자 공문, *KAR*, 2: p.99.
115. 존 M. B. 실이 미국 국무장관에게 보낸 1894년 8월 24일 자 공문, *KAR*, 2: p.99.
116. Sands, *Undiplomatic Memories*, p.59.

나는 이 사건과 그 결과가 몇 가지 중요한 결론으로 이어진다고 생각한다. 첫째, 1882년에 청이 상업적인 특권을 행사했던 사례와 마찬가지로, (조선 주재 외국의 외교관들로 대표되는) 국제사회의 반응은 특권의 행사 자체를 비판한다거나 그러한 특권 행사가 조선의 국권과 존엄성의 기본 원칙을 침해할 것으로 보인다는 점을 지적한 것이 아니라, 그들 자신에게도 동일한 특권이 주어져야 한다고 주장했다는 점이었다. '국제법'은 조선의 주권 수호를 위해서가 아니라, 모든 외부 세력에게 조선에 대한 동등한 접근을 보장하기 위해 발효되었다. 둘째, '영약삼단'을 둘러싼 논쟁 사례와 마찬가지로, 분명히 적절한 의례는 여전히 중요했다. 그러나 이와 동시에 교자 사건 문제가 외국 외교관들을 직접적·개인적으로 불편하게 하(고 굴욕감을 주)지 않았다면, 같은 외교관들이 그 문제에 관해 훨씬 힘을 덜 쓰고 글을 덜 쏟아냈을 것이라고 결론을 내리지 않는 것은 순진한 생각일 것이다. 셋째, 비록 예교상의 의전이 매우 개인적인 일을 감추는 데는 유용한 가면 역할을 했을 수 있지만, 결국 조약·법률과 외교적 예의는 일본의 무력 행사보다 훨씬 덜 효과적이라는 사실이 입증되었다.

이후 세대의 역사학자들은 오언 데니를 비롯해 그와 생각이 비슷한 서양인들이 쉽게 인식할 수 있는 표현으로 주권을 선언하려는 조선의 시도를, 고집불통의 전근대 중국으로부터 억압을 받던 조선인이 자주·진보·근대를 갈망했던 분명한 사례로 종종 묘사해 왔다. 그러한 설명은 사후약방문과 같은 이점과 목적론의 한계를 모두 보여준다. '조공 체제'가 사실상 서양식 국제 질서로 대체되었음을 알고 있는 우리는, 이 새로운 질서를 수용한 극소수의 개화파 인사들에게 초점을 맞추는 경향이 강하다. 그러나 그렇게 하는 것은 조선의 군주로 공인된 사람이 청 제국과 중국에 대해 강렬하게 느꼈던 모순적인 감정을 무색하게 한다. 조선왕국 자체의 군주가 속방으로 남겠다는 자발적 의지를 너무나도 자주 드러냈을 때, '자주'를 향한 조선인의 갈망은 어떻게 결론을 내려야 할까? 중국에 대한 모순적인 감정을 드러낸 사람은 고종 한 사람만이 아니었다. 왕실의 척족(戚族)으로서 쌓은 경력과 자결 덕분에 많은 한국인들로부터 충절(忠節)의 화신으로 인정받는 민영환(閔泳煥)은 이홍장과 원세개가 "우리나라를 보살피고 수호하기 위해 최선을 다했다."라고 기록했다.[117] 틀림없이 원세개에게 아무런 존경심도 품지 않았을 유영익은 조선의 여론으로 간주할 만한 의견들이 대체로 일치했던 것 같다는 점을 다음과 같이 언급한다.

조선 백성들은 주차관 원세개의 고압적인 태도와 그에 수반되는 중국의 경제적 착취를 큰 저항 없이 감내했다. 식자층 엘리트인 양반과 문맹자인 대중 양측을 모두 아우르는 조선 백성 대다수는 이 당시 조선에서 벌어진 중국의 압제를 당연한 일로 받아들였던 것 같다. 이는 의심의 여지 없이 아주 오랜 전통인 한중 간의 조공 관계와 문화적 차용에 단련되었던 결과였다. 이단을 물리치고 정통을 수호하려던 목적에서 1880년대 초반에 일어난 반서방·반일 운동에 비견되는 의식적 민족주의 운동이, 1885년부터 1894년까지의 기간에 양반 지식인층 사이에서는 전혀 발발하지 않았다. 1893~1894년 사이에 봉기를 일으켜 단호하게 일본과 서양의 제국주의를 맹렬히 비난하던 동학 농민반란군은 주차관 원세개와 중국의 정책에 대해서는 어떠한 저항의 목소리도 내지 않았다.[118]

미국의 외교관 오거스틴 허드는 "조선왕국의 도처에 중국에 대한 애정과 친족적 감정이 있고, 러시아에 대해서는 두려움의 감정만 있다."는 점을 깨닫고, 이에 동의했다. 또한, 허드는 북경에 주재하는 서양의 외교관들이 청 제국에서 제정한 외교 의전의 규율을 기꺼이 준수하는 것처럼 보였으므로, 고종 역시 같은 일을 하기를 바란다는 것이 놀라운 일은 아니었다고 지적했다.[119]

근대화라는 궁극적인 목표를 위해서는 어쨌든 조선이 앞장서서 서구식 정치 질서에 참여했어야 한다고 그 필요성을 주장하는 사람들은, 19세기 말에 조선을 기다렸던 기회와 가능성에 관해 지나치게 낙관적이다. '국가 공동체'는 조선을 동등한 국가로서 공동체에 가입할 수 있도록 도움을 주는 것보다는, 세계적인 지정학과 조선이 제공할 수 있는 상업적 특권에 접근할 권한의 확보에 훨씬 더 관심이 있었다. 제국주의 세계는 신생 민족국가들에게 친절하지 않았다. 원세개 자신도 이 사실을 잘 알고 있었으며, 이는 그가 조선에 관심을 둔 여러 열강 세력에 대해 놀라울 정도로 설득력 있게 분석한 다음의 글에서도 분명하게 나타난다.

---

117. Finch, *Min Yŏng-Hwan*, p.47.
118. Young Ick Lew, "Yuan Shih-k'ai's Residency," pp.77~78.
119. 허드는 다음과 같이 기록했다. "게다가 조선에는 '천자'(天子)가 곁에 있다는 매우 전통적인 유혹이 있습니다. 만약 조선 국왕이 언제든 서방 국가의 힘과 우정에 대한 신뢰를 느끼고 싶다는 유혹을 받으면, 그는 중국의 외곽에서 중국을 섬기는 것에 만족하는 모습과 서방 국가들이 얻을 수 없는 중국 황제의 보살핌을 간곡히 부탁하는 모습을 북경에 주재하는 서방 국가의 대표자들에게 보여줍니다. 사실 19세기 말 조선 측의 알현을 거부하겠다는 중국 황제의 허세에 굴복한 조선의 비굴한 모습은 이른바 조선 국왕의 위엄 결여를 설명하는 데 매우 효력이 있습니다."(허드가 미국 국무장관에게 보낸 1890년 11월 19일 자 공문, *KAR*, 2: p.36).

영국과 프랑스는 다른 나라의 영토를 탐내고 있어 그들에게 도움을 청하는 것은 마치 호랑이를 방으로 들이는 것과 같으니, 틀림없이 살아남을 사람이 아무도 없을 것입니다. …… 독일은 군사적으로 강력하고 미국은 부유한 국가이지만, 두 나라 모두 '사건'을 일으키기를 좋아하지 않으므로 다른 나라를 거의 돕지 않습니다. 그들은 자국을 방어하는 것에는 여유가 있지만, 먼 나라를 정벌하려는 생각이 없습니다. …… (러시아에 도움을 청하는 것은) 마치 대문을 열어놓아 도적이 들어오게 하는 것과 같습니다. …… 만약 러시아가 조선 영토를 차지하려는 야욕이 없다면, 어떤 나라를 노리겠습니까? …… (그리고) 일본은 …… 서양의 노선을 선택한 것으로 눈앞의 이익과 효과를 과장되게 선전하여 겉으로는 강성해 보이지만, …… 또 그들의 본성이 교활하고 이익만을 생각하니, 그들과 우호적인 관계는 맺을 수 있어도 믿어서는 안 됩니다. …… 만약 조선이 인구가 많고 부유한 국가라면 …… 자립을 도모하여 강대국으로 발전하기를 기대할 수도 있겠지만, 바야흐로 지금처럼 지배층과 피지배층이 분열하고, 국가는 쇠약하며, 백성이 가난한 상황에서는 …… 중국을 제외하고 어떤 강국에 의존할 수 있겠습니까?[120]

英·法亡人國家·利人土地, 如引虎入室, 必無噍類矣. …… 德雖兵强, 美雖國富, 然不喜生事, 不欲助人, 自保有餘, 遠志則未. …… 是眞開門揖盜. …… 如不取諸於韓, 將焉取之? 日本 …… 徒以致用西法, 侈言功利, 外强 …… 且性**狡黠**, 惟利是視, 此可與連和, 不可爲依賴也. …… 假使朝鮮, 民殷國富, …… 欲圖自立, 或可希冀, 方今上下解體, 國弱民貧. …… 舍中國其誰與歸?

---

120. 『高宗實錄』, 1886년 8월 28일(高宗 23.7.29) 자 기사.

7. 원세개의 조선 내 활동과 '상업 전쟁'

    조선에서 원세개가 머무는 동안 그의 공식적인 직함이 '3품의 총리교섭통상사의대신(總理交涉通商事宜大臣)'이었다는 사실에도 불구하고, 그의 조선 체류 기간에 관한 대부분의 연구는 정치적인 측면, 그중에서도 특히 중국의 의례적 종주권을 유지하려던 그의 시도와 조선의 국내 문제에 대한 수많은 그의 간섭과 개입 사례에 초점을 맞추고 있다. 거의 틀림없이 경제적 또는 상업적인 요소가 담긴 조치들마저 대개 그 정치적 의의라는 렌즈를 통해 주로 이해되었다. 따라서 김달중(金達中)이 보기에, 1882년에 체결된 조청상민수륙무역장정은 이 규정에 반영된 상업적인 주안점에도 불구하고, 무엇보다 "조선에 대한 중국의 통제를 강화하기 위한 정치적 도구" 역할을 했다. 마르티나 도이힐러(Martina

---

-   흠명주찰조선총리교섭통상사의(欽命駐紮朝鮮總理交涉通商事宜)의 약칭.

1.   Dalchoong Kim, "Chinese Imperialism in Korea," p.107. 최문형(崔文衡, 『한국을 둘러싼 제국주의 열강의 각축』, p.46)은 그 규약이 "종속의 문증(文證)"과도 같은 것이라는 결론을 내린다. 린밍더(Lin Mingde, "Li Hung-Chang's Suzerain Policy Toward

Deuchler)는 중국과 조선 사이를 운항하는 해운회사에 대한 청의 지원을 다룬 글에서 "애초부터 해운회사의 설립은 상업적인 이익보다는 정치적 목적에 의해 추진되었다. 그것은 조선에 대한 종주국의 권리를 이해시키려는 중국의 시도였다."라고 주장한다. 이여복에게, 해외로부터 차관을 도입하려는 조선의 시도에 대처하는 청 제국의 정책은 "경제를 압도하는 정치"의 지배력을 반영했다.

원세개의 조선 주차관 재직 시절을 다룬 학술 작품 중에 이 기간의 한중 관계에 나타난 경제적·상업적 측면을 완전히 무시한 것은 거의 없지만, 대부분은 이 기간에 중국인의 상업이 급성장했다는 단순한 인식과 이러한 급성장이 적어도 부분적으로는 이 기간에 발휘된 청의 정치적 힘과 조선에 대한 영향력 때문이라는, 일반적으로 입증되지 않은 주장 수준을 넘어서지 않는다. 원세개가 중국의 상업적 이익을 증대시킨 구체적인 방법들은 기껏해야 피상적인 방식으로 나열되며, 대개는 그야말로 추정에 불과할 뿐이다. 일각에서는 원세개가 노골적이지는 않아도 암묵적으로 중국인의 밀수를 지원했고, 조선에 중국의 해운 사업을 재도입하려고 시도했으며, 중국의 경찰력 구축을 통해 절도와 방화로부터 중국인의 상점을 보호하려고 노력한 점 등을 언급한다. 그러나 조선에서 중국인들이 벌인 상업 활동에 관한 공식적인 지원의 전모(全貌)에 관해서는 아직 검토되지 않았다.

이 부분에 대한 상대적 소홀은 조선에 대한 청의 제국주의 정책에서 나타난 상업적인 중요성을 감추고 있어 유감스럽다. 조선에서 청의 비공식적 제국주의의 외형은 전통적인 조공 사절이 쇠퇴하지 않고 계속되어야 한다는 청류당 지지자들의 주장 못지않게, 중국인 조약항 엘리트들의 욕망과 행동 및 '상전'(商戰), 즉 '상업 전쟁'이라는 그들의 개념에서 비롯된 측면이 크다. 19세기 후반의 조선은 사실상 청 제국이 중국의 상업적 이익을 증대하기 위한 일환으로 해외에 적극적으로 외교 공관 및 영사관을 설치했던 첫 사례로 인식된다. 청의 외교 공관은 수년 전에 이미 영국·일본·미국 같은 국가에서 설치되었지만, 거의 모든 과거 사례는 중국인 '쿨리' 노동자를 보호하거나 쌍방의 외교적 문제를 훨씬 능숙하게 다룰 필요성 때문에 생겨났다. 조선의 경우에는 외교적인 대표성이 가장 우선적인 고려사항이었고, 중국인의 상업 활동을 위

Korea," p.183)는 1882년에 체결된 규약을 이끈 협상이 "경제보다 정치를 이해하는 단서를 제시한다."고 주장한다. 또한, Deuchler, *Confucian Gentlemen and Barbarian Envoys*, p.141; Chien, *The Opening of Korea*, p.197를 보라.

2. Deuchler, *Confucian Gentlemen and Barbarian Envoys*, p.186.
3. Yur-Bok Lee, "Politics over Economics."
4. 정치권력과 상업적 성공 사이의 상관관계를 추정하는 경향은 유진 김과 김한교(C. I. Eugene Kim and Han-Kyo Kim, *Korea and the Politics of Imperialism*, p.70)가 "조선에서 중국의 정치적 영향력은 중국인의 경제적 활동에 박차를 가한 1885~1894년의 기간에 절정에 달했다."라고 한 서술에 반영되어 있다. 이와 유사한 다른 사례로는 Yur-Bok Lee, *West Goes East*, p.171; Sigel, "The Sino-Japanese Quest for Korean Markets, 1885-1894," p.115; 박경룡, 『개화기 한성부 연구』, pp.117~118을 보라. 중국이 조선에 거주한 자국 상인을 지원한 여러 방법을 피상적으로 서술한 목록의 사례는 Yur-Bok Lee, "The Sino-Japanese Economic Warfare over Korea, 1876-1894," pp.130~131; Jerome Ch'en, *Yuan Shih-k'ai*, pp.23~24; Young Ick Lew, "Yuan Shih-k'ai's Residency," pp.76~78, p.97을 보라. 유영익은 위의 논문에서 이 기간에 중국인이 상업적으로 성공한 원인을 열거했는데, 그중에는 조선 내륙을 여행할 권리와 서울에 상점을 개설할 권리 등 1882년에 체결된 조청상민수륙무역장정에서 보장한 바 있는 중국의 '배타적 특권'까지 실수로 포함하고 있다. 이 실수를 제외하면 그의 논문은 지극히 주의 깊은 작업이라 할 수 있다. 원세개가 청의 주차관으로 재직하고 있었을 당시, 이 특권은 청 제국에게만 허용된 배타적 특권이 아니라 최혜국 대우 조항에 의거하여 모든 조약국에 보장된 권리였다.
5. Biggerstaff, "The Establishment of Permanent Chinese Diplomatic Missions Abroad."

한 기지이자 상인을 불러들이는 역할을 했다. 청 제국에게 상업적 관심사가 얼마나 중요했는지에 대한 올바른 인식은, 전통적인 종주권이 청의 정책 입안자의 사고를 지배했다는 잘못된 인상을 바로잡는 역할을 한다.

원세개는 청 제국 내에서 영향력이 큰 청류당 관료들과 친밀한 관계를 맺고 있었고, 조선에서 그가 취한 대부분의 조치는 사실상 청의 의례적 종주권의 형태를 유지하려는 청류당의 관심사를 반영한다. 그러나 원세개조차도 중국인의 상업을 증대해야 하는 중요성을 인식했다. 그의 행정 업무수행 방식은 진수당의 방식과 확연하게 달랐다. 원세개는 이따금 자신이 중요하다고 느낀 문제에는 상당한 관심과 정력을 기울였지만, 상업적인 부문에서 자신의 업무에 해당하는 그날그날의 세세한 일에 관해서는 거의 신경 쓰지 않았다. 원세개와 조선의 교섭통상아문이 주고받은 공문에는 조선에 거주하는 중국인들의 부동산 취득에 관한 보고서가 빠져 있다. 절도 사건과 보상 요구를 담은 보고서는 극히 드물다. 진수당의 관례에서 나타난 것처럼 원세개는 조선 내륙을 여행하기 위한 개별 여권 신청서를 제출하기보다는, 대체로 중국 상인들과 여행자들에게 편리하게 배포할 수 있는 빈 여권 양식의 서류 묶음을 요청했다.

그러나 원세개가 비록 중국인의 상업 활동에서 일상적인 몇몇 세부사항까지 관여하지는 않은 것으로 보이지만, 그는 조선에서 중국인의 사업을 지원하기 위한 일이라면 무엇이든 했다. 그의 활동은 대체로 두 가지 범주로 분류할 수 있다. 우선 그는 조약항 체제 내에서 중국의 영향력을 높임으로써 진수당이 남긴 성과를 확대하기 위해 노력했다. 이

범주에서 그가 벌인 노력은 조약항 내의 중국인 거류지 확대 지원, 서울과 그 주변 지역에서 중국인의 활동 증대, 중국인의 해운 사업 촉진 등을 포함한다. 그러나 원세개는 조약항 체제의 범위 밖에서도 중국인의 상업 활동을 장려했다. 이 두 번째 범주에 속하는 그의 활동에는 조선의 서북 해안까지 활동 범위를 확장하려는 조선 정부와 조선해관의 노력 저지와 중국인의 밀수 지원이 포함된다. 대체로 원세개는 조선에 조약항 체제의 도입 및 진수당의 노력으로 마련된 토대 위에서 성과를 내는 것에 성공했다.

청이 조선에 외교와 영사 업무를 대표하는 기구를 설립함으로써 나타난 한 가지 중요한 결과는 조선에서 중국 상인들의 숫자가 극적으로 증가한 점이었다. 중국 상인들은 전통적인 교역품과 근대적인 상품 분야에서 모두 일본 상인들의 훌륭한 경쟁 상대가 되었음을 빠르게 입증했고, 1890년대 초반에는 조선의 총수입액 측면에서 일본과 거의 대등한 수준에 도달했다. 중국 상인의 강점과 경쟁력은 다자적 제국주의의 규범과 제도가 가장 강한 영역에서 가장 대단했다.

중국인의 조약항 진출 확대

원세개가 조선에서 청의 주차관 직책을 맡았을 당시, 중국 상인들은 이미 인천과 부산의 중국인 거류지가 제공하는 특권과 보호를 누리고 있었다. 이것은 주로 조약항 내에서 진수당을 비롯한 청의 상무위원들이 노력한 결과였다. 그러나 원세개는 곧 원산에 중국인 거류지를 설치하고, 인천의 중국인 거류지를 확장할 필요성에 직면했다. 게다가 기존

거류지 협정의 개정 또는 수정 제안은 종종 원세개와 그의 부관들의 관심을 사로잡았다. 중국인 거류지와 관련하여 원세개가 가장 우선시한 목표는 중국 상인들을 안전하게 보호하고, 중국인들이 조선의 조약항에서 다른 외국 열강이 이용할 수 있는 모든 특권을 누릴 권리를 확보하는 것이었다.

중국 상인들이 조선으로 쏟아져 들어오자, 조약항 내에 처음 조성된 중국인 거류지가 늘어나는 중국인 숫자를 수용하기에 너무 좁다는 사실이 곧 분명해졌다. 이런 상황은 1차 경매에서 중국인 거류지로 지정된 거의 모든 토지가 매입된 인천의 경우가 특히 두드러졌다. 그 거류지 협정으로 중국 상인들은 훨씬 큰 규모인 '각국공동거류지'(各國共同居留地, general foreign settlement)의 범위 내에서 토지를 매입하여 장사를 할 수 있었고, 많은 중국 상인이 이 방침을 따랐다. 그러나 적절한 부동산이 부족한 상황에서 한 장소에 모이기를 선호하는 것으로 보이는 중국 상인들의 성향까지 맞물리자, 거물급 중국 상인들은 원세개에게 중국인 거류지를 추가로 마련해 달라고 졸라 댔다. 원세개는 1886년 5월 28일에 이 요청을 조선의 교섭통상아문에 전달했고, 인천 지역의 관계 당국과 협의가 이뤄져야 한다는 답변을 받았다. 청의 상무위원과 인천의 감리(監理) 사이에 이뤄진 협상 기록과 그들이 도달한 합의 내용은 현존하는 문서에서 찾아볼 수 없다. 그러나 많은 중국인들이 서울로 가는 가장 큰 도로와 연결되는 인천 변두리의 한 지역인 삼리채(三里寨, '싸리재'로도 알려짐)에 부동산을 취득하고 상점을 차린 것으로 보아, 어떤 종류의 협정이 이뤄졌다는 것은 분명하다. 거류지에는 곧 여러 중국음식점, 이발소, 채소를 파는 노점은 물론이고, 서양 직물과 중국산 비단을 판매하는 수많은 상점들이 들어섰다. 비록 이 두 번째 거류지에 거주하던 중국인의 숫자를 정확하게 밝혀내기는 어렵지만, 1888년에는 원세개가 경찰력의 보호를 요청한 것이 정당하다고 주장할 정도로 충분한 수의 중국인이 있었다.

같은 해에 원세개는 각국공동거류지의 부동산 가격과 임차료를 조정하려는 조선 정부의 시도를 둘러싼 협상에서, 자신의 부관 당소의에게 중국의 이익을 대변하는 역할도 위임했다. 2년 후, 원세개는 중국인

- 개항 직후 인천항에 내린 사람과 물자가 가장 빠른 길로 서울로 갈 때 반드시 지나가야 하는 완만한 오르막길로, 싸리나무가 많이 심어져 있어 '싸리재', 또는 '싸리재 고갯길'로 불렸다. 이곳에 거주한 중국 상인들은 이 지역을 '삼리채(三里寨)라고 불렀는데, '싸리재'와 발음이 비슷해서(중국어 발음은 '싼리차이') 유래했다는 설이 있고, 한국인·중국인·일본인 등 세 나라 사람이 어울려 살아서 붙여진 것이라는 설도 있다. 일제 강점기 시절에는 '경정'(京町)으로 불렸고, 현재는 경동(京洞)에 속하는데, 서울로 갈 때 반드시 지나가야 하는 길이라서 '경'(京) 자가 붙은 것으로 보인다.

6. 중국인 조계지를 삼리채까지 확대해 달라는 원세개의 요청과 조선의 답변에 관해서는 원세개가 서상우(徐相雨)에게 보낸 1886년 5월 28일(高宗. 23.4.25) 자 공문, 『清案』, 1: pp.305~306; 서상우가 원세개에게 보낸 1886년 5월 30일(高宗 23.4.27) 자 공문, 『清案』, 1: pp.305~306을 보라. 한 일본 영사는 그 지역을 다음과 같이 묘사했다. "이른바 '싸리재'라는 중국인 상업지구에는 왜 그런지 모르겠지만 중국 사람들이 무리를 이룬 채 거주하여 일종의 거류지를 형성하는데, 그 지역은 조약에 의해 승인된 거류지가 결코 아니다."(손정목, 『한국 개항기 도시변화 과정 연구』, p.150). 원세개는 중국 관료들과 인천의 감리 엄세영(嚴世永)이 "1886년 여름"에 공식 합의에 도달했고, 그때 표지석(標識石)이 세워졌다고 주장했다. 원세개가 민종묵에게 보낸 1890년 4월 6일(高宗 27.2*.17) 자 공문, 『清案』, 1: p.671을 보라. 1891년 원세개는 조선인들이 삼리채를 통과하는 '공공 도로'의 통행을 가로막는 초가집들을 짓고 있는 것에도 항의했다(원세개가 민종묵에게 보낸 1891년 6월 2일[高宗 28.4.26] 자 공문, 『清案』, 2: pp.35~36; 민종묵이 원세개에게 보낸 1891년 7월 25일[高宗 28.6.20] 자 공문, 『清案』, 2: p.48). 삼리채의 '거류지'에 관한 더욱 자세한 내용은 박광성, 「인천항의 조계에 대하여」, pp.301~302를 보라.

7. 원세개가 조병직(趙秉稷)에게 보낸 1888년 11월 8일(高宗 25.10.5) 자 공문, 『清案』, 1: p.492~493; 조병직이 원세개에게 보낸 1888년 11월 9일(高宗 25.10.6) 자 공문, 『清案』, 1: p.493; 조병직이 원세개에게 보낸 1888년 11월 18일(高宗 25.10.15) 자 공문, 『清案』, 1: p.498.

거류지의 정확한 경계와 거류지의 유지비를 둘러싼 논쟁을 비롯해 개인 자격으로 여러 유사한 협상에 참여했다.[8] 원세개는 원산의 중국인 거류지 조성과 확장에도 관여했는데, 이는 원산의 일본인 조계에서 외국인들을 추방하기로 한 일본의 급작스러운 결정에 따른 조치였다. 삼리채에 거류지를 조성할 때도 그랬듯이, 그 협상은 청과 원산 지역의 조선 관리들 사이에서 진행되었던 것으로 보인다. 원산의 거류지 협정 내용은 조선 정부의 공식 기록에서 전혀 발견되지 않았다. 그럼에도 불구하고 원산에 거주하는 거의 모든 중국인은 1890년까지 새로운 거류지로 이주했다.[9] 원세개와 그의 부관들은 부산의 좁은 거류지를 확장하는 제안에도 적극적이었다.[10]

8. 원세개가 민종묵에게 보낸 1890년 1월 29일(高宗 27.1.19) 자 공문, 『淸案』, 1: pp.648~650; 원세개가 민종묵에게 보낸 1890년 4월 6일(高宗 27.2*.17) 자 공문, 『淸案』, 1: pp.671~672; 민종묵이 원세개에게 보낸 1890년 4월 8일(高宗 27.2*.19) 자 공문; 민종묵이 원세개에게 보낸 1890년 4월 11일(高宗 27.2*.22) 자 공문, 『淸案』, 1: p.674; 원세개가 민종묵에게 보낸 1891년 6월 2일(高宗 28.4.26) 자 공문, 『淸案』, 2: pp.35~36; 원세개가 민종묵에게 보낸 1891년 6월 5일(高宗 28.4.29) 자 공문, 『淸案』, 2: pp.37~38; 민종묵이 원세개에게 보낸 1891년 7월 25일(高宗 28.6.20) 자 공문, 『淸案』, 2: p.48; 원세개가 민종묵에게 보낸 1891년 9월 26일(高宗 28.8.24) 자 공문, 『淸案』, 2: p.62; 민종묵이 원세개에게 보낸 1891년 10월 2일(高宗 28.8.30), 『淸案』, 2: p.64; 당소의가 민종묵에게 보낸 1891년 11월 29일(高宗 28.10.28) 자 공문, 『淸案』, 2: p.75; 당소의가 민종묵에게 보낸 1892년 1월 14일(高宗 28.12.15) 자 공문, 『淸案』, 2: p.81.

9. 원산 거주 중국인의 활동에 관해서는 손정목, 『한국 개항기 도시변화 과정 연구』, pp.121~123; 원세개가 김윤식에게 보낸 1887년 4월 11일(高宗 24.3.18) 자 공문, 『淸案』, 1: pp.346~347; 원세개가 조병식에게 보낸 1888년 4월 22일(高宗 25.3.12) 자 공문, 『淸案』, 1: p.442; 조병식이 원세개에게 보낸 1888년 5월 30일(高宗 25.4.20) 자 공문, 『淸案』, 1: p.448; 원세개가 조병직에게 보낸 1889년 4월 17일(高宗 26.3.18) 자 공문, 『淸案』, 1: pp.536~537; 원세개가 조병직에게 보낸 1889년 6월 8일(高宗 26.5.10) 자 공문, 『淸案』, 1: pp.551~552; 민종묵이 원세개에게 보낸 1889년 8월 17일(高宗 26.7.21) 자 공문, 『淸案』, 1: pp.581~582; 원세개가 조병직에게 보낸 1893년 4월 17일(高宗 30.3.2) 자 공문, 『淸案』, 2: pp.187~188을 보라.

일본과 조선 양국 정부에 조선 내에서 보장된 청의 조약 특권을 준수하라는 요구가 청이 이후 10년 동안 외교적으로 주고받은 공문의 내용을 채운다. 예를 들어, 1888년에 삼화흥호(三和興號) 소속의 상인 3인이 고의적인 방화가 의심스러운 화재 사건으로 사망했다든가, 1890년에 떠돌이 상인 손관정(孫官貞)이 충청도에서 부상을 당한 사건처럼, 청의 관료들도 자기들이 인지한 재정적 손실을 비롯해 기타 여러 가지 손실에 대한 배상금을 요구하는 일에 능숙해졌다.[11] 청의 외교관들도 다수의 중국인이 거주하고 일하는 지역을 보호하기 위해 순찰원(巡察員)을 둘 권리를 조선에 요구하여 받아냈다.[12] 몇몇 기록에 따르면, 중국의 순찰원

10. 부산 거주 중국인의 활동에 관해서는 원세개가 김윤식에게 보낸 1886년 9월 14일(高宗 23.8.17) 자 공문, 『淸案』, 1: p.320; 원세개가 민종묵에게 보낸 1892년 6월 19일(高宗 29.5.25) 자 공문, 『淸案』, 2: p.103; 원세개가 민종묵에게 보낸 1892년 7월 10일(高宗 29.6.17) 자 공문, 『淸案』, 2: p.113; 민종묵이 원세개에게 보낸 1892년 7월 11일(高宗 29.6.18) 자 공문, 『淸案』, 2: p.114를 보라.

11. 삼화흥호의 방화와 관련하여 오고간 공문에 관해서는 원세개가 조병식에게 보낸 1888년 1월 14일(高宗 24.12.2) 자 공문, 『淸案』, 1: p.397; 조병식이 원세개에게 보낸 1890년 5월 30일(高宗 25.4.20) 자 공문, 『淸案』, 1: pp.447~448; 원세개가 이중칠(李重七)에게 보낸 1888년 10월 8일(高宗 25.9.4) 자 공문, 『淸案』, 1: pp.484~485; 조병직이 원세개에게 보낸 1888년 11월 12일(高宗 25.10.9) 자 공문, 『淸案』, 1: p.495; 원세개가 조병직에게 보낸 1889년 6월 10일(高宗 26.5.12) 자 공문, 『淸案』, 1: p.553을 보라. 손관정의 부상과 관련한 조치를 요구한 것에 관해서는 원세개가 민종묵에게 보낸 1890년 5월 19일(高宗 27.4.1) 자 공문, 『淸案』, 1: pp.687~688; 민종묵이 원세개에게 보낸 1890년 6월 13일(高宗 27.4.26) 자 공문, 『淸案』, 1: pp.698~699; 원세개가 민종묵에게 보낸 1890년 6월 23일(高宗 27.5.7) 자 공문, 『淸案』, 1: 699~670을 보라.

12. 청이 마포에 세운 순찰원에 관해서는 원세개가 조병직에게 보낸 1889년 4월 30일(高宗 26.4.1) 자 공문, 『淸案』, 1: pp.541~542; 조병직이 원세개에게 보낸 1889년 6월 2일(高宗 26.5.4) 자 공문, 『淸案』, 1: pp.547~548; 원세개가 조병직에게 보낸 1889년 6월 20일(高宗 26.5.22) 자 공문, 『淸案』, 1: p.558을 보라. 청이 서울에 세운 순찰원에 관해서는 원세개가 조병직에게 보낸 1889년 6월 12일(高宗 26.5.14)

들은 매우 효과적이어서 인천의 각국공동거류지에서도 그들이 제공하는 서비스를 이용할 정도였다.[13]

서울과 그 주변 지역 중국인의 활동 증대

원세개가 주차관으로 재직하는 동안 서울과 그 주변 지역에서는 중국인의 상업 활동이 성장했다. 이들의 팽창은 조선 상인들, 특히 조선 정부의 전통적인 독점 사업에 종사하던 상인들에게는 갈수록 큰 골칫거리가 되었다. 조선 상인과 중국 상인 간의 충돌이 계속되었고, 조선 상인들이 벌이는 지속적인 항의와 불매운동이 빈번하게 일어났다. 이러한 어려움에도 불구하고 중국 상인들은 계속해서 서울에 거주하며 성장을 거듭했다. 원세개는 용산(龍山)과 마포 등 외진 지역에 중국인의 주둔지를 구축하는 데도 중추적인 역할을 했다.

원세개가 주차관의 직무를 맡았을 시점에는, 조선과 조약을 체결한 외국 정부의 국민이라면 누구든 서울에 거주하며 사업을 할 수 있었다. 점점 늘어가는 외국 상인의 유입은 조선 국내의 상인들에게 불안감을 안겨주었는데, 그들 다수는 조선 정부에서 허가한 여섯 가지 전

자 공문, 『淸案』, 1: pp.553~554; 조병직이 원세개에게 보낸 1889년 6월 17일(高宗 26.5.19) 자 공문, 『淸案』, 1: p.557; 원세개가 조병직에게 보낸 1889년 6월 18일(高宗 26.5.20) 자 공문, 『淸案』, 1: pp.557~558; 조병직이 원세개에게 보낸 1889년 6월 25일(高宗 26.5.27) 자 공문, 『淸案』, 1: pp.560~561; 원세개가 조병직에게 보낸 1889년 6월 25일(高宗 26.5.27) 자 공문 『淸案』, 1: p.562를 보라.

13. 인천에서 한 특정한 중국인 야간경비원의 효과적인 활동에 관한 설명으로는 Sands, *Undiplomatic Memories*, pp.84~85를 보라.

매 품목의 독점권을 하나씩 소유한 육의전(六矣廛) 상인들이었다. 생계를 걱정한 많은 상인들은 조선 정부에 이의를 제기했고, 외국 상인들을 도성(都城) 밖으로 추방해달라고 요구했다. 이런 요구사항이 제일 먼저 올라온 것은 원세개가 직무를 맡은 직후인 1885년 12월과 1886년 1월이었다. 조선의 교섭통상아문은 적절한 절차에 따라 조선 상인들의 항의를 원세개에게 전달했고, 중국인과 조선인 사이에서 절도와 싸움 등 각종 '사건'이 증가하고 있는 현실을 지적하며 혹시 중국인(을 비롯한 외국인)들이 서울을 떠나 서울 근교의 용산이나 양화진에 상점을 차리면 더 좋지 않을지 의견을 물었다. 원세개는 도성 안에 중국 상인의 수가 극심할 정도로 많지 않으므로, 그 조치에 반대하지 않는다고 답변했다. 그러나 그 제안은 일본 상인들이 서울에서 강제로 퇴출된다면 그들에게 엄청난 배상금을 지급하라는 일본의 반대와 요구로 무산되었다.[14]

조선 상인들의 항의·파업·불매운동은 점차 규모가 커지고 복잡해졌다. 그러나 1887년과 1889년 두 차례에 걸쳐 외국인 경쟁상대를 축출하려던 조선 상인들의 시도는 조선 정부에 의해 진압되었다. 아마도 외국 상인들에게 가장 큰 시련은 수천 명의 조선 상인들이 상점 문을 닫고 일주일 동안 조선의 교섭통상아문과 궁궐 앞에서 연좌 농성을 벌인 1890년 1월에 다가왔던 것 같다. 처음으로 조선 상인들의 요구사항에 조약의 개정과 조선 내 중국인의 상업 문제에 관한 이홍장과의 직접 대화 개최 등이 포함되었다. 며칠 동안의 철시(撤市)와 시위로 조선 정부와 원세개가 조선 상인들의 단호한 의지를 확인한 이후, 조선 사신을 천진

---

14. 김정기, 「1890년 서울상인의 철시동맹파업과 시위 투쟁」, p.81.

으로 파견하여 이홍장과 협의한다는 합의가 이뤄졌다. 일본 관료들과 동시에 진행한 협상의 결과, 일본 역시 모든 외국인이 서울을 떠나기로 동의한다면 일본 상인들이 기꺼이 용산으로 이주할 의사가 있음을 공개적으로 표명하게 되었다. 그러나 일본은 이전(移轉)의 대가로 보상을 요구했을 것이다. 이번에는 이전에 대한 반발이 주로 청 제국에서 나왔다. 원세개와 이홍장 두 사람은 모두 조선 정부가 파업과 시위를 공모했다는 혐의를 제기했다. 천진에 파견된 조선 관료 변석운(邊錫運)은 이홍장으로부터 호된 질책을 받았다. 이홍장은 조선 정부가 시위를 선동했다고 질책했고, 막대한 배상금을 요구했으며, 대체로 중국인의 용산 이전 문제에 관한 논의를 회피했다. 그 결과 도성 안에서는 평상시처럼 외국 상인들의 장사가 계속 이어졌고, 조선 상인들의 분노는 커졌다. 중국 상인들은 서울에 계속 상주할 운명이었다.[15]

중국인들이 용산이나 양화진으로 대규모 이전하는 것을 탐탁지 않게 생각했다고 해서, 이 두 지역에서 중국인의 활동이 없었다는 신호로 받아들여서는 안 된다. 중국 선박들이 한강을 거슬러 마포까지 진입할 수 있게 하려는 진수당의 노력은 이전 장(章)에서 숙고한 바 있다. 중국 상인들은 마포보다 약간 상류 쪽인 용산 일대에서도 활동한 것으로 보

---

15. 조선 상업계의 적대감이 오로지 중국인만 겨냥한 것도 아니고, 주로 중국인을 겨냥하지도 않았다. 오히려 조선 상인들은 모든 외국인을 도성에서 추방하라고 요구했다. 1890년대 서울의 작은 점포 주인들의 파업에 대한 매우 자세한 설명은 김정기, 「1890년 서울상인의 철시동맹파업과 시위 투쟁」, pp.78~80을 보라. 또한, 국왕 고종이 청의 북양대신 이홍장에게 보낸 1890년 2월 20일(高宗 27.2.2) 자 공문, 『淸案』, 1: p.653; 이홍장이 총리아문에 보낸 1890년 3월 7일(光緒 26.2.17) 자 공문, 『中日韓關係』, pp.2734~2740; 이홍장이 총리아문에 보낸 1892년 3월 5일(光緒 18.2.27) 자 공문, 『中日韓關係』, pp.2942~2944를 보라.

인다. 1884년에 이 지역을 묘사한 한 자료에는 마포에서 상류 쪽으로 3리(里) 정도 떨어진 용산에 '중국식 부두'가 존재했음을 기록하고 있다. 진수당과 묄렌도르프 역시 서울 밖 외국인 거류지의 부지 선정을 위한 협상에 적극적이었다. 처음에는 양화진이나 마포를 염두에 두었던 그들의 관심은 곧 용산으로 옮겨갔다. 1884년 10월에 외국인 거류지를 위한 사전 합의가 이뤄졌지만, 갑신정변이 발발하여 당시 협상에 참여했던 모든 주요한 외국인 인사들이 사망했거나 자리를 이동한 탓에 어떠한 공식적인 조치도 취해지지 않았다. 외국인 거류지에 대한 공식적인 제재가 없는 상황에서, 중국 상인을 비롯한 여러 외국 상인들은 조약항에서 100리 이내에 있는 외국 기업들이 용산에서 상점 운영을 시작할 수 있도록 허용한, 조약의 조항을 활용했다.[16]

대담한 중국인들은 이미 1884년에 용산에 토지를 매입하려고 했다.[17] 1886년 7월, 원세개는 이음오(李蔭梧)를 파견하여 용산에 거주하는 중국인의 상업 활동을 감독하게 했다.[18] 이 지역은 도성으로 들어가는 곡물과 조선에서 해외로 나가는 콩 등 여러 상품의 환적(換積) 지점으로서 점

---

16. 용산구,『용산구지』, pp.80~89.
17. 중국인이 용산에서 처음 토지를 매입한 일에 관해서는 진수당이 김윤식에게 보낸 1884년 9월 1일(高宗 21.7.12) 자 공문,『淸案』, 1: p.163; 김윤식이 진수당에게 보낸 1884년 9월 17일(高宗 21.7.28) 자 공문,『淸案』, 1: p.170을 보라. 용산에 거주한 외국인의 활동에 관한 전반적인 개관으로는 용산구,『용산구지』, pp.74~91, 462~463을 보라.
18. 이음오 등 용산에서 활동한 중국의 상무관원들에 관해서는 원세개가 서상우(徐相雨)에게 보낸 1886년 7월 3일(高宗 23.6.2) 자 공문,『淸案』, 1: pp.307~308; 원세개가 조병식에게 보낸 1887년 11월 6일(高宗 24.9.21) 자 공문,『淸案』, 1: pp.382~383; 조병식이 원세개에게 보낸 1887년 11월 9일(高宗 24.9.24) 자 공문,『淸案』, 1: pp.384~385를 보라.

차 중요해졌다. 중국의 벽돌 제조업자들은 용산에 가마[窯]를 설치했다. 이곳에서 생산된 벽돌은 영국공사관은 물론, 유명한 명동성당(明洞聖堂)을 짓는 데 사용되었다.[19] 일본인들이 1890년대 초반에 중국인의 용산 일대 장악을 불평하고, 그 지역에 대한 동등한 접근 기회를 요구한 것은, 그 지역에서 중국인의 활동이 어느 정도였는지를 짐작케 한다.[20]

조약항을 비롯해 서울·용산·마포 등지에 눈에 띌 정도로 늘어난 중국 상인들의 존재는 많은 조선인들에게 배외적(排外的) 분노를 부채질했다. 조선인들이 느끼는 반중 감정은 일본인에 대한 조선인의 반감만큼 강하지는 않았다. 중국인들은 1882년의 임오군란과 1884년의 갑신정변 이후 뒤따랐던 여러 반외세 폭동에도 아무 탈 없이 무사했다. 그러나 중국 상인들이 갈수록 더 조선과 일본 상인들의 유력한 경쟁상대로 부상하자, 점점 더 많은 분쟁과 사건에서 적어도 일부 조선인이 품고 있던 반중 감정이 드러났다. 중국 상인들에 대한 공격, 특히 1887년 말에 세 명의 상인 목숨을 앗아가고 네 채의 상점을 전소하게 한 다발성의 방화 공격이 잇따르자, 이를 우려한 원세개는 조선 정부가 중국 상인들을 보호하기 위한 노력을 강화해 줄 것을 요구했다. 원세개는 결국 조선 정부가 필요한 조치를 취할 수 없(거나 취할 의지가 없)다는 결론을 내렸고, 서울·마포·인천에 중국인 순찰대를 창립하는 작업에 착수했다. 외국 세력들이 중국의 조약항에서 경찰을 통제하겠다고 주장한 사건을

---

19. 호어(J. E. Hoare, *Embassies in the East*, p.180)는 다음과 같이 언급한다. "1889년 12월 31일에는 '양질'(良質)로 묘사된 적벽돌 30만 장의 운반을 위해 서울에서 계약이 체결되었다. 계약자는 조선에 거주하는 한 중국인이었다."

20. 용산구, 『용산구지』, pp.74~91, 462~463.

연상시키는 이 조치는 공격과 방화에 대한 불만의 숫자가 극적으로 감소한 것으로 보아 효과적이었던 것 같다.[21]

해운업에 대한 공식적인 지원

조선에 있는 중국 상인들이 가장 기대한 이점의 하나는 접근성이었다. 중국 상인들은 일본 상인들이 상해와 홍콩에서 서양 상품을 구매하여 그 상품들을 나가사키와 오사카(大阪) 등의 일본 항구로 운송한 다음 다시 조선으로 실어 옮긴다는 점을 주목하고, 일본을 경유하여 상품을 운반하면서 발생하는 추가 비용을 줄인다면 조선에 거주하는 일본 상인들과 유리한 조건으로 경쟁할 수 있을 것으로 내다봤다. 그러나 중국과 조선 사이를 운행하는 정기적인 증기선 노선의 부족으로, 적어도 부분적으로는 이 잠재적인 이점이 무력화되었다. 일본 정부가 조선으로 운항하는 일본의 해운회사에 보조금을 지급한 것을 알아낸 중국 상인과 관료들은 중국 정부에 유사한 조치를 내려줄 것을 신속히 요구했다. 이러한 압력의 결과로 1882년에 체결된 조청상민수륙무역장정의 제7조에는 "매달 정해진 날짜에 중국 윤선초상국(輪船招商局)의 증기선이 조선에 들렀다가 중국으로 돌아갈 때, 조선 정부가 그 운행 비용의 차감에 도움을 줄 것"을 요청하는 조항이 포함되었다.[22] 중국의 조약항 엘리

---

21. 1887년의 방화 공격에 대한 원세개의 불만에 관해서는 원세개가 조병식에게 보낸 1887년 11월 22일(高宗 24.10.8) 자 공문, 『淸案』, 1: pp.387~388; 원세개가 조병식에게 보낸 1888년 1월 14일(高宗 24.12.2) 자 공문, 『淸案』, 1: p.397; 원세개가 조병식에게 보낸 1888년 1월 17일(高宗 24.12.5) 자 공문, 『淸案』, 1: pp.404~405를 보라.

트들이 만든 가장 저명한 제도의 하나인 그 운송 서비스는 이렇게 조선에서 사용되었다.[23] 중국의 윤선초상국이 운영하던 상해-인천 간 운항의 구체적인 사항에 관한 합의는 1년 후인 1883년 11월에 이뤄졌다.[24]

 그러나 그 사업은 오래가지 못했다. 그 노선을 처음 취항한 부유윤선(富有輪船)은 1883년 12월 중순 무렵 조선에 도착했다. 인천에 도착한 후, 부유윤선은 묄렌도르프와 진수당에게 편익을 제공하여 깊은 인상을 주었다. 부유윤선이 이들을 태우고 부산으로 간 덕분에, 이들은 빠르게 덕흥호 사건을 조사하고 항구 내에서 중국인 거류지로 적합한 후보지들을 탐색할 수 있었다. 부유윤선에 승선한 동안, 묄렌도르프와 진수당은 상해-인천 간 노선에 중간 기착지(寄着地)로 연대·부산·나가사키와 가능하면 원산까지 포함하도록 확대할 것을 제안했다. 그러나 이 노선의 긴 항로는 항해 일정의 정확한 예측을 극히 어렵게 했고, 이것이 그 노선의 효용성을 현저히 감소시킨 것은 사실이다. 또한, 증기선의 선주(船主)와 조선해관 당국자 사이의 갈등 및 보조금 지급을 둘러싼 조선 정부와의 의견 충돌도 골칫거리였다.[25]

22. China, Imperial Maritime Customs, *Treaties, Conventions, Etc., Between China and Foreign States*, 2: p.852.
23. 중국의 윤선초상국과 '상업 전쟁'에서 윤선초상국이 한 역할에 관한 자세한 사항은 Hao, *The Commercial Revolution in Nineteenth-Century China*, p.167, pp.202~211을 보라.
24. 국사편찬위원회, 『고종시대사』, 1993년 11월 2일(高宗 2.10.3) 자 기사.
25. 진수당이 민영목에게 보낸 1883년 11월 1일(高宗 20.10.2) 자 공문, 『淸案』, 1: pp.5~7; 진수당이 민영목에게 보낸 1884년 1월 11일(高宗 20.12.14) 자 공문, 『淸案』, 1: pp.18~20; 진수당이 김홍집에게 보낸 1884년 3월 23일(高宗 21.2.26) 자 공문, 『淸案』, 1: pp.57~58; 진수당이 김병시에게 보낸 1884년 4월 19일(高宗 21.3.24) 자 공문, 『淸案』, 1: pp.72~73.

이 노선이 직면한 가장 큰 문제는 중국과 조선 간에 진행된 교역의 성격이었다. 중국 상인들은 영국과 중국의 직물 등 다양한 상품을 언제든지 팔 수 있는 조선이라는 시장을 확보했지만, 중국 소비자들의 관심을 끌 만한 상품이 조선에는 거의 없었다. 조선에서 대량으로 중국에 들어오는 유일한 '상품'은 정금(正金, 대체로 사금砂金)과 인삼뿐이었다. 이 두 가지 물품은 대체로 승객들의 개인 봇짐에 담겨 있었으므로, 중국의 증기선이 중국으로 돌아올 때 화물칸은 사실상 비어 있었다. 조선해관 및 정부와의 갈등이 해결되지 못하고, 편도로만 화물을 운반하는 노선의 수익 가능성이 낙관적이지 못한 상황에 좌절한 중국 윤선초상국은 단 세 차례의 운항을 끝으로 그 사업을 포기했다.

중국인이 운영하는 중국과 조선 간의 증기선 노선은 1888년에 재개되었다. 이 노선은 서울과 인천에 거주하는 중국 상인들의 주장으로 개설되었으며, 이들이 매달 1200달러의 보조금을 지급했다. 그러나 이전과 마찬가지로 특히 중국으로 회항하는 노선의 수익성과 불규칙한 운항에 대한 불만은 사업의 효율성을 저해했다. 그래도 그 노선은 몇 년 동안 유지되었다. 1892년, 중국 윤선초상국 소속 관료들은 조선인이 운영하는 인천–연대 간의 운항 노선에 대한 제안을 한 조선인으로부터 받자, 더할 나위 없이 행복하게 이 제안을 환영했다. 그러나 부실 경영과 재정 문제가 조선으로 운항하는 노선을 괴롭혔다. 1880년대와 1890년대 내내 일본 기업들이 조선과의 해상무역을 지배했다.[26]

26. 이 사업에 관한 자세한 내용은 *British Consular Reports*, 1888, pp.1~2를 보라. 조선 내 일본 해운회사에 대한 일본 정부의 지원금에 관해서는 Duus, *Abacus and the Sword*, p.250을 보라.

원세개의 지원과 격려를 받은 중국 상인들도 인천-서울(혹은 더 정확하게는 인천과 마포 또는 용산) 간을 운항하는 정규 노선을 설치하기 위한 몇 차례의 시도를 했다. 이 노선의 필요성은 관련자 모두에게 분명했고, 경쟁도 치열했다. 일본·조선·미국·중국의 기업들은 종종 수익성이 좋은 해운업의 몫을 얻기 위해, 모래톱이 가득 쌓여 위험한 한강으로 용감히 다가갔다. 원세개는 중국의 기업들을 장려하고, 1892년에는 마포에 경찰력을 배치함으로써 그곳에 청의 입지를 높였다. 1년 후, 원세개는 중국 상인들이 운영하는 운송회사 두 곳의 설립을 지휘했다. 첫 번째 회사는 대규모의 황소 떼를 동원해 육로로 상품을 운반했다. 두 번째 회사는 (서울의 이름을 따서) 한양호(漢陽號)라는 이름을 붙인 100톤 규모의 증기선을 구매했다. 장강(長江)을 운항하는 증기선을 본뜬 한양호는 100명의 승객과 엄청난 양의 화물을 실어 나를 수 있었다. 한양호는 한강을 오가는 선박 중에서 단연코 가장 크고 좋은 배였으며, 정기적으로 인천과 용산 사이를 운항했다. 용산이 마포보다 더 적합한 정박 지점으로 판명되었기 때문이다. 한양호는 청일전쟁 직전까지 한강을 통한 운송업을 성공적으로 지배했고, 청일전쟁이 일어나자 일본군에 나포되어 군대 수송용 선박으로 활용되었다.[27]

중국이 해운 사업을 공식적으로 지원한 의미를 평가하는 것은 어려운 일이다. 이러한 대규모 사업에 대한 공인된 상업적 가치는, 중국 상인들이 이런 사업을 반복적으로 요청한 점과 돈을 써 가면서까지 그 요청을 지원하려는 일부 상인의 적극적인 의지에서 드러난다. 중국인의

---

27. 용산구, 『용산구지』, pp.462~463; *British Consular Reports*, 1892, p.2.

해운 활동이 가장 활발했던 시기(1888~1894)는 중국인의 상업 활동이 가장 발전했던 기간의 일부와 시기가 겹친다. 그러나 중국의 대(對) 조선 수출과 수입 사이의 심각한 불균형은 아무리 진취적인 해운업이라 할지라도 장기간 무시할 수는 없는 구조적인 장애를 초래했다. 중국 상인들은 해운회사가 존재하는 한, 중국 해운회사(또는 일본인이 운영하지 않는 모든 회사)가 제공하는 명백한 이점을 기꺼이 활용했다. 그렇지 않은 경우에도, 할 수 있는 한도에서 계속해서 최선을 다했다.

해운회사에 대한 공식적인 지원의 상업적 효용성과는 무관하게, 당시 상황을 목격한 몇몇 사람은 이 지원에 담긴 중요한 의미를 간파한다. 그러나 해운업에 대한 공식적인 지원이 "조선에 대한 종주국의 권리를 이해시키려는 중국의 시도"로서 지니는 영향력을 포함해 약간의 상징적 또는 정치적 의미를 지녔을 수도 있겠지만, 그 노선이 정치적인 요소보다 오히려 훨씬 상업적인 요인들 때문에 실패한 것임은 분명하다.[28] 중국의 윤선초상국은 이윤을 창출할 수 있는 상황에서만, 중국의 종주국으로서의 권리를 '이해시키려는' 노력을 기꺼이 지원했다.

원세개, 헨리 메릴, 중국의 밀수

조선에서 특별한 권리와 이익을 추구하는 청의 제국주의 전략이라는 한 축과 주로 청 제국의 요청으로 조선에 도입된 '다자적 제국주의'에 내재된 동등한 접근 원칙이라는 다른 한 축의 교차점은 조선해관의 설

---

28. Deuchler, *Confucian Gentlemen and Barbarian Envoys*, p.186.

립과 기능에 잘 반영되어 있다. 당시 상황을 목격한 사람들과 그 이후 세대의 학자들은 모두 조선해관을 두고, 조선에서 청의 제국주의적 야망과 정책을 실현하기 위한 부속물에 불과했을 뿐이라고 일축했다. 그러나 조선해관의 일상적인 운영을 검토하면, 해관 소속의 관료들, 특히 해관의 총세무사 헨리 F. 메릴은 조선에서 청의 상업적 이익을 증진하기 위해 일했다기보다 기존 법률의 테두리 안에서 평등의 규범을 강화하기 위해 훨씬 열정적으로 일했다는 사실이 드러난다. 또한, 메릴은 조선해관의 범위 밖에 있었던 중국인의 활동 지역을 포함하기 위해 조약항 체제의 범위를 확대하려고 노력했다.

　조선해관과 중국 상인 간의 갈등은 메릴이 총세무사에 취임하기 훨씬 전부터 시작되었다. 몇몇 갈등은 말 그대로 해관이 설립되자마자 시작되었다. 처음 제기된 쟁점 중에는 중국 선박의 한강 진입을 막는 인천해관 관리들에 대한 중국인들의 불만이라든가, 중국 상인들이 해관 검사관들에게 불공평한 대우를 받느라 고통스럽다는 주장이 있었다. 이런 사례가 생겼을 때, 진수당과 같은 청 관료들이 조선의 교섭통상아문에 탄원해야 했다는 사실을 강조하는 것이 중요하다. 당시 상황을 목격한 많은 사람들과 일부 후대의 역사학자들은 묄렌도르프가 청의 하수인이었고, 대청해관과 밀접한 관련이 있었던 조선해관은 조선에서 중국의 상업적 이익을 창출하는 데 기여했다는 결론을 내렸다. 만약 이런 결론이 사실이었다면, 진수당이 조선 정부를 거쳐서 일을 진행할 이유가 없었을 것이고, 오히려 간단하게 조선해관의 관료들을 직접 상대했을 것이다. 게다가 만약에 조선해관이 그저 대청해관의 졸개에 불과했다면, 진수당과 중국 상인들이 불평을 늘어놓을 이유는 거의 없었을 것이다.

그러나 조선해관은 중국의 상업적 이익에 도움을 주기보다는 오히려 조선에 거주하는 모든 상인을 진심으로 동등하게 대하려고 했다.[29]

진수당과 조선 교섭통상아문의 관료들, 조선해관 관료들의 노력은 때때로 중국 상인들과 조선해관 관료들 사이의 갈등이 일어나는 직접적인 원인을 해결하기도 했지만, 쌍방의 악감정을 줄이는 데는 별 도움이 되지 않았다. 이처럼 근본적으로 해결되지 않은 긴장은, 장사를 해보려고 중국에서 입국한 지 얼마 안 된 여유생(呂裕生)이 인천 거리에서 인천해관에 고용된 것으로 보이는 두 조선인 순찰원에게 억류된 1886년 초에 최고조에 달했다. 그들은 여유생과 그가 휴대하고 있던 침낭을 여러 차례 검사했다. 그들은 여유생이 어떤 밀수품을 소지하고 있었다는 증거를 찾지 못했지만, 그를 강제로 인천해관으로 데려갔다. 그곳에서 그는 인천해관에 고용된 한 외국인 직원으로부터 희롱을 당했다. 여유생의 예상치 못한 상황을 전해 들은 수많은 중국 상인들은 곧 해관 건물 밖에 모여들었다. 이들은 건물 안에서 고문이 자행되고 난장판이 벌어지는 소리를 들었다고 주장하며 해관 사무실을 급습했고, 그 과정에서 여러 장의 창문을 깨고 많은 기물을 파괴했다. 소동이 벌어지는 동안, 몇몇 중국 상인이 부상을 입었다.[30]

---

29. 조선에 대한 청의 제국주의를 거의 옹호하지 않았던 이여복(Yur-Bok Lee, *West Goes East*, p.53)은 묄렌도르프가 "조선해관을 대청해관과 그곳의 영향력으로부터 독립적으로 운영하기 위해 모든 노력을 다했고, 이는 북양대신 이홍장을 머리끝까지 분노하게 했다. 중국 상인들은 1882년에 체결된 조청상민수륙무역장정에서 우대를 받기로 했음에도 불구하고, 어떤 특혜도 받지 않았다."라는 결론을 내린다.

30. 김윤식이 원세개에게 보낸 1886년 1월 27일(高宗 22.12.23) 자 공문, 『淸案』, 1: pp.287~288; 이홍장이 총리아문에 보낸 1886년 2월 27일(光緖 12.1.24) 자 공문, 『中日韓關係』, pp.2036~2040.

이 사건에 연루된 중국인들은 빠르게 서울로 달려가 인천해관의 외국인 직원들에게 당한 학대에 대해 공식적으로 항의했다. 그들은 해관 직원들이 종종 중국인의 짐과 소지품에 대한 부당한 수색(을 하면서도, 해관 내 외국인 직원들과 같은 나라 출신의 외국 상인들은 점검도 받지도 않고 조선에 입국할 수 있었던 것)과 (심지어 같은 시기에 나온 동일한 두 상품에도 각기 다른 가치를 매기는 등) 중국 상품에 대한 독단적인 가치 평가에 의존했다고 주장하면서, 같은 외국인 직원들로부터 불공평한 대우를 받은 사례도 반복되고 있다고 불평했다. 이들의 불평을 처음으로 귀담아들은 것이 서울 주재 청국공사관이었다.[31]

헨리 메릴은 그 사건을 알리는 전보를 중국에 보냈다. 그는 영국과 중국의 포함이 인천에 빠르게 상륙하여 인천 도심이 상당히 평온해졌다고 언급했지만, "중국인의 반응은 불충분했고," 지역의 중국 관료들이 "폭도들에게 동정적이었으며," "아무도 체포하지 않았다."라고 불평했다. 그러나 며칠 후, 원세개가 이 사건에 연루된 중국인 몇 명을 사적으로 심문하여 그들에게 죄가 있음을 알아냈다. 원세개는 주범 몇 사람을 강제로 추방했고, 인천해관에 배상금과 보상금을 지급할 것을 인천의 중국상인회 대표[董事] 동유신(董維新)에게 명령했다.[32]

메릴은 이 해결이 "매우 만족스럽다"고 분명히 밝혔지만, 두 가지 근본적인 문제가 해결되지 않은 채 남아 있다는 점에 주목했다. 첫째는 조선에 거주하는 화교 사회와 조선해관 사이의 갈등이었다. 실제로 그 사건에 연루된 중국 상인들의 불만에는 그들이 느끼는 분노와 부당함이 묻어난다. 메릴은 이런 주장에 거의 동조하지 않았고, "해관의 권위에 반항하고도 처벌을 받지 않을 수 있다고 생각한 사람들에게 적당한 처벌을 내릴 것"을 요청했는데, "그것이 중국의 제도이고, 또 그들은 상국(上國, 종주국)의 백성이기 때문"이었다. 여전히 그는 향후의 갈등과 그 갈등이 해관의 행정에 가져올 혼란을 두려워했다.[33]

두 번째 문제는 중국인의 광범위한 밀수, 특히 인삼 밀수에 대한 의심과 청이 공식적으로 밀수업자와 담합했다는 의혹이었다. 메릴은 원세개와 주고받은 서신에서 "인삼 밀수라는 골칫거리 문제"가 이 특별한 사건의 원인일 뿐만 아니라, "중국과 조선 사이의 건전한 관계에 대한 심각한 위협"이라고 지적했다. 메릴은 구스타프 데트링에게 보낸 서신에서 "중국 대표들이 도처에서 인삼 밀수에 수완을 잘 발휘한다는 것은 여기서는 흔하게 올라오는 보고사항입니다. 그리고 폭동이 일어났을 당시에 중국영사관에 인삼 여러 더미가 놓여 있는 것을 봤다는 정보가 인천의 세무사에게 전달되었습니다."라고 썼다.[34]

조선 정부의 독점으로만 판매되고, 수출할 때 15퍼센트의 관세가 부과되던 인삼은 조선 정부의 재정에서 예외적으로 중요한 요소였다. 중

---

31. 김윤식이 원세개에게 보낸 1886년 1월 27일(高宗 22.12.23) 자 공문, 『清案』, 1: pp.287~288; 원세개가 김윤식에게 보낸 1886년 1월 29일(高宗 22.12.25) 자 공문, 『清案』, 1: pp.288~289; 김윤식이 원세개에게 보낸 1886년 1월 30일(高宗 22.12.26) 자 공문, 『清案』, 1: p.289.

32. 원세개가 김윤식에게 보낸 1886년 1월 29일(高宗 22.12.25) 자 공문, 『清案』, 1: 288~289; 김윤식이 원세개에게 보낸 1886년 1월 30일(高宗 22.12.26) 자 공문, 『清案』, 1: p.289; 『海關案』, p.10; 메릴이 원세개에게 보낸 1886년 1월 30일 자 공문, 메릴이 하트에게 보낸 1886년 2월 3일 자 서신, 메릴이 데트링에게 보낸 1886년 2월 5일 자 서신, "Merrill's Letterbooks."

33. 메릴이 하트에게 보낸 1886년 2월 3일 자 서신, "Merrill's Letterbooks."

34. 메릴이 데트링에게 보낸 1886년 2월 5일 자 서신, "Merrill's Letterbooks."

국의 상인·선원·관료들이 명백하게 드러난 처벌을 받지 않은 채 막대한 양의 인삼을 밀수했다는 사실은 조선해관 관리들과 당시 상황을 목격한 여러 외국인들을 끊임없이 괴롭혔다. 중국 관료를 비롯한 여러 사람, 특히 중국의 포함을 타고 조선에 도착한 사람들의 짐을 검사하려는 조선해관 관원들의 시도는 대체로 묵살되었다. 해당 지역의 청 상무위원이 원세개에게 조선해관에 대한 불평불만을 토로하자, 원세개는 중국인의 짐 검사와 관세 부과를 피하기 위해 조선의 교섭통상아문에 허가를 요청하여 받았다. 메릴은 "조선에 거주하는 중국의 대표들이 인삼과 비단으로 만든 상품의 밀매자가 되어서는 안 되고, 중국의 포함이 그들의 밀반출 작업의 수단으로 활용되어서는 안 된다."라는 주장을 굽히지 않았지만, 그리 비밀스럽지 않은 이 거래를 규제하려던 그의 노력은 결국 성공하지 못했다.³⁵ 다자적 제국주의를 도입하고 조선해관처럼 다자적 제국주의의 규범을 강화하기 위한 기구를 설립하는 것과 동시에, 배타적인 중국인의 이익을 위해서 저 동일한 규범과 기구가 부과하는 규제는 피해가려는 청의 쌍끌이 전략은 동아시아에서 결코 변칙적인 전략이 아니다. 대체로 영국에서 중국으로 수입되는 가장 중요한

---

35. 밀수, 특히 인삼 밀수에 대한 언급은 너무 많아서 여기에서 일일이 열거할 수 없을 정도이다. 적어도 두 가지 형태의 '밀수'가 있었던 것으로 보인다. 경우에 따라서는 인삼을 비롯한 여러 과세품이 조선 교섭통상아문의 공문에 의해 관세가 면제되기도 했다. 교섭통상아문이 원세개를 비롯한 중국 관료들의 요청에 따라 그런 공문을 작성했다는 사실은 공공연한 비밀이었다. 그런데 일본 관료와 다른 외국의 관료들, 심지어 조선 관료들조차 때로는 이 방법을 활용해 관세를 회피했다. 그럼에도 불구하고 메릴과 대니는 (유별날 정도로) 종종 그 관행에 불만을 표시했다. 두 번째 형태는 전통적인 의미에서 밀수로 생각할 수 있는 것이었는데, 해관에 통고하지 않고 상품을 내리거나 수출하려는 시도이다. 밀수의 규모에 대한 정확한 추정은 얻기 어렵지만, 중국과 일본 상인 모두 밀반출 작전에 깊이 관여한 것이 분명한 사실이다.

상품의 하나가 불법적인 아편이라는 사실을 무시하면서도 중국에 개방적인 자유무역의 제도와 관행을 도입하려고 한 영국의 행태를, 수십 년 동안 청 제국은 직접 목격해왔다.

중국 입장에서 또 하나의 중요한 상업 활동 지역이었던 조선의 서북 해안, 특히 평양성 근처의 지역까지 조선해관의 감독 범위를 확장하려던 메릴의 노력 역시 성공하지 못했다. 메릴은 조선에 도착한 직후, 조선의 서북 해안, 특히 평양 주변 지역의 상업적 잠재력을 주목했다. 그러나 그 지역에 항구를 개설하려는 그의 제안은 청과 일본의 반대로 무산되었다. 일본이 평양의 개방을 반대한 이유에 대해, 메릴은 평양과 중국의 지리적 근접성 탓에 일본이 조선에서 중국의 상업적 존재감만 높아질 것을 두려워했기 때문일 것으로 추측했다. 그러나 그는 "평양의 개방이 중국에 어떤 해를 끼칠 수 있는지는 알 수 없었다."[36] 오언 데니가 이홍장과의 면담에서 그 문제를 제기했을 때, 그는 평양과 중국의 우장항(牛莊港) 사이의 거리적 근접성 때문에 조선 항구의 개방이 중국 내의 교역을 위협할 수 있다는 사실을 알게 되었다.[37] 마찬가지로 설득력 있으면서도 인정되지 않는 것은 평양에서 중국 상인들의 교역이 상당량 존재했으며, 이는 조선해관의 권한과 통제 밖에서 진행되는 무역이

---

36. 평양의 개방과 중국의 반대에 대한 메릴의 견해는 메릴이 하트에게 보낸 1887년 10월 4일 자 서신과 메릴이 하트에게 보낸 1888년 3월 20일 자 서신, "Merrill's Letterbooks"을 보라; 그 상황에 대한 데니의 평가는 *China and Korea*, pp.40~41을 보라. 평양에서 벌어지는 불법적인 중국인의 교역량에 대한 추정치는 이번 장 38번 각주를 보라.

37. Denny, *China and Korea*, pp.40~41.

라는 점이었다. 메릴이 개항을 강력하게 지지하고 데니가 소책자 『중국과 조선』에서 그 문제를 공표했음에도 불구하고, 평양은 1899년까지 공식적으로 개방되지 않은 상태였다.

조선해관의 운영을 보면, 조선에 대한 청의 다양한 제국주의적 전략에 담긴, 때로는 모순적인 욕구가 잘 드러난다. 조선해관은 청의 격려와 재정적 지원 및 인력으로 설립된 기관이었고, 잘 알려진 러시아와 일본의 위협을 상쇄하기 위해 다자적 제국주의를 이용하는 이홍장의 전략과 조선의 자강 노력을 촉진하려는 그의 욕망을 반영했다. 그러나 조선해관의 운영은 조선에서 공격적으로 중국의 상업적 이익을 증진하기 위해 종주권의 권리를 활용하려는 청의 시도를 약화시키는 역할을 했다. 메릴이 중국의 밀수를 막거나 조선해관의 영향력을 조선의 서북 해안까지 확장하는 일에 실패했다고 해서, 그가 그렇게 하려고 시도한 사실까지 관심을 거두어서는 안 된다. 메릴은 중국에 호감을 품고 있었고, 그래서 종종 원세개를 비롯한 여러 청의 관료들에게 조약의 조항을 준수하고 조선해관과 협력하는 길이 청 제국에게도 최상의 이익이라는 점을 확신시키려고 노력했다. 그러나 그는 자신이 맡은 직위의 효율성이나 자치권에 대한 위협을 인지한 상황에서도, 원세개와 충돌하는 것도 두려워하지 않았다.[39]

---

38. 평양에서 불법적으로 이뤄진 중국인들의 교역량 추정치에 관해서는 『해관안』, 1: pp.54~55를 보라. 또한, *British Consular Reports*, 1889, p.3, 5; *British Consular Reports*, 1892, p.6; 딘스모어가 미국 국무장관에게 보낸 1887년 11월 11일 자 공문, KAR, 2: p.107; 허드가 미국 국무장관에게 보낸 1890년 11월 19일 자 공문, KAR, 2: p.38을 보라.

조선 내 중국인의 상업, 1885~1894

원세개가 조선의 주차관을 맡은 동안, 조선으로 건너와 장사를 하는 중국 상인의 숫자는 꾸준히 증가했다. 그들은 청 제국 전역에서 건너왔지만, 시간이 흐를수록 인근의 산동성 출신의 이주민과 상인이 산동을 제외한 다른 모든 지역의 중국인 동포를 합한 수치를 능가할 정도로 그 수가 늘어났다. 중국의 상인·노동자·투기꾼·관료들은 모두 조선에서 청의 제국주의 전략을 수행한 보병이었다. 진수당이 다져놓은 탄탄한 기초에 고무되고 원세개의 계속된 지원에 용기를 얻은 중국 상인들은 1885년부터 1894년까지 10년 동안 점점 더 많은 숫자가 조선으로 쏟아져 들어왔다. 이처럼 중국 상인은 중국의 조약항 엘리트들의 계획과 욕망이 투영된 화신이었다. 조약항 엘리트들은 상업적 이익의 적극적인 증대를, 본국의 경제 발전과 근대화 및 해외에서의 세력 과시를 위한 대청 제국주의 전략의 구성요소라고 생각했다. 일본 상인들은 여러 시장에서 중국 상인이 강한 경쟁자가 되리라는 것을 빠르게 깨달았다. 식민지 상황에 처한 다른 나라로 진출한 상인들과 마찬가지로, 조선에 거주하는 중국 상인들은 공식적인 지원과 격려를 요청하여 혜택을 받았지만, 많은 다른 요소들이 조선에서 중국인이 거둔 상업적 성공을 설명하는 데 도움이 된다. 중국 상인들은 인삼과 비단의 교환 같은 전통적인

---

39. 게다가 메릴은 종종 해관과 관련이 없는 정치적인 사안으로 원세개를 비난했다. 예를 들어, 1886년에 그는 데니를 비롯한 미국의 외교관들과 함께 원세개가 극비리에 체결한 조러 협정 문서를 위조했다는 의혹에 연루된 것을 비난했다. 포크(Foulk)가 미국 국무장관에게 보낸 1886년 10월 14일 자 공문, *KAR*, 1: p.155를 보라.

네트워크와 무역 형태를 확대하고, 조선에서 새로운 상품으로서 가장 주목할 만한 금을 찾았으며, 서구에서 제조한 상품들, 특히 기계로 짠 면직물의 운송 무역을 일본으로부터 빼앗아오기 위해 공격적으로 움직였다.

[전통적 네트워크의 확대: 인삼과 비단의 교환]

조선 시대 내내 조선인과 중국인은 조공 사절을 통해서, 그리고 조선과 중국의 국경 근처에서 다양한 상품을 거래했다. 이 교역에서 중요한 요소는 조선(또는 때로는 일본)의 은과 인삼을 중국의 비단과 교환하는 것이었다. 위에서 언급한 것처럼, 조선의 해상 무역 개방은 조공 무역과 변경무역을 점차 감소시키는 효과를 가져왔다. 그러나 일단 중국 상인들이 조선 내륙을 직접 돌아다니면서 장사를 하기 시작하자, 그들 중 일부는 발 빠르게 움직여 오랫동안 확립되었던 인삼과 비단의 교환 거래를 육로가 아닌 해상을 통해 다시 구축하고 확대했다.

중국과 조선의 인삼 무역은 1876년보다 훨씬 앞선 시기부터 존재했다. 중국에서 약효를 인정받아 소중한 약재로 대접받는 인삼 뿌리에 대한 수요는 광범위하고 한결같았다. 이러한 수요를 인식한 조선 정부는 인삼 판매에 정기적으로 세금을 부과했고, 특정한 해에 재배하고 수출하는 인삼의 양을 제한하려고 시도했다. 인삼의 재배와 교역을 규제하려는 시도는 적어도 정조(正祖) 21년(1797)부터 시작했다. 고종 연간에 왕실이 담당한 인삼 수출은 (정부 재정과는 구분되는) 왕실 재정 수입의 상당 부분을 차지했다.[40]

인삼 수출은 조선의 항구가 외국과의 교역에 개방된 이후에도 계속되었다. 전통적인 조공 무역의 루트인 육로를 통해 중국으로 반입되던 인삼의 양을 측정하기는 어렵지만, 조선해관에서 작성한 보고서들을 보면 인천을 통한 인삼의 꾸준한 유출이 개항장 기간 내내 지속되던 추세였음을 알 수 있다. 한 영국 영사는 1888년에 인삼이 "그 왕국에서 가장 가치 있는 두 가지 상품" 중 하나라는 결론을 내렸다.[41] 그런데 조선의 연간 교역 보고서를 대충만 훑어봐도 그렇지 않은 상황을 드러내는 것처럼 보이는데, 보고서상으로는 조선의 인삼 수출액이 금·쌀·콩의 수출액을 거의 초과하지 않기 때문이다. 그러나 인삼은 크기가 아담하고 휴대가 용이했으며, 조선의 농수산 수출품보다 같은 무게라면 훨씬 값어치가 높았다. 이러한 특성은 인삼을 밀수에 극히 취약하게 만들었다. 사실 인삼 밀수는 너무나도 만연하여, 해관 직원들이 어떤 특정한 해에 조선에서 빠져나간 인삼의 실제 양을 추산할 엄두도 낼 수 없을 정도였다. 중국인·일본인·조선인들은 불법이기는 해도 수익성이 좋은 이 교역에 참여했다.[42]

조선은 1876년보다 훨씬 앞선 시기부터 중국에서 비단을 수입했다.

---

40. 조선 정부가 인삼을 통제하고 이윤을 남기려고 분투했던 역사에 관해서는 양상현, 「대한제국기 내장원 재정 관리 연구」, pp.15~86을 보라. 조선의 인삼을 중국에 수출한 것은 수 세기 동안 이어진 관행이지만, (야생에서 캐내는 산삼이 아닌) 인삼을 의미 있는 규모로 재배한 것은 18세기뿐이었다. 다양한 형태의 인삼과 인삼의 재배 과정에 관한 상세한 검토로는 Collyer, "The Culture and Preparation of Ginseng in Korea," pp.18~30을 보라.

41. *British Consular Reports*, 1888, p.3.

42. 수많은 인삼 밀수 사건 중의 몇몇 사례에 관해서는 메릴이 데트링에게 보낸 1886년 2월 5일 자 서신, "Merrill's Letterbooks"; *Korea Review* 1903, p.503, 507; *Korea Review*, 1906, p.354를 보라.

조선의 엘리트들에게 비단의 수요는 주로 조공 무역을 통해 충족되었다. 일부 비단이 (적어도 1894년에 조공 무역이 폐지될 때까지는) 전통적인 육로를 통해 계속해서 조선에 들어왔을지 모르지만, 인천 개항 직후부터 진취적인 중국 상인들은 해상으로 대량의 비단을 수입하기 시작했다. 대부분 조선 조정에서 생겨나는 중국 비단에 대한 수요는 상당히 일정했다. 예를 들어, 1890년대 초반 대왕대비 조씨의 국상(國喪) 기간에 일시적으로 비단 수요가 감소했지만, 대체로 국상 기간이 끝나자마자 비단 수입은 상당량 증가했다.[43]

중국의 생산업자와 상인들은 까다롭고 변화가 많은 조선 시장에 세심한 주의를 기울였다. 이를 목격한 한 영국인은 다음과 같이 언급했다.

> 조선 시장에 보내는 비단은 특히 진강(鎭江) 인근에서 제조되었고, 중국에서 입는 여타 비단과는 전혀 다릅니다. 조선인들은 밝고 화려한 색상을 좋아하는데, 아이들은 특히 명절에 매우 휘황찬란한 색깔의 옷을 입고 나타납니다. 이 외딴 세계에서 중국인 공급업자들이 변화무쌍한 조선인의 패션을 따라가기란 불가능하다고 불평하는 소리를 듣다니 놀랍습니다.[44]

부산에 있는 일본 상인들의 거점을 제외하면, 중국 비단이 일본 상인들의 비단을 빠르게 압도하고 능가했다. 어떤 경우에는 일본 상인들이 일

---

43. 국상의 규정과 제약을 공식 발표한 것에 관해서는 『高宗實錄』 1890년 6월 9일(高宗 27.4.22)을 보라; 중국 비단의 수입에 끼친 영향력에 대한 평가로는 *British Consular Reports*, 1892, p.5를 보라.
44. *British Consular Reports*, 1897, p.11.

본 비단보다 조선 소비자들의 마음을 크게 사로잡은 중국 비단을 선택하기도 했다.[45]

영어로는 대개 '그래스클로스'(grasscloth)로 번역되는 모시섬유도 상당량이 조선으로 수입되었다. 그 가벼운 천은 특히 여름옷의 옷감으로 인기를 끌었다. 이처럼 모시섬유는 론(lawn)과 모슬린(mousseline)처럼 서양에서 생산된 경량 옷감과 직접 경쟁을 벌였다. 훨씬 비싼 중국의 모시섬유가 유사한 서구의 면직물을 몰아냈다는 사실이 이를 목격한 당시의 몇몇 사람에게는 곤혹스러운 일이었다. 그러나 중국 직물은 조선의 전통적인 세탁 방식대로 빨랫감을 치대더라도 훨씬 오래가고 더 잘 견뎠으므로, 사실 길게 보면 중국산 모시를 입는 편이 더 비용을 절감하게 했다.[46] 어떤 경우든 중국 상인들은 모시섬유 장사를 활발하게 했다. 그들의 직물 수입량은 종종 비단 수입량과 견줄만했으며, 때로는 비단 수입량을 초과하기도 했다.

[금]

조선에서 중국 상인이 직면하고 있었던 어려움 중 하나는, 조선으로 들어오는 중국 수입품과 교환할 수 있는 조선 상품이 상대적으로 부족한 점이었다. 인삼은 가치가 크고 중국 상인들이 찾는 상품이었지만, 수출이 가능한 인삼의 양은 인삼 무역을 규제하려는 조선 정부의 바람과 인

---

45. 일본 상인들이 중국 비단을 수입한 일에 관해서는 金敬泰 編, 『通商彙纂』, 10: p.367을 보라. 1889년부터 1890년까지 2년 동안 부산의 일본인 거점에서 유일하게 수입한 비단은 중국 비단이었다. *British Consular Reports*, 1900, p.23을 보라.

46. *British Consular Reports*, 1901, p.6; 1910, p.5를 보라.

삼 수확량의 규모 탓에 제약을 받았다. 은은 전통적으로 조선이 중국에 판매하는 중요한 수출품이었지만, 이 은의 상당량은 일본에서 들여온 것이었다. 그리고 일본과 조선에서 중국으로 유입된 은의 총량은 17~18세기 내내 상당히 감소했다.[47] 중국 상인들은 조선에 도착한 이후, 이 부족한 은을 보충할 수 있는 조선의 대체 자원으로 신속하게 금을 찾아냈다.[48]

개항기 동안 조선의 대외 무역량을 계산할 때 금의 수출은 종종 누락된다. 세계 여러 지역에서 통화로 사용되는 금의 기능으로 볼 때, 귀금속을 쌀이나 직물 같은 단순한 상품으로 간주하는 것은 문제가 있다. 그러나 조선에서는 적어도 (일본이 금본위제를 채택한) 1897년까지, 금이 교환 수단으로 사용되지 않았던 것은 분명하다. 조선 정부가 보유한 금의 비축량은 국고가 거의 바닥난 은·구리와 비교해 봐도 극소량이었다. 조선 시대의 여러 시기에 철·구리·은·종이·마포(麻布)·쌀 등 다양한 물질이 교환 수단으로 유통되었지만, 금은 결코 널리 사용되지 않았다.[49]

해관 직원들이 금을 수출 품목에 포함하지 않았다는 사실은, 그들이 금을 수출 품목으로 생각하지 않았다는 의미가 아니었다. 당시 인천

---

47. John Lee, "Trade and Economy in Preindustrial East Asia."
48. 수출된 사금(砂金)의 상당 부분은 소규모 노천 채광 및(또는) 패닝(panning)[모래·흙 따위를 패닝 접시로 일어 광물을 선별하는 방법]을 통해 채취되었다. 원산 일대는 특히 이 사금 채취로 유명했다. 개항기 후반에는 이 소규모 작업이 외국 자본과 인력이 투입된 대규모 채광 사업과 합작으로 이뤄졌다.
49. 조선 시대의 화폐에 관한 논의로는 Palais, *Politics and Policy in Traditional Korea*, pp.160~167을 보라. 1875년, 조선 정부는 국고에 금 144냥, 은 12만 6848냥, 구리 10만 8424냥을 보유하고 있었다(위의 책, p.206). 조선의 '냥'은 본래 중국의 '량'(兩), 즉 약 40그램(1.3온스)에 해당하는 무게 단위였다. 그러나 제임스 팔레(James Palais, *Confucian Statecraft and Korean Institutions*, p.857)의 견해에 따르면, 조선 중·후기에는 '냥'이 무게 단위가 아니라 '화폐 단위' 역할을 했다.

해관의 해관장(海關長) 대행이었던 오즈번(W. Osborne)은 1894년에 쓴 글에서 조선에는 "일반적으로 정해진 통화가 없으며," 금을 화폐의 성격보다 "상품의 성격"으로 삼은 것이 사실이라고 언급했다.[50] 만약 금을 '상품'이라고 생각한다면, 개항기의 상당 기간에 금은 조선의 주요 수출품의 하나였다는 점이 명확해진다. 관세 보고서를 비롯한 여러 보고서가 실제 금 수출의 일부만 기록했다는 사실을 깨닫는다면, 금 수출은 더욱더 중요해진다. 외국 상인들이 수출관세를 피하기 위해 일상적으로 상당한 양의 금을 몸에 지니거나 개인용 짐가방에 싣고 다녔다는 것은 공공연한 비밀이었다. 1888년에 작성된 영국의 한 보고서는 "모든 증기선을 타고 해외로 나가는 중국인과 일본인 승객 중에는, 많든 적든 언제나 세관에 신고된 적이 없는 금을 몸에 지니고 있는 사람들이 있다."라고 지적했다.[51] 게다가 1892년에 작성된 한 보고서에서는 "수출된 금의 극히 일부만 화물로 선적되고, 대부분의 금은 조약항이 아닌 포구에 들르는 정크선과 어선이 싣고 가버린다."라고 지적했다.[52] 매년 불법적으로 조선에서 빠져나간 금의 양을 추정한 수치는 다양하다. 당시 상황을 지켜본 한 사람은 수출된 금의 90퍼센트가 신고도 없이 조선에서 빠져나갔다는 결론을 내렸다. 그러나 적어도 조선해관에 신고된 액수의 두 배 이상으로 보는 것이 합당하다는 합의가 이뤄졌던 것 같다.[53]

50. *CSR*, 1893, p.637.
51. *British Consular Reports*, 1888, p.4.
52. 위의 책, 1892, p.5.
53. 위의 책, 1891, p.7; 또한, 위의 책, 1885, 1888, 1896, 1898의 여러 곳을 보라. 아울러 *CSR*, 1884–1893, 여러 곳을 보라.

금을 통화가 아닌 수출 품목으로 간주한 것은 개항기 동안 이뤄진 조선의 대외 무역에 관한 우리의 이해를 크게 변화시킨다. 가장 중요한 사실은, 금을 수출 품목으로 포함하면 달리 설명할 길이 없는 조선의 만성적인 무역 및 지급 불균형을 설명하는 데 도움이 된다는 것이다. 조선 왕국이 일상적으로 수출품보다 더 많은 물품을 수입했다는 사실은 당시의 상황을 지켜본 많은 사람이 지적한 바 있다. 조선인이 이용할 수 있는 다양한 외국 제품이 상당히 많고 꾸준히 선호도가 늘어나고 있었던 점과 외국 제품과 교환할 수 있는 조선 제품의 상대적인 부족을 고려할 때, (전통적으로 규정한) 상품을 통해 무역적자가 생기는 현상이 놀랄 만한 사항은 아니다. 예를 들어 조선해관의 관원 등 이 상황을 목격한 외국인들이 당혹스럽게 느꼈던 것은, 지급액 측면에서 누가 봐도 적자였다는 사실이다. 조선은 사실상 해외 자산이 없었다. 따라서 조선에 수입되는 모든 물품은 "돈이나 조선왕국의 국경 안에서 구한, 돈의 가치가 있는 것"을 지급할 필요가 있었다. 그러나 그렇다고 해도 해관 관원들이 공들여 정리한 도표는 앞뒤가 맞지 않았다. 더 정확히 말하면, 도표들은 지속적인 적자를 드러냈다. 조선의 총수출액 계산에 신고된 금 수출을 포함하면 수입액과 수출액의 격차가 좁혀지지만, 그 격차를 완전히 좁히지는 못했다. 해관 관료들은 "수입의 초과분이 부분적으로는 합법적으로 육상의 국경을 넘어갔거나 불법적으로 해안 지역을 통해 해외로 수출된 (조선) 생산물의 가치를 나타내며, 부분적으로는 해관에 사전 신고 없이 조선에서 반출된 사금의 가치를 나타낸다."라는 결론을 내렸다.[54]

54. *CSR*, 1893, pp.620~621.

[조선의 금 수출에 나타난 중국의 역할]

조선의 금 수출은 한중 무역에서 특히 중요했다. 개항기 대부분의 기간에 금은 청 제국으로 수출되는 조선의 주요 수출품이었다. 일반적으로 중국에서보다 조선에서 금값이 더 쌌다는 사실은, 상품을 판 대가로 금을 받은 중국 상인이 거래를 통해 두 배로 이문을 남겼다는 것을 의미했다. 게다가 인삼을 제외하면, 쌀·콩·동물가죽·해산물 등 다른 조선의 주요 수출품에 대한 중국인의 수요는 거의 없었다. 금은 자연스럽게 중국 상인들이 중국에 수출할 가치가 있다고 생각하는 유일한 상품이 되었다. 중국에서 은의 가치 하락은 조선의 금을 더욱더 가치 있게 만들었다. 당시 상황을 목도한 한 영국인의 말대로, 조선의 금은 "맨체스터에서 생산된 상품(영국의 면제품)을 구매하기 위해 중국에 보낼 수 있는, 사실상 유일한 조선의 제품"이 되었다.[55]

게다가 인삼처럼 작고 휴대가 용이한 금의 특성은 밀수를 비교적 간단한 일로 만들었다. 사금 몇 봉지를 몸이나 짐에 숨기는 일은 비교할 가치가 있는 다른 수출품을 숨기기보다 훨씬 쉬웠다. 금은 순식간에 조선인들이 중국 상인들에 의해 수입된 상품을 구매하는 주요 수단이 되었다.

해관 관원들과 조선의 무역을 지켜본 당시 사람들은 중국 상인들이 본격적으로 조선에 진입하자 중국으로 들어가는 금의 수출량이 급성장했다는 사실을 금방 주목하게 되었다. 인천해관의 해관장 존스턴(J. C. Johnston)은 1891년에 쓴 글에서 "예전에는 수출된 거의 모든 금이 일본

---

55. *British Consular Reports*, 1897, p.8.

으로 건너갔지만, 지금은 귀금속 대부분이 중국으로 간다."고 했다.[56] 20세기에 들어서기 전까지 중국이 조선의 금 수출품에 강세를 보인 현상을 두고 일부 사람들은 "일본의 비용으로 시작된 조선의 무역에서 중국의 강화된 역할"을 암시하는 것으로 받아들였다.[57] 조선 전체 수출량의 압도적인 다수가 일본으로 갔었기 때문에, 이 무대에서 중국이 보인 우세는 더욱 두드러졌다. 그러나 현물에 비해 상대적으로 정금(正金)이 바람직하다는 중상주의자들의 추정이 19세기 후반의 동북아시아에서 유효했는지 아닌지는 해결되지 않은 문제이다. 조선과 일본·중국 간의 교역을 지배한 다른 역학 관계(즉, 조선인들은 중국의 수입품에 대한 비용을 지급하기 위해 금에 의존할 수밖에 없었던 반면, 콩·쌀 등의 조선 상품에 대한 일본인들의 수요가 일본 수입품의 상당 부분을 차지한 점)가 중국의 힘을 상징하는 신호인지 단순한 차이의 신호인지는 완전히 명확하지는 않다.

20세기에 들어오기 전까지 한중 무역을 지배한, 금과 상품을 교환하는 거래의 특정 요소들과 결과는 분명히 조선에서 중국의 장기적인 상업적 지위에 불리했다. 금의 휴대성 덕분에 밀수는 쉬워졌지만, 중국 해운업의 수익은 급격히 감소했다. 그래서 중국 증기선 회사들은 국고 보조금까지 받으면서도 일본의 노선과 경쟁하면서 어려움을 겪었다. 일본의 증기선들은 일본으로 회항할 때 상품을 잔뜩 싣고 돌아갔지만, 중국의 선박들은 상대적으로 텅 빈 채로 중국으로 돌아갔기 때문이다. 금과 상품을 교환하는 거래가 쌀 교역에 내재된 위험성은 없었을지 몰

---

56. *CSR*, 1891, p.633.
57. Sigel, "The Sino-Japanese Quest for Korean Markets," p.115.

라도, 엄청난 이익을 얻을 잠재력 역시 부족했다.

[외국제 상품의 수입]

많은 측면에서 중국인의 조선 시장 진출은 전통적인 네트워크와 형태의 확장을 대표했다. 이 교역이 한반도의 지리적 위치와 조선왕국의 최초 조약항인 부산·원산·인천 등 세 곳의 분배에 맞춰져 있을 때, 조선의 여러 다른 지역에서 다른 역학 관계가 존재했다는 점은 분명하다. 조선의 인삼 수출량의 대부분은 인천을 경유하여 중국으로 향했다. 조선의 금은 기형적인 정도로 많은 양이 원산을 통해 수출되었다. 두 경우 모두 금을 원하는 중국 상인들이 종종 비단과 모시를 금과 교환했다. 그러나 부산에서는 주요한 원동력이 일본의 쌀 수요였고, 이러한 수요가 사실상 다른 잠재적인 경쟁자들을 압박하는 경향이 있었다. 한반도에 기근이 들었을 때 청 제국이 조선에 해상으로 약간의 쌀을 출하했던 경우를 제외하면, 중국 상인들은 대체로 일본 상인들의 장악으로 활기차게 성장하고 있던 농업 부문에는 참여하지 않았다.[58]

조선이 외부 세계와 늘려가던 모든 교역이 과거 교역 형태의 확대는 아니었다. 조약항, 특히 인천항은 새로운 교역 부문과 교역 형태를

---

58. 1894년에는 약 34만 담(擔)(1담은 약 60kg)의 쌀이 중국으로부터 수입되었다. 그러나 당시 상황을 목격한 사람들은 일본의 미곡상(米穀商)들이 이 중국산 쌀 대부분을 사다가 조선 쌀과 섞은 다음 일본으로 수출했다고 지적했다. 이에 관해서는 *British Consular Reports*, 1894, p.4를 보라. 1890년에 작성된 영국의 한 보고서는 조선의 조약항에 있는 일본인의 방앗간에서 도정한 조선산 쌀이 종종 일본에서 일본산 쌀과 뒤섞였으며, 이 뒤섞인 쌀은 "결국 갈수록 많은 양이 유럽까지 오게 된다."라고 지적했다(위의 책, 1890, p.3).

위한 장소이기도 했다. 이런 교역의 대다수는 다양한 외국의 제품들, 그중에서도 주로 면직물에 대한 늘어나는 수요에 중점을 두고 있었다. 게다가 조선에 거주하는 외국인 사회의 성장은 다양한 상품과 서비스에 대한 수요의 증가를 가져왔다. 이 두 무대 모두에서 중국과 일본의 상인들이 치열한 각축을 벌였다. 당시 상황을 목격한 대부분의 사람들은 중국 상인들이 1885년부터 1894년까지 10년의 기간 동안 양측의 충돌에서 우위에 섰다는 결론을 내린다. 그럼에도 불구하고 외국 제품의 수입이 거의 획일적이거나 일차원적이지는 않았다.

[거류지 거래: 조선 조약항 내 외국인을 위한 공급]

조선해관의 관료들은 조선으로 들어오는 수입품이 대규모로 꾸준히 늘고 있는 사항을 '잡화'(雜貨) 항목에 꼼꼼하게 기록했다. 예를 들어, 족히 백 가지가 넘는 그런 품목이 1893년에 작성된 인천해관의 보고서에 작성되어 있다. 그중에는 담배, "야마(llama)의 털로 만든 노끈", 폭죽, 철제 금고, 바늘, 포마드, 회중시계, "병에 담긴 기생충 알약" 등이 있었다.[59] 이러한 잡동사니 물건들의 상당수는 커져 가는 조선 내 외국인 사회의 수요를 충족시키기 위해 수입되었다. 대체로 해외에서 온 외교관·선교사·투기꾼·자문역·상인들은 (다른 무엇보다도) 고국에서 생산된 과자류, 서양식 남성복, 비누를 (조선의 동일 제품이 존재하더라도) 조선 제품보다 더 선호했던 것 같다.

• 야마는 낙타과의 포유류로, 야마의 털로 짠 직물을 모직 나사라고 한다.

59. *CSR*, 1893, pp.640~643.

어떤 상인이 어떤 외국인(또는 조선인)의 사용을 위해 어떤 상품을 수입했는지를 알아내는 것은 언제나 어렵고 때로는 불가능한 일이다. 그러나 일반적인 형태는 우리가 예상할 수 있었던 것 같다. 일본 상인들은 조선의 조약항에서 점차 그 세력이 커지던 일본인 사회에서 사용하기 위해 일본 상품을 수입했다. 중국 상인들은 자기 동포들을 위해 상품을 수입했다. 그러나 그들은 많은 서양인이 필요한 물건들도 공급했던 것처럼 보였다. 이사벨라 버드 비숍(Isabella Bird Bishop)은 중국인들이 "외국인 '단골'을 거의 독차지하고 있었고, 제물포에 있는 그들의 대형 '상점'(商店)들은 서울에 지점(支店)이 있었으며, 만약 어떤 외국인이 찾는 상품을 그들이 보유하지 않았다면 지체 없이 상해를 통해 그 물건을 입수했다."라고 언급했다.⁶⁰ 중국 상인들은 조선, 특히 인천에 있는 서양인 방문객과 여행자들의 편의를 제공하기도 했다. 비숍은 자신이 인천에 도착했을 때, '스튜어드'(Steward's)라는 이름으로 알려진 중국 호텔에 머물렀는데, 이 호텔을 운영하는 이태(怡泰)라는 중국인은 손님이 편안하게 지낼 수 있도록 자기가 할 수 있는 모든 일을 하여 일부 성공을 거둘 만큼 정직하고 도움이 되는 사람이었다."라고 언급했다. 이태는 서양인들의 요구를 충족시키는 데 '일부'만 성공했을지 몰라도, 그는 자신의 동향 사람인 '아윙'(Ah Wong)과 함께 인천으로 들어오는 (일

---

60. Isabella Bird Bishop, *Korea and Her Neighbours*, p.31.

• 비숍은 당시 이 호텔의 운영자 이름이 '이태'라는 증언을 남겼지만, 다른 자료는 이 호텔의 정식 상호명이 '이태루'(怡泰樓)이고, 그 주인은 양기당(梁綺堂)이라고 기록하고 있다. '스튜어드'라는 서양식 이름은 양기당이 한때 미국 군함 모노카시호에서 '급사'(steward)로 일한 경력에서 유래한 별칭이었다고 한다. 그는 후일 인천화교협회 2대 회장(1919~1928)을 역임하기도 했다.

[화보 12] 일본 조계의 거리 풍경, 1889년 이후

일본 조계의 거리 풍경. 사진 왼쪽의 3층 벽돌집이 1889년에 신축한 '대불호텔'이고, 거리 한가운데 끝 청국 조계의 경계지에 서 있는 건물이 서양인에게 '이태'라는 이름으로 알려진 양기당(梁綺堂)이 운영하던 스튜어드 호텔이다.

[화보 13] 스튜어드 호텔 표지석

인천 중구 인천화교협회 회의청 앞마당에서 발견된 스튜어드 호텔 표지석. 붉은 글씨로 '화상 이태지계'(華商怡泰地界)라고 음각되어 있다. 가로 20cm, 세로 30cm.

본인을 제외한) 외국인들의 거의 모든 사업을 어떻게든 확보했다.[61] 20세기에 들어설 무렵에 이를 지켜본 한 사람으로부터 "미국식 상호와 철저하게 진보적인 정신으로 무장한" 영업점이라는 평가를 받은 '스튜어드 호텔'은 주로 조선에 거주하는 서양인들의 취향을 맞추기 위해 대량의 상품을 수입하는 일에도 적극적이었다.[62]

중국 회사들은 조약항에서 서울과 내륙의 어떤 지역까지 상품을 유통하는 것에도 적극적이었다. 20세기에 들어설 무렵에 작성된 영국의 한 보고서의 내용에 따르면, 일부 중국 회사들은 상해로부터 영국산 직물을 수입했지만, 다른 회사들은 영국산 직물을 인천에서 구매했다며, "인천은 중국 상인들과 외국 상인들 모두의 본부이자, 전 세계로 유통되는 유럽과 미국 상품의 집산지였다." 인천에서 온 상품들은 직접 조선 상인들에게 팔리거나 종종 그렇듯이 "재포장되어 조선 내륙으로 운송되었고, 그곳에서 다시 중국 상점의 지점으로 유통되었으며, 조선 전역을 돌아다니는 중국인 행상들에 의해 마을 곳곳으로 팔려나갔다."[63]

공식적으로는 중국인 행상이 조선 내륙까지 진입하는 것은 허용되지 않았지만, 조선의 많은 지역에서 이들의 활동은 일상적인 풍경이었다. 때때로 이 용감한 사람들은 연대나 산동의 또 다른 지역에서 물품 한 자루를 가져와 물품이 다 팔릴 때까지 조선 전역을 떠돌았고, 그런 다음 중국으로 돌아갔다. 대개 그들은 서울이나 조약항 중 한 곳에서

---

61. 위의 책, p.31.
62. *Korea Review*, 1901, p.13. 스튜어드 호텔과 이 호텔의 일본 경쟁업체에 관한 자세한 내용은 최성연, 『개항과 양관역정: 인천향토사료』, pp.105~107을 보라. 또한, Carles, *Life in Corea*, p.20; 譚闢, 「同順泰與舊韓借款」, p.27.
63. *British Consular Reports*, 1899, p.10.

운영하는 중국 도매상점 또는 소매상점의 중개상이었다. 1893년에 작성된 일본의 한 보고서에서는 중국인 행상들이 일본 상인들로부터 생필품 시장을 손에 넣는 데 성공하고 있다고 불만을 표출했는데, 어느 정도는 중국인들이 긴급하게 필요한 상품을 언제나 공급했기 때문이었다. 그들의 성공 정도는 잡화를 판매하는 일본 상인들이 종종 중국상인들에게서 구매한 물건을 그저 되팔았을 뿐이라는 사실로 표현되었다.[64]

[면직물: 중계무역]

조선에 상주하는 중국 상인들이 중국 비단과 모시를 판매하는 안정적인 시장을 찾았지만, 조선인들 대다수는 면옷을 입었다. 조선 사람들은 겨울철에도 (안에 솜을 넣어 지은) 전통적인 무명옷을 입었다. 그 결과 조선에서 대량의 양모 제품을 판매하려는 영국의 희망은 결코 실현되지 않았다. 그러나 외국산 면직물에 대한 조선의 수요는 거대했고, 주로 수요 부족 탓이 아니라 구매력 부족으로 제한되었다. 서구, 특히 영국의 면제품은 개항기 동안 조선의 수입품 중에서 중요하고 항상 수입하는 특정적인 상품이었다. 그러나 개항기의 대부분 동안, 영국 상인들은 조선에서 사업을 하려고 하지 않았다. 영국 직물은 결국 일본과 중국 상인들을 통해 한반도로 도착했다. 이 중계무역을 두고 벌인 경쟁은 치열했지만, 중국 상인들이 갖고 있는 장점은 그들이 결국 우위를 점했다는 것을 의미했다.

---

64. 秦裕光,『旅韓六十年見聞錄』, p.20.
65. Sugiyama, "Textile Marketing in East Asia, 1860–1914," p.282.

영국의 생산업자와 상인들이 조선의 영국 직물 수입에 직접 휘말리는 것을 꺼렸던 사실은 놀라운 일이 아니다. 당시 상황을 지켜본 많은 영국인들은 특히 훨씬 크고 발전된 시장을 갖춘 일본과 중국에 비해, 조선의 상업적 잠재력에 대해 그리 낙관적이지 않았다. 게다가 영국은 중국과 일본 양국에 영국산 직물을 내놓기 위해 "조약항 내에서 확실히 자리를 잡은 토착 상인들"을 활용하는 것에 익숙해져 있었다. 영국의 직물이 주로 중국 상인들의 지배를 받는 토착적인 무역망을 통해 중국과 일본 사이를 오간 것은 분명하다. 1870년대에 일본에서 당시 상황을 목도한 영국인들은 "모든 종류의 셔츠감 거래는 이제 전적으로 외국인들과는 경쟁 상대가 되지 않는 중국 상인들의 손에 달려 있다."고 지적했고, 이와 비슷하게 일본 상인들은 "자기들이 조선으로 향하는 거의 모든 상품을 나가사키에 있는 중국 상점에서 사야 했다고 불평했다." 요약하자면, 조선에서 일본 상인들이 판매하는 영국산 직물은 전부는 아니어도 대부분 조선에 도착하기 전에 적어도 한 사람의 중국인 손을 거쳐 갔다.

이러한 형태는 1882년에 중국과 조선이 해상을 통한 상업관계를 수립하면서 변화했다. 일본에 근거지를 둔 중국 상인들은 일본 상인들이 홍콩과 상해에서 물건을 실어다가 조선으로 전달할 뿐이라는 것을 목격하고, 만약 자기들이 조선의 조약항에서 공식적인 보호를 받는다면 일본 상인들과 똑같이 할 수 있을 것이라는 결론을 내렸다. 일본에 근

---

66. Furuta, "Shanghai: The East Asian Emporium for Lancashire Goods," p.3, 11.
67. 이홍장이 총리아문에 보낸 1884년 3월 29일(光緖 10.3.3) 자 공문, 『中日韓關係』, p.1349.

거지를 둔 중국 상인들이 조선에서 교역하려는 첫 시도는 부산의 일본인 지역 사회로부터 상당한 반대에 부딪쳤다(4장의 덕흥호 사건에 관한 논의 참조). 원산의 중국 상인들은 매우 성공했고, 1883년에 인천이 개항한 이후 인천으로 갔던 사람들은 훨씬 더 성공했다.

당시 상황을 목격한 영국인들은 조선의 영국 직물 거래에 나타난 변화를 다음의 두 가지 진술로 요약한다. 1885년에 이뤄진 한 진술에서는 "영국 상인들이 그 나라에 들어가는 것을 기피했고, 일본인들이 자기들을 대신하여 그 교역을 장악하게 하는 것에 만족했다."라고 했다. 1899년에 이뤄진 또 다른 진술에서는 영국 직물의 교역이 "거의 전적으로 중국 상인들의 손에 달려 있다."는 결론을 내렸다.[68] 몇 년 안에 중국 상인들은 일본인들로부터 조선의 영국산 직물 시장을 장악했고, 개항기 대부분 동안 그들의 지배력을 유지할 예정이었다.[69]

중국 상인들은 일본상인들에 비해 몇 가지 이점을 갖고 있었다. 첫 번째는 순전히 지리상의 이점이었다. 조선의 교역, 특히 수입의 주요한 항구인 인천은 일본의 어떤 항구보다도 영국산 직물의 주요한 물류중심지인 상해와 가까웠고, 화북 지역의 중요한 물류중심지인 천진과는 훨씬 더 가까웠다. 운송비의 절감만으로도 중국 상인들은 영국산 면제품을 싼값에 팔 수 있었다.

---

68. *British Consular Reports*, 1885, pp.2~3; 1899, p.10.
69. 1910년에 당시 상황을 목격한 한 영국인도 "영국의 면제품 수입이 거의 전적으로 상해 상인들의 손에서 결정되며, 이들은 엄청난 재고를 보유한 상해의 대형 수입업체가 위탁한 화물을 수입한다."(위의 책, 1910, 4)고 지적했다. 또한, 박수이, 「개항기 한국 무역 자본에 관한 연구」, p.144를 보라.

1880년대에 계산해 본 추정치에 따르면, 훨씬 낮은 유통비용 덕에 중국인들은 한 일본 상인이 치른 비용의 절반 가격으로 면제품을 수입할 수 있었다.[70]

두 번째는 상해 직물 시장과의 거리적 인접성 및 그 시장에 익숙한 경험이었다. 중국 상인들은 환율·가격·공급·수요의 변동에 훨씬 빠르게 반응할 수 있었다.[71] 셋째, 영국산 직물을 수입한 대부분의 중국 상인들은 일본 상인들보다 자본금이 많았는데, 그들 중 다수가 맨체스터산 회색 셔츠감이나 티클로스(T-cloth)를 수입함으로써 쌀 교역에서 수익을 내려고 한 소상인들이었다.[72] 이 자본은 중국 상인들이 대량으로 상품을 구매할 수 있게 하고, 일본 상인들에게 종종 재앙과도 같았던 단기 변동을 무사히 이겨내게 했다. 넷째, 그리고 더욱 일반적으로는 일본에 대한 조선인의 반감이 널리 퍼진 것은 조선의 소비자들이 대체로 (모든 다른 조건이 동등하다면) 일본 상인보다 중국 상인들을 더 선호했다는 사실을 의미했다.[73]

이용할 수 있는 교역 수치들은 중국 상인들이 면직물의 중계무역을 장악하게 되었다는 주장을 뒷받침한다. 일찍이 1885년에는 조선에 수

---

70.   Duus, *Abacus and the Sword*, p.257.
71.   Furuta, "Shanghai: The East Asian Emporium for Lancashire Goods," p.15.
72.   '티클로스'(T-cloth)는 "6.45제곱센티미터(1제곱인치) 당 씨실과 날실의 개수가 거의 같고 무거운 재질로 제조되었으며, 거칠고 무늬가 없는 면직물이다."(McField, *Resil's Textile Dictionary*). '티클로스'라는 이름은 최초의 영국인 수출업자가 '티'(T) 마크를 사용한 것에서 비롯된다.
73.   박경룡, 『개화기 한성부 연구』, p.118. 조선 시장에서 가장 좋은 지점을 확보하려는 중국 상인들의 공격적인 시도에 관해서는 위의 책, p.121을 보라.

입된 모든 영국 면제품의 거의 90퍼센트가 중국에서 들어온 것이었다. 1893년까지 모든 영국산 면직물 제품의 99.5퍼센트가 어느 시점엔가 중국인의 손을 거쳐지나간 다음 조선에서 판매되었다.[74] 그러나 영국산 면제품은 일본이라는 공격적이고 완강한 경쟁상대와 마주하면서 점차 시장점유율을 잃게 될 것이었으므로, 영국산 직물 부문에 대한 중국인의 지배력은 시간이 흐르면서 의미가 퇴색하게 되었다.

경쟁하는 제국주의

중국의 전통적인 인삼·비단·모시 교역이 확대되고, 금이 조선에 수출하는 중국의 주요 수출품으로 도입된 상황에서, 중국인이 중국인·외국인·조선인에게 성공적으로 상품과 서비스를 제공하는 상황까지 모두 갖춰지자, 1892년까지 중국 상인들은 조선 전체 수입액의 약 45퍼센트를 취급하게 되었다. 일본 상인들은 나머지 55퍼센트를 거의 모두 처리했다.[75] 많은 사람이 보기에는, 중국인의 상업적 성공이 정치 영역에서 보여준

---

74. 박수이, 「개항기 한국 무역 자본에 관한 연구」, p.144.
75. Sigel, "The Sino-Japanese Quest for Korean Markets, 1885-1894"; Yur-Bok Lee, "The Sino-Japanese Economic Warfare over Korea, 1876-1894." 아마도 이 수치는 원래 시오카와 이치타로의 책(鹽川一太郎, 『朝鮮通商事情』, pp.56~65)에 수록된 자료에서 나온 것이며, 그 자료는 결국 조선해관의 보고서를 인용한 것이다. 시오카와가 언급한 수치와 조선해관 보고서에 수록된 수치가 정확하게 일치한 점과 시오카와가 멕시코 달러로 수치를 기재한 사실로 볼 때, 그가 제시한 수치의 원출처에 관해서는 의심할 여지가 전혀 없다. 그가 만든 도표를 복제하거나 활용한 사례는 한국무역협회, 『한국무역사』, p.115, 134; Lee Ki-baik, *A New History of Korea*, p.288; Conroy, *The Japanese Seizure of Korea*, p.460; 이선근, 『한국사』, p.668에서도 찾아볼 수 있다.

청의 승리를 반영하고 있었다. 중국인들이 상업적인 성과를 내자 일본에서는 많은 자아반성이 일어났는데, 일부에서는 일본에서 제조한 상품의 형편없는 질과 고객을 홀대하거나 위조품을 시장에 내놓는 일본 상인들의 경향을 일본의 상업이 쇠퇴하고 중국의 상업이 상승한 이유로 들며 비판했다.[76]

 판매와 유통의 질과 성격 차이는 확실히 조선 시장에 대한 중국과 일본의 몫에 일어난 극적인 변화를 적어도 일부는 설명한다. 그러나 이 과정은 복잡하기는 해도 본질적으로 다른 요인에 의해 더욱 충분히 설명된다. 첫째, 비록 해관 관원들, 영사들, 당시의 관찰자들, 학자들이 조선에 거주하는 외국 상인들을 묘사하고 분류하기 위해 빈번하게 '중국' 또는 '일본' 등 국가 약칭에 의존하지만, 심층적으로 들여다보면 포괄적인 국가적 명칭으로는 설명할 수 없는 다양성을 드러낸다. '중국' 상인들은 중국 전역에서 온 사람들이었다. 세계 다른 지역에서도 마찬가지였지만, 조선에 거주하는 중국인 이주자와 상인들은 대체로 자기 동향(同鄕) 출신의 사람들과 함께 거주하며 일했고, 자체적인 향우회 조직을 형성하기도 했다. 서울에서는 산동 출신들이 지배하는 '북방'(北幇)이 수표교(水標橋) 주변 일대에서 활발하게 활동했다. 절강성(浙江省)과 그 주변의 몇몇 성(省)에서 온 상인과 이주민들은 서울의 서부권(오늘날의 서소문西小門 일대)에서 '남방'(南幇)을 결성했다. 수적으로 열세였지만 상업적으로는 영향력이 있었던 광동(廣東) 출신의 상인들은 '광동방'(廣東幇)을 결성하고, 오늘날의 소공동(小公洞) 일대에 회관(會館)

---

76. 박수이, 「개항기 한국 무역 자본에 관한 연구」, pp. 139~141.

을 건립했다.⁷⁷ 유사한 분파가 인천에서도 관측되었다. '북방'에 속한 사람들은 주로 인천과 가까운 산동 출신이었고, 인천에서 가장 많은 상인 수를 차지했다. '광동방'은 직물을 비롯해 술·담배·통조림·식품류 및 각종 잡화 등에서 활발한 교역을 진행했다. 강소성(江蘇省)·절강성·강서성(江西省) 출신의 상인들로 구성된 '남방'은 주로 피륙과 비단을 취급했다.⁷⁸ 게다가 중국 상인들이 인천에서 영국산 직물의 중계무역을 장악한 것은 일본 상인들의 희생이 아니라, 나가사키에 본부를 둔 중국 '절강 출신 일당들'의 희생으로 이뤄진 것이었다.⁷⁹

둘째, 위에서도 언급한 것처럼 다양한 상인들의 성공에 나타난 일부의 차이는 부분적으로 조선의 각 조약항과 그 주변 지역의 위치 및 부존자원과 관련되어 있었다. 부산은 조선에서 가장 생산성이 높은 농업지역과 매우 가까운 지역이자 일본에서 가장 가까운 개항장이었고, 그래서 일본의 미곡상들에게 사업의 주력기지였다. 이 부산항에서 이뤄지는 교역은 주로 수출 위주였는데, 일본의 쌀 수요가 교역 규모와 예상 수익을 결정하는 핵심적인 요인이 되었다. 중국에서는 조선 쌀에 대한 수요가 거의 없었기 때문에, 중국 상인들이 부산에서 그럴듯한 장사 항목을 거의 찾지 못했던 사실을 깨닫는 것은 그리 놀라운 일이 아니다. 이에 반해 원산은 너무 북방 지역이라 쌀을 재배하여 생산하기 힘들었고, 그래서 사실 원산항은 종종 남쪽으로부터 쌀과 여러 가지 식

---

77. 박경룡, 『개화기 한성부 연구』, p.122.
78. 唐恩桐, 「韓國仁川商務情形」, p.13. 또한, 杜書溥, 『仁川華僑教育百年史』, pp.17~22를 보라.
79. Furuta, "Inchon Trade."

량을 수입했다. 반면, 원산은 상당량의 금을 쉽게 찾을 수 있는 지역과 가까웠다. 이 사실만으로도 중국 상인들의 흥미를 끌었다. 그들은 경쟁자인 일본 상인들보다 숫자상으로 상당히 열세였지만, 항만의 교역에서 가까스로 우위를 차지할 수 있었다. 1892년, 당시 상황을 지켜본 한 관찰자는 "수입 교역은 이제 이곳에 다섯 곳의 상점을 개설한 중국인의 손에 거의 전적으로 달려 있는데, 다섯 상점 모두 수익을 내기 힘든 해로 생각되던 1892년에도 많은 돈을 벌었다."라고 결론을 내렸다. 인천은 훨씬 달랐다. 인천항이 서울에서 가깝다는 사실은 인천이 조선으로 들어오는 외국 수입품의 통로 역할을 한다는 것을 의미했다. 인천에서 수입 위주의 중국 상인들이 성공한 이유는 적어도 부분적으로는 이러한 사실에서 기인한다. 이사벨라 버드 비숍처럼 당시 상황을 지켜본 사람들은 중국인의 결단과 노고를 매우 기꺼이 신뢰했고, 인천의 중국인 거류지를 다음과 같이 묘사했다.

> 끊임없이 폭죽이 터지고 북과 징을 두드리는 소리로 바쁘고 시끄러운 가운데, 중국인들은 교역에서 확실히 일본인보다 훨씬 앞서 있었다. …… 그들은 밤늦게까지 일을 했고, 도로를 점거해 가죽을 말리고 등유 깡통과 포장용 상자를 쌓아놓았다. 밤에도 계속되는 소음은 아침이 오는 소리가 시작될 때까지도 거의 그치지 않았다. 이처럼 열심히 일해서 돈을 버는 사람들에게 휴식은 사치스러운 생활로 보일 정도였다.

80. Hillier, *Report on the Commercial Condition of the Ports of Fusan and Wŏnsan*, p.7.
81. Isabella Bird Bishop, *Korea and Her Neighbours*, p.31.

그러나 이 민족적 특성이 상업적으로 성공한 원인을 밝히는 단 한 가지 요인으로 여겨졌다는 점에서, 부산에 있는 중국인들이 인천의 중국인보다 더 열심히 일하지 않았다는 결론을 내려야 할 것이다.

셋째, 조선의 여러 조약항 간의 구조적 차이는 상당하지만, 결국 그런 차이가 유일한 결정요인은 아니었다. 마찬가지로 중요한 것은 일본 메이지 정부와 청 제국이 조선에서 경쟁하는 제국주의 체제의 배경이었다. 앞 장에서 언급한 것처럼, 일본의 메이지 정부는 무력 외교와 근대적인 국제법이라는 도구를 활용해 조선이 외부 세계와의 관계를 증진하도록 강요한 바 있었다. 그러나 일본이 선호한 관계의 형태는 한반도에서 일본의 교역 확대에 대한 규제나 다른 장애물을 최소화한, 조선에 대한 일본의 배타적 특권 관계였다. 이처럼 일방적이면서도 비공식적인 제국주의는 조선과 다른 강대국 사이의 조약을 중재하고, 한중 간의 무역장정을 수립했으며, 이후 관세의 제정과 조선해관을 설립하게 한 청의 도전을 받았다. 이 모든 발전은 정치적인 이유든, 상업적인 이유든 간에 여러 강대국의 조선 도래를 부추겼고, 조선에 대한 일본의 배타적·독점적 권리의 종식을 상징했다.

심지어 다자적이면서도 비공식적인 제국주의에 조선의 개방을 보장하는 조약이 청 제국의 주도로 선포된 이후에도, 덕흥호의 중국 상인들이 깨달은 것처럼 유감스럽게도 일본의 메이지 정부는 부산에서 전통적인 독점 특권을 계속 수호하려고 노력했다. 진수당을 비롯한 청 관료들의 신속한 조치 탓에, 일본은 부산이 실제로 비일본인 거주자와 상인들에게 개방되어 있다는 사실을 마지못해 인정했다. 그러나 일본인들이 미래의 경쟁자들을 위해 부산항을 더욱 편리하게 만드는 데는 거의 도움이 되지 않았던 것이 분명하다. 1882년부터 1894년까지의 기간에 나타난 부산의 이례적인 상황은 같은 기간 동안 조선의 외교적인 위상과 다소 유사하다. 조선은 국가 공동체에 속한 주권국이면서도 청 제국의 속방이었다. 부산은 개항장이면서도 일본의 독점적인 특권이 보장된 장소였다. 피터 두스(Peter Duus)의 견해에 따르면, 개항기의 부산은 심지어 일본 도시처럼 보였다.

> 그 도시는 일본 본국의 항구도시와 별다른 차이가 없었고, 편안함을 느낄 정도로 일본 도시처럼 보였다. 부두에서는 여러 채의 일본 여관이 보였는데, 그중 일부는 3층 건물도 있었다. 그리고 수십 채의 대형 일본식 상점이 시내 거리에 늘어서 있었다. 시내 중심부에는 단 한 채의 조선식 주택도 눈에 띄지 않았다. 부두와 거리에 흰옷을 입고 서 있는 조선 사람들만 낯선 모습을 드러냈다. 사실 새로 도착한 일본인들은 여관에 가방을 가져가게 시키는 일을 제외하면, 조선인을 상대할 필요가 전혀 없었다.[82]

중국인·일본인 거류지와 각국공동거류지 외국인이 지배하는 의사당(議事堂), 일본·중국·러시아·필리핀·영국·프랑스·독일·벨기에·스위스·오스트리아헝가리•·네덜란드·터키·이집트·미국 등지에서 온 다국적 인구가 섞여 살던 인천에 대한 당시의 묘사와 위의 부산에 대한 묘사를 비교해

---

82. Duus, *Abacus and the Sword*, pp.328~329; 부산항에 대한 다른 묘사로는 Isabella Bird Bishop, *Korea and Her Neighbors*, pp.23~30; 柵瀨軍之佐,「朝鮮時事」를 보라.
• 1867년부터 1918년까지 존속했던 합스부르크 왕가의 국가.

보라.[83] 인천은 분명 청 제국이 조선에 도입한 환경인 다자적 제국주의에 훨씬 개방적이었고, 중국 상인들이 경쟁하고 번영하기 위해 지리적·조직적·전략적 이점을 활용할 수 있던 환경이었다.

중국 상인들이 조선에서 이룩한 상업적 성취는 청 제국이 해외에서 엄청난 상업적 이익의 증대를 이룬 첫 번째 성공사례에 해당한다. 이러한 성공의 일부는 물론 청이 조선에 대한 종주권과 배타적인 특권을 공격적으로 행사한 덕분이었다. 그러나 1894~1895년에 벌어진 청일전쟁으로 조선에 대한 청의 종주권이 소멸된 이후에도 중국 상인들은 조선의 대외 무역에서 중요하고 놀라울 정도로 경쟁적인 요소로 남아 있었다. 결국, 조약항 체제와 이 체제에 수반되는 제도인 다자적·비공식 제국주의는 중국의 상업적 성공을 설명하는 데 매우 중요한 요소였다.

---

83. 인천직할시사 편찬위원회, 『인천시사』, pp. 1239~1240.

8. 종주권의 끝에서 다자적 특권 수호
청일전쟁과 그 여파

청일전쟁은 동아시아의 역사에서 중요한 분수령이다. 그 전쟁은 아시아 본토를 향해 갈수록 공격적으로 변모한 일본의 제국주의적 팽창이 시작되었음을 알리는 신호이다. 많은 사람에게 청일전쟁은 청 제국의 종말이 시작되었음을 보여주는 전조이기도 하다. 격전장에서 사기가 꺾인 패배 이후, 외부 세력들이 "중국을 과분(瓜分)하려고" 함에 따라 청 제국에 대한 외세의 침입이 증가했기 때문이다. 범위 면에서 조금은 놀라울 정도로 야심에 넘쳤던 청의 개혁 시도는 1912년에 일어난 만주족 왕조의 최종 붕괴를 늦추기에는 불충분한 것으로 입증되었다. 한중 관계의 연구에서 일본의 상승과 청 쇠락의 교차점은, 중국의 패배가 조선에 대한 중국의 상당한 영향력이 종식되었음을 알리는 신호라고 추측하는 경향을 낳았다.

확실히 청일전쟁과 그 여파로 조공 사절 파견의 완전한 중단, 청의 연호 폐기, 청의 종주권의 종식을 시사하는 여러 조치가 이뤄졌다. 그러나 청이 도입한 다자적 제국주의 체제는 강화도 조약 직후의 시기를 연상시키듯 독점적 특권 체제를 재도입하려는 일본의 시도에도 불구하고 상당히 건재한 것으로 입증되었다. 조약항 체제라는 편안한 울타리 안에서 청의 외교관과 중국 상인들은 조선으로 돌아왔고, 그 이후 10년 동안 계속 번영했다. 그들의 계속된 성공은 정치적 지배와 종주권의 행사 이외의 다른 요소들이 중국인이 이룩한 상업적 성취의 주된 원인이라는 사실을 강력하게 시사한다. 다자적 제국주의의 특권과 조선에 거주한 재외 중국인, 즉 화교의 제도와 관행이 이러한 성공에서 가장 중요한 두 가지 요소이다.

청일전쟁이 발발하게 된 가장 근접적인 원인은, 고종이 동학 반란을 진압하기 위한 군사 지원을 요청하여 청이 이를 수용하기로 한 결정 때문이었다. 1892년 이후 포교가 금지된 신흥 종교 동학의 신도들은 조선 관료들에게 그 종파의 공식적인 금지령을 해제하고, 창시자 최제우(崔濟愚, 1824~1864)의 사후 신원(伸寃)을 호소하는 상소를 끈질기게 올렸다. 이 문제를 공식적으로 질질 끄는 상황에 점차 좌절한 동학 신도들은 지방의 부패와 더욱 분명해진 외세의 조선 침략에 분노한 농민들과 함께 조선 서남부의 지방 정부군에 맞서 죽창(竹槍)을 들고 일어섰다. 동학운동은 급속히 탄력을 받았고, 정부군은 이들의 군사적 위협에 전혀 대처하지 못하는 것 같았다. 반란군이 1894년 5월에 (조선왕조의 개창자인 이성계의 관향貫鄕이자) 전라도(全羅道)의 감영(監營)이었던 전주(全州)를 점령하자, 고종은 청 제국에 도움을 요청했다.[1]

청 제국은 약간의 논쟁 끝에 속방(屬邦)을 기꺼이 돕겠다는 의지를 선언했다. 청군의 파병을 공식적으로 선언한 6월 7일 자 칙령(勅令)은 청이 개입하는 주요 명분으로 "우리 조공국의 평화를 회복하고, 상업적인 목적으로 조선에 거주하는 모든 국가의 불안을 해소할" 필요성을 언급했다.² 서울에 주재한 일본의 외교관들은 원세개에게 일본이 청군의 파병을 반대하지 않을 것이며, 오히려 파병이 가져다줄 안정을 반길 것이라고 장담했다. 일본이 1885년에 체결된 천진 조약을 서론하며 자국도 파병하겠다는 소식을 알게 된 이홍장과 원세개는 일본에게 놀라움과 실망감을 표명했지만, 일본이 반란 진압 외에는 "어떠한 다른 의도가 없으며", "반란이 진압되고 평화와 질서가 회복되는 즉시 일본군을 철수할 것"이라고 거듭 확약했다.³

자기들이 일으킨 반외세 운동이 조선 땅에 훨씬 더 크고 위협적인 외국 군대의 주둔을 이끌었다는 사실에 경악한 전봉준(全琫準) 등의 동학 지도자들은, 일시적으로 교전을 멈춘 조선 정부와 협상을 벌였다. 이홍장은 조속히 조선을 떠나겠다는 의지를 밝혔지만, 일본의 집정자들은 이에 호응하기를 거부했다. 물리적 충돌을 간절히 피하려고 했던

---

1. 『高宗實錄』 1894년 5월 24일(高宗 31.5.1.) 자 기사를 보라. 고종은 일찍이 1893년 5월부터 청군을 불러들여 동학 반란군의 진압을 도울 가능성을 논의했었다. 당시 고종의 조언자들은 다른 외국 군대를 불러들이는 것보다 청군을 활용하는 편이 낫다는 점에 의견을 같이했지만, 그러한 군대를 지원하는 비용이 상당할 것이라는 점을 지적하며, 꼭 외국 군대가 그 반란을 진압할 필요는 없다는 결론을 내렸다(『高宗實錄』, 1893년 5월 10일[高宗 30.3.25] 자 기사).

2. Conroy, *The Japanese Seizure of Korea*, p.245. 청에서 벌어진 논쟁에 관한 연구로는 Bonnie B. C. Oh, "The Leadership Crisis in China on the Eve of the Sino-Japanese War of 1894-1895"를 보라. (천진 조약에 의거하여) 청이 일본에 파병을 공식 통고한 것에 관해서는 총리아문에서 고무라 주타로(小村壽太郎)에게 보낸 1894년 6월 9일(光緖 20.5.6) 자 공문, 『中日韓關係』, p.3311을 보라.

3. Jerome Ch'en, *Yuan Shih-k'ai*, p.26. 원세개와 조선 주재 일본 공사 오토리 게이스케(大鳥圭介)는 실제로 6월 15일에 상당한 규모의 상호 병력 감축에 동의했다. 그러나 오토리의 입장은 일본공사관과 군 장교들에 의해 번복되었다.

이홍장은 외교적 해결에 도달하기 위해 외국의 도움을 요청했지만, 일본은 조선에서 청군과 일본군이 동시에 철군하라는 영국·프랑스·독일·미국의 제안을 거절했다. 일본의 외무대신 무쓰 무네미쓰(陸奧宗光)는 교착 상태를 외교적으로 해결하지 못한 상황이 "우리나라의 장래 행동에 자유로운 재량권을 부여한 상황이라, 개인적으로 기뻐할 만했다."[4]라고 술회했다.

그 후 일본은 동학 반란의 진압은 물론이고, 조선에 대한 전면적인 개혁 과제를 이행하는 것까지 자신들의 목표로 삼겠다고 선언했다. 청 제국은 내정 불간섭이라는 관례적인 용어를 사용하며, 조선의 개혁 과제를 공동으로 후원하자는 일본의 제안을 다음과 같이 거절했다. "그 생각이 훌륭할지도 모르겠지만, 개혁 조치는 조선에 맡겨야 한다. 중국이라 할지라도 조선의 내정에 간섭할 수는 없으며, 조선의 독립을 맨 처음 인정한 일본이 그 나라 내정을 간섭할 권한을 가질 수는 없다."[5]

청류당 출신의 인사 상당수가 외교적 해결책을 찾으려는 이홍장의 시도를 비판했는데, 이들은 갑자기 조선 전문가를 자처하며 이홍장의 '유화책'을 맹비난하며 일본과의 전쟁을 계속 요구했다.[6] 원세개는 주전

---

4. Jerome Ch'en, *Yuan Shih-k'ai*, p.27. 또한, 陸奧宗光, 『蹇蹇錄』, p.47을 보라. 〔我國將來の行動上漸く自由を得たるを喜び〕

5. Paine, *The Sino-Japanese War*, p.119; 陸奧宗光, 『蹇蹇錄』, p.24. 〔其意美なりと雖も朝鮮の改革は朝鮮をして自ら之を行はしむべし中國すら尙ほ其内政に干預せず日本國は素より朝鮮の自主の國たるを認め居れり尤も其内政に干預すべきの權利なかるべしと云〕

6. Bonnie B. C. Oh, "The Leadership Crisis in China on the Eve of the Sino-Japanese War of 1894-1895," p.81. 제롬 천(Jerome Ch'en, *Yuan Shih-k'ai*, p.27)의 견해에 따르면, 옹동화를 비롯한 군기처의 군기대신들은 이홍장의 "서투른 유화 정책"을 맹비난했다.

파(主戰派)에 자신의 목소리를 보탰다. 그러나 조선에서 보인 그의 행동은 그가 그러한 충돌의 결과에 관해 심각한 의구심을 품었음을 시사한다. 그는 6월 말에 조선을 떠나겠다고 출국 허가를 요청했지만, 허가가 좀처럼 떨어지지 않았다. 그래서 1894년 7월 19일, 그는 하인으로 변장한 채 서울을 빠져나갔다.

일본은 개혁안에 대한 청의 묵인을 얻어내지 못하자, 자기들의 목적이 실현되는 것을 보기 위해 계속해서 일방적인 조치를 취했다. 1894년 7월 23일, 일본군은 조선 궁궐을 포위하고, 고종을 사로잡았다. 일본군은 서울에 주둔한 조선 군대도 무장 해제시켰다. 같은 날, 고종의 부친 대원군이 다시 정권을 잡았다. 민비 일가의 많은 사람이 즉시 유배를 당했고, 조선왕국은 모든 조공 관계의 단절을 선언하고 청 제국과 체결했던 모든 조약을 부인했다. 청일전쟁은 8월 1일에 공식적으로 선포되었다. 1894년 8월 22일, 조선 정부는 조선에서 청을 몰아내는 것을 목표로 삼은 일본과 동맹을 선언했다.

---

7. Paine, *The Sino-Japanese War*, pp.113~115.
8. 『高宗實錄』, 1894년 7월 23일(高宗 31.6.21) 자 기사.
9. 『高宗實錄』, 1894년 7월 30일(高宗 31.6.28) 자 기사.
10. 『高宗實錄』, 1894년 8월 22일(高宗 31.7.22) 자 기사. 조선과 일본의 동맹 협정은 양국의 목표가 조선에서 청을 몰아내고, 조선의 '독립'과 '자주'를 확고히 하는 것이라고 선언했다. 이 협정과 이틀 전에 공표한 잠정 합의문은 『고종실록』에서 조선을 묘사하면서 '독립'이라는 용어를 처음 사용한 사례로 인식된다. 또한, 일단 청이 조선에서 추방되고 평화 협정이 체결되자마자, 이 협정은 바로 폐기될 예정이라고 규정했다. 힐러리 콘로이(Hilary Conroy, *The Japanese Seizure of Korea*, pp.266~267)는 동맹의 선포를 끌어낸 조건을 설명하면서, "그 이면에는 권력에 대한 단순한 사실, 즉 7월 23일에 일본인들이 궁궐을 점령한 일과 7월 25일에 오토리 게이스케가 조선 국왕으로부터 얻어낸 약속들이 놓여 있었다."라고 했다. 영국총영사 대행인 가드너

청 제국에게 청일전쟁의 결과는 육상전과 해전 모두 명백한 패배였다. 많은 사람이 이 결과에 놀랐으며, 특히 많은 청의 관료들도 마찬가지였다. 당시에 청의 군대를 면밀히 관찰한 일부 사람은 불길한 예감이 드는 많은 문제점과 결함을 지적했었다. 이러한 지적 사항은 전장의 실제 환경과 상관없이 융통성 없는 전술을 고집하는 경향부터 혹독한 정치적·조직적 분열에 이르기까지 다양했다(청일전쟁은 '이홍장과 일본의 전쟁'이라고 부르는 것이 더욱 적절할 것이다). 그래도 일반적인 통념은 청 제국이 거대한 자원을 바탕으로 결국 승리를 거둘 것이라는 예상이었다. 요약하자면, "중국이 대국이므로, 중국이 이길 것"이라는 견해였다.[11]

따라서 일본의 극적인 승리는 청 제국의 많은 사람에게 엄청난 충격이었다. 일부 청류파 지지자들은 청과 조선이 연합하여 일본 본토를 침공하는 방안 등의 공격적인 조치를 계속 주장했다.[12] 그러한 방안이 원거리에서도 실현 가능하다는 견해는 아마도 중국 신문들이 계속해서 청의 승리를 보도했기 때문일 것이다. 청의 패배 규모를 제대로 알고 있는 중국인은 거의 없었다. 그러나 다른 사람들에게 청의 패배는 실현

(Gardner)는 강압 문제에 관해 동의했다. 그는 "28일 오후 4시 30분에 오토리 씨와 스기무라 후카시(杉村濬) 씨가 즉각 교섭통상아문으로 갔고, 연로하고 병약한 조선의 독판대신(督辦大臣)을 향해 칼을 뽑아 살해를 위협함으로써 그에게 제가 동봉한 또 하나의 조약 부본(副本)에 서명하라고 강요했습니다. 이 조약에는 7월 26일에 조선이 독립을 유지하기 위해 중국인들을 조선에서 몰아내 줄 것을 일본에 요청했다는 내용이 서술되어 있습니다."라고 보고했다(가드너가 오코너에게 보낸 1894년 8월 28일 자 서신, *ACDM*, p.407).

11. Paine, *The Sino-Japanese War*, p.156. 청의 군사적 능력에 관한 다소 상반된 견해로는 Fung, "Testing the Self-strengthening"을 보라.
12. Bonnie B. C. Oh, "The Leadership Crisis in China on the Eve of the Sino-Japanese War of 1894 - 1895," p.83.

할 수 있는 개혁 과제였던 이홍장의 자강 운동이 종말을 고했음을 암시하는 신호이자, 더욱 깊은 자아성찰과 훨씬 근본적인 개혁을 요구하는 시대의 도래를 알리는 신호였다. 이홍장 자신은 "황마괘(黃馬褂)를 입는 영예"를 빼앗겼지만, 청군의 지휘관 자격은 유지했다. 이후 그는 청을 대표하여 일본과 협상에 나서야 했다.[13]

청의 패배는 조선에서 중국에 보내는 조공 사절의 영구적 종식을 의미하기도 했다. 대원군은 일본의 힘으로 다시 권력을 잡자마자 곧 자신의 새로운 후원자인 일본을 공격했고, 조선에 주둔한 일본군과 대결하기 위해 동학 반란군을 이용하고 자신이 총애하는 손자를 왕위에 앉힐 음모를 꾸몄다. 그 결과 새로 부임한 일본의 외교관 이노우에 가오루(井上馨)는 늙은 섭정(攝政) 대원군을 강제로 은퇴하게 하고, 고종을 권좌에 복위시켰다. 1895년 1월, 일본군 대부대와 동행한 고종은 종묘(宗廟)에 들러 전알(展謁)하고, '홍범(洪範) 14조'를 선언했다. 홍범 14조는 광범위한 개혁을 촉구하며, "다른 나라(즉, 중국)에 의존하려는 생각을 떨쳐버리고 …… 자주독립의 토대를 공고히 할 것"(毋他邦是恃, …… 以鞏固自主獨立之基)임을 약속하는 내용이 담겨 있었다.[14] 청 제국과의 기존 관계 형

- 원래 청 황제의 경호나 호종(扈從)을 맡은 영시위내대신(領侍衛內大臣)과 호군통령(護軍統領) 등의 측근 무관이 입던 관복(官服). 청대 후기에는 군공(軍功)을 세운 신하에게도 이 관복을 하사했다.

13. Paine, *The Sino-Japanese War*, p.162.
14. 『高宗實錄』 1895년 1월 7일(高宗 31.12.12) 자 기사. 홍범 14조의 영문 번역에 관해서는 Yŏngho Ch'oe et al., *Sources of Korean Tradition*, 2: pp.275~276을 보라. 콘로이(Conroy, *The Japanese Seizure of Korea*, p.276)는 다음과 같이 논평한다. "전체 절차는 이노우에의 마음 한구석에 깊이 담겨 있었을 것 같은 일본 메이지 황제의 헌장을 떠올리게 한다."

태를 거부하고, 조선과 일본 메이지 정부의 반중국 동맹을 비준했으며, (흡사 조선의 자주독립 선언과 마찬가지인) 홍범 14조의 선언은[15] 강대한 일본군의 주둔과 일본 외교관들의 강한 압박을 받는 상황 안에서 이뤄졌다. 따라서 이러한 여러 조치가 협의의 의미에서 조선의 군주인 고종의 실제 희망이든, 측정하기는 어렵더라도 광의의 의미에서 '조선' 또는 조선 백성의 의지이든 간에, 조선의 자주적인 의지를 드러내는 증거로 볼 수 있는지는 여전히 해결되지 않은 문제이다.[16] 확실한 것은 그들이 북경에 조공 사절의 파견, 중국의 연호 사용, 수 세기에 걸쳐 의례에 기반한 관계를 상징하는 여러 표시 등의 관행을 종식했다는 사실이다.

당시에는 그다지 주목받지 못했지만, 마찬가지로 중요한 사실은 청일전쟁이 동아시아에서 제국주의 전략의 극적인 변화가 시작되었음을 알리는 신호였다는 점이다. 일본 메이지 정부가 청 제국과 맞서기 위해 무력에 의존하겠다고 결정한 이유는 적어도 부분적으로는 동아시아

---

15. 예를 들어, 『高宗實錄』 1895년 1월 8일(高宗 31.12.13) 자 기사에 수록된 고종의 윤음(綸音)을 보라.
16. 당시 영국의 총영사였던 월터 힐리어(Walter Hillier)는 조선이 공식적으로 일본과 동맹을 맺고 중국에 대한 반대를 선언한 의미를 다음과 같이 일축했다. "중국의 이익을 관리하는 사람으로서 저 자신에게 부여된 이 특권의 확장을 거부한 이유는 제가 외무대신에게서 들은, 중국과 조선이 전쟁 중이기 때문이라는 이노우에 백작의 말 때문에 정당합니다. 조선 정부는 이 조치를 절대 인정하지 않습니다. 조선 정부는 8월 26일에 체결한 조약 및 그 이후 중국에 대한 적대감으로 보이는 모든 추가 조치가 자국의 의지에 반하여 억지로 강요된 것임을 세심하게 설명하고 있습니다." (힐리어가 오코너에게 보낸 1894년 12월 3일 자 서신, *ACDM*, p.489). 이처럼 일본과의 협력을 드러낸 표현이 강요된 것이라는 주장과 고종이나 조선 조정이 1880년대 중후반에 취한 모든 조치에서 중국과의 전통적인 관계를 유지하려는 욕망을 드러낸 것은 청의 강압 때문이었다는 일부 서양인이 내린 결론 사이의 유사성은 분명하다.

까지 팽창하려는 러시아에 대한 우려가 커졌기 때문이었다. 일본의 정책 입안자들은 이 지역에 대한 러시아의 계획을 잘 알고 있었고, 시베리아 횡단 철도가 완공되면 러시아의 목표 달성이 훨씬 수월해질 것이라는 점도 파악하고 있었다. 페인(S. C. M. Paine)의 표현에 따르면, "러시아 정부가 시베리아 횡단 철도를 건설하려는 의도를 발표하자, 일본의 지도자들은 철도의 완공으로 극동 지역에서 힘의 균형이 돌이킬 수 없을 정도로 변화하고 조선에서 일본의 영향력이 배제되기 전에 조선 문제를 해결할 시간이 대략 10년 정도 남아 있다는 사실을 깨달았다."[17] 과두정치를 이끈 메이지 정부의 집정자들은 조선이 외국 열강들과 체결한 무수한 조약들과 한반도의 조약항 체제로는 조선을 합병 내지 지배하려는 러시아의 결연한 도전을 견뎌낼 수 없을 것 같다는 사실을 알았다. 그래서 그 지역에서 일본의 이익을 도모하기 위해 놀라울 만큼 성공적으로 군사력을 활용한 것이다.

17. Paine, *The Sino-Japanese War*, pp.102~103. "일본공사관 소속"이었던 "폰 지볼트(Baron von Siebold) 남작"이라는 사람은 동아시아의 지정학에 바탕을 둔 전략적 상황을 다음과 같이 표현했다. "현 정권 치하에서 조선은 러시아의 어떠한 침략에도 완전히 무기력할 것이고, 또 러시아가 가하는 압력 탓에 조선이 러시아의 보호국으로 전락하는 지경까지는 아니어도, 틀림없이 영토의 상실을 가져오게 될 것이라는 점은 의심의 여지가 없다. 만약 이러한 사태가 지금까지 발생하지 않았다면, 그것은 그저 시베리아 횡단 철도가 완공되지 않아 러시아가 동아시아에 대한 정치적 프로그램을 아직 가동할 여유가 없다는 사실 때문이다. 그러나 앞서 보고된 것처럼 그 노선이 1904년이 아니라, 이제는 1901년까지 완공될 것으로 믿어지고 있으므로, 그 공사가 현재 추진되고 있는 것처럼 가속도가 붙은 상황에 따르면, 더 이상 지체할 시간이 없다."('폰 지볼트 남작이 중국과 일본 간의 문제에 관해 올린 보고서의 조선 관련 문제 회신」[1894년 6월 29일 자 전송]," *ACDM*, p.15). 영국의 외무대신 킴벌리(Kimberley) 백작은 지볼트의 결론이 "대체로 런던 주재 일본 대사 아오키 슈조(青木周蔵) 자작이 내게 표현한 말과 같은 맥락"이라고 지적했다(킴벌리 백작이 패짓[Paget] 씨에게 보낸 1894년 6월 28일 자 서신, *ACDM*, p.14).

다자적 제국주의 대 일본의 일방적 요구

청 제국과의 결전에서 거둔 일본의 극적인 승리는 일본이 신흥강국이라는 사실을 만천하에 입증했다. 일본의 승리는 세계 곳곳에서 '절정의 제국주의'를 향해 치달으면서 영토쟁탈전을 벌이는 현상이 드러난 징후이기도 했다. 그러나 조약항 체제, 국제법, 다자적 제국주의 전략은 좀 더 총체적으로 보자면 조선에서 즉시 사라지지 않았다. 오히려 이 세 가지는 매우 야심에 찬 일본 메이지 정부의 몇몇 계획을 방해하는 역할을 했을 뿐만 아니라, 조선에서 청의 상업적 이익은 물론, 미미하지만 정치적 이익까지 회복할 여지를 마련해 주었다. 유럽 열강들로 구성된 연합체는 일본의 영토적 야욕을 제한하기 위해 위협적인 외교술을 활용했고, 대영 제국은 조선에서 다자적 제국주의를 유지하는 데 중요한 역할을 했다.

일본군이 북경을 점령하라는 명령을 받는다면 이들을 방해할 것이 거의 없는 상황에서, 청 제국은 일본에 강화를 제의하고 일련의 부담스러운 양보와 배상금을 허락할 수밖에 없었다. 만약 한 일본인 청년이 이홍장을 암살하려고 시도하지 않았다면, 시모노세키(下關) 조약(1895년 4월 17일)은 청 제국에 훨씬 더 가혹했을 것이다. 중국으로 돌아가기를 거부한 이홍장은 뺨에 총알이 박힌 채로 냉정하게 협상을 이어갔고, 이 행동으로 많은 일본인에게서 마뜩잖은 찬사를 받았다. 청 제국의 관점에서 보면 상당한 규모의 배상금, 일본인의 상해·장강(長江) 진입 허용, 타이완과 요동(遼東) 반도의 할양 등 합의 조건은 매우 나빴다.[18] 대부분의 외국 열강들은 이 조약의 거의 모든 조항이 군사적으로 승리한 일본에 주어지는 디저트 정도로 생각했다. 그러나 러시아는 요동을 할양하라는 일본의 주장에 크게 낙담했는데, 일본의 주장이 요동 지역을 차지하려던 러시아의 영토 확장 계획과 정면으로 대치했기 때문이다. 그래서 러시아는 러시아·프랑스·독일이 일본에 요동에 대한 영유권 포기를 선언하라고 요구했던, 이른바 '삼국간섭'을 주선했다. 분노와 굴욕에 속을 끓이면서도 유럽 열강 3국과 전쟁을 하는 모험을 감수하기는 부담스러웠던 일본은 이에 동의했다. 다자적 제국주의는 적어도 논리적으로 합당한 무력 행사의 위협이 뒷받침되었을 때, 약간의 효력을 발휘했던 것 같다.

다자적 제국주의는 조선에서도 약간의 영향력을 유지했다. 일본의 메이지 정부는 조선의 독립을 보호하기 위해 청 제국과 싸우고 있다고 주장했다. 그리고 몇몇 일본의 정책 입안자들이 생각한 장기적인 계획이 무엇이었든 간에, 일본은 전쟁의 전리품으로 획득한 영토 목록에 조선을 즉각 포함시키려는 시도는 하지 않았다. 그러나 그렇다고 이것이 일본이 조선의 당시 상황에 만족했다는 의미는 아니었다. 위에서 언급한 것처럼, 일본은 지도력의 변화와 광범위한 개혁 과제의 시행을 주장했다. 조선에 대한 일본의 새 전략에서 중요한 요소는 한반도에 일방적이면서도 비공식 제국이라는 일본 자체의 제국주의 유형을 재도입하는

---

18. 조약의 내용에 관해서는 China, Imperial Maritime Customs, *Treaties, Conventions, Etc., Between China and Foreign States*, 2: pp.590~596(영어와 중국어), pp.707~713(일본어)을 보라. 조약의 첫 번째 조항은 조공 관계의 완전한 폐지를 더욱 강조하기 위해 "중국은 조선의 완전한 '독립자주'를 명확하게 인정하고, 그 결과로서 그간 조선이 중국에 바치던 조공과 수행하던 의례 및 절차는 조선의 독립과 자주를 훼손하므로 앞으로는 모두 중단한다."라는 선언으로 시작한다(위의 책, p.590).

것이었다. 이 사안에 대해 조약과 국제법 및 조약항 체제의 제도를 전반적으로 활용해 독점적인 특권을 행사하려는 일본의 많은 시도를 무사히 저지한 것은 프랑스·러시아·독일이 아니라 영국이었다.

조선에 수많은 일본군이 주둔하고 있었던 점과 일본의 외교관들이 일본군을 활용해 조선 정부에 개혁안을 적극적으로 강요했다는 두 가지 사실은 조선에서 힘의 균형에 극적인 변화가 생겼음을 보여주는 신호였다. 새로 조선에 파견된 일본 공사 이노우에 가오루는 원세개가 누렸던 것과 동일한 특권을 주장하느라 시간을 낭비하지 않았다. 피터 두스의 견해에 따르면, 이노우에는 "서울에 있는 여타 외국인 대표들과는 다르게 대접해 줄 것을 주장했고, 자신이 원할 때마다 조선 국왕을 직접 알현할 권리를 요구했다."[19]

일본 관료들은 전통적인 조청 관계를 상징하는 표상을 종식하는 것에만 만족하지 않았고, 조선에서 중국의 상업적·법적 특권과 특혜를 축소하고 대신 일본의 배타적인 특권·특혜를 얻기 위해 신속하게 움직였다.[20] 일본 관료들의 행동과 제안 중에서 중요한 것으로는 조선해관과 중국해관 사이의 관계를 단절시키고 조선해관의 운영을 장악하려는 계획, 인천에 있는 중국인의 부동산을 몰수하는 제안, 그리고 중국인의 치외법권을 제거하고 조선에서 중국인의 거주·여행·장사를 엄격하게

---

19. Duus, *Abacus and the Sword*, p.84.
20. 심지어 청일전쟁이 발발하기 전(과 그 전쟁이 불가피하다는 것이 완전히 명백해지기 전)부터, 일본의 정치가 무쓰 무네미쓰(陸奧宗光)는 일본이 "이 기회를 이용하여 부산과 서울을 연결하는 전신선의 양도, 조선 내지의 일본인에게 부과하는 세금의 폐지, …… 등을 옹호했다."(Conroy, *The Japanese Seizure of Korea*, p.247; 또한, 陸奧宗光, 『蹇蹇錄』, p.100, 266를 보라).

제한하려는 목적의 개혁이 있었다. 일본 상인과 군인들은 이러한 법적 조치 또는 이에 준하는 조치 이외에도, 조선에 남은 중국인들을 반복적으로 괴롭혔다. 공식적인 청의 대표가 없는 상황에서 영국 관료들이 중국인의 이익을 보호하는 부담을 떠맡았다.

당소의는 1894년 7월에 청국공사관을 빠져나오자 조선을 떠났는데, 서울 주재 영국 총영사 월터 힐리어의 말에 따르면, "조선에 여전히 남아 있는 중국 국민의 이익"을 "영국 총영사 대행인 가드너 씨의 손에 맡겨 놓았다. 조선 정부와 일본 공사는 이런 조치를 묵인했다." 고종도 힐리어에게 전갈을 보냈는데, "그(고종)가 중국인의 복지에 따뜻한 관심을 두고 있으며, 내(힐리어)게 이 나라에 거주하는 중국인의 환경을 개선하기 위해 할 수 있는 모든 일을 해 달라고 요청했다."[21] 이것이 바로 영국이 조선에서 중국 국민과 그들의 이익을 보호하는 일에 적극적으로 착수한 시기의 시작이었다.

영국 관료들은 당시 영국 국적의 존 맥리비 브라운이 관리하던 조선해관의 위상에 촉각을 곤두세웠다. 일본은 조선해관에 대한 계획이 명확했고, 조선해관과 중국해관 사이의 모든 관계가 단절되기를 원한

---

21. 힐리어가 오코너에게 보낸 1894년 11월 17일 자 서신, *ACDM*, p.474. 또한, 힐리어가 오코너에게 보낸 1894년 10월 17일 자 서신, *ACDM*, pp.437~438을 보라. 비록 영국 정부가 공식적으로 전신 케이블을 보호하기 위해 움직이지는 않았지만, 여러 해 동안 대북전보공사(大北電報公司, Great Northern Telegraph Company)(덴마크·노르웨이·영국·러시아의 자본으로 1871년 중국 상해에 설치된 전신기관)와 중국 전보국(電報局)에 고용되었던 기술자 뮐렌슈테드(H. J. Muhlensteth)는 "중국 전보국이 소유한 많은 자산을 관리하기 위해" 조선에 들렀다. 그러나 그는 일본인들에게 체포되어 청일전쟁이 진행되는 기간 내내 조선을 떠나 있도록 강요당했다. 또한, 스에마쓰 구마히코(末松熊彥)가 무쓰 무네미쓰에게 보낸 1894년 8월 10일 자 서신, *ACDM*, pp.313~314를 보라.

다고 분명하게 밝혔다. 여기에는 현 관료들, 특히 중국해관에서 일했거나 중국해관에 의해 고용된 모든 관료들의 축출이 포함되었다.[22] 공석이 된 이 관료들의 자리는 일본 국민들로 대체되어 이들이 조선해관의 요직을 차지하고, 아마도 조선인이나 외국인들에게는 몇몇 한직만 따로 남겨 둘 예정이었다. 조선에 있던 영국 관료들은 "영국 국민들이" 당시 설치되었던 "조선해관의 존재에 어느 정도 기득권이 있다."고 지적하면서 이 조치에 저항했다.[23] 그들은 중국해관이 조선해관 관료들의 봉급을 보조하는 일을 중지할 필요성에 원칙적으로 동의했다. 그러나 그들은 브라운을 비롯한 외국인 직원의 교체를 막기 위해 안간힘을 썼다. (이전까지 교섭통상아문 독판으로 알려진 직책의 새로운 명칭인) 외무아문(外務衙門) 대신 김윤식과 긴밀하게 협력했던 영국 관료들은 중국의 보조금을 중단하는 대신 현 직원을 유임시키되, 그들의 봉급은 이제 조선 정부가 지급해야 한다는 내용을 제안할 수 있었다. 아울러 브라운은 조선해관과 조선 탁지부(度支部) 두 곳의 업무를 '겸임'해야 했다. 결국, 조선해관은 조선의 경제와 재정에 대해 그 어느 때보다도 훨씬 많은 영향력을 행사하게 되었다.[24]

22. 오코너가 킴벌리 백작에게 보낸 1894년 9월 19일 자 서신, *ACDM*, p.413; 힐리어가 오코너에게 보낸 1894년 10월 1일 자 서신, *ACDM*, p.419; Woo, "The Historical Development of Korean Tariff and Customs Administration, 1875‒1958," pp.76~77.
23. 오코너가 힐리어에게 보낸 1894년 10월 6일 자 서신, *ACDM*, p.420.
24. Woo, "The Historical Development of Korean Tariff and Customs Administration, 1875‒1958," p.79. 중국해관이 조선해관 관원들의 봉급을 지급하고 있었던 관행을 중단하겠다는 공적인 약속에도 불구하고, 이러한 상황은 적어도 몇 달 동안 계속되었다. 힐리어는 1895년 2월에 올린 보고서에서 다음과 같이 언급했다. "해관 직원

조선해관과 관련하여 영국이 조선해관의 현상 유지를 지원한 것은 영국 국민의 이익을 계산하고, "브라운 씨가 자신을 입증한 것보다 더 유능하고 만족할만한 총세무사를 찾는 것은 불가능할 것"이라는 결론에 근거한 것이었다.[25] 효율을 중시하고 전문가다운 행동을 보인 브라운과 "다양한 구실을 대며 연이어 해관 규칙을 완화할 것, 각각의 혜택이 일본 상인에게 돌아갈 것, 납세 감면의 기회를 제공할 것" 등을 요청한 일본의 관료 및 상인들의 대조는, 조선에 있었던 영국인 대표자들 모두에게 너무 분명했다.[26] 그들은 "일본이 이해하기 어려운 중국의 종주권을 폐지하고, 뚜렷하고 이기적인 자국의 통치로 이를 대체했다."라고 결론을 내렸다.[27] 그러한 과정은 존 킹 페어뱅크가 아시아에서 외국인이 관리하는 해관의 주요한 목적 중 하나로 묘사한, "개인 거래자와 교역국가 모두에게 동등한 경쟁 조건을 제공하는 것"과는 배치된다.[28]

일본의 급습에 대한 영국의 저항은 조선해관을 보호하는 것에만 국한되지 않았다. 조선 내의 중국인 사회가 상대적으로 무력했다는 사실을 인지한 영국 관료들은 조선에 남아 있는 중국인들을 위해 최소한의

들의 월급에 관한 한, 상황은 보고 시점 현재 그대로 유지되고 있습니다. 중국해관에서 나오는 보조금은 계속 지급되고 있고, 조선 정부는 이 사안을 완벽하게 인지하고 있으면서도 그 사실을 무시하고 있습니다."(힐리어가 오코너에게 보낸 1895년 2월 9일 자 서신, *ACDM*, p.506). 이러한 관행이 최종적으로 언제 중지되었는지 전적으로 명확하지는 않다.

25. 힐리어가 오코너에게 보낸 1894년 10월 1일 자 서신, *ACDM*, p.419.
26. 힐리어가 오코너에게 보낸 1894년 12월 4일 자 서신, *ACDM*, p.484.
27. 힐리어가 오코너에게 보낸 1894년 12월 4일 자 서신, *ACDM*, p.484.
28. Fairbank, *Trade and Diplomacy on the China Coast*, p.463.

안전장치를 확보하고자 노력했다. 인천 주재 영국 영사 윌킨슨(W. H. Wilkinson)은 남아있는 모든 중국인에게 각자의 이름·직업·연령을 등록하라고 요구했다. 1894년 9월 중순까지 150명 이상이 등록을 마쳤다. 윌킨슨은 일본이 인천의 군사적 점령을 공식적으로 선언하기 전까지 중국인의 어떠한 위법 사건이든 자신이 사법권을 행사하겠다고 분명하게 밝혔다.[29] 11월까지 거의 400명의 중국인이 서울이나 인천에 있는 영국 관료들에게 등록했다.[30] 영국 관료들은 일본 군인이나 경찰에게 체포된 중국인의 석방을 위해서도 애썼다. 체포된 이들 다수는 시골을 돌아다니다가 서울이나 인천에 돌아오고 나서야 청일전쟁의 발발을 알게 된 행상이나 인삼 구매자들이었다.[31] 총영사 월터 힐리어 같은 영국 관료들은 이런 유형의 상인에 대한 연민을 자주 표현했는데, 이들이 거의 또는 전혀 자본이 없는 채 조선에 갇혀 있었고, 또 비군사적 해상 운송의 중단으로 판매할 추가 상품을 구할 가능성도 희박했기 때문이다. 그처럼 참을성 있고 오래 견디는 사람들을 위해 그가 할 수 있는 모든 일을 하는 것은 '기쁨'이었다.[32]

힐리어는 "중국인 거류지를 일본인에게 양도"하라는 일본인의 요구도 반대했다.[33] 일본 공사 오토리 게이스케(大鳥圭介)는 조선이 청 제

---

29. 윌킨슨이 오코너에게 보낸 1894년 9월 14일 자 서신, *ACDM*, p.412.
30. 힐리어가 오코너에게 보낸 1894년 11월 17일 자 서신, *ACDM*, p.472.
31. 힐리어가 오코너에게 보낸 1894년 11월 17일 자 서신, *ACDM*, pp.472~473.
32. 힐리어가 오코너에게 보낸 1894년 12월 3일 자 서신, *ACDM*, pp.489~490.
33. 힐리어가 오코너에게 보낸 1894년 10월 13일 자 서신, *ACDM*, p.440.

국과 체결한, 과거의 모든 조약과 협정을 폐기했으므로, 조선이 "이제 일본에 땅을 자유롭게 양도할 수 있다."라고 판단했다.[34] 힐리어는 국제법에 관한 해박한 지식을 주장하지는 않았지만, "중국인들이 합법적인 구매로 취득한 부동산을 그들에게서 빼앗는 것은 이 거류지 내의 부지 소유자들의 처지에서는 심각하게 불평등한 처사"가 될 것이라는 사실에 근거해 이 일을 반대했고, 일본인들의 "권리 침해를 도저히 묵과할 수 없다."는 결론을 내렸다.[35] 힐리어의 반대는 그의 상관들의 지지를 얻었고, 특히 이노우에 백작과 협의를 통해 오토리 게이스케가 자기 계획을 포기하도록 설득하기에는 충분했다.[36]

영국 관료들은 중국인의 조선 내 활동을 다루는 여러 규정의 성격에 영향력을 끼치는 데 적극적인 역할을 했다. 일본 관료들이 초안을 작성한 다음 조선의 외무아문 대신에게 넘겨 공표하고 시행한 이 규정들은, 조선에서 중국인들의 여행과 이동 및 전반적인 사업 운영을 제한하려고 했다.[37] "중국인을 위해 할 수 있는 최상의 조건"을 확보하기 위해 노력한 힐리어는, 일본 경찰이 외국 선박에 승선하여 수색하고 중국

---

34. 위의 책, pp.440~441.
35. 위의 책, p.441.
36. 힐리어가 오코너에게 보낸 1894년 11월 17일 자 서신, *ACDM*, p.474를 보라.
37. 그 조약의 전문은 『高宗實錄』, 1894년 12월 16일(高宗 31.11.20) 자 기사를 보라. 이 규정은 조선 내 중국인들의 생활과 생계를 '보호'하려는 자애로운 시도로 묘사되었지만, 규정의 효과는 중국인들이 조선에서 생활·여행·사업하는 것을 엄격하게 제한했다. 더구나 일본인이나 서양인들이 이 규정에서 제시한 '보호'를 받지 않았다는 사실은 중국인을 보호하려는 것이 아니라, 그들을 제한하고 제약하려는 의도를 훨씬 더 드러내는 것으로 보이는 증거이다.

인이 상륙할 권리를 거부할 수 있도록 한 조치와 일본 경찰에게 "그 나라의 평화나 복지"를 방해하는 것으로 의심되는 모든 중국인을 추방할 권리를 부여했던 또 다른 조치를 성공적으로 막아냈다.[38] 게다가 영국 관료들은 (여권을 소지한) 중국인 여행객의 조선 내륙 진입을 허용하는 조항을 포함하는 안건을 성공적으로 관철시켰다. 그들은 중국인 거주민이 연관된 형사 사건의 판결에 영국 관료 한 사람이 참석할 수 있도록 보장하려는 시도에는 성공하지 못했다.[39]

조선에 거주한 중국인들의 이익을 보호하려고 한 영국의 동기는 복잡하다. 총리아문이 영국에 공식적으로 중국 국민의 보호를 요청한 것은 1895년 2월 1일이었는데, 이때는 조선 주재 영국 관료들이 조선에 거주하는 중국 국민과 중국인의 특권을 보호하기 위해 애쓰기 시작한 지 몇 달이 지난 후였다.[40] 영국 관료들은 조선에 남은 중국인이 겪은 곤경에 대한 동정심과 조선해관의 유지가 영국의 이익에 보탬이 된다는 속셈 이외에도, 영국 직물의 주요 유통업자인 중국인들이 조선에서 영국

---

38. 힐리어가 오코너에게 보낸 1894년 12월 3일 자 서신, *ACDM*, p.488

39. 힐리어가 오코너에게 보낸 1894년 12월 3일 자 서신, *ACDM*, p.488~489; 힐리어가 오코너에게 보낸 1894년 11월 17일 자 서신, *ACDM*, p.472~474를 보라. 조선에 있는 중국 상인들의 활동에 대한 수많은 제약은 홍콩의 여러 신문에서 논쟁의 주제가 되었다. 〈朝鮮擅立保護淸商規則九條〉, 《香港華字日報》, 1895년 4월 26일(光緖 21.4.2) 자 기사, 『近代中韓』, 1: pp.11~13을 보라.

40. 공식적인 총리아문의 요청에 대한 승인과 그 요청서의 영문 번역으로는 오코너가 킴벌리 백작에게 보낸 1895년 2월 4일(1895년 4월 1일 수신) 자 서신, *ACDM*, p.502를 보라. 영국의 외교관들은 중국 정부로부터 공식적인 보호 요청을 받은 적이 없다는 이유로, 이보다 앞서 영국 회사들이 일본에 거주하는 중국 국민들의 보호를 요청한 것을 거부했었다(패짓 씨가 영사 엔슬리[Enslie]에게 보낸 1894년 7월 12일 자 서신, *ACDM*, p.139).

의 상업을 촉진한다는 인식도 품고 있었다.

더욱이 영국 관료들 간의 토론과 일본인 및 조선인과 주고받은 담화를 통해 이들의 마음속에 가득한 생각은 조약의 규정과 법치(法治)에 대한 영국의 헌신, 이 경우에는 조선에서 조약항 체제를 구성했던 조약과 법률을 옹호하는 것이었다. 옹호할 만한 가치가 있다고 구체적으로 언급된 요소로는 앞서 언급한 재산권과 치외법권 및 최혜국 대우의 보장과 "정의와 평등의 원칙"의 보호가 있었다. 요약하자면, 지난 10년 동안 입증된 것처럼 영국은 중국이나 일본 같은 외세로부터 조선의 완전한 자치나 독립을 지지하는 일에는 지독할 정도로 관심이 없었지만, 다자적인 외국의 특권을 해체하려는 일본의 결연한 시도에 맞서 싸우며 이를 유지하는 일에는 계속해서 헌신했다. 힐리어의 표현에 따르자면, 자신의 목적은 "그들(중국인)의 권리를 다른 열강 세력 국민의 수준으로 회복하는 것"이었다.

이 기간에 영국이 취한 조치와 그러한 조치의 타당성을 따져보면, 영국이 전반적으로 중국인에 대해 어떤 생각을 품었든지 간에, 적어도 조선 문제에 관한 한 그들이 중국인을 조약항 체제의 동반자로 생각했음이 분명하다는 점도 보여준다. 영국인들은 오랫동안 고통을 받으면서도 예의 바르게 행동하는 중국인과 부패하고 비효율적인 조선 조정이나 일본 정부 사람들과의 차이를 뚜렷하게 느꼈다. 영국 당국은 조선

---

41. 힐리어가 오코너에게 보낸 1894년 12월 3일 자 서신, *ACDM*, p.489.
42. 힐리어가 오코너에게 보낸 1894년 12월 18일 자 서신, *ACDM*, p.515.
43. 힐리어가 오코너에게 보낸 1895년 2월 11일 자 서신, *ACDM*, p.514, 515.

이나 일본의 법률·사법 체제에 종속되지 않으려는 중국인들의 열망에 분명히 공감했다.[44] 영국인의 눈으로 보기에, 중국인은 완전한 문명인까지는 아니어도 분명 일본인과 한국인보다는 높은 수준이었다. 그런 까닭에 중국 상인들은 조선에서 상업적 기회를 찾던 사람들의 이익을 극대화하는 체제에 참여한 괜찮은 사람들이었고, 일본은 청일전쟁이 끝난 지 몇 달 만에 대담하게도 이 체제를 위협한 나라였다. 단언컨대 당시 지구상에서 가장 강력한 제국이었던 영국은 능숙한 외교술과 언제나 벌이던 무력시위를 통해 조약항 체제, 그리고 그 체제 안에 있었던 청 제국의 위상과 특권까지 상당 부분 수호하고 유지할 수 있었다.[45]

조선으로 돌아온 청의 외교관들

조선 현지에 머물던 청의 관료들과 중국 상인들 모두 조선에서 청의 이

---

44. 힐리어는 "조선의 법무아문이 보여준 부패와 비효율성은 너무 악명이 높아 내 생각으로는 중국인이 연루된 사건을 감독할 수 있는 모든 권리를, 그것도 아무런 투쟁 없이 포기하는 것은 거의 비인간적 처사가 될 것 같다. 자국 국민의 이익과 관련된 사항에 대해서 조선의 사법기관에 재판을 청구할 권한은 모든 조약국의 영사관 당국에 부여된 권한이므로 더더욱 그렇다."라고 주장했다. 반면, "중국인이 관련된 일련의 사건"에 대한 사법권의 처리를 일본 당국에 넘기는 것은, 일본 당국이 "조선 정부가 추진하라는 요구를 받은 개혁 목록에도 없는, 악랄한 방법의 증거 수집과 막중한 처벌 부과를 주장하고" 있있으므로 문제가 많았다(힐리어가 오코너에게 보낸 1894년 12월 3일 자 서신, *ACDM*, p.489).

45. 중국인들은 인천에서 중국인을 도와준 영국 외교관 중 한 사람인 졸리(H.B. Joly)의 미망인에게 140파운드의 조의금을 보냄으로써, 중국인들을 대변하여 여러 사건에 개입한 영국 측에 감사를 표했다. 호어(J. E. Hoare, *Embassies in the East*, p.185)에 의하면, "중국인들의 조의금이 그녀가 받은 전부였다. 그녀의 남편은 실제 부영사가 아니었으므로, 그녀는 전혀 연금을 받지 못했다."

익을 보호하는 영국을 기꺼이 이용했지만, 이들 역시 조선에 더욱 직접 개입하는 정책으로 돌아가는 것이 유용하다는 사실을 인식했다. 원세개의 평판이 다소 좋지 않자, 청 제국은 그다음 조선 전문가인 당소의에게 의지했다. 당정추의 친척이었던 당소의는 미국에 유학한 최초의 중국인 학생 중 한 사람이었다. 그는 뉴잉글랜드에서 초등학교와 고등학교를 마치고 콜럼비아대학교에 진학했지만, 대학에서 공부를 시작한 직후 중국으로 소환되었다. 그는 묄렌도르프에 의해 발탁되어 조선해관의 설립과 운영을 도왔다. 당소의는 1884년에 갑신정변이 일어났을 때 보여준 침착하고 용감한 행동으로 원세개와 이홍장으로부터 큰 칭찬을 받았다. 그 직후에 그는 원세개의 부관에 임명되었고, 빠르게 조선에서 가장 유명한 청의 관료 중 한 사람이 되었다. 당시 신임 북양대신 겸 직예총독 왕문소(王文韶)가 청일전쟁이 끝난 후 당소의를 조선에 파견하여, 그에게 조선의 상황을 조사하고 청의 이익을 보호·증진하게 한 것은 놀라운 일이 아니다.[46]

당소의는 조선에서 5개월 동안 비공식적인 자격으로 활동했다. 그는 중국 상인들의 주요 대표자들을 만났고, 그들로부터 게으르고 쓸모없는 중국인들에 관한 불평을 들었다. 서울상인회의 대표 진덕제(陳德濟)에 따르면, 그런 중국인들이 강직하고 법을 준수하는 전체 중국인의 명성에 누를 끼치고 있었다. 당소의는 조선에 거주하는 중국인의 이름

---

46. 당소의의 생애에 관한 배경 정보로는 Hinners, *Tong Shao-Yi and His Family*; Sigel, "T'ang Shao-yi (1860–1938): The Diplomacy of Chinese Nationalism"을 보라. 당소의가 조선으로 돌아온 것에 관해서는 〈華使唐少川入韓〉, 《香港華字日報》, 1895년 9월 2일(光緒 21.7.14) 자 기사, 『近代中韓』, 1: p.42를 보라.

과 직업을 기록하고, 이를 목록으로 만드는 일을 계속 추진했다. 그는 이 목록을 활용해 전쟁 초반부터 시골을 배회하거나 서울 또는 조약항에 은신하고 있었던 많은 병사를 찾아내 중국으로 추방했다. 당소의는 사기·도박·절도로 잘 알려진 산동 출신의 깡패 왕수경(王壽敬)과 아편 밀수범 손정린(孫貞鄰) 같은 인물들도 처리했다. 당소의는 전쟁 동안 일본이 몰수한 토지를 비롯한 여러 자산도 재분배했다. 조선 내의 중국 상인 사회와 중국 신문들은 모두 이 젊은 청 관료의 노력을 칭찬했다.[47]

반면에 많은 사람은 당소의의 비공식적인 지위 탓에 직무를 수행하는 그의 능력이 방해를 받았고, 조선인과 일본인이 중국인을 괴롭히고 모욕하고도 비교적 처벌을 받지 않을 수 있는 상황이 조성되었다고 주장했다. 그런 사례가 바로 1896년 1월 13일에 발생했다. 강소성 출신의 중국인이 운영하는 식당에서 조선 병사들이 소동을 벌였고, 그 과정에서 한 중국인 종업원이 부상을 당한 것이다. 주씨(周氏) 성을 가진 그 종업원은 영국영사관으로 옮겨졌다가 이후 영국인이 운영하는 병원으로 호송되었다. 결과적으로 그는 회복되었지만, 그의 사례를 비롯해 이처럼 조선에 거주하는 중국인의 학대를 줄이려는 조선의 공식적인 노력이 부족해 보이는 것은 조선에 공식적인 청의 대표자가 부재하여 발생한, 통탄할 만한 결과로 간주되었다.[48]

당소의가 조선에서 중국인의 이익을 보호하기 위해 애쓰는 동안, 일본이 도입한 갑오개혁(1894)과 을미개혁(1895)에 대한 조선인의 저항은 커지고 있었다. 1884년의 갑신정변에 참여한 일부 인사를 포함한 친일파 관료들로 구성된 내각이 야심 차게 대대적인 규모로 반포한 개혁은 분명 한반도에서 일본의 상업적 이익을 비롯한 일본의 이익을 극대화하기 위한 목적에서 구상되었는데, 민비의 명의를 통해 강력한 항의를 받았다. 고종은 홍범 14조를 통해 민비를 정치에서 배제하겠다고 약속했지만, 민비는 친일파 인사들을 정부에서 축출하고 조선에서 커지는 일본 세력에 저항하려는 노력에 여전히 적극적이었다. 이노우에 가오루는 민비의 비협조적 성향에 좌절했지만, "일본 정부가 무력을 써서라도 왕실을 보호하겠다고" 약속했다.[49] 그러나 이노우에의 후임으로 서울에 온 미우라 고로(三浦梧樓)는 외교적 경험이 일천한 인물이었음에도 불구하고, 조선 주재 일본 공사라는 자신의 직책이 "자신의 외교적 방법 이론을 시험하기에 적합한 장소"라고 공언했다.[50] 여기에는 대원군과 힘을 합쳐 반민비(反閔妃) 쿠데타 음모를 계획한다든가, 일본군이 훈련시킨 조선군, 일본공사관의 경비대, 그리고 '소시'(sōshi, 일본의 정치 깡패)들을 모두 동원해 1895년 10월 18일에 조선 궁궐을 급습하여 민비를 시해한 일이 포함되었다.[51] 일본 정부는 공식적으로 서울에 있는 일본 대표들의 행동을 부인했지만, 관련된 사람 중 그 누구도 유죄 판결을 받지 않았다.

47. 〈駐高領事唐紹儀稱賢〉, 《香港華字日報》, 1895년 10월 15일(光緒 21.8.27) 자 기사, 『近代中韓』, 1: pp.50~51; 〈駐鮮使者唐少川整頓華民〉, 《香港華資日報》, 1895년 10월 18일(光緒 21.9.1) 자 기사, 『近代中韓』, 1: pp.51~52.
48. 〈朝鮮漢城新設裁判所〉, 《香港華字日報》, 1896년 1월 28일(光緒 21.12.14) 자 기사, 『近代中韓』, 1: pp.69~70.
49. Harrington, God, Mammon, and the Japanese, p.262.
50. Duus, Abacus and the Sword, p.109.
• 본래 자유와 민권 운동을 벌이는 젊은 활동가들이었다가, 1880년대 후반부터 전문적으로 폭력을 휘두르는 정치 낭인으로 변모한 사람들. '소시'(壯士, そうし)의 어원은 『사기』(史記)와 『전국책』(戰國策)에 나오는 '장사'(壯士)에서 유래했다.
51. 민비 시해에 관한 설명으로는 위의 책, pp.110~112; Harrington, God, Mammon, and the Japanese, pp.262~272를 보라. 또한, Critchfield, "Queen Min's Murder"를 보라.

민비 시해로 조선에서는 반일 감정이 고조되었다. 많은 조선인에게 이와 같은 일본인의 대담한 행동은, 조선 남성들에게 근대화라는 명목으로 전통적인 상투를 자르라고 요구한 악명높은 단발령(斷髮令)처럼 일본이 도입한 개혁 사항에 분노한 조선 백성의 화를 돋울 뿐이었다. 고종은 한편으로는 친일 개혁에 대한 대중의 저항에 위협을 느꼈고, 다른 한편으로는 조선에 주둔하던 일본군이 목적 달성을 위해 왕족까지 시해할 정도로 적극성을 발휘했던 점에도 위협을 느꼈다. 그는 다시 한 번 러시아에 도움과 보호를 요청했다. 카를 베베르(Karl Waeber, Карл Вебер)가 고종의 간청을 들어주었고, 1896년 2월에 고종은 서울에 있는 러시아공사관으로 피신했다. 러시아의 보호 아래 고종은 일본과 협력했던 과오를 백성들에게 사과했고, (단발령을 비롯해) 갑오개혁과 을미개혁의 상당 부분을 부인했으며, 많은 친일파 관료를 관직에서 해임했다. 러시아의 보호와 조선의 저항으로 조선에서 지배권을 행사하려고 했던 일본의 모든 시도는 당분간 중단되었다.

고종은 러시아공사관에 거주하는 동안 청 제국과 상업 조약을 재협상하고, 북경에 조선 사절도 보낼 가능성을 탐색했다. 조선에서 청 제국의 비공식적인 대표자 역할을 했던 당소의는 북경에 사절단을 보내려는 조선의 모든 시도를 좌절시키려고 했다. 그는 고종이 러시아공사관에 머문다는 사실 자체가 고종이 완전한 군주가 아니라는 증거이며, 따라서 조선이 해외로 사절을 보내는 것을 인정할 수 없다며, 다음과 같이 주장했다.

만약 다른 나라의 군대가 수도에 주둔한다면, 그 나라는 다른 나라의 보호국이 된다. 왕이 이 다른 나라의 군대 없이는 독립을 유지할 수 없다면, 그

왕은 자주의 권리를 갖지 못한다. 만약 다른 나라의 보호를 받고 나서야 비로소 자주독립 국가를 수립할 수 있다면, 도대체 그 나라가 번속(藩屬)과 무엇이 다르겠는가? 그는 외교관을 파견할 자격이 없으며, 이는 국제법상으로도 허용되지 않는다. 내 생각은 이와 같은데, 만약 조선의 왕이 중국에 성급히 사절을 파견한다면, 그 사절이 예의를 갖춘 대접을 받지 못할까봐 우려스럽다. 내가 보기에는 사절의 파견을 연기하는 것이 좋을 것 같다.[52]

他國兵士駐紮彼國都城, 卽爲他國保護之國, 無此兵則不能獨立, 是王仍無自主之權. 旣爲他國保護, 始能立國, 究與藩屬有何異乎? 其不能派使, 此亦係公法所不許也. 鄙見如是, 若王遽行派使中國, 恐不以禮相待, 似宜緩行爲好.

동시에 당소의는 이런 지연 전략을 무한정으로 유지할 수는 없다는 자기 의견을 상부에 보고했다. 그는 조선이 청의 수도에 사절을 파견하는 것을 미연에 방지하려는 시도로서 선제 조치를 취해 조선 주재 총영사를 임명할 것을 청 제국에 요청했다. 그는 영국과 독일 모두 이미 그런 조치를 했고, 그렇게 함으로써 공식 사절단을 교환할 필요 없이 조선에서 외교 및 영사 대표부가 거둔 결실을 누리고 있었던 점에 주목했다.[53] 당소의가 내린 결론에 따르면, 영사 및 외교 대표부는 "'국가 경제권의 손실'[失利權]을 막고," "국가 위신[國體威]의 저해"를 피하기 위해서는 필수적이었다.[54]

---

52. Sigel, "Ch'ing Foreign Policy and the Modern Commercial Community," p.98. 〔시걸의 번역은 원문에 근거하여 약간 수정했다. 원문은 『中日韓關係』, p.4857 참조〕
53. 위의 논문, pp.98~100.
54. 위의 논문, pp.100~101.

청 제국은 상당한 논쟁 끝에 1896년 11월에 당소의를 조선 주재 총영사로 임명하는 것에 동의했다. 그에 따라 당소의는 이미 비공식적인 자격으로 하고 있던 업무, 즉 조선에서 중국의 상업을 보호하고 증진하는 일을 계속할 수 있었다. 그는 가급적 인삼과 중국 비단 같은 상품에 낮은 관세를 부과하는, 새로운 조청 상업 협정을 협상하는 업무도 맡았다. 그러나 청 제국은 그나마도 상업 협정이 완료된 이후에야 당소의를 총영사로 공식 임명한다고 발표했고, 그때까지는 영국이 여전히 중국 사람들과 이익을 보호하는 책임을 맡고 있었다. 아니나 다를까 이 일로 인해 당소의는 업무를 수행하기가 극히 어려웠다.[55]

당소의의 이례적인 외교상의 지위는 청의 관료 집단 내에서 벌어진 격렬한 논쟁과 의견 충돌의 결과였다. 충돌을 피하려는 자신의 평소 정책을 준수한 이홍장은 (시모노세키 조약에서 이미 명기한 대로) 조선의 독립을 인정하고, 조선과 새 조약을 협상하는 방식을 지지했다. 이에 동의한 당소의는 조선에 총영사보다는 변리공사를 주재하게 해 달라고 청 제국에 요청했다. 당소의는 그러한 조치를 통해 청이 기존의 국제 질서를 이용하여 조선에서 청의 정치적·상업적 특권을 행사할 수 있을 것이라고 주장했다. 조청 관계의 완전한 정상화 요구는 서재필, 즉 필립 제이슨(Philip Jaisohn) 같은 조선의 개화파 인사들과 조선에 주재하던 러시아 관료들로부터 제기되었다. 러시아 측은 청이 조선의 독립을 인정하고, 청이 조선에서 다자적 제국주의 체제에 계속 참여함으로써 한반도에 대한 일본의 계획을 미연에 방지하는 데 도움이 되기를 바랐다.[56]

이러한 제안에 반대하는 의견이 청 제국의 여러 지역에서 나왔다. 양강총독(兩江總督) 서리(署理)였던 장지동(張之洞) 같은 관료들은 시모노세키 조약, 그중에서도 특히 조선의 독립을 인정한 조항을 거부할 것을 요청했다. 조선의 독립을 인정하지 않은 공친왕(恭親王)은 적절한 외교적 자격이 없는 당소의를 조선에 파견하여 조약을 협상하게 하는 궁극적인 정책을 수립한 영향력 있는 설계자였다. 공친왕은 1898년에 사망하기 전까지 조청 관계의 정상화를 거부했다.[57] 결국, 총리아문은 "중국이 조공 체제를 유지하기 위해 변리공사 대신 조선 수도에 거주할 총영사를 파견한다."고 발표했다.[58]

청 제국 내에 전통적인 조공 체제를 유지하는 것이 가능하다고 본 사람들이 여전히 남아 있었더라도, 조선 정부는 고종의 지위를 황제로 격상하는 것을 제안함으로써 이러한 관념을 품은 사람들의 생각을 바로잡으려고 했다. 당소의는 자신의 불확실한 외교적 지위 때문에 방해를 받으면서도 이러한 조선의 시도를 막아내려고 했다. 그는 조선과 청 제국이 아직 조선의 독립을 인정한 조약 협상을 타결하지 않았으므로, 청이 조선의 국왕을 황제로 인정하는 것은 명백히 불가능하다고 주장했다. 당소의는 다소 특유의 제국주의적인 거드름을 피우며 "남미와 아프리카에는 아직도 야만적인 흑인들이 사는 작은 나라들이 있는데, 이

---

55. Sigel, "T'ang Shao-yi(1860-1938): The Diplomacy of Chinese Nationalism," pp.119~120.
56. 위의 논문, pp.121~122.
57. Bonnie B. C. Oh, "The Leadership Crisis in China on the Eve of the Sino-Japanese War of 1894-1895," p.87; Sigel, "Chinese Foreign Policy and the Modern Commercial Community," pp.101~102.
58. Sigel, "Ch'ing Foreign Policy and the Modern Commercial Community," p.101; "T'ang Shao-yi(1860-1938): The Diplomacy of Chinese Nationalism," pp.120~122.

들 국가의 부족장들도 모두 자신을 왕중왕(王中王)이니 황제니 하는 등의 온갖 이름을 참칭하지만, 그런 나라가 강대한 모습을 아직까지 보질 못했다. "〔南美洲及亞非釐加尙有野蠻黑人之小國, 其黨主且稱爲王之王及皇帝等號, 亦未見其國之强大〕라고 지적했다.

한 국가의 공인된 군주가 자신의 국제적 위상을 높이려고 하면서도 자신의 생존을 위해 너무나도 분명하게 외세에 의존하려는 생각은 아무리 강한 야심을 품은 조선인이라 할지라도 너무 지나친 것으로 드러났다. 그러나 1897년에 러시아공사관을 나와도 될 정도로 안전하다고 느낀 고종은 충성스러운 신민들의 반복된 요청에 귀를 기울였고 (적절한 유가적 겸양의 태도를 여러 차례 보여준 후) 조선 시대의 종말과 대한제국(大韓帝國)의 개국을 선포했다. '한'(韓)이라는 이름은 1세기부터 3세기까지 한반도 남부를 차지했던 일군의 부족 연맹체를 가리킨다. 이 부족 연맹체들이 유명해진 주된 이유는 이들이 한반도 북부에 위치했던 한사군(漢四郡)의 존재에 거의 영향을 받지 않았다고 생각되기 때문이었다. 당시 조선은 청 제국으로부터 독립했으며, 청 제국과 평등하다는 점을 명확하게 선언하고 있었다. 이제 광무황제(光武皇帝)로 잘 알려진 고종은 곧이어 하늘에 제사를 지내는 제단인 원구단(圜丘壇)과 사원인 황궁우(皇穹宇)를 건설하라고 지

---

59. 또한, 당소의는 "우리 정부가 전통적인 체제에 무슨 일이 발생하고 있는지 알게 된다면 분명 실망할 것"〔此事有關昔年體制, 我政府定不願與聞〕이라고 언급했다(Sigel, "Ch'ing Foreign Policy and the Modern Commercial Community," p.104). 〔시겔의 번역은 원문에 근거하여 약간 수정했다. 원문은 『中日韓關係』, p.5040 참조〕

60. 『高宗實錄』, 1897년 11월 7일(高宗 34.10.13) 자 기사.

• 원구단 안에 하늘과 땅의 모든 신령의 위패(位牌)를 모신 부속 건물.

시했는데, 이는 북경의 천단(天壇)을 떠올리게 했다. 이러한 조치는 조선 자체의 인식이 전통적인 예속에서 벗어나 자유로워졌음을 분명하게 입증하려는 의도였고, 청의 종주권 종식에 마지막 결정타를 날린 것으로 받아들여졌을 것이다. 확실히 동양적 '낭만과 과장'으로 평가받아야 할 사안으로 조선의 지위를 표현하려고 한 고종의 결단이 서구식 국가 공동체에 자격을 갖춘 일원으로 참여하려는 조선의 욕망을 무엇으로 드러내는지 궁금할 수 있다. 그러나 조선이 더 이상 중국보다 낮은 등급의 지위를 받아들이지 않았다는 사실에 이의를 제기할 사람은 거의 없었다.

조선의 개혁 지향적인 엘리트들은 고종의 황제 승격 문제를 두고 의견이 갈렸다. 윤치호는 그 조치를 "눈속임"이라고 일축했고, "세계 역사에서 지금껏 황제라는 직책이 이것만큼 망신스러운 경우가 있었는가?"라는 의문을 던졌다.[61] 그러나 윤치호를 비롯한 사람들, 특히 독립협회(獨立協會)의 회원들은 중국의 종주권 잔재를 지우기 위해서는 단순히 원세개가 더 이상 서울을 지배할 수 없게 하는 것 이상으로 훨씬 많은 조치가 필요하다고 주장했다. 그들의 주장은 조선이 너무나도 오랫동안 중국과 중국 문화에 종속된 상태로 지배를 받느라 고생했다는 것이었다. 독립협회가 설립된 것은 '사대', 즉 대국을 섬기는 구체제의 상징인 영은문(迎恩門)을 파괴하기 위해서였다. 독립협회는 영은문 대신에 독립문(獨立門)을 건설하기 위한 기금을 모금했다. 파리의 개선문을 본떠 만들어진 독립문은 문의 한쪽 면에 한자 대신 자랑스럽게 한글로

---

61. 국사편찬위원회, 『윤치호 일기』, 5: p.82, 102. 윤치호는 몇 달 앞서 그 제안을 듣자마자 다음과 같이 썼다. "그는 그렇게 해서 무엇을 얻을 것인가? 오로지 껍데기뿐인 작위와 확실한 경멸뿐일 것이다."(위의 책, p.60).

이름을 새겨놓았다. 그러나 전통적으로 중국 사신들이 서울로 진입하는 방향인 북쪽 방면의 문에는 한자가 사용되었는데, 눈썰미가 좋은 중국 사신들이 언젠가 돌아오게 되더라도 조선의 의도에 관해서 의심을 품을 여지를 남기지 않으려는 것 같았다.[62]

청 제국과 조선이 성공적으로 새로운 통상 조약을 협상하고 비준한 1899년 9월 11일은 공친왕이 사망한 직후이자 당소의가 중국으로 돌아간 이후였다.[63] (종종 서울조약으로 불리는) 이 한청통상조약(韓淸通商條約)은 범위의 측면에서 분명하게 상업적인 통상조약이었지만, 조선의 제국적 지위와 고종의 황제 신분을 인정했다. 또한, 이 조약은 조선과 중국에 거주하는 조선인에게, 청 제국과 조선 내 중국인에게 부여한 것과 동일한 특권을 보장했다. 게다가 이 조약은 '최혜국'이라는 단어를 꾸준히 자주 반복함으로써, 다른 열강 세력이 얻은 여러 특혜를 양국에 부여했다. 요약하자면, 1899년에 체결한 한청통상조약은 조선에 거주하는 중국인에게 치외법권, 조약항 내의 조계에서 거주와 장사를 하고 토지를 이용할 권리, 그리고 조선 내륙을 다니며 장사를 할 권리를 계속 누릴 수 있는 권한을 보장받았다. 청 제국에 거주하는 다소 소수의 조선인에게도 동일한 권리와 특권이 부여되었다.[64]

---

62. 힐리어의 전언에 따르면, 영은문의 파괴에 대해 "자신의 모든 동료들이 비문화적인 문화재 파괴 행위라고 비난했고, 조선 국왕에게는 슬픔을 안겨주었지만, 이에 대한 모든 반대가 무시되었다."(힐리어가 오코너에게 보낸 1895년 2월 11일 자 서신, *ACDM*, p.514).

63. 『高宗實錄』, 1899년 9월 11일(光武 3.9.11) 자 기사.

64. 조약의 전문은 China, Imperial Maritime Customs, *Treaties, Regulations, Etc., Between China and Foreign States*, 2: pp.864~872를 보라. 1899년에 체결한 조약의 분

청의 공식적 보호와 상업의 진흥

많은 사람에게 청일전쟁은 조선에 대한 청의 종주권 주장을 모두 종식시킨 것으로 생각되었다. 이러한 결론으로 나타난 필연적인 결과는 중국과 중국인이 당시 조선이라는 무대에서 중요한 배우로서 사라졌다는 점이다. 조선의 신문인 《독립신문》(獨立新聞)에 실린 한 논설위원의 말에 따르면, "중국 상인과 쿨리들이 이곳의 상황이 너무 위험해지고 있으므로 '아랍인들처럼 텐트를 접고 조용히 떠나기로' 결정했을 때, 조선의 입장에서 그날은 행복한 날이었다."[65] 사실 한중 관계에 관한 2차 저작의 상당수는 분석의 시간적 범위를 대체로 청일전쟁이 끝나는 시기로 제한하는 경향을 드러내는데, 1895년 이후의 한중 관계는 (설사 존재했다고 하더라도) 중요하지 않거나 검토할 가치가 없다는 식의 명백한 암시를 남기고 있다.[66]

당시 중국의 신문들은 대부분의 중국 상인이 실제로 청일전쟁 동안 조선을 떠났지만, 전투가 끝난 이후 다수가 되돌아왔다는 사실을 인정

석을 통해 라리사 자브로프스키야(Larisa Zabrovskia, "1899 Treaty and Its Impact on the Development of the Chinese-Korean Trade[1895-1905]," p.29)는 그 조약이 조선에 거주하는 중국인에게 최혜국의 특권을 부여하지 않았다고 주장한다. "최우지국"(最優之國)이라는 단어와 "외국인에게 부여된 모든 혜택과 이익"이라는 구절이 자주 반복된 점을 고려할 때, 나는 그녀가 어떻게 이런 결론에 도달했는지 이해하기가 어렵다.

65. 독립협회,《독립신문》(영문판), 1896년 5월 21일(목요일) 자 기사. [같은 날짜의 한글판 내용은 이와 상당 부분 다르다]
66. 대표적인 예로는 김정기,「조선정부의 독일차관도입(1883-1894)」;「청의 조선정책(1876-1894)」; Yur-Bok Lee, "Politics over Economics"; Young Ick Lew, "Yuan Shih-K'ai's Residency"; Lin Mingde, "Li Hung-Chang's Suzerain Policy Toward Korea"; Sigel, "The Sino-Japanese Quest for Korean Markets, 1885-1891"를 보라.

했다. 많은 사람에게 상황이 예전과는 꽤 다르다는 것이 명백했다. 홍콩의 한 신문은 조선에 거주한 중국 상인들이 당소의가 서울에 청의 아문(衙門)을 다시 개설했다는 소문을 듣고 아문의 경내로 몰려왔지만, 아문의 문은 여전히 닫혀 있었고, 깃대에는 황룡기(黃龍旗)가 게양되지 않았으며, 아문을 주재하는 책임자가 고관임을 드러내는 어떠한 상징도 없다는 사실에 크게 낙담했다는 사실을 서술했다.[67] 물론, 당소의는 결국 아문을 다시 개설했고(꽃이 풍성하게 핀 아문의 화단이 장안의 화제가 되었다), 청 제국과 조선의 정상적인 외교 및 통상 관계가 회복되었다.[68] 그러나 조선에서 청의 공관이나 영사관 설치가 그다지 중요하지 않다는 합의가 있었던 것으로 보인다. 한 미국인 외교관은 중국인들이 "청일전쟁의 대패 이후 어떤 것도 요청하지 않았고, …… 정치적인 문제 없이 법이 허용하는 생업을 계속해 나갔다."라고 설명했다.[69]

1895년 이후 조선에서 중국인이 사라졌다거나 상대적으로 중요하지 않았다는 이 가설로 추론할 수 있는 것은, 그 이전, 즉 1895년 이전의 시기에 청 제국이 조선에서 주목을 받고 매우 잘 알려진 성공을 거둔 이유가 주로 청이 전반적인 정치적 지배력의 행사, 특히 전통적인 종주권을 행사한 결과였다는 발상이다. 유진 김(C. I. Eugene Kim)과 김한교

- 　1888년부터 1912년까지 청조가 사용하던 국기(國旗).
- 67.　〈駐韓使署規模非昔〉, 《香港華字日報》, 1897년 6월 29일(光緖 23.5.30) 자 기사, 『近代中韓』, 1: p.84.
- 68.　〈駐韓領事召見華商〉, 《香港華字日報》, 1897년 7월 24일(光緖 23.6.25) 자 기사, 『近代中韓』, 1: pp.87~88.
- 69.　Sands, *Undiplomatic Memories*, p.55.

(Han-Kyo Kim)는 이런 정서를 "조선에서 중국의 정치적 영향력은 1885년부터 1894년까지의 10년 동안에 절정에 달했고, 그래서 이 시기에 중국인의 경제 활동에 박차를 가한 것."이라는 서술로 간단명료하게 요약한다. 이 기간 동안 조선의 대외 무역에 대한 좀 더 보편적인 연구를 보면, 중국과 일본의 경쟁 시기와 일본이 시장을 장악한 시기를 뚜렷하게 표시하기 위해 1894~1895년을 기준점으로 사용한 시대구분을 활용함으로써 이러한 감정을 반영한다. 요컨대, 청일전쟁에서 보인 청의 참패는 조선의 정치와 상업 무대에서 모두 중국 이야기를 종결시킨 것으로 생각되었다.

그러나 당소의와 그의 후임자들의 실제 활동을 조사해 보면, 극적인 변화만큼이나 상당한 연속성이 드러난다. 다자적 제국주의와 조약항 체제라는 환경 안에 있었던 청의 관료들은 조선에서 중국의 상업적 특권과 이익을 계속 보호하고 행사했다. 이런 현상은 1899년에 서울조

---

70. C. I. Eugene Kim and Han-kyo Kim, *Korea and the Politics of Imperialism*, p.70. 다른 유사한 사례로는 Yur-Bok Lee, *West Goes East*, p.171; Sigel, "The Sino-Japanese Quest for Korean Markets, 1885 - 1894," p.115; 박경룡, 『개화기 한성부 연구』, pp.117~118을 보라.

71. 한국무역협회, 『한국무역사』, pp.102~103; 또한, 김신, 『무역사』, pp.393~395를 보라. 엄청나게 유사한 시대구분 계획을 최성호, 「개항기 식민지화 과정에 있어서의 무역 구조 연구」, pp.27~30에서 찾아볼 수 있다. 이 주제에 관한 다양한 이설에 관한 논의로는 김성훈, 「한국 개항기 무역의 특징과 영향」, pp.7~10을 보라. 1884년부터 1894년까지의 10년간과 1894년 이후의 시기가 뚜렷하게 구분된다고 생각하는 경향은 조선의 대외 무역에 관한 거의 모든 연구가 상당 부분 조선해관이 제공한, 동일한 일련의 자료에 의존하고 있다는 사실 때문이다. 조선해관의 연례 보고서들은 중국해관의 연례 보고서에 첨부되었고, 따라서 열람할 수 있었다. 그러나 이 관행은 청일전쟁과 함께 끝이 났기 때문에, 조선의 대외 무역에 관한 자료를 모으는 일은 훨씬 더 어려워졌다.

약(한청통상조약)이 선포되기 이전부터 시작되었다. 이러한 노력 중에서 가장 주목할만한 양상 중 하나가 이들의 노력이 동기와 범위에서 청일전쟁 이전의 시기 동안 이들의 선임자들이 쏟았던 노력과 유사하다는 점이다.

당소의는 조선에서 마지막 임기를 채우는 동안에 서울에 청의 아문을 다시 개설했고, 조선의 조약항 안에 중국 은행들의 지점 개설을 추진했으며, 인천에서 연대(芝罘)까지 전신선의 확장 가설을 주장했고, 인천 내 중국인 거류지의 재편성 협상에 참여했으며, 서울 내 중국인 거류지의 가능성을 모색했다. 그의 노력은 조선 내 중국인 사회의 찬사를 받았다. 당소의의 후임자들은 서수붕(徐壽朋)을 시작으로 청일전쟁 이후 조선이라는 훨씬 제한된 무대 안에서 중국 상인들의 기회를 극대화하려고 노력했다. 그들이 조선 정부나 자국의 상관들과 의견을 나눈 문제의 유형을 검토해 보면, 진수당·원세개가 처리했던 문제들과의 현저한 유사성이 드러난다.

한가할 때 채워넣기 위해 빈 여권 장부를 요청하던 원세개의 관행은 그가 조선을 떠나면서 중단되었다. 그러나 청의 관료들은 중국 상인들이 조선 내륙을 여행할 수 있도록 꾸준히 여권 요청을 계속했다. 그들은 1902년 겨울에 중국 상인 왕세상(王世相)을 대신해, 1905년 여름에는 경기도(京畿道)와 황해도(黃海道)를 여행할 수 있도록 허가를 요청하는 한개미(韓介眉) 일행을 대신해 그렇게 하는 등 매년 수십 건의 여권을 요청했다. 언제나 그랬듯이, 허가 없이 조선 내륙으로 진입한 중국인의 수는 아마도 합법적으로 그렇게 한 사람을 상당히 초과했을 것이다.[72]

진수당처럼 청일전쟁 이후 시대의 청 관료들도 서울에서 부동산 임대를 수월하게 하기 위해 노력했다. 그들은 중국인의 이익을 대표하기 위해 진남포(鎭南浦)와 목포(木浦) 등 새로 개항한 조약항에 관료들을 파견했다. 그들은 절도와 상해가 일어난 사건에는 보상을 요구했다. 그

72. 왕세상의 요청에 관해서는 허태신(許台身)이 박제순(朴齊純)에게 보낸 1902년 1월 19일(光武 6.1.19) 자 공문, 『淸案』, 2: p.529; 박제순이 허태신에게 보낸 1902년 1월 19일(光武 6.1.19) 자 공문, 『淸案』, 2: p.529를 보라. 한개미의 요청에 관해서는 증광전(曾廣銓)이 이하영(李夏榮)에게 보낸 1905년 9월 4일(光武 9.9.4) 자 공문, 『淸案』, 2: p.736; 이하영이 증광전에게 보낸 1905년 9월 4일(光武 9.9.4) 자 공문, 『淸案』, 2: p.737을 보라. 다른 요청들에 관해서는 『淸案』, 2: 여러 쪽을 보라.

73. 서울에서 진행하는 임대 계약에 관한 청 관료들의 촉진 활동에 관해서는 서수붕이 박제순에게 보낸 1899년 7월 2일(光武 3.7.2) 자 공문, 『淸案』, 2: pp.350~351; 박제순이 서수붕에게 보낸 1899년 7월 6일(光武 3.7.6) 자 공문, 『淸案』, 2: p.353; 서수붕이 박제순에게 보낸 1899년 7월 10일(光武 3.7.10) 자 공문, 『淸案』, 2: pp.353~354를 보라.

• 당시에는 증산(甑山, 시루뫼) 남쪽에 있는 포구마을이라는 의미로 '증남포'(甑南浦)라 불리기도 했다.

74. 새로운 조약항의 개항과 그곳에 청의 관료를 파견한 것에 관해서는 허태신이 박제순에게 보낸 1902년 2월 24일(光武 6.2.24) 자 공문, 『淸案』, 2: p.538; 박제순이 허태신에게 보낸 1902년 2월 26일(光武 6.2.26) 자 공문, 『淸案』, 2: p.538(진남포); 조병식이 허태신에게 보낸 1904년 3월 23일(光武 8.3.23) 자 공문, 『淸案』, 2: p.678; 허태신이 조병식에게 보낸 1904년 3월 26일(光武 8.3.26) 자 공문, 『淸案』, 2: p.679(용암포龍巖浦); 이지용(李址鎔)이 허태신에게 보낸 1904년 2월 25일(光武 8.2.25) 자 공문, 『淸案』, 2: p.665; 허태신이 이지용에게 보낸 1904년 2월 29일(光武 8.2.29) 자 공문, 『淸案』, 2: pp.665~666(의주); 『淸案』, 2: 여러 쪽을 보라. 또한, 馬廷亮, 〈漢城等處商工業情形〉; 〈義州開放問題〉, 《香港華字日報》, 1903년 8월 10일(光緖 29.6.18) 자 기사, 『近代中韓』, 1: pp.214~215; 〈中國將設平壤領〉, 《香港華字日報》, 1906년 11월 8일(光緖 32.9.22) 자 기사, 『近代中韓』, 1: p.414; 〈決定設立義州領事〉, 《香港華字日報》, 1906년 12월 7일(光緖 32.10.22) 자 기사, 『近代中韓』, 1: pp.414~415를 보라.

75. 조선에 거주하는 중국인에게 위해를 가한 자에 대한 처벌과 배상금 요구에 관해서는 박제순이 서수붕에게 보낸 1900년 6월 5일(光武 4.6.5) 자 공문, 『淸案』, 2: pp.408~409; 박제순이 서수붕에게 보낸 1900년 8월 7일(光武 4.8.7) 자 공문, 『淸案』, 2: pp.430~434; 허태신이 유기환(俞箕煥)에게 보낸 1902년 6월 10일(光武 6.6.10) 자 공문, 『淸案』, 2: p.562; 『淸案』, 2: 여러 쪽을 보라. 또한, "술에 잔뜩 취

들은 중국 상인들이 수표교 근처에서 몇 명의 조선인을 죽인 다음 시신을 숨겼다는 소문이 나돌았던 1901년에 서울에서 발생한 반중국인 폭동 등 중국인과 조선인 사이의 충돌 사건에는 중재안을 마련했다. 중국 상인들이 소동에 책임이 있다는 주장이 널리 퍼졌음에도 불구하고, 이 특별한 사건에서 청의 관료들은 마음이 내키지 않는 조선 정부로부터 3000위안(元)의 배상금을 가까스로 받아냈다.[76]

조선이 일본의 보호국으로 전락한 지 2년 후인 1907년까지만 해도, 청의 관료들은 조선에 거주하는 모든 외국인을 동등하게 대우하는 원칙에 근거해 일본 선박들이 조선의 내륙 수로에 접근할 수 있었던 혜택

한 한 프랑스 출신의 광산 기술자가 젊은 혈기에 중국인의 혼례에 억지로 밀고 들어가 결혼식 하객들을 격분하게 만들고 무시무시한 난동을 부린" 사건을 보라. 그 프랑스인은 "평판이 좋고 결단력이 있는 한 중국인 파출소장"을 죽였는데, "그 중국인 경찰은 그를 합법적으로 체포할 수도 있었지만, 의욕이 넘쳐 중국인 거류지의 경계를 벗어나 자신의 지휘권이 발동되지 않는 각국공동거류지로 들어갔다." 그 결과 "그 젊은이는 강제 추방되었고, 중국 당국에 몇 마디 공식적인 소명과 함께 죽은 경관의 가족에게는 보상이 이뤄졌다."(Sands, *Undiplomatic Memories*, p.83).

76. 이 사건과 그 여파에 관한 설명으로는 허태신이 박제순에게 보낸 1901년 6월 18일 (光武 5.6.18) 자 공문, 『淸案』, 2: p.489; 박제순이 허태신에게 보낸 1901년 6월 19일(光武 5.6.19) 자 공문, 『淸案』, 2: pp.489~490; 허태신이 민종묵에게 보낸 1901년 11월 14일(光武 5.11.14) 자 공문, 『淸案』, 2: p.519; 민종묵이 허태신에게 보낸 1901년 11월 28일(光武 5.11.28) 자 공문, 『淸案』, 2: p.521; 허태신이 민종묵에게 보낸 1901년 11월 30일 자 공문(光武 5.11.30), 『淸案』, 2: p.521을 보라. 또한, 〈華使求韓皇賠償〉,《香港華字日報》, 1901년 7월 29일(光緖 27.6.14) 자 기사, 『近代中韓』, 1: p.136; 〈中韓交涉〉,《香港華字日報》, 1901년 8월 7일(光緖 27.6.23) 자 기사, 『近代中韓』, 1: p.137; 〈韓華兵商相鬨〉,《香港華字日報》, 1901년 8월 9일(光緖 27.6.25) 자 기사, 『近代中韓』, 1: p.138; 〈漢城華人與韓兵糾紛〉,《香港華字日報》, 1901년 10월 12일(光緖 27.9.1) 자 기사, 『近代中韓』, 1: pp.142~143; 〈韓賠華款〉,《香港華字日報》, 1901년 12월 19일(光緖 27.11.9) 자 기사, 『近代中韓』, 1: p.149; 〈韓人償款〉,《香港華字日報》, 1902년 1월 9일(光緖 27.11.30) 자 기사, 『近代中韓』, 1: p.151; *Korea Review*, 1901, pp.268~269, p.309, 311, pp.462~463을 보라.

을 똑같이 얻어 냈다. 그들은 조선과 중국 사이를 운행하는 중국 해상 운송 노선의 부재에 관한 중국 상인들의 불만을 경청했고, 그런 노선을 설립하려는 몇몇 단기적 시도는 물론이고 조선의 주요 도시에 중국 은행을 설립하려는 시도까지도 감독했다. 마지막으로 그들은 새로운 형태의 회사 조직 도입과 통상조건의 변화에 대한 적응을 용이하게 하기 위해 상공회의소의 설립을 요청했다.[77]

청의 관료들은 조선에서 중국의 상업을 보호하고 증진하는 것 외에, 청일전쟁의 유산을 처리하기 위해서도 노력했다. 예를 들어, 평양 주재 청국 영사는 여러 곳에 분산된 중국인 전몰장병의 묘지를 중국인 공동 묘지로 이장하도록 주선했다.[78] 그리고 청일전쟁 이전 청 관료들의 경우(나 조선에 주재하는 다른 외국인 외교관들의 경우)와 마찬가지로, 청 관료들은 관례대로 조선을 드나들 때 각자의 개인 물품을 면세로 이동할 수 있는 허가를 요구하여 받았다.[79]

요컨대, 청일전쟁에서 심각한 패배를 겪고 조선에서 청의 정치력

---

77. 수로를 통해 조선 내륙에 성공적으로 접근할 수 있었던 용이성에 관해서는 馬廷亮, 「朝鮮仁川商務情形」을 보라. 다른 운송사업에 대한 공식적인 지원과 조선 내 중국 은행 설립 요청에 관해서는 馬廷亮, 「漢城等處商工業情形」; 「朝鮮商務情形」; 「駐韓總領事申本部文」을 보라.

78. "News Calendar," *Korea Review*, 1901, p.507.

79. 예를 들어, 민종묵이 허태신에게 보낸 1902년 1월 8일(光武 6.1.8) 자 공문, 『淸案』, 2: p.526; 허태신이 박제순에게 보낸 1902년 1월 10일(光武 6.1.10) 자 공문, 『淸案』, 2: p.527; 허태신이 조병식에게 보낸 1902년 10월 30일(光武 6.10.30) 자 공문, 『淸案』, 2: p.590; 허태신이 박제순에게 보낸 1902년 11월 1일(光武 6.11.1) 자 공문, 『淸案』, 2: p.591; 허태신이 조병식에게 보낸 1902년 11월 3일(光武 6.11.3) 자 공문, 『淸案』, 2: p.593을 보라.

과 영향력이 동시에 쇠퇴했음에도 불구하고, 청의 관료들은 청일전쟁 이전까지 누렸던 동일한 특권과 특혜의 많은 부분을 계속 누릴 수 있었다. 이런 특권과 특혜는 조선에 거주한 영국인·프랑스인·미국인을 비롯한 다른 서양인들이 누리던 것과 대체로 같았다. 조선에 거주하는 일본인을 다른 외국인들보다 돋보이게 한 것은 일본이 특별한 대우와 특권을 확보하기 위해 박차를 가한 1905년 이후의 일이다.

상업적 부활

청 관료들의 노력이 빛을 발휘한 효과는 중국 상인들이 조선의 상업계에서 지속적인 성공을 거둔 것에서 명확하게 드러난다. 1891년, 조선에 거주한 중국 상인들은 딱 200만 엔(円)이 넘는 가치의 상품을 수입했는데, 이 수치는 그해 조선 총수입액의 38.9퍼센트를 차지하는 수치였다. 10년이 지나 중국인이 한반도를 포기한 것으로 인식된 지 한참 후인 1901년, 조선 거주 중국인의 수입액은 갑절 이상 증가해 550만 엔이 넘었는데, 이 수치는 그해 조선 총수입액의 38.2퍼센트를 차지했다.[80]

중국인의 상업 활동은 청일전쟁 이전에 확립된 것과 같은 형태를 많은 부분 그대로 답습했다. 수입 친화적인 인천의 항구에서 진행한 교역 중 중국인이 차지한 점유율은 청일전쟁으로 많은 중국인이 조선을

---

80. 박수이, 「개항기 한국 무역자본에 관한 연구」, pp.186~188. 조선의 대외 무역에 나타난 예측불허의 변화에 관한 좀 더 철저한 탐구로는 Larsen, "From Suzerainty to Commerce," pp.250~343을 보라.

떠나게 된 1895년에 한 차례, 그리고 의화단 사건으로 중국과 조선 사이의 해운과 교역이 방해를 받은 1900년에 다시 한 차례 감소했다. 인천항의 교역에서 일본의 점유율은 당연히 같은 기간 동안 이에 상응하는 증가세를 보인다. 그러나 인천에서 진행된 전체 교역량에서 중국의 점유율은 대체로 1906년까지 40퍼센트 가량(1887~1905년의 기간 동안 평균 40.9퍼센트)을 맴돌았다. 중국 상인들은 인천항을 빠져나가는 상당한 몫의 금과 인삼을 계속 챙겼다. 게다가 그들은 조선의 농산물 수출품, 특히 대두(大豆)의 지역 유통망에 참여하기 시작했다.[81]

원산에서도 중국 상인들은 계속된 상업적 번영을 누렸다. 그들은 조선의 금을, 영국산 면직물과 중국산 비단 및 남경(南京)에서 생산된 무명으로 계속 교환했다. 그들은 일본 상인들에 비해 수적으로 극적인 열세였다. 20세기에 들어설 무렵, 원산에 거주한 일본인의 수는 대략 1600명 정도였지만, 공식적으로 원산항에 거주한 중국인은 겨우 70명 뿐이었다.[82] 그러나 피터 두스의 말대로 "러일전쟁 이후에도 중국 상인들로 구성된 소규모 공동체는 일본 상인 못지않게 많은 사업을 하는 것 같았다."[83] 오직 일본인의 거점이었던 부산에서는 중국인의 상업 활동이 활발했던 20세기에 들어설 무렵의 짧은 예외 기간을 제외하면, 일본인의 상업적 지배력이 도전을 받지 않았다.[84]

---

81. Larsen, "From Suzerainty to Commerce," pp.298~309.
82. "Wun-san," *Korea Review*, 1901, p.61; Larsen, "From Suzerainty to Commerce," pp.293~300.
83. Duus, *Abacus and the Sword*, p.331.
84. Larsen, "From Suzerainty to Commerce," pp.292~293.

중국 상인들은 청일전쟁 이후 새로 개항한 진남포('남포'로도 알려짐, 1897), 목포(1897), 군산(群山, 1899), 마산(馬山, 1899), 성진(城津, 1899), 의주(1907), 청진(淸津, 1908) 등의 조약항에서도 저명한 인사들이었다.[85] 그러나 처음 개방한 세 곳의 조약항에서 두드러졌던 방식, 즉 일본 상인들이 주로 조선의 농산품 수출에 치중한 지역을 장악한 점과 외국 상품의 수입에 치중한 지역에서 보인 중국인의 경쟁력은 계속되었다. 중국 상인들은 한반도의 서해안, 특히 진남포와 의주 등 공식적으로 개항하기 전부터 오랫동안 비밀리에 교역을 진행했던 북서해안에서 매우 가시적이고 성공적인 성과를 냈다.[86]

중국 상인들은 서울에서도 계속 활발하고 특출나게 활동했다.[87] 중국 상인들은 조약항에서 그랬던 것과 마찬가지로 서울에서도 환투기에 나섰는데, 이를테면 1903년에는 조선과 중국 간의 구릿값의 차를 이용해 환투기에 참여했다. 1903년의 《코리아 리뷰》(*Korea Review*)에 실린 〈사설〉에서 증언한 것처럼,[88] 중국 회사들은 다음과 같이 서울의 건설 경기 호황을 조성하기도 했다.

---

85. 서울 역시 1907년에 개항장으로 공식 지정되었다. 그러나 서울과 그 주변 지역에 이미 상당한 수의 외국 상인들이 존재하고 있었다는 점을 고려할 때, (관세수입의 징수를 간소화한 것을 제외하면) 공식적인 개항의 영향은 미미했다.
86. 20세기에 들어설 무렵 즈음부터 수백 수천 명의 중국인이 조선 북서해안의 항구로 모여들었다(Hamilton, *Korea*, pp.202~203, p.206).
87. 한성(漢城, 서울)에서 중국인들이 차린 점포의 위치와 특성에 관한 상세한 묘사로는 박경룡, 『개화기 한성부 연구』, pp.122~123을 보라.
88. "News Calendar," *Korea Review*, 1903, p.503.

통화 제도의 혼란 상태에도 불구하고 교역이 활발했다는 증거가 있다. 부동산 가치가 상승했고, 상업 활동의 잡음은 결코 커지지 않았다. 서울의 건설 공사는 경이적인 규모였다. …… 만약 건설 공사가 지표로 활용되어야 한다면, 아마도 가장 규모가 큰 건설 활동은 중국 상인들이 보여준 것이었다.[89]

비공식 제국의 보병들: 조선에 거주한 화교들

청일전쟁 이후 조선에 거주한 중국 상인들이 상당히 번창했던 것을 보면, 중국의 상업적 성공이 조선에 대한 청의 종주권이나 원세개가 조선에서 확보한 특권 때문이라는 쉽고 단순한 주장이 거짓임을 알 수 있다. 중국의 상업적 행운은 조선에서 중국이 확보한 독점적 또는 일방적 특권에서 비롯된 것이 아니라, 청이 조선에 거주하는 모든 외국인에게 제공된 것과 같은 형태의 다자적 특권을 행사했기 때문인 것 같다. 이 다자적 제국주의 체제는 청일전쟁 이후에도 조선에서 계속 잘 유지되었으므로, 계속된 중국인의 상업 활동과 성공은 놀라운 일이 아니다.

그러나 불평등 조약의 특권과 조약항 체제의 제도적 틀은 오직 이러한 기회에 편승한 현실의 사람들에게만 효과적이다. 세계의 모든 제국주의 구조는 제국의 이익을 예측하고 증진하려는 실제 제국주의자들이 없다면 무용지물이다. 청 제국과 조선에서 상업 전쟁을 벌이려는 청 제국의 욕망에 관해 말하자면, 이들 제국주의자는 종종 화교로 알려진 사람들이었다.

---

89. "Editorial Comment," *Korea Review*, 1903, p.546.

상당량의 문헌이 동아시아와 동남아시아로 이동한 중국인 디아스포라를 주제로 다뤘고, 이 "새로운 아시아의 황제들", "동양의 호상(豪商)들", 또는 "환태평양의 영주들"이 거둔 상업적 성공을 연대순으로 기록하고 설명하는 일에 기여했다.[90] 몇몇 사람에게 상업적 성공은 중국인으로서 당연한 결과이다. 중국인들은 발을 들여놓은 거의 모든 지역에서 근검절약의 힘으로, 그리고 가족 및 친족 네트워크 또는 기타 '중국인'의 특성과 관습에 의존해 성공했던 것으로 보인다.[91] 좀 더 최근의 작품들은 화교의 상업적 성공을 설명하는 주요 요인으로 문화를 들먹이는 것에 의문을 제기했고, 대신 이를 설명하기 위해 갈수록 정교해지는 다양한 이론·맥락·개념을 거론했다.[92]

조선에 거주한 중국인들이 아시아에 거주하는 화교라는 훨씬 큰 맥락 안에서 어떻게 적응했는지를 고려할 때, 몇 가지 핵심적인 차이를 인식하는 것은 중요하다. 첫째, 조선에 거주한 중국인의 숫자는 상대적으로 적었다(〔표 2〕 참조). 그 수치는 오늘날 인도네시아(700만 명 이상), 말레이시아(500만 명 이상), 심지어 일본(15만 명)에 거주하는 중국인의 수와 비

---

90. Haley et al., *New Asian Emperors*; Hodder, *Merchant Princes of the East*; Seagrave, *Lords of the Rim*.

91. 이 주제와 관련하여 가장 폭넓게 읽히는 연구서 중 하나가 Pan, *Sons of the Yellow Emperor*이다. 가족 및 씨족 네트워크의 중요성을 강조하여 화교의 사업을 다룬 것으로는 Redding, *The Spirit of Chinese Capitalism*를 보라.

92. 모든 복잡한 다양성을 고려하여 중국인 디아스포라를 다룬 최근 학술 성과의 예로는 McKeown, "Conceptualizing Chinese Diasporas, 1842–1849"; Gungwu Wang, "Greater China and the Chinese Overseas"를 보라. 또한, Gungwu Wang, *China and the Chinese Overseas*를 보라.

교하면 초라해 보인다. 공식적인 추정치는 아마도 조선에 거주하는 중국인의 총수를 너무 적게 추산한 것 같다. 단기 체류하는 비율이 매우 높은 이 인구의 수를 정확하게 추적하여 기록하기는 다소 어려웠는데, 예를 들어 밀수업자들처럼 관료들과의 접촉을 기피하려는 강한 동기를 품은 사람들까지 기록해야 했기 때문이다. 그러나 개항기 동안 조선에 거주한 중국인 인구를 매우 높게 잡은 추정치조차도 다른 나라에 거주하는 중국인이나 심지어 그 이후 시기에 조선에 거주한 중국인보다도 훨씬 적은 수로 나타난다. 둘째는 동남아시아에 거주하는 중국인들을 기준으로 판단할 때, 중국인들이 상대적으로 늦게 조선에 왔다는 사실이다. 물론, '중국인'의 조선 이주(나 마찬가지로 '조선인'의 중국 이주)는 전혀 새로운 일이 아니었다. 오늘날 한반도에 거주하는 사람들은 때로는 상당한 자부심을 표현하며 당·송·명대에 중국에서 건너온 이민자 조상 중에서도 계산에 넣을 수 있는 사람을 포함시킨다. 그러나 중국과 조선 사이의 공식적인 접촉은 조선 시대 대부분의 기간 동안 제한되었다. 특히 조선의 북쪽 국경선을 따라 불법적인 이주가 확실히 발생했지만, 역사 기록에는 1882년 이후까지 뚜렷했던 중국인의 수에 대한 언급이 포함되어 있지 않다.

---

93. 여러 국가에 거주하는 화교의 수에 관한 최신 추정치는 Poston and Yu, "The Distribution of Overseas Chinese in the Contemporary World"를 보라.
94. 조선에 거주한 중국인의 숫자는 일제의 식민통치기(1910~1945) 동안 증가하여 1942년의 공식 통계에 따르면 8만 명에 달했고, 비공식적인 통계에 의하면 10만 명을 넘어섰다. Eun Kyung Park, "Ethnic Network Among Chinese Small Business in Korea During the Colonial Period," p.71을 보라.

【표 2】
조선의 화교, 1883~1910년

연도	숫자	연도	숫자
1883	162	1893	2,182
1884	666	1906	3,661
1885	264	1907	7,902
1886	468	1908	9,978
1891	1,489	1909	9,568
1892	1,805	1910	11,818

출처: 楊昭全·孫玉梅,『朝鮮華僑史』, p.125.

조선에 거주하는 중국인과 아시아 다른 지역에 거주하는 중국인들 사이의 또 다른 핵심적인 차이가 일반적인 인구 수치의 이면에 놓여 있다. '화교들' 사이에는 다양한 차이점이 존재했지만, 대부분의 화교, 특히 아시아에 정착한 화교들 대부분이 중국 남부, 좀 더 구체적으로는 복건·광동·해남(海南)·절강 출신이라고 말하는 것은 여전히 대체로 유효하다.[95] 조선의 화교 인구 중 일부도 역시 중국 남부 출신이었다. 예를 들어, 조선에서 가장 큰 중국 회사 동순태호의 창립자로서 (담이시譚以時로도 알려진) 담걸생(譚傑生)은 광동성 고요현(高要縣) 출신이었다.[96] 개항기 초반에 조선에 거주한 중국인 중에는 광동·절강·강소·강서·호북·호남·직예·안휘·하남 출신과 상해·천진 같은 도시에서 온 체류자들이 포함되었다. 그러나 19세기의 마지막 수십 년 동안 조선에 온 중국인의 절대다수는 거의 산동 출신이었는데, 대체로 산동성은 중국인 이민자를

---

95. 예를 들어, Pan, ed., *The Encyclopedia of the Chinese Overseas*, pp.19~43을 보라.
96. 周南京,『世界華僑華人詞典』, p.860.

많이 배출하는 지역으로 간주되지는 않는다.[97]

중국의 다른 지역에서 온 이민자들은 아마도 기회를 찾아 조선에 왔었을 것 같다. 그러나 적어도 산동 출신의 중국인 이민자들이 직접 진술한 바에 따르면, 그들은 종종 고국에서의 생활을 견딜 수 없었기 때문에 조선에 온 사람들이었다. 불운한 산동 거주민들은 해마다 번갈아 일어나는 가뭄과 홍수는 물론이고(1876년에 발생한 가뭄에는 무려 200만 명이 넘는 주민이 사망했다고 한다), 인재(人災)와도 싸워야 했다.[98] 예를 들어 1900년에 일어난 의화단 사건은 산동성 대부분 지역을 완전히 파괴했다. 강도나 그보다는 조금 덜한 종류의 무법 행위는 19세기 후반부터 20세기 초반까지 내내 일상적이었다. 1910년에 처음 조선에 건너온, 산동 출신의 한 이주민은 여덟 살짜리 이웃 소녀가 강도에게 유괴된 사건을 회상했다. 그 소녀는 쌀 50포대를 몸값으로 지불하고 나서야 양쪽 귀가 잘린 채로 돌아왔다.[99] 이런 어려운 상황 탓에 산동에 거주하는 많은 주민이 고향을 떠나게 되었고, 특히 산동성 북서부에 위치한 여러 촌락에서 "이주와 유동성 형태"의 확립으로 이어졌다.[100] 많은 사람이 그저 산동성 내에서 이리저리 옮겨다니거나 청 제국의 다른 지역으로 이동했지만, 조선은 산동과 지리적으로 가까운 지역이었으므로 중국인 이주민들에

---

97. 반면, 산동 출신들은 만주 지역으로 집단으로 이주해 정착한 사례가 유명했다. Gottschang and Lary, *Swallows and Settlers*를 보라.
98. 산동에 거주한 많은 사람이 처한 어려운 환경에 관한 설명으로는 Esherick, *Origins of the Boxer Uprising*, pp.15~23의 여러 부분을 보라.
99. 진유광(秦裕光), 〈화교〉.
100. Esherick, *Origins of the Boxer Uprising*, p.27.

게 인기 있는 목적지가 되었다. 그 결과 산동 출신의 이주민들이 결국 조선에 거주한 모든 중국인의 압도적인 다수(90퍼센트 이상)를 형성했고, 이는 오늘날까지 계속되는 현상이다.[101]

조선에 거주한 화교 자신들뿐만 아니라 당시 상황을 목도한 많은 사람도 화교가 상업적으로 성공하게 된 여러 이유 중에 적어도 일부분은 특정한 조직적·사업적 관행 덕분이라고 생각한다. 사업 조직 및 관행에서 (실제와 허구의) 친족 관계를 활용하고, 상거래 관계에서 신뢰에 의존하며, 비교적 높은 수준의 협동심을 발휘한 점이 중국 상인 공동체의 일반적인 성공에 기여했다.

가족과 동향 출신의 연대감은 이민의 촉진과 해외 이주민 사회 조직의 결정에 현저한 역할을 했다. 조선의 경우에는 한 개인의 조선 이주, (조선에서 적어도 어느 정도의) 성공, 추가로 가족 데려오기가 일반적인 형태였다.[102] 아버지와 아들, 삼촌과 조카, 형제들이 종종 같은 회사에서 함께 일했다. 그러나 많은 경우, 함께 일할 가족이 없거나 가족들이 조선으로 이주할 의향이 없었다. 따라서 많은 중국 회사들은 같은 촌락·지역 또는 같은 언어를 사용하는 집단끼리 만들어 낸 가공의 유대 관계에 의존했다. 이런 형태의 관계는 영리 회사에서뿐만 아니라 노동자나 농민 집단에서도 분명하게 나타났다.[103] 사업 활동에 가족이 참여하는 것은 틀림없이 문제점

---

101. 秦裕光, 『旅韓六十年見聞錄』, pp.5~7; 楊昭全·孫玉梅, 『朝鮮華僑史』, pp.124~126.
102. 진유광(秦裕光), 〈화교〉; 『旅韓六十年見聞錄』, p.22; 위신장, 니스밍, 왕칭펑과의 1998년 1월 인터뷰.
103. Eun Kyung Park, "Ethnic Network Among Chinese Small Business in Korea During the Colonial Period," p.79.

이 있었겠지만, 높은 충성심, 저렴한 노동력의 즉시 공급, 상업적 성공을 향한 공동의 약속 등 그런 형태의 조직이 지닌 몇 가지 장점도 있다.[104]

조선 내 중국 기업에서 일반적으로 나타나는 또 하나의 특징은 복종과 협동을 확보하기 위한 계약보다 개인적 관계와 신뢰에 의존한 점이다. 이런 경향이 확실히 절대적이거나 보편적이지는 않았지만, 중국인이 사업을 하는 방식에는 유익한 영향을 끼쳤다. 조선에 거주한 중국 상인들은 대체로 물건을 외상으로 판매했는데, 이는 보통 추수철에만 상당량의 현금을 갖고 있었던 많은 소비자에게 인기를 끌던 관행이었다. 1년에 한 번씩만 장부를 결산하는 이 관행 덕분에 많은 상인이 통화 환율이나 가격의 단기적 유동성을 참고 기다릴 수 있었다. 게다가 공급자·유통업자·소비자 간의 개인적 인간관계를 구축하려는 중국인의 노력은 잔혹한 경쟁을 벌이면서 모조품이나 조잡한 제품을 판매한다는 평판이 있었던 조선 내 일본 상인들의 관행에 비해 호의적으로 받아들여졌다. 중국인 사회 내의 신뢰는 신용 거래와 전통적 대출기관인 전장(錢莊)의 성공을 가능하게 했다. 이 두 가지 방식을 통해 많은 상인이 새로운 사업을 시작하거나 어려운 시기를 극복할 수 있었다.[105]

당시 조선 내 중국인 사회를 지켜본 사람들은 종종 중국 상인들 간의 높은 협동심을 주목했다. 일부 내부자들은 그러한 협동이 결코 보편적이지 않았다고 반박했다. 예를 들어, 1906년 조선 주재 중국의 총영사 마정량(馬廷亮)은 조선 내 중국 상인 사회 내에서 벌어지는 '탐욕', '속

---

104. 예를 들어, Redding, *The Spirit of Chinese Capitalism*, p.7을 보라.
105. 秦裕光, 『旅韓六十年見聞錄』, pp.22~24; Shim Jae Hoon, "Korea," p.341.

임수', '협잡' 등에 불만을 터뜨렸다.[106] 그러나 많은 사람은 상인들, 심지어 중국의 각기 다른 지역에서 온 상인들 간에도 실질적인 협동과 협조가 이뤄졌던 사실을 기억하고 있다. 청의 관료들은 각기 다른 집단 출신의 상인들을 화합하게 한 상인회를 장려함으로써 이 협력을 촉진하기 위해 열심히 일했다. 전체적으로 볼 때, 중국인들은 일본과의 경쟁에 직면하여 상대적으로 단결된 전선을 펼쳤다.[107]

조선에 거주한 중국 상인들과 그들의 사업을 관찰한 당시 사람들은 자본(거의 예외 없이 중국의 고향에 있음)과 경영진(조선에 거주)의 분리, 소비자의 수요에 세심하게 주의하는 경향, 경쟁 업체보다 적은 이문을 남기고 상품을 판매하려는 적극성, 상인과 상점들이 단기적 문제점을 잘 극복할 수 있게 하는 장기적 청사진 등 다른 요소들도 지적한다. 종합해 보면, 이러한 특성과 관례는 조선에 거주한 많은 중국 상인들의 성공을 설명하는 데 도움이 된다.[108]

동순태: 조선 최고의 중국 기업

출처가 될만한 자료의 부족으로, 우리는 조선에 거주한 중국인 개인이

---

106. 馬廷亮,「漢城等處商工業情形」.
107. 예를 들어, 진유광(秦裕光,『旅韓六十年見聞錄』, pp.25~27)은 신의주의 같은 거리에서 산동과 광동 출신의 이민자들이 각각 운영하던 두 식당 이야기를 회상하는데, 이 두 식당은 어렵거나 손님이 뜸한 시기를 겪는 동안 경쟁보다는 열심히 일하며 서로 도왔다고 한다.
108. Duus, *Abacus and the Sword*, pp.256~257; 秦裕光,『旅韓六十年見聞錄』, pp.20~25; *British Consular Reports*, 1894.

나 상점에 관해서는 종종 감질나는 일화나 발췌한 글 정도만 찾아볼 수 있다. 조선해관을 위해 일했던 중국의 전 외교관이자, 인천에 빅토리아 시대 양식의 인상적인 건축물을 지어 그곳에서 베일에 가려진 채 은둔한 스페인 출신 아내와 함께 살았던 오례당(吳禮堂)부터 번창하던 회사 동순태로부터 상당한 빚을 졌던 인물로만 알려진 "당씨 어른"(老唐)에 이르기까지 그런 사례는 몇 가지가 있다.[109] 사실 이처럼 조선에 거주한 중국인에 관한 구체적인 증거가 거의 또는 전혀 없다는 일반적인 규칙에서 벗어나는 예외가 있다면, 그것이 바로 동순태와 동순태의 설립자인 담걸생이다. 당시 상황을 목격한 한 일본인은 원세개가 조선의 중국인 사회의 정치적 측면을 통제한 반면, 담걸생은 경제적 측면을 통제하고 있다는 점을 주목했다.[110] 담걸생의 자손들이 기억하는 내용에 따르면, 광동성 토박이였던 그는 20세의 나이인 1874년에 조선으로 건너왔다. 그의 자손들이 동일하게 기억하는 내용에 따르면, 담걸생은 그로부터 약 50년이 지난 후 서울에 거주하는 사람 중에서 가장 많은 양의 세금을 납부하고 있었다.[111] 두 주장 모두 입증하기는 어렵지만, 동순태가 조선 내 최고의 중국 무역회사였다는 주장을 뒷받침하는 문서적 증거는 많이 있다.

담걸생이 실제로 강화도 조약이 체결되기 2년 전에 서울에 왔는지는 알 수 없을 것 같다. 그러나 그가 1880년대 중반에 조선에서 가장 크

---

109. 오례당에 관한 좀 더 자세한 사항은 최성연, 『開港과 洋館歷程』을 보라. '연로한 당씨'에 관한 언급은 同順泰 編, 『同泰來信』을 보라.

110. Eun Kyung Park, "Ethnic Network Among Chinese Small Business in Korea During the Colonial Period," p.76.

111. 秦裕光, 『旅韓六十年見聞錄』, p.2.

고 가장 수익을 잘 내는 무역회사를 설립한 사실은 분명하다. 담걸생의 주요 소매상점은 (동대문 근처의) 청계천(淸溪川)과 수표교 근처에 있었다. 그러나 그는 정동(貞洞)에 잡화점을, 서울 지역에 두 곳의 정미소를 운영하기도 했다. 그의 영리 활동은 수도 서울로만 국한되지 않았다. 동순태는 인천·원산·부산·진남포·군산 등 조선의 항구 도시와 상해·광주 등의 중국 도시를 비롯해 홍콩과 나가사키에도 지점을 두었다.[112]

대부분의 자료는 동순태가 주로 중국 비단, 모시와 의약품을 수입해서 팔았다고 기록하고 있다. 그러나 그 회사는 다양한 잡화를 수입했고, 영국의 면직물 교역에 참여하기도 했다. 동순태는 이런 상품을 수입하는 한편, 금과 인삼을 중국으로 역수출했다. 특정한 연도에 관한 구체적인 통계자료는 이용할 수 없지만, 다양한 자료에서 그 회사가 종종 공식적인 조선 정부의 경매를 통해 인삼 구매를 독점했다는 사실을 언급하고 있다.[113]

동순태의 명성과 성공은 조선의 중국인 사회에서 빠르게 인식되었다. 광동방을 결성하고 광동회관을 건설할 수 있었던 것은 조선에 거주하는 광동 출신 공동체의 규모보다는 담걸생 개인의 부와 영향력 덕분이었던 것 같다. 광동방과 광동회관은 모두 개항기 내내 활발히 활동했고, 담걸생은 태동기부터 이 두 기구를 이끌었다.[114]

---

112. 周南京, 『世界華僑華人詞典』, p.254; 박경룡, 『개화기 한성부 연구』, pp.122~123.
113. 예를 들어, Zabrovskaia, "1899 Treaty and Its Impact on the Development of the Chinese-Korean Trade," p.35를 보라.
114. 박경룡, 『개화기 한성부 연구』, p.122.

담걸생은 전체 중국인 사회에 영향을 미치는 일에도 적극적으로 참여했다. 그의 이름은 청일전쟁 이후의 어지러운 시기에 인천의 중국인 거류지를 각국공동거류지에 합병해 달라는 중국 상인들의 청원 명단에도 들어가 있다.[115] 그는 1901년에 창설한, 중화상무총회(中華商務總會)라는 이름의 중국 상인 조직을 이끌기도 했으며, 적어도 그 후 20년 동안 이 조직을 비롯한 다른 여러 산하 기구의 활동에 적극적으로 나섰다.[116]

동순태는 중국인의 부동산 취득에도 최전선에 있었다. 중국의 상점과 거주지가 대체로 지정된 조계나 거류지로 제한된 조약항과 달리, 중국 상인들은 서울 전역에서 활발히 활동했다. 사실 공격적인 부동산 투자는 도시 전역의 부동산 가격을 상승시키는 효과가 있었다. 한성(서울) 당국은 1892년에 발표한 성명서에서, 중국 상인들에게 부동산과 건물을 매매하는 사람의 수가 증가함으로써 "우리 백성들의 거주지가 점점 좁아지고 불충분해지고 있다."는 불만을 토로했다. 중국 상인들에게 부동산을 매각하는 행위를 제한하고 규제하려는 시도는 부동산 거래에서 상당한 이익을 얻을 수 있다는 투자 전망을 극복하기에는 충분하지 않았는데, 건물이 실제 가치보다 세 배 이상의 가격으로 매매되었기 때문이다.[117]

게다가 동순태는 특히 투기적 형태의 부동산 구매와 건설에 참여했

---

115. 왕문소(王文韶)가 총리아문에 보낸 1895년 9월 11일(光緖 21.7.23) 자 공문,『中日韓關係』, pp.4431~4434.
116. 楊昭全·孫玉梅,『朝鮮華僑史』, p.138.
117. "Edicts, Proclamations etc.," *Korean Repository*, 1: p.34; 京城府,『京城府史』, p.615.

던 것으로 보인다. 1901년에 그 회사는 조선의 왕궁 중 한 곳의 담장 바로 바깥쪽에 구매한 공터에 3층짜리 건물을 지었다. 그 건물의 높이 때문에 3층 주민들은 대궐의 궐내(闕內)를 들여다볼 수 있었는데, 이런 사실은 조선 왕실 당국에 그 건물을 강매하기를 바랐던 것으로 보이는 건축업자들에게 주목을 받았다. 당시 이를 지켜본 서양인들은 이러한 '협박' 시도를 비난했고, 청국 영사는 결국 동순태 측에 문제가 된 3층을 허물라고 명령했다. 조선 정부는 이후 모든 외국 국민에게 대궐 근처에 짓는 건축물은 2층 건물로 제한할 것을 공식적으로 요청했다.[118]

  동순태의 부와 명성은 그 회사에서 1903년에 전표(錢票)를 발행할 정도로 대단했다. 개항기 내내 조선 통화의 지독한 혼란 상태를 지켜본 거의 모든 외국인은 이를 지적하고 한탄했다. 통화의 등락은 많은 소상인을 파산하게 했다. 새로운 동전을 주조하려는 조선 정부의 무모하면서도 종종 경솔한 시도는 혼란만 가중시킬 뿐이었다. 조선 경제에서 일본인의 활동이 증가함에 따라, 엔화는 실질적인 조선의 통화로 유통되게 되었다. 그런데도 조선 정부는 끈질기게 조선의 통화를 개발하여 유통시키려는 시도를 계속했는데, 이런 움직임은 경제적 또는 상업적 관심사만큼이나 급격하게 줄어드는 자주권을 지키려는 욕망에서 비롯된 것이었다. 동순태가 1903년에 민간 지폐인 전표를 발행했을 때 많은 조선인과 서울에 거주하는 일본인들은 이 조치를 받아들였는데, 이들은 조선 동전보다 훨씬 신뢰할 수 있고 안정적인 통화 매체를 기꺼이 사용했다. 그러나 조선 정부는 "누구도 조선에서 정부의 동의 없이 유통될 지폐를 발행할 권리가 없다."고 주장하며, 이 조치에 신속하게 항의했다. 조선 정부는 일찍이 일본의 다이이치은행(第一銀行)이 시도한 유사

한 움직임에도 항의한 바 있었다. 두 사례 모두 문제가 된 지폐의 발행은 중단되었다.[119]

중국인에 대한 다른 인식

오늘날의 많은 사람은 당시 조선에 체류한 중국인이 개항기의 조선에서 대체로 사라졌다고 생각하지만, 당시를 지켜본 사람들에게 그들은 중요하고 매우 눈에 띄는 존재였다. 조선인·일본인·서양인 등 다수의 관찰자들이 중국인의 조선 거주와 그들이 거둔 상업적 성공의 원인에 관하여 다양한 의견을 제시했다.

아마도 조선에 거주하는 중국인과 전반적인 중국에 관한, 가장 접하기 쉬운 한국인의 견해는 한국의 '개화파 인사들'의 저술에서 찾아볼 수 있다. 세상이 문명화되고 개화된 국가들과 미개한 국가 간의 사회진화론적 경쟁이라는 세계관에 점점 더 몰두한 많은 개화파 인사들은, 중국이 확고하게 후자의 진영에 있으면서 조선의 자주적 개혁 노력을 강하게 지연시키는 영향력을 행사하고 있었다고 보았다. 그들은 종종 '사대'의 사고방식과 관습의 굴레를 벗어날 필요성에 관해 말했다. 미개한 중국과 문명화된 서양 및 일본(일부 사람의 눈으로 볼 때, 일본은 문명화가 진

---

118. "News Calendar," *Korea Review*, 1901, p.461, 558.
119. 楊昭全·孫玉梅, 『朝鮮華僑史』, p.143; "News Calendar," Korea Review, 1903, p.30; 이선근, 『한국사』, p.693; 조병식이 허태신에게 보낸 1903년 1월 13일(光武 7.1.13)자 공문, 『淸案』 2: p.606; 허태신이 조병식에게 보낸 1903년 1월 15일(光武 7.1.15)자 공문, 『淸案』 2: p.607.

행되는 과정이었을 뿐, 문명화된 상태는 아니었다)의 비교는 조선에서 생활하며 장사를 하는 중국인에 대한 인식으로 이어졌다. 1896년에 게재된《독립신문》의 한 논설은 이러한 인식의 발전 과정을 보여준다. 이 논설은 중국 상인들이 조선의 도처에서 이뤄지는 무역과 유통에 참여한 점을 주목하여, "상인으로서 그들은 지갑이 두둑한 관료 등에게 비단과 벨벳 및 시계를 팔거나, 그렇지 않으면 길거리를 돌아다니며 실·성냥·곰방대를 팔았다."라고 언급했지만, "이러한 역할 중 어느 것에서도 그들이 어떤 큰 목적을 달성하거나 국가에 대단히 좋은 결과를 가져오지 못했다."라는 결론을 내렸다. 마찬가지로 이 논설을 쓴 사람이 아주 불쾌하게 생각했던 사실은 중국인 노동자들의 유입이 다음과 같이 날로 증가하고 있었던 점이다.

우리는 중국인이 이곳에 오는 추세를 목격하는 것을 유감스럽게 생각하노니, 중국인들이 조선에 오더라도 미국에서와 마찬가지로 극소수의 영향만 미칠 것이기 때문이다. 중국인은 조선인 노동자보다 저임금으로 일함으로써 조선인을 궁지에 몰아넣을 것이다. 이유는 분명하다. 중국인 노동자는 옷을 입더라도 조선인이라면 알몸으로 지낼지언정 절대 입지 않을, 그런 평범한 중국인 쿨리의 옷을 입을 것이다. 극도로 비참하고 구제 불능의 더러움이라면 중국인 쿨리가 으뜸이다. 어떤 생명체가 완전히 쓰레기통에 버려진 음식물을 먹고서 살이 찐다면, 중국인 노동자는 그것조차 먹을 것이다. 어떤 사람들은 이런 행동을 절약·검소·검약(儉約)으로 부르고, 그 점에 대해 중국인을 칭찬한다. 그러나 우리는 이러한 상황이 계몽을 통한 발전이 아니라, 야만으로 가는 일탈의 결과라고 믿는다.

이 논설은 중국인들이 조선에 아편을 들여오고 있는 것에도 불만을 터뜨렸고, "중국 상인과 쿨리들이 이곳의 상황이 점점 더 위험해지자 '아랍인들처럼 텐트를 접고 조용히 떠나기로' 결정했을 때, 조선의 입장에서 그날은 행복한 날이었다."라는 결론을 내렸다. 조선이 결코 그들을 아쉬워하지 않았다고 말해도 무방하다. 국가의 상업적·사회적 이익이든, 도덕적 이익이든 그들이 떠난다고 해도 조금도 타격을 입지 않았기 때문이다.[120] 《독립신문》의 편집자들은 중국과 일본 사이의 교전이 끝난 후 많은 중국인이 되돌아왔을 때 실망했었음이 분명하다. 중국과 한국에서 중국의 후진성을 묘사한 내용은 계속해서 그 시기의 많은 논설 지면을 채웠고, 전통적인 사대의 방식으로 중국의 영광을 찬양한 사람들은 호되게 조롱을 당했다.[121]

많은 '개화파 인사들'의 시노포비아(Sinophobia)•와 일본에 대한 그들의 내키지 않은 찬사는 보통 일본 상인들과 거래하기보다 중국인들과 장사하는 것을 훨씬 선호하는 것처럼 보인, 일반적인 조선인 소비자의 경제 행위를 반영하지는 않았던 것 같다. 조선인 소비자는 물건을 구매할 때 주로 가격을 최우선으로 고려했다. 그러나 가격과 품질이 대체로

---

120. 독립협회, 《독립신문》(영문판), 1896년 5월 21일(목요일) 자 1면.
121. 예를 들어 《독립신문》(영문판) 1896년 9월 29일(화요일) 자에 실린, 신기선(申箕善)의 『유학경위』(儒學經緯)의 출간에 관한 논설을 보라. 조선의 개화파 인사들이 중국에 보인 태도를 통찰력 있고 상세하게 설명한 것으로는 Schmid, "Constructing Independence," 특히, pp.149~163을 보라. 중국에 대한 '개화파 인사들'의 생각을 좀 더 보여주는 사례로는 국사편찬위원회, 『윤치호 일기』, 2: pp.18~19, p.40 등을 보라. 또한, 국사편찬위원회, 『윤치호 서한집』, pp.5~6, p.82, 90 등 여러 곳; Schmid, *Korea Between Empires*, pp.55~60을 보라.

• 중국, 중국인, 중국어, 중국 문화, 더 나아가 중국산 제품에 대한 공포나 혐오의 감정.

동일할 때, 많은 조선인이 반일 감정 탓에 중국 상인과 거래를 한 것은 분명하다. 이 사실은 일본 상인·관료·작가들의 주목을 받았다. 많은 일본인은 중국인이 상업적인 영역에서 중요한 경쟁자일 뿐만 아니라, 조선의 일본인 사회에서 발생하는 문제점을 부각시킬 수 있는 유용한 존재라고 판단했다. 가령 일본 영사가 자국의 상인 동포들이 단기적인 이익에만 지나치게 신경을 쓰고, "조선인과의 거래 관계에 종종 냉담하고 인정사정없다는" 불만을 표출했다면, 중국 상인들은 "소비자인 조선인들에게 다정하게 대하고 환심을 사려고 했으며, 우호 관계를 맺으려고 애쓰고, 소비자의 요구에 부응하려고 최선을 다하고 있었다.[122]" 어떤 이는 중국인이 훨씬 적극적으로 조선 내륙까지 진출하여 장사를 했다는 사실에 주목하기도 했다. 1893년에 작성된 한 보고서에서는 상업적인 잠재력을 지닌 조선의 지역 중에서 중국인을 찾을 수 없는 곳은 거의 없었다고 지적하고, 여러 조처가 내려지지 않는다면 중국인이 조선 팔도(八道) 전역의 국내 교역을 장악하게 될 것 같다는 결론을 내렸다.[123] 몇몇 조치가 취해졌고, 많은 일본 상인은 청일전쟁 동안 중국인들이 급하게 조선을 탈출할 수밖에 없었던 상황을 이용하여 조선 내륙에서 자체적인 교역을 시작했다. 중국 상인들이 조선 전역에 여전히 계속 머물렀다는 사실은, 일본 상인과 관료들이 시장을 잃지 않도록 조잡한 상품의 판매와 부실한 사업 관행에 대해 계속해서 경계심을 유지해야 한다는 것을 의미했다.[124]

---

122. Duus, *Abacus and the Sword*, pp. 256~257. 또한, 용산구, 『용산구지』, p.112를 보라.
123. 이병천, 「개항기 외국상인의 침입과 한국상인의 대응」, p.130.
124. 예를 들어, Longford, *The Story of Korea*, pp.337~338에서는 이를 걱정하던 이노우에 가오루의 고민을 다루었다.

많은 서양인은 자기들이 중국에서 만난 중국인들을 다소 문명적이지 못한 존재로 간주했다. 이와 동일한 일반적인 사고방식이 조선에서도 의심할 여지 없이 지배적이었지만, 일본인이나 조선인과 비교할 때 중국인이 적어도 일부 서양인에게나마 높은 평가를 받았음은 자명하다. 당시 상황을 지켜본 한 사람은 조선에 거주한 일본인들을 "부도덕한 투기꾼이자 무뢰한이며, 일본의 온갖 깡패들을 모아 놓은 인간쓰레기들로서, …… 그들이 자랑하는 새로운 문명이 추천한 형편 없는 존재"라고 묘사한 반면, 중국인은 "법률을 준수하고, 비폭력적이며, 모든 거래에서 고지식할 정도로 정직한, 그야말로 살아 있는 도덕 교과서였다. 이런 것들은 모두 그들의 충실한 노인 공경에서 우러나온 행동들이었다."[125]

중국인에 대한 찬사까지는 아니더라도 호평을 한 서양인 중에서는 특히 영국인의 경우가 확고했다. 이런 평가는 중국인이 일본인이나 조선인보다 문명도가 다소 높다는 인식에서 비롯되었을 뿐만 아니라, 조선에 존재하는 영국인의 상업적 이익이 무엇이든 중국인의 손에 달려 있다는 매우 공리주의적인 판단에서 생겨난 것이었다. 여러 이해관계를 수렴한 이와 같은 인식은 청일 전쟁 이후에도 오랫동안 지속되었다. 20세기 초에 이런 현상을 목격한 한 영국인은 다음과 같이 선언했다.

나는 중국인들 스스로가 맨체스터산을 비롯한 영국산 제품을 기꺼이 대변하고 있고, 그들이 큰 이문을 남기지 않고 거래하는 현명한 중간상인으로

---

125. 위의 책, p.328. 반면, 기독교 선교사들은 많은 조선인이 기독교의 복음을 잘 받아들였고, 이후 평양(平壤)을 '동양의 예루살렘'이라고 선포했기 때문에, 중국인보다 조선인을 우호적으로 비교하려는 강력한 동기가 있었다.

서 오사카에 물건을 싸게 판매한다는 사실을 명시하게 되어 영광스럽다. …… 극동(極東)의 어느 지역에서든 중국인은 궁극적으로 영국의 이익으로 분류되어야 하는 제품을 대표하고 있으며, 영국산 물건과 상품을 사용해 봐서 영국산이 오래가고 제값을 한다는 사실을 잘 알고 이를 홍보한다. 따라서 극동의 다른 나라에 관해서는 더 알려고 할 필요가 없다.[126]

게다가 많은 사람은 중국인이 다양한 사업 분야에서 더 많은 경험과 경쟁력을 보유하고 있다고 느꼈다. 당시 상황을 목도한 어떤 사람은 "중국인이 훨씬 훌륭한 석공(石工)·목수·벽돌공·재단사·제화공(製靴工)이 된다."라고 기록했다. 당시의 또 다른 어떤 이는 중국 상인들이 "경쟁자인 일본 상인들보다 훨씬 정력적이고 진취적일 뿐만 아니라 아주 작은 이문에도 만족할 줄 아는, 매우 훌륭한 장사꾼"이라는 결론을 내렸다.[127]

또한, 서양인들은 여러 가지 다양한 영역에서 중국인의 도움에 의지했다. 서양인의 많은 시종과 가복(家僕)이 중국 출신이었다. 몇몇 사람을 예로 들면, 호러스 알렌, 오언 데니, 루셔스 푸트(Lucius Foote), 윌리엄 프랭클린 샌즈(William Franklin Sands) 등의 미국인들은 모두 대체로 상당한 수의 중국인 하인을 고용했는데, 이는 많은 영국인이 하던 방식을 그대로 따른 것이었다. 조선에 거주한 외국인들의 생활을 묘사한 샌즈는 "사람들이 동양의 어디서든 익숙한 관습에 따라 너무 많은 하인을 두었다. 심지어 방 네 개짜리 단층집에도 집안일을 하기 위해 수석 시동(侍童), 차석 시동과 쿨리 한 사람이 있어야 한다. 시동 둘은 중국인이어야 하고, 쿨리는 현지 토박이여야 한다. …… 사람들과 함께 만찬을 할 때만 집에서 식사하는 독신남에게도 중국인 요리사와 설거지하는 식모는 필요하다."라는 결론을 내렸다.[128] 중국인 하인들은 종종 하찮은 업무를 수행했지만, 일부는 상당한 책임을 맡았다. 예를 들어 호러스 알렌은 자신과 자기 가족이 해외로 나갈 때마다 집안일을 중국인 집사에게 맡겼다.[129] 대체로 서양 가정들은, 특히 부엌에서 중국인 수습생들의 훈련장이 되었다. 샌즈는 만약 당신이 아무리 자주 집에서 손님을 접대하더라도 "많은 젊은 중국인이 당신의 부엌을 가득 채우고, 당신의 요리사 밑에서 배우는 특권의 대가로 매달 돈을 지불할 것"이라고 언급했다. 그 결과 수석 요리사가 중국으로 돌아가기로 결심하더라도 그를 대체할 준비가 되어 있는 '이인자'가 언제나 있는데, 대체로 어린 가족 구성원이다.[130]

중국인은 조선에 거주하는 서양인들의 필요에 부응하는 것 이외에, 더 많은 사람을 대상으로 한, 서비스 부문의 다양한 영역에도 관여했다. 최근 내게 사연을 들려준 어떤 이는 조선에 거주한 많은 중국인이 머리카락을 자르기 위해 면도칼을 들고, (대체로 서구식의) 옷을 만들기

126. Weale, *The Re-shaping of the Far East*, pp.19~20.
127. H. B. Drake, *Korea of the Japanese*, pp.114~115; *British Consular Reports*, 1895.
128. Sands, *Undiplomatic Memories*, pp.99~100. 오언 데니의 아내 거트루드(Gertrude)는 데니와 함께 생활하기 위해 조선에 왔을 때, "가정부 1인, 소년 1인, 재단사 1인, 세탁부 1인" 등 네 사람의 하인을 데려왔다(Swartout, "Journey to Old Korea," p.42). 조선에서 중국인 하인을 고용했던 사실을 언급한 다른 사례로는 Carles, *Life in Corea*, p.65, 81; 푸트가 미국 국무장관에게 보낸 1884년 12월 17일 자 서신, *KAR*, 1: p.99; 김원모 편, 『알렌의 일기』, p.401, 404, 415, 458; Sands, *Undiplomatic Memories*, p.160을 보라.
129. 김원모 편, 『알렌의 일기』, 1884년 10월 11일 자 일기, p.403.
130. Sands, *Undiplomatic Memories*, pp.101~102.

위해 가위를 사용하며, 음식을 썰기 위해 식칼을 만지는 일(즉, 식당의 운영) 등 '세 종류의 칼' 중 하나를 사용해 일자리를 얻었다고 회고했다.[131] 이러한 설명이 아마도 일제 강점기의 시대 상황을 더욱 근접하게 묘사하는 것 같지만, 중국인들이 이런 직업에 나서게 된 기원을 개항기에서 찾아볼 수 있다는 점은 분명하다. 인천과 서울을 연결하는 도로변에 위치한 삼리채(싸리재)의 중국인 거류지에는 여러 이발관, 여관, 식당은 물론, 직물과 잡화를 판매하는 상점들이 늘어서 있었다.[132] 서울에도 중국인이 경영하는 상당수의 여관·이발관·양복점·식당이 있었다. 중국요리점은 중국인과 조선인들 모두에게 인기가 있었다. 중국요리점은 대규모 기업체부터 중국식 소를 넣은 팬케이크인 호떡을 파는 길거리 노점상까지 다양했다.

청일전쟁 이후 10년 동안 계속 유지되었던 조선 내 중국 상인 사회와 이들의 상대적 중요성 및 성공은, 중국 상인들의 조선 거주와 성공이 종주권을 기반으로 한 청의 배타적 특권 행사에 거의 의존하지 않았다는 사실을 보여주는 암시이다. 훨씬 더 중요한 사실은 청 제국이 조선에 도입한 다자적·비공식적인 제국주의 체제에 의해 제공되는 지원이 조선 내 중국인 사회의 전통과 관습으로부터 도움을 받았다는 점이었다. 그러나 이런 전통과 관습 중 어떤 것도 조선에서 다자적 제국주의를 해체하고 공식적인 식민 통치를 행사하려는 일본의 결연한 시도에 저항할 만큼 충분히 강하다는 점을 입증할 수는 없었다.

131. 1998년 1월 위신장과의 인터뷰. 유사한 형태가 일본에서도 압도적이었다. Syukushin Kyo, "Japan," pp.337~338.
132. 秦裕光, 『旅韓六十年見聞錄』, p.15.

9. 결말, 반향, 유산

러일전쟁(1904~1905)과 그 직후인 1905년 11월에 조선이 일본의 보호국으로 전락한 사건은 조선에서 다자적 제국주의의 종말이 시작되었음을 알리는 계기가 되었다. 전 세계에서 비일비재하게 일어나고 있었던 것처럼, 제국주의 세력들 간의 경쟁은 전쟁터나 영토의 직접적인 합병을 통해 해결되었다. 그러나 강화도 조약에서 표면적으로나마 조선의 자립에 대한 최초의 선언이 이뤄진 이후 거의 20년 동안 청의 종주권과 국가 공동체에 속한 독립국의 일원이라는 조선의 지위가 공존했던 것처럼, 점점 확대되어 가는 일본의 공식적인 통치와 조약항 체제의 규범은 수년 동안 공존했다. 게다가 종주권에 대한 견해와 그러한 견해에 담긴 문화적 함의는 중국인·일본인·조선인이 자기 자신을 어떻게 보았고, 다가올 수십 년 동안 상대와의 관계를 어떻게 보았는지에 관해 계속해서 영향을 끼쳤다.

    1894년, 일본의 메이지 정부는 조선을 확보하고 러시아의 팽창을 미연에 방지하기 위해 청 제국에 대대적으로 선전포고를 했다. 그러나 연해주와 만주까지 진출하려는 러시아의 지속적인 노력과 삼국간섭은 아시아에서 생존과 지배의 경쟁이 결코 끝나지 않았다는 신호를 일본에 보냈다. 러일전쟁에서 일본군은 조선에 대거 상륙하여 육상 및 해상에서 전투 작전을 벌이기 위한 기지로 한반도를 활용했다. 당시 상황을 목격한 많은 사람은 훨씬 큰 러시아가 양측의 분쟁에서 승리할 것이라고 예상했다. 그러나 일본이 일련의 극적인 승리를 거둔 이후, 내부의 혼란으로 고통을 겪은 러시아는 강화를 제안했다. 일본은 사할린섬(가라후토樺太) 남부와 아르투르항(Port Arthur, Порт-Артур) 및 그 주변을 전리품으로 요구했다. 일본은 조선이 일본의 세력 범위에 있다는 사실을 인정할 것도 주장했다.

1894~1895년의 상황과는 달리, 이번에는 삼국간섭이라든가 특히 조선과 관련한 일본 측의 주장에 이의를 제기하는 다른 유럽 국가의 시도가 없었다. 영국은 러시아라는 적수가 맥없이 무너지는 것을 보게 되어 너무나도 기뻤으므로, 1902년에 체결된 영일동맹에는 영국이 조선에 대한 일본의 특별한 이익을 승인하는 내용까지 포함되었다.[1] 러일전쟁의 종결을 열심히 중재하려고 했던 미국 대통령 시어도어 루스벨트(Theodore Roosevelt)는 조선에 대한 재량권을 일본에 주는 것에 어떠한 거리낌도 표현하지 않았는데, 이는 확실히 필리핀에서 미국이 벌이는

• 서양에서 '포트 아서'(Port Arthur)로 잘 알려진 이 지역은 요동 반도의 남쪽 끝에 위치한 곳으로, 현재는 중국 영토에 속하며, 여순항(旅順港)으로 불린다.

1. 1902년에 체결된 영일조약은 조선의 영토 보전을 보장하는 조항을 포함했다. 그러나 그 조약은 1905년 여름에 수정되었고, 수정된 조약에서 그 조항은 "묻혔다." (Nish, "John McLeavy Brown in Korea," pp.43~44).

활동에 관한 일본의 유사한 의견 표명에 전혀 구애되지 않는 태도였다.[2] 청 제국의 많은 사람은 아르투르항이 한 제국주의 세력에게서 다른 제국주의 세력으로 건네지는 것에 분개했지만, 마지막 개혁 시도에도 불구하고 일본의 주장에 이의를 제기할 처지가 전혀 아니었다.

일본은 조선이 일본의 보호국임을 선포함으로써 이제는 법률적 관점에서 조선에 대해 어떠한 도전도 받지 않는 일본의 지위를 표현하려고 했다.[3] 예상했던 대로 조선인들은 결코 협조적이지 않았다.[4] 조선 정부의 몇몇 관료가 중대한 외교적 사안인 경우 일본이 조선에 '권고할' 권리를 부여하는 문서에 서명하기로 동의한 것은, 일본군이 고종의 침소를 이틀 동안 포위한 이후였다.[5] 이후 5년 동안 이어진 일련의 추가 협정과 보충 협약들은 결국 1910년에 일본이 정식으로, 그리고 공식적으

2. 오늘날의 많은 한국인은 이른바 가쓰라-태프트 각서를 매도하여, 그 각서를 일본과 미국 사이의 '밀약'으로 간주한다. 즉, 그 각서를 통해 미국은 조선에서 일본의 제국주의적 통치를 확실하게 승인하는 대가로 일본이 필리핀에 대한 미국의 제국주의적 통치를 승인했다는 것이다. 그러나 그 각서가 작성된 배경과 실제 각서의 전문을 면밀히 분석해 보면, 그 각서가 명백한 보상의 결과물이라고 결론을 내릴만한 증거가 거의 없음을 알 수 있다. 이에 관해서는 Nahm, "The Impact of the Taft-Katsura Memorandum on Korea"를 보라. 그렇다고 해서 루스벨트가 조선 독립을 옹호한 투사였다고 볼 수는 없다.

3. 을사보호조약(乙巳保護條約)의 전문은 『高宗實錄』, 1905년 11월 17일(光武 9.11.17)자 기사를 보라. 〔오늘날에는 '을사늑약'(乙巳勒約)으로 더 많이 불리는 이 조약을 『고종실록』에서는 '한일협상조약'으로 표현했다〕

4. Ki-Seok Kim, "Emperor Gwangmu's Diplomatic Struggles to Protect His Sovereignty."

5. 그 협정에 서명한 다섯 사람의 조선 관료는 '을사오적'(乙巳五賊)으로 알려지게 되었다. 많은 한국 학자는 보호조약의 합법성과 조약 체결 이후 일본이 조선의 지배를 확장하기 위해 활용한 법률 문서의 적법성에 이의를 제기해 왔다. 이에 관해서는 이태진, 『동경대생들에게 들려준 한국사』, pp.210~241; 『한국병합, 성립하지 않았다』; 이태진 등 편, 『한국병합의 불법성 연구』를 보라.

로 조선을 합병할 때까지 조선에 거주하는 일본인의 숫자와 세력을 증대시켰다.⁶

일본은 자국이 조선에 취한 조치에 대해서 거의 아무런 서구의 반대에도 부딪치지 않았다. 서울 주재 외국 공사관 직원들이 철수해야 한다는 약간의 암시가 도쿄로부터 전달되었을 뿐인데도, 러시아·영국·미국 정부는 자국의 공사를 소환하고 그 자리를 훨씬 낮은 직책인 임시대리공사로 대체하는 것에 동의했다. 미국은 (1906년에) 이미 '조선'을 『대외관계 기록』(Record of Foreign Relations)의 단독 항목에서 삭제하고, 모든 조선 관련 자료를 '일본' 항목 아래에 분류했다.⁷ 피터 두스의 말대로, "이 3대 강대국들은 사면초가에 빠진 조선 군주의 편에 서서 결집하거나 일본인들을 막으려는 시도가 전혀 없이, 조선을 일본에 넘길 준비가 되어 있었다."⁸

일부 조선인은 이처럼 날로 증가하는 일본의 침략에 저항했다. 고종은 조선의 실정(實情)을 호소하기 위해 1907년에 헤이그에서 열린 만국평화회의에 비밀리에 대표단을 파견했다(그들은 무시를 당했다).⁹ 이러한 불복종에 격분한 일본 관료들은 고종을 강제로 퇴위시키고, 정신적으로 장애가 있는 고종의 아들 순종(純宗)을 후계자로 선택했다. 각계각

---

6. 『순종실록』 1907년 7월 24일(光武 11.7.24) 자 기사; 1910년 8월 22일(隆熙 4.8.22) 자 기사.

7. Dudden, *Japan's Colonization of Korea*, p.23.

8. Duus, *Abacus and the Sword*, p.188; Harrington, *God, Mammon, and the Japanese*, p.200.

9. Dudden, *Japan's Colonization of Korea*, pp.7~15.

층의 조선인들이 산으로 들어가 '의병'(義兵)을 결성했다. 그들은 철저하게 추적을 당해 투옥되거나 피살되었다. 몇몇 조선인은 일본이 임명해 조선에 부임한 미국인 고문 더럼 스티븐스(Durham Stevens)를 1908년에 살해하고, 1909년에는 전 일본 통감(統監) 이토 히로부미를 피살하는 등 암살에 의지했다. 이러한 행동들은 오늘날 한국에서 애국적인 일로 추모되고 있지만, 일본인의 맹공을 저지하는 데는 거의 도움이 되지 않았다.

조선에 대한 다자적 제국주의의 종말

일단 조선이 일본의 보호국으로 전락했음이 공표되자, 일본은 대략 23년 전쯤 청 제국이 조선에 도입한 다자적 제국주의 체제를 서서히 해체하기 위한 조치에 나섰다. 조약항 체제의 기본 구조와 제도의 일부, 예를 들어 조약항 자체와 조약항 내의 외국인 조계지는 계속 유지되었다. 그러나 날로 강성해지는 일본의 식민지 기구의 무게만으로도 먼저 일본의 경쟁자인 중국인을 몰아내고, 궁극적으로는 조선에 거주한 서양인 경쟁자들까지 모두 설 자리를 없게 만드는 역할을 했다.

청일전쟁 이후 중국해관과 조선해관 사이의 관계가 공식적으로 단절되었음에도 불구하고, 조선해관은 계속해서 영국 국적의 존 맥리비 브라운이라는 외국인이 관리를 맡고 있었다. 게다가 해관에 고용된 외국인 직원들 상당수는 대청해관에서 잔뼈가 굵은 숙련된 인사들이었다. 그러나 일본이 조선을 보호국으로 선포하자, 브라운이 총세무사에 재직할 수 있는 기간은 얼마 남지 않게 되었다. 일본 관료들은 조선이 자국의 보호국임을 공식 선포하기 전인데도, 해관의 관리권을 넘겨달라고 제안했었다. 그리고 브라운을 자리에서 내쫓으려는 과거의 시도 때와는 달리, 이번에 그는 대영 제국이나 외국인 사회로부터 어떠한 지원도 얻지 못했다. 1902년에 체결된 영일동맹 이후, 조선에 주재한 영국의 외교관들은 "영국 정부 차원에서 조선해관 문제에 대한 어떠한 개입도 자제하라."는 지침을 받았다.[10]

조선해관과 일본해관을 통합하는 매우 야심에 찬 일본의 제안이 1906년 3월에 제기되었는데, 이 제안은 현지의 한 관찰자의 말대로라면 "어떤 중요한 조직이 반대한 것"이 아니었다.[11] 브라운의 퇴임 이후, 메가타 다네타로(目賀田種太郎)가 일본으로부터 도착할 때까지 제물포 해관장이 조선해관의 임시 총세무사 역할을 겸임했다. 이 조치 이후 조선의 수출품에 모든 관세를 제거하자는 일본의 제안이 신속하게 뒤따랐는데, 이는 1876~1882년의 기간에 일본에 면세 교역이 이뤄지던 시절을 떠올리게 하는 조치이다. 당시 상황을 지켜본 외국의 관측통들은 일본 상인들이 조선의 수출품 대부분을 장악했으므로, 그러한 조치가 일본의 상업적 이익에만 도움이 될 수 있다는 결론을 내렸다. 《코리아 리뷰》는 다음과 같이 한탄했다. "총세무사는 수출세를 없애자는 제안에 기꺼이 동의했다. 우리는 맥리비 브라운이 그런 계획안을 접했다면, 그가 뭐라고 말했을지 궁금하다."[12] 일본이 조선해관을 장악한 사건이 한반

---

10. Woo, "The Historical Development of Korean Tariff and Customs Administration, 1875-1958," p.84.
11. *Korea Review*, 1906, p.117.

도에서 일본인의 상업적 이익을 노골적으로 증진하는 데 어느 정도까지 역할을 했는지는 함경남도(咸鏡南道) 출신인 일군의 성리학자들이 다른 무엇보다도 조선해관을 영국인의 관할로 되돌리라는 선언문을 작성했던 사실에서 드러난다.[13] 당연하게도 일본이 조선에 둔 통감부(統監府)는 그들의 요구에 주의를 기울이지 않았다. 조선 내에서 특별한 독점적 지위를 원했던 청의 요구는 10년 전에 이미 산산이 부서졌다. 이제 조선 조정은 이와 유사한 양보와 특권을 이구동성으로 바라는, 나날이 커지는 일본인의 요구와 맞서 싸워야 했다.

다른 제도적 개혁 역시 조선에서 중국 상인들을 희생시켜 가며 일본인의 상업적 지배력을 강화하는 역할을 했다. 조선의 보호국 기간에 진행된 개혁 중 하나는 조선 내지를 여행하기를 희망하는 모든 외국인에게 조선의 교섭통상아문 대신 일본 통감에게 통행허가증을 신청하라고 요구한 일이었다.[14] 일본 통감은 중국인에게서 인삼 수출 시장을 빼앗기 위한 조치도 취했다. 1907년까지 중국 영사들은 중국인의 인삼 수요가 조금도 수그러들지 않고 계속되었는데도 중국 상인들이 조선에서 인삼을 구매하는 것이 더 이상 허용되지 않고, 인삼 수출의 독점권이 한 일본 회사에 부여된 것을 속수무책으로 지켜볼 수밖에 없었던 점에

---

12. 위의 자료, p.261; 또한, 위의 자료, 1904, p.124; 1906, p.117, 118, 259; Woo, "The Historical Development of Korean Tariff and Customs Administration, 1875–1958," p.85를 보라.
13. *Korea Review*, 1906, p.40.
14. 위의 자료, p.79.

불만을 터뜨리고 있었다.[15] 철도를 통해 조선의 통합을 촉진하려는 일본의 시도는 통상적인 교역 증대의 효과를 거두고 있었지만, 이와 유사하게 일본인의 상업적 이익을 극대화하는 쪽으로 편향되어 있었다. 당시 상황을 목격한 한 사람의 증언에 따르면, 일본의 철도 관료들은 인천을 희생시키더라도 부산에서의 교역을 장려하기 위해 철도 요금을 조작하는 등의 "모든 가능한 수단"을 활용했다. 인천 상인들은 일본이 장악한 부산의 교역을 촉진하기 위해서, 많은 보완이 필요한 인천항의 개선 작업을 의도적으로 중단했다고 분통을 터뜨렸다.[16] 게다가 조선의 통화를 표준화하고 조정하려는 시도는 사실상 일본의 엔화를 조선의 통화로 도입하는 결과를 가져왔는데, 이러한 결과 역시 일본 상인들에게 유리하게 작용했다. 이는 특히 중국 상인들과의 직접 경쟁에서 분명해졌는데, 조선에 중국 은행들이 부족했다는 사실은 중국 상인들이 일본 은행을 통해 중국으로 수익을 송금하기 위해서는 추가 수수료를 부담해야 한다는 것을 의미했고, 이러한 부담이 사업상의 비용과 가격을 상승시켰기 때문이다.[17]

마찬가지로 중요한 것은 조선의 대외 무역에서 금의 역할이 변화한 점이었다. 과거에 조선인들이 원하던 상품과 거래할 때 사용하던 천연 자원인 금은, 많은 외국 회사들이 조선 정부로부터 채굴권을 요구하여

15. 「駐韓總領事申本部文」.
16. *British Consular Reports*, 1908, p.10; 또한, 위의 자료, 1909, p.10을 보라.
17. 일본인이 장악한 지역 내에 중국 은행이 부족하여 생겨난 불이익에 관한 중국인의 불만 사례로는 馬廷亮, 「漢城等處商工業情形」을 보라.

받게 되자 외국의 반식민지적(半植民地的) 착취의 산물이 되는 경우가 많았다.[18] 게다가 일본의 금본위제 도입과 조선 내 일본의 은행업 확대는 조선의 금에 대한 일본인의 수요를 현저히 증가시켰다. 조선 금의 채굴과 수출을 공식적으로 증진하려는 일본인의 제안은 적어도 1900년까지 거슬러 올라간다. 조선이 보호국으로 전락한 동안 일본이 조선의 은행 체제와 통화 수출을 실질적으로 지배하고 일본의 법적 장악력이 커졌다는 사실은, 점점 더 많은 금이 조선을 떠나 중국이 아닌 일본 쪽으로 향하고 있다는 것을 의미했다. 중국 상인들은 조선의 금 수출을 독점하려는 일본의 행보 앞에 무력했다.[19] 콩을 비롯한 기타 조선 상품의 시장을 중국에서 찾는 데는 시간이 걸렸고, 그동안 조선 상품의 수입에서 중국의 위상은 일본보다 떨어졌다.

게다가 조선에서 일본의 군사적·행정적 팽창이 계속되자, 상업적 형태에도 영향을 끼쳤다. 청일전쟁과 러일전쟁의 상당 부분은 조선 영토 내에서 벌어졌다. 결과적으로 전시(戰時) 동안 많은 일본 병사들과

18. 이 회사들 중에서 가장 눈에 띄었던 회사는 1897년 평안도 운산군(雲山郡)의 광산에서 작업할 권리를 확보한 미국 회사 동양광업개발주식회사(東洋鑛業開發株式會社, Oriental Consolidated Mining Company)였다. 약 70여 명의 서양인, 이와 비슷한 수의 일본인, 거의 700여 명의 중국인, 2000명에 달하는 조선인을 고용한 이 회사는 그 시기에 가장 유명하고 성공한 광산회사였다. 1904년에 당시 상황을 목격한 한 영국인의 말에 따르면, 운산광산은 "조선에서 수익을 내는 유일한 광산이었다." (Harrington, *God, Mammon, and the Japanese*, p.166; *British Consular Reports*, 1898, p.7). 운산광산의 성공이 조선에 막대한 경제적 이익으로 이어지지는 않았다. 1899년에 동양광업개발주식회사는 고종이 보유한 회사 주식을 10만 달러의 대금과 매년 1만 2000달러씩 지급하는 조건으로 매입했다. 이에 관해서는 Harrington, *God, Mammon, and the Japanese*, p.162를 보라.
19. 일본이 조선의 금광을 구매하자는 초기의 제안에 관해서는 Duus, *Abacus and the Sword*, p.162를 보라.

지원 인력, 그리고 엄청난 물자와 이에 따른 장비가 조선으로 유입되었다. 이렇게 유입된 대부분의 인력과 물자는 전선으로 직접 투입되었지만, 상당 부분은 여전히 조선해관을 거쳐 통과했고, 따라서 적절한 절차에 따라 교역으로 기록되었다. 게다가 1905년에 조선이 일본의 보호국으로 전락한 이후, 일본의 식민통치 기구와 관련된 수입액이 급증했다. 예를 들어, 일본의 철로(鐵路) 자재 수입은 보호 기간(1905~1910) 대부분 동안 조선에 수입된 단일 수입품 중에서 세 번째로 많은 양에 해당했다.[20] 그러한 수입품은 조선인의 소비나 수요의 형태와는 관계가 있다고 하더라도 매우 미약했다. 게다가 만약 조선에서 일본이 쌓은 식민지 경험이 세계 다른 지역에서 일본과 제국주의적 경쟁 관계에 있었던 나라들의 경험과 유사하다면, 식민지의 사회기반시설과 행정에 대한 일본 제국주의 세력의 투자는 (아무리 본국의 개인과 회사들이 식민지 확대로부터 이득을 얻었다고 해도) 일본 본국, 특히 제국주의 정부에게는 순손실에 해당했다. 그러나 이와 동시에 식민지에 거주하는 일본인의 증가, 특히 점점 더 확고해지고 있는 공식적인 식민지 지배에 대한 자금·인력의 투입 증가는 일본 상인들에게 기회를 창출하고 그들의 경쟁자들에게는 장벽이 되었다.[21]

---

20. Larsen, "From Suzerainty to Commerce," p.357.
21. 식민지에 거주하는 일본인의 증가에 의해 피해를 본 것은 중국의 사업적 이익뿐만이 아니었다. 미국 역시 다음과 같은 재정적 압박을 느꼈다. "알렌이 알고 있던 것처럼, 일본은 조선에서 장사할 권리를 보유한 사람들에게 '일본의 압제가 주는 위협감을 느끼게 하여 …… 사실상 미국 기업들이 조선에서 설 자리가 없게" 만들 정도였다. 루스벨트가 서울에서 미국공사관을 철수한 1905년 이후에는 이런 일이 다반사였다." (Harrington, *God, Mammon, and the Japanese*, p.200).

조선에서 공식적인 일본 식민지 세력의 증대는 중국 상인과 기업들이 통제하는 조선의 대외 무역 점유율을 대폭 감소시키는 역할을 했다. 중국인 행상들은 이후 수십 년 동안에도 여전히 조선 내륙에서 흔히 볼 수 있는 광경이었다. 그리고 만약 집안에 전해져 내려오는 이야기를 신뢰할 만하다면, 동순태호의 권력자 담걸생은 1920년대까지도 (1910년 이후 경성(京城, 케이조)으로 알려진) 서울의 주민 중에서 개인으로는 가장 많은 재산세를 납부한 인물이었다.[22] 그러나 종합적으로 볼 때, 1905년 이후 많은 조선의 시장에서 중국 상인들의 역할과 영향력은 급격히 감소하였다. 산동에서 압도적으로 많은 중국 이주민들이 계속 조선으로 이동했지만, 그들은 자신들이 점점 더 이발소·양복점·식당처럼 '세 종류의 칼'을 활용하는 서비스 부문으로 밀려나고 있다는 사실을 깨닫게 되었다.

일본인의 상업적 약진과 이에 따른 중국인의 쇠락은 대체로 중국인과 일본인이 조선에서 벌인 경쟁을 초월하는 몇몇 요인 때문이었다. 급속도로 산업화한 일본의 상품들은 기계로 직조한 영국산 면직물과 점차 경쟁할 수 있는 품질을 갖췄음이 입증되었다. 영국산 제품의 환적(換積)이 중국과 조선의 교역에서 상당한 부분을 차지했으므로, 일본산 면직물이 이전보다 훨씬 대량으로 조선에 들어감에 따라 중국의 상업적 명운이 쇠락하리라는 것은 당연지사였다.

영국산 제품의 쇠퇴와 일본산 제품의 상승 이면에 있는 요소는 무수히 많고 다양하다. 어떤 이는 영국의 생산자와 상인들이 유럽·미국·일본의 경쟁자들이 했던 것과는 달리, 아시아 소비자들의 기호를 찾아

---

22. 秦裕光, 『旅韓六十年見聞錄』, p.2.

내어 이들의 취향에 맞추려는 노력을 기울이지 않았다는 사실을 강조한다.[23] 영국 상인이 그 분야에서 궂은일을 할 수 없었든, 하기 싫었든지 간에, 이는 한 제국의 쇠락을 상징하는 것으로 받아들여졌다.[24] 다른 학자들은 일본에 비교우위를 가져다준, 특정 개인과 상관없는 요소부존도(要素賦存度, factor endowment•)의 변화를 더욱 강조해 왔다.[25] 그러나 결국 일본에 유리하게 국면이 전환된 것은 일본의 식민지 조직과 이 조

23. 한 영국 영사는 "최근에 이곳 주소를 '아프리카, 조선 주재 영국 영사'라고 써서 보낸 전갈 한 통을 받았다. 많은 사람이 자기들이 쓴 편지에서 상상하는 것과는 달리, 조선은 중국 안에 있는 나라도 아니다. 장사는 그렇게 얼빠진 태도로 할 수 있는 일이 아니다."라고 투덜거렸다(*British Consular Reports*, 1902, pp.8~9; 또한, 위의 책, 1886, pp.1~2; 1899, p.11, 22; 1908, p.7을 보라). 이러한 불평의 상당수가 중국 등 당시 각지에 머물고 있던 목격자들로부터 터져 나왔다. 이러한 불만 사항을 개략적으로 요약한 문서에서는, "영국의 무역업자들이 좀 더 싼 종류의 상품을 공급하고, 초기에는 소량 주문에 만족하며, 고객의 바람을 연구하고, 비용·중량의 계산에 미터법을 채택하며, 외상 판매를 승인하는 점 등을 탐탁잖게 생각한 점"을 언급했다. 불만 사항 중에는 영국인 외판원들의 부족, 그들이 방문한 나라의 언어를 무시한 점, 그들이 뿌린 상품목록이 영어로만 작성되어 있다는 사실도 거론되었다.(Sugiyama, "Textile Marketing in East Asia," p.295n1).

24. 영국의 중산층이 전원의 여가생활이라는 상류층의 가치를 어떻게 받아들였고, 전세계적으로 극적인 성공을 거둘 수 있었던 상류층의 가치와 관행을 어떻게 포기했는지에 관한 좀 더 보편적인 생각은 Wiener, *English Culture and the Decline of the Industrial Spirit*에서 찾아볼 수 있다.

• 한 국가가 소유하여 제조에 활용할 수 있는 토지·노동력·자본 및 기업가 능력의 총합. 스웨덴의 경제학자 헥셰르(Heckscher)는 한 국가의 가격 경쟁력이 각국의 토지·노동·자본과 기업가의 능력 등 여러 생산요소의 비율에 따라 결정된다며, 요소부존도가 높은 나라가 낮은 나라보다 재정적으로 안정적이라고 주장했는데, 이를 '요소부존도 이론'(factor endowment theory)이라고 한다.

25. 아시아의 섬유 시장에서 나타난 영국의 쇠퇴를 설명하려는 영국의 '기업가의 실패'와 '비교우위' 접근법에 대한 평가로는 Reynolds, "The East Asian 'Textile Cluster' Trade, 1868-1973"를 보라. '비교우위' 접근법에 관한 또 하나의 장기적 해설로는 "The Experience of Japan in Historical and International Perspective"를 보라.

직이 일본 상인들에게 준 혜택이 결합되어 생긴 영향력이었다. 일본은 조선해관과 조선의 은행·해운·철도 및 전보 체계를 장악한 것은 물론, 상당수의 일본군 병력, 경찰력 및 행정 관리들을 조선에 머물게 했다. 이들은 모두 가능하다면 기꺼이 일본의 배타적 특권을 증진하려고 애썼던 것으로 드러났으며, 일본인의 상업적 이익을 최고로 끌어올리기 위해 일치단결하여 끊임없는 압력을 행사했다. 그 결과는 연례 무역보고서에 분명하게 드러났는데, 1910년에는 일본 상인들이 조선 전체 교역량의 72.2퍼센트를 차지한 반면, 중국 상인들은 10.1퍼센트를 점유한 것에 불과했다. 중국과 일본이 조선에서 격렬하게 상업적 경쟁을 벌이던 시절은 이렇게 끝이 났다.[26]

조약항 체제의 해체

1905년에 일본이 손쉽게 한반도를 병합하지 않고 조선을 보호국으로 삼기로 한 이유 중의 하나는 노골적인 합방(合邦)에 대한 서구 열강들의 반발을 우려했기 때문이었다. 삼국간섭의 수모를 또 한 차례 당하는 위험을 감수하고 싶지 않았던 일본은 공식적인 식민 통치에 수반되기 마

---

26. Larsen, "From Suzerainty to Commerce," p.354. 당시 상황을 목격한 몇몇 영국인들은 다자적이고 비공식적인 제국의 소멸을 유감스럽게 지켜봤다. 프랜시스 플런켓 경(Sir Francis Plunkett)은 "'외국인 거류지와 '강제 관세'의 시대가 급속하게 사라져 갈 것이며, 영국 상인은 이제 계속되어야 하는 교역을 통해 얻게 될 작은 이익을 두고 현지의 토착 상인들과 매일 힘겹게 경쟁하게 될 것이다. 교육과 전신 탓에 토착 상인들과 영국 상인은 날로 동등한 처지에 처하게 될 것이다."라고 예언했다 (Lensen, *Balance of Intrigue*, p.60).

련인 속박이나 약속 없이 조선에서 상업적·지정학적 이익을 극대화하려고 했다.

그러나 일본 관료들은 직접적이고 공식적인 식민지화를 통해서만 다루기 힘든 조선인들을 진압하고 통치할 수 있다고 점차 확신하게 되었다. 기쁘게도 그들은 서구 열강들이 조선에 상주하는 일본인들이 점점 더 늘어나는 상황에도 거의 이의를 제기하지 않는다는 사실을 알게 되었다. 그런데도 공식적인 식민 통치가 점점 더 가까워지는 바로 그 순간에, 일본은 조선에서 조약항 체제를 해체하기 위해 신중하게 움직였다.

사실 일본은 조약항 체제를 전면 해체하기에 앞서, 우선 청 제국을 이 체제에 참여하지 못 하게 배제하려고 했다. 이런 시도는 일본이 인천 등지의 중국인 거류지에서 중국인의 부동산을 몰수하려고 했던 청일전쟁 시기부터 시작된다. 앞서 언급했듯이, 이러한 초기의 시도는 조선 주재 영국 외교관들의 저지를 받았다. 그러나 1902년에 영일동맹이 체결되고 곧이어 조선이 일본의 보호국으로 전락한 이후, 영국은 조약항 체제나 그 체제 속 청 제국의 위상에 대한 옹호를 멈추었다. 일본 관료들은 먼저 원산과 부산의 중국인 거류지를 폐쇄하려고 했다. 이러한 조치의 법적 근거는 원산항과 부산항 두 곳의 거류지 협정이 국가 대 국가 차원의 합의에 도달하거나 비준된 것이 아니고, 오히려 청의 상무위원과 조선의 현지 관료들 사이의 협상에 의한 것이라는 사실에 있었다.[27] 그 후 1909년, 일본 관료들은 조약항 인천에 거주하는 중국인의 수와 그들의 실행력을 급격히 감소시키기 위해 인천에 제안했던 새로운

---

27. 손정목, 『한국 개항기 도시변화 과정 연구』, pp.404~405.

거류지 협정을 활용했다. 다자적 제국주의와 조약항 체제는 청의 외교관들이 중국인 거류지에 청의 경찰력을 계속 배치할 수 있는 권리를 확보함에 따라 마지막 성과를 거두었는데, 이는 부분적으로 최근의 여러 협정에서 소주(蘇州)·항주(杭州)·중경(重慶) 같은 중국 도시에 일본의 경찰력 배치를 허용했었다는 청 외교관들의 주장으로 거둔 성과이다. 또한, 청의 관료들은 인천에 있는 중국인 거류지의 궁극적인 폐지를 명시적으로 언급한 새로운 거류지 협정의 표현에 항의하고, 왜 중국인 거류지만 명시되어 있는지 알려 달라고 요구했다. 일본은 자기들의 궁극적인 목표가 일본 자체 내에서 진행되는 것과 마찬가지로 모든 거류지의 완전한 폐지라고 대답했다. 하지만 일본은 왜 중국인 거류지만 명시적으로 언급되어야 하는지에 대한 명확한 이유가 없다는 사실을 인정할 수밖에 없었다.[28] 조선 항구 내의 외국인 거류지 체제는 사실 일본이 조선을 공식적인 식민지로 삼은 이후에도 지속되었지만, 1913년까지 구 조약항 체제의 마지막 자취는 완전히 사라졌다.[29]

28. 위의 책, pp.408~410. 비록 청 제국은 조선의 조약항 체제와 직접 연결되지 않았지만, 그 후 수십 년 동안 일본과 직접 소통하는 단선적인 외교 관계를 맺었고, 이는 그 후 수십 년 동안 중대한 파장을 일으켰다. 1909년, 청과 일본 메이지 정부의 외교관들은 간도협약(間島協約)을 체결했는데, 이 협약에서는 도문강(圖們江)을 중국과 조선의 경계로 인정하고, 도문강 이북에 거주한 조선인들이 계속 남아 있도록 허용하면서도 그들을 청의 지배하에 두었다. 이에 관해서는 *Treaties, Conventions, etc. Between China and Foreign States*, 2: pp.762~769를 보라. 그때나 지금이나 많은 조선인(한국인)은 엄청난 분노와 억울함을 표출하지만, 이 협정은 도문강 북쪽의 간도(間島) 지역이 조선의 자국 영토라는 많은 조선인의 오랜 주장을 효과적으로 일축했다. 이에 관해서는 Schmid, *Korea Between Empires*, pp.199~223을 보라.

29. 손정목, 『한국 개항기 도시변화 과정 연구』, pp.427~435. 외국인 조계지와 거류지 체제를 종식한 협정의 전문에 관해서는 국회도서관 입법조사국, 『구한말 조약 휘찬』, 2: pp.34~43을 보라.

'약육강식'

청이 도입한 조약항 체제가 일본의 공식적인 식민 통치로 변화한 것은 종종 일본의 메이지 정부와 청 제국이 서양식 근대화를 수용한 방식에서 나타난, 매우 엇갈린 보폭의 결과였던 것으로 간주된다. 그러나 그런 해석으로는 서구 열강들이 왜 조선에서 다자적 제국주의 체제를 똑같이 지지할 수 없었거나 적극적으로 지지하지 않으려고 했는지를 설명하지 못하는 것 같다. 서구 열강들은 결국 일본 메이지 정부가 표면적으로 모방하고 있었던, 바로 그 근대성이 구현된 모습이었다. 따라서 서구 열강들은 아마 조선에서 다자적 특권을 수호하기에 필요한 힘을 갖고 있었을 것이다. 그런데도 서구 열강들은 청 제국과 동시에 조선에서 휩쓸려 나갔다. 물론 이처럼 외견상 어려워 보이는 의문에 대한 대답은, 조선에서 나타난 제국주의의 예상 밖의 변화가 경쟁국들의 서로 다른 근대성의 정도에 거의 영향을 받지 않았다는 점이다. 그보다는 오히려 지정학적·군사적·경제적 요인을 비롯한 일련의 다양한 요소들이 다양한 방식으로 각 개체에게 영향을 주었다.

한 걸음 물러나 범세계적인 시각에서 조선이 공식적인 일본의 식민 통치를 받는 상황으로 전락한 과정을 검토해 보면, 조선의 직접 합병은 세계적인 추세와 일치했음을 알 수 있다. 절정의 제국주의의 시대가 도래했고, 세계 여러 지역의 제국주의 열강들은 가능한 한 신속하게 영토를 차지하여 합병하고 있었다. 서구 열강들은 동남아시아에서 대규모 영토 획득을 벌이고 있었던 것과 유사하게, 아프리카 영토를 차지하기 위해서도 이른바 쟁탈전을 벌였다.[30] 이와 같은 제국주의 팽창의 상승기에는 독일·벨기에·미국 등 신흥 강국들이 영토 확장을 위해 앞다투어 출사표를 던진 것은 물론이고, 러시아가 중앙아시아에서, 브라질이 아마존 일대에서, 오스만 제국이 메소포타미아 지역에서 이전부터 주장한 영토에 대한 지배를 공고히 했다.[31] 동북아시아에서는 다양한 세력이 청 제국의 세력 범위에 있는 영토를 차지하기 위해, 즉 이른바 중국을 '과분'하기 위해 움직였다. 그러나 가장 중요한 영토 확장은 일본의 영토 확장이었는데, 일본의 메이지 제국과 그 후임자들은 1895년에는 타이완을, 1905년에는 사할린(가라후토) 남부와 아르투르항을, 1910년에는 조선을, 1919년에는 이전까지 독일이 차지하고 있던 중국 영토를, 1920년에는 사할린의 남은 지역을 차지했다.

이러한 세계적 규모의 영토쟁탈전 대부분은 단기간의 경제적·상업적 이익으로 인식된 것들과는 거의 관련이 없었고, 탐나는 영토를 차지하려는 다른 열강들의 시도를 미연에 방지할 필요성을 비롯해 모든 것은 안보적 이익으로 인식된 것과 관련이 있었다.[32] 이처럼 좀 더 광범위

---

30. Bayly, *Birth of the Modern World*, p.228. 다모다르 사르데사이(Damodar SarDesai, "British Expansion in Southeast Asia," pp.7~8)는 "'쟁탈전'이라는 용어가 19세기의 말엽 동남아시아에서 나타난 제국주의의 새로운 단계를 묘사하기에도 마찬가지로 적절한 용어였을 것이며, 1860년부터 1914년까지 거의 2590만 제곱킬로미터에 달하는 동남아시아의 영토가 서구의 지배를 받았다."라고 논평한다. 동남아시아에서 벌어진 이런 '쟁탈전'에 포함되는 것으로는 영국의 버마·말레이반도·사라왁·브루나이·북보르네오 정복, 네덜란드의 인도네시아 장악과 프랑스의 인도차이나반도 장악의 확대, 미국의 필리핀 병합이 있다.

31. Bayly, *Birth of the Modern World*, pp.228~229.

32. 위의 책, p.233; Iriye, "Imperialism in East Asia," pp.125~126. 노먼 에인절(Norman Angell)은 종종 제대로 된 인정을 받지 못한 자신의 작품 *The Great Illusion*(vii)에서 경제적 이유로 인한 영토 확장의 불합리성에 관해 다음과 같이 언급했다. "설령 런

한 세계적 관점에서 볼 때, 조선이 일본이나 다른 몇몇 외국 열강에게 합병되지 않을 것이라고 생각한다는 것은 매우 놀랄만한 일이었을 것이다. 조약·국제법·조약항·특권·조계 체제 및 외국인이 운영하는 해관 등의 기구만으로 과잉 무력 행사에 대항하기는 충분하지 않았다. 이러한 사실은 직접적인 식민 통치가 현실이 되기 수십 년 전부터 일본 외교관들의 큰 주목을 받았다. 일본 외교관 모리 아리노리(森有禮)는 이홍장과의 의미심장한 대화에서 다음과 같이 직설적으로 분명하게 말했다.

> 모리: 조약은 의지할 바가 못 되는 것 같소.
>
> 이홍장: 국가 간의 평화는 조약에 달려 있소. 어떻게 조약이 의지할 바가 못 된다고 할 수 있소?
>
> 모리: 조약이 평범한 통상 관계에서는 유효하겠지요. 그러나 중대한 국가적 결정은 조약에 따르는 것이 아니라, 상대적인 국력에 따라 이뤄질 것이오.
>
> 이홍장: 이는 이단사설(異端邪說)이오. 힘을 믿고 조약을 위반하는 행위는 국제법이 용납하지 않을 것이오.
>
> 모리: 국제법은 무용한 것이외다.
>
> 이홍장: (와인 잔을 가리키며) 평화는 정신이고, 조약은 평화를 유지하게 해 주는 물건이오. 인간의 마음은 이 와인과 같고, 와인 잔은 정해진 한도 내에 인간의 마음을 보관하는 용기라오.
>
> 모리: 평화의 정신은 온갖 구석과 틈새를 통해 들어오고 나갑니다. 어떻게 잔 하나로 평화를 담을 수 있겠소이까?[33]

만약 유행가에 어떤 암시가 담겨 있다면, 일본의 여론은 동의하는 것 같았다. 한 유행가의 가사는 다음과 같았다. "만국공법(萬國公法)이 있는 것은 사실이지./그러나 그 순간이 올 때, 기억하라./강자가 약자를 잡아먹는다는 것을.[34]"

던시가 하트퍼드카운티를 합병한다고 해도 런던 사람들의 부가 늘어나지 않는 것처럼, 근대국가가 영토를 늘렸다고 해서 그 국가 국민의 부가 늘어나지는 않는다." 또한, 위의 책, pp.43~45를 보라. 그가 깨닫지 못한 부분은 대가가 큰 군사적 충돌을 감수할 수 있을 정도로 영토 획득에 자극을 준 여러 가지 동기들, 그중에서도 민족주의와 경쟁의 중요성이다.

33. Tsiang, "Sino-Japanese Diplomatic Relations, 1870-1894," p.59. 또한, 나카에 조민(中江兆民)의 유명한 저작 『세 취객의 경륜문답』(三醉人經綸問答, *A Discourse on Government by Three Drunkards*, 1887)에 표현된 것처럼, 국제법의 이상들 사이에 존재하는 긴장감을 보라. 이 저작에서 주인공인 "난카이(南海) 교수"는 "적자생존의 힘에도 불구하고 …… 모두들 거의 국제법을 인식한다. …… 게다가 국가들 간의 균형을 유지하려는 (네 열강의) 의무와 국제법을 유지시키려는 그들의 협정은 은밀하게 그들의 행동을 속박한다."라고 주장한다. 알렉시스 더든(Alexis Dudden, *Japan's Colonization of Korea*, p.26)은 실제 현실을 다음과 같이 적절히 요약했다. "그러나 실제로 일본이 국제법에 참여한 것은 반대의 결과가 일어나게 했다."

34. Dower, *Embracing Defeat*, p.21에서 재인용. [이 노래는 메이지 시대 정치가이자 시인이었던 고무로 시게히로(小室重弘, 1858~1908)가 작사한 〈외교의 노래〉(外交の歌)로서, 당시 일본 육군과 해군의 예식가(禮式歌)로 불렸다. 지은이가 재인용한 부분은 조지 샌섬(George Sansom, 1883~1965)이 영역한 것(Western World and Japan [Knopf, 1951], p.407)이며, 노래의 전체 가사는 다음과 같다. "西に英吉利北に魯西亞/油断な爲せそ國の人/外表に結ぶ條約も/心の底は測からねぞ/萬國公法ありとても/いざ事あらば腕力の/強弱肉を爭ふは/覺悟の前のことなるぞ/嗚呼同胞の兄弟よ/御國に生れし甲斐あらば/盡せやはげめ諸共に/つくすべし."(磙々庵居士 編, 『明治新體詩歌選』, 1887). 지은이가 인용한 의역(밑줄 부분)에 대한 옮긴이의 번역은 다음과 같다. "만국공법이 있다 한들/막상 일이 생기면, 완력으로/강자와 약자가 패권을 다투는 것은/이성보다 앞선다는 사실이지."]. 몇몇 조선의 신문들도 다음의 내용에 동의했다. 앙드레 슈미드(Andre Schmid, *Korea Between Empires*, p.38)는 다음과 같이 논평한다. "사회진화론은 법이 인간사회의 합리적인 조절장치로서 문명개화(文明開化)의 중심에 자리한 문제를 두고, 법이 권력자들의 도구로 사용된다는 점을 강조했다. 한 신문에서 사설을 쓴 누군가를 통해 국제법에 관해 선언하게 한 것처럼, '이와 같은 이른바 공법(公法), 정의로운 원칙, 동맹과 조약, 도덕성은 모두 종잇조각에 적혀 있는 단어에 불과할 뿐'이다."라고 논평한다.

유산과 시사점

조선에서 청 제국주의의 궤적은 조선이 일본에 합병된 후에도 오랫동안 반향을 일으킨 유산과 시사점을 남겼다. 중국의 개혁주의자 강유위(康有爲)는 청일전쟁에서 청 제국이 당한 패배가 "청조의 건국 이래 200년이 넘는 기간 동안 중국이 겪은 최대의 굴욕"이었다고 묘사했다. 강유위를 비롯한 사람들은 이홍장의 대외 정책과 청국의 자강(自强) 개혁에 담긴 전제와 실천에 의문을 제기했다. 많은 사람은 더 나아가 청 제국 전체의 효용성에도 의문을 제기했다. 권력의 중앙집중과 '제국화'를 다시 이룩하려는 청의 노력은 1912년에 청 제국이 무너지고 중화민국(中華民國)으로 대체됨에 따라, 너무 미미하고 늦었던 것으로 드러났다.[36]

청 말기의 개혁이 실패하고 청 제국 자체가 소멸하자, 급속한 근대화가 진행되고 있던 세계에서 청 제국은 확실히 전근대적인 유물이었다는 강력한 공감대가 형성되었다. 이는 빠르게 근대화되고 있던 일본의 이미지와 현격한 대조를 보였다. 일본의 사상가 후쿠자와 유키치(福澤諭吉)는 청일전쟁에 관해 "문명을 발전시키려고 애쓰고 있는 국가와 문명의 발전을 막고 있는 나라"가 벌인 "일종의 종교 전쟁"이었다고 기록했다.[37] 청일전쟁과 그 이후의 러일전쟁에서 일본이 거둔 성공은 메이지 제국의 급속한 근대화와 맞물려, 일본을 "아시아의 정체된 생활에서

---

35. Paine, *The Sino-Japanese War*, p.269.
36. 중앙집권과 제국주의를 한 번 더 이룩하려는 청 말기의 노력에 관해서는 Rhoads, *Manchus and Han*을 보라.
37. Conroy, *The Japanese Seizure of Korea*, p.255.

벗어나 유럽과 아메리카의 생활을 일본의 기질에 스며들게 하고,"(머리말에서 언급한 것처럼) 한 관찰자가 일본 열도는 말 그대로 아시아를 벗어나 신세계를 향해 "태평양을 가로질러 끌려가게" 되었다는 결론을 내리게 했다[38]. 반면에 청의 지도자들은 전통이라는 궁지에 빠져 "(그) 시대의 정신과 추세를 감지할" 수 없었던 것으로 생각되었다[39]. 게임의 규칙이 바뀌었다는 것을 인식할 수 없었거나 인식할 의지가 없었던 그들은 시대에 뒤떨어진 이상과 관행에 매달렸고, 아니나 다를까 실패했다. 한 학자는 "중국인들이 수천 년의 세월 동안 조선과 교류를 해 왔지만, 조선의 현실을 전혀 이해하지 못했다."라는 결론을 내린다[40]. 요컨대, "원세개의 주차관 재직 시절이 무너져가는 질서로 가득해 숨이 턱 막히는 순간이었다면, 일본 상인들은 고양이의 발처럼 슬금슬금 걸어들어오는 새로운 움직임이었다[41]."

조선의 많은 사람에게 청의 종주권 종식과 뒤이어 조선에서 다자적 제국주의가 쇠락한 현상은, 일본이 문명화되고 개화된 국가의 대열에 합류하고 중국이 '아시아의 병자'(sick man of Asia, 亞洲病夫)가 되어가고 있다는 서구적 관념이 조선의 국내 개혁에 보내는 강렬한 신호로 받

---

38. 헨리 필드(Henry M. Field)의 말, Duus, *The Japanese Discovery of America*, p.38에서 인용.
39. Yur-Bok Lee, *West Goes East*, p.172.
40. Jung, *Nation Building*, p.165.
41. Cumings, *Korea's Place in the Sun*, p.126.
• 19세기 말 중국이 청일전쟁에 패하자, 번역가이자 언론인이었던 엄복(嚴復)이 한 신문 칼럼에서 자조적으로 언급한 말로, 이후 서구 언론들이 인용하면서 대중화되었다. 유럽의 언론이 19세기 중반 쇠락에 빠진 오스만 제국을 '유럽의 병자'(sick man of Europe)로 조롱하던 것에서 차용한 말인 듯하다.

아들여겼다. 조선이 오랜 조공 관계를 회피하고 조선에 대한 특권을 요구하는 청의 모든 주장을 거절하는 것은 반드시 실천해야 할 중요한 사항이었고, 중국의 영향으로 오염되었다고 여겨지는 조선의 정치체제와 문화의 모든 측면을 폐기하는 것 역시 필수적이었다.

앞서 언급한 것처럼, 조선에서 중국의 종주권을 나타내는 상징물을 파괴하려는 독립협회의 여러 가지의 노력은 빙산의 일각에 불과했다. 조선의 역대 개혁가들이 한문(漢文)을 사용한다든가 여전히 강력한 유교를 숭배하는 것 등 실체가 다소 모호하면서도 중요한 신호와 상징을 떠안고 있었기 때문이다. 게다가 한국의 역사학자들은 중국이 거의 생각지도 못한 부분에서 한국의 역사를 상상하기 위해 많은 노력을 해왔다. 단군(檀君)을 한국 문명의 창시자로 기리는 행위는 조선 시대 내내 줄곧 인기 있었던 기자(箕子)의 전설을 훼손시키면서까지 한국의 토착적 기원을 강조한다. 기자동래설(箕子東來說)은 조선과 중국의 오랜 관계를 강조한 것이었다.[42] 한국의 고고학자들은 한반도를 고대 시베리아나 중앙아시아와 연결시키는 유물의 중요성을 강조해 왔고, 이른바 한사군(漢四郡) 시대(108 B.C.~A.D. 313) 동안 중국인이 한반도에 존재했음을 강하게 암시하는 방대한 발굴 유적들을 종종 하찮게 평가했다.[43] 중국 수(隋)의 대군을 성공적으로 물리친 것으로 알려진 고구려의 장수 을지문덕(乙支文德)은 신채호(申采浩)처럼 중대한 영향을 끼친 민족주의 역사학자들과 이들의 후대 학자들로부터 숭배를 받았다. 세종 대왕의 재위 기간(1418~1450) 동안 개발된 표음문자 한글은 끊임없이 대대적인 찬사를 받았지만, 한국어 어휘에서 많은 단어를 구성하는 필수 요소인 한자는 (특히 북한의 경우) 학교에서조차 교육을 받을 수 없을 때가 있었다. 유교보다는 샤머니즘이 진정한 한국인의 종교로 간주되었다. 요컨대, 한국이라는 고유의 국가를 상상하려는 노력들은 중국의 실질적인 삭제를 의미했다.

한국의 개혁가들에게 '중국의' 모든 문화적 영향력을 제거하는 것은, 19세기와 20세기에 국가를 건설하고자 했던 많은 사람이 직면했던 골치 아픈 딜레마에서 벗어날 수 있는 기발한 해결책이었다. 즉, 이는 일군의 집단에게 그들을 단결시켰던 요소이기도 한 전통문화의 대부분까지는 아니어도 상당 부분을 근대화라는 명분 아래 포기하도록 설득하면서도, 이들이 국가라는 이름 아래 공통의 정체성과 문화를 가졌다고 확신시키는 방법이었다. 한국의 개혁가들은 '문명개화'론자들이 후진적이고 반동적이거나 그것도 아니면 근대화에 걸림돌이라고 낙인을 찍은 모든 것과 모든 사상을 가져다가 상자 안에 집어넣은 다음 '중국식'이라는 딱지를 붙여 배출했다(한국인들이 수천 년까지는 아니어도 수 세기 동안 자국 문화에 담긴, 많은 '중국적' 요소를 실천했었다는 사실은 전혀 개의치 않는다). 이렇게 함으로써 더욱 근대적인 것은 동시에 더욱 한국적인 것이 되었다. 이 기발한 접근법의 주요한 결점은 일본인들이 한반도에서 해로운 중국의 영향력을 근절시키기 위해 조선을 식민지로 삼겠다고 주장했을 때, 조선의 개혁가들이 일본의 주장을 반박하기 위해 사용할 수 있는 수사적인 실탄이 거의 없었다는 점이었다.

일본 역시 자기들이 조선을 중국의 굴레에서 해방시킨다는 명분

---

42. 기자 전설에 관한 더욱 자세한 내용은 Han Yŏng-u, "Kija Worship in the Koryo and Early Yi Dynasties,"를 보라.
43. 근대 조선의 형성에 있어서 건축·신화·고대사의 역할에 관한 리뷰로는 Pai, *Constructing "Korean" Origins*를 보라.

에 따라 행동하고 있다고 주장했다. 만약 일본이 급속한 근대화의 힘으로 태평양을 가로질러 캘리포니아 해안 근처까지 이동하여 미국의 군도(群島)가 되었다면, 일본과 같은 기원을 가졌다고 생각되는 영토이자 민족으로 구성된 조선은 다른 방향으로 "점차 떠내려갔을 것"이다. "일본인들이 독립성을 유지하는 동안, 훨씬 강력한 중국의 영향력 아래에서 살고 있던 조선인들은 중국의 보수적인 문화 전통에 심취해 진보를 금지하는 특성을 얻게 되었다." 일본의 조선총독부(朝鮮總督府)는 조선의 "개혁과 진보"에 관한 한 보고서에서 조선의 역사를 소개하는 도입부의 첫 쪽에 "여러 세기 동안 조선은 대체로 중국에 종속되어 있었고, 조선 백성들은 국가의 발전에 거의 도움이 되지 않았다."라고 언명함으로써, 조선의 낙후성과 중국의 종주권 사이의 인지된 연관성을 숨기기 위한 노력을 전혀 하지 않았다. 일본의 직접적인 식민 지배를 받은 35년 동안, 한국인들은 매사에 간섭적이고 억압적이었던 일본인의 영향력으로 생겨난 딜레마에 고심해야 했다. 많은 한국인이 일본 민족의 힘과 근대성(과 중국 문화의 족쇄를 벗어던진 능력)을 감탄하며 바라보았지만, 너무나도 지독하고 잔인한 그들의 감시에 훨씬 많은 한국인이 진심으로 분개했다.

세계 속의 청 제국

1887년, 저명한 증국번의 아들 증기택(曾紀澤)은 「중국: 수면과 각성」

---

44. Duus, *Abacus and the Sword*, p.420.
45. Government-General of Chosen, *Annual Report on Reforms and Progress in Chosen*, p.1.

("China: the Sleep and the Awakening,")이라는 제목의 논문 한 편을 출간했다. 이 논문에서 그는 청 제국이 불평등 조약을 비롯한 각종 굴욕의 부담으로 고통받고 있다는 사실을 인정했다. 그러나 그는 중국이 배우고 있었던 교훈과 중국의 미래에 관해 확신을 품고 다음과 같이 말했다. "중국은 더 이상 5년 전의 중국이 아니다. 각각의 만남은 …… 중국에 중국의 약점을 가르쳐 주면서, 중국의 강점까지도 밝혀 주었다."[46] 증기택이 보기에, 새로 발견된 청 제국의 힘은 청 제국과 그 속방들 사이의 관계에서 분명하게 나타났다. 이들의 관계는 "중국이 아시아의 강대국으로서 보유하고 있는 지위에 좀 더 걸맞게 어느 정도까지는 …… 비교적 모호하지 않은 기반"[47]에 놓이는 과정에 있었다. 그는 "국경의 관리자가 이제 해외로 눈을 돌려 중국의 변방 지역인 조선·티베트와 중국령 투르키스탄의 안보에 주의하고 있다. 앞으로 중국 정부는 이들 국가에 대한 어떠한 적대적인 움직임이나 이들 국가의 내정에 대한 일체의 간섭을, 중국 정부와의 우호적 관계를 중단하려는 욕망에서 그런 짓을 저지

- 당시 영국 주재 청국 대사였던 증기택이 *The Asiatic Quarterly Review*(Swan Sonnenshein & Company, 1887)에 발표한 이 논문은 중국근대사에서 중요한 의미를 지니는 논문으로, 안영경(顏詠經) 등이 「중국선수후성론」(中國先睡後醒論)이라는 제목의 중문으로 번역했다. 그러나 이 중역본에는 많은 누락·오역과 내용 추가 등의 오류가 있으므로, 중역본에 담긴 여러 주장과 사상은 증기택 본인의 생각이 아니라 번역자들의 오역으로 만들어진 것들이다. 중국의 일부 학자는 이 오역본을 근거로 증기택이 "공개적으로 침략자에게 아첨했다."고 생각했고, 또 어떤 학자들은 그가 "기치가 선명하게 자신의 반침략적 견해를 밝혔다."고 생각했다. 따라서 되도록 중역본보다 영어판 원문을 인용해야 하며, 중역본을 인용한 중국 논문들을 참조할 때는 신중하게 접근해야 한다.

46. Tseng, "China: The Sleep and the Awakening," p.148.
47. 위의 논문, p.152.

른 열강의 선언으로 간주할 것이다."라고 전 세계에 통보했다.[48] 우리는 증기택이 이 글을 쓴 이후 몇십 년 동안에 벌어진 사건들을 알고 있으므로, 증기택의 대담한 주장이 대책 없이 순진하고 오류로 가득하다고 일축하고 싶은 유혹을 받는다. 청 제국은 아직 청일전쟁의 굴욕적인 패배, 의화단 사건과 그 진압 과정의 혼란, 중국에서 특권을 얻기 위한 외세의 치열한 쟁탈전을 경험하기 전이었다. 결국 이 모든 사건이 1912년에 만주족 왕조인 청의 멸망을 가능하게 했을 것이다. 게다가 증기택이 중국의 각성을 선언한 후 대략 30년 동안, 노신(魯迅) 등 저명한 5·4운동의 지식인들과 (민족주의와 공산주의) 국가 건설자들은 여전히 잠에 빠진 중국인들의 상태를 한탄하고 있었다.[49] 수십 년의 '굴욕'은 1949년 중국이 마침내 중국공산당의 통치 아래 "일어서기" 전까지 한 세기 동안 계속되었다.

그렇다 하더라도 증기택이 꼽은, '변방 지역'에 대한 청 제국의 정책을 간략히 검토하는 것은 19세기 후반의 청 제국을 평가하고, 청 제국을 훨씬 광역적이고 세계적인 맥락에서 바라보기 위한 좋은 방법이다. 2장에서 언급했던 것처럼, 청 정부는 1875년에 외교정책에 관한 토론을 벌였는데, 이 토론에서는 해방(海防, 해상 방어)을 희생하더라도 '새방'(塞方, 변경 방어)을 강조하기로 했다. '중국령 투르키스탄'의 처지에서, 이 결정은 반란군을 진압하고 러시아가 이 지역까지 남하하는 것을 막기 위해 좌종당이 이끌었던, 일련의 공격적인 군사작전을 의미했다. 전장에서 승리를 거둔 청 제국은 이전까지는 상상조차 할 수 없었던 방식으

---

48. 위의 논문.
49. 예를 들어, Fitzgerald, *Awakening China*; Mitter, *A Bitter Revolution*을 보라.

로 그 지역을 청 제국에 편입하기 위해 마련된 개혁을 추진했다. 신강은 1884년에 성도(省都)를 (전통적으로 불리던) '우루무치'[Urumchi, 鳥魯木齊] 대신 적화(迪化)로 개명하면서 중국의 한 성(省)으로 공표되었다. 순무(巡撫)가 임명되었고, 도(道)와 현(縣) 등을 갖춘 중국식 행정 조직이 설치되었다. 새로운 학교가 설립되었고, 어쩌면 가장 중요한 정책이었던 한족의 신강 이주가 장려되었다.[50]

티베트의 경우도 이와 비슷했다. 티베트에서 영향력을 확대하려던 영국의 시도는 결국 1904년에 티베트를 침공함으로써 절정에 이르렀다. ('버블'와 '스퀴크'라는 별명을 지닌) 두 종의 맥심 기관총 도움을 받은 영국 원정군은 티베트인의 저항을 재빨리 해치우고, 참혹하고 잔인하게 티베트의 영국 지배를 확정했다.[51] 티베트는 그러니까 기술적으로 우월한 서양이 "아시아의 병자"에 대한 의지를 표명한 또 한 건의 사례가 되었던 것처럼 보인다. 그럼에도 불구하고 2년 안에 영국은 "티베트의 영토를 합병하거나 티베트의 행정에 간섭하지 않고," 근본적으로 "중국에 대한 티베트의 정치적 종속(의 재확인)"을 약속하는 협약을 청 제국과 체결했다(이듬해에 체결된 영러 협정은 티베트에 대한 청 제국의 권리를 더욱 강화했다).[52] 그 후 몇 년 동안 청 제국은 주로 조이풍(趙爾豊)의 지휘 아래 (잔혹한 침공을 비롯해) 전

---

50. Millward, *Beyond the Pass*, pp.250~251.
• 영국의 발명가 하이럼 스티븐스 맥심(Hiram Stevens Maxim, 1840~1916)이 발명한 기관총. 발사할 때의 소리를 따서 '버블'(bubble, 부글이)과 '스퀴크'(squeak, 삐걱이)로 불렸다.
51. Meyer, *Dust of Empire*, p.11.
52. Goldstein, *Snow Lion and the Dragon*, pp.25~26.

례가 없을 정도로 티베트의 내정에 개입하곤 했다. 조이풍은 1910년에 청군을 이끌고 라싸(Lhasa, 拉薩)로 진격하여, 달라이 라마를 달아나게 했다. 티베트 각 지역의 촌장(村長)들은 청이 임명한 관료들로 대체되었고, 중국식 우체국이 (중국어와 티베트 문자를 모두 사용한) 티베트 최초의 우표 발행과 함께 설립되었다. 오직 청이 붕괴했을 당시에만 "티베트가 중국 본토에 합병되던" 이 과정이 일시적으로 중단되었다.

'변방의 방어'를 강조한 그 결정에 대해, 이매뉴얼 쉬(Immanuel Hsu, 徐中約)는 청 제국의 정책 입안자들이 얼마나 '퇴행적'이고, 시대착오적이며, '전근대적'이었는지를 보여주는 신호라고 이해했다. 만약 그들이 이홍장의 의견을 경청하여 청의 해군에 좀 더 많은 자원을 투자했더라면, 청일전쟁의 치욕적인 패배는 물론이고 어쩌면 그 이후에 일어난 왕조의 붕괴를 피할 수 있었을지도 모른다. 그러한 사후 가정은 본질적으로 증명할 수 없지만, 어쩌면 이매뉴얼 쉬의 결론이 맞을 수도 있다. 그러나 청 제국이 추진하기로 한 방침의 결과를 고려하는 것 역시 중요하다. 대부분의 서술이 청의 나약함과 중국인의 굴욕을 강조하던 시대에,

---

53. 멜빈 골드스타인(Melvin Goldstein, 위의 책, p.26)은 다음과 같은 결론을 내린다. "청조는 쇠약하고 붕괴 직전에 있었지만, 놀라울 정도로 격렬하게 대응했다. 북경 정부는 영국에 직접 배상금을 지급함으로써 영국군이 빠르게 티베트 영토를 떠나게 했고, 그날그날의 티베트 문제에 더욱 적극적인 역할을 하기 시작했다." 토머스 레어드(Thomas Laird, *The Story of Tibet*, p.234)의 다음 결론을 참조하라. "만주족의 지휘를 받은 중국 군대가 라싸를 점령하고 티베트에 대한 행정적 지배를 확립하는 조치를 취하는 동안, 다가올 사건의 불길한 그림자 속에서 어떤 나라도 이에 간섭하지 않았다. 이는 어떤 한족 정부나 만주족 정부도 그때까지 전혀 이룩하지 못했던 성과였다."
54. Goldstein, *Snow Lion and the Dragon*, p.28.
55. Hsu, "Great Policy Debate in China, 1874," p.224, 225, 227.
56. 위의 논문, p.228.

청 제국은 세계에서 가장 강력한 제국이었던 두 나라인 러시아 및 영국과의 치열한 경쟁을 뚫고 이전까지 전례가 없을 정도로 강력하고 성공적으로 신강과 티베트에 대한 지배력을 행사하기 시작했다. 청 제국은 절정의 제국주의 시대가 지닌 특징이기도 한, 영토 합병과 통합에도 참여할 능력을 갖췄던 것으로 보인다.[57]

해상 연안을 포기하면서까지 신강과 티베트에 초점을 맞추겠다는 전략적 결정을 내렸을 때, 청은 만주족 설립자들이 품었던, "스텝 지대를 지향하던 사고방식의 흔적"의 영향력을 매우 잘 보여줬던 것도 같다.[58] 그러나 한 세기가 넘는 세월이 지난 오늘날의 폭넓은 시각으로 볼 때, 어쩌면 이 결정은 이매뉴얼 쉬가 결론을 내렸던 것과는 달리 견문이 좁은 판단이 아니었을지도 모른다. 청 제국은 이전의 중화제국과 마찬가지로 "종종 고대부터 20세기까지 존재했던 보편주의적 종교와 연결되어, 위대한 군사적·전제주의적 육상제국이 지니는"[59] 많은 특징을 드러냈

---

57. 청 제국도 '고차원' 또는 '새로운' 제국주의를 실천했다고 주장한다고 해서, 이것이 그저 외국의 관행을 흉내 낸 것에 불과하다는 의미가 아니라는 점에 주의해야 한다. 청 제국은 19세기와 20세기 초에 새로운 정책과 관행을 구축함에 따라 도입한, 변경 지역에 대한 제국주의적 관계와 관행이라는 장구하고 복잡한 전통을 갖고 있었다. Perdue, *China Marches West*를 보라.

58. Hsu, "Great Policy Debate," pp.224~225, p.227.

59. Lieven, *Empire*, p.25. 리벤은 새뮤얼 아이젠슈타트(Samuel Eisenstadt)와 모리스 뒤베르제(Maurice Duverger)의 작품으로 대표되는 육상제국에 관한 학술성과와 마이클 도일(Michael Doyle)을 대표로 하는 '근대 유럽의 해상제국'에 관한 학술성과를 대비시킨다. 많은 서구 학자들의 입장에서는 몇몇 경우에 유럽의 해상제국들이 근대 세계에서 고려할 가치가 있는 유일한 제국의 유형이었던 것처럼 보였으므로, (명백한 이유로) 그들이 공부하기로 마음먹은 제국주의의 지배적인 유형이 해상제국이었다고 말하는 것은 공정하다. 또한, Maier, *Among Empires*, p.32; Iriye, "Beyond Imperialism," pp.108~109를 보라.

다. 19세기와 20세기 초반에 유럽의 해상제국은 이들 육상제국과의 물리적 충돌에서 대체로 승리를 거뒀다. 그러나 탈식민지화 현상이 마무리된 이후, 청 제국의 국경과 오늘날의 중화인민공화국 영토 사이의 놀라운 연속성은 아시아(와 전 세계)에서 보인 일본·유럽·아메리카 제국의 영향력 축소와는 극적인 대조를 보인다.[60]

청 제국의 영토가 오랜 기간 보존될 수 있었던 비결은 부분적으로는 자국과 인접한 영토의 소유에 초점을 맞췄던 청의 전략적 결정에서 기인하며, 부분적으로는 중화민국 초기의 지도자들이 내린 또 다른 전략적 결정에서 비롯되기도 했다. 청 제국의 종말을 초래한 혁명가들이 내세운 구호 중의 하나는 '멸청복명'(滅淸復明), 즉 "청을 타도하고 명을 부활시키자"는 것이었다. 혁명가들의 행동 강령에서 명확했던 것은 청 제국의 만주족 군주들이 이민족 지배자였으므로, 이들을 제거하면 중국이 다시 영광을 되찾게 될 것이라는 개념이었다. 1911~1912년의 신해혁명(辛亥革命)과 함께 일어난 반만(反滿) 폭동과 만주족 학살은, 만주족의 실제 유전자 구성이 어떠했든 간에 많은 사람 사이에서 만주족이 중국의 일부가 아니라는 확고한 생각을 입증한다.[61] 그럼에도 불구하고 중화민국 초기의 신중국(新中國) 지도자들은 새로운 공화국의 국경

---

60. 미국은 흥미로운 사례를 제시한다. 이리에 아키라(Akira Iriye, "Beyond Imperialism," pp.108~109)는 미국이 육상제국의 대열에 포함되었을 수도 있다며 다음과 같이 주장했다. "미국 역시 적어도 남북전쟁 이후 중앙정부가 영토 전역에 대한 권한을 확립하고 서·남·북쪽으로 팽창하며, 19세기 동안 영토 제국으로 성장했다." 그러나 19세기 후반과 20세기 내내 (그리고 21세기에 들어서서도) 미국의 행동은 근대 해상제국의 특징도 보여준다.

61. Rhoads, *Manchus and Han*을 보라.

에 한족 왕조가 전혀 통치한 적 없었던 영토를 비롯해 전 왕조인 청이 보유했던 모든 영토가 포함될 것이라는 점을 분명히 했다. 그리고 상대적인 약세의 처지였던 한족 정책 입안자들, 그중에서도 민족주의 계열의 정책 입안자들은 청의 이전 영토를 계속 보유하겠다고 주장하는 놀라운 능력을 보여 주었다.[62] 중국을 다문화·다민족 정치조직체로 묘사하려는 중화인민공화국의 이후 시도들은, 심지어 식별할 수 있는 극소수의 만주족까지 광범위한 중국인 집단의 범주 안에 포함하려는 상황을 기꺼이 받아들였다. 이는 청 제국의 영토 및 민족과 서로 가까운 형태로 중국이라는 국가를 새롭게 재해석하려는 광범위한 과정의 일부였다. 비록 이것이 여전히 제한을 두지 않아 매우 논쟁적인 과정이지만, 청 제국/중화제국이 제국에서 국가로 변모해 가던 과정은 오스만 제국, 오스트리아–헝가리 제국 같은 다른 많은 육상제국들이나 비교적 규모가 적은 무굴 제국 및 러시아/소비에트 제국보다 훨씬 성공적이었던 것 같다. 도미니크 리벤(Dominic Lieven)의 말에 의하면, "'천하의 중심'이라는 과거의 제국주의적 개념에서 근대적 민족주의를 향한 변화는 이뤄졌던 것 같다. 이처럼 제국에서 국가를 지향한, 대체로 성공적인 변환의 결과, 중국은 동아시아와 동남아시아에서 당연한 미래의 패권국이다.[63]"

62. Kirby, "The Internationalization of China,"를 보라.
63. Lieven, Empire, p.83. 또한, Maier, *Among Empires*, p.29를 보라. 존 슈레커(John Schrecker, *Imperialism and Chinese Nationalism*, p.250)는 민족주의를 지향한 이러한 전환이 "세기의 전환기에 일어난 제국주의의 맹공격에 맞선 청의 대응에서 나타나는 가장 중요한 한 가지 특징이며, 아마도 중국 전체가 외국의 지배를 피할 수 있었던 이유를 설명하는 결정적인 요소일 것"이라고 주장한다.

조선에서 청이 보여준 실패는 부분적으로는 당시 청 제국의 거대한 구조와 그들이 생각한 우선순위의 결과물이다. 그러나 청의 실패는 청 제국이 조선에 처음으로 과거와는 전혀 다른 전통과 전략을 도입했음을 보여주는 징표이기도 하다. 처음부터 청은 내륙 아시아에서 점점 늘어나던 청 제국의 식민지에 접근했던 방식과는 매우 다른 방식으로 조선을 상정하고 대했다. 조선의 자주를 허용하는 범위 내에서 이뤄진 청의 종주권 행사, 다자적 제국주의 체제와 제도의 효용성, 내륙 아시아에 초점을 맞춘 청조 정책 결정의 제약성, 정체성과 철저하게 지켜온 자주성에 대한 조선인의 강렬한 의식 등이 결합하자, (청류당의 꿈과는 상관 없이) 직접적인 조선의 영토 합병은 이뤄질 수도 없고, 진지하게 추진했던 선택지가 아닌 상황이 조성되었다.

청의 뒤를 이은 새로운 중국은 과거의 청이 했던 것과 대체로 같은 방식으로 조선을 생각하고 접근했다. 장개석(蔣介石)은 종종 한국의 독립과 자유를 지원할 필요성을 언급했는데, 때로는 타이완을 언급하며 함께 거론하기도 했다. 장개석은 「한국과 타이완은 중국의 생명선」이라는 제목의 한 연설에서 "우리는 한국과 타이완이 독립과 자유를 회복할 수 있게 해야 하며, 이들이 중화민국의 국방을 공고히 하고 동아시아의 평화를 위한 기반을 다질 수 있게 해야 한다."고 말했다.[64] 비록 국민당(國民黨)과 중국공산당의 정책은 이후 타이완이 중국의 영토라는 주장을 명확하게 밝혔지만, 이들의 정책은 중국과 한국이 상호 간의 의

---

64. 蔣介石,「高麗臺灣是中國的生命線」,『臺灣問題言論集』(重慶, 1943), pp.1~2에 수록; Phillips, "Retrocession and Sinification," pp.6~7에서 인용.

무가 포함된 특별한 관계를 공유했다고 주장하기도 했다. 사실 1592년부터 1598년까지 계속된 히데요시의 조선 침략에 대응하기 위해 명군이 파견된 일이나 1882년과 1894년에 청이 조선에 군대를 보낸 일을 떠올리지 않은 채, 미국이 주도하는 북한 영토의 공략을 막으려는 북한의 노력을 지원하기 위해 수십만 명의 중국 '지원병들'이 한반도에 파견된 사건을 검토할 수는 없다.

북한은 이웃인 중국과 친밀하면서도 가끔은 까다로운 관계를 유지해 왔다. 부분적으로는 과거의 전통에 근거하고, 부분적으로는 양국이 공유한 사회주의 이념에 기반을 둔 양국의 동맹 및 연대 선언은 언제나 중화인민공화국의 북한 지배(또는 포기)를 걱정하는 북한의 공포감 탓에 느슨해졌다. 오늘날의 북한 지도자들은 미국이나 다시 부상하는 일본의 간섭 또는 '억압'을 크게 걱정하지만, 특히 정치적 불안 또는 혼란의 시기에 중국으로부터 받을 수 있는 잠재적인 개입에 관한 우려 또한 품고 있다.[65]

수십 년 동안 냉전 상황의 한쪽 편에 서 있던 한국은 타이완의 중화민국을 합법적인 중국 정부로 인정하고, 중화인민공화국과의 직접적인 외교 관계를 회피했다. 그러나 대한민국 대통령 노태우(盧泰愚)가 추진한 '북방정책'(Nordpolitik)의 결과, 대한민국은 인식을 바꿔 1992년에 중화인민공화국과 외교 및 상업 관계를 정상화했다. 이러한 정책 변화로 나타난 한 가지 흥미로운 결과는 인천에서 차이나타운이 부활한

---

65. 예를 들어 Kaplan, "When North Korea Falls."를 보라.

사건이었다. 수십 년 동안 노후한 건물과 식당 몇 채만 남아 있던 이 구역은 최근에 새롭게 단장되었고, 번화한 상업구역으로 진입하는 입구임을 상징하는 중국식 대문이 세워졌다. 한중우호협회가 기증한 공자상(孔子像)은 현재 한때 인천의 중국인 거류지와 일본인 거류지의 경계였던 가파른 계단을 굽어보고 있다. 많은 한국인이 사설 학원에서 중국어를 공부하고 있으며, 점점 더 많은 수의 학생이 중국에서 대학 교육을 받고 있다. 그리고 일부 여론조사는 21세기 한국의 젊은이들이 중국을 한국의 가장 자연스러운 협력국으로 생각하는 것처럼 보이는 지표를 보여주지만, 한국의 고대 왕국인 고구려를 광범위한 지역에 분포한 중화권의 다민족적 정치조직체의 우산 안에 포함시키려는 중화인민공화국의 시도는, 적어도 일부 사람에게 갈수록 독단적으로 변해 가는 중화인민공화국 외교 정책의 파급 효과를 재고하는 계기가 되었다. 중국의 노골적인 한반도 병합을 걱정하는 사람은 거의 없지만, 모종의 중화제국주의가 한국의 과거는 물론, 한국의 미래에도 존재할 수 있다는 것은 분명하다.

참고문헌

〔일러두기〕
1. 이 책은 지은이가 참고한 인용 문헌을 작성된 언어권별로 나누어 재배치했다.
2. 지은이의 참고문헌 중에서 한국어 번역본이 출간된 책은 별색으로 서지사항을 병기했다.

〔한국 자료〕
○ 고려대학교
  - 編, 『舊韓國外交關係付屬文書: 海關案』, 서울: 고려대학교, 1962.
  - 編, 『舊韓國外交文書: 獨案』(1-2책), 서울: 고려대학교, 1970.
  - 編, 『舊韓國外交文書: 淸案』(1-2책), 서울: 고려대학교, 1970. → 이연세·남동걸·안정헌 옮김, 『역주 구한국외교문서 〈청안〉·1: 1책~4책』(2017); 『역주 구한국외교문서 〈청안〉·3: 8책~11책』(2019); 『역주 구한국외교문서 〈청안〉·5: 15책~18책 전반부』(2021). 신진식·조봉래 옮김, 『역주 구한국외교문서 〈청안〉·2: 5책~7책』(2018); 『역주 구한국외교문서 〈청안〉·4: 12책~14책』(2020), 『역주 구한국외교문서 〈청안〉·6: 18책 후반부~21책』(2021), 인천: 인천대학교 인천학연구원.

○ 구선희(具仙姬)
  - 『韓國近代 對淸政策史 硏究』, 서울: 혜안, 1999.

○ 국사편찬위원회
  - 편, 『고종시대사』, 서울: 국사편찬위원회, 1970.
  - 편, 『고종실록』, 사이트: http://sillok.history.go.kr
  - 편, 『데니 문서』, 한국사료, 28, 서울: 국사편찬위원회, 1981.
  - 편, 『순종실록』, 사이트: http://sillok.history.go.kr
  - 편, 『윤치호 일기』, 서울: 국사편찬위원회, 1971.
  - 편, 『尹致昊書翰集』(The collected letters of Yun Tchi Ho), 서울: 국사편찬위원회, 1980.
  - 편, 『철종실록』, Accessed at http://sillok.history.go.kr

○ 국회도서관 입법조사국
  - 編, 『舊韓末 條約彙纂: 1876-1945』, 中卷, 서울: 동아출판사, 1965.

○ 권석봉(權錫奉)
   - 「淸廷에 있어서의 大院君과 그의 환국」, 『동방학지』 27(1981): pp.125~154(上); 28(1981): pp.109~164(下).
     2. 「李善得의 派日과 淸側 介入」, 『백산학보』 8(1970): pp.575~628.

○ 김교영, 도원상공기념사업추진위원회(道園相公記念事業推進委員會)
   - 편, 『開化期의 金總理』, 서울: 서울대학교 출판부, 1977.

○ 김성훈(金成勳)
   - 『韓國開港期 貿易의 特徵과 影響』, 창원대학교 석사학위 논문, 1995.

○ 김순덕(金順德)
   - 『1876 - 1905年 關稅政策과 關稅의 運用』, 서울대학교 석사학위 논문, 1985.

○ 김신(金新)
   - 『貿易史』, 서울: 石井, 1995.

○ 김원모(金源模)
   - 『개화기 한미교섭관계사』, 서울: 단국대학교 출판부, 2003.
   - 『韓美修交史: 朝鮮報聘使의 美國使行篇』, 서울: 철학과 현실사, 1999.
   - 편, 『알렌의 일기』, 서울: 단국대학교 출판부, 1991.

○ 김정기(金正起)
   - 『1876 - 1894년 청의 조선정책 연구』, 서울대학교 박사학위 논문, 1994.
   - 「1890년 서울상인의 철시동맹 파업과 시위투쟁」, 『한국사연구』 67(1989): pp.77~100.
   - 「朝鮮政府의 獨逸借款導入(1883 - 1894)」, 『한국사연구』 39(1982): pp.85~120.
   - 「청의 조선정책(1876~1894)」, 『1894년 농민전쟁 연구 3』, 한국역사연구회 편, 서울: 역사비평사, 1997. pp.40~67.

○ 김종원(金鍾圓)
   - 「朝·中商民水陸貿易章程에 대하여」, 『역사학보』, 32호(1966): pp.120~169.

○ 담영성(譚永盛)
  - 『조선 말기의 청국상인에 관한 연구』, 단국대학교 석사학위 논문, 1971.

○ 대한민국 관세청
  - 『隆熙元年 韓國外國 貿易閱覽』(1908?), 한국관세박물관 소장의 복사본.

○ 독립협회(獨立協會)
  - 『독립신문』, 서울: LG상남언론재단, 1996.

○ 박경룡(朴慶龍)
  - 『開化期 漢城府 硏究』, 서울: 일조각, 1995.

○ 박광성(朴廣成)
  - 「仁川港의 租界에 대하여」, 『기전문화연구』 20(1991): pp.283~312.

○ 박문국(博文局)
  - 《漢城旬報》, 서울: 博文局, 1883~1884.

○ 박수이(朴壽伊)
  - 『開港期 韓國貿易資本에 관한 硏究: 植民地化過程의 分析을 위한 誠論』, 동아대학교 박사학위 논문, 1978.

○ 박완(朴浣)
  - 『實錄 韓國 基督敎 100年, 1: 黎明의 章』, 서울: 鮮文出版社, 1971.

○ 부산직할시사 편찬위원회
  - 『부산시사』, 부산: 부산직할시사편찬위원회, 1989.

○ 사쿠라이 군노스케(櫻懶軍之佐)
  - 「朝鮮時事」, 『서울에 남겨둔 꿈: 19세기말 일본인이 본 조선』, 한상일 편, 서울: 건국대학교, 1993, pp.263~275.

○ 사회과학원 력사연구소
　　-『조선전사』 13, 근대편 1, 평양: 과학백과사전출판사, 1980.

○ 손정목(孫禎睦)
　　-『韓國開港期 都市變化過程研究』, 서울: 일지사, 1982.

○ 신복룡(申福龍)·김운경(金雲卿)
　　- 편,『묄렌도르프 문서』, 서울: 평민사, 1987.

○ 양상현(楊尙弦)
　　-『大韓帝國期 內藏院 財政管理 硏究』, 서울대학교 박사학위 논문, 1997.

○ 용산구
　　-『용산구지』, 서울: 용산구, 1992.

○ 이광린(李光麟)
　　-「통리기무아문의 조직과 기능」,『이화사학연구』, no.17 – 18(1988): pp.503~507.

○ 이덕주(李德柱)
　　-『조선은 왜 일본의 식민지가 되었는가』 서울: 에디터, 2002.

○ 이민식(李民植)
　　-「朴定陽의 在美活動에 관한 研究: 文化見聞을 중심으로」,『韓國思想과 文化』 1(1998):
　　　pp.425~448.

○ 이병천(李炳天)
　　-『開港期 外國商人의 侵入과 韓國商人의 對應』, 서울대학교 박사학위 논문, 1985.

○ 이선근(李瑄根)
　　- 震檀學會 編,『한국사: 최근세편』, 서울: 을유문화사, 1977.

○ 이양자(李陽子)
- 「淸의 對朝鮮經濟政策과 袁世凱: 海官·借款·輪船·電線 問題를 中心으로」, 『동의사학』 3(1987): pp.113~154.

○ 이태진(李泰鎭)
- 『서울대 이태진 교수의 동경대생들에게 들려준 한국사』, 서울: 태학사, 2005.
- 『한국병합, 성립하지 않았다』, 서울: 태학사, 2001.

○ 이태진·김기석·백충현·이근관·신효숙·이용권
- 『한국병합의 불법성 연구』, 서울: 서울대학교 출판부, 2003.

○ 인천직할시사 편찬위원회
- 『인천직할시사』, 인천: 인천직할시, 1993.

○ 전인영(全寅永)
- 「中日甲午戰爭前後中國의 朝鮮認識變化」, 『국사관논총』, 90(2000): pp.41~84.

○ 진유광(秦裕光)
- 〈화교〉, 《중앙일보》, 1979년 9월 19, 20, 24일 자 기사(주: 진유광은 이 신문에 고정 칼럼을 게재했으며, 그의 칼럼은 항상 5면에 실렸다). → '秦裕光' 참조

○ 최문형(崔文衡)
- 『한국을 둘러싼 제국주의 열강의 각축』, 서울: 지식산업사, 2001.

○ 최성연(崔聖淵)
- 『開港과 洋館歷程』, 인천: 경기문화사, 1958.

○ 최성호(崔性鎬)
- 『開港期 植民地化 過程에 있어서의 貿易構造연구』, 창원: 경남대학교 박사학위 논문, 1988.

○ 최태호(崔泰鎬)
  - 「麻浦海關分局의 設置와 革罷」, 『경제사학』, 1978: pp.29~39.

○ 한국관세연구소
  - 『한국관세사』, 서울: 한국관세연구소, 1985.

○ 한국무역협회
  - 『한국무역사』, 서울: 한국무역협회, 1972.

○ 한영우(韓永愚) → 'Han Yŏng-u(Young-woo Han)' 참조
  - 『다시 찾은 우리 역사』, 서울: 경세원, 1997.

○ 한우근(韓㳓劤) → 'Han U-gŭn(Woo-keun Han)' 참조
  - 『韓國開港期의 商業硏究』, 서울: 일조각, 1970.

○ 황준헌(黃遵憲)
  - 조일문(趙一文) 역주, 『조선책략』, 서울: 건국대학교 출판부, 1977.

○ 황현(黃炫)
  - 허경진 옮김, 『매천야록』, 한양고전산책 6, 서울: 한양출판, 1995.

〔중문 자료〕
○ 故宮博物館
  - 編, 『淸光緖朝中日交涉史料』, 北平: 故宮博物館, 1932.

○ 譚關
  - 「同順泰與舊韓借款」, 『韓華春秋』 4(1964): pp.26~28.

○ 唐恩桐
  - 「韓國仁川商務情形」, 『商務官報』, no.2(1908): pp.13~14.

○ 臺灣 中央研究院 近代史研究所
- 編,『中日韓關係』全2册, 臺北: 中央研究院 近代史研究所, 1972. → 김형종 옮김,『국역 청계중일한관계사료』(1~5책), 서울: 동북아역사재단, 2012(1책), 2013(2책), 2016(3책), 2018(4책), 2020(5책).

○ 同順泰
- 「同順泰號借款合同」, 奎章閣 #26383, ca. 1892.
- 「同泰來神」, 奎章閣 #27584.

○ 杜書溥
- 編,『仁川華僑敎育百年史』. 仁川: 2001.

○ 馬建忠
- 『東行三錄』, 上海: 上海書店, 1982.
- 『適可齊記言』, 北京: 中華書局, 1960.

○ 馬廷亮
- 「朝鮮商務情形」,『商務官報』, no.16(1908): pp.14~17.
- 「朝鮮仁川商務情形」,『商務官報』, no.13(1907): pp.15~17.
- 「駐韓總領事申本部文」,『商務官報』, no.11(1907): p.6.
- 「漢城等處商工業情形」,『商務官報』, no.27(1906): pp.16~18.

○ 楊昭全·孫玉梅
- 『朝鮮華僑史』, 北京: 華僑出版社, 1991.

○ 王建朗
- 『中國廢除不平等條約的歷程』南昌: 江西人民出版社, 2000.

○ 王亮·王彦威
- 編,『淸季外交史料』, 臺北: 文海出版社, 1964.

○ 王伯恭
　–『蜷廬隨筆』, 臺北: 文海出版社, 1968.

○ 王爾敏
　–『中國近代思想史論』, 臺北: 華世出版社, 1977.

○ 李鴻章
　– 吳汝綸 編,『李文忠公全書』, 100册, 南京: 李氏家藏本, 1908.

○ 林明德
　–『袁世凱與朝鮮』, 臺北: 中央研究院 近代史研究所, 1984. → Lin, Mingde 참조

○ 張若谷
　– 編,『馬相伯先生年譜』, 長沙: 商務印書館, 1939.

○ 蔣廷黻 → 'Tsiang T. F.' 참조
　– 編,『近代中國外交史資料輯要』3册, 臺北: 臺灣商務印書館, 1959.

○ 張存武
　–『淸韓宗藩貿易』, 臺北: 中央研究院近代史研究所, 1978.
　– 編,『近代中韓關係史資料彙編』, 12册, 臺北: 國史館, 1987.

○ 丁進軍
　–「袁世凱駐節朝鮮期間函牘選輯」,『歷史檔案』, 3(1992): pp.56～63.

○ 周南京
　– 編,『世界華僑華人詞典』, 北京: 北京大學出版社, 1993.

○ 陳固亭
　– 編,『中日韓百年大事記』, 臺北: 中華叢書編審委員會, 1972.

○ 秦裕光
- 『旅韓六十年見聞錄: 韓國華僑史話』, 臺北: 中華民國韓國研究學會, 1983. → '진유광' 참조
  → 이용재 옮김, 『중국인 디아스포라: 한국화교 이야기』, 파주: 한국학술정보, 2012.

○ 侯宜傑
- 『袁世凱全傳』, 北京: 當代中國出版社, 1994.

〔일문 자료〕

○ 姜德相(강덕상)
- 「李氏朝鮮開港直後における朝日貿易の展開」, 『歷史學研究』 265(1962): pp.1~18.

○ 京城府
- 『京城府史』, 京城: 京城府, 1934~1941. → ㈜팬트렌스넷 옮김, 『국역 경성부사, 제1권』(2012), 『국역 경성부사, 제2권』(2013); 이연식·오일환·이권희 옮김, 『국역 경성부사: 제3권』(2014), 서울: 서울특별시사 편찬위원회.

○ 金敬泰(김경태)
- 編, 『通商彙纂: 韓國篇』, 10冊 서울: 여강출판사, 1987.

○ 鹽川一太郎(시오카와 이치타로)
- 『朝鮮通商事情』, 東京: 八尾書店, 1895.

○ 日本 外務省
- 『日本外交文書』, 73冊, 東京: 日本國際連合協會, 1936-1963.

〔영문 자료〕

○ Albernathy, David B.
- *The Dynamics of Global Dominance: European Overseas Empires, 1415-1980*. New Haven: Yale University Press, 2000.

○ Adas, Michael
- "Imperialism and Colonialism in Comparative Perspective." *International History Review* 20, no.2(1998): pp.371~388.
- *Machines as the Measure of Men: Science, Technology, and Ideologies of Western Dominance.* Ithaca: Cornell University Press, 1989. → 김동광 옮김, 『기계, 인간의 척도가 되다: 과학, 기술, 그리고 서양 우위의 이데올로기』, 서울: 산처럼, 2011.

○ Ahn, Yonson(안연선)
- "Competing Nationalisms: The Mobilisation of History and Archaeology in the Korea-China Wars over Koguryo/Gaogouli." Japan Focus, Feb. 9, 2006. http://www.japanfocus.org/products/details/1837. 접속일: Mar. 13, 2007.

○ Allen, Horace N.
- *Things Korean: A Collection of Sketches and Anecdotes Missionary and Diplomatic.* New York: Fleming Revell, 1908. → 신복룡 옮김, 『朝鮮見聞記』, 서울: 평민사, 1986; 집문당, 1999.

○ Anderson, Benedict
- "Census, Map, Museum." In *Becoming National: A Reader*, ed. Geoff Eley and Ronald Grigor Suny. New York: Oxford University Press, 1996, pp.243~258.

○ Angell, Norman
- *The Great Illusion.* London: William Heinemann, 1911.

○ Aziz, K. Z.
- *The British in India: A Study in Imperialism.* Islamabad: National Commission on Hisotrical and Cultural Research, 1976.

○ Bailey, Paul
- ed., *Strengthen the Country and Enrich the People: The Reform Writings of Ma Jianzhong (1845–1900).* Richmond, Eng.: Curzon, 1998.

○ Bastid, Marianne
 - *Educational Reform in Early 20th-Century China*. Trans. Paul J. Bailey. Ann Arbor: Center for Chinese Studies, University of Michigan, 1988.

○ Bayly, C. A.
 - *The Birth of the Modern World, 1780-1914*. Malden, MA: Blackwell, 2004.

○ Beasley, William G.
 - *Japanese Imperialism, 1894-1945*. New York: Oxford University Press, 1987. → 정영진 옮김, 『일본제국주의 1894-1945』, 한국외국어대학교 출판부 지식출판원, 2013.

○ Bickers, Robert A.
 - "Introduction." In *Ritual and Diplomacy: The Macartney Mission to China, 1792-1794*, ed. idem. London: British Association for Chinese Studies, 1993, pp.7~10.

○ Biggerstaff, Knight
 - "The Establishment of Permanent Chinese Diplomatic Missions Abroad." *Chinese Social and Political Science Review* 20, no.1(1936): pp.1~41.

○ Bishop, Donald M.
 - "Shared Failure: American Military Advisors in Korea, 1888-1896." *Transactions of the Korea Branch of the Royal Asiatic Society* 58(1983): pp.53~76.

○ Bishop, Isabella Bird
 - *Korea and Her Neighbours*. London and Boston: KPI, 1985[1897]. → 이인화 옮김, 『한국과 그 이웃 나라들: 백년 전 한국의 모든 것』, 서울: 살림, 1994.

○ British Foreign Office
 - *Diplomatic and Consular Reports on Trade and Finance, 1884-1910*. 1884~1910. 주: 이후 이 시리즈의 판본은 *Diplomatic and Consular Reports*라는 제목으로 출간된다.

○ Brook, Timothy
 - *The Confusions of Pleasure: Culture and Commerce in Ming China.* Berkeley: University of California Press, 1998. → 이정·강인황 옮김, 『쾌락의 혼돈: 중국 명대의 상업과 문화』, 이산, 2005.

○ Brunvand, Jan
 - *The Vanishing Hitchhiker: American Urban Legends and Their Meanings.* New York: Norton, 1981.

○ Cady, John F.
 - *The Roots of French Imperialism in Eastern Asia.* Ithaca: Cornell University Press, 1954.

○ Cain, P. J., and A. G. Hopkins
 - *British Imperialism, Innovation and Expansion, 1688–1914.* London: Longman, 1993.

○ Callahan, William A.
 - "National Insecurities: Humiliation, Salvation, and Chinese Nationalism." *Alternatives* 29(2004): pp.199~218.

○ Carles, William Richard
 - *Life in Corea.* London and New York: Macmillan, 1888. → 신복룡 역주, 『조선풍물지』, 집문당, 1999.

○ Cassel, Par
 - "Excavating Extraterritoriality: The 'Judicial Sub-prefect' as a Prototype for the Mixed Court in Shanghai." *Late Imperial China* 24, no.2(Dec. 2003): pp.156~182.

○ Chaille-Long, Charles
 - *My Life in Four Continents.* London: Hutchinson, 1912.

○ Chandra, Vipan
- *Imperialism, Resistance, and Reform in Late Nineteenth-Century Korea: Enlightenment and the Independence Club*. Berkeley: University of California, Institute of East Asian Studies, and Center for Korean Studies, 1988.

○ Chay, Jongsuk(최종석, 崔鐘錫)
- *Diplomacy of Asymmetry: Korean-American Relations to 1910*. Honolulu: University of Hawai'i Press, 1990.

○ Ch'en, Jerome(陳志讓)
- *Yuan Shih-k'ai*. 2nd ed. Stanford: Stanford University Press, 1972.

○ Chien, Frederick Foo(錢復)
- *The Opening of Korea: A Study of Chinese Diplomacy, 1876-1885*. Hamden, CT: Shoe String Press, 1967.

○ Chilcote, Ronald H.
- ed., *The Political Economy of Imperialism: Critical Appraisals*. Lanham, MD: Rowman and Littlefield, 2000.

○ China
- Imperial Chinese Mission to Korea. *Notes on the Imperial Chinese Mission to Corea*, 1890. Shanghai, 1892.
- Imperial Maritime Customs. *Returns of Trade and Trade Reports*. Shanghai: Inspector General of Customs, 1885-94.
- Imperial Maritime Customs. *Treaties, Conventions, Etc., Between China and Foreign States*. Shanghai: Inspector General of Customs, 1917.
- Imperial Maritime Customs. *Treaties, Regulations, Etc. Between Corea and Other Powers, 1876-1889*. Miscellaneous Series, 19. Shanghai: Inspectorate General of Customs, 1891.

○ Cho Ki-jun(조기준)
- "The Impact of the Opening of Korea on Its Commerce and Industry." *Korea Journal* 16, no.2(1976): pp.27~44.

○ Choe, Ching Young(조직량, 曺直亮)
- *The Rule of the Taewŏn'gun, 1864-1873: Restoration in Yi Korea*. Cambridge, MA: Harvard University Press, 1972.

○ Ch'oe Sŭng-no(최승로, 崔承老)
- "Ch'oe Sŭngno: On Current Affairs." In *Sourcebook of Korean Civilization*, vol.1, *From Early Times to the Sixteenth Century*, ed. Peter H Lee. New York: Columbia University Press, 1993. p.282~288.

○ Ch'oe Tŏk-su(최덕수, 崔德壽)
- "The Dawning of a New World: Korea and the West, Korea and a Changing Asia in 1882." Paper presented at ICKS International Forum on Korean Studies: Current Trends and Future Objectives of Korean Studies, July 14~15, 2005.

○ Ch'oe, Yong-ho(최영호, 崔永浩)
- "The Kapsin Coup of 1884: A Reassessment." *Korean Studies* 6(1982): pp.105~124.

○ Ch'oe, Yŏngho(최영호), Peter Lee(이학수), and Wm. Theodore de Bary
- eds. *Sources of Korean Tradition*, vol.2, *From the Sixteenth to the Twentieth Centuries*. New York: Columbia University Press, 2000.

○ Choi, Mun-hyung(최문형, 崔文衡)
- "Korean-British Amity and Its Historical Significance." *Korea Journal* 24, no.4(1984): pp.9~22.

○ Chu, Samuel C.(朱昌峻)
- *Reformer in Modern China: Chang Chien, 1853–1926*. New York: Columbia University Press, 1965.

○ Chu, Samuel C.(朱昌峻) and Kwang-Ching Liu(劉廣京)
- eds. *Li Hung-Chang and China's Early Modernization*. Armonk, NY: M. E. Sharpe, 1994.

○ Chun, Hae-jong(전해종, 全海宗)
- "Sino-Korean Tributary Relations in the Ch'ing Period." In *The Chinese World Order*, ed. John K. Fairbank. Cambridge: Harvard University Press, 1968, pp.90~111.

○ Chung, Chai-sik(정재식, 鄭載植)
- *A Korean Confucian Encounter with the Modern World: Yi Hang-No and the West*. Berkeley: Institute of East Asian Studies, 1995. → 『한국유교와 서구문명의 충돌: 이항로의 척사위정 이데올로기』, 서울: 연세대학교출판부, 2005.

○ Chung, Henry
- *Korean Treaties*. New York: Nichols, 1919.

○ Chung, Lisa
- "Somnolent in Korea: Korean-British Trade at the Turn of the 20th Century." Unpublished paper, George Washington University, 2005.

○ Clark, Donald
- "The Ming Connection: Notes on Korea's Experience in the Chinese Tributary System." *Transactions of the Korea Branch of the Royal Asiatic Society* 58(1983): pp.77~89.
- "Sino-Korean Tributary Relations Under the Ming." In *The Cambridge History of China*, vol.8, *The Ming Dynasty, 1368–1644, Part II*, ed. Denis Twitchett and Frederick W. Mote. Cambridge, Eng.: Cambridge University Press, 1998, pp.272~300.

○ Cohen, Paul A.
- *China and Christianity: The Missionary Movement and the Growth of Chinese Antiforeignism*. Cambridge, MA: Harvard University Press, 1963.
- *China Unbound: Evolving Perspectives on the Chinese Past*. New York: Routledge, 2003.
- *Discovering History in China: American Historical Writing on the Recent Chinese Past with a New Preface by the Author*. New York: Columbia University Press, 1986. → 장의식 옮김, 『미국의 중국 근대사 연구』, 서울: 고려원, 1995; 이남희 옮김, 『학문의 제국주의: 오리엔탈리즘과 중국사』, 서울: 산해, 2003; 아산: 순천향대학교 출판부, 2013.

○ Cohen, Warren I.
- *East Asia at the Center: Four Thousand Years of Engagement with the World*. New York: Columbia University Press, 2000.

○ Collyer, C. T.
- "The Culture and Preparation of Ginseng in Korea." *Transactions of the Korea Branch of the Royal Asiatic Society* 3(1903): pp.18~30.

○ Conroy, Francis Hilary
- *The Japanese Seizure of Korea, 1868-1910: A Study of Realism and Idealism in International Relations*. Philadelphia: University of Pennsylvania Press, 1960.

○ Cook, Harold F.
- *Korea's 1884 Incident: Its Background and Kim Ok-Kyun's Elusive Dream*. Seoul: Royal Asiatic Society, Korea Branch, and Taewon Publishing, 1972.

○ Cottrell, Arthur
- *East Asia: From Chinese Predominance to the Rise of the Pacific Rim*. New York: Oxford University Press, 1993.

○ Critchfield, Theodore
- "Queen Min's Murder." Ph.D. diss., Indiana University, 1975.

○ Crossley, Pamela Kyle
- *The Manchus*. Cambridge, MA: Blackwell, 1997. → 양휘웅 옮김, 『만주족의 역사』, 파주: 돌베개, 2013.
- *A Translucent Mirror: History and Identity in Qing Imperial Ideology*. Berkeley: University of California Press, 1999.

○ Cumings, Bruce
- *Korea's Place in the Sun: A Modern History*. New York: Norton, 1997. → 김동노·이교선·이진준·한기욱 옮김, 『브루스 커밍스의 한국현대사』, 서울: 창작과비평사, 2001.

○ Curtin, Philip
- *The World and the West: The European Challenge and the Overseas Response in the Age of Empire*. Cambridge, Eng.: Cambridge University Press, 2000.

○ Davies, Daniel M.
- *The Life and Thought of Henry Gerhard Appenzeller(1858–1902): Missionary to Korea*. Lewiston, NY: Edwin Mellen Press, 1988.

○ Dennett, Tyler
- *Americans in Eastern Asia: A Critical Study of the Policy of the United States with Reference to China, Japan and Korea in the 19th Century*. New York: Barnes & Noble, 1941.

○ Denny, Owen N.
- *China and Korea*. Shanghai, 1888. → 유영박 역주, 『청한론』, 서울: 동방도서, 1989.

○ Desnoyers, Charles
- "Toward 'One Enlightened and Progressive Civilization': Discourses of Expansion and Nineteenth-Century Chinese Missions Abroad." *Journal of World History* 8, no.1(1997): pp.135~156.

○ Deuchler, Martina
  - *Confucian Gentlemen and Barbarian Envoys: The Opening of Korea, 1875-1885*. Seattle: University of Washington Press, 1977.
  - *The Confucian Transformation of Korea: A Study of Society and Ideology*. Cambridge, MA: Council on East Asian Studies, 1992. → 이훈상 옮김, 『한국 사회의 유교적 변환』, 서울: 아카넷, 2003; 『한국의 유교화 과정: 신유학은 한국 사회를 어떻게 바꾸었나』, 서울: 너머북스, 2013.

○ Dower, John
  - *Embracing Defeat: Japan in the Wake of World War II*. New York: Norton, 1999. → 최은석 옮김, 『패배를 껴안고: 제2차 세계 대전 후의 일본과 일본인』, 서울 : 민음사, 2009.

○ Doyle, Michael W.
  - *Empires*. Ithaca: Cornell University Press, 1986.

○ Drake, Frederick C.
  - *The Empire of the Seas: A Biography of Rear Admiral Robert Wilson Shufeldt, USN*. Honolulu: University of Hawai'i Press, 1984.

○ Drake, Henry Burgess
  - *Korea of the Japanese*. London: J. Lane, 1930.

○ Duara, Prasenjit
  - *Rescuing History from the Nation: Questioning Narratives of Modern China*. Chicago: University of Chicago Press, 1995. → 문명기·손승회 옮김, 『민족으로부터 역사를 구출하기: 근대 중국의 새로운 해석』, 서울: 삼인, 2004.

○ Dudden, Alexis
  - *Japan's Colonization of Korea: Discourse and Power*. Honolulu: University of Hawai'i Press, 2005. → 홍지수 옮김, 『일본의 한국식민지화: 담론과 권력』, 서울: 늘품플러스, 2013.

○ Duus, Peter
- *The Abacus and the Sword: The Japanese Penetration of Korea, 1859-1910*. Berkeley: University of California Press, 1995.
- *The Japanese Discovery of America: A Brief History with Documents*. New York: Bedford Books, 1997.

○ Ebrey, Patricia, Anne Walthall, and James Palais
- *East Asia: A Cultural, Social and Political History*. Boston: Houghton Mifflin, 2006.

○ Eckert, Carter J., Ki-baik Lee, Young Ick Lew, Michael Robinson, Edward W. Wagner
- *Korea Old and New: A History*. Seoul: Ilchogak; Cambridge, MA: Harvard University Press, 1990.

○ Edney, Matthew H.
- *Mapping an Empire: The Geographical Construction of British India, 1765-1843*. Chicago: University of Chicago Press, 1999.

○ Elkins, Caroline, and Susan Pedersen
- eds. *Settler Colonialism in the Twentieth Century: Projects, Practices, Legacies*. New York: Routledge, 2005.

○ Elvin, Mark
- *The Retreat of the Elephants: An Environmental History of China*. New Haven: Yale University Press, 2004. → 정철웅 옮김, 『코끼리의 후퇴: 3000년에 걸친 장대한 중국 환경사』, 파주: 사계절, 2011.

○ Esherick, Joseph
- *Origins of the Boxer Uprising*. Berkeley: University of California Press, 1988.

○ *Evening Star*. Washington, DC.
- "Corea Acts for Herself." *Evening Star*(Washington, DC), Jan. 14, 1888.
- "The Corean Embassy: They Put on Their Best Robes and Call on the President." *Evening Star*(Washington, DC), Jan. 17, 1888.
- "A Picturesque Embassy: Unique Appearance of the Corean Officials Now in Washington." *Evening Star*(Washington, DC), 1888.

○ Fairbank, John King
- *China: A New History*. Cambridge, MA: Belknap Press of Harvard University Press, 1992. → 김형종·신성곤 옮김, 『신중국사: 수정증보판』, 서울: 까치글방, 2005.
- "The Creation of the Treaty System." In *The Cambridge History of China*, vol.10, *Late Ch'ing, 1800–1911*, ed. idem. Cambridge, Eng.: Cambridge University Press, 1978, pp.213~263. → 김한식·김종건 옮김, 『캠브리지 중국사 10: 청 제국 말 1800~1911, 1부』(1–2책), 서울: 새물결, 2007.
- "The Early Treaty System in the Chinese World Order." In *The Chinese World Order: Traditional China's Foreign Relations*, ed. idem. Cambridge, MA: Harvard University Press, 1968, pp.257~275.
- "A Preliminary Framework." In *The Chinese World Order: Traditional China's Foreign Relations*, ed. idem. Cambridge, MA: Harvard University Press, 1968, pp.1~19.
- *Trade and Diplomacy on the China Coast 1842–1854*. Cambridge: Harvard University Press, 1951.
- ed. *The Chinese World Order: Traditional China's Foreign Relations*. Cambridge, MA: Harvard University Press, 1968.

○ Fang Chaoying(房兆楹)
- "Weng T'ung-ho"[Weng Tonghe]. In Arthur Hummel, ed., *Eminent Chinese of the Ch'ing Period*. Washington, DC: U.S. Government Printing Office, 1944, 2: pp.860~861.

○ Feuerwerker, Albert
  - *China's Early Industrialization: Sheng Hsuan-Huai(1844-1916) and Mandarin Enterprise*. Cambridge, Eng.: Harvard University Press, 1958.

○ Fieldhouse, D. K.
  - *Colonialism, 1870-1945: An Introduction*. London: Weidenfeld and Nicolson, 1981.
  - *Economics and Empire, 1830-1914*. Ithaca: Cornell University Press, 1973.

○ Finch, Michael
  - *Min Yŏng-Hwan: A Political Biography*. Honolulu: University of Hawai'i Press, 2002.

○ Fitzgerald, John
  - *Awakening China: Politics, Culture, and Class in the Nationalist Revolution*. Stanford: Stanford University Press, 1996.

○ Frank, Andre Gunder
  - *ReOrient: Global Economy in the Asian Age*. Berkeley: University of California Press, 1998.
    → 이희재 옮김, 『리오리엔트』, 서울: 이산, 2003.

○ Fukuyama, Francis
  - "Asian Values and the Asian Crisis." *Commentary* 105, no.2(Feb. 1998): pp.23~27.

○ Fung, Allen
  - "Testing the Self-Strengthening: The Chinese Army in the Sino-Japanese War of 1894-1895." *Modern Asian Studies* 30, no.4(Oct. 1996): pp.1007~1031.

○ Furuta, Kazuko(古田和子)
  - "Inchon Trade: Japanese and Chinese Merchants and the Shanghai Network." In *Commercial Networks in Modern Asia*, ed. Shinya Sugiyama and Linda Grove. Richmond, Eng.: Curzon, 2001, pp.71~95.

- "Shanghai: The East Asian Emporium for Lancashire Goods: A Statistical Analysis." Paper presented at the Commercial Networks in Asia: 1850–1930 conference, Atami, Japan, 1994.

○ Galbraith, John S.
- *Reluctant Empire: British Policy on the South African Frontier, 1834–1854.* Berkeley: University of California Press, 1963.
- "The 'Turbulent Frontier' as a Factor in British Expansion." *Comparative Studies in Society and History* 2(1959–60): pp.155–168.

○ Gale, James Scarth, and Richard Rutt
- *James Scarth Gale and His History of the Korean People: A New Edition of the History Together with a Biography and Annotated Bibliographies by Richard Rutt.* Seoul: Royal Asiatic Society, 1972.

○ Gallagher, John, and Ronald Robinson
- "The Imperialism of Free Trade." *Economic History Review* 6, no.1(1953): pp.1~15.

○ Gann, L. H., and Peter Duignan
- *Burden of Empire: An Appraisal of Western Colonialism in Africa South of the Sahara.* Stanford: Hoover Institution Press, 1971.

○ Garver, John W.
- "More from the 'Say No Club.'" *China Journal*, no.45(Jan. 2001): pp.151~158.

○ Giersch, C. Pat.
- "'A Motley Throng': Social Change Along Southwest China's Early Modern Frontier, 1700–1880." *Journal of Asian Studies* 60, no.1(2001): pp.67–94.

○ Gilmore, George William
  - *Korea from Its Capital: With a Chapter on Missions*. Philadelphia: Presbyterian Board of Publication and Sabbath-School Work, 1892.

○ Gold, Thomas
  - *State and Society in the Taiwan Miracle*. Armonk, NY: M. E. Sharpe, 1984.

○ Goldstein, Melvin C.
  - *The Snow Lion and the Dragon: China, Tibet, and the Dalai Lama*. Berkeley: University of California Press, 1997.

○ Gottschang, Thomas R., and Diana Lary
  - *Swallows and Settlers: The Great Migration from North China to Manchuria*. Ann Arbor: Center for Chinese Studies, University of Michigan, 2000.

○ Government-General of Chosen(朝鮮總督府)
  - *Annual Report on Reforms and Progress in Chosen(1918-1921)*. Keijō: Government-General of Chosen, 1921.

○ Griffis, William Elliot
  - *Corea, the Hermit Nation*. 9th ed. New York: C. Scribner's Sons, 1911. → 신복룡 역주, 『은자의 나라 한국』, 서울: 탐구당(1976); 평민사(1985); 집문당(1999, 개정판, 2019).

○ Grove, Linda, and S. Sugiyama
  - "Introduction." In *Commercial Networks in Modern Asia*, ed. S. Sugiyama and Linda Grove. Richmond, Eng.: Curzon, 2001, pp.1~14.

○ Haboush, JaHyun Kim(김자현)
  - *The Confucian Kingship in Korea: Yŏngjo and the Politics of Sagacity*. New York: Columbia University Press, 2001. → 김백철·김기연 옮김, 『왕이라는 유산: 영조와 조선의 성인군주론』, 서울: 너머북스, 2017.

○ Haley, George T., Tan Chin Tiong, and Usha C. V. Haley
- *New Asian Emperors: The Overseas Chinese, Their Strategies and Competitive Advantages*. Oxford: Buttterworth-Heinemann, 1998.

○ Hall, J. C.
- "A Visit to the West Coast and Capital of Korea." *Transactions of the Asiatic Society of Japan* 11(1883): pp.148~161.

○ Hamashita, Takeshi(濱下武志)
- "Tribute and Treaties: Maritime Asia and Treaty Port Networks in the Era of Negotiation, 1800-1900." In *The Resurgence of East Asia: 500, 150, and 50 Year Perspectives*, ed. Giovanni Arrighi, Takeshi Hamashita, and Mark Selden. London: Routledge, 2003, pp.17~50.

○ Hamilton, Angus
- *Korea: Its History, Its People, and Its Commerce*. London: William Heinemann, 1904.

○ Han, Sukhee(한석희, 韓碩熙)
- "Beyond the Celestial Sinic Sphere: King Kojong and Korea's Pursuit of Modernization." Ph.D. diss., Tufts University, Fletcher School of Law and Diplomacy, 1998.

○ Han U-gŭn(Woo-keun Han) → '한우근' 참조
- Trans. Lee Kyung-shik(이경식). Ed. Grafton K. Mintz. *The History of Korea*. Seoul: Eul-yoo Publishing, 1974. → 원서: 『韓國通史』, 서울: 을유문화사, 1970.

○ Han Yŏng-u(Young-woo Han) → '한영우' 참조
- "Kija Worship in the Koryo and Early Yi Dynasties: A Cultural Symbol in the Relationship Between Korea and China." In *The Rise of Neo-Confucianism in Korea*, ed. Wm. Theodore de Bary and JaHyun Kim Haboush. New York: Columbia University Press, 1985, pp.349~374.

○ Hao, Yen-p'ing(郝延平)
- *The Commercial Revolution in Nineteenth-Century China: The Rise of Sino-Western Mercantile Capitalism*. Berkeley: University of California Press, 1986 → 이화승 옮김, 『중국의 상업혁명: 19세기 중·서 상업 자본주의의 전개』, 서울: 소나무, 2003.
- *The Comprador in Nineteenth Century China: Bridge Between East and West*. Cambridge, MA: Harvard University Press, 1970. → 이화승 옮김, 『동양과 서양, 전통과 근대를 잇는 상인 매판: 중국 최초의 근대식 상인을 찾아서』, 서울: 씨앗을뿌리는사람, 2002.
- "A Study of the Ch'ing-Liu Tang: 'The Disinterested' Scholar-Official Group(1875-1884)." *Papers on China*(Harvard University) 16(1962): pp.40~65.

○ Hao, Yen-p'ing(郝延平) and Erh-min Wang(王爾敏)
- "Changing Chinese Views of Western Relations, 1840-1895." In *The Cambridge History of China*, vol.11, *Late Ch'ing, 1800-1911, Part 2*, ed. John K. Fairbank and Kwang-Ching Liu. Cambridge, Eng.: Cambridge University Press, 1980, pp.142~201. → 김한식·김종건 옮김, 『캠브리지 중국사 11: 청 제국 말 1800~1911, 2부』(1~2책), 서울: 새물결, 2007.

○ Hara, Takemichi(原武道)
- "Korea, China, and Western Barbarians: Diplomacy in Early Nineteenth-Century Korea." *Modern Asian Studies* 32, no.2(1998): pp.389~430.

○ *Harper's Weekly*. New York.
- *Harper's Weekly* 32:1623(Jan. 1888)

○ Harrington, Fred Harvey
- *God, Mammon, and the Japanese: Dr. Horace N. Allen and Korean-American Relations, 1884-1905*. Madison: University of Wisconsin Press, 1961. → 이광린 옮김, 『開化期의 韓美關係: 알렌博士의 活動을 中心으로』, 서울: 一潮閣, 1997.

○ Headrick, Daniel
- *The Invisible Weapon: Telecommunications and International Politics, 1851-1945*. New York: Oxford University Press, 1991.

- *The Tools of Empire: Technology and European Imperialism in the Nineteenth Century*. New York: Oxford University Press, 1981.

○ Henthorn, William E.
- *Korea: The Mongol Invasions*. Leiden: E. J. Brill, 1963.

○ Hevia, James
- *Cherishing Men from Afar: Qing Guest Ritual and the Macartney Embassy of 1793*. Durham, NC: Duke University Press, 1995.
- *English Lessons: The Pedagogy of Imperialism in Nineteenth Century China*. Durham, NC: Duke University Press, 2003.

○ Hillier, Walter C.
- *Report on the Commercial Condition of the Ports of Fusan and Wŏnsan*. British Foreign Office, Miscellaneous Series, 318. London, 1894.

○ Hinners, David G.
- *Tong Shao-Yi and His Family*. Lanham, MD: University Press of America, 1999.

○ Ho, Ping-ti(何炳棣)
- *Studies on the Population of China, 1368-1953*. Cambridge, MA: Harvard University Press, 1959. → 정철웅 옮김, 『중국의 인구』, 서울: 책세상, 1994.

○ Hoare, J. E.
- *Embassies in the East*. Richmond, Eng.: Curzon, 1999.

○ Hobson, John
- *Imperialism*. Ann Arbor: University of Michigan Press, 1965. → 신홍범·김종철 옮김, 『제국주의론』, 서울: 創作과批評社, 1982.

○ Hodder, Rupert
- *Merchant Princes of the East: Cultural Delusions, Economic Success and the Overseas Chinese in Southeast Asia.* Chichester, Eng.: John Wiley and Sons, 1996.

○ Holcombe, Charles
- *The Genesis of East Asia, 221 B.C.−A.D. 907.* Honolulu: Association for Asian Studies and University of Hawai'i Press, 2001.

○ Hopkirk, Peter
- *The Great Game: The Struggle for Empire in Central Asia.* New York: Kodansha International, 1992. → 정영목 옮김, 『그레이트 게임: 중앙아시아를 둘러싼 숨겨진 전쟁』, 파주: 사계절, 2008.

○ Horowitz, Richard
- "International Law and State Transformation in China, Siam, and the Ottoman Empire during the Nineteenth Century." *Journal of World History* 15, no.4(Dec. 2004): pp.445~486.

○ Hostetler, Laura
- *Qing Colonial Enterprise: Ethnography and Cartography in Early Modern China.* Chicago: University of Chicago Press, 2001.

○ Howe, Stephen
- *Empire: A Very Short Introduction.* Oxford: Oxford University Press, 2002. → 강유원·한동희 옮김, 『제국』, 서울: 뿌리와이파리, 2007.

○ Hsu, Immanuel C. Y.(徐中約)
- "The Great Policy Debate in China, 1874: Maritime Defense Vs. Frontier Defense." *Harvard Journal of Asiatic Studies* 25(1964 - 1965): pp.212~228.

○ Hulbert, Homer B.
  - *History of Korea*. Ed. Clarence Norwood Weems. Richmond, Eng.: Curzon, 1999. → 마도경·문희경 옮김,『한국사, 드라마가 되다』(1–2책), 서울: 리베르, 2009.

○ Hummel, Arthur W.,
  - ed. *Eminent Chinese of the Ch'ing Period(1644–1912)*. 2 vols. Washington, DC: U.S. Government Printing Office, 1943, 1944.

○ Hwang, Kyung Moon(황경문)
  - *Beyond Birth: Social Status in the Emergence of Modern Korea*. Cambridge, MA: Harvard University Asia Center, 2004.

○ Iriye, Akira(入江昭)
  - "Beyond Imperialism: The New Internationalism." *Daedalus* 134, no.2(Spring 2005): pp.108~117.
  - "Imperialism in East Asia." In *Modern East Asia: Essays in Interpretation*, ed. James B. Crowley. New York: Harcourt, 1970, pp.122~150.

○ Johnston, Alastair Iain
  - *Cultural Realism: Strategic Culture and Grand Strategy in Chinese History*. Princeton: Princeton University Press, 1998.

○ Jung, Walter
  - *Nation Building: The Geopolitical History of Korea*. Lanham, MD: University Press of America, 1998.

○ Kang, David(강찬웅, 康燦雄)
  - "Getting Asia Wrong: The Need for New Analytical Frameworks." *International Security* 27, no.4(Spring 2003): pp.57~85.
  - "Hierarchy, Balancing, and Empirical Puzzles in Asian International Relations." *International Security* 28, no.3(Winter 2003/4): pp.165~180.

○ Kang, Etsuko Hai-Jin
- *Diplomacy and Ideology in Japanese-Korean Relations: From the Fifteenth to the Eighteenth Century*. New York: St. Martin's, 1997.

○ Kang, Wi Jo(강위조, 姜渭祚)
- *Christ and Caesar in Modern Korea. A History of Christianity and Politics*. Albany: State University of New York Press, 1997. → 서정민 옮김, 『한국 기독교사와 정치』, 서울: 한국기독교역사연구소, 2005.

○ Kang, Woong Joe(강웅조, 康雄朝)
- *The Korean Struggle for International Identity in the Foreground of the Shufeldt Negotiation, 1866-1882*. Lanham, MD: University Press of America, 2005.

○ Kaplan, Robert D.
- "When North Korea Falls." *Atlantic Monthly* 298, no.3(Oct. 2006): pp.64~72.

○ Kennedy, Dane
- "Imperial History and Post-Colonial Theory." *Journal of Imperial and Commonwealth History* 24, no.3(Sept. 1996): pp.345~363.

○ Kennedy, Paul.
- *The Rise and Fall of Great Powers*. New York: Random House, 1987. → 이왈수·전남석·황건 옮김, 『강대국의 흥망』, 서울: 한국경제신문사, 1999.

○ Kennedy, Thomas L.
- "Li Hung-Chang and the Kiangnan Arsenal, 1860-1895." In *Li Hung-Chang and China's Early Modernization*, ed. Samuel Chu and Kwang-Ching Liu. Armonk, NY: M. E. Sharpe, 1994, pp.197~215.

○ Kiernan, V. G.
- *British Diplomacy in China, 1880−1885*. Cambridge, Eng.: Cambridge University Press, 1939.
- *Imperialism and Its Contradictions*. Ed. and with an introduction by Harvey J. Kaye. New York: Routledge, 1995.

○ Kim, C. I. Eugene(김종익, 金鐘益), and Han-kyo Kim(김한교, 金漢敎)
- *Korea and the Politics of Imperialism, 1876−1910*. Berkeley: University of California Press, 1967.

○ Kim, Dalchoong(김달중, 金達中)
- "Chinese Imperialism in Korea: With Special Reference to Sino-Korean Trade Regulations in 1882 and 1883." *Journal of East−West Studies* 2(1976): pp.97~110.
- "Korea's Quest for Reform and Diplomacy in the 1880s: With Special Reference to Chinese Intervention and Control." Ph.D. diss., Tufts University, Fletcher School of Law and Diplomacy, 1972.

○ Kim, Hak-chun(김학준, 金學俊)
- *Korea's Relations with Her Neighbors in a Changing World*. Elizabeth, NJ: Hollym, 1993.

○ Kim, Hodong(김호동, 金浩東)
- *Holy War in China: The Muslim Rebellion and State in Chinese Central Asia, 1864−1877*. Stanford: Stanford University Press, 2004.

○ Kim, Key-hiuk(김기혁, 金基赫)
- "The Aims of Li Hung-Chang's Policies Toward Japan and Korea, 1870−1882." In *Li Hung−Chang and China's Early Modernization*, ed. Samuel Chu and Kwang−Ching Liu. Armonk, NY: M. E. Sharpe, 1994.
- *The Last Phase of the East Asian World Order: Korea, Japan, and the Chinese Empire, 1860−1882*. Berkeley: University of California Press, 1980.

○ Kim, Ki-Seok(김기석)
- "Emperor Gwangmu's Diplomatic Struggles to Protect His Sovereignty Before and After 1905." *Korea Journal*(Summer 2006): pp.233~257.

○ Kim, Nan-Tsung(김난중, Nanny Kim)
- "The Neighbour as Mirror: Images of Korea in Chinese Writings, 1876-1931." Ph.D. diss., University of London, 1999.

○ Kim, Ok-kyun(김옥균, 金玉均)
- "Kapsin Reform Edict." In *Sources of Korean Tradition*, ed. Yŏngho Ch'oe, Peter Lee, and Wm. Theodore de Bary. New York: Columbia University Press, 2000, 2: pp.255~256.

○ Kim, Yongkoo(김용구, 金容九)
- *The Five Years' Crisis, 1866-1871: Korea in the maelstrom of western imperialism*. Seoul: Circle, 2001.

○ Kimura, Mitsuhiko(木村光彦)
- "Japanese Imperialism and Colonial Economy in Korea and Taiwan: A Study in an International Perspective." *Discussion Paper Series F-079*, Faculty of Economics, Tezukayama University, Japan.

○ Kirby, William C.
- "The Internationalization of China: Foreign Relations at Home and Abroad in the Republican Era." *China Quarterly*, no.150 (June 1997): pp.433~458.
- "Traditions of Centrality, Authority, and Management in Modern China's Foreign Relations." In *Chinese Foreign Policy: Theory and Practice*, ed. Thomas W. Robinson and David Shambaugh. New York: Oxford University Press, 1994, pp.13~29.

○ Ko, Dorothy(高彦頤)
- "The Body as Attire: The Shifting Meanings of Footbinding in Seventeenth-Century China." *Journal of Women's History* 8, no.4(Winter 1997): pp.10~26.

○ *Korean Repository*. Seoul: Trilingual Press, 1892–1898.
 - "Edicts, Proclamations etc." *Korean Repository*, 1: p.34

○ *Korea Review*. 1900–1906.

○ Kuhn, Philip
 - *Rebellion and Its Enemies in Late Imperial China: Militarization and Social Structure, 1796–1864*. Cambridge, MA: Harvard University Press, 1970.

○ Kyo, Syukushin(許淑眞)
 - "Japan." In *Encyclopedia of the Overseas Chinese*, ed. Lynn Pan. Cambridge, MA: Harvard University Press, 1999, pp.332~340.

○ Laird, Thomas
 - *The Story of Tibet: Conversations with the Dalai Lama*. New York: Grove Press, 2006. → 황정연 옮김, 『달라이 라마가 들려주는 티베트 이야기』, 서울: 웅진지식하우스, 2008.

○ Landes, David
 - *The Wealth and Poverty of Nations*. New York: Norton, 1999. → 안진환·최소영 옮김, 『국가의 부와 빈곤』, 서울: 한국경제신문 한경BP, 2009.

○ Larsen, Kirk
 - "Cannibals, Cameras, and Chinese: Rumor and the Formation of a 'Modern' Korea in the Late 19th Century." *Paper presented at the Korean Modernity in Comparative Perspective conference*, Georgetown University, May 3–5, 2001.
 - "From Suzerainty to Commerce: Sino-Korean Economic and Business Relations During the Open Port Period(1876–1910)." Ph.D. diss., Harvard University, 2000.

○ Ledyard, Gari
 - "Confucianism and War: The Korean Security Crisis of 1598." *Journal of Korean Studies* 6(1988): pp.81~119.

- *The Dutch Come to Korea.* Seoul: Royal Asiatic Society, Korea Branch, 1971. → 박윤희 옮김, 『하멜漂流記: 朝鮮王國見聞錄』, 서울: 三中堂, 1975.
- "Hong Taeyong and His 'Peking Memoir.'" *Korean Studies* 6(1982): pp.63~103.

○ Lee, Hyun-hee(이현희), Sung-soo Park(박성수), Nae-hyun Yoon(윤내현)
- *New History of Korea.* Trans. Gilsang Lee. Paju: Jinmoondang, 2005. →『새로운 한국사』, 파주: 집문당 2005.

○ Lee, John
- "Trade and Economy in Preindustrial East Asia, c. 1500 - c. 1800: East Asia in the Age of Global Integration." *Journal of Asian Studies* 58, no.1(1999): pp.2~26.

○ Lee Keun-yeup(이근엽, 李根燁)
- "Glory of Ancestors, Contemptible Descendants." *Korea Times*, Feb. 18, 2004. 사이트: http://times.hankooki.com/lpage/opinion/200402/kt2004021817051411390.htm

○ Lee Ki-baik(이기백, 李基白)
- *A New History of Korea.* Trans. Edward W. Wagner, with Edward J. Schultz. Cambridge, MA: Published for the Harvard-Yenching Institute by Harvard University Press, 1983. →『韓國史新論』, 서울: 일조각, 1967.

○ Lee, Peter H.(이학수, 李鶴洙)
- *A Korean Storyteller's Miscellany: The P'aegwan chapki of Ŏ Sukkwŏn.* Princeton: Princeton University Press, 1989. → 어숙권(魚叔權)의『패관잡기』(稗官雜記) 영역본.『패관잡기』의 국역본은『국역 대동야승 1』(서울: 민족문화추진회, 1973)에 포함.
- ed. *Sourcebook of Korean Civilization, vol. 1, From Early Times to the Sixteenth Century.* New York: Columbia University Press, 1993.

○ Lee, Peter H.(이학수), and Wm. Theodore de Bary
- eds. *Sources of Korean Tradition*, vol. 1, *From Early Times Through the Sixteenth Century.* New York: Columbia University Press, 1997.

○ Lee, Yur-Bok(이여복)
- "Establishment of a Korean Legation in the United States, 1887-1890: A Study of Conflict Between Confucian World Order and Modern International Relations." *Illinois Papers in Asian Studies* 3(1983).
- "Politics over Economics: China's Domination of Korea Through Extension of Financial Loans, 1882-1894." 『韓國史學論叢: 水邨朴永錫敎授華甲紀念』, 서울: 수촌 박영석 교수 화갑기념논총간행위원회, 1982, pp.1~94.
- "The Sino-Japanese Economic Warfare over Korea, 1876-1894." *Russia and the Pacific* 1, no.5(1994): pp.122~132.
- *West Goes East: Paul Georg Von Mollendorff and Great Power Imperialism in Late Yi Korea.* Honolulu: University of Hawai'i Press, 1988.

○ Leifer, Walter
- "Paul-Georg Von Mollendorff and the Opening of Korea." *Asian and Pacific Quarterly of Cultural and Social Affairs*(South Korea) 14, no.2(1982): pp.1~23.

○ Lenin, V. I.
- *Imperialism: The Latest Stage in the Development of Capitalism.* Trans. J. T. Kozlowski. Detroit: Marxian Educational Society, 1924. → 남상일 옮김, 『제국주의론』, 서울: 백산서당, 1988.

○ Lensen, George Alexander
- *Balance of Intrigue: International Rivalry in Korea and Manchuria, 1884-1899.* 2 vols. Tallahassee: University Presses of Florida, 1982.

○ Lew, Young Ick(유영익, 柳永益)
- "Yuan Shih-K'ai's Residency and the Korean Enlightenment Movement, 1885-94." *Journal of Korean Studies* 5(1984): pp.63~107.

○ Lieven, Dominic
- *Empire: The Russian Empire and Its Rivals.* New Haven: Yale University Press, 2001.

○ Lin, Mingde(Lin Ming-te, 林明德)
 - "Li Hung-Chang's Suzerain Policy Toward Korea, 1882-1894." In *Li Hung-Chang and China's Early Modernization*, ed. Samuel C. Chu and Kwang-Ching Liu. Armonk, NY: M. E. Sharpe, 1994. → 林明德 참조

○ Lin, T. C.(林同濟)
 - "Li Hung-Chang: His Korea Policies, 1870-1885." *Chinese Social and Political Science Review* 19(1935): pp.202~233.

○ Liu, Kwang-Ching(劉廣京)
 - "The Confucian as Patriot and Pragmatist: Li Hung-chang's Formative Years, 1823-1866." In *Li Hung-chang and China's Early Modernization*, ed. Samuel C. Chu and Kwang-Ching Liu. Armonk, NY: M. E. Sharpe, 1994, pp.17~48.

○ Long, Roger
 - ed. *The Man on the Spot: Essays on British Empire History*. Westport, CT: Greenwood, 1995.

○ Longford, Joseph H.
 - *The Story of Korea*. London: T. Fisher Unwin, 1911.

○ Lowell, Percival
 - *Choson: Land of Morning Calm. A Sketch of Korea*. Boston: Ticknor, 1886. → 조경철 옮김, 『내 기억 속의 조선, 조선 사람들』, 서울: 예담, 2001.

○ Lynn, Martin
 - "British Policy, Trade, and Informal Empire in the Mid-Nineteenth Century." In *The Oxford History of the British Empire*, vol.3, *The Nineteenth Century*, ed. Andrew Porter. Oxford: Oxford University Press, 1999, pp.101~121.

○ MacKinnon, Stephen R.
 - *Power and Politics in Late Imperial China: Yuan Shih-K'ai in Beijing and Tianjin, 1901-1908*. Berkeley: University of California Press, 1980.

○ Maier, Charles
 - *Among Empires: American Ascendancy and Its Predecessors*. Cambridge, MA: Harvard University Press, 2006.

○ Mancall, Mark
 - *China at the Center: 300 Years of Foreign Relations*. New York: Free Press, 1984.

○ McField, Vik
 - *Resil's Textile Dictionary*. http://www.resil.com/otd.htm 접속일: Aug. 17, 2007.

○ McKeown, Adam
 - "Conceptualizing Chinese Diasporas, 1842 to 1949." *Journal of Asian Studies* 58, no.2(May 1999): pp.306~337.

○ Meng, S. M.(蒙思明)
 - *The Tsungli Yamen: Its Organization and Functions*. Cambridge, MA: Harvard University Press, 1962.

○ Merrill, Henry F.
 - "Merrill's Letterbooks." Houghton Library, Harvard University.

○ Meyer, Karl Ernest
 - *The Dust of Empire: The Race for Mastery in the Asian Heartland*. New York: Public Affairs, 2003.

○ Millward, James
- *Beyond the Pass: Economy, Ethnicity, and Empire in Qing Central Asia*. Stanford: Stanford University Press, 1998.

○ Min, Tu-ki(민두기, 閔斗基)
- "The Jehol Diary and the Character of Ch'ing Rule." In idem, *National Polity and Local Power: The Transformation of Late Imperial China*, ed. Philip Kuhn and Timothy Brook. Cambridge, MA: Council on East Asian Studies, Harvard University, 1989, pp.1~19.

○ Mitter, Rana
- *A Bitter Revolution: China's Struggle with the Modern World*. London: Oxford, 2004.

○ Morse, Hosea Ballou
- *The International Relations of the Chinese Empire*. 3 vols. London: Longmans, Green, 1910.

○ Munck, Ronaldo
- "Dependency and Imperialism in Latin America: New Horizons." In *The Political Economy of Imperialism: New Appraisals*, ed. Ronald H. Chilcote. Lanham, MD: Rowman and Littlefield, 2000, pp.141~156.

○ Murphy, Kevin C.
- *The American Merchant Experience in 19th Century Japan*. London: RoutledgeCurzon, 2003.

○ Mutsu Munemitsu(陸奧宗光)
- *Kenkenroku. A Diplomatic Record of the Sino-Japanese War, 1894-1895*. Ed. and trans. Gordon Mark Berger. Tokyo: Japan Foundation, 1982. → 무쓰 무네미쓰의 『건건록』(蹇蹇錄) 영역본. 『건건록』의 국역본은 김승일 옮김, 『건건록』(서울: 범우사, 2013).

○ Myers, Ramon, and Mark Peattie
- eds. *The Japanese Colonial Empire, 1895-1945*. Princeton: Princeton University Press, 1984.

○ Nahm, Andrew(남창우, 南昌祐)
- "The Impact of the Taft-Katsura Memorandum on Korea: A Reassessment." *Korea Journal*, Oct. 1985: pp.4~17.

○ Nelson, Melvin Frederick
- *Korea and the Old Orders in Eastern Asia*. Baton Rouge: Louisiana State University Press, 1945.

○ Nelson, Sarah Milledge
- *The Archaeology of Korea*. Cambridge, Eng.: Cambridge University Press, 1993.

○ *New York Times*
- "Ambassadors Sent to the United States." *New York Times*, Feb. 8, 1888: 4.
- "Embassy to the United States Not Subject to China's Control." *New York Times*, Feb. 2, 1888, p.4.
- "The Curious Coreans: Far Behind the Japanese in Society Ways—Their Peculiar Notions." *New York Times*, Jan. 27, 1889.

○ Nish, Ian
- "John McLeavy Brown in Korea." *Papers of the British Association for Korean Studies* 2(1992): pp.29~50.
- ed. "Korea, the Ryukyu Islands, and North-East Asia, 1875-1888." In *British Documents on Foreign Affairs: Reports and Papers from the Foreign Office Confidential Print*, ed. idem, Kenneth Bourne, and D. Cameron Watt. Frederick, MD: University Publications of America, 1989-1994.

○ *North China Herald*. Shanghai.

○ Oh, Bonnie B. C.
- "The Background of Chinese Policy Formation in the Sino-Japanese War of 1894-1895." Ph.D. diss., University of Chicago, 1974.

- "The Leadership Crisis in China on the Eve of the Sino-Japanese War of 1894-1895." *Papers on Far Eastern History*, no.29(1984): pp.67~90.

○ Osterhammel, Jürgen
- "Britain and China, 1842-1914." In *The Oxford History of the British Empire: The Nineteenth Century*, ed. Andrew Porter. Oxford: Oxford University Press, 1999, pp.146~169.
- "Semi-Colonialism and Informal Empire in Twentieth-Century China: Towards a Framework of Analysis." In *Imperialism and After: Continuities and Discontinuities*, ed. Wolfgang J. Mommsen and Jürgen Osterhammel. London: Allen and Unwin, 1986, pp.290~314.

○ Pai, Hyung-il(배형일, 裵炯逸)
- *Constructing "Korean" Origins: A Critical Review of Archaeology, Historiography, and Racial Myth in Korean State-Formation Theories*. Cambridge, MA: Harvard University Press, 2000.

○ Paik, L. George(백낙준, 白樂濬)
- *The History of Protestant Missions in Korea, 1832-1910*. Seoul: Yonsei University Press, 1980.

○ Paine, S. C. M.
- *The Sino-Japanese War of 1894-1895: Perceptions, Power, and Primacy*. Cambridge, Eng.: Cambridge University Press, 2003.

○ Pak Chega(박제가, 朴齊家)
"On Revering China." In *Sources of Korean Tradition*, vol. 2, *From the Sixteenth to the Twentieth Centuries*, ed. Yŏngho Ch'oe, Peter Lee, and Wm. Theodore de Bary. New York: Columbia University Press, 1996, pp.101~104.

○ Palais, James B.
  - *Confucian Statecraft and Korean Institutions: Yu Hyŏngwŏn and the Late Chosŏn Dynasty*. Seattle: University of Washington Press, 1996. → 김범 옮김, 『유교적 경세론과 조선의 제도들: 유형원과 조선후기』(1-2책), 서울: 산처럼, 2009.
  - *Politics and Policy in Traditional Korea*. Cambridge, MA: Harvard University Press, 1975. → 이훈상 옮김, 『전통한국의 정치와 정책』, 서울: 신원문화사, 1993.

○ Palmer, Spencer J.
  - ed. *Korean-American Relations: Documents Pertaining to the Far Eastern Diplomacy of the United States*. Vol. 1, *The Initial Period, 1883-1886*. Vol. 2, *The Period of Growing Influence, 1887-1895*. Berkeley: University of California Press, 1951, 1963.

○ Pan, Lynn(潘翎)
  - *Sons of the Yellow Emperor: A History of the Chinese Diaspora*. New York: Kodansha International, 1994.
  - ed. *The Encyclopedia of the Chinese Overseas*. Cambridge, MA: Harvard University Press, 1999.

○ Park, Eun Kyung(박은경)
  - "Ethnic Network Among Chinese Small Business in Korea During the Colonial Period(1910-1945)." *Journal of Social Sciences and Humanities* 67(1989): pp.67~89.

○ Park, Il-keun(박일근, 朴日根)
  - "China's Policy Toward Korea, 1880-1884." *Journal of Social Sciences and Humanities* 53(1981): pp.45~78.
  - ed. *Anglo-American and Chinese Diplomatic Materials Relating to Korea, 1887-1897*. Pusan: Institute of Chinese Studies, Pusan National University, 1984.
  - ed. *Anglo-American Materials Relating to Korea(1866-1886)*. Seoul: Shin Mun Dang, 1982.

○ Park, Young-Il(박영일) and Kym Anderson
- "The Experience of Japan in Historical and International Perspective." In *New Silk Roads: East Asia and World Textile Markets*, ed. Kym Anderson, pp.15~29. Cambridge, Eng.: Cambridge University Press, 1992.

○ Peattie, Mark
- "The Japanese Colonial Empire, 1895-1945." In *The Cambridge History of Japan*, ed. Peter Duus. New York: Cambridge University Press, 1998, pp.217~270.

○ *People's Daily Online*
- "China's Ancient Koguryŏ Kingdom Site Added to World Heritage List." *People's Daily Online*, July 2, 2004.
- http://english.peopledaily.com.cn/200407/01/eng20040701_148209.html 접속일: Mar. 13, 2007.

○ Perdue, Peter
- *China Marches West: The Qing Conquest of Central Eurasia*. Cambridge, MA: Harvard University Press, 2005. → 공원국 옮김, 『중국의 서진: 청의 중앙유라시아 정복사』, 서울: 길, 2012.
- "Comparing Empires: Manchu Colonialism." *International History Review* 20, no.2(1998): pp.255~262.
- *Exhausting the Earth: State and Peasant in Hunan*. Cambridge, MA: Council on East Asian Studies, Harvard University, 1987.

○ Peyrefitte, Alain
- *The Collision of Two Civilisations: The British Expedition to China in 1792-4*. Trans. Jon Rothschild. London: Harvill, 1993.
- *The Immobile Empire*. Trans. Jon Rothschild. New York: Knopf, 1992. → 원제: L'empire immobile: ou, Le choc des mondes(récit historique), Paris : A. Fayard, 1989.

○ Phillips, Steven
- "Retrocession and Sinification: The Nationalists and Taiwan, 1941–1945." Paper presented at annual conference of the Association for Asian Studies, Chicago, Mar. 2001.

○ Pomeranz, Kenneth
- *The Great Divergence: China, Europe, and the Making of the Modern World Economy*. Princeton: Princeton University Press, 2000. → 김규태·이남희·심은경 옮김, 『대분기: 중국과 유럽, 그리고 근대 세계 경제의 형성』, 서울: 에코리브르, 2016.

○ Poston, Dudley L., and Yu Mei-yu
- "The Distribution of Overseas Chinese in the Contemporary World." *International Migration Review* 24, no.3(1990): pp.480~509.

○ Pratt, Edward Ewing
- "The Attitude of Business Towards Foreign Trade." *Annals of the Academy of Political and Social Science* 59(May 1915): pp.291~300.

○ Pratt, Keith, Richard Rutt, and James Hoare
- *Korea: A Historical and Cultural Dictionary*. Surrey, Eng.: Curzon, 1999.

○ Redding, S. Gordon
- *The Spirit of Chinese Capitalism*. New York: Walter De Gruyter, 1993.

○ Reischauer, Edwin
- *Ennin's Travels in Tang China*. New York: Ronald Press, 1955. → 조성을 옮김, 『중국 중세사회로의 여행: 라이샤워가 풀어 쓴 엔닌의 일기』, 파주: 한울, 1991.

○ Reynolds, Bruce L.
- "The East Asian 'Textile Cluster' Trade, 1868–1973: A Comparative Advantage Interpretation." In *America's China Trade in Historical Perspective*, ed. John K. Fairbank and Ernest May. Cambridge, MA: Harvard University Press, 1986, pp.129~150.

○ Rhoads, Edward J. M.
- *Manchus and Han: Ethnic Relations and Political Power in Late Qing and Early Republican China, 1861–1928.* Seattle: University of Washington Press, 2000.

○ Robinson, Kenneth R.
- "From Raiders to Traders: Border Security and Border Control in Early Chosŏn, 1392–1450." *Korean Studies* 16(1992): pp.94~114.

○ Rossabi, Morris
- ed. *China Among Equals: The Middle Kingdom and Its Neighbors.* Berkeley: University of California Press, 1983.

○ Rowe, William
- *Hankow: Commerce and Society in a Chinese City, 1796–1889.* Stanford: Stanford University Press, 1984.

○ Said, Edward
- *Orientalism.* New York: Vintage, 1979. → 박홍규 옮김, 『오리엔탈리즘』, 서울: 교보문고, 1993.

○ Sands, William Franklin
- *Undiplomatic Memories: The Far East, 1896–1904.* London: John Hamilton, 1904.

○ SarDesai, Damodar R.
- "British Expansion in Southeast Asia: The Imperialism of Trade in the Nineteenth Century." In *The Man on the Spot: Essays on British Empire History*, ed. Roger D. Long. Westport, CT: Greenwood, 1995, pp.7~20.

○ Schmid, Andre
- "Colonialism and the 'Korea Problem' in the Historiography of Modern Japan: A Review Article." *Journal of Asian Studies* 59, no.4(Nov. 2000): pp.951~976.

- "Constructing Independence: Nation and Identity in Korea, 1895–1910." Ph.D. diss., Columbia University, 1996.
- *Korea Between Empires, 1895–1919*. New York: Columbia University Press, 2002. → 정여울 옮김, 『제국 그 사이의 한국 1895~1919』, 서울: 휴머니스트, 2007.

○ Schrecker, John E.
- *Imperialism and Chinese Nationalism: Germany in Shantung*. Cambridge, MA: Harvard University Press, 1971.

○ Seagrave, Sterling
- *Lords of the Rim: The Invisible Empire of the Overseas Chinese*. New York: Putnam, 1992. → 원경주 옮김, 『돈 VS 권력: 중국 역사를 통해 본 돈과 권력의 관계』, 서울: 바롬출판사, 2014.

○ Seeley, John
- *The Expansion of England: Two Courses of Lectures*. Boston: Roberts Brothers, 1883.

○ Synn, Seung Kwon(신승권, 辛承權)
- *The Russo-Japanese Rivalry over Korea, 1876–1904*. Seoul: Yuk Phub Sa, 1981.

○ Shim Jae Hoon(심재훈, 沈載勳)
- "Korea." In *Encyclopedia of the Overseas Chinese*, ed. Lynn Pan. Cambridge, MA: Harvard University Press, 1999. pp.341~343.

○ Sigel, Louis T.
- "Business-Government Cooperation in Late Qing Korean Policy." In *To Achieve Security and Wealth: The Qing Imperial State and the Economy, 1644–1911*, ed. Jane Kate Leonard and John R. Watt. Ithaca: Cornell University East Asia Program, 1992. pp.157~182.
- "Ch'ing Foreign Policy and the Modern Commercial Community: T'ang Shao-Yi in Korea." *Papers on Far Eastern History*(Canberra), no.13(1976): pp.77~106.

- "Foreign Policy Interests and Activities of the Treaty-Port Chinese Community." In *Reform in Nineteenth-Century China*, ed. Paul A. Cohen and John E. Schrecker. Cambridge, MA: Harvard University Press, 1976, pp.272~281.
- "The Role of Korea in Late Qing Foreign Policy." *Papers on Far Eastern History*(Canberra), no.21(1980): pp.75~98.
- "The Sino-Japanese Quest for Korean Markets, 1885 - 1891." *Essays in Economic and Business History* 10(1992): pp.104~116.
- "T'ang Shao-yi(1860 - 1938): The Diplomacy of Chinese Nationalism." Ph.D. diss., Harvard University, 1972.

○ Sluglett, Peter
- "Formal and Informal Empire in the Middle East." In *The Oxford History of the British Empire*, vol.5, *Historiography*, ed. Robin Winks. Oxford: Oxford University Press, 1999, pp.416~436.

○ Sohn Pow-Key(손보기, 孫寶基), Kim Chol-choon(김철준, 金哲埈), Hong Yi-sup(홍이섭, 洪以燮)
- *The History of Korea*. Seoul: Korea National Commission for UNESCO, 1970.

○ Sugiyama, Shinya(衫山伸也)
- "Textile Marketing in East Asia, 1860 - 1914." *Textile History* 19, no.2(1988): pp.279~298.

○ Swartout, Robert R.
- "Journey to Old Korea: The 1886 Diary of Gertrude Hall Denny." *Transactions of the Korea Branch of the Royal Asiatic Society* 61(1986): pp.35~68.
- *Mandarins, Gunboats, and Power Politics: Owen Nickerson Denny and the International Rivalries in Korea*. Honolulu: Asian Studies Program, University of Hawai'i, 1980. → 신복룡·강석찬 옮김, 『데니의 생애와 활동: 한말 외교고문제도의 한 연구』, 서울: 평민사, 1988.

○ Tang, Yen-Lu
- "The Crumbling of Tradition: Ma Chien-Chung and China's Entrance into the Family of Nations." Ph.D. diss., New York University, 1987.

○ Tanner, Christine
- "Failures and Legacies of the Print Media: Korea's First Legation in Washington, D.C.(1888)." Unpublished paper, George Washington University, 2001.

○ Teng, Emma Jinhua(鄧津華)
- *Taiwan's Imagined Geography: Chinese Colonial Travel Writing and Pictures, 1683–1895.* Cambridge, MA: Harvard University Asia Center, 2004.

○ Teng Ssu-yü(鄧嗣禹) and John King Fairbank
- *China's Response to the West: A Documentary Survey, 1839–1293.* Cambridge, MA: Harvard University Press, 1954.

○ Thongchai, Winichakul
- *Siam Mapped: A History of the Geo-Body of a Nation.* Honolulu: University of Hawai'i Press, 1997.

○ Tseng, Marquis(Zeng Jize)
- "China: The Sleep and the Awakening." *Chinese Recorder and Missionary Journal* 18(1887): pp.146~153.

○ Tsiang, T. F.(蔣廷黻) → '蔣廷黻' 참조
- "Sino-Japanese Diplomatic Relations, 1870–1894." *Chinese Social and Political Science Review* 17(1933/34): pp.1~106.

○ Turnbull, Stephen
- *Samurai Invasion: Japan's Korean War, 1592–98.* London: Cassell, 2002.

○ Underwood, Lillias Horton
- *Fifteen Years Among the Top-Knots: or, Life in Korea.* Boston and New York: American Tract Society, 1904. → 김철 옮김, 『언더우드 부인의 조선 견문록』, 서울: 이숲, 2008.
- *Underwood of Korea: Being an Intimate Record of the Life and Work of the Rev. H. G. Underwood, D.D., LL.D., for Thirty-one Years a Missionary of the Presbyterian Board in Korea.* Seoul: Yonsei University Press, 1983. → 이만열 옮김, 『언더우드: 조선에 온 첫 번째 선교사와 한국 개신교의 시작 이야기』, 서울: 한국기독교학생회출판부(IVP), 2015.

○ Van de Ven, Hans
- "The Onrush of Modern Globalization in China." In *Globalization in World History*, ed. A. G. Hopkins. London: Pimlico, 2002, pp.177~187.

○ Varg, Paul A.
- "The Myth of the China Market, 1890-1914." *American Historical Review* 73, no.3(Feb. 1968): pp.742~758.

○ von Glahn, Richard
- *Fountain of Fortune: Money and Monetary Policy in China, 1000-1700.* Berkeley: University of California Press, 1996.

○ Wagner, Edward Willett
- *The Literati Purges: Political Conflict in Early Yi Korea.* Cambridge, MA: East Asian Research Center, 1974.

○ Wakeman, Frederic, Jr.
- *The Great Enterprise: The Manchu Reconstruction of Imperial Order in Seventeenth-Century China.* Berkeley: University of California Press, 1985.

○ Wang Gungwu(王賡武)
- *China and the Chinese Overseas.* Singapore: Times Academic Press, 1991.
- "Greater China and the Chinese Overseas." *China Quarterly*, no.136(Dec. 1993): pp.926~948.

○ Wang Kŏn(왕건, 王建)
  - "Wang Kŏn: Ten Injunctions." In *Sourcebook of Korean Civilization*, vol.1, *From Early Times to the Sixteenth Century*, ed. Peter H. Lee. New York: Columbia University Press, 1993. pp.150~156.

○ Wang, Tseng-Tsai(王曾才)
  - "The Macartney Mission: A Bicentennial Review." In *Ritual and Diplomacy: The Macartney Mission to China, 1792-1794*, ed. Robert Bickers. London: British Association for Chinese Studies, 1993. pp.43~56.

○ Weale, Putnam
  - *The Re-shaping of the Far East*. London: Macmillan, 1905.

○ Welch, William M.
  - *No Country for a Gentleman: British Rule in Egypt, 1883-1907*. New York: Greenwood Press, 1988.

○ Wiener, Martin
  - *English Culture and the Decline of the Industrial Spirit*. Oxford: Oxford University Press, 1981.

○ Wilson, Andrew
  - "Ambition and Identity: China and the Chinese in the Colonial Philippines, 1885-1912." Ph.D. diss., Harvard University, 1998.

○ Wong, R. Bin(王國斌)
  - *China Transformed: Historical Change and the Limits of European Experience*. Ithaca: Cornell University Press, 1997.

○ Woo, Philip Myungsup(우명섭)
  - "The Historical Development of Korean Tariff and Customs Administration, 1875-1958." Ph.D. diss., New York University, 1963.

○ Wright, Mary C.
- "The Adaptability of Ch'ing Diplomacy: The Case of Korea." *Journal of Asian Studies* 17(1958): pp.363~381.

○ Yang Daqing(楊大慶)
- *Technology of Empire: Telecommunications and Japanese Imperialism, 1930-1945*. Cambridge, MA: Harvard University Asia Center, 2011.

○ Yen, Ching-hwang(顏清湟)
- *Coolies and Mandarins: China's Protection of Overseas Chinese During the Late Ching Period (1851-1911)*. Singapore: Singapore University Press, 1985.

○ Zabrovskaia, Larisa V.
- "1899 Treaty and Its Impact on the Development of the Chinese-Korean Trade(1895-1905)." *Korea Journal* 31, no.4(1991): pp.29~39.

○ Zhang, Shunhong(張順洪)
- "Historical Anachronism: The Qing Court's Perception of and Reaction to the Macartney Embassy." In *Ritual and Diplomacy: The Macartney Mission to China, 1792-1794*, ed. Robert Bickers. London: British Association for Chinese Studies, 1993, pp.31~42.

옮긴이의 말

이 책은 19세기 후반의 조선과 청의 관계를 다룬 책이다. 조선(한국)과 청(중국)의 관계를 다룬 한중관계사 분야는 어떠한 시각으로 보느냐에 따라 그 내용이 확연히 달라진다. 한국 학자는 한국 측의 시각에서 부당했던 중국의 횡포를 강조할 수 있고, 중국 학자는 그들의 시각에서 중국이 한국에 도움을 주었던 여러 사례를 과장하고 미화하기 마련이다. 이런 서로 다른 양측의 시각이 고대사와 근현대사 분야에서는 충돌로 이어지기도 한다. 고대사의 경우 고구려와 발해가 한국사에 속하는지, 중국사에 포함되는지를 두고 학문적 논쟁의 차원을 넘어서 이른바 '역사 전쟁'이라고 부를 만큼 감정 싸움으로까지 번지는 상황이다. 현대사도 마찬가지다. 한국전쟁 시기 중공군의 개입을 두고도 한국 측은 한반도의 통일을 가로막은 중국공산당의 간섭으로 판단하는 반면, 중국 측은 '항미원조'(抗美援朝, 미국에 대항하여 조선을 도움)라고 부르며 마치 임진왜란 당시 명군이 조선을 도왔던 것과 같은 맥락으로 미화한다. 이처럼 민족주의적 색채가 강한 양국 학자들의 시각으로 과연 객관적인 연구가 가능한 것인지 근본적인 의문이 생기기도 한다.

고대사나 현대사보다는 덜하지만, 조선시대사 역시 민족주의 색채가 강한 양국 학자들의 관점에서 엄밀한 학문적 객관성을 유지하기란 쉽지 않은 일일 것이다. 특히 오늘날과 시대적으로 가깝고, 현재 한국이 처한 상황과 직접 관련이 있는 19세기 후반의 한중관계사 역시 양국 학자들의 전혀 다른 시각 탓에 객관적인 서술이 매우 어렵다. 이런 점에서 한국인도, 중국인도 아닌 미국인 학자인 지은이가 제삼자의 시각에서 서술한 한중관계사(또는 중한관계사)는 객관성과 참신성 측면에서 모두 높은 가치가 있다고 할 수 있다.

옮긴이는 지은이의 독특한 시각을 보여주는 몇 가지 특징을 다음과 같이 정리해 보았다. 첫째, 이 책은 19세기 후반 조선이 취한 정책을 기존의 평가와는 다른 색다른 시각으로 재해석하고 있다. 지은이는 청이 보수적으로 조공 체제나 존 킹 페어뱅크(John King Fairbank)가 주창한 '중화적 세계 질서'의 가치를 지키려고 했다는 일반적 견해를 강하게 거부한다. 대신 그는 청의 관료들이 유럽이 만든 '비공식 제국'(informal empire)과 불평등 조약의 틀을 활용해 조선에서 청의 권력을 확대하고 한반도에서 중국인의 상업적 이익을 증진하려고 노력한 과정을 설명한다. 물론, 지은이도 인정하고 있듯이 이러한 청의 제국주의적 태도에 대한 분석은 그가 처음 주장한 것은 아니고 몇몇 학자들의 선행 연구의 기반 위에서 시작한 것이지만, 이들의 연구보다 훨씬 체계적으로 분석하고 논리적으로 설명한다.

둘째, 지은이는 이 책에서 청이 기존의 조공 관계 대신에 조선에 도입한 체제가 바로 '다자적 제국주의'(multilateral imperialism)라고 주장한다. 본문에서 지은이가 상세히 설명하여 중언부언 같지만, 이 '다자적 제국주의'란 서구 열강이 중국에 적용했던 것처럼 제국주의 세력이 불평등 조약을 통해 얻은 개항장의 설정, 최혜국 대우, 특혜 관세 및 무역 조건 등의 특권으로 무장한 채 직접적인 통치 없이 사실상 식민지로 전락한 나라를 경제적으로 지배하는 통치 형태를 지칭한다. 따라서 청이 조선에 다자적 제국주의를 도입했다는 것은, 통상적으로 알려진 것과는 달리 청 제국이 영국과 프랑스 등 서구 열강으로부터 자국이 당한 경험을 고스란히 조선에 이식했다는 말이다. 이렇게 본다면 조선의 입장에서 청은 이미 서구 제국주의 세력의 다양한 방법을 섭렵하여 서구와 별반 다를 바 없는 제국주의 국가의 일원이었다.

그런데 옮긴이가 중고교에서 배운 한국사 지식에 따르면, 19세기 후반에 청은 서구 열강에게 '어리석게' 당한 나약한 국가였고, 자국도 제대로 건사하지 못하는 상황에서 조선 문제에 개입하여 언제나 조선이 개혁으로 나아가려는 방향을 통제한 수구적인 국가였다. 아마도 많은 독자가 옮긴이와 같은 생각을 공유하고 있을 것이다. 즉, 우리가 중고교에서 배운 기존의 관점에 따르면, 청은 갑신정변을 통해 조선의 개혁과 근대화를 이루려던 김옥균과 개화파를 무참히 진압함으로써 개화와 근대를 향한 조선의 꿈을 산산이 짓밟아버린 반동적 존재였다. 그러나 지은이는 이와는 전혀 다른 견해를 제시한다. 그는 1880년대 이후의 청 제국이 결코 수구적인 존재가 아니며, 자국이 서양 제국에게 부당하게 당한 경험을 바탕으로 서양과의 협상 전략이라든가 시행착오를 겪었던 각종 개혁의 노하우를 조선에 전수해 주었다고 주장한다. 지은이는 이런 호혜적 조치를 대표하는 사례로 전신선 가설과 해관 제도의 실시, 그리고 무이자 또는 저리의 차관 제공 등을 거론한다. 물론, 그 과정에서 청 제국이 자국의 이익을 확대하기 위한 여러 조치를 취한 바 있지만, 대체적으로 보면 청의 조치들은 조선의 재정과 개혁에 큰 도움이 되었다고 서술한다. 당시 조선해관에서 거둬들인 수입이 조선 정부의 주요 재원이었다는 점에서 그의 주장은 부인할 수 없는 사실인 것 같다.

셋째, 옮긴이는 이 책에서 가장 돋보이는 부분이 조선과 청의 관계를 상업적인 측면에서 조망한 것이라고 생각한다. 이는 옮긴이 개인의 생각만이 아니고, 이 책에 대한 서평을 쓴 여러 학자 역시 동의하는 부분이다.˙ 그간 19세기 후반의 조청 관계를 상업적인 관점에서 접근한 연구는 몇 차례 있었다. 그러나 기존의 연구는 조선해관 자료들을 분석한 통계에 의거해 양국 간의 무역 불균형 문제를 다룬다든가, 주요 수출품과 수입품 목록을 비교하는 등 대체로 피상적인 수준에 머물렀다. 하지만 지은이는 한 걸음 더 나아가 이 책에서 중국 상인들의 조선 내 활동을 구체적인 에피소드와 함께 다양하게 조명하고 있다. 지은이는 1920년대 당시에 조선에서 동순태호(同順泰號)를 운영하며 개인으로서는 가장 많은 세금을 낸 것으로 알려진 담걸생(譚傑笙) 이야기라든가,˙˙ 중국 상인들이 조선 상품을 구매하러 조선 내지로 들어갔다가 도적 떼에게 습격당한 이야기, 그리고 중국 상인들이 이범진(李範晉) 형제로부터 토지를 구매했다가 벌어지는 소동에 이르기까지 다양한 이야기를 소개한다. 오늘날과 달리 19세기 말에는 일본 상인들이 오히려 모조품이나 조잡한 제품을 판매한 것으로 악명이 자자했고, 오히려 중국 상인들은 조선 민중에게 큰 호응을 받았던 이야기도 소개하고 있다.

　지은이는 중국 상인들이 조선에서 성공한 원인으로 가족과 동향 출신의 연대감, 개인적 신뢰에 의존한 영리 활동과 신용(외상) 거래, 높은 협동심, 박리다매의 영업 전략, 소비자의 기호에 맞추려는 적극성, 장기적 청

- ˙ Theodore Jun Yoo, *The American Historical Review*, June, 2009, pp.742~743; Horowitz, Richard S., *The Journal of Asian Studies*, Vol.68-1, February 2009, pp.270~271.
- ˙˙ 담걸생과 그의 아들들에 관한 이야기는 1920년대 『조선일보』와 『동아일보』에서도 다양하게 언급되는데, 전체적인 논조는 비판적인 경우가 많다.

사진 등 다양한 요소를 꼽는다. 지은이는 이들의 성공 사례를 1880~1910년대까지 30년이라는 한정된 기간 안에서만 분석하는데, 옮긴이는 1920년대에도 이들의 성공이 계속 이어졌음을 보여주는 사례를 우연히 당시 신문 기사에서 발견했다. 그 사례를 아래에 소개해 본다.

1925년 《동아일보》는 '동아일보 기자 지방 순회'라는 특집 연작 기사를 게재했다. 황해도와 경상도를 시작으로 함경도까지 이어진 연작 기사 중에서 옮긴이는 함경북도 부령군(富寧郡)을 탐방한 기사의 한 대목에 눈길이 갔다. 이 기획 기사는 보통 신문의 한 페이지 전면(全面)을 할애해서 해당 지역의 군수와 경찰서장 등 행정기관장과의 대담, 산업계·교육계·문화계·사상계 등에 대한 탐방과 소개, 지역 유지와의 인터뷰, 해당 지역의 특산물과 명승고적에 대한 소개 등으로 이뤄져 있는데, 다른 지방 순회 기사들과는 달리 부령군의 탐방 기사 중에는 아래와 같이 〈흉년 없는 중국요리〉라는 소제목 아래 한 중국음식점을 다룬 기사가 실려 있다.

> 정거장 앞 문턱에 동생복(同生福)이라는 중국인 요리점이 있는데, 굴러다니는 푼돈닢이란 푼돈은 다 빨아먹는 집이다. 어린아이들은 고름에 매었던 일전이전(一錢二錢)을 '만두'값에 다 놓이고, 어른들은 무슨 연회(宴會)랍시고 월급량을 톡톡 털어놓는 터인데, 내가 찾아간 때도 어느 관청을

• 기획 기사의 공고는 1924년에 게재되었고(〈第四計劃 各地方巡廻: 本報 創刊의 滿四週年 發展紀念의 事業計劃〉, 《동아일보》, 1924년 4월 4일 자 1면 기사), 그 일정이 발표된 것은 그 이듬해인 1925년 1월이다(東亞日報記者 地方巡廻發程), 《동아일보》, 1925년 1월 14~15일 자 2면 기사).

출입하는 인사가 양복쯔제기 입은 신사 몇 분과 함께 스키야키에다 잡채에다 술을 마시는 중이었다. 저쪽 방에서는 촌 나무꾼 같은 감발친 여러 사람들이 호주(壺酒)를 들이마신다. 주인에게 물으니, 매일 잘 팔리면 십여 원, 못 팔려도 오륙 원어치라 하니, 이런 시골 요리점 치고는 매우 많은 수입이다. 음식 먹으러 오는 손님들은 거개(擧皆) 다 부령읍에 집을 쓰고 사는 읍사람이라고 퍽도 남의 집 음식을 좋아하는 모양이다. 이 때문에 중국놈 빚량을 지고 돌아다니는 소위 일류 신사들이 수두룩하다고 한다.

이 기사는 여러 가지 면에서 매우 흥미롭다. 일단 인천이나 서울, 평양처럼 대도시가 아닌 함경북도 부령 같은 오지에까지 화교가 들어가 장사를 했다는 점이 특기할 만하고, 어린아이부터 어른들, 양복 입은 신사부터 촌 나무꾼까지 해당 지역의 각계각층 사람들이 모두 모이는 회합 장소로 이 요리점을 이용했다는 점, 또 외상 거래가 가능했다는 점, 소비자의 기호에 맞춰 중국요리점인데도 일식 요리인 '스키야키'를 팔고 있었다는 점 등 여러 가지가 이채롭다.

이 기사는 이 책의 지은이가 설명하는 화상들의 활동 내용과 많은 면이 일치하는 것 같다. 비록 이 기사에서 묘사하는 시기는 1920년대 중반이지만, 지은이가 이 책에서 분석하는 시기인 1880년대 초반부터 1910년까지의 상황과도 매우 유사하다. 특히 '동생복'이라는 중국요리점을 경영

• 〈東亞日報記者地方巡廻: 正面側面으로 觀한 富寧의 表裡〉,《동아일보》1925년 4월 8일 자 5면 기사. 독자의 이해를 위하여 옮긴이가 한자를 추가하고, 오늘날의 맞춤법에 맞추어 표기를 바꾼 부분이 있다.

한 이 화상(華商)은 1~2전의 푼돈닢도 마다하지 않았고, 외상 거래를 받아줘 "중국놈 빚량을 지고 돌아다니는 소위 일류 신사들이 수두룩"할 정도였다고 하니, 지은이가 이 책에서 분석한 대로 화교 상인들이 "적은 이문을 남기고 상품을 판매하려는 적극성"(본문 p.426)과 '외상 거래', 즉 '신용 거래'(본문 p.425)를 통해 중국인 사회의 신뢰를 높였다는 분석이 대체로 맞아떨어진다는 점을 알 수 있다. 이런 점을 보면 일제 강점기인 1920년대 중반에도 한반도 내 중국 화교의 활동은 그 이전의 상황과 크게 변하지 않았음을 알 수 있다.

이 책에 조선인의 내러티브가 빠져 있다는 점을 단점으로 지적하는 학자도 있다. 지은이의 주장이 주로 중국 측의 1~2차 사료를 읽은 것에 근거하고 있을 뿐, 조선인의 역할에 대한 언급이 빠져 있다는 것이다. 그러나 옮긴이가 보기에 이런 점은 한국 독자들의 입장에서 크게 문제가 되지 않는 것 같다. 왜냐하면 한국 독자들이 볼 때, 조선인의 역할과 조선인의 입장, 더 나아가 한국 측의 시각을 보여주는 논문과 저술들은 이미 익숙할 정도로 자주 접할 수 있기 때문이다.

이 밖에도 이 책에는 많은 에피소드들이 담겨 있어 읽는 재미를 더한다. 이최응(李最應)의 집에서 뇌물로 받은 꿩고기와 해산물이 썩어나 악취가 진동한 이야기, 민씨 일가가 소유한 말들이 꿀떡을 보고도 콧방귀를 뀐 이야기, 원세개를 맹비난한 데니에 대한 헨리 메릴의 평가, 알렌이 조선공사관을 설립하기 위해 박정양 등과 함께 미국으로 떠난 여정에서 밝

- Theodore Jun Yoo, *The American Historical Review*, June, 2009, pp.742~743.

힌 조선인의 청결하지 못한 모습 등 다양한 이야기가 본문과 주에 담겨 있다. 독자들이 번잡하다고 생각하지 말고, 지은이의 주까지 꼼꼼히 읽어 보면 소소한 재미를 느낄 수 있을 것이다.

옮긴이는 번역을 시작한 지 얼마 안 된 2018년 10월, 한국을 방문한 지은이와 종로의 한 식당에서 만나 오찬을 함께 하고 티타임을 가졌다. 옮긴이는 다른 번역서의 출간 이후에도 저자들을 만난 경험은 있지만, 책을 번역하는 도중에 책의 지은이와 직접 대면한 것은 처음이었다. 당시 옮긴이가 아직 지은이의 책을 꼼꼼하게 읽기 전이어서 책에 대한 깊은 이야기를 나누지 못한 점이 너무 아쉬웠지만, 그래도 그때의 만남에서 이 책에 관해 여러 가지로 대화를 이어갈 수 있었다.

특히 이 책의 한국어판 제목과 관련하여 지은이와 나눴던 대화를 독자들에게 소개해야 할 것 같다. 그간 이 책을 언급하거나 논문에서 인용하는 국내의 학자들은 대체로 책의 제목을 『전통, 조약, 무역』(*Tradition, Treaties, and Trade*)으로 표기했다. 'trade'가 보통 '무역' 또는 '교역'을 의미하므로, 그렇게 번역하는 것이 자연스러운 일일 것이다. 하지만 옮긴이는 이 책의 한국어판 제목을 『전통, 조약, 장사』로 정했다. 지은이는 하버드대학교 박사 논문인 "From Suzerainty to Commerce: Sino-Korean Economic and Business Relations During the Open Port Period(1876-1910)," 즉 「종주권에서 상업으로: 개항기(1876~1910) 한중의 경제·사업 관계」라고 번역할 수 있는 이 논문을 상업적인 출판물로 바꾸면서, '전통'(tradition), '조약(들)'(treaties), '무역(또는 교역)'(trade)이라는 세 단어를 상징적으로 뽑아 책의 제목으로 삼았다. '전통'은 조선과 청의 전통적인 관계인 조공 관계를 뜻하는 말이고, 개항 이후 조선과 청 사이에 맺어진 각종 규약들, 이를 테면 '조중상민수륙무역장정'이나 '한청통상조약' 같은 규약을 통해 설정된 새로운 모든 관계를 '조약'이라고 일언이폐지(一言以蔽之)했으며, 또 이 새로운 상업 규약을 통해 생성된 양국 간의 교역과 조선에 진출한 화상들의 활동을 '무역'이라고 표현했다. 그런데 옮긴이가 지은이의 책을 읽다 보니, 이 책은 청과 조선 사이의 국가간 교역보다는 조선에 진출한 화상들의 조선 내 활동의 서술에 좀 더 치중한 느낌이 들었다. 그래서 지은이와 만났을 때 이 '무역'의 의미가 구체적으로 어떤 것이냐고 여쭈었고, 지은이는 양국 간의 국가적 교역과 조선 내 화상들의 영업 활동 두 가지를 모두 아우르는 포괄적 개념이라고 설명해 주었다. 그래서 옮긴이는 '무역'보다는 '장사'를 번역본의 제목으로 내세우는 것이 어떠냐고 지은이에게 제안했다. 특히 원서의 제목에 포함된 세 단어 모두 'tr-'로 시작하면서 '라임'(rhyme)을 맞추는 것에 착안하여, 한국어본의 제목도 모두 'ㅈ'으로 시작하면 어떻겠느냐고 제안했고, 지은이는 이에 흔쾌히 동의했다. 어쩌면 'trade'를 좀 더 포괄적인 개념인 '무역'이나 '교역'으로 옮기지 않고, 그 범위를 축소한 개념인 '장사'로 오역했다고 지적할 독자들도 있을 듯하다. 옮긴이 역시 그러한 점을 충분히 인지하고 있었지만, 한국어판의 제목은 원서의 제목에 내포된 약간의 위트까지 옮겨보려고 노력한 고민의 산물임을 양해해 주기 바란다. 본문에서는 'trade'를 대체로 '교역' 또는 '무역'으로 번역했고, '장사'로 번역한 부분은 'business'를 그렇게 옮긴 것이다.

번역을 마무리하며 지은이 커크 라슨 선생께 특별한 감사를 드리고 싶다. 옮긴이는 이 책을 번역하면서 이메일을 통해 지은이에게 50여 차례 가까이 문의를 드렸다. 문의한 내용은 단순히 지은이가 병음(拼音)으로만 인용한 중국어 단어의 한자를 묻는 일차원적인 것부터, 지은이가 인용한 한문 사료의 해석 문제에 대한 의견 교환과 지은이가 사용한 학술 용어에 적합한 한국어 대응 단어가 무엇인지 의견을 달라는 것까지, 어떻게 보면 번역자로서 옮긴이가 혼자 고민해야 할 사항까지도 자문을 구했다. 심지어 어떤 경우는 옮긴이의 능력 부족으로 해석이 안 되는 문장을 다시 설명해 달라든지, 지은이가 인용한 자료 중 한국에서 찾을 수 없는 자료를 보내달라는 무례한 요청도 서슴지 않았다. 지은이는 그럴 때마다 항상 친절한 답변을 보내주셨다. 특히 어떤 자료는 지은이의 저서가 출간된 지 십수 년이나 지난 상황이라 이미 사라져버려 해당 자료를 찾기 위해 연구실과 서재를 몇 날 며칠씩 뒤져서 찾아 보내기도 하고, 옮긴이의 질문에 답하기 위해 다른 학자에게 직접 문의해서 전달해 주기도 했다. 다른 무엇보다도 책을 번역하는 도중에 옮긴이의 부친이 갑작스레 세상을 떠나 옮긴이가 번역을 한참 중단하고 실의에 빠졌을 때, 옮긴이에게 따뜻한 위로와 애도의 말씀을 건네준 일은 평생 잊지 못할 것이다.

언제나 그렇듯이, 이 책의 번역도 여러 분의 조언과 협조를 통해 이뤄낸 공동 성과물이다. 특히 산동이공대(山東理工大)의 김성배 선생님과 선문대의 손성욱 선생님께 각별한 도움을 받았다. 두 분은 번역 과정에서 옮긴이가 찾는 여러 자료를 제공해 주신 것은 물론이고, 부족한 초고를 읽고 옮긴이가 미처 헤아리지 못한 여러 오류를 지적해 주셨다. 이 책이 그나마 매끄럽게 읽힌다면 그것은 두 분의 세세한 첨삭과 조언 덕분이라고 해도 과언이 아니다. 다만, 옮긴이가 두 분의 조언을 전부 받아들인 것은 아니어서, 모든 오역은 온전히 옮긴이의 책임이다.

이 책은 한국학중앙연구원의 번역 지원을 받았다. 해당 지원사업을 알려주며 번역을 권유한 한국학중앙연구원의 신정수 선생님, 원래의 출간 일정보다 늦어진 상황에서도 재촉하지 않고 묵묵히 기다려 주신 한국학중앙연구원 강영미 선생님께도 감사드린다. 와병 중에 책의 디자인을 맡아 큰 고생하신 김정빈 님과 막바지 마무리 디자인에 참여해 준 조성지 님께도 고마움을 전한다. 마지막으로 이 책의 출간을 고대하시다 유명을 달리하신 선고(先考)께 삼가 엎드려 이 책을 바친다.

2021년 11월 22일
양휘웅

찾아보기

[ㄱ]

가라후토(樺太) → 사할린
가쓰라-태프트 각서 441n2
각국공동거류지(general foreign settlement) 202n57, 332-333, 336, 377, 414n75, 429
간도협약(間島協約) 454n28
감리(監理) 199, 246, 332
갑신정변(甲申政變) 171, 215-220, 224, 227, 229, 233, 234, 280, 289, 339, 340, 399, 400
갑오개혁(甲午改革) 400-402
강서(江西) 188, 230, 374, 422
강소(江蘇) 188, 374, 400, 422
강유위(康有爲) 458
강화도 조약 120-122, 146, 165-166, 379, 427, 439
강희제(康熙帝) 81, 87n52
개평(開平) 탄광 245n52, 255-256
개화파(開化派) 159, 323, 404, 431, 433
갤브레이스, 존(Galbraith, John) 280
거란(契丹) 66
거문도(巨文島)/거문도 사건 277, 290-294
건륭제(乾隆帝) 32, 81
경기도(京畿道) 412
경복궁(景福宮) 117, 181n22
경원(慶源) 82
경찰력/순찰원: 조선 ~ 347; 중국 ~ 328, 344, 414n75, 453; 일본 ~ 394-396, 451, 453
고구려(高句麗) 64, 65n11, 460, 472
고려(高麗) 62, 65-68, 70, 224n5
고종(高宗) 55, 185, 190, 278, 319; ~ 폐위 음모 278-279, 281, 282, 286, 288n38, 289; ~의 자립 선언(홍범 14조) 385-386, 401; ~과 갑신정변 216-218; ~과 거문도 사건 292-293; ~과 러시아의 비밀 동맹 279-282; ~과 서구 열강과의 조약 132-134, 137-141; ~과 아관파천 402; ~과 임오군란 148-159; ~과 조대비의 사망 315; ~과 조선 개항 117-122; ~과 조선의 군사개혁 177-183, 229; ~과 청의 조문 사절 315-318; ~과 청일전쟁 380-383; ~과 해외 차관 도입 시도 249-251, 254, 263, 265; 외국 외교관의 ~ 접견 319-320; ~의 강제 양위 442; ~의 광무황제 등극 405-408; ~의 대원군의 귀환 요청 221-222; ~의 왕위 등극 106; ~의 일본 보호국 수용 441-442; ~의 중국에 대한 호감 159, 173-175, 324-325, 391; ~의 해외 공사관 설립 시도 295-314; 전신선 가설을 위한 청의 도움 요청 234-235; 청 제국의 ~ 지원 289
곤도 모토스케(近藤眞鋤) 292n44
공련덕(鞏連德) 188
공사관 277, 284-285, 294-295, 304, 442; 러시아~ 402, 406; 영국~ 340; 일본~ 151, 160, 216-218, 401; 조선~ 178n15, 298-299, 309-311; 조선의 해외 ~ 건립 시도 255, 277, 297-300, 302, 304-314; 청국~ 55-56, 96, 214, 302, 319n109, 348, 391
공친왕(恭親王) 107, 405, 408
공흥호(公興號) 195
관세(關稅) 98, 100, 114, 121, 123, 138, 144, 145-146, 148, 162, 165-170, 184, 212-213, 241-247, 264, 349, 350, 359, 379, 404; ~

자주권 44, 114, 145-146, 246, ; 무~ 교역 128, 444; ~ 수입 242, 245, 246, 247, 264, 272, 418n85
광동(廣東) 188, 191, 195-196, 204n, 373, 422, 426n, 427, 428
광동방(廣東幇) 373-374, 428
광무거(廣茂居) 211
광주 체제 93, 100
광주(廣州) 93, 98, 428
교자 사건 319-323
구로다 기요타카(黑田淸隆) 121
구덕희(具德喜) 179n18
구선희(具仙姬) 271-272
국제법 44, 46, 49, 54, 55, 58, 60, 139, 144, 161, 163, 166, 170, 171184, 276, 309, 323, 376, 388, 390, 395, 403, 456-457
국치(國恥) 30, 463-464
군산(群山) 418, 428
금 교역 343, 354, 355, 357-363, 372, 375, 417, 428, 446-447
그리피스, 윌리엄 엘리엇(Griffis William Elliot) 26n3
기기국(機器局) 179, 184, 246
기자(箕子) 62, 460
길림과 조선의 변경 교역협정 165
김, 유진(Kim, C. I. Eugene) 410
김가진(金嘉鎭) 282, 298n
김기수(金綺秀) 122
김기혁(金基赫, Key-hiuk Kim) 38n, 77, 155
김달중(金達中) 327
김명균(金明均) 179n18, 180n19
김병시(金炳始) 225
김성범(金聖範) 210
김옥균(金玉均) 192-193, 216, 218, 254n73
김완식(金完植) 179n16
김윤식(金允植) 139, 141, 152, 178, 179n18-19, 214, 218n90, 225, 235n30, 236, 282, 392
김윤평(金允平) 210
김정기(金正起) 240
김학성(金學性) 179n16
김학우(金鶴羽) 282
김한교(Kim Han-kyo) 410-411
김홍집(金弘集) 132, 133, 160, 166-167, 252

[ㄴ]

나가사키(長崎) 99, 200n54, 234, 236, 341, 342, 369, 374, 428
낙동(駱洞) 194
남방(南幇) 373-374
남연군(南延君) 105
남정철(南廷哲) 231n23
내복(內服) 164, 293
네르친스크 조약 94
노신(魯迅) 464
《뉴욕 타임스》(New York Times) 310

[ㄷ]

다루가치(達魯花赤) 67
다월(Dowell, W. M.) 292
다이이치은행(第一銀行) 430
다카스 겐조(高須謙三) 254n73
다케조에 신이치로(竹添進一郞) 289
단군(檀君) 460
담걸생(譚傑生) 422, 427-429, 449
담경요(譚庚堯) 236
담이시(譚以時) → 담걸생
당소의(唐紹儀) 184, 186, 243n48, 320, 333, 391, 399, 400, 402-406, 408, 410-412

대동강(大同江) 104
당정추(唐廷樞) 28, 115, 163, 244, 245, 247, 255, 256, 399
대왕대비 조씨(趙氏) 315, 356
대원군(大院君) 102, 105-106, 108, 117-118, 134, 148-156, 160, 221-222, 224, 249, 269n100, 279, 285, 289, 383, 385, 401
대청해관(大淸海關) 98, 100, 183, 186, 187, 242, 243, 246, 263-264, 346, 347n29, 443
대한민국 23, 63n9, 80n41, 471
대한제국(大韓帝國) 406
더든, 알렉시스(Dudden, Alexis) 22, 309
덕원(德源) 126
덕흥호(德興號) 사건 195-200, 201, 342, 370, 376
덩컨, 체스니(Duncan, Chesney) 196
데니, 오언(Denny, Owen N.) 60, 228, 232, 257, 262n, 265, 266, 275-278, 281-284, 286, 288, 295, 298, 299, 301, 306n, 307, 312, 314, 323, 351-352, 353n, 436
데트링, 구스타프(Detring, Gustav) 263-264, 349
덴비, 찰스(Denby, Charles) 301
도대(道臺) 162, 191, 214
도요토미 히데요시의 침략 78, 82, 99, 102, 156, 471
도이힐러, 마르티나(Deuchler, Martina) 327-328
독립문(獨立門) 407
《독립신문》(獨立新聞) 409, 432-433
독립협회(獨立協會) 407, 460
독일: ~ 군대 182, 326; ~과 삼국간섭 389; ~과 조선의 조약 147, 161, 168-169; ~과 청일전쟁 233; ~의 제국주의적 태도 92, 294n52, 321n112, 326, 390, 403, 455; 조선에 거주한 ~인 284, 377; 조선의 차관 요청 259-260
동문학(同文學) 184

동북공정(東北工程) 65n11
동순태(同順泰)/동순태호 246, 256, 259, 422, 426-431, 449
동유신(董維新) 348
동치제(同治帝) 107
동학(東學) 289, 324, 380-382, 385
두스, 피터(Duus, Peter) 377, 390, 417, 442
등사우(Teng Ssu-yu, 鄧嗣禹) 95
딘스모어, 휴(Dinsmore, Hugh) 269, 287, 301

[ㄹ]
라자레프항(원산) 290-291
러일전쟁 49, 50, 58, 417, 439-440, 447, 458
러시아: 아관파천 402-406; ~와 거문도 사건 290-294; ~와 삼국간섭 389; ~와 조선의 비밀 동맹 186, 222-223, 242-243; ~와 조선의 조약 169; ~와 청일전쟁 387-389; 육상제국의 예 469; ~의 부동항 찾기 127, 290-291; ~의 제국주의적 태도 26-27, 46, 91-92, 236, 285, 290-292, 325-326, 377, 387-389, 439, 455; ~와 청 제국 93-94, 96; ~의 팽창에 대한 청의 우려 101, 109, 116, 132, 135, 241n41, 264, 278-284, 352, ; 일본 제국주의의 조선 침략 묵인 390, 442; 조선의 차관 요청 264-265; 청과의 투르키스탄 경쟁 464-467; 청의 티베트 점령 묵인 464-467
로, 프레더릭(Low, Frederick) 137
로빈슨, 로널드(Robinson, Ronald) 41
루스벨트, 시어도어(Roosevelt, Theodore) 440-441, 448n21
류큐(琉球) 34, 69n20, 73, 131, 135
르장드르, 샤를(LeGendre, Charles) 265-266
리벤, 도미니크(Lieven, Dominic) 469

[ㅁ]

마건상(馬建常) 28, 184-186
마건충(馬建忠) 46, 139, 142-147, 153-154, 156, 160, 162, 184, 185, 187, 220, 242n, 252, 255, 265, 273
마산(馬山) 418
마에다 겐키치(前田獻吉) 196
마이어앤드컴퍼니(Myer and Company) 251n 67, 256, 259-260
마정량(馬廷亮) 425
마포(麻浦) 206-208, 335n12, 336, 338-339, 340, 344
만국공법(萬國公法) → 국제법
만동묘(萬東廟) 108, 117
만력제(萬曆帝) 108
만주족(滿洲族) 33, 34, 51-52, 79-86, 102, 107-108, 112, 379, 464, 467, 468, 469
매카트니 사절단(1792~1793) 31-32, 36
맥심 기관총 45n40, 465
메가타 다네타로(目賀田種太郎) 444
메릴, 헨리(Merrill, Henry F.) 209n72, 222 ~223, 231-232, 241, 243-245, 283, 286, 288, 345-352, 353n39
면직물 교역 97, 130, 210, 354, 357, 364, 368-372, 417, 428, 449
명동성당(明洞聖堂) 340
명조(明朝) 70, 73, 74, 76-77, 80, 83, 86, 108
모리 아리노리(森有禮) 456
모시 교역 72, 357, 363, 368, 372, 428
목포(木浦) 413, 418
몽골/몽골족/몽골제국 33, 52, 66-67, 70, 79, 81, 93, 311
묄렌도르프, 파울 게오르그(Moellendorf, Paul Georg) 28, 183-184, 186-187, 197-199, 201, 220, 222, 231, 241-245, 256, 288n38, 291, 292, 339

무굴 제국 469
무쓰 무네미쓰(陸奧宗光) 382, 390n20
미국 201, 293, 326, 344, 377, 416, 432, 449, 462; ~ 내 청국공사관 96, 329; ~ 의회 26-27; ~과 교자 사건 319-322; ~과 북한 471; ~과 조선의 조약 137-147, 161, 162, 168-170, 187, 294; ~과 조선의 충돌 104-106; ~과 청일전쟁 382; ~에 조선공사관 설립 시도 277, 294-314; ~의 제국주의적 태도 92; 일본 제국주의의 조선 침략 묵인 440-443; 일본과의 조약 121; 일본의 근대화에 관한 ~의 견해 38-39; 조선에 ~의 군사교관 파견 229; 조선의 차관 요청 248-249, 260, 264-265, 308
문무왕(文武王) 64
문천(文川) 126
미우라 고로(三浦梧樓) 401
민비(閔妃) 118, 149-151, 159, 222, 224n, 278, 279, 285, 401, 402; ~ 시해 222, 401-402
민씨(閔氏) 일족 118, 149-151, 159, 182, 216, 222, 383
민영목(閔泳穆) 19n16, 180n19, 195n45, 198n51, 199n52, 201n55, 207n65, 207n66, 209n74, 342n25
민영익(閔泳翊) 179n18, 183, 222, 279, 295n53-54, 297n57
민영준(閔泳駿) 298-299
민영환(閔泳煥) 324
민영휘(閔泳徽) → 민영준
민종묵(閔種默) 231n22, 315n98, 333n6, 334n 8-9, 335n10-11, 414n76, 415n79
밀수 83n46, 126n69, 209n72, 328, 331, 345-352, 355, 361-362, 400, 421

[ㅂ]

바텔, 에머리히 드(Vattel, Emmerich de) 60
박래니(舶來泥, foreign mud) 97
박수이(朴壽伊) 272
박영효(朴泳孝) 216, 218n90
박정양(朴定陽) 179n18, 299-314
박지원(朴趾源) 83n45
반준덕(潘駿德) 178n15
발해(渤海) 65
방조영(房兆楹, Fang Chaoying) 250
배상금 160, 197, 199n52, 218, 236, 243n49, 256, 335, 337, 338, 348, 388, 413n75, 414, 466n53
백낙륜(白樂倫) 179n18
백제(百濟) 64
베베르, 카를 이바노비치(Waeber, Karl Ivanovich) 282, 402
베이버(Baber, E. C.) 281
벨기에 377, 455
변석운(邊錫運) 338
변원규(卞元圭) 179n18, 180n19
별기군(別技軍) 150
병인사옥(丙寅邪獄) 104
보정(保定) 221
복건(福建) 422
복유호(福有號) 210
봉천과 조선의 변경 교역협정 164
부동산 투기 429-430
부산(釜山) 201, 212, 342; ~의 개항장 시대 무역 130, 356-357, 363, 374-376, 417, 428, 446; ~의 전통 무역 99, 107, 122, 166; ~의 개항 125-126; ~의 전신선 234-240, 390n20; ~의 중국인 진출/거류지 195-201, 204, 331, 370, 452; 일본의 ~ 지배 195-198, 204, 356-357, 370, 376-377, 446
부유윤선(富有輪船) 342

북방(北幇) 373
북방정책(Nordpolitik) 471
북양대신(北洋大臣) 111, 152, 399
북양함대(北洋艦隊) 187, 233
북한(北韓) 24, 155n39, 460, 471
불매운동, 조선 상인의 ~ 336-337
불평등 조약 99, 146, 419, 463
브라운, 존 맥리비(Brown, John McLeavy) 246, 268n98, 391-393, 443-444
브라질 455
비단/비단 교역 72, 77, 97, 124n64, 130, 203, 210, 310, 333, 350, 353, 354-357, 363, 368, 372, 374, 404, 417, 428, 432
비숍, 이사벨라 버드(Bishop, Isabella Bird) 365, 375

[ㅅ]

사금(砂金) 349, 358n, 360-361
사대(事大) 71, 74, 407, 431, 433
사대주의(事大主義) 74
사이숭(查以嵩) 231n23
사할린 440, 455
사화(士禍) 79
산동(山東) 65, 153, 188, 204n63, 206, 353, 367, 373, 374, 400, 422-424, 426n107, 449
삼국간섭 389, 440, 451
삼리채(三里寨) 332-334, 438
삼번(三藩) 81n43, 84, 85n50
삼화흥호(三和興號) 335
상업 전쟁 44, 114, 163, 188, 190, 224, 327-378, 419
상전(商戰) → 상업 전쟁
상해(上海) 93n7, 179n16, 180n20, 188, 194, 198, 204, 230, 341-342, 365, 367, 369-371, 388, 422, 428

상해기기국(上海機器局) 187
새방(塞方) 대 해방(海防) 논쟁(1875) 115-116, 464
샌즈, 윌리엄 프랭클린(Sands, William Franklin) 436-437
생성호(生盛號) 210
샤머니즘 461
서상우(徐相雨) 231n22, 333n6, 339n18
서수붕(徐壽朋) 412
서울 72, 107, 196, 402; 대원군의 ~ 귀환 222; ~로 진입하는 증기선 343-344; 박정양의 ~ 출발 300-301; ~에서 벌인 원세개의 음모 279-282; ~에서의 군사 훈련 180-183; 외국 외교관의 ~ 거주/활동 135, 191-192, 194-195, 197, 201, 205, 225, 291, 300, 381, 390, 391, 401, 442, 449; 원세개의 ~ 입성/탈출 226-227, 383, 407; ~의 갑신정변 215-220; ~의 개방 126-128; ~의 교역 127-128; ~의 교자 사건 319-322; ~의 영아 소동 284-288; ~의 전신선 234-240; 임오군란 148-152; 중국 상인의 ~ 거주/활동 162, 188, 204, 205-215, 331-332, 336-341, 348, 365-367, 373-375, 394, 399-400, 408, 410-414, 418-419, 427-430, 438; 청군의 ~ 점령/주둔 46, 136, 153-154, 155, 173-177, 202, 217-218, 222, 281; 청의 조문 사절단 316-318
서울 조약 → 한청통상조약
서재필(徐載弼) 183, 404
설복성(薛福成) 153
성진(城津) 418
세종(世宗) 75, 460
소시(壯士, sōshi) 401
소주(蘇州) 453
손관정(孫官貞) 335
손정린(孫貞鄰) 400

수표교(水標橋) 373, 414, 428
순종(純宗) 159, 442, 474
쉬, 이매뉴얼(Hsu, Immanuel) 466-467
슈펠트, 로버트(Shufeldt, Robert) 137-142, 146-147, 306
스튜어드 호텔(Steward's) 365-367
스트리플링(Stripling, A. B.) 206
스티븐스, 더럼(Stevens, Durham) 443
시걸, 루이스(Sigel, Louis) 43, 109, 114
시노포비아(Sinophobia) 433
시모노세키 조약 388, 404
시베리아 횡단 철도 387
시페이예르, 알렉세이(Speyer, Alexis) 291
신강(新疆) 30, 117, 465, 467
신라(新羅) 64-65
《신보》(申報) 172
신사유람단(紳士遊覽團)
신의주(新義州) → 의주
신채호(申采浩) 460
신학휴(申學休) 214
신해혁명(辛亥革命) 468
실, 존(Sill, John) 322
심상학(沈相學) 299
싸리재 → 삼리채
쓰시마섬/쓰시마번 107, 125-126

[ㅇ]
아관파천 402-406
아르투르항 440, 441, 455
아편 무역 97, 144-146, 148, 163n55, 351, 400, 433
아편전쟁 29
안변(安邊) 126
안정옥(安鼎玉) 179n18

안휘(安徽) 83n45, 145n18, 188, 422
알렌, 호러스(Allen, Horace) 175, 176n8, 218n 91, 240, 265, 287n34, 295, 297n57, 298, 301-303, 307-308, 312-314, 320-322, 436-437, 448n21
알콕, 루더포드(Alcock, Rutherford) 59n1
압록강(鴨綠江) 70, 79
애덤스, 헨리(Adams, Henry) 121
애스턴, 윌리엄 조지(Aston, William George) 214
양반(兩班) 73, 79, 106, 118, 248, 263, 324
양여호(梁如浩) 243n48
양화진(楊花津) 205, 207, 337-339
어윤중(魚允中) 123n63, 152, 153, 218n90
에이더스, 마이클(Adas, Michael) 239
여권 162, 179n16, 330, 396, 412
여서창(黎庶昌) 152, 196-200, 234
여순(旅順) 234
여유생(呂裕生) 347
여진족(女眞族) 66, 70, 79-80, 86
연대(煙臺) 194, 211, 230, 342, 343, 367, 412
영, 존 러셀(Young, John Russell) 60
영국 161-162, 359, 403; ~과 거문도 사건 277, 290-294; ~과 이집트 26, 248, 261; ~과 조선의 조약 144-148, 161; ~과 중국의 만남 32, 36; ~과 청일전쟁 382; ~산 제품의 쇠퇴 449-451; ~의 면직물 203, 343, 361, 367-372, 374, 417, 428, 449; ~의 제국주의적 태도 50, 92, 97, 100-101, 104, 107, 267, 280, 284, 290-294, 326, 348, 350-351, 377, 416; ~의 청국공사관 96, 329; 일본 제국주의의 조선 침략 묵인 440, 442-444, 452; 조선에 대한 다자적 제국주의 지지 57, 246-247, 390-400, 403-404; 조선의 영국공사관 340, 400; 조선의 차관 요청 260-261, 264-265; 조약 개정 167-170; 중국인에 대한 ~인의 호의적 태도 393-394, 397-398, 435-438; 청의 티베트 지배 묵인 465
영아 소동(1888) 278, 284-287
영약삼단(另約三端) 301-305, 307, 309, 323
영은문(迎恩門) 72-73, 407, 408n62
영일동맹 440, 444, 452
영청륜선(永淸輪船) 194
예부(禮部) 92, 109, 138, 141, 315
오대징(吳大澂) 161, 234
오례당(吾禮堂) 243n48, 427
오사카(大阪) 341, 436
오스만 제국 99n20, 455, 469
오스터하멜, 위르겐(Osterhammel, Jurgen) 41
오스트리아-헝가리 제국 377, 469
오시피호(Ossipee─號) 282
오장경(吳長慶) 153-154. 156. 172, 173-174, 176, 182, 226
오조유(吳兆有) 174-175, 217
오중현(吳仲賢) 184, 186, 243n48
오토리 게이스케(大鳥圭介) 381n3, 383n10, 394-395
오페르트, 에른스트(Oppert, Ernst) 104-105
옹동화(翁同龢) 113, 252, 256, 273, 382n6
옹정제(雍正帝) 81
왕개태(王凱泰) 96n16
왕덕균(王德均) 178n15, 180n19
왕득공(王得功) 181n22, 182n23, 187
왕문소(王文韶) 399
왕백공(王伯恭) 186
왕세상(王世相) 412
왕수경(王壽敬) 400
왜관(倭館) 99, 122, 166
요문동(姚文棟) 158
요코하마 정금은행(橫濱正金銀行) 260
용산(龍山) 336-340, 344

우왕(禹王) 70
우장항(牛莊港) 351
우정국(郵政局) 216
운요호(雲揚號) 119
웅정한(熊廷漢) 202, 203n59, 214, 215n85
원갑삼(袁甲三) 226
원구단(圜丘壇) 406
원보경(袁保慶) 226
원산(元山) ~에 대한 러시아의 관심 290-291; ~의 개항 124, 126-127; ~의 교역 130-131, 198, 200n54, 358n48, 363, 370, 374-375, 417, 428; ~의 전신선 236; ~의 중국인 거주/거류지 204, 213, 331 334, 370, 417, 452; ~의 해운 342
원세개(袁世凱) 193, 195, 211, 390, 399, 407, 412, 419, 427; ~가 조선에서 꾸민 음모 56, 275, 278-289; ~의 밀수 방조 349-352; ~에 대한 조선인들의 태도 324; ~와 갑신정변 217-219; ~와 교자 사건 319-320; ~와 데니의 대립 232, 275-276, 288; ~와 임오군란 153n35, 154; ~와 조선군 훈련 181-182; ~와 조선의 근대화 269, 271-274; ~와 조선의 전신선 235-241; ~와 조선해관 245-247; ~와 주미 조선공사관 294-301, 304-314; ~와 청군의 조선 주둔 174-175; ~와 청일전쟁 381-383, 399; ~의 아시아 제국주의 평가 325-326; ~의 조선 '주차관' 시절 55, 159, 223-228, 390, 459; ~의 조선 차관 도입 방해 249-251, 257-260, 262, 263, 267; 조선에서 중국의 상업적 이익 증진 57, 327-352
원영찬(袁榮燦) 179
육의전(六矣廛) 337
윤태준(尹泰駿) 179n18
위만(衛滿)/위만조선 62-63
윌러스 조약 148

윌러스, 조지(Willes, George) 147n23
윌킨슨(Wilkinson, W. H.) 394
유가총(劉家驄) 214
유경(柳京) → 평양
유구 → 류큐
유영익(柳永益, Lew, Young-ick) 250, 270, 274, 324
윤규섭(尹奎燮) 301
윤선초상국(輪船招商局) 28, 161n52, 163, 194, 245n52, 255-257, 341-345
윤치호(尹致昊) 314, 407
을미개혁(乙未改革) 400-402
을지문덕(乙支文德) 64, 460
의병(義兵) 443
의주(義州) 126n69, 235-240, 418, 426n107
의주전선합동(義州戰線合同) 235-238
의화단(義和團) 사건 29, 417, 423, 464
이경하(李景夏) 150n28, 213
이규(李圭) 268
이규원(李奎遠) 179n16
이내영(李乃榮) 194n44, 201-202
이노우에 가오루(井上馨) 121-122, 257, 258, 261, 385, 390, 395, 401
이노우에 가쿠고로(井上角五郎) 177
이리에, 아키라(Iriye, Akira) 46
이명복(李命福) → 고종
이명진(李明進) 206
이번원(理藩院) 93
이범대(李範大) 213
이범조(李範祖) 213
이범진(李範晉) 213-214, 215
《이브닝 스타》(Evening Star) 311
이선근(李瑄根) 150
이성계(李成桂) 70-71, 79, 380
이여복(Lee, Yur-bok) 249, 271, 305-306, 328
이용숙(李容肅) 139, 161

이유원(李裕元) 112, 118, 119, 132-133, 138, 141, 160, 263n87
이음오(李蔭梧) 339
이재선(李載先) 148
이조연(李祖淵) 179n18
이태(怡泰) 365
이최응(李最應) 149n26
이토 히로부미(伊藤博文) 219, 443
이하응(李昰應) → 대원군(大院君)
이항로(李恒老) 108, 139
이홍장(李鴻章) 46, 91, 156, 207, 221, 223, 227, 324, 399, 466; ~과 거문도 사건 290-294; ~과 조선 상인들의 불매운동 337-338; ~과 조선 차관 248-267; ~과 조선의 개항 117-120; ~과 조선의 자강 173-174, 177-188, 219-220, 229-233, 352; ~과 조선의 전신선 234-241; ~과 조선의 해외 공사관 설치 시도 299-301, 314; ~과 조선해관 241-247; ~과 조약 개정 404; ~과 조약장 공동체 115-117, 163; ~과 조청 무역 조약 161-165; ~과 주류적 접근 54, 109-111; ~과 중국의 자강 111-112, 458; ~과 천진조약 219; ~과 청일전쟁 381-385, 388; ~과 평양의 개방 제안 351; 국제법에 대한 ~의 태도 456-457; 원세개의 조선 활동 통제 276-289; ~의 모친상 152-153; ~의 원세개 발탁 224-226; ~의 진수당 발탁 190-195; 제국주의 열강과 조선의 조약 중재 131, 160-161, 169; 조선에 대한 막후 충고 112-113, 119-120, 138-148, 172; 청 제국주의에 대한 ~의 비전 267-270
이홍조(李鴻藻) 113
인삼 교역 77, 83n, 343, 349-350, 353-355, 357, 361, 363, 372, 394, 404, 417, 428, 445
인천(仁川) 146, 153, 157, 194, 218, 221, 282, 286, 394; ~ 차이나타운 23, 471-472; ~ 해운업 342-346; 1882년 훙신호의 ~ 도착 25, 27-28, 190; 다자적 제국주의의 장소 377-378; ~에서 서울로 이동 205-207, 210; ~의 개항 124, 127-128, 139; ~의 교역 131, 139, 205-207, 210, 355-370, 374, 374-376, 416-417, 427-429, 446; ~의 전신선 234-240, 412; ~의 중국인 거주/거류지 201-204, 331-336, 340, 375-376, 390, 412, 427, 429, 438, 452-453, 472; ~ 해관 203, 207, 212, 346-349, 361, 364
인천구화상지계장정(仁川口華商地界章程) 202
일본 27, 43, 46, 49-50, 54, 55, 58, 102, 146, 148, 174, 204, 208, 229, 274, 294, 323, 334, 335, 404, 420, 430-431, 438; ~ 도쿠가와 막부 82, 99, 104, 137; ~ 상인 57, 99, 125, 128-131, 135, 196, 198, 241, 254n73, 331, 337-338, 340, 341, 353, 356-357, 363, 365, 367-368, 369, 371-375, 391, 393, 417-418, 425, 433-434, 436, 444, 446, 448, 451, 459; ~ 주재 조선공사관 298-299; 개항기 ~과 조선의 무역 128-131, 138, 150-152, 331-336, 354-375, 411, 416-418, 425-426, 445-451; ~과 갑신정변 215-219; ~과 거문도 사건 292-293; ~과 관세 협상 165-170, 184; ~과 교자 사건 322; ~과 러일전쟁 439-442; ~과 민비 시해 222, 401-402; ~과 임오군란 151-154; ~과 전신선 234-241; ~과 조선군 훈련 135, 150, 180, 182-183, 216; ~과 조선의 개화파 122, 159-160, 216, 433; ~과 청일전쟁 379-387; ~과 평양의 개방 351; ~과 해운업 341-345; ~과의 전통적인 교역 77, 87-88; 근대 제국주의 열강 ~ 37-39, 89-90, 267, 433-435, 458-462; 몽골의 ~ 침략 시도 67; 아시아에 대한 ~의 제국주의 92, 284, 289, 324-326; ~에 대

한 청의 두려움 101, 112, 116, 131-132, 135-136, 186, 352; ~에 의한 조선의 개항 107-109, 119-120; ~의 류큐 점령 131, 135; ~의 외교관들 59, 137, 224; ~의 일방적 특권 요구 442, 443-457; ~의 조선 침략(임진왜란) 78, 87, 99, 156, 160, 161; ~의 조약항 체제 98-99, 104; ~의 청국공사관 96, 191, 196, 329; 조선 주재 ~공사관 151, 160, 216-218, 401; 조선에 대한 ~의 비공식적·독점적 제국주의 89-90, 120-128, 133, 135-136, 195-200, 241, 246, 376-377, 388-398; 조선의 보호국 전략 306, 439, 442-443; 조선의 차관 요청 248, 251, 256-265; 청류당 일파의 ~ 침략 주장 113, 158

임오군란(壬午軍亂) 136, 148-152, 158, 160, 168, 171, 173, 180-181, 205, 218, 222, 226, 280, 340

임진왜란 → 도요토미 히데요시의 침략

임패천(林沛泉) 243n48

[ㅈ]

자강(自强): 청의 ~ 45n41, 101, 109, 111, 117, 158, 187-188, 219, 385, 458; 조선의 ~ 55-56, 133, 178, 180, 187, 220, 228-230, 232, 244, 253, 255, 352

장개석(蔣介石) 470

장건(張謇) 153n35, 154, 172, 226

장보충(張寶忠) 231n22

장수성(張樹聲) 152-153, 252

장우식(張禹植) 214

장지동(張之洞) 404

장춘무(張春茂) 231n22

장패륜(張佩綸) 172

전봉준(全琫準) 381

전신(電信)/전신선 45, 47, 56, 96, 224, 233-241, 255-257, 268, 269, 272, 284, 390, 412

전양묵(全良默) 282

전인영(全寅永) 272

전장(錢莊) 425

전주(全州) 380

전표(錢票) 430

전환국(典圜局) 184, 246

절강(浙江) 188, 204n63, 373-374, 422

정관응(鄭觀應) 115, 253

정동(貞洞) 428

정여창(丁汝昌) 146-147, 153-156, 292

정위생(鄭渭生) 196

정익지(鄭翼之) 196

정일창(丁日昌) 132

정조(正祖) 354

제관광(諸觀光) 202, 203n59

제국주의: 26-28, 38-44, 56, 63, 219, 248, 261, 280, 315, 325, 372, 376, 386; ~ 세력의 희생자 청 28-30, 32; 다자적 ~ 46, 49-50, 57-58, 133, 136, 169-170, 193, 223, 241, 246, 266, 289, 290-294, 331, 345, 350, 352, 378, 379-380, 388-389, 404, 411, 419, 438, 439, 443, 453, 454, 459, 470; 비공식 ~ 49, 54, 228, 328, 376, 389, 478; 서양 ~ 39, 44, 46, 95, 116, 157, 233, 239, 267, 324; 일방적 ~ 49, 54, 57, 120, 133, 376, 389; 일본 ~ 38-39, 48, 120-128, 324, 379, 389, 448; 절정의 ~ 27, 50, 58, 314, 388, 454, 467; 청 ~ 28, 40, 44, 47-48, 52-53, 136, 223, 232, 244, 247, 267-274, 273n111, 289, 290, 328, 345, 346, 352, 353, 419, 458

제너럴셔먼호(General Sherman-號) 104-105

제롬 천(Ch'en, Jerome) 228

제물포 조약 160

제물포(濟物浦) → 인천

조공 관계 74, 82, 111, 324, 383, 460
조공 무역 77, 96, 130, 135, 204, 354-356
조병식(趙秉式) 230n20, 231n23, 334n9, 335n11, 339n18, 341n21, 413n74, 415n79, 431n119
조병직(趙秉稷) 230n20, 262, 263n, 333n7, 334n9, 335n11-12
『조선책략』(朝鮮策略) 132-133
조선해관 47, 56, 57, 183, 196, 212, 222, 224, 231-233, 241-247, 255, 264, 267, 283, 331, 342, 343, 345-347, 348, 350, 351-352, 355, 359, 360, 364, 376, 390-393, 396, 399, 427, 443-445, 448, 451
조신희(趙臣熙) 299
조약항 공동체 43, 114-115, 244, 253, 258
조약항 체제 48-50, 57, 58, 89, 97, 98, 100, 121, 136, 330-331, 346, 378, 380, 387, 388, 390, 397-398, 411, 419, 439, 443, 451-454
조의 사절단, 중국 315-318
조이풍(趙爾豊) 465-466
조인희(趙寅熙) 166
조일통상장정(朝日通商章程) 168-169
조존두(趙存斗) 282
조청상민수륙무역장정(朝清商民水陸貿易章程) 136, 160-165, 189n34, 190, 208, 209n74, 309, 327, 329n4, 341, 347n49
존스턴(Johnston, J. C.) 361
존스턴, 이언(Johnston, Iain) 112
종주권(宗主權) 34, 37-38, 47, 49, 54, 57, 58, 69, 72, 75, 80, 82, 84, 92, 131, 141-144, 146, 161-162, 170, 175, 223, 224, 228, 241, 247, 263, 267, 272, 275, 293, 294, 297, 299, 301, 304, 308, 313, 317, 327, 330, 352, 378, 379-380, 393, 407, 409, 410, 419, 438, 439, 459-460, 462, 470
좌종당(左宗棠) 116, 464
주가록(周家祿) 182

주복(周馥) 162, 214, 257n76
주선민(朱先民) 181n22
주장령(周長齡) 243n48
중강(中江) 82, 131n77
중강통상장정(中江通商章程) 164-165
중경(重慶) 453
중국공산당(中國共産黨) 30, 464, 470
중국윤선초상국 → 윤선초상국
중국인 배제법 27
중국전보총국(中國電報總局) 255-256
중앙아시아 33, 51, 65n11, 69n20, 79, 81, 94, 112n43, 115, 116n52, 117, 455, 460
중화상무총회(中華商務總會) 429
중화인민공화국(PRC) 23-24, 30-31, 34, 65n11, 468, 469, 471-472
중화적 세계 질서 31, 35, 53, 61, 94, 95
증기택(曾紀澤) 462-464
지부(之罘) → 연대
지부협약(之罘協約) 145
직예(直隸) 111, 188, 422
진강(鎮江) 356
진남포(鎮南浦) 413, 418, 428
진덕제(陳德濟) 399
진동서(陳同書) 237-238
진란빈(陳蘭彬) 115n50
진수당(陳樹棠) 28, 55, 176-177, 190-215, 217, 225, 330-331, 338-339, 342, 346-347, 353, 378, 412
진위곤(陳爲焜) 194n44, 199, 200n53
진윤이(陳允頤) 238, 282
진윤이(陳允頤) 238, 282

[ㅊ]

차관(借款) 248-267

544

채소기(蔡紹基) 243n48
척화비(斥和碑) 106, 160
천주교 104-105, 285
천진 조약 219, 229, 240, 280, 381
천진교안(天津敎案) 286
천진기기국(天津機器局) 133, 141, 178, 180, 187, 255-256
천진해관(天津海關) 162, 214, 255-256, 263
철도/철로 45, 114, 252, 261, 262n86, 268, 446, 448, 451
철종(哲宗) 105
청계천(淸溪川) 428
청류당(淸流黨) 54, 113, 141, 158, 172-173, 186, 224, 244, 276, 281, 288, 308, 314, 328, 330, 382, 470
청의파(淸議派) → 청류당
청일전쟁(淸日戰爭) 49-50, 57, 223, 238, 240, 289, 308, 322, 344, 378, 379-380, 383-386, 394, 398, 399, 409-412, 415, 416, 418, 419, 429, 434, 438, 443, 447, 452, 458, 464, 466
청진(淸津) 418
《초야신문》(朝野新聞) 121
총리아문(總理衙門) 59, 98, 100-102, 112, 119, 133, 152, 264-265, 298, 309, 396, 405
최국인(崔國因) 264n90
최석영(崔錫永) 230
최승로(崔承老) 66
최익현(崔益鉉) 139
최제우(崔濟愚) 380
최혜국 대우 46, 50, 90, 121, 168-169, 246, 319, 397, 408
충청도(忠淸道) 335
치외법권 44, 47, 98-99, 114, 128, 144-146, 163, 277, 390, 397, 408

[ㅋ]
커틴, 필립(Curtin, Philip) 280
《코리아 리뷰》(*Korea Review*) 418, 444
콘로이, 힐러리(Conroy, Hilary) 291
쿨리(Coolies, 苦力) 95, 329, 409, 432-433, 436
크로슬리, 패멀라(Crossley, Pamela) 94
클리블랜드, 그로버(Cleveland, Grover) 303-304, 310
키어넌(Kiernan, V. G.) 163

[ㅌ]
타운센드, 월터(Townsend, Walter) 254-255, 260
타이완 33, 41, 388, 455, 470, 471
탕보신(湯輔臣) 230
텅, 에마 진화(Teng, Emma Jinhua) 29
통리기무아문(統理機務衙門) 133, 139, 149-151
통킹싱(Tong King-sing) → 당정추
통행허가증 445
투르키스탄 37, 287-88 → 신강
티베트 30, 33, 52, 81, 94, 463, 465-467

[ㅍ]
파머스턴, 헨리(Palmerston, Henry) 246
파크스 조약 169
파크스, 해리(Parkes, Harry) 129n73, 145n18, 147, 147n23, 167-168, 192, 205
페리, 매슈(Perry, Matthew) 121
페어뱅크, 존 킹(Fairbank, John King) 61, 62n, 69n, 95, 393
페인(Paine, S. C. M.) 387

평양(平壤) 62, 104, 235, 351-352, 415, 435n125
포크, 조지(Foulk, George C.) 240, 243
푸트, 루셔스(Foote, Lucius) 168, 176, 436
프랑스 187 병인사옥(박해) 104-105; ~와 조선의 조약 169; ~와 청 제국의 전쟁 216; ~와 청일전쟁 382; ~의 제국주의적 태도 26, 92, 101, 104-107, 155, 262, 284-285, 326, 377, 389-390, 414n75, 416, 455n30; ~의 조선 침략(병인양요) 105, 119; ~의 청국공사관 96; ~인 노동자 사건 263; 조선의 ~ 외교 대표부 294n52, 321n112; 조선의 차관 요청 238, 262-265
피바디마티니(Peabody-Martini) 소총 181
필드하우스(Fieldhouse, D. K.) 41
필리핀 189, 377, 440, 441n2, 455n30
필립 제이슨(Philip Jaisohn) → 서재필

[ㅎ]

하나부사 요시모토(花房義質) 128, 150n, 151, 153, 193
하남(河南) 188, 226, 422
하여장(何如璋) 132, 141n, 167, 191
하증주(何增珠) 181n22
하트, 로버트(Hart, Robert) 186, 242-244, 263-264
한강(漢江) 205-207, 259, 338, 344, 349
한개미(韓介眉) 412
한규직(韓圭稷) 179n18
한글 460
한사군(漢四郡) 63-64, 406, 460
한성 조약 218-219
한성(漢城) → 서울
《한성순보》(漢城旬報) 176-177, 203, 215
한양호(漢陽號) 344

한용철(韓用喆) 214, 215n85
한청통상조약(韓淸通商條約) 408, 411-412
항주(杭州) 453
해남(海南) 422
해밀턴항 → 거문도
해운업 96, 114 중국의 ~ 57, 328, 331, 344, 451 일본의 ~ 341, 344-345, 362, 417
행(行, hong) 99
허드, 오거스틴(Heard, Augustine) 317-318, 320, 325
헤드릭, 대니얼(Headrick, Daniel) 233
헤비아, 제임스(Hevia, James) 35
헤이그 만국평화회의 442
현지 파견인 중심주의 278-279
호남(湖南) 188, 422
호리모토 레이조(堀本禮造) 150-151
호북(湖北) 188, 422
호스테틀러, 로라(Hostetler, Laura) 34
홀컴, 체스터(Holcombe, Chester) 138
홉슨(Hobson, J. A.) 43
홍무제(洪武帝) 70-71
홍범 14조 385-386, 401
홍영식(洪英植) 216, 218
홍우창(洪祐昌) 125
홍콩(Hong Kong) 30, 41, 92, 101, 198, 204, 292, 341, 369, 410, 428
화교(華僑) 188-189, 348, 380, 419-426
『환유지구신록』(環遊地球新錄) 268
황궁우(皇穹宇) 406
황사림(黃士林) 174
황사영(黃嗣永) 81n43, 105n28
황요동(黃耀東) 195
황준헌(黃遵憲) 132-133, 138, 271
황해도(黃海道) 412
회관(會館) 209, 213, 373, 428
회령(會寧) 82

효종(孝宗) 80
후쿠자와 유키치(福澤諭吉) 458
휘턴, 윌리엄(Wharton, William) 319
휘턴, 헨리(Wheaton, Henry) 60
흐로티위스, 휘호(Grotius, Hugo) 60
흑기군(黑旗軍) 26
흥신호(興信號) 28, 39, 190
히에이호(比叡號) 126
힐리어, 월터(Hillier, Walter) 386n, 391-398